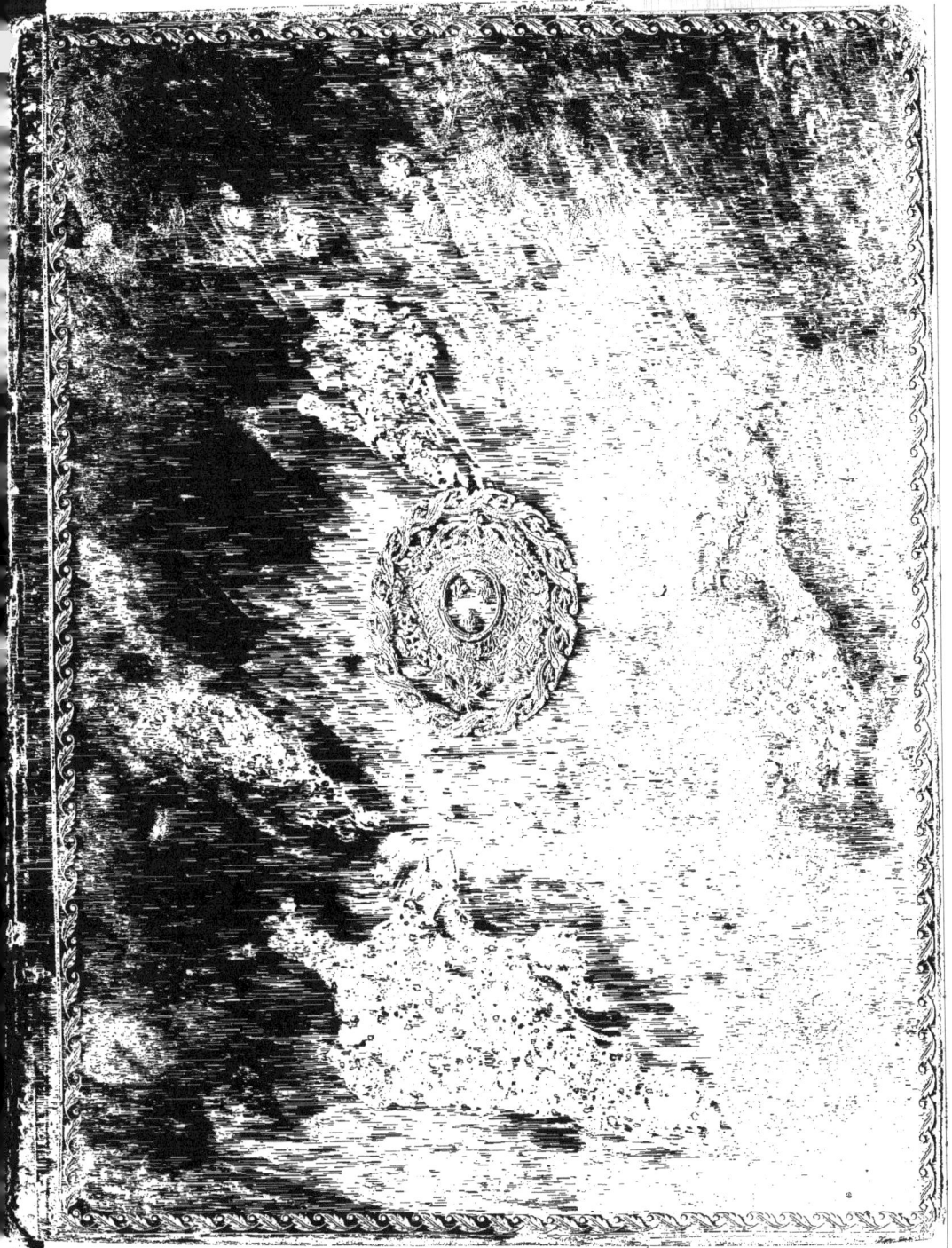

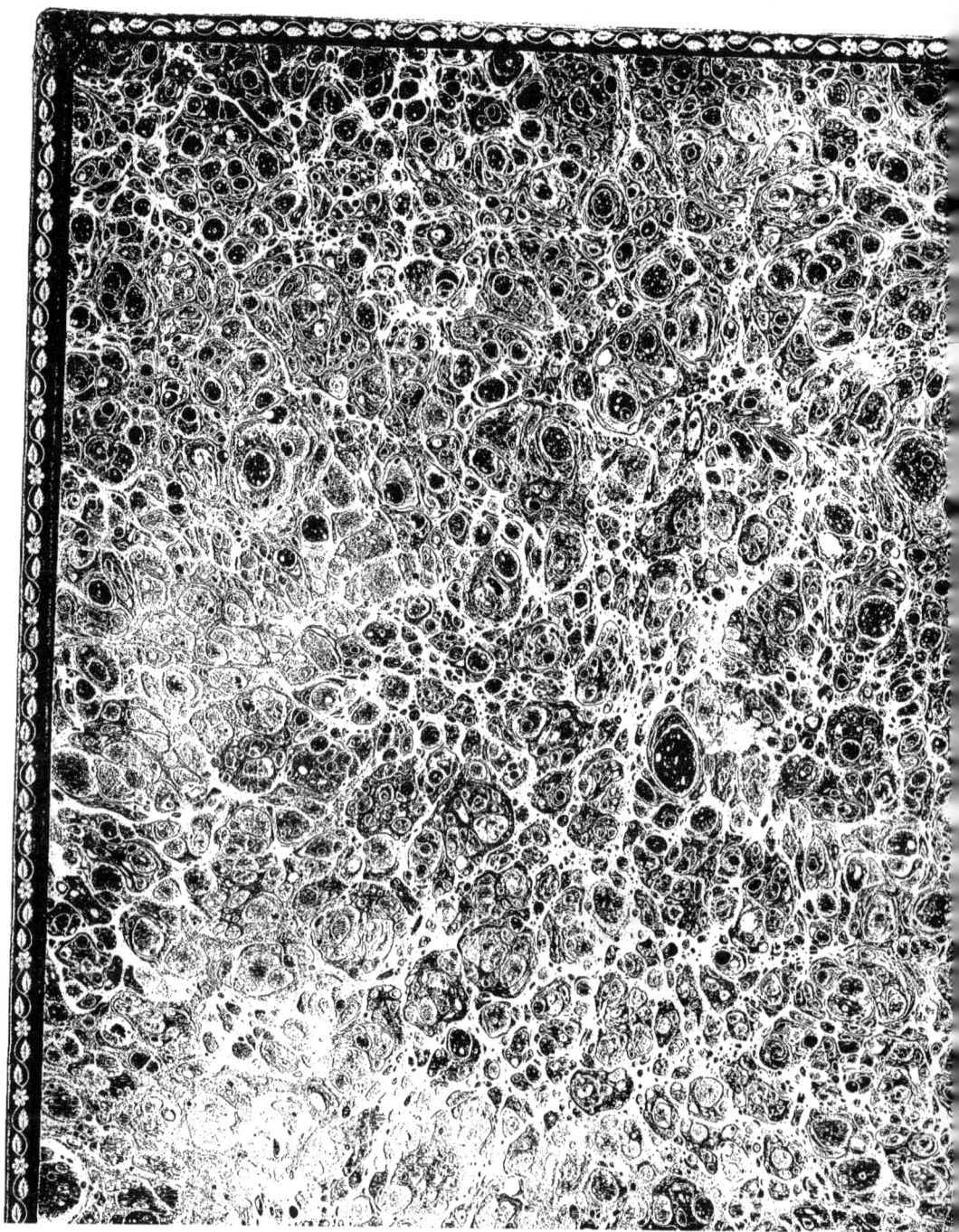

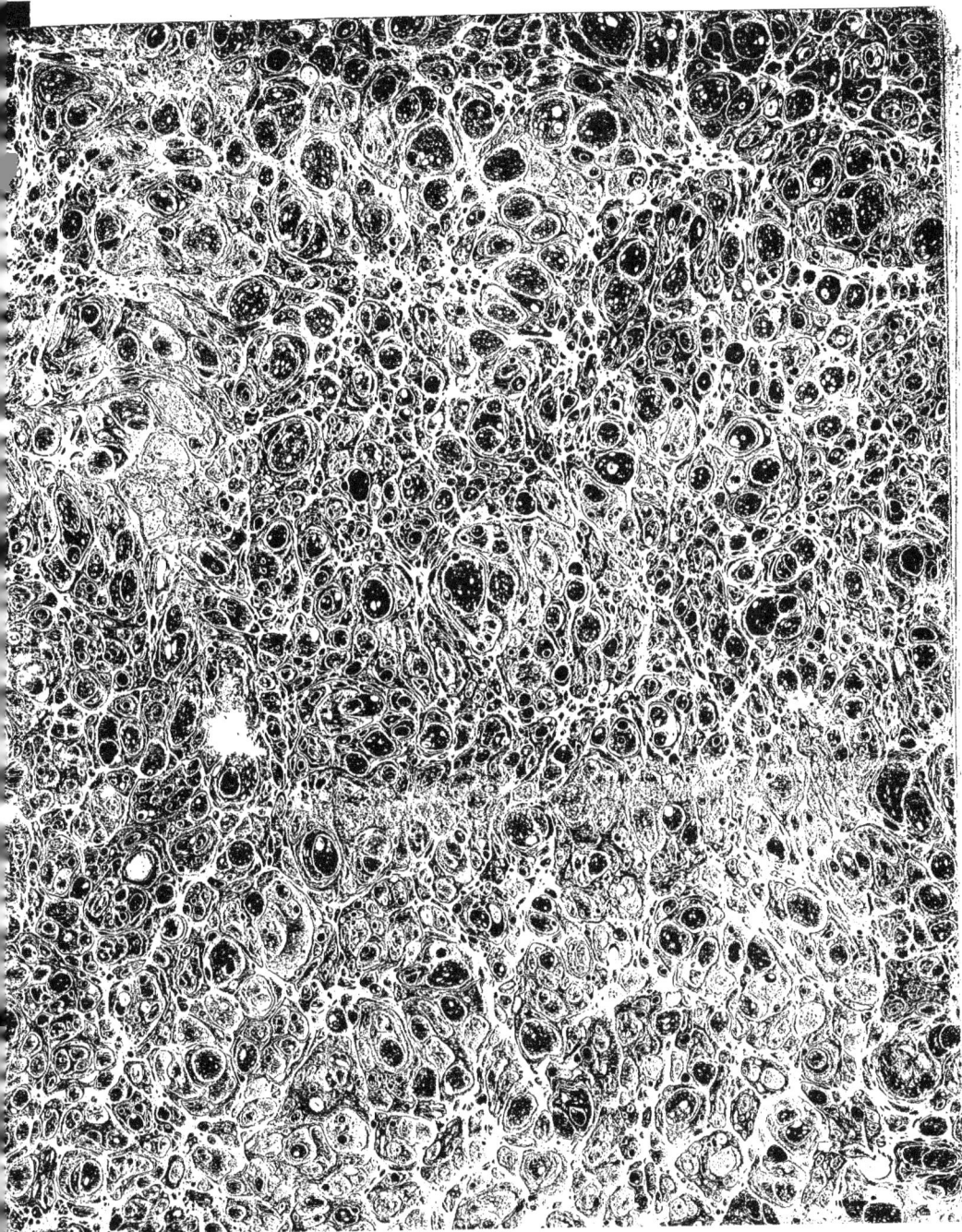

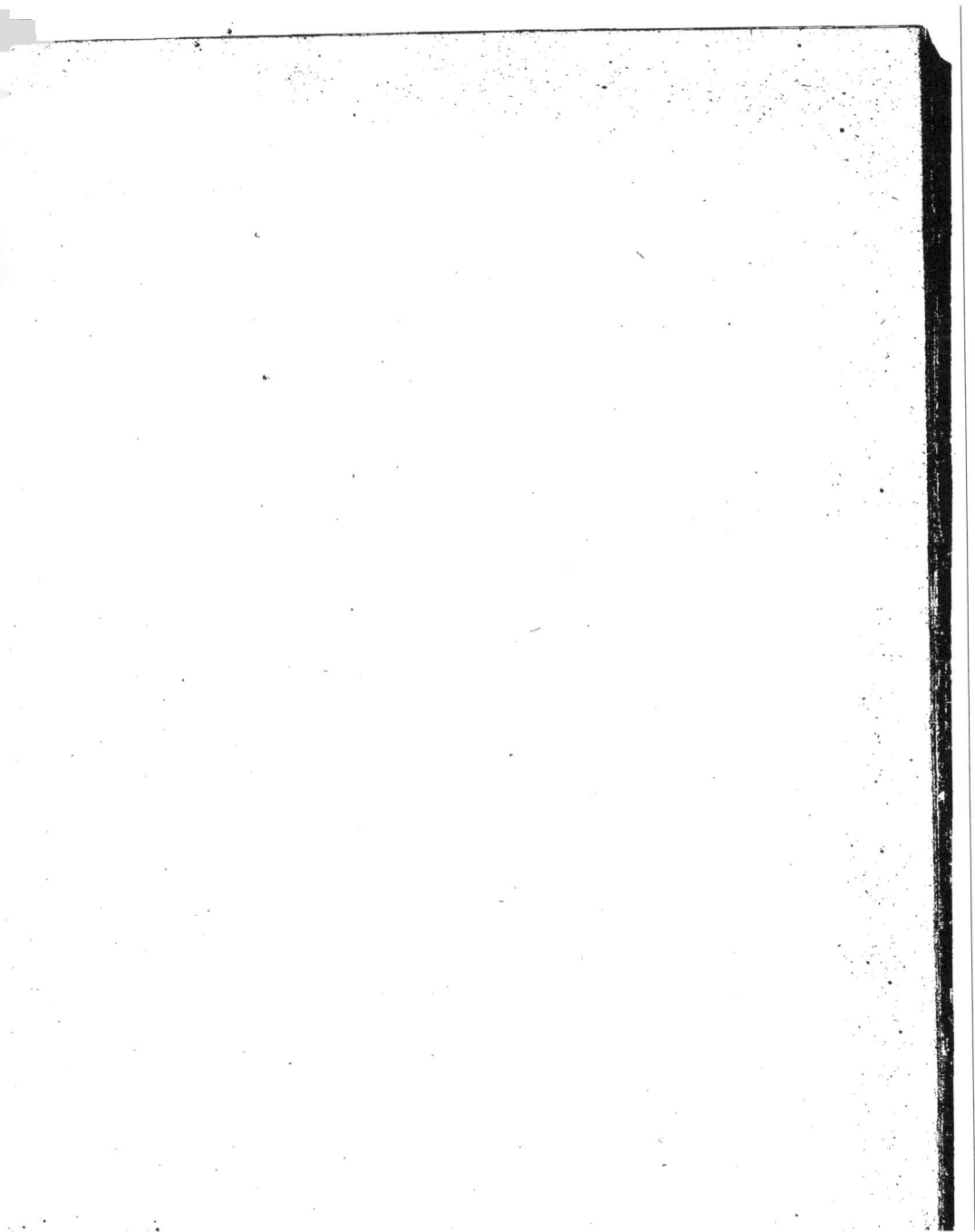

TRAITÉ

ET

QUESTIONS

DE

PROCEDURE CIVILE.

TRAITÉ ET QUESTIONS

DE

PROCÉDURE CIVILE,

Par G. L. J. CARRÉ, Avocat à la Cour Royale de Rennes, Professeur de Procédure civile et criminelle, et de Législation criminelle de la Faculté de Droit de la même Ville, Auteur de l'Introduction générale à l'Etude du Droit, et de l'Analyse raisonnée et Conférences des opinions des Commentateurs, et des Arrêts des Cours sur le Code de Procédure civile.

TOME SECOND.

A RENNES,

Chez DUCHESNE, Libraire, au Palais de Justice, pour la Jurisprudence, et rue Royale, n.° 2.

On trouve chez le même,

L'Introduction générale à l'Etude du Droit, 1 vol. in-8.°;
L'Analyse raisonnée, 2 vol. in-4.°;
Et le Droit civil Français, par M. Toullier, 8 vol. in-8.°

DE L'IMPRIMERIE DE J. M. VATAR. — 1819.

On ne reconnaîtra, pour non contrefaits, que les exemplaires qui porteront la griffe ci-dessous.

INTRODUCTION GÉNÉRALE

A LA PROCÉDURE CIVILE

ET A LA PRATIQUE JUDICIAIRE.

LIVRE PREMIER.

PROCÉDURE CIVILE.

TITRE PREMIER.

DE LA PROCÉDURE CIVILE EN GÉNERAL.

Objet et définition de la procédure. -- Son utilité. -- Nécessité de l'étudier, sous les deux rapports de la théorie et de la pratique.

1. LES LOIS CIVILES, qui règlent les droits et les devoirs réciproques des individus concernant leurs intérêts privés, ont pour garantie et pour sanction l'institution du pouvoir chargé de les appliquer.

2. Mais cette institution n'aurait pu atteindre suffisamment son but, si le législateur n'avait en même tems déterminé comment les citoyens pourraient réclamer du magistrat la justice qui leur est due, et faire parvenir la vérité jusqu'à lui. Il n'était pas moins nécessaire de renfermer l'autorité du magistrat dans de justes limites, de lui tracer une forme de procéder régulière, d'indiquer enfin les voies à suivre soit pour se pourvoir contre ses décisions, soit pour les faire exécuter.

3. De là l'établissement des formes judiciaires qui, dans leur ensemble, constituent ce qu'on appelle la PROCÉDURE. (1)

_____

(1) Ce mot dérive du latin *procedere*, s'avancer, marcher ; ainsi la *procédure* est une manière d'*agir*, une marche *à suivre*.

La procédure n'est donc autre chose en général que la forme suivant laquelle les justiciables et les juges doivent agir, les uns pour obtenir, les autres pour rendre justice.

4. Elle est criminelle ou civile, suivant que la justice doit être rendue, soit à l'occasion d'un fait que la loi, autant pour le bien général que pour l'intérêt privé, a déclaré punissable, soit à l'occasion de toute contestation purement civile. Nous n'avons point à nous occuper ici de la *procédure criminelle.*

5. Pothier définit la procédure civile : « La forme suivant laquelle on doit » intenter les demandes en justice civile, y défendre, instruire, juger, se » pourvoir contre les jugemens et les faire exécuter. » Et, en ce peu de mots, ce grand jurisconsulte a indiqué toute la marche d'une affaire contentieuse. (1)

6. Mais cette définition si simple et si juste n'empêche pas que les règles de la procédure ne soient très-étendues; la loi doit, en effet, dans toutes les circonstances et à toutes les époques de la poursuite judiciaire, offrir, tant aux magistrats qu'aux justiciables, les garanties les plus solides contre l'erreur et les surprises; elle doit signaler, proscrire et surtout prévenir les abus; elle doit rendre facile au juge la recherche de la vérité et prémunir sa conscience contre les pièges que la mauvaise foi ne cesse de lui tendre.

C'est la réunion de ces dispositions qui forme le CODE *de procédure civile.*

7. La perfection de ce code consiste à éclairer la marche de la justice sans l'embarrasser ni la retarder; ne rien prescrire qui ne soit utile, ne rien omettre de ce qui est nécessaire, telles doivent en être les bases; donner les moyens de parvenir, dans le moins de tems et avec le moins de frais possible, à la découverte de ce qui est vrai et juste, tel en est le but. (2)

8. Néanmoins, quoique le législateur n'ait rien négligé pour atteindre ce degré de perfection, on ne peut se dissimuler que ses efforts n'ont pas toujours en tout le succès désirable. C'est un inconvénient inséparable de la difficulté d'appliquer les principes du droit naturel et les règles générales de la législation positive, à celle de toutes les branches de cette législation qu'il est peut-être le plus difficile de soustraire totalement à l'arbitraire.

9. D'une part, cette imperfection inhérente en quelque sorte aux lois de la procédure, de l'autre, la nécessité d'en garantir l'exécution par des nullités et des déchéances tellement rigoureuses que souvent elles emportent la perte du droit même des parties, quelque bien établi qu'il fût au fond; enfin, la facilité que quelques personnes qui abusent de tout, ne trouvent que trop souvent à éluder la loi, ont rendu la pratique judiciaire un objet de critique et de reproches. On s'est recrié contre certaines formalités, inutiles et minutieuses en apparence, et l'on a même voulu en retrancher les plus essentielles.

10. Mais, quoi qu'il en soit de cette prévention qui, au reste, n'est élevée que par des personnes étrangères au barreau, et qui n'ont pas l'expérience nécessaire pour juger en parfaite connaissance de cause, il est généralement

---

(1) Voy. ci-après les distinctions à faire entre la procédure judiciaire et la procédure extrajudiciaire, pag. vij, n. 26 et 27.

(2) Observations préliminaires du projet rédigé en 1804.

reconnu, par les hommes qui ont approfondi la science du droit, que les règles et les formalités de la procédure écartent en général de l'administration de la justice le désordre, l'arbitraire et la confusion, et qu'elles empêchent que les citoyens ne soient traduits devant des juges qui ne leur seraient pas donnés par la loi :

Elles préviennent le danger des erreurs en donnant à l'instruction sur le fait et sur le droit assez d'étendue pour éclairer le juge, et assez de simplicité pour écarter presque toujours la chicane et ses vexations;

Elles garantissent le repos des familles par des prescriptions utiles et par de sages présomptions ;

Elles donnent toute la latitude nécessaire à une légitime défense, et assurent la propriété par des délais précis, des observances et des ressources tutélaires;

Elles arrêtent enfin la précipitation des jugemens en prescrivant de sages lenteurs, et bannissent l'arbitraire en faisant à chaque instant sentir au juge l'empire de la loi sous les ordres de laquelle il agit, et dont il doit suivre toutes les impulsions.

Au reste, toutes les inculpations dirigées contre la procédure viennent échouer contre cette remarque du premier de nos publicistes : « Il y a toujours trop » de formalités, si l'on consulte le plaideur de mauvaise foi qu'elles gênent, » dit Montesquieu, il y en a toujours trop peu, si l'on consulte l'honnête homme » qu'elles protègent; leurs multiplicités, leurs lenteurs, les frais qu'elles occa- » sionnent sont comme le prix que chacun donne pour la liberté de sa per- » sonne et pour la sureté de ses biens. »

11. De l'utilité de la procédure, mais aussi de la facilité qu'on peut trouver à en abuser, dérive la nécessité de l'étudier et de l'étudier dans toute sa pureté. On sait d'ailleurs qu'il n'est pas de cause, pour ainsi dire, qui ne présente à traiter des questions de forme souvent subtiles et épineuses, qui, comme nous l'avons dit, peuvent fréquemment décider du fond, et sur lesquelles on ne saurait acquérir assez de lumières par la simple pratique.

12. Ainsi, l'on était tombé dans une étrange méprise en négligeant, dans les anciennes universités, l'enseignement de la procédure, comme si le tems passé à écrire des actes isolés, sans avoir préalablement acquis la connaissance de leurs motifs, de leur but, des rapports qu'ils ont entre eux, de leurs effets, pouvait produire autre chose que de graver des formules dans la mémoire et d'exposer le praticien aux plus déplorables erreurs, toutes les fois que les cir- constances d'une affaire l'écarteraient de sa routine; comme si la science n'était pas indispensable pour agir avec discernement et sécurité; comme si l'avocat n'avait pas aussi souvent à consulter ou à plaider sur la forme que sur le fond des procès, et n'avait pas besoin, dans l'un comme dans l'autre cas, d'inter- préter les textes par les principes de la doctrine, et par l'esprit de la loi que l'on ne saurait bien saisir sans elle !

« Quelques jurisconsultes, disaient les rédacteurs du projet, ont négligé dans » leur jeunesse l'étude des formes judiciaires; ils en ont presque toujours été » punis par la nécessité où ils se sont trouvés de recourir à des lumières étran- » gères pour suppléer à l'instruction qu'ils avaient dédaignée. »

13. Pour se livrer à cette étude avec plus de fruit et de facilité, il convient de suivre une méthode que des professeurs célèbres ont indiquée pour l'enseignement des diverses branches du droit.

Cette méthode exige que l'étudiant embrasse d'un seul point de vue l'ensemble et l'esprit du code, qui contient les lois relatives à la partie dont il s'occupe.

Il doit donc connaître avant tout l'histoire de ce code, l'esprit général dans lequel il est rédigé, la réunion des matières qu'il régit, le plan suivant lequel elles sont traitées, leurs rapports avec les maximes fondamentales du droit en général, et enfin les règles d'interprétation qui leur sont applicables.

Tel est l'objet des titres suivans.

TITRE II.

Du Code de Procédure civile.

CHAPITRE I.er

Notices historiques sur ce code et sur les lois qui l'ont précédé.
— _Son esprit général._ — _Distinction à faire, d'après ses dispositions, entre la procédure judiciaire et la procédure extrajudiciaire._

14. Avant la publication du code de procédure, les formalités que l'on suivait en France pour l'administration de la justice civile, étaient en grande partie celles que prescrivait l'ordonnance de 1667.

Cette loi était l'ouvrage des magistrats les plus éclairés du 17.e siècle; le résultat de la science, de la méditation la plus profonde; elle offrait ce qu'il y avait de plus sage et de plus complet sur la pratique judiciaire, et le code actuel a dû nécessairement y puiser les dispositions dont une longue expérience avait prouvé l'utilité.

15. Elle-même avait eu pour modèles d'anciennes ordonnances parmi lesquelles les établissemens de Saint-Louis font époque; mais on cite particulièrement celles de 1539, 1560, 1570 et 1629, dont on retrouvait les sources dans quelques lois romaines, dans les capitulaires, dans les écrits des plus anciens praticiens, mais surtout dans les règles ecclésiastiques que l'on peut justement considérer comme renfermant les élémens que le génie et la raison ont développés dans les lois de la procédure.

16. Cependant l'ordonnance de 1667 n'était pas exempte de défauts; on lui reprochait une classification peu naturelle des matières; un grand nombre de lacunes obligeaient de suppléer à ses dispositions par les ordonnances antérieures, par les arrêts et réglemens des cours souveraines et par les décisions de ses nombreux commentateurs. On lui reprochait, enfin, des vices de détail

que l'expérience avait démontrés, et qui avaient occasionnés de grands abus de la part des officiers ministériels. En 1790, elle se trouvait en opposition avec la nouvelle organisation de la justice civile.

17. Ces reproches servirent de prétexte à la loi si connue du 3 brumaire an 2, qui, en supprimant les avoués, abrogea de fait la plupart des dispositions de l'ordonnance ; loi désastreuse qui, comme tant d'autres de la même époque, prouve qu'au sein des tourmentes révolutionnaires, il arrive souvent qu'au lieu de corriger les vices de certaines lois, on les remplace par des lois funestes.

On ne s'attacha qu'à détruire quand il ne fallait que réparer, et bientôt l'on vit naître des abus infiniment plus préjudiciables que ceux qui existaient auparavant. L'instruction la plus nécessaire au bon droit devint impossible ; la fortune des parties fut la proie de mandataires *sans titre légal*, et le plaideur téméraire qui n'avait plus à craindre la juste peine des dépens, n'en fut que plus encouragé dans ses chicanes.

18. L'absence des garanties qu'offrait l'ordonnance et le retranchement absolu de toutes les formalités protectrices des citoyens, devinrent la source de tant d'abus qu'on reconnut bientôt. qu'il y avait loin d'une judicieuse réforme, à l'entier anéantissement de l'ordonnance, et l'on en demanda le rétablissement avec autant d'ardeur qu'on en avait mis à en provoquer la suppression.

On regarda donc comme un grand bienfait la disposition de la loi du 27 ventôse an 8, qui rétablit les avoués, et l'arrêté du gouvernement du 18 fructidor suivant, qui leur ordonna, *par provision*, de suivre exactement la procédure établie par l'ordonnance et les réglemens postérieurs.

19. Ces mots, *par provision*, promettaient une législation nouvelle sur la pratique judiciaire ; mais on attendit que le code des lois civiles fût terminé, et peu de tems après sa publication, le code de procédure fut *aussi discuté, adopté* et mis en activité.

20. A cette époque, c'est à dire le 1.er janvier 1807, (1) les lois, les usages et réglemens anciens relatifs à la procédure civile furent définitivement abrogés, et la France jouit enfin de l'inappréciable avantage d'un système uniforme et complet de législation civile, tant sur le fond que sur la forme.

21. Les rédacteurs du nouveau code, en adoptant celles des règles anciennes, dont le tems avait démontré la sagesse, ont profité de tout ce que la jurisprudence des arrêts, les ouvrages des auteurs et les lois intermédiaires leur offraient d'utile.

On ne saurait donc contester de bonne foi que cette nouvelle collection des lois de procédure n'ait sur l'ordonnance une prééminence marquée qui s'accroît encore de l'esprit général qui a présidé à sa confection; le législateur s'est constamment appliqué dans ce travail à éviter deux écueils également funestes : si, d'une part, il a supprimé les formalités ruineuses qui trop souvent éternisaient les procès, de l'autre, il n'a pas voulu qu'une instruction trop rapide conduisît à l'erreur, quelquefois à l'injustice, suites inévitables de la précipitation.

_____

(1) Voyez sur l'article 1041.

CHAPITRE II.

Plan du code de procédure. — Matières de ses dispositions.

22. Pour l'utilité et la facilité des juges et des justiciables, le législateur a rangé les dispositions du code sous autant de divisions particulières qu'il établit de procédures pour chaque espèce de juridiction.

Ainsi, dans le premier livre de la première partie, il a réuni les dispositions concernant la procédure spéciale des justices de paix; dans les vingt-cinq premiers titres du livre 2, celles qui s'appliquent aux tribunaux civils d'arrondissement, et dans le vingt-sixième, celles qui sont particulières aux tribunaux de commerce.

Le 3.ᵉ livre est entièrement consacré à la procédure devant les tribunaux et les cours d'appel, et le livre 3 de la 2.ᵉ partie aux règles à suivre devant les arbitres.

23. Toutes ces dispositions tracent et régularisent la marche à tenir pour obtenir, dans chaque tribunal, la décision d'un procès civil.

Leur complément se trouve dans celles que contiennent les 4.ᵉ et 5.ᵉ livres; l'un sur les voies ordinaires et extraordinaires ouvertes pour attaquer les jugemens, l'autre sur les moyens de les faire exécuter.

Ces différens modes de poursuivre l'exécution sont, en général, communs à toute décision judiciaire, de quelqu'autorité qu'elle émane, et c'est pourquoi il n'y a pas lieu à distinguer ici, comme on l'a fait par rapport aux formes prescrites pour l'obtention et la prononciation des jugemens, entre ceux qui sont rendus par telle juridiction ou par telle autre.

24. Les dispositions contenues dans ces différens livres établissent toutes les règles que réclame la procédure d'après la définition que nous avons donnée n.° 5, et elles se rapportent toutes en conséquence aux cinq objets indiqués dans cette définition, savoir; *la demande, l'instruction, le jugement, le pourvoi contre le jugement, l'exécution.*

25. Plusieurs auteurs, entre autres M. Pigeau, qui méritera toujours d'être cité au premier rang, ont traité de la science de la procédure sous ces divisions; mais cette méthode expose à confondre des règles qui, quoique identiques dans leur but, peuvent différer quant à la nature des formalités qu'elles prescrivent. Elle empêche d'ailleurs de saisir le caractère propre que cette différence de règles et de formalités, relatives à chaque tribunal, imprime à la procédure qui se fait devant lui.

Pour bien connaître la marche de chaque procédure, les règles générales, leurs modifications ou exceptions, il convient donc d'étudier le code dans l'ordre suivant lequel les matières y sont classées, sauf à se rendre raison de cette classification et à remarquer en passant les rapports de similitude ou de différence qu'ont entre elles les dispositions propres à chaque tribunal, et à les rattacher aux divisions admises dans la doctrine.

C'est ce que nous avons essayé de faire par les notions théoriques qui forment les préliminaires de chaque livre et de chaque titre du code, et qui composent dans leur ensemble *notre traité de procédure.*

26. Cette procédure, qui comprend toutes les règles et toutes les formalités à observer, à l'occasion d'une affaire contentieuse, depuis la demande jusqu'à l'exécution du jugement, est appelée *procédure judiciaire*, parce que tous les actes qu'elle comporte sont faits en présence du juge ou de son autorité.

27. On la distingue, par cette qualification, d'une autre espèce de procédure que l'on appelle *extrajudiciaire*, parce qu'elle ne suppose point essentiellement un débat en justice, parce qu'elle se borne à tracer la marche à suivre dans une foule de circonstances qui exigent l'intervention du juge lui-même ou des officiers ministériels, autrement que pour parvenir à un jugement ou à son exécution.

28. Toutes les règles, toutes les formalités qu'elle établit, se trouvent dans la seconde partie du code, sous le titre général de *procédures diverses*, attendu qu'elles constituent autant de procédures particulières et distinctes sur diverses matières de droit privé, indépendantes les unes des autres. (1)

29. Enfin, le code est terminé par des dispositions générales dont l'objet est de prévenir les abus qui pourraient naître de l'interprétation ou de l'application vicieuse de la loi, et de procurer la stricte exécution d'un grand nombre de dispositions particulières, en établissant des règles absolues et invariables dont les parties, les officiers ministériels et les juges ne peuvent s'écarter. (2)

TITRE III.

Application aux lois de la procédure civile, de certaines maximes générales du droit français.

---

30. Il est dans notre législation certains principes fondamentaux qui ont un point de contact avec toutes les lois dont elle se compose, parce que leur application dépend d'eux comme d'un régulateur général.

Ces principes ont été placés, en grande partie, en tête du code civil, par la considération qu'il embrasse, plus que tout autre, l'universalité des choses et des personnes.

Il existe aussi d'autres principes qui n'ont point été érigés en loi, mais qui n'en sont pas moins constans et obligatoires, puisque la jurisprudence les a consacrés. Ils établissent des points de doctrine incontestables, et par conséquent ils font, comme les dispositions de la loi même, partie essentielle de l'enseignement du droit.

Nous avons à examiner quelle est l'influence des uns et des autres sur les règles positives de la procédure civile.

31. Premier principe. *Nulle loi n'est obligatoire qu'autant qu'ayant été promulguée par le Roi, elle est réputée connue de la nation.*

---

(1) V. tome 2, p. 421.

(2) V. tome 2, p. 619.

Tel est le principe général que consacrent le charte constitutionnelle et
l'article premier du code civil. Entre le peuple, pour qui la loi est faite, et
le législateur, il faut en effet un moyen de communication; car il est nécessaire que le peuple sache ou puisse savoir que la loi existe et qu'elle existe
comme loi.

La promulgation est le moyen de constater l'existence de la loi auprès du
peuple, et de lier le peuple à l'observation de la loi.

C'est l'acte par lequel le Roi, investi, par l'article 13 de la charte, de la
plénitude de la puissance exécutive, proclame, conformément à l'article 22,
le texte de la loi qu'il a sanctionnée, en ordonne l'envoi aux autorités constituées, et prescrit l'obéissance.

32. C'est en vertu de cette promulgation que les lois deviennent exécutoires,
c'est à dire, susceptibles d'exécution dans toute l'étendue du royaume; mais
elles n'ont force obligatoire, dans chaque partie, que du moment où il existe une
présomption légale qu'elles y sont connues.

Cette présomption est acquise suivant l'article 1.er du code civil et les ordonnances royales des 27 novembre 1816 et 18 janvier 1817; (1) savoir :

Pour le département de la résidence royale, un jour après que le bulletin où
la loi a été insérée a été reçue de l'imprimerie royale par le garde des sceaux,
lequel constate sur un registre l'époque de sa réception ;

Pour les autres départemens, après l'expiration du même délai, augmenté
d'autant de fois dix myriamètres entre la ville où la promulgation a été faite
et le cheflieu de chaque département.

Mais dans tous les cas où Sa Majesté juge convenable de hâter l'exécution
des lois ou de ses ordonnances avant la réception du bulletin officiel et
l'expiration des délais que nous venons d'indiquer, elles sont adressées au pré-
fet de chaque département qui en constate la réception sur un registre, et
prend incontinent un arrêté par lequel il ordonne qu'elles seront imprimées
ou affichées où besoin sera.

Cette forme de publication s'applique aux ordonnances royales comme aux
lois.

33. Il est à remarquer maintenant qu'aucune disposition de la charte constitutionnelle n'interdit au législateur de retarder l'exécution d'une loi, et par conséquent il peut fixer, pour cette exécution, tous autres délais que ceux dont
nous venons de parler.

La raison en est que certaines lois exigent des réglemens organiques, des
mesures d'administration sans lesquelles il serait impossible de les bien exécuter;
d'autres sont d'une telle importance qu'il est utile d'accorder quelque tems,
afin de les méditer, pour prévenir les erreurs auxquelles exposerait une exécution trop rapprochée. Il en est enfin, et ce sont particulièrement celles de

(1) On croit généralement ces ordonnances vicieuses (V. le traité du droit civil de M.
Toullier, 2.e édition, t. 1, p. 69 et suiv.), et l'on forme le vœu que tout ce qui regarde le mode
de la publication de la loi soit déterminé par les trois branches du pouvoir législatif. (V.
essai de traité historique et politique sur la charte, dans l'ouvrage de M. le comte Lanjuinais,
des constitutions de tous les peuples, t. 1, p. 258, n.° 333.)

la procédure, dont il serait difficile de concilier les dispositions dans une instance déjà liée avec celles des lois sous l'empire desquelles cette instance aurait
été introduite.

C'est par cette considération que, d'après la disposition de l'article 1041, le
code de procédure civile n'a été mis en activité que le 1.er janvier 1807, quoique les différentes lois qui le composent aient été promulguées dans le courant
de 1806.

34. Second principe. *La loi ne dispose que pour l'avenir, elle n'a pas
d'effet rétroactif.*

Ce second principe consigné dans l'article 2 du code civil, est une conséquence immédiate de celui que nous venons de développer, et suivant lequel
la loi, pour être obligatoire, doit avoir été publiée.

Il est évident que si l'on pouvait faire remonter l'action d'une loi nouvelle
à un tems antérieur à sa publication, ce serait la supposer obligatoire avant
qu'elle eût été connue; et ce qui n'est pas moins absurde, ce serait lui faire
produire un effet préexistant à sa cause.

35. Il suit de là que l'on doit respecter les droits acquis antérieurement à la
publication d'une loi, mais là se borne l'application du principe de la non
rétroactivité.

On peut donc le considérer comme étranger, pour ainsi dire, aux lois de la
procédure, puisqu'elles se bornent, en général, à prescrire les moyens de conserver ou recouvrer les droits des parties; sans avoir, *au fond*, aucune influence
sur ces mêmes droits, à l'égard desquels le juge ne prononce jamais qu'en vertu
des dispositions antérieures qui les concernent.

Par suite de conséquences, ces lois doivent être exécutées au moment de leur
publication, même dans les procès qui auraient été commencés auparavant.

En d'autres termes, qui sont précisément ceux d'un arrêté du gouvernement, du 6 fructidor an 9: « Tout ce qui touche à l'instruction des affaires,
» tant qu'elles ne sont pas terminées, se règle d'après les formes nouvelles sans
» blesser le principe de non rétroactivité que l'on n'a jamais appliqué qu'au
» fond du droit. » (1)

46. Il est vrai que le code de procédure a fait une exception, en statuant, par
l'article 1041, que les procès commencés avant sa mise en activité seraient instruits et jugés suivant les anciennes formes; c'est du moins ce qui résulte de
ce qu'il dispose que tous procès qui seront *intentés depuis* seront instruits
conformément à ses dispositions. Mais cette exception, loin de détruire la
règle générale, la confirme au contraire, en sorte que toute loi de procédure
qui pourrait survenir désormais, serait sujette à cette règle, si elle ne portait
pas la même exception.

---

(1) On sent que s'il se trouvait dans les lois de procédure quelques dispositions qui in-
fluassent sur le fond du droit, elles admettraient l'application du principe général de la
non rétroactivité, puisque l'exception n'est relative qu'aux dispositions de forme. (Voyez sur
l'article 1041, n.° 4712.) Mais qu'il survienne une loi qui substitue à telle formalité prescrite aujourd'hui par le code une formalité différente, une loi, enfin, qui modifiât les dispositions anciennes, cette loi nouvelle sera observée même dans les affaires introduites avant sa
publication. (Voyez sur l'article 397, les numéros 1977 et 1978.)

**

37. Troisième principe. *La loi abrogée, soit par une disposition formelle, soit par le non usage ou par L'INCONCILIABILITÉ de ses dispositions avec celles d'une loi postérieure, est considérée pour l'avenir comme si elle n'avait jamais existé.*

C'est une vérité sur laquelle il paraîtrait superflu d'insister, s'il n'était utile d'expliquer comment le principe doit être appliqué en ce qui concerne le code de procédure.

L'article 1041 abroge généralement et sans distinction, toutes lois, réglemens, coutumes et usages relatifs à la procédure. Il diffère en cela de l'article 7 de la loi du 20 ventôse an 12, qui n'abroge les anciennes dispositions, touchant le fond du droit, que dans les seules matières qui sont l'objet du code civil.

L'abrogation de celles qui concernaient la procédure, est donc générale et absolue, et ne permet en aucun cas de les invoquer comme règles obligatoires.

Mais on n'en conclura pas qu'on ne puisse y recourir sous aucun rapport; souvent, au contraire, il devient indispensable de les consulter pour éclaircir un texte obscur ou pour résoudre toute autre difficulté que présenterait son application.

Tel est le sens de la règle du droit romain. *Priores leges ad posteriores trahuntur, nisi contrariæ sint.* (1)

Tout ce qui résulte de l'abrogation de ces lois, c'est que les tribunaux ne sont pas obligés de les appliquer, et qu'en conséquence les parties ne pourraient fonder sur la contravention à leurs dispositions, soit un appel, soit un pourvoi en cassation.

38. Il est à remarquer, en outre, que cette abrogation ne s'applique qu'aux lois et réglemens *généraux* qui étaient en vigueur dans les différentes contrées de la France.

Mais, dans les affaires qui intéressent le gouvernement, on a dans tous les tems jugé nécessaire de s'écarter de la loi commune par des lois spéciales, soit en simplifiant la procédure, soit en prescrivant des formes différentes.

Or, on ne trouve dans le code aucune disposition qui puisse suppléer ou remplacer ces réglemens spéciaux, qu'il eût nécessairement fallu établir si l'on avait supposé qu'ils fussent compris dans l'abrogation prononcée par l'article 1041. (Voyez n.º 4709.)

Par cette considération, un arrêté du conseil d'état, du 1.er juin 1807, a déclaré que ces lois et réglemens ont continué de subsister comme loi de l'état, et indépendamment des dispositions du code.

39. Quatrième principe. *Les lois spéciales, c'est-à-dire particulières à une matière, doivent être appliquées de préférence à une loi générale même postérieure, lors même que celle-ci n'y a pas formellement dérogé.*

Ce principe, dont ce qui précède est une conséquence, est la règle même consacrée par la loi 80, au ff. *de regulis juris.* — « *In toto jure,* » *generi per speciem derogatur, et illud potissimùm habetur quod ad speciem* » *directum est.* »

---

(1) Digeste, L. 26 de leg.

Il est évidemment fondé sur la raison. Lorsque le législateur statue en particulier sur un objet, et s'écarte à son égard des règles ordinaires faites pour des cas analogues, ce ne peut être que par des considérations majeures qui ne permettent pas, même lorsqu'il existerait quelques incertitudes dans un cas donné, de se décider d'après les règles du droit commun, si elles se trouvaient en contradiction avec l'esprit de la loi spéciale.

40. Il résulte de ce principe, relativement aux lois concernant la forme de procéder, que toutes les fois qu'une loi particulière a posé des règles propres à certaines matières, il n'y a pas lieu à recourir aux dispositions du code de procédure qui forme la loi générale. Par exemple, celles qu'il contient sur les arbitrages ne peuvent, en général, être invoquées dans les arbitrages forcés en matière de société commerciale, parce que le code de commerce renferme des dispositions spéciales à leur égard.

41. Dans le code de procédure lui-même, on remarque des règles générales et des règles spéciales ; *des règles générales*, comme celles qui tracent la procédure à suivre dans les tribunaux civils d'arrondissement, et relativement aux matières ordinaires ; *des règles spéciales*, comme celles qui concernent les justices de paix, les tribunaux de commerce, les affaires sommaires. Ici, par suite du principe ci-dessus posé, on doit décider encore que ces règles spéciales doivent être exclusivement observées, et que toutes les fois qu'il s'élève des difficultés dans leur application, ces difficultés devraient être résolues par l'esprit de la loi spéciale. Cependant il importe d'observer que si les lois spéciales n'ont rien déterminé à l'égard de certains actes ou de certains cas qu'elles indiquent ou qu'elles supposent, il faut nécessairement, pour écarter l'arbitraire, recourir à la loi générale, et appliquer les règles et les formalités qu'elle pourrait contenir relativement à ces cas et à ces actes.

42. Cinquième principe. *Les étrangers ne sont pas, comme les français, tenus indistinctement à toutes les lois du royaume.*

Ainsi l'article 3 du code civil ne les soumet qu'aux lois de police et de sûreté, et à celles qui régissent les immeubles situés en France, tandis que toute loi, quel que soit son objet, oblige indistinctement les français.

Mais si l'on considère que, suivant les articles 14 et 15 du même code, l'étranger peut, en certains cas, citer ou être cité devant les tribunaux français, pour affaires civiles, on doit nécessairement admettre qu'il est soumis à toutes les dispositions du code de procédure, et conséquemment à tous les principes concernant la manière d'intenter les actions, la forme de procéder, les effets du jugement et son exécution.

43. Sixième principe. *On ne peut déroger par des conventions particulières aux lois qui intéressent l'ordre public et les bonnes mœurs.*

Telle est la disposition de l'article 6 du code civil ; elle comprend nécessairement toutes les lois qui forment le droit public de la nation, suivant la loi 45 *de regulis juris*, et la loi 38 *de pactis*, au digeste. L'ordre public n'est en effet que le résultat des lois qui composent le droit public.

Or, ces lois ayant pour objet les rapports des gouvernans avec les gouvernés, des administrateurs avec les administrés, des *juges* avec les *justiciables*, celles qui règlent la procédure font une partie essentielle du droit public.

« L'administration de la justice, dit l'auteur de l'article, *droit public*, au
» nouveau répertoire, est de droit public en *matière civile*, aussi bien qu'en
» matière criminelle; c'est pourquoi les particuliers ne peuvent y déroger
» que dans le cas où la loi elle-même leur en a laissé la faculté. »

44. Cette faculté leur est accordée à l'égard de toutes les dispositions qui
n'ont été portées que pour leur avantage personnel; telles sont entre autres celles
qui ont trait à l'incompétence d'un tribunal, relativement au domicile du
défendeur, aux délais fixés pour l'exercice des actions et des pourvois, pour
la confection de certains actes ou opérations, etc., et enfin aux formalités des
exploits et autres actes de procédure.

45. Mais le juge ne peut jamais déroger d'office, même à ces dispositions,
parce qu'il ne lui est pas permis de mettre sa volonté à la place de celle des
lois, de dispenser ainsi une partie des formes prescrites dans l'intérêt de
l'autre, de tracer aux justiciables ou de suivre lui-même une marche différente
de celle qu'elles ont réglées. Il n'y a encore d'exception que pour le cas où le magistrat y serait lui-même formellement autorisé, comme il l'est dans certains
cas par ces mots, *pourra le juge.* (1)

46. Septième principe. *Il est défendu aux juges de prononcer par voie
de disposition générale ou réglementaire.* (Code civil, art. 5.)

Prononcer par voie de disposition générale ou réglementaire, c'est, de la part
du juge, imposer à tous les justiciables ou à une partie d'entre eux, qui ne
seraient pas aux qualités d'un procès, l'obligation de se conformer à la décision
rendue sur cette contestation.

Ce pouvoir étant formellement interdit aux magistrats, il s'ensuit qu'ils ne
peuvent jamais enjoindre, soit aux citoyens, soit aux officiers ministériels, de
se conformer à telle forme de procéder qu'ils indiqueraient, ou à tels jugemens
qu'ils auraient rendus sur un point de procédure ou de droit.

Les seuls réglemens que les tribunaux soient autorisés à faire, sauf approbation du Roi, sont ceux qui seraient relatifs à l'ordre du service et à la distribution des affaires dans les différentes sections. (2)

47. Huitième principe. *Le juge qui refuserait de juger, sous prétexte du silence, de l'obscurité ou de l'insuffisance de la loi, se rend coupable de déni de
justice.*

Ce principe, posé dans l'article 4 du code civil, trouve sa sanction dans les
dispositions du code de procédure, titre *de la prise à partie.* Il est étendu,
par l'article 5o6 de ce code, aux cas où les juges refusent de répondre les
requêtes, ou négligent les affaires en état ou en tour d'être jugées. On peut
même affirmer, d'après la jurisprudence, qu'il doit recevoir son application
toutes les fois qu'un juge, malgré une provocation légale, refuse d'exercer son
ministère en toute circonstance où la loi l'exige.

48. Ainsi l'insuffisance, l'obscurité ou le silence, soit des lois concernant le
fond, soit de celles relatives à la forme, ne peuvent, sous aucun prétexte,

---

(1) V. article 154.

(2) Décret du 6 juillet 1810, art. 21.

arrêter la marche d'un procès ou en suspendre l'instruction. Il en résulte qu'en ces circonstances le juge, si la loi est muette ou insuffisante, doit statuer d'après les principes de l'équité; et si elle est obscure, l'interpréter suivant les mêmes principes, combinés avec les règles générales du droit positif, l'esprit du législateur et les inductions que présenteraient des dispositions pour des cas analogues.

49. Cette observation nous conduit à poser et expliquer ici quelques règles générales d'interprétation et d'application des lois.

TITRE IV.

Règles générales d'interprétation et d'application des lois. — Leurs rapports avec celles qui règlent la procédure civile.

50. INTERPRÉTER une loi, c'est en expliquer le sens d'une manière plus claire que les expressions dans lesquelles elle est conçue.

51. Il y a deux sortes d'interprétations, l'interprétation par voie *d'autorité* et l'interprétation par voie *de doctrine.*

52. L'interprétation par *voie d'autorité* consiste à résoudre les questions et les doutes par voie de réglement et de disposition générale; elle appartient naturellement et essentiellement au pouvoir législatif. C'est une maxime du droit romain : *Ejus est legem interpretari cujus est legem condere.*

Il suit de ce principe que la puissance législative doit seule avoir en France le droit d'interpréter les lois.

Or, la puissance législative ne pouvant plus s'y exercer que collectivement par le Roi, la chambre des pairs et la chambre des députés des départemens (art. 15 de la Ch. const.), le concours des trois autorités paraît aujourd'hui nécessaire pour donner une interprétation qui devienne obligatoire pour tous.

Une loi du 15 septembre 1807, encore en vigueur, se trouve en opposition avec ce principe constitutionnel, en ce qu'elle accordait au chef de l'ancien gouvernement le droit d'interpréter la loi judiciaire par voie de disposition générale, dans la forme des réglemens d'administration publique.

Les lois administratives avaient été soumises également au même mode d'inter-prétation, en exécution, 1.º de l'art. 55 de l'acte du 22 frimaire an 8 ; 2.º d'un réglement du conseil d'état du 5 nivôse, même année.

Les tribunaux furent assujétis à prendre ces interprétations pour règle de leurs décisions.

En vain des jurisconsultes célèbres s'élevèrent-ils contre cette usurpation du pouvoir législatif; ils eurent la douleur de la voir maintenue et consacrée par des arrêts solennels de la cour de cassation elle-même. On en trouve la preuve dans le répert. universel, v.º *divorce*, dans la mémorable affaire Mac-Mahon.

Cette doctrine semble aujourd'hui proscrite par la charte. On se souvient même que Sa Majesté fit présenter en 1814 un projet de loi sur les attributions de la cour de cassation, qui réservait exclusivement le droit d'interprétation, non plus au gouvernement seul, mais à *la puissance législative;* c'est-à-dire, aux trois pouvoirs dont le concours est indispensable pour la formation de la loi.

On reviendra donc tôt ou tard aux véritables principes constitutionnels.

M. le comte Lanjuinais, dans son essai sur la charte, p. 98 et 258, en fait une juste application et leur rend un nouvel hommage. Il n'appartient, dit-il, qu'aux volontés qui font les lois d'en émettre des interprétations obligatoires; aucune des branches de l'autorité législative ne peut s'attribuer à elle seule l'interprétation générale; ce serait une usurpation du pouvoir législatif. L'acte du gouvernement qui résout une difficulté en matière administrative, qui développe le sens des lois, n'est qu'une instruction, une direction, un conseil, que l'on pèse et que l'on balance, et auxquels l'administration ni le juge n'est tenu de s'astreindre.

53. La loi interprétative doit être exécutée même pour le passé, puisque le sens qu'elle indique est celui de la loi antérieure, qui devait être entendue et exécutée dans ce même sens; et, en effet, la loi nouvelle n'étant que déclarative du véritable sens de la loi existante, c'est d'après ce sens, et en conformité de cette loi nouvelle, que les affaires à juger *depuis sa promulgation,* bien qu'elles aient pris naissance sous l'ancienne loi, doivent être décidées. (1) « Les erreurs ou les abus intermédiaires, disaient à ce sujet les rédacteurs du projet de code » civil, ne font pas lois. »

54. « Cependant, ajoutaient-ils (et le principe est désormais incontestable), » les jugemens rendus en dernier ressort, les sentences arbitrales passées en » force de chose jugée, les transactions doivent être exécutées, attendu que » les parties ont acquis, par suite de ces actes, des droits dont on ne pourrait » les priver sans injustice. »

55. L'interprétation par *voie de doctrine* est celle qui appartient aux jurisconsultes, aux juges et aux administrateurs.

Elle consiste, soit à fixer le vrai sens de la loi, soit à la suppléer en cas de silence ou d'insuffisance de ses dispositions.

Lorsqu'elle vient du jurisconsulte, elle n'a d'autre effet que d'éclairer le magistrat sur le jugement qu'il doit rendre, suivant ses lumières et sa conscience.

Quant à l'interprétation donnée par le magistrat, elle constitue une décision obligatoire, mais pour ceux seulement entre lesquels elle est intervenue.

Lorsque, enfin, l'interprétation est donnée par l'administrateur, elle peut, *selon les circonstances,* obliger tous les administrés, si toutefois l'approbation du Roi lui imprime le caractère de réglement d'administration publique et ne porte que sur un *mode d'exécution.*

---

(1) *Novæ constitutionis effectus revocari debet ad præterita, si tantummodò declaret, quod anteà leges caverant. Declaratio autem nihil novum vel dat, vel statuit* (Mornac, Voy. aussi Voët sur le digeste *de legibus,* n. 17.

(2) Loi 7, in fine, cod. liv. 1, tit. 14 *de legibus et constitutionibus,* et la novelle 19.)

56. Dans toute loi, on doit considérer deux choses qui servent particulièrement à en faciliter l'intelligence, 1.° les expressions dans lesquelles elle est
conçue; 2.° les motifs qui l'ont dictée.

De là deux règles principales:

Première règle. Il faut prendre les termes dans leur signification propre et
naturelle, et non selon l'analogie ou l'étimologie grammaticale; mais *selon
l'usage commun*, à moins qu'il n'y ait d'ailleurs des conjectures suffisantes pour
leur donner un sens particulier. (Puffendorff, traité des lois naturelles, in-4.°,
liv. 5, ch. 12, §. 3, et argument des lois 7, §. 2, ff. *de supellectile legatá*,
et 9, au code *de legibus.*

Mais les termes de la loi peuvent avoir un autre sens dans la langue du droit,
qui souvent étend ou restreint la signification usuelle; et, en ce cas, c'est au
sens légal qu'il faut s'attacher. (1)

De cette obligation de s'en tenir à la signification légale ou usuelle des termes,
on doit conclure que les expressions de la loi, lorsqu'elles sont générales, doivent
être prises dans toute leur étendue. (2)

Aussi tient-on pour maxime incontestable que, si la loi ne distingue point
et n'excepte rien, on ne doit aussi faire ni distinction ni exception, à moins,
disent les auteurs, qu'il n'existe une raison particulière tirée de la loi même,
ou du motif sur lequel elle est fondée. (3)

Deuxième règle. Lorsque les expressions sont équivoques, il faut en fixer le
sens d'après l'esprit de la loi et l'intention du législateur. (4)

On doit y parvenir, 1.° en étudiant la loi dans son ensemble pour en rapprocher et combiner les différentes dispositions; (5)

2.° En rapprochant de la loi à interpréter celles qui concernent la même
matière ou des matières analogues;

3.° En faisant attention aux circonstances dans lesquelles cette loi a été rendue,
pour connaître si elle n'a pas eu pour objet de prévenir ou de détruire des
abus qui existaient alors;

4.° En tâchant d'appercevoir les inconvéniens qui naîtraient de cette interprétation, afin d'en adopter un autre, parce qu'il est évident que le législateur
n'a pas entendu donner lieu à ces inconvéniens.

C'est pourquoi l'on doit encore tenir pour maxime certaine qu'il faut toujours,
dans le doute, adopter le sens qui donne à loi l'effet le plus conforme aux
principes de la raison et de la justice; (6)

5.° En s'attachant aux motifs de la loi, s'ils ont été exprimés par le législateur lui-même.

---

(1) Loi 69, ff. *de legibus.*
(2) V. L. 1, §. 1, ff. *de legatis præstandis*, et la note de Godefroi, n. 36.
(3) Nouv. répert., v.° *interprétation*, n. 5.
(4) L. 15 et 21, ff. *de verb. sig.* L. 17 *de legibus.*
(5) L. 24, ff. *de leg.*
(6) L. 19, ff. *de legibus*, et 90 *de regulis juris.*

Ils l'ont été, à l'égard de nos différens codes, par les orateurs du gouvernement et du corps législatif; ils le sont encore aujourd'hui par les ministres du Roi et par les commissaires qu'il charge de soutenir devant la chambre la discussion des projets de loi rédigés en son conseil d'état.

58. De ce qu'il est permis d'interpréter la loi à l'aide de ses motifs, il ne s'ensuit pas qu'il soit généralement permis, par parité de raison, d'étendre la disposition d'une loi rendue sur un objet à un autre objet, si cette extension n'est ni dans les termes ni dans l'intention du législateur. En effet, fût-il certain que le législateur aurait eu, dans un cas comme dans l'autre, les mêmes raisons pour statuer de la même manière, il n'en résulte pas nécessairement que telle ait été son intention.

Ainsi, la maxime *ubi eadem ratio, idem jus*, ne s'applique que dans les circonstances où l'on peut avec fondement penser que le législateur a eu en vue de disposer à l'égard d'un cas qu'il n'a pas exprimé, comme à l'égard de celui sur lequel il a formellement statué.

De là les règles suivantes, concernant la faculté d'étendre les lois d'un cas à un autre :

1.° Il y a lieu à l'interprétation *extensive*, lorsque les dispositions d'une loi deviendraient illusoires et ne produiraient aucun effet, si on ne les étendait au-delà de ce qu'exprime le sens littéral des mots ;

2.° Toute loi doit être étendue à ce qui est essentiel à l'objet qu'elle a en vue, et à tout ce qui est une suite nécessaire de sa disposition.

Ainsi, la loi qui donne certains pouvoirs ou avantages est présumée, alors même qu'elle n'en ferait pas mention, accorder tous les droits nécessaires pour user de ces pouvoirs ou avantages ; (1)

3.° Dans les choses correlatives, on peut étendre les dispositions d'une loi favorable, et décider que le législateur n'a parlé expressément de l'une que par forme d'exemple ; (2)

4.° Ce qui en droit est regardé comme de même nature, doit se décider par les mêmes principes, et l'on peut alors étendre les lois d'un cas à l'autre.

L'interprétation dans ces différentes circonstances ne consiste point à suppléer arbitrairement la loi, mais à en faire l'application à des cas qui, pour n'être pas exprimés dans ses dispositions, n'y sont pas moins réellement renfermés conformément à son esprit et à l'intention du législateur.

59. Les lois favorables doivent être interprétées suivant la signification la plus étendue qu'on puisse leur donner. (3)

Les lois rigoureuses, au contraire, doivent être entendues et restreintes dans la signification la plus étroite. (4) C'est ce qu'exprime la maxime si connue du droit canonique : *Odia restringenda, favores ampliandi.*

---

(1) L. 2, ff. *de jurisdictione* ; arg., liv. 3, ff. §. 3, lib. 8, tit. 3, *de servitutibus prœdiorum rusticorum.*

(2) *Lege ultimá, cod. de indictâ viduitate.*

(3) L. 25, ff. *de legibus.*

(4) L. 19, *de liberis et posthumis* ; L. 56, 155, §. 2 et 192; §. 1, *de regulis juris.*

Cette maxime exige deux observations importantes ; la première, c'est qu'il n'existe point de *lois odieuses*, si l'on prend ce terme dans le sens qu'il présente naturellement, car les lois ne sont établies que pour le bien commun, et tout ce qui tend à le procurer doit concilier le respect et l'affection.

Mais il est des lois qui, pour le bien commun, mettent des bornes à la liberté naturelle des individus, prescrivent des règles ou des formalités gênantes, ou attachent certaines peines à leur inobservation. Ce sont ces lois que l'on appelle rigoureuses (*odiosæ.*)

Il en est d'autres qui, loin de restreindre la liberté, ne sont faites au contraire que pour en protéger et en faciliter l'usage. Elles accordent des graces, des facultés, des droits, des avantages quelconques ; c'est pourquoi on les appelle *favorables* par opposition aux *lois rigoureuses.*

La seconde observation, c'est que l'interprétation *restrictive* des premières et *extensive* des secondes, suppose essentiellement qu'il peut y avoir quelque doute légitime sur le sens qu'on doit leur attribuer. Si en effet le sens ne peut être méconnu, et que les termes dans lesquels elles sont conçues, les vues et les motifs qui les ont fait établir, les circonstances où elles ont été portées, l'ont fait suffisamment connaître, alors on doit les interpréter par elles-mêmes, indépendamment de ce qu'elles ont de rigoureux ou de favorable. « Il faut, dit Domat (lois civ., liv. 1.er, tit. 1, sect. 2, §. 7), juger » par la rigueur du droit si la loi ne souffre pas de tempérament, ou par le » tempérament de l'équité si la loi le souffre. »

Il n'appartient point au magistrat de substituer au texte précis d'une loi, qui commande avec rigueur, son opinion sur l'esprit de cette loi. Cette maxime, si souvent répétée, *il faut consulter l'esprit de la loi quand la lettre tue*, est donc abusive toutes les fois que la disposition est claire, formelle et impérieuse. « *Dura lex, sed scripta.* » (1)

60. La règle générale de l'interprétation extensive des lois favorables se suffit à elle-même ; mais celle qui établit l'interprétation restrictive des lois rigoureuses se développe par plusieurs autres, particulièrement applicables aux lois de la procédure qui, pour la plupart, sont des lois *rigoureuses.*

Ainsi, 1.° en toute disposition pénale, on doit admettre l'interprétation la plus douce. (2)

2.° En tout cas, dans l'incertitude, l'interprétation se donne en faveur du défendeur contre le demandeur. (3)

3.° On ne doit jamais étendre les lois rigoureuses au-delà du cas qu'elles expriment, si ce n'est pour tirer la conséquence du moins au plus dans le même genre ; par exemple, si une loi se bornait à interdire à une personne l'administration de ses biens, à plus forte raison décidera-t-on que cette loi entend lui interdire la faculté de les aliéner.

4.° Par suite, on ne peut, en ce qui concerne les formalités nécessaires pour la validité des actes, soit judiciaires, soit extrajudiciaires, exiger à la rigueur ce qui n'est pas formellement et nécessairement prescrit.

5.° Ce qui est contraire au droit commun ne doit pas être tiré à conséquence pour des cas qui ne sont pas formellement exprimés. (4)

_____

(1) Loi 1, §. 20, ff. *de exercitoria actione.*
(2) L. 9 et 155, §. 2, ff. *de regulis juris* ; L. 42, ff. *de pœnis.*
(3) L. 125 *de regulis juris.*
(4) L. 141 *de regulis juris.*

***

Telles sont les principales règles d'interprétation qui, souvent, nous aideront à résoudre les difficultés que présentent les textes du code de procédure.

61. Le sens de la loi étant déterminé, soit par la clarté du texte, soit par suite de l'interprétation donnée d'après les règles ci-dessus, il ne s'agit plus que de l'appliquer.

Comme l'interprétation, l'application des lois admet certains principes dont nous croyons utile de donner ici la substance :

1.º L'application des lois doit se faire à l'ordre des choses sur lesquelles elles statuent ; les objets qui sont d'ordre différent ne peuvent être décidés que par les lois de leur ordre. C'est d'après ce principe que la cour suprême a cassé nombre de jugemens et d'arrêts qui avaient appliqué en matière criminelle les dispositions de l'ancienne ordonnance de 1667 sur la procédure civile.

2.º Quand deux lois sont absolument opposées ou contradictoires, on doit appliquer la plus récente suivant la règle de droit : *Posteriores leges prioribus derogant.* Mais si la contradiction existe entre deux dispositions de la même loi, et qu'elle ne soit pas parfaitement absolue, on doit les appliquer de manière que chacune d'elles, s'il est possible, produise suivant son texte un effet qui ne soit pas lui-même contradictoire ; et s'il y a impossibilité de parvenir à ce résultat, l'application n'a lieu que par suite d'interprétation, c'est-à-dire que l'on préfère la disposition qui paraît la plus conforme à la nature de la matière, à l'esprit et à l'intention du législateur.

3.º Dans tous les cas, s'il y a incertitude sur l'existence d'un fait, sur la culpabilité ou sur l'innocence d'un individu, sur le plus ou le moins de fondement d'une nullité opposée, la présomption légale étant en faveur du défendeur contre le demandeur, la disposition rigoureuse ou pénale de la loi ne doit pas être appliquée. De là viennent ces deux maximes : *Actore non probante reus absolvitur. Probare debet qui dicit.* (Toullier, t. 8, p. 98, n.º 43.)

TITRE V.

Des actions en général et de leur exercice.

62. L'APPLICATION des règles de la procédure civile commence au moment même où il s'agit de former une action en justice. Le code indique bien les tribunaux devant lesquels les actions doivent être portées, (1) mais il ne s'explique point sur leur nature ; il n'entre non plus dans aucun détail sur les attributions de l'autorité judiciaire en général et de chaque tribunal en particulier. Il se borne à tracer le marche de la procédure.

63. Cela ne suffit point pour l'élève de droit qui ne peut se dispenser, avant d'étudier la procédure, d'acquérir des notions exactes sur la nature des actions, sur leur objet et sur leur exercice. Il n'est pas moins nécessaire qu'il connaisse

(1) Voyez articles 2, 3, 50, 59 et 60.

au moins les dispositions principales des diverses lois qui règlent le pouvoir du magistrat. (1)

De là les notions succintes que nous présentons dans les chapitres suivans, sur les *actions en général*, sur leur exercice et la compétence des tribunaux civils.

CHAPITRE PREMIER.

Des actions en général.

64. Tout DROIT qui dérive d'une loi positive suppose la faculté de réclamer l'appui de l'autorité judiciaire, soit afin d'obtenir, conserver ou recouvrer la jouissance de ce droit, soit afin d'être indemnisé de sa privation.

C'est cette faculté que l'on nomme *action* dans l'acception la plus étendue du mot. L'*action* est donc en ce sens le droit de poursuivre en justice ce qui nous appartient ou ce qui nous est dû.

Elle participe de la nature même des droits dont elle a pour objet la poursuite, et sous ce rapport les principes qui la régissent sont consignés dans le code civil et dans le code pénal.

65. Mais les lois de la procédure, soit civile, soit criminelle, envisagent l'action sous un autre point de vue; elles la considèrent comme devant être ou étant déjà exercée en justice : ainsi, dans le langage de la pratique, l'*action* est l'exercice de faculté de poursuivre nos droits, ou, en d'autres termes, c'est une réclamation quelconque formée devant l'autorité judiciaire.

Ces mots *action*, *demande* sont donc absolument synonimes ; si l'on dit qu'une personne a *action*, pour exprimer le droit qu'elle a de former *demande*, de même on dit qu'une *action* est intentée pour exprimer qu'une *demande* est formée.

66. Il y a *action* pour l'état toutes les fois qu'un individu est légalement prévenu d'être auteur ou complice d'un fait punissable aux termes des lois pénales.

Il y a *action* pour chaque individu, toutes les fois qu'il éprouve quelqu'empêchement illégal dans la jouissance ou l'exercice de ses droits privés.

Dans le premier cas, l'action est *publique*, et le fait criminel est le seul qui y donne lieu, abstraction faite de l'intérêt privé de la personne lésée. (2) Dans le deuxième cas, l'action est *civile*, puisque l'individu qui l'exerce n'a en vue que son intérêt privé.

67. L'*action publique* est ainsi appelée parce qu'elle a pour objet l'application de la loi pénale au fait réputé criminel, et la réparation du dommage causé à la

___

(1) V. au recueil de M. Sirey, 1809, p. 1, le projet proposé par la cour de cassation dans ses observations sur le code de procédure, d'un livre préliminaire qui eût traité des *actions et de la compétence des tribunaux*. Nous ne saurions trop recommander, sur le premier objet, la lecture du traité de notre estimable collègue M. PONCET, professeur de la faculté de Dijon, ouvrage qui fait vivement désirer celui qu'il a annoncé sur la compétence.

(2) Code d'instruction criminelle, art. 1.

société entière ; elle est exercée devant les juges criminels par les fonctionnaires publics auxquels elle est confiée par la loi. (1)

68. L'action que l'on nomme *civile* ou *privée* n'a pour objet que l'intérêt civil ou privé de celui qui l'exerce ; elle est toujours portée par lui devant le juge civil, à moins qu'elle ne soit fondée sur un dommage résultant d'un fait punissable, auquel cas elle peut être poursuivie, soit devant le juge criminel, en même tems que l'action publique, soit séparément devant le juge civil. (2)

Nous n'avons à parler ici que de l'action civile poursuivie en justice civile, soit qu'elle dérive d'un délit, soit qu'elle provienne de toute autre cause.

69. Mais puisque toute action participe de la nature du droit dont elle a pour objet la poursuite, nous avons à remarquer que l'on distingue autant d'espèces d'actions civiles que l'on connaît aussi d'espèces de droits civils.

70. Les droits civils sont *personnels* ou *réels*.

Les *droits personnels* sont ceux qui résultent, soit de l'obligation légale ou contractuelle d'une personne, soit de son état civil. Ces derniers sont plus souvent appelés droits des personnes, et donnent lieu aux actions que l'on appelle *questions d'état.*

Les *droits réels* sont ceux que l'on a dans une chose ou sur une chose, *indépendamment de la convention de l'individu qui la détient.*

Par conséquent, et suivant les définitions que nous avons données *infrà*, p. 6, n.º 6 ; p. 105, n.º 287, l'*action personnelle* est celle qui s'exerce contre la personne obligée ou ses héritiers, et l'*action réelle*, celle que l'on poursuit contre tout détenteur de la chose dans laquelle ou sur laquelle on réclame un droit réel.

Mais comme il est possible qu'à un droit réel se joigne un droit personnel, l'action par laquelle on poursuit tout à la fois l'un et l'autre (3) est appelée *mixte*, parce qu'elle participe de l'action *personnelle* et de l'action *réelle.*

71. Cette distinction des actions se rapporte uniquement à leur objet général et commun ; mais chacune d'elles peut être désignée sous des dénominations propres, suivant son objet particulier, suivant le but que le demandeur se propose, le tems et les circonstances dans lesquels on l'exerce, et la procédure plus ou moins étendue qu'elle occasionne, etc.

Ainsi, parmi les actions, les unes sont *mobilières* et *immobilières*, *possessoires* et *pétitoires*, *hypothécaires*, *redhibitoires*, *conservatoires* ; les autres *principales*, *incidentes*, *subsidiaires*, *reconventionnelles*, *préjudicielles*, *rescisoires*, *ordinaires*, *sommaires*, etc. Nous les avons définies au fur et à mesure que le développement de la doctrine du code et la discussion de ses difficultés pratiques nous en ont fourni l'occasion.

Ce qu'il importe de remarquer maintenant, c'est qu'avant d'intenter une action, il y a plusieurs observations à faire, soit pour prévenir *les fins de non recevoir* que le défendeur pourrait opposer (V. n.ºs 72 à 76 de cette introduction), soit pour indiquer les précautions que le demandeur doit prendre lui-même, afin de se mettre en état de justifier au fond l'objet de sa demande. (V. n.º 76.)

---

(1) Code d'instruction criminelle, article 1.

(2) *Ibid*, article 3.

(3) V. la définition donnée *infrà*, p. 106, n. 288.

CHAPITRE II.

De l'exercice des actions.

SECTION PREMIÈRE.

Observations à faire avant de former une demande.

72. Celui qui se propose de former une demande en justice, doit se procurer avant tout la certitude qu'elle ne renferme pas en elle-même des causes qui la rendraient *non recevable ;* c'est-à-dire, qui autoriseraient le juge à la rejeter, sans examiner si le droit sur lequel elle est établie est bien ou mal fondé.

C'est l'opposition de semblables moyens que l'on appelle *fins de non recevoir* ou *exceptions péremptoires du fond.* (*Infrà*, p. 269.) (1)

Pour prévenir ces exceptions, il est nécessaire d'examiner,

1.° Si l'on est rigoureusement obligé de former la demande ; car il est des avantages qui sont acquis de plein droit, et sans qu'il soit besoin d'en faire la réclamation en justice ; tels sont, par exemple, les effets de la subrogation (C. C., art. 1251), de la compensation (article 1290), de la saisine des successions (art. 724.)

2.° Si l'on a véritablement action, autrement *droit d'agir en justice*, fondé sur une disposition expresse, ou du moins sur une conséquence immédiate de la loi positive. Les obligations purement naturelles ne produisent point d'action, soit pour contraindre à les accomplir, soit pour répéter ce que l'on aurait payé pour leur exécution (C. C. art. 1235), et il en est de même des dettes de jeu et de pari (art. 1965, 1967.)

3.° Si le droit d'agir n'est pas éteint par prescription ou transaction ; enfin, par l'une ou l'autre des différentes manières dont s'éteignent les obligations, comme *paiement, novation, délégation*, etc. (2)

4.° Si l'exercice de ce même droit n'est pas du moins suspendu par un *terme* ou par une condition. (3)

5.° Si l'action n'est pas déjà formée et en *litispendance* (4), ou si elle n'est

___

(1) Voy. le traité des *fins de non recevoir*, par M. Le Merle, jurisconsulte à Nantes, in-8.°, Nantes, 1819 ; l'analyse, question 627, et *infrà* n. 1063 et suiv.

(2) C. C., L. 3, tit. 3, ch. 5, et en outre tit. 15 et 20. Nous expliquerons en leur lieu les effets du désistement, du serment déféré et de la chose jugée, parce que les règles relatives à ces manières d'éteindre les obligations appartiennent particulièrement à l'explication du code de procédure. (V. sur le *désistement*, t. 1, p. 546 ; sur le *serment*, t. 1, p. 96 et suiv., 120 et suiv., et 306 ; sur l'*autorité de la chose jugée*, t. 2, p. 18, n. 2235 et 2236.

(3) Code civil, art. 1168, 1176, 1180, 1185, 1186.

(4) De *lis, litis*, procès, et de *vendere*, être en suspens.

pas *connexe* à une autre action précédemment introduite, en ce cas, il y a lieu à déclarer la dernière action non recevable, et à renvoyer les parties procéder devant le juge saisi de la première. (1)

6.° S'il n'y a pas *concours*, autrement *rencontre* de plusieurs actions, car en cette circonstance, il faudrait examiner si la loi permet d'exercer à la fois ces diverses actions, autrement de former simultanément plusieurs demandes; ou si elle n'autorise au contraire à n'intenter qu'une seule d'entre elles; précautions très-importantes, puisque l'option entre deux ou plusieurs actions étant une fois consommée, le demandeur se rendrait souvent non recevable à former désormais celle qu'il n'aurait pas choisie d'abord.

Mais ceci suppose, suivant la maxime *quotiens concurrunt plures actiones ejusdem rei nomine, una quis experiri debet* (2), qu'une seule action suffit pour remplir le but de la demande; car, si le demandeur ne pouvait obtenir pleine et entière satisfaction par l'exercice d'une seule action, il est incontestable qu'il pourrait exercer en même tems toutes celles qui lui seraient nécessaires.

C'est à cette jonction de plusieurs actions simultanément exercées que l'on donne le nom de *cumulation*.

La *cumulation* exprime donc le droit de profiter en même tems de plusieurs moyens d'obtenir justice, et le *concours* la faculté d'en choisir un seul entre plusieurs. (3)

(1.) Voy. *infrà* t. 1, p. 270 et 282, et l'article 171.

(2) Digeste de reg. jur., leg. 43, §. 1.

(3) Ainsi, lorsqu'il a été porté atteinte par un délit aux intérêts privés d'une personne, il y a *concours d'actions*, aux termes de l'article 3 du code d'instruction criminelle, puisque la partie lésée a le choix de porter sa demande en dommages-intérêts, soit en justice civile, soit en justice criminelle; mais il ne peut y avoir *cumulation*, parce qu'il lui est interdit de poursuivre simultanément cette demande par les deux voies, l'une ou l'autre la conduisant également au même but, qui est de lui procurer la réparation du préjudice qu'elle souffre.

Ainsi, encore, supposons avec M. Pigeau, t. 1, que Charles ait contracté envers Paul l'obligation de lui défricher vingt hectares de bois, et se soit engagé à lui payer 1000 francs, à défaut de remplir cette obligation. Charles ne fait point le défrichement; Paul aura le choix ou de poursuivre l'exécution de l'obligation principale, ou d'exiger les 1000 fr. stipulés par la clause pénale. (C. C., art. 1228.) Deux actions *concourent* donc en sa faveur; mais comme il ne peut demander à la fois le principal et la peine (1229), il n'y aura pas *cumulation*.

Ces deux exemples prouvent combien il importe de réfléchir avant de choisir entre deux voies; car, dans la première espèce, il est un principe qui, pour n'être pas consigné dans nos nouvelles lois, comme il l'était dans l'ordonnance de 1670, n'en est pas moins incontestable (V. nouv. répert., au mot *conversion*), et d'après lequel la partie civile qui n'a pas pris la voie criminelle, se rend non recevable à abandonner la voie civile pour prendre l'autre, tandis que, si elle s'est pourvue au criminel, elle peut revenir à la voie civile; dans la seconde espèce, si la partie a préféré demander les 1000 fr., elle se rend non recevable à abandonner cette demande et à poursuivre l'exécution de l'obligation principale.

Mais supposons que Pierre soit créancier de Paul pour cause de prêt, il a contre ce dernier une action pour le faire condamner à payer cette somme; néanmoins, comme il peut se faire que la simple condamnation ne suffise pas pour faire parvenir Pierre au paiement de son dû, les lois lui donnent encore d'autres actions qu'il peut exercer et joindre à la première. Ainsi, dit M. Pigeau, pag. 59, il peut former opposition entre les mains d'un débiteur de Paul,

73. Le but de l'action étant de contraindre celui contre lequel elle est dirigée, à l'accomplissement de ses obligations, il s'ensuit qu'on ne peut en former aucune, si l'on n'a un *intérêt* particulier et légitime. Une demande qui ne tendrait qu'à nuire au défendeur, sans apporter aucun profit légal au demandeur, serait donc infailliblement rejetée : de là cette maxime, *l'intérêt est la mesure des actions.*

Mais il n'est pas toujours nécessaire que l'intérêt soit *actuel ;* il suffit quelquefois qu'il soit susceptible de se *réaliser* légalement ; c'est ainsi qu'un habile à succéder peut, durant le délai que la loi lui donne pour délibérer, exercer une action purement *conservatoire,* et faire tous autres actes qui ne tendraient qu'à la conservation, à la surveillance et à l'administration provisoire des biens de la succession ; il lui importe seulement, dans ces circonstances, de protester qu'il n'agit qu'en sa qualité *d'habile,* afin de ne pas courir les risques de faire présumer de sa part l'acceptation d'hérédité, aux termes des articles 776 et 779 du code civil. (V. *infrà* sur l'art. 774.)

D'un autre côté, il est des cas où un intérêt *éventuel* serait insuffisant pour autoriser l'action ; tel est celui de l'article 187 du code civil, qui exige expressément un intérêt né et actuel, lorsqu'il s'agit d'attaquer un mariage ou d'en soutenir la nullité. Il en est d'autres aussi où l'intérêt, quel qu'il fût, n'empêcherait pas de déclarer le demandeur non recevable ; par exemple, on ne peut attaquer un jugement par tierce-opposition quand on y a été représenté par le condamné. (C. de pr., art. 374.)

74. L'intérêt naît du droit dans lequel le demandeur se croit justement fondé, mais l'action ou la faculté de poursuivre ce droit en justice lui appartient, soit de son chef, soit par transmission ; en effet, l'action est un véritable bien qui fait partie de notre fortune, et qui, par conséquent, est comme tout autre *transmissible et divisible.* (1)

Comme *transmissible,* l'action fait partie d'une succession et passe aux héritiers ; celui qui contracte stipule, non seulement pour lui-même, mais pour les siens. L'héritier d'une action a donc le droit d'en poursuivre le débiteur, et par la même raison il est chargé de répondre aux actions dont son auteur était tenu : c'est le motif pour lequel les titres exécutoires contre le défunt, le sont également contre la personne de l'héritier. (Art. 877, **CC.**)

---

et assigner celui-ci pour voir dire que la somme que ce débiteur reconnaîtra lui devoir sera délivrée à lui Pierre, jusqu'à concurrence de son dû. Il y aura ici *cumulation,* c'est-à-dire que cette seconde action pourra s'intenter *en même tems* que l'autre ou depuis, sans exclure la dernière, toutes les deux étant nécessaires pour parvenir au but de Pierre, qui est de se faire payer ; or, il pourrait ne pas atteindre ce but en ne faisant des poursuites que contre Paul seulement, puisque celui ci pourrait n'avoir entre ses mains aucunes de ses facultés pécuniaires qui seraient toutes entre les mains d'un tiers.

(1) EXEMPLE. Une personne laisse dans sa succession une dette de 10,000 fr., hypothéquée sur une maison : quatre héritiers acceptent la succession purement et simplement ; par l'événement du partage, la maison tombe à Pierre, l'un d'eux ; il peut être poursuivi par le créancier des 10,000 fr. pour la totalité de cette somme, comme détenteur de la maison hypothéquée ; mais comme il ne doit en qualité d'héritier que le quart de la dette, c'est-à-dire 2500 fr. par suite du principe de la divisibilité, il aura son recours contre chacun des cohéritiers, afin d'obtenir remboursement des 7500 fr. qu'il a payés en sus de sa portion.

Comme *divisible*, l'action peut être intentée et poursuivie par chacun des héritiers pour sa part et portion, de même que chacun d'eux n'est tenu personnellement qu'au prorata de sa portion héréditaire, quoiqu'il le soit hypothécairement pour le tout (C.C. 873), attendu que l'hypothèque est essentiellement indivisible et ne peut être détruite ni morcelée par la mutation de propriété ou par le partage des biens.

Ici se présentent deux observations importantes. La première consiste à faire remarquer qu'encore bien que l'action hypothécaire puisse être exercée sans division contre un des héritiers, cela ne contrarie point le principe de la divisibilité, puisque cet héritier, condamné hypothécairement au paiement de la totalité d'une créance, exerce contre ses consorts un recours en remboursement de ce qu'il aurait payé au-delà de sa part virile, comme détenteur de l'objet hypothéqué : chacun des cohéritiers contribue donc en définitive au paiement de la dette, et par conséquent le principe de la *divisibilité* produit ses effets.

La seconde se rattache au principe posé ci-dessus n.° 70, que l'action réelle s'exerce contre tout détenteur, indépendamment de son obligation personnelle ou de celle de son auteur; d'où suit qu'elle ne peut être dirigée contre l'héritier, à moins qu'il ne soit détenteur lui-même. Mais le détenteur poursuivi peut, conformément à l'article 182 du code de procédure, exercer son action en garantie formelle, soit contre celui dont il tient sa jouissance, soit contre l'héritier de ce dernier.

A son tour, l'héritier d'une action réelle l'exerce contre le détenteur, et par conséquent, lorsqu'il s'agit d'intenter une action de cette nature, le principe de la *transmissibilité* des actions produit également ses effets.

Mais l'héritier, quoique représentant universel du défunt, n'a pas toujours et indistinctement action du chef de celui-ci. C'est ce qui arrive toutes les fois qu'il s'agit de droits qui étaient attachés individuellement à la personne de son auteur, tels que ceux de gérer une tutelle, d'agir comme exécuteur testamentaire, de faire révoquer une donation pour ingratitude, de réclamer des profits ou revenus qui ont dû cesser à la mort, comme un usufruit, une rente viagère ou des biens donnés à un enfant adoptif. (C.C., art. 419, 1032, 957, 617, 1980 et 352.)

Au surplus, toutes les fois que l'action à exercer a été transmise, soit par succession, soit autrement, comme par donation, par transport ou cession, etc., le demandeur doit, avant tout, justifier de la transmission qui lui a été faite à titre universel ou singulier; dans le cas contraire, il serait déclaré non recevable par *défaut de qualité*. (V. n.° 1063.)

75. En vain le demandeur aurait-il *intérêt* et *qualité*, il faut encore, pour qu'il puisse valablement intenter action, qu'il y ait *capacité d'ester en justice* (stare in judicio), c'est-à-dire, d'y paraître, d'être partie dans un procès, et que celui contre lequel il prétend agir jouisse lui-même de cette faculté.

De l'incapacité de l'une des parties dérive, en effet, soit en faveur de la personne incapable, soit même quelquefois en faveur de l'autre, une exception qui rendrait la demande non recevable, du moins jusqu'à ce que l'incapable fût assisté d'un représentant légal, ou, suivant les circonstances, autorisé dans les formes prescrites à poursuivre sa demande ou à présenter sa défense.

Il est donc indispensable que celui qui se propose d'exercer une action soit certain de sa capacité et de celle de sa partie adverse, et pour acquérir cette certitude, il doit consulter les diverses dispositions que nos lois renferment à ce sujet :

1.° Relativement aux *communes et aux établissemens publics*, l'article 69 du code de procédure, et les lois et décrets que nous avons cités sur l'article 1032 ;

2.° *Au condamné*, soit à une peine emportant mort civile, soit à une peine afflictive et infamante temporaire, les dispositions des articles 28, 34, 42 et 43 du code pénal, 465 du code d'instruction criminelle, 25 et 28 du code civil ;

3.° *Aux mineurs et aux interdits*, celles des articles 464, 465, 469, 509 et 815 du code civil, et 954 du code de procédure ;

4.° *Aux mineurs émancipés*, celles de l'article 482 du code civil ;

5.° *Aux personnes* pourvues de *conseil judiciaire*, celles de l'article 513 du même code ;

6.° *Aux faillis*, les articles 442, 448, 499, 563, 598 et 600 du code de commerce ;

7.° Enfin, à la *femme mariée*, les articles 215, 218 du code civil, et 861 et suiv. du code de procédure.

Parmi les incapacités dérivant des dispositions de ces articles, les unes sont absolues, les autres relatives.

Les incapacités *absolues* sont celles qui tiennent à l'ordre public, sans considération de l'intérêt de la personne, comme l'incapacité du condamné et du failli, ou à l'ordre public, mais d'une manière secondaire, et particulièrement dans l'intérêt de la personne, comme celle des communes et des établissemens publics.

Les incapacités *relatives* sont celles qui ne sont prononcées que dans l'intérêt privé de la personne, comme l'incapacité des mineurs, des interdits, de la femme mariée.

Dans le premier cas, la fin de non recevoir peut être opposée en tout état de cause, même par la partie qui a procédé volontairement contre l'incapable.

Dans le second, elle peut l'être également en tout état de cause, mais seulement par l'incapable ou ceux qui le représentent, et non par la partie qui aurait volontairement procédé contre lui. (Arg. des art. 225 et 1125 du code civil.)

76. Le demandeur qui, d'après les observations qui précèdent, a fait tout ce qui dépendait de lui pour s'assurer qu'aucune fin de non recevoir ne lui sera valablement opposée, doit examiner s'il a des moyens de *justifier au fond* l'objet de sa demande, en prouvant les faits sur lesquels il la fonde, et en démontrant, par les dispositions de la loi, que le droit qu'il réclame lui appartient véritablement.

C'est en effet au demandeur qu'il appartient de prouver, suivant la maxime déjà citée, *actore non probante*, etc., maxime formellement consacrée par l'article 1315 du code civil.

★★★★

Les faits se prouvent, soit par titre, soit par témoins, soit par le concours des présomptions que les lois autorisent à prendre pour base de décision. (C.C., liv. 3, tit. 3, chap. 6.) (1)

Mais on doit remarquer qu'aucun titre authentique ou privé ne peut être produit en justice s'il n'est timbré. (Lois du 13 brumaire en 7, sur le timbre ; — 22 frimaire même année, et 7 pluviôse an 9, sur l'enregistrement.)

On supplée au défaut de ces différens genres de preuves par celles que peut fournir l'instruction judiciaire, et conséquemment après la demande, au moyen du serment déféré ou référé, de l'aveu de la partie, de l'interrogatoire, de l'expertise, etc. (V. *infrà* t. 1, p. 320.)

77. Toutes les observations que nous venons de consigner dans cette section, ayant été faites par celui qui se propose d'agir en justice, il n'a plus qu'à s'assurer de la compétence du juge devant lequel il devra se pourvoir. Les lois concernant les attributions des diverses autorités judiciaires ont donc un rapport intime avec l'exercice des actions, et par conséquent les règles générales de la compétence de ces autorités trouvent naturellement leur place dans la section suivante.

SECTION II.

Des Juges devant lesquels l'action doit être portée.

78. L'ACTION doit être portée devant les juges auxquels la loi donne *compétence* pour en connaître.

Ce mot *compétence*, dérivé du mot *competere*, appartenir, exprime en général la portion de pouvoir attribuée par la loi à chaque fonctionnaire public en particulier, « *Quod cuique competit.* »

Appliqué aux fonctions judiciaires, il désigne le pouvoir que la loi confère à tel tribunal, plutôt qu'à tel autre, de prononcer sur une contestation judiciaire.

Ce pouvoir est réglé, soit à raison de la nature de l'action, soit à raison du territoire dans l'étendue duquel un tribunal exerce sa jurisdiction, c'est à dire, son droit de juger, pris d'une manière absolue.

Il l'est à *raison de la nature de l'action*, quand la loi a exprimé généralement, comme l'article 4 du titre 4, de celle du 24 août 1790, et l'article 59 du code de procédure, que tels tribunaux connaîtront de telle action.

Il l'est à *raison du territoire*, quand elle déclare, comme le même article 59, que parmi les tribunaux compétens pour une action, le demandeur devra s'adresser, soit à celui du domicile du défendeur, soit à celui de la situation de l'objet litigieux.

Ainsi deux choses sont à considérer pour savoir si un tribunal est compétent ou incompétent :

1.° L'affaire que l'on entend lui soumettre est-elle du nombre de celles dont la loi lui attribue la connaissance ?

(1) Voyez *infrà*, t. 1, page 306.

2.º En cas d'affirmative, est-ce devant le tribunal du domicile du défendeur ou devant celui de la situation de la chose que l'on doit porter l'action?

Dans le premier cas, on dit que le tribunal est compétent à raison de la matière, *ratione materiæ* ; dans le second, qu'il l'est à raison de la personne, *ratione personæ*, ou de la situation de la chose.

De ce que le tribunal devant lequel on porterait une action, serait incompétent sous l'un de ces rapports, il en résulterait, en faveur du défendeur, une exception déclinatoire dont l'effet serait de faire prononcer le renvoi de l'affaire devant le tribunal compétent, et de mettre à la charge du demandeur tous les frais qui auraient été faits jusqu'alors. (1)

79. Les autorités investies du droit de prononcer sur les contestations judiciaires, sont distribuées en plusieurs branches, suivant l'importance et l'objet des affaires et l'étendue de pouvoirs qui leur est donné, pour statuer *en premier ressort*, c'est à dire, à charge d'appel ; et si l'on veut en premier degré de juridiction seulement, ou *en dernier ressort*, autrement sans appel, c'est à dire, en premier et second degré de juridiction tout à la fois.

De là, dans l'organisation judiciaire, une hiérarchie qui établit des tribunaux inférieurs et des tribunaux supérieurs.

80. La charte constitutionnelle (art. 59, 60, 61) ayant maintenu les autorités judiciaires existantes à l'époque de sa promulgation, le pouvoir de juger s'exerce pour les matières civiles,

1.º *Par des juges de paix* chargés de prononcer sur les contestations les moins importantes, et de concilier, s'il est possible, le plus grand nombre des différents que le tribunal supérieur aurait à juger ;

2.º *Par des tribunaux de première instance*, civils et de commerce ;

3.º *Par des cours royales*, dont la principale fonction consiste à statuer sur les appels de ces tribunaux ;

4.º *Par une cour suprême et régulatrice*, siégeant dans la capitale et instituée sous le titre de *cour de cassation*, pour assurer la stricte exécution des lois, en cassant les jugemens en dernier ressort et les arrêts qui présentent une contravention aux formes judiciaires prescrites à peine de nullité, un excès de pouvoir ou une fausse application de la loi ;

5.º *Par des arbitres*, c'est à dire, par des personnes choisies par les parties, lorsque la loi les autorise à substituer ces juges volontaires à ceux qu'elle désigne.

81. Parmi ces différentes autorités on distingue celles qui exercent la *juridiction ordinaire* et celles qui n'ont que la juridiction *extraordinaire* ou *d'exception*. (2)

Par jurisdiction ordinaire on entend celle qui embrasse toutes les matières contentieuses, à la seule exception de celles qui sont spécialement attribuées à certains tribunaux.

―――――――――

(1) Voyez *infrà*, p. 268 et 276.

(2) Voyez sur cette distinction de la jurisdiction le traité de l'administration de la justice, par Jousse, première partie, titre 1, section 4, et celui de l'autorité judiciaire, par M. Henrion de Pansey, chap. 16, p. 214, nouvelle édition, in 4.º

La *jurisdiction extraordinaire* ou *d'exception* est au contraire celle de ces tribunaux spécialement institués pour connaître *exclusivement* de certaines affaires détachées de la jurisdiction ordinaire.

L'une appartient aux tribunaux civils d'arrondissement et aux cours royales; l'autre, aux juges de paix et aux tribunaux de commerce. (1)

Deux principes de la plus haute importance se rattachent à cette distinction :

1.° Le magistrat qui exerce la jurisdiction ordinaire, connaît de toutes les affaires, encore bien que la loi ne les ait pas expressément désignées. Sa compétence n'a de limites qu'une disposition de la loi qui attribuerait nommément à un autre tribunal telle ou telle action, tandis que le juge qui n'exerce que la jurisdiction d'exception est sévèrement restreint dans le cercle de ses attributions, et ne peut connaître que des affaires qui lui sont formellement attribuées.

2.° La jurisdiction ordinaire réunit à la puissance de juger, le droit que les romains appelaient *imperium*, et qui consiste à contraindre à l'exécution des jugemens. Les juges d'exception, au contraire, ne connaissent point de l'exécution de leurs décisions, (2) en sorte que toutes les difficultés qu'elle peut présenter rentrent dans les attributions des juges ordinaires, qui ont cette jurisdiction pleine et entière, *jurisdictionem propriè dictam et imperium.*

C'est toujours sous cette distinction que chaque tribunal exerce le pouvoir de juger dans les matières que nous allons indiquer et qui forment sa *compétence.*

§. I.er

Des justices de paix.

82. LES JUSTICES DE PAIX, dont l'institution a été justement considérée comme un bienfait de l'assemblée nationale constituante, furent, en 1790, substituées aux basses jurisdictions pour juger sommairement, à peu de frais et sans ministère d'avoué, les contestations de peu d'importance et celles surtout dont la décision est plus de fait que de droit.

Elles forment le premier degré de la hiérarchie judiciaire. Les attributions des juges qui les exercent sont ou *judiciaires* ou *extrajudiciaires*, ou *conciliatoires.*

Comme *juge proprement dit*, c'est à dire, comme fonctionnaire institué pour *prononcer sur une contestation*, le juge de paix connaît seul, dans l'étendue de son canton, des causes *purement personnelles et mobiliaires*, (3) sauf l'appel jusqu'à la valeur de 50 fr., ou à la charge de l'appel jusqu'à celle de 100 fr.

Mais la loi lui refuse jurisdiction en toute matière réelle, immobilière et mixte, à la seule exception des actions possessoires, et même en matière person-

(1) Voyez t. 1, p. 4, et l'article 442, p. 590.
(2) *Ibidem.*
(3) *Ibidem*, p. 6, n. 6.

nelle, lorsque la valeur de la demande n'étant pas déterminée, les parties n'ont pas prorogé sa jurisdiction.

Outre les actions purement personnelles et mobilières, d'une valeur déterminée, le même juge connaît également, sans appel, jusqu'à la valeur de 50 fr., et à la charge d'appel à quelque somme que la demande puisse monter,

1.º Des actions civiles pour dommages faits, soit par les hommes, soit par les animaux, aux champs, fruits et récoltes;

2.º Des mêmes actions pour déplacement de bornes, usurpation de terres, arbres, haies, fossés et autres clôtures, commises dans l'année, des entreprises sur les cours d'eau servant à l'arrosement des prés, commises également dans l'année, et enfin de toutes actions *possessoires*; (1)

3.º Des réparations locatives des maisons et fermes, c'est à dire *de celles-là seulement qui sont de plein droit à la charge des locataires et fermiers, et auxquelles, par conséquent, ils sont assujétis, quoiqu'il n'en soit fait aucune mention dans les baux, mais non des réparations plus considérables que ces baux pourraient mettre à leur charge*;

4.º Des indemnités prétendues par les fermiers ou locataires pour non jouissance, lorsque le droit à l'indemnité n'est pas contesté, *de manière que la défense du propriétaire formât une fin de non recevoir contre la demande du fermier ou locataire*, enfin, des dégradations alléguées par le propriétaire;

5.º Du paiement, des salaires des gens de travail, *autrement des journaliers, c'est à dire, de tous ceux dont l'engagement peut commencer et finir dans le même jour*; de celui des gages des domestiques et de l'exécution des engagemens respectifs des maîtres et de ces gens de travail ou domestiques;

6.º Des actions pour injures verbales, rixes et voies de fait, pour lesquelles les parties ne se sont pas pourvues par action criminelle.

Sur tous ces objets, leur compétence s'étend également jusqu'à 50 fr. en dernier ressort, et jusqu'à 100 francs, à charge d'appel; mais c'est toujours la quantité de la somme demandée ou déterminée par la citation, et non la quantité de la somme adjugée ou fixée par le juge, qui règle l'étendue de cette compétence. Cette remarque n'est pas particulière à leur jurisdiction; elle est générale et s'applique à tous les tribunaux. (2)

Comme conciliateur, le juge entend les parties, les invite à se. concilier, tâche de leur en indiquer les moyens; et s'il ne parvient pas à ce but, il leur conseille de soumettre le différent à des arbitres de leur choix : c'est le texte même de l'article 60 de la loi du 28 frimaire an 8. (3)

Ainsi les arbitres sont les premiers juges, dans le vœu, dans la pensée de la loi; mais, pour suivre dans ce rapide exposé de la compétence, l'ordre suivant lequel le code de procédure traite des formalités judiciaires, nous ne devons parler de la jurisdiction arbitrale qu'après avoir parlé de celle des tribunaux créés par la loi.

---

(1) Voyez t. 1 pag. 32 et 33.

(2) *Quotiens de quantitate ad jurisdictionem pertinente quæritur, semper quantùm petatur quærendum est, non quantùm debeatur.* Loi 19, §. 1, liv. 2, tit. 1, ff. *de jurisdictione.*

(3) Voyez t. 1, p. 79.

Au surplus, plusieurs dispositions du code civil et du code de procédure attribuent aux juges de paix diverses fonctions qui toutes sont *extrajudiciaires* ou de juridiction *gracieuse*. Telles sont celles qui concernent la délivrance des actes de notoriété nécessaires pour la célébration de certains mariages, la rédaction des actes d'adoption et d'émancipation, les procès-verbaux de demande de consentement à la tutelle officieuse, la convocation et la présidence des conseils de famille, l'apposition des scellés après décès, le rapport des testamens dans les lieux où toute communication est interdite, certaines opérations pour l'exécution des jugemens et actes dans les circonstances prévues par les articles 587 et 594 du code de procédure.

§. I I.

Des tribunaux civils d'arrondissement.

83. Les tribunaux de première instance, qui seraient mieux appelés tribunaux civils d'arrondissement, puisque la première dénomination semble supposer qu'ils ne pourraient juger en seconde instance, sont établis dans chaque arrondissement communal ; ils prononcent en seconde instance sur les appels des jugemens rendus par les justices de paix. (L. du 25 ventôse an 8, art. 7.)

Mais ils jugent en première instance et en dernier ressort, autrement *sans appel*, toutes les affaires *personnelles* et *mobilières* jusqu'à la valeur de 1000 fr. et les affaires réelles dont l'objet principal est de 50 fr. ou au-dessous de revenu déterminé, soit en rente, soit en prix de bail ; enfin, toutes les affaires *réelles*, *personnelles* ou *mixtes*, à quelque somme ou valeur que l'objet de la contestation puisse monter si les parties y donnent leur consentement. (1)

Ils jugent également en première instance, mais en premier ressort seulement, c'est-à-dire *à charge d'appel*, toutes les autres affaires civiles, soit que la valeur de l'objet ait été fixée au-dessus de 1000 fr., soit que cette valeur n'ait pu être déterminée, comme il arrive dans les questions d'état, et quand il s'agit de rente viagère, de pensions alimentaires, etc. (Même loi, art. 6, et divers arrêts de cassation.)

! Dans les arrondissemens où il n'y a point de tribunaux de commerce, ils jugent en outre les affaires commerciales en premier et dernier ressort, suivant les proportions ci-dessus établies. (2)

Plusieurs dispositions du code civil et du code de procédure exigent, sur différens objets, l'intervention *du tribunal entier*, et quelquefois celle du *président seul*.

Du *tribunal entier*, lorsqu'il s'agit, par exemple, des autorisations à donner aux femmes sur le refus ou en cas d'absence du mari, de l'homologation des avis de parens, des réponses à certaines requêtes, etc., etc.

Du *président seul*, à l'égard des référés ; des demandes en correction formées par les pères ou mères contre les enfans mineurs, de l'ouverture des

---

(1) Loi du 24 août 1790, tit. 4, art. 5 et 6.
(2) Même loi, tit. 12, art. 13 et 14, et code de commerce, art. 640.

testamens olographes ou mystiques, des autorisations à donner aux notaires pour la délivrance des expéditions de leurs actes, de la légalisation de leurs signatures, du visa et de la chiffrature de leurs répertoires, etc., etc.

§. III.

Des tribunaux de commerce.

84. Les tribunaux de commerce jugent toujours en première instance; savoir; en *dernier ressort*, toutes les affaires commerciales de terre et de mer, dont l'objet n'excède pas la valeur de 1000 fr.; et en *premier ressort*, celles qui excèdent cette valeur, à moins que les parties n'aient déclaré vouloir être jugées sans appel. (1)

Toutes ces affaires sont détaillées dans les articles 631 à 638 *inclus* du code de commerce.

§. IV.

Des cours royales.

85. Les cours royales, dont l'institution caractérise spécialement la différence qui existe entre l'organisation judiciaire actuelle et celle qui l'a précédée, sont pour la plupart établies dans les villes où siégeaient autrefois des parlemens ou autres cours souveraines. Elles prononcent,

1.° Sur les appels des jugemens rendus en premier ressort par les tribunaux civils et par ceux de commerce; (2)

2.° Sur ceux des jugemens arbitraux, dans un des cas prévus par les articles 1020 et 1021 du code de procédure;

3.° Sur ceux des arbitres nommés en matière de société de commerce;

4.° Sur ceux des ordonnances de référés. (3)

Elles connaissent en outre, en premier et dernier ressort, 1.° de l'exécution de leurs arrêts, lorsqu'elles infirment le jugement de première instance et déclarent se réserver cette exécution; (4)

2.° De la réhabilitation des faillis; (5)

3.° Des prises à partie; (6)

4.° Enfin, des fautes de discipline des officiers ministériels qui leur sont attachés, lorsqu'elles n'ont été ni commises ni découvertes à l'audience. (7)

---

(1) Même loi, tit. 12, art. 4 et 14; code de comm., art. 639.
(2) Loi du 27 ventôse an 8, art. 22.
(3) Code de procédure, art. 809; code de comm., art. 52.
(4) Code de procédure, art. 472.
(5) Code de comm., art. 604 – 614.
(6) Code de procédure, art 509.
(7) Décret du 30 mars 1808, art. 103.

Hors ces cas, et sauf les modifications portées aux articles 464 et 473 du code de procédure, la compétence des cours royales se trouve nécessairement limitée aux seuls points sur lesquels il a été statué en premier degré de juridiction ; d'où suit qu'il y aurait excès de pouvoir de leur part, si elles se permettaient de prononcer sur un chef de demande qui n'aurait pas déjà reçu jugement, et de violer ainsi le principe des deux degrés, principe fondamental de l'administration de la justice dans la monarchie française. (1)

§. V.

De la Cour de cassation.

86. Le mot *cassation* s'applique à la décision d'une cour suprême à laquelle la loi a délégué le pouvoir que le Roi exerçait autrefois par lui - même en son conseil, d'annuler un arrêt ou un jugement en dernier ressort.

Cette cour, instituée par la loi du 1.er décembre 1790, n'est point un troisième degré de juridiction.

En effet, ses fonctions diffèrent essentiellement de celles des cours royales, puisque celles-ci réforment les erreurs des premiers juges, tant sur la forme que sur le fond, tandis que la cour de cassation ne prononce point, à proprement parler, sur les discussions qui divisent les parties auxquelles elles ne fait que garantir l'exécution des lois.

C'est pourquoi l'article 66 de la loi du 22 frimaire an 8 porte, en termes exprès, comme nous l'avons dit n.° 81, que cette cour ne connaît point du fond des affaires, mais qu'elle casse les jugemens et arrêts rendus sur des procédures dans lesquelles les formes ont été violées ou qui contiennent quelques contraventions à la loi. En ce cas, suivant le même article, la cour renvoie le fond du procès à l'autorité qui en doit connaître.

La cour de cassation est divisée en trois sections, dont la compétence diffère.

1.° La section des requêtes prononce sur l'admission ou le rejet des demandes en cassation dans les matières civiles ; sur l'admission ou le rejet des demandes en prise à partie, formées hors des cas où la connaissance en appartient aux cours royales ; des demandes en réglement de juges, quand le conflit s'élève ou entre deux cours royales ou entre deux tribunaux de première instance qui ne ressortissent pas à la même cour ; enfin, des demandes en renvoi pour cause de sûreté publique ou de suspicion légitime. (2)

2.° La section civile juge définitivement les demandes en cassation qui ont été admises par la section des requêtes ; celles qui lui sont déférées d'office, en matière civile, par le procureur général ; enfin, les demandes en prise à partie dont la section des requêtes aurait prononcé l'admission.

Nous n'avons pas à nous occuper ici de la compétence de la section criminelle.

---

(1) V. *suprà* n.os 83 et 84.

(2) Loi du 27 ventôse an 8, et code de procédure, A. 363 et 368.

§. VI.

Des arbitres.

87. En général, les arbitres sont des personnes qui ont reçu soit de plusieurs parties, soit en certains cas du juge, mais en vertu d'une disposition de la loi, le pouvoir de statuer sur une contestation civile ; de là une distinction entre les arbitres volontaires et les arbitres forcés ; mais l'arbitrage forcé n'a lieu que dans un seul cas où il a paru présenter les plus sûrs moyens de régler promptement les droits des parties : ce cas est celui d'une contestation élevée entre associés et à l'occasion d'une société de commerce. (1)

Les arbitres, que nous appellerons *volontaires* pour les distinguer des arbitres *nécessaires* ou *forcés* (2), sont ceux que les parties choisissent de leur propre mouvement dans toutes les affaires à l'égard desquelles la loi n'a pas expressément interdit l'arbitrage.

La compétence des uns et des autres, quant aux contestations qui leur sont soumises, est déterminée par l'acte qui les institue ; mais tout ce qui concerne d'ailleurs leurs pouvoirs, la forme de leur décision, ses effets, son exécution, les manières de se pourvoir contre elle étant réglées par le code de procédure, les notions générales que nous aurions à exposer ici, en cette matière, formeront les préliminaires du livre 3 de la seconde partie du code intitulé *des arbitrages*. (3)

LIVRE II.

De la pratique judiciaire.

PAR CES MOTS, *pratique judiciaire*, nous entendons cette branche de la science de la procédure qui apprend à connaître comment on doit appliquer au barreau les règles et les formalités que la loi prescrit, afin d'y procéder valablement. C'est dans cette connaissance que consiste l'art de l'officier ministériel chargé des soins et des détails de la poursuite. (4)

De même que la science dont elle fait partie a ses principes généraux qu'il importe de bien connaître, pour l'étudier avec fruit ; de même la pratique a ses règles générales, qui doivent servir de guides à l'officier ministériel dans

---

(1) Voy. t. 2, p. 580, et les art. 1105 et 1106.

(2) Voy. *ibidem.*

(3) V. t. 2, p. 578.

(4) PRATIQUE, du grec *praktiké*, exercice du pouvoir d'agir, exercice habituel de certaines choses ; ainsi, en droit, la pratique est véritablement *l'exercice (tritura fori) de tout ce que la loi exige que les officiers ministériels fassent au barreau.*

*****

l'exercice de ses fonctions. Ce sont ces règles que nous nous proposons de réunir dans ce second livre ; elles se rapportent à la *rédaction matérielle des actes, aux termes et aux délais dans lesquels ils doivent être dressés et notifiés ; enfin, aux irrégularités qui pourraient vicier les* PROCÉDURES. (1)

TITRE PREMIER.

De la dresse et de la rédaction des actes de procédure civile.

88. EN TERMES DE PRATIQUE, on entend par le mot *dresse* (2) la composition et la rédaction d'un acte judiciaire ou extrajudiciaire, suivant les formes légales et usitées.

Les formules d'actions des Romains et les engagemens *par paroles* qui se formaient dans leur jurisprudence par la stipulation, ne sont point en usage parmi nous. Notre législation n'admet aucune expression *sacramentelle.*

On peut donc, dit M. Berriat-Saint-Prix, p. 127, se servir indifféremment dans les actes de procédure, de toutes espèces de termes, et employer toutes espèces de tournures ou constructions, pourvu que ces termes et les phrases qui les composent présentent l'observation des règles et l'application des formes prescrites par la loi.

Cependant, il est indispensable de se servir des termes mêmes de la loi, ou, du moins, de termes rigoureusement *équipollens* dans toutes les circonstances où elle aurait attribué à certaines expressions un sens particulier autre que celui que leur donne l'usage ordinaire. (3)

Les formules d'actes peuvent sans doute être d'un grand secours pour faire acquérir l'habitude de la rédaction ; mais on doit tout faire pour n'avoir pas besoin d'y recourir. « Celui qui connaît bien les règles et les formalités judi- » ciaires, dit Rodier, saura facilement *dresser*, d'une manière convenable et » complette, les actes qui ont leur application pour objet. (4) »

89. Pour faire courir les délais que les actes de procédure comportent, et constater qu'ils ont été faits à telle époque, etc., il est essentiel que ces actes soient datés.

On appelle *date*, la désignation des jours, mois et an auxquels un acte a été dressé et du lieu où il l'a été ; mais cette désignation de lieu n'est pas exigée à la rigueur dans les actes de procédure. (5)

---

(1) Ici nous prenons le mot *procédure* pour exprimer *une série, un ensemble d'actes judiciaires* ; c'est ainsi que l'on dit qu'une *procédure est nulle, vicieuse, irrégulière,* etc.

(2) M. *Berriat-Saint-Prix* a aussi employé ce mot, qui n'est pas généralement usité, mais qui exprime parfaitement une idée qu'aucun autre terme ne rendrait avec la même exactitude.

(3) Voy. sur cette matière l'encyclopédie méthodique, partie jurisprudence, v.° *formules.*

(4) Nous indiquerons, au surplus, comme renfermant, à notre avis, les meilleurs modèles, le formulaire général de M. Cardon, 2.° édit., in-8.°, 1817.

(5) Arrêt de Nîmes, 20 janvier 1810; Denevers, supp. p. 392.

Il en est de même de l'heure, dont l'indication n'est essentielle qu'autant que la loi l'exige (A. 269, 278 et 914), ou que le délai se compte par heures; mais en général la loi en prescrit la mention dans toutes les opérations d'instruction auxquelles les parties sont appelées. (A. 201, 204 et 208.)

En tous cas, il est prudent, dans certains actes sujets à notification, d'indiquer l'heure, afin de se ménager les moyens de donner la préférence à un acte sur un autre, comme dans l'espèce du n.° 2003 (V. *infrà*), ou de défendre à une imputation de faux; par exemple, lorsqu'une partie prétendant qu'un acte n'a pas été notifié à sa personne, entendrait le prouver par un *alibi*. Dans cette circonstance, l'indication de l'heure de la notification pourrait être utile à la défense de l'officier ministériel.

90. Il est superflu d'observer que tout acte doit être signé par le fonctionnaire ou officier public chargé de le dresser. L'omission de cette formalité emporte toujours nullité, parce qu'un acte non signé restant imparfait il ne peut être envisagé que comme un simple projet.

Il est des actes où la signature du rédacteur ne suffit pas; ce sont tous ceux qui contiennent des dires, des déclarations ou réponses, ou qui constatent des agissemens de la part des parties ou de tierces personnes : ces actes doivent être signés par elles; et si l'on excepte un très-petit nombre de circonstances formellement prévues par la loi, rien ne supplée leur signature, lorsque l'officier instrumentaire n'a pas mentionné ou le refus ou l'impuissance de signer; en un mot, la cause pour laquelle la formalité n'a pas été remplie. (1)

Du reste, les signatures mal formées ou illisibles ne pourraient, par ce seul motif, faire annuler un acte, si par ailleurs il ne s'élevait aucune présomption de fraude. (2)

Mais une croix, ou une marque quelconque, n'équivaudrait pas à une signature, si l'officier n'avait pas mentionné que la marque a été apposée par la partie et qu'elle a déclaré ne savoir signer.

De toutes ces observations nous conclurons que l'écriture non signée est insignifiante; elle pourrait tout au plus servir, en certains cas, de commencement de preuve par écrit.

Lorsque la loi exige qu'un acte soit signé, elle prescrit *ordinairement* la mention de l'accomplissement de cette formalité; mais l'omission n'emporterait pas nullité à l'égard des actes judiciaires, si cette peine n'était pas formellement prononcée. (3)

___

(1) Nous remarquerons à ce sujet qu'aucune disposition de la loi n'impose en général aux huissiers l'obligation rigoureuse de constater les réponses de ceux auxquels ils signifient leurs exploits; néaumoins, comme leur ministère est forcé, et qu'une partie peut avoir intérêt à faire consigner de suite ses réponses et protestations; nous ne pensons pas qu'ils puissent se refuser à en dresser acte, surtout si le requérant offre de signer ses dires. Tel est aussi l'avis de Rodier sur l'art. 16, tit. 2 de l'ordonnance.

(2) Il en serait ainsi même dans le cas où la copie d'un acte serait entièrement *illisible*; en ce cas, dit encore Rodier, *ubi suprà*, la partie à laquelle elles auraient été notifiées serait en droit d'en demander de nouvelles ; et suivant l'article 43 du décret du 14 juin 1813, la copie *incorrecte* ou *illisible* pourrait être rejettée de la taxe , et l'huissier condamné à restituer les sommes reçues.

(3) C. de pr., A. 7, 36, 39, 42, 68, 198, 212, 216, 218, 227, 234, 235, 275, 330, 370, 384, 402, 432, 599, 813, 916, 980, 1016.

Nous disons *ordinairement*, parce qu'il est quelques dispositions du code de procédure qui gardent le silence sur cette mention, quoiqu'elles exigent la signature. (1)

En tous les cas où l'acte constate des dires, des déclarations (2), on doit y mentionner que les parties où les témoins en ont reçu lecture, formalité indispensable pour qu'on puisse reconnaître et réparer les erreurs et omissions.

91. La signature exigée pour rendre un acte parfait est utile même à l'égard des additions qui seraient faites en marge, afin qu'elles soient considérées comme faisant partie de l'acte, mais on peut se contenter d'un simple paraphe, et nous pensons même, à l'égard des actes judiciaires, auxquels on ne peut appliquer à la rigueur les lois du notariat, qu'une approbation à la fin de l'acte et avant la signature, serait suffisante s'il ne s'élevait d'ailleurs aucune indice d'intercallation.

Cette approbation est essentielle à l'égard des mots qui seraient placés en interligne; mais si ces additions en marge et les interlignes non approuvés, sont par là même présumés ne pas exister avant la perfection de l'acte, si, par conséquent, ils sont nuls, cette nullité ne préjudicie point, soit à la validité de l'acte entier, soit à celle d'aucune de ses parties.

Quant aux ratures, il importe encore qu'elles soient approuvées pour que les mots raturés soient réputés ne pas faire partie de l'acte. En effet, les ratures non constatées ni approuvées seraient nulles par suite de la présomption qu'elles auraient été faites après que l'acte eût reçu sa perfection; donc, les mots qu'elles supprimeraient devraient subsister.

Et s'ils sont illisibles, la partie qui aurait l'acte entre les mains serait facilement présumée auteur de la suppression, et l'on pourrait en argumenter contre elle.

92. Nous terminerons en observant,

1.º Que tout acte judiciaire est *authentique* d'après les dispositions de l'art. 1317 du code civil, puisqu'il émane toujours d'un officier public; mais dans le cas où le ministère de cet officier se borne à notifier un acte privé, la notification seule a le caractère d'authenticité. Il suit de là, conformément à l'article 1319, qu'un acte judiciaire fait pleine foi de son contenu, c'est à dire, qu'on le considère comme vrai tant que la fausseté n'en a pas été prouvée par suite d'une inscription en faux principal ou incident;

2.º La copie notifiée d'un exploit tient toujours lieu d'original à la partie. C'est une règle certaine consacrée par la jurisprudence ancienne et nouvelle. (Analyse, question 270, *infrà* n.º 42.)

Il en résulte que les vices de forme qui se trouveraient dans la copie annuleraient l'acte, nonobstant la régularité de l'original. Mais si la copie étant régulière, il se trouvait des omissions dans l'original, le défendeur serait sans intérêt pour demander la nullité et ne pourrait l'obtenir, puisqu'il ne manquerait rien dans la copie qui lui tient lieu d'original, et que les formalités ne sont prescrites que par rapport à lui. (3)

─────────────

(1) Art. 45, 109, 138, 309, 317, 353, 511, 585, 601, 922.
(2) Code de procédure, art. 39, 271 à 273 et 334.
(3) RODIER, sur l'art. 16, titre 2 de l'ordonnance.

· Remarquons bien que cette règle ne s'applique qu'aux formalités des exploits, c'est à dire, des actes du ministère d'huissier et non pas aux copies d'autres actes qu'ils pourraient contenir. Par exemple, si dans la copie d'un procès - verbal d'enquête on omettait l'énonciation des formalités prescrites à peine de nullité, pour la validité de cette enquête, on ne pourrait argumenter de cette omission pour faire annuler l'enquête, lorsqu'on prouverait par l'original de ce procès-verbal que ces formalités ont été accomplies. (*Infrà* n.° 422.)

TITRE II.

Des délais des procédures.

---

93. On entend par *délai*, le temps accordé pour faire quelque chose ou par la loi ou par le juge ou par la convention.

En procédure les délais sont toujours déterminés par la loi ; mais quelquefois le juge peut en fixer lui-même, et il arrive rarement qu'ils le soient par la convention.

Ils sont plus ou moins rigoureux et se comptent plus ou moins strictement, suivant la nature des actes à faire ou des obligations à remplir. Dans cette introduction, où nous nous proposons de recueillir les règles générales propres à faciliter l'intelligence des dispositions particulières du code, nous n'avons point à détailler les nombreux objets que cette matière embrasse. C'est en examinant chaque article qui prescrit un délai qu'il convient d'expliquer en particulier quelle est l'espèce de ce délai, la manière dont il se compte et l'effet de son inobservation.

94. En général, l'effet des délais est tel que celui qui n'a pas profité du tems qui lui était accordé pour agir, doit supporter la peine de sa négligence. Cette peine est de n'être plus reçu à faire une chose qui lui aurait été utile : c'est ce qu'expriment les mots *déchéance* ou *forclusion.* D'autres fois, elle consiste dans l'annulation de l'acte qui est considéré comme non avenu, et si cette annulation n'était pas prononcée par la loi, dans les dommages-intérêts de la partie qui aurait souffert du retard. (*V. le titre suivant.*)

De là suit que tous les momens du délai peuvent être employés utilement à faire la chose pour laquelle il est accordé. Ainsi, celui qui est assigné à comparaître dans huitaine peut, s'il le veut, se présenter dès le second jour ; mais le délai de l'assignation étant établi pour les deux parties, si le défendeur se présentait ainsi dès le second jour, il n'en faudrait pas moins laisser écouler la huitaine entière pour qu'il pût poursuivre et prendre un défaut contre le demandeur.

· 95. Toutes les dispositions de la loi, concernant les délais qu'elle prescrit, se rapportent, ..

1.° A *leurs termes extrêmes*, c'est à dire au jour duquel ils partent, et qu'en terme de pratique on appelle *dies à quò*, et à celui auquel ils échoient, et que l'on nomme *dies ad quem* ;

2.° Aux *jours intermédiaires*, c'est à dire à ceux qui courent dans l'intervalle de ces deux termes;

3.° A l'*augmentation*, lorsque la loi, en fixant généralement un délai, y ajoute à raison de certaines circonstances qu'elle détermine (1033);

4.° Enfin, à la *prorogation* ou à l'*abréviation* par le juge.

A ces objets s'appliquent les observations suivantes :

96. Tout délai qui ne commence à courir que du jour de la signification d'un acte ou d'un jugement, ne court effectivement qu'en faveur de la partie à requète de laquelle cette signification a été faite. (1)

Les délais ne se comptent point d'heure à heure, mais de jour à jour, comme le prouve la distinction que nous avons faite entre le terme *à quò* et le terme *ad quem.*

Le jour qui fait courir, ou duquel part, ou qui détermine un délai, n'est jamais compté dans ce délai, à moins que la loi ne l'y comprenne formellement, ou que cela résulte nécessairement de la nature de la matière ; par exemple, quoique la loi ait dit que les vacances auront lieu depuis le premier septembre, il n'est pas douteux que ce jour en fait partie.

De ce principe général d'exclusion du terme *à quò*, principe fondé sur la règle *dies termini non computatur in termino*, il s'ensuit que ces expressions *à compter*, *à dater de*, *depuis*, signifient toujours en droit *à dater* ou *à compter* de l'expiration de ce jour.

Mais de ce que ce même jour est exclus du délai, on doit nécessairement en conclure que le jour de l'échéance (*dies ad quem*) y est compris en entier, car autrement le délai ne serait pas complet. On peut donc, pendant tout ce jour, s'acquitter de l'obligation dont on est chargé, ou user de la faculté à laquelle on a droit.

A ce principe, il existe deux exceptions, l'une favorable, l'autre contraire à la partie soumise à l'observation du délai.

La première lui donne, en certains cas, le droit d'agir, même le lendemain du jour de l'échéance, 1.° lorsque ce jour est férié (V n.° 4695); 2.° lorsqu'il s'agit d'ajournemens, citations ou autres actes, faits à personne ou domicile, l'article 1033 dispose expressément *que le jour de la notification et celui de l'échéance ne sont point compris dans le délai général fixé pour faire quelque chose par suite de ces actes.*

La seconde exclut du délai le jour de l'échéance dans tous les cas où la loi veut que l'on agisse *pendant* ou *dans* un certain laps de tems, comme *dans* huitaine ou *pendant* quinzaine (*intrà octo*, *intrà quindecim dies*) ; il est évident que l'on agirait, non pas dans le délai, mais après le délai, si le jour de l'échéance était compris.

97. Tous les jours compris entre les deux termes sont, pour nous servir des expressions de l'ordonnance de 1667, titre 3, art. 7, *continus* et *utiles*, c'est-à-dire, qu'ils doivent être comptés en continuant de l'un à l'autre, quand même il se rencontrerait quelque de dimanche, fète ou vacation : ces jours fériés font donc partie du délai. Le jour bissextil est également compté, mais seulement dans les délais fixés par jour, et non par mois. Ainsi ceux

(1) Nouveau répertoire, v.° *délai*, §. 2.

qui sont déterminés de cette dernière manière, se comptant de tel quantième d'un mois au quantième correspondant du mois suivant, le jour bissextil, qui vient au mois de février, est censé ne faire qu'un avec le jour précédent. Il en est de même du trente-unième jour dans les mois qui l'admettent.

Il nous reste à remarquer, sur les jours *intermédiaires*, qu'ils cessent d'être continus lorsque la loi suspend le cours du délai. (1)

98. Nous avons dit, n.º 95, qu'en certains cas la loi augmentait le délai ; nous ajoutons qu'en certains autres, elle autorise le juge, soit à le proroger, c'est-à-dire, à l'étendre au-delà du terme qu'elle a fixé, soit à l'abréger, c'est-à-dire, à le réduire à un moindre terme.

D'après l'article 1033, il y a toujours lieu à augmentation du délai général fixé pour les actes faits à personne ou domicile. Mais cette disposition doit être restreinte à son objet, car elle est exceptionnelle.

Les délais de tous autres actes n'admettraient donc d'augmentation qu'en vertu d'une disposition formelle.

Cette augmentation est, 1.º d'un jour par trois myriamètres de distance du domicile de la partie à qui l'acte est notifié, au lieu dans lequel elle est obligée ou intéressée à se trouver, soit pour y faire quelque chose, soit pour prendre connaissance de ce qu'on y a fait ou de ce qui doit y être fait.

2.º De deux jours, également par trois myriamètres, s'il y a lieu à *voyage*, *envoi* ou *retour*, comme il sera expliqué sur l'article 1033.

La prorogation d'un délai fixé par la loi ne peut avoir lieu que dans les cas qu'elle a formellement prévus, et par suite d'ordonnance ou de jugement sur une demande des parties, formée avant l'expiration du délai. (2)

L'abréviation ne peut également être accordée par le juge qu'autant qu'il y est autorisé par une disposition expresse.

99. Régulièrement, lorsqu'il est ordonné par un jugement, soit contradictoire, soit par défaut, que telle chose sera faite dans tel délai, ce délai ne commence à courir que du jour de la signification du jugement. (Nouv. répert., v.º *délai*, sect. 3.)

Mais la jurisprudence a fait exception à l'égard des délais prescrits par les tribunaux de commerce : elle décide qu'ils courent du jour de la prononciation. (N.ºs 1408 et 2626.)

Parmi ces délais que les tribunaux peuvent prescrire, il en est un que l'on appelle *délai de grâce*, parce qu'il est fixé en faveur de la partie condamnée, pour qu'elle ait à satisfaire au jugement, dont il suspend l'exécution Ce délai court du jour de la prononciation, si la condamnation est contradictoire, et du jour de la signification si elle a été prononcée par défaut. (Art. 122 et 123.)

Il importe de remarquer que la suspension de délai ne s'applique qu'à l'exécution forcée sur les biens ou sur la personne du débiteur ; d'où suit que

---

(1) V. pour exemple art. 177, 187, 197, 447, 487 et 1013 du code de procédure.

(2) Art. 74, 179 et 279.

le créancier conserve, pendant le délai, le droit de faire tous les actes conser-vatoires qu'il juge convenables.

100. Non seulement il est des délais pendant lesquels une partie doit agir ou ne peut procéder valablement, mais il est encore des jours ou des tems durant lesquels toute procédure ou exécution lui est interdite.

Ainsi la loi ne permet pas, soit de communiquer ou notifier des actes de procédure, soit d'exécuter les jugemens ou tous autres titres exécutoires, pendant la nuit et les *jours de fêtes légales*, si ce n'est, et dans ce dernier cas seulement, avec la permission du juge. (Art. 1037.)

TITRE III.

Des vices des procédures, de leurs effets, et des peines qui y sont attachées.

101. LES LOIS DE LA PROCÉDURE ne seraient que de vains formulaires, si le législateur n'avait attaché à leur inobservation des peines plus ou moins rigou-reuses, suivant l'importance des dispositions qui auraient été violées.

De là les *déchéances*, les *forclusions*, les *nullités*, les *amendes*; enfin, les autres *condamnations pécuniaires* qui peuvent ou qui doivent être prononcées pour contravention à un grand nombre de règles prescrites par le code de procédure.

102. On appelle *déchéance* l'exclusion ou la privation d'un droit qui nous était acquis, faute d'avoir accompli les conditions imposées par la loi pour l'exercer ou le conserver. Ainsi, la partie qui n'a pas formé opposition au jugement par défaut dans le délai de huitaine, celle qui n'a pas appelé dans le délai de trois mois, sont déchues du droit de se pourvoir de la sorte. (1)

La *déchéance* prend le nom de *forclusion* (2), lorsqu'elle est encourue à raison de la négligence qu'une partie aurait mise à produire dans un procès, par écrit, une distribution de deniers ou un réglement d'ordre; en cette cir-constance, elle perd la faculté qu'elle avait de produire, si elle a laissé passer le délai fixé par la loi (3), et elle est jugée sur le vu des pièces produites par les autres.

103. Mais *nul ne se forclot soi-même* par ses propres diligences; ainsi tout délai qui ne commence à courir que du jour de la signification d'un acte ou d'un jugement, ne courant effectivement qu'en faveur de la partie qui a fait cette signification, il s'ensuit que cette partie ne fait pas courir de délai contre elle, et il en est de même à l'égard de l'appel, etc. (4)

---

(1) V. art. 157 et 544, et *suprà* n. 95.

(2) *Forclorre*, composé de *forum*, barreau, et d'*excludere*, exclure; ainsi, FORCLUSION, *quasi exclusio à foro*. (V. *suprà* n. 95.)

(3) Art. 98, 99, 100, 160, 756.

(4) Voy. t. 2, p. 10, n. 2195.

Toutefois ce principe n'est pas applicable au délai fixé pour commencer une enquête, puisque l'article 257 dispose, en termes exprès, qu'il court même contre la partie à requête de laquelle a été notifié le jugement qui ordonne la preuve.

104. Le mot *nullité* exprime ou la *qualité* d'un acte que la loi considère comme n'existant pas, ou le *vice* qui empêche cet acte de produire son effet; dans la première acception, l'on dit qu'un acte est *nul*, pour exprimer qu'il est réputé non avenu; dans la seconde, qu'un acte contient une *nullité*, c'est-à-dire, un vice quelconque duquel il résulte que cet acte ne doit être d'aucune considération.

Les nullités ne peuvent être établies que par la loi, et, par conséquent, le juge commettrait un excès de pouvoir s'il déclarait nul un acte que la loi n'aurait pas elle-même déclaré tel, ou s'il étendait d'un cas à un autre la nullité qu'elle aurait prononcée.

105. Mais faut-il, pour l'application de ce principe, que la loi ait, en termes formels, attaché la peine de nullité à l'omission de ce qu'elle a prescrit, ou à la violation de ce qu'elle ordonne? La nullité n'est-elle pas, au contraire, une suite nécessaire du commandement ou de la défense, et n'y est-elle pas implicitement renfermée?

Cette question, d'une haute importance relativement aux lois qui régissent le fond du droit des parties, a été savamment traitée par M. Toullier (1); mais elle est, pour ainsi dire, sans intérêt, quant à la forme de procéder, puisque l'article 1030 dispose *qu'aucun acte de procédure ne peut être déclaré nul, si la nullité n'en est pas formellement prononcée par la loi.* (2)

106. Cependant la jurisprudence admet à ce principe une exception notable pour les cas où la contravention vicierait un acte dans sa substance, parce qu'alors, en effet, la formalité omise tenant à la nécessité des choses, la contravention doit entraîner la nullité de l'acte, sans qu'il soit nécessaire que la loi la prononce. C'est une conséquence de la maxime, *actus consistere non potest sine substantiá.*

107. De là résulte, relativement aux nullités de procédure, une distinction entre les nullités *intrinsèques* ou *substantielles*, et toutes autres nullités que nous appelons *extrinsèques.*

La nullité *substantielle* est celle qui vicie l'acte dans sa substance, parce que la formalité omise est nécessaire à son existence ou indispensable pour qu'il remplisse le but que le législateur s'est proposé en la prescrivant (3); par exemple, si la loi prescrit un *exploit*, et que l'acte ne soit pas l'ouvrage d'un huissier,

(1) V. traité du droit civil, t. 7, liv. 3, tit. 3, ch. 5, p. 626 et suiv.

(2) Cette disposition est diamétralement opposée, soit à la loi *sancimus* 5, cod. de leg. 1, 14, que discute M. Toullier, soit à l'art. 2 du titre 1 de l'ordonnance, que les commentateurs entendaient dans le sens de cette loi romaine (*V. Rodier sur cet article*), soit, enfin, à la loi du 4e germinal an 12, qui attachait la peine de nullité à toute violation des formes prescrites en matière de procédure par les lois nouvelles, encore bien que ces lois n'eussent pas expressément prononcé cette peine.

(3) Traité du droit civil, t. 7, p. 674, n. 513,

il y aura nullité *substantielle*, puisque l'exploit est *essentiellement un acte du ministère de cet officier*, etc. (1) Si un exploit de demande ne contient pas *ajournement*, il y aura nullité semblable, parce qu'un exploit de demande ne peut produire ses effets *essentiels*, s'il n'indique pas formellement le *jour* de la comparution.

Dans ces cas et autres semblables, le juge n'en devra pas moins annuler l'acte, dans le cas même où la loi n'aurait pas formellement prononcé la nullité; tandis que, s'il s'agit de ces formalités extrinsèques dont l'omission n'empêche pas, ou que l'acte existe avec le caractère que la loi lui imprime, ou que le but en soit rempli, le juge devra rejeter la nullité, puisque la formalité n'est pas prescrite sous cette peine.

108. Les nullités *intrinsèques* et *extrinsèques* sont *absolues* ou *relatives*.

Elles sont *absolues* lorsqu'elles tiennent à l'ordre public; elles sont *relatives* lorsqu'elles sont prononcées dans l'intérêt personnel des parties.

Les premières peuvent être alléguées par toute personne et en tout état de cause, et le juge est tenu de les suppléer d'office.

Les secondes ne peuvent être opposées que par ceux en faveur desquels elles ont été prononcées; ils ont par conséquent la faculté d'y renoncer, et ils sont réputés l'avoir fait s'ils ne s'en sont pas prévalus à des époques déterminées, ou s'ils ont procédé volontairement sans en argumenter : c'est ce qu'on appelle *couvrir la nullité*. La loi présume en ces circonstances une approbation de l'acte sujet à l'annulation. (V. art. 173.)

109. Il n'est pas besoin d'insister pour prouver qu'une nullité de procédure ne peut être proposée par celui du fait duquel elle provient. (2)

110. Nous disons *sujet à l'annulation*, parce que les actes dont les lois prononcent la *nullité* ne sont pas nuls de plein droit; il faut la faire déclarer par le juge : tel est aujourd'hui et sans distinction le sens de l'ancienne maxime, *les voies de nullité n'ont point lieu en France.* Ainsi, l'acte produit des effets jusqu'à ce qu'il ne soit attaqué, mais la nullité une fois reconnue et déclarée par le magistrat, tout ce qui s'en est suivi doit être annulé suivant la maxime *quod nullum est nullum producit effectum.* (3)

111. Au surplus, une règle commune à toutes les espèces de nullités, c'est que les officiers ministériels qui les ont commises, en sont responsables sous peine des dépens et dommages-intérêts des parties, et même d'interdiction ou de destitution, suivant la gravité des circonstances. (4)

112. Mais ce n'est pas seulement pour garantir l'exécution des dispositions prescrites *à peine de nullité*, que le législateur prononce des peines contre

(1) Voy. d'autres exemples au traité des actions de M. Poncet, n. 201, dans l'ouvrage de M. Toullier; *ubi suprà*, p. 650 et suiv.; enfin, *infrà* tom. 2, p. 621, n. 4667 et 4658.

(2) Cass., 4 germinal, 24 thermidor an 8 et 13 pluviôse an 11; questions de droit de M. Merlin, v₀ *fait du Souverain.*

(3) V. la note de M. Berriat-Saint-Prix, p. 130, n.° 10.

(4) V. art. 71, 132 et 1031.

les officiers ministériels ; il autorise encore le juge à réprimer, par des amendes au profit du trésor public, même l'omission d'une formalité ou la violation d'une règle qui n'emporterait pas la nullité. (Art. 1030.)

113. En ce cas, la condamnation est *facultative* ; mais lorsqu'il s'agit des déchéances, des forclusions, des nullités, des amendes expressément prononcées par le code, le juge est tenu de les prononcer, puisque la loi déclare qu'elles ne peuvent être réputées *comminatoires.* Ainsi, quoiqu'une nullité relative *puisse être couverte* par une approbation formelle ou tacite de la partie intéressée à l'opposer, néanmoins, s'il n'existe aucun acte qui établisse ou qui fasse présumer cette approbation, le juge ne peut refuser de la prononcer, dès qu'elle est proposée en tems utile ; et il en est de même des forclusions et des déchéances qui, comme les nullités, peuvent *se couvrir* lorsqu'elles ne tiennent pas à l'ordre public.

114. Ici se terminent les notions générales qu'il nous a paru nécessaire d'établir sur l'ensemble du code de procédure, avant d'exposer celles qui concernent les différentes matières sur lesquelles il dispose. Les unes et les autres forment le cours élémentaire qui convient aux premières études, suivant ces judicieuses remarques d'un des inspecteurs de nos facultés : (1) « Dans la plu- » part des sciences il n'y a guères que les élémens qui soient véritablement » utiles..... L'objet de la surveillance, de la direction des études est d'y ramener » sans cesse..... Un élève n'a jamais appris son état dans les écoles..... On ne » doit y chercher et l'on ne peut y trouver que les moyens d'apprendre. » Les questions *pratiques* que nous avons discutées ou seulement *annotées* sur chaque article, n'intéressent donc en général que ceux qui exercent une profession au barreau ; l'étudiant ne doit s'attacher qu'à celles dans lesquelles on explique le texte de la loi d'une manière générale, indépendamment d'une espèce particulière.

---

(1) Opinion émise au tribunat par M. Sedillez, sur la loi du 22 ventôse an 12, relative aux écoles de droit, édit. de F. Didot, p. 359.

FIN DE L'INTRODUCTION.

TRAITÉ ET QUESTIONS.

QUESTIONS

SUR

LE CODE

DE PROCÉDURE CIVILE.

Suite de la première partie, Procédure devant les Tribunaux.

Notions préliminaires sur les Livres 3 et 4, relatifs aux voies de se pourvoir contre les jugemens.

La loi garantit aux citoyens une justice égale et complète, et par conséquent elle devait leur conserver un recours efficace contre l'erreur ou l'injustice des décisions du magistrat.

Tel est, en général, l'objet des dispositions du code concernant les différentes voies ouvertes pour attaquer les jugemens.

On les distingue en *voies ordinaires* et en *voies extraordinaires*. Les *voies ordinaires* sont l'*opposition* et l'*appel*, parce qu'elles peuvent être employées contre *tout jugement* et pour *toutes causes* de *nullité, erreur ou injustice*, pourvu toutefois, à l'égard de la première, qu'il ait été rendu par défaut (1), et à l'égard de la seconde, qu'il l'ait été ou qu'il ait dû l'être en premier ressort.

(1) Nous avons parlé de l'*opposition* p. 28 et suiv., 237 et 253 et suiv. du 1.er volume.

Les *voies extraordinaires* sont la *tierce-opposition*, la *requête civile*, la *prise à partie* (1) et la *cassation*. (2) On les appelle *extraordinaires*, parce qu'elles ne sont ouvertes qu'en certaines circonstances expressément déterminées par la loi, et hors lesquelles le jugement ne pourrait être ni modifié ni détruit.

Il est de règle générale sur ces différentes espèces de recours,

1.° Qu'on ne peut en cumuler deux dans le même tems; ainsi, par exemple, on ne peut se pourvoir simultanément par opposition, par appel ou par requête civile;

2.° Que les voies extraordinaires n'étant ouvertes qu'à défaut des voies ordinaires, et celles-ci à défaut l'une de l'autre, on ne peut, quand on a la voie de la simple opposition qui est *ordinaire*, se servir de la tierce-opposition, de la requête civile ou de la cassation; de même que l'on ne peut, tant que la simple opposition est recevable, se pourvoir par la voie d'appel. (Cass., 11 fr. an 11. Sirey, 1804, 2.ᵉ part., p. 23.)

LIVRE III.

De la voie ordinaire de l'appel, et de l'instruction sur l'appel.

V. lois des 24 août 1790, titres 4 et 5. — 3 brumaire an 2. — 19 vendém. et 26 ventôse an 4. — 27 ventôse an 8, art. 7 et 22. — *suprà* les n.ᵒˢ 51, 153, 158 et 1079, et les articles 377 et 391 à 396. — *infrà* les articles 666, 669, 723, 726, 730, 734, 736, 809, 881, 1010, 1023.

Un tribunal ne peut détruire ni modifier la décision qu'il a rendue, quelqu'évidentes que fussent pour lui les nullités ou les erreurs qu'il aurait commises. Le recours au juge supérieur est donc

(1) Nous ferons remarquer *infrà* dans les préliminaires du livre 4, que la prise à partie n'est point, à proprement parler, une voie pour attaquer les jugemens, mais seulement une attaque indirecte dont l'effet est tout autre que la réformation du jugement attaqué.

(2) Le code de procédure ne contenant aucune disposition sur la voie extraordinaire de la cassation, nous n'avons point à nous en occuper : on peut consulter les ouvrages de MM. Pigeau et Berriat-Saint-Prix.

le seul moyen légal que puissent employer les parties pour faire annuler ou réformer les jugemens dont elles auraient à se plaindre.

Ce moyen est *l'appel* que l'on définit : le recours à un juge supérieur contre le jugement émané d'une juridiction inférieure. (1)

Il a pour objet de faire annuler, réformer ou modifier ce jugement pour cause d'incompétence, d'irrégularités, d'omissions, d'erreurs ou injustices, ou, en termes de pratique, pour *nullités, torts et griefs.* (2)

Il est ouvert contre *toute espèce* de jugemens que le juge n'aurait rendu ou n'eût pu rendre qu'au premier degré de jurisdiction, encore bien qu'il l'eût qualifié en dernier ressort (art. 453.) En cela notre législation diffère de celle des Romains, qui n'admettait l'appel d'un interlocutoire qu'autant que le grief était irréparable en définitive. Il est à remarquer seulement que le pourvoi ne procède valablement contre les jugemens par défaut qu'après les délais de l'opposition (455), et contre les jugemens préparatoires qu'après le jugement définitif. (451.)

Il est recevable en tous les cas, lorsqu'il s'agit d'incompétence, (art. 454); mais en tous les cas aussi, sauf quelques exceptions à l'égard des interlocutoires (V. sur l'art. 451), il peut être écarté par les fins de non recevoir résultant de ce que le jugement aurait acquis l'autorité de la chose jugée, soit par l'expiration du délai, soit par acquiescement exprès ou tacite. (V. *infrà* les questions traitées sur l'art. 444.)

---

(1) Les Romains reconnaissaient des nullités de droit, en sorte qu'un jugement qui en était vicié ne pouvait passer en force de chose jugée, et n'avait pas besoin d'être réformé par l'appel. Ces nullités n'ont été admises ni dans notre ancienne ni dans notre nouvelle jurisprudence. Un jugement visiblement nul doit être attaqué par la voie d'appel devant le juge supérieur. Ainsi, par exemple, si la feuille d'audience et l'expédition portent le nom d'un juge qui n'aurait pas concouru au jugement ; si enfin il s'agit des cas de nullités radicales que nous avons fait connaître sur les articles 138 et 141, on ne pourrait se pourvoir devant les premiers juges pour réparer la nullité en répétant le jugement ; il faudrait appeler en se fondant sur la nullité. Cette doctrine est certaine ; elle est attestée par tous les auteurs, et fondée sur plusieurs arrêts de la cour de cassation. (V. Perrin, traité des nullités, p. 138; Berriat-Saint-Prix, p. 361, note 11; nouveau répertoire, v.° *appel*, sect. 1, §. 5, t. 1.ᵉʳ, p. 243, 3.ᵉ édition, et *infrà* sur l'art. 443, la 1430.ᵉ quest. de l'analyse.

(2) De là cette définition d'Hermogenéen : *Appellatio est iniquitatis sententiæ querela.* ff. liv. 4, tit. 4, L. 17.).

Toute personne à qui le jugement porterait préjudice n'est pas indistinctement recevable à en interjeter appel, si elle n'a pas été aux qualités dans ce jugement, ou du moins si elle n'a pas droit d'intervenir dans la cause d'appel. (V. quest. de droit, v.° *appel*, et *infrà* sur l'art. 466, §. 2.) C'est, comme le remarque M. Berriat-Saint-Prix, p. 368, une modification que la règle des deux degrés de jurisdiction, et la disposition de l'article 464, ont apportées aux anciens principes d'après lesquels il suffisait, pour interjeter appel d'un jugement, d'avoir intérêt de le faire corriger. (Nouv. Dénisart, v.° *appel*, §. 5.)

On distingue deux sortes d'appel, *l'appel principal* et *l'appel incident.* (1)

L'APPEL PRINCIPAL est celui qui est interjeté le premier par la partie qui a succombé en première instance, soit sur tous les points de la contestation, soit seulement sur quelques-uns ; d'où suit que ce n'est point le nombre des dispositions attaquées qui caractérise un *appel principal*, c'est uniquement la priorité du pourvoi.

En un mot, il en est de cet appel comme d'une demande principale ; c'est le premier appel formé contre un jugement, de même que la *demande principale* est la première réclamation faite en justice sur un objet quelconque. (V. *suprà* n.° 219.)

Par opposition à *l'appel principal*, on nomme *appel incident* celui qui, dans le cours de l'instance introduite par le jugement, est interjeté accessoirement par l'une des parties, soit d'un jugement qu'on lui oppose ou dont on veut tirer avantage contre elle, soit

(1) La suppression des jurisdictions ecclésiastiques, et la disposition de l'article 461 (V. *infrà* nos questions sur cet article), ont rendu sans objet les distinctions que l'on faisait autrefois entre l'appel *comme d'abus*, et l'appel *ordinaire*, les appellations *verbales* et les appellations *écrites.*

L'APPEL COMME D'ABUS était le recours au parlement contre l'abus que les jurisdictions ecclésiastiques ou, en général, toute puissance ecclésiastique séculière ou régulière, avait fait de son pouvoir. Cette matière présentait une foule de questions singulièrement épineuses, dont les moindres occupent le tiers d'un volume dans les principes de Duparc-Poullain, qui cependant ne forment qu'un ouvrage élémentaire.

L'APPELLATION VERBALE était celle des jugemens rendus sur simples plaidoiries, et *l'appellation par écrit*, celle des jugemens rendus sur appointemens à écrire et produire. Cette dernière s'instruisait par écrit de plein droit, tandis qu'aujourd'hui, d'après l'article 461, ce n'est que d'après les plaidoiries que le juge d'appel peut ordonner cette instruction.

des dispositions qui lui seraient contraires dans le jugement dont son adversaire a déjà appelé, soit enfin de jugemens postérieurs à celui qui fait l'objet de l'appel principal.

Quand l'*intimé* (1) appelle incidemment du même jugement, parce que ses conclusions devant le premier juge ne lui ont pas été adjugées en entier, son appel prend le nom d'appel *à minimá*, parce qu'il conclut *à minimá ad majorem summam.* (2)

Quand l'appelant interjette lui-même, dans le cours de l'instance, appel de jugemens postérieurs, ce nouvel appel se nomme *appel en adhérant*, parce qu'il est joint, parce qu'il est *attaché* pour ainsi dire au pourvoi antérieurement formé : il a lieu lorsqu'on appelle de ce qui a suivi le premier jugement, ou d'un second jugement qui tend à le confirmer ou à procurer son exécution.

De toutes ces espèces d'appels incidens, celui que formerait l'intimé, contre le jugement attaqué, est le seul qui puisse être interjeté en tout état de cause ; les autres seraient non recevables après l'expiration du délai. (V. *infrà* art. 443, et quest. de droit, v.° *appel*, §. 9.)

L'appel interjeté en tems utile a deux effets :

1.° Il suspend l'exécution du jugement attaqué, à moins qu'il ne soit exécutoire par provision. (V. *suprà* art. 135 et 439, et *infrà* 457—460.)

2.° Il remet en question devant le juge supérieur la décision prononcée par le juge inférieur.

---

(1) On nomme appelant celui qui forme l'appel principal, et *intimé* celui contre qui il est dirigé. Ces deux parties sont envisagées, en cause d'appel, sous les mêmes rapports que le demandeur et le défendeur en première instance. Ce mot *intimé* dérive du latin *intimare, déclarer, dénoncer, faire connaître*, et s'applique à la partie défenderesse à l'appel, parce que ce pourvoi lui est *déclaré, dénoncé, notifié. L'intimé* qui appèle incidemment se qualifie *appelant incidemment*, et l'appelant principal prend alors la qualité d'*intimé incidemment.*

(2) Cette qualification, appel *à minimá*, n'était guères qu'en usage qu'en Bretagne ; ailleurs, elle n'était employée que pour désigner l'appel interjeté par la partie publique dont les conclusions n'avaient pas été entièrement suivies ; elle appelait alors *à minimá ad majorem pœnam*, comme elle le fait aujourd'hui en matière de police. On sent que la dénomination donnée à cet appel convient parfaitement à l'appel incident interjeté en matière civile par la partie qui n'a pas obtenu tout ce qu'elle prétendait.

Sous le premier rapport, on dit qu'il est *suspensif;* sous le second, qu'il est *dévolutif,* parce que la contestation est *dévolue* ou déférée au tribunal d'appel, en sorte que s'il survient quelque chose à décider *provisoirement,* c'est à ce tribunal que la connaissance en appartient.

Mais le pouvoir dévolutif cesse dès que le juge d'appel a confirmé le jugement; et la jurisdiction est rendue au premier juge pour la suite et l'exécution de ce même jugement.

Si, au contraire, le jugement est réformé, le juge d'appel a la liberté ou de se réserver l'exécution, ou de l'attribuer à un autre tribunal que celui dont était émané le jugement. (472.)

Mais toutes les fois que l'appel porte sur un interlocutoire, ou ne présente à juger que des questions de nullité ou de compétence, les juges d'appel peuvent, s'ils annulent ou s'ils réforment, statuer par le même jugement sur le fond qui serait en état. (473.)

Ce droit d'*évocation,* (1) que notre code a rendu *facultatif,* tandis qu'il constituait, suivant la législation antérieure, une obligation pour le juge d'appel de prononcer sur le fond de l'affaire resté indécis en première instance, prouve qu'en général l'effet d'un appel, uniquement fondé sur l'incompétence ou la nullité, est de peu d'importance si l'on n'est pas certain de justifier le bon droit au fond. En cette circonstance, l'appel ne produirait le plus souvent que la décharge de quelques dépens de première instance, puisque le juge supérieur, *faisant jugement nouveau,* prononcerait comme le premier juge.

Les moyens de forme ne doivent donc entrer en considération, quand il s'agit de conseiller un appel, que comme secondaires, et lorsqu'ils concourent d'ailleurs avec des moyens au fond.

On voit, par ce qui précède, 1.° que le jugement d'appel anéantit totalement celui qu'il infirme, et que la décision qu'il prononce devient la loi irrévocable des parties, sauf toutefois le recours en

---

(1) *Evocation d'evocare,* faire *venir, attirer;* c'est l'attribution à un juge d'une affaire dont la connaissance appartenait à un autre. Nos lois actuelles n'admettent d'évocation que dans le cas de renvoi pour sureté publique ou suspicion légitime et d'indication de juge , et dans celui de l'art. 473. *Nouv. répert.,* v.° évocation, §. 1, art. 4.

cassation qui n'est point suspensif de l'exécution. (Loi du 1.ᵉʳ décemb. 1790, art. 16.)

2.° Que, dans le cas où le jugement est confirmé, il reprend toute sa force à l'égard des parties, sauf encore le même pourvoi contre la décision confirmative.

Telle est la doctrine du code de procédure sur les appels ; il suffit d'en comparer les dispositions avec les règles de la jurisprudence antérieure, pour reconnaître l'importance des améliorations qu'il a faites en cette matière. L'ordonnance de 1667 n'avait point entièrement atteint le but que ses auteurs s'étaient proposé, de simplifier les anciennes formes : elle présentait elle-même la plus embarrassante complication de celles qu'elle autorisait ; et, d'un autre côté, les réglemens et usages locaux admettaient des règles particulières, tantôt additionnelles, tantôt dérogatoires à ses dispositions.

La suppression de la différence dans la manière de procéder sur les appellations verbales et sur les appellations par écrit, sur les appels qualifiés d'incompétence et de déni de renvoi, celle des anticipations d'appel, et des désertions d'appel qui n'empêchaient pas un appel nouveau ; d'un autre côté, l'uniformité des délais de procédure, autrefois susceptibles d'autant de variations, pour ainsi dire, qu'il y avait de tribunaux différens, et celle des règles sur la péremption ; tels sont entre plusieurs autres les avantages que l'on doit au nouveau code.

Il fixe le délai, à peine de déchéance de l'appel, pour tous les jugemens en général (443 et 444) ; mais il le proroge en faveur des parties qui demeurent hors la France continentale (445), ou qui sont employées hors de France pour un service militaire ou diplomatique. (446.)

Il détermine les cas où ces délais sont suspendus, indique comment ils reprennent leur cours (447), et déclare, lorsque le jugement a été rendu sur pièce fausse, ou lorsqu'une pièce décisive, retenue par le fait de l'adversaire, n'aurait pas été représentée, que le délai ne commence qu'à partir du jour où le faux a été reconnu, ou la pièce recouvrée. (478.)

Il défend l'appel des jugemens non exécutoires par provision,

avant l'expiration de la huitaine qui suit leur signification (449),
et suspend en conséquence leur exécution pendant ce terme. (450.)

Il définit les jugemens préparatoires et interlocutoires, et autorise
l'appel de ces derniers et des jugemens provisoires avant le jugement définitif, tandis qu'il interdit expressément cette faculté à
l'égard des jugemens préparatoires. (451—452.)

Il déclare le droit ou la prohibition d'appeler indépendante de la
qualification du jugement (453) , ouvre indistinctement ce pourvoi
contre tout jugement sur la compétence (454), et désigne en
quel cas l'appel des jugemens susceptibles d'opposition ne peut pas
être reçu. (455.)

Ces dispositions préliminaires sont suivies de celles qui concernent la forme de l'appel et l'instruction sur l'appel.

Le pourvoi est formé par une simple assignation. (455.)

Il est, de droit, *suspensif*, à moins que le jugement ne prononce
l'exécution provisoire (457); mais alors même cette exécution
peut être suspendue en certains cas déterminés, hors lesquels le
juge ne peut l'arrêter sous aucun prétexte. (458, 459, 460.)

Tout appel, comme nous l'avons dit ci-dessus page 4 *à la note*,
doit être porté à l'audience (461), et n'admet, en matière judiciaire,
d'autres actes que les écrits de griefs et de réponses que les parties
ont la faculté de se signifier réciproquement, et la sommation d'audience. (462.)

Ainsi les appels des jugemens rendus en matière sommaire y
sont portés de suite par un simple acte, sans autre procédure. (463.)

En général , les nouvelles demandes sont interdites (464), et
dans les cas d'exceptions, elles sont formées par un simple acte (465);
il en est de même des changemens et modifications de conclusions
(même art.); mais l'intervention est admise de la part de ceux
qui auraient droit de former tierce-opposition. (466.)

Ici le code pose les règles relatives au jugement d'appel et à
ses effets.

Il prévoit le cas où il se formerait plus de deux opinions, et
prescrit le mode de vider le partage (467, 468); déclare que la
péremption reconnue acquise donne au jugement attaqué l'autorité

de la chose jugée (469) ; désigne celles des règles établies pour les tribunaux inférieurs, qui seront applicables aux appels (470) ; prononce la peine de l'appelant qui succombe (471) ; règle à qui appartiendra l'exécution du jugement d'appel (472), et fixe l'étendue du droit d'évocation ou retenue du fond qu'il accorde aux juges d'appel. (473.)

Il est à remarquer que toutes les dispositions dont nous venons de tracer l'analyse sont applicables non seulement dans les cours royales jugeant les appels des tribunaux civils ordinaires et de commerce, mais aussi dans les tribunaux de première instance, prononçant sur les appels des justices de paix. C'est la raison pour laquelle le présent livre était intitulé dans la première édition, *des Tribunaux d'appel*, et non des *Cours*, comme dans la nouvelle publiée en vertu de l'ordonnance du Roi. Ce changement de titre provient d'un défaut d'attention, puisqu'il n'était convenable qu'autant que les dispositions concernant l'appel eussent été exclusivement propres aux *Cours Royales;* ce qui n'est pas, d'après l'explication que nous venons de donner.

ARTICLE 443.

Le délai pour interjeter appel sera de trois mois : il courra, pour les jugemens contradictoires, du jour de la signification à personne ou domicile ;

Pour les jugemens par défaut, du jour où l'opposition ne sera plus recevable.

L'intimé pourra néanmoins interjeter incidemment appel en tout état de cause, quand même il aurait signifié le jugement sans protestation.

Conférence.

Loi du 24 août 1790, tit. 5, art. 14. C. de com., art. 648; *infrà* 1035.

PREMIÈRE DISPOSITION.

2193. *Quels sont les jugemens dont l'appel doit être interjeté dans un délai moindre que celui qu'a fixé l'art. 443 ?*

V. A. 1417.

2194. L'appel d'un jugement rendu sur tierce-opposition est recevable dans le délai ordinaire de trois mois, encore bien que le jugement, contre lequel la tierce-opposition était dirigée, eût prononcé sur une demande en distraction de biens saisis réellement, et que, par conséquent, l'appel de ce jugement ne pût être interjeté que dans le délai de quinzaine, aux termes de l'article 730. (Nismes, 24 août 1810. Sirey, 1812, p. 29.

2195. On peut appeler d'un jugement, quoiqu'il n'ait pas été signifié, la signification n'ayant d'autre influence, par rapport à l'appel, que d'en faire courir le délai contre la partie à qui elle est faite, et d'autoriser l'autre à le mettre à exécution contre elle. — A. 1418.

Cette proposition a été confirmée derechef par un arrêt de la cour de cassation du 4 mars 1812. (Sirey, 1812, p. 194.)

2196. *L'article 1033 s'applique-t-il au délai général fixé par l'article 443?*

En conformité de plusieurs arrêts cités A. 1419 (1), nous avions décidé que l'article 1033 s'appliquait au délai d'appel, et qu'en conséquence, le jour de la signification était le seul qui fût exclu du délai, celui de l'échéance y étant compris. Cette opinion, infiniment controversée, ainsi qu'on peut le voir au code annoté de M. Sirey, a cessé de l'être depuis deux arrêts de la cour de cassation, l'un du 22 juin 1813, l'autre du 15 juin 1814 (Voy. Sirey, 1814, p. 226 à 232), lesquels ont décidé, par application de l'article 1033, que le jour de l'échéance n'était pas compris, attendu que l'appel est un acte qui doit être signifié à personne ou à domicile, et qu'aucune loi positive ne l'excepte de la loi générale.

Mais il ne faut pas conclure de là que ce délai admette l'augmentation accordée par le même article à raison des distances. La cour de cassation, par arrêt du 8 août 1809 (Sirey, 1809, p. 406), a décidé le contraire, par la raison que cet article n'impose la nécessité d'une addition de délai proportionnel aux distances, que dans le cas des *comparutions* sur les ajournemens et autres actes qui doivent être faits à personne ou à domicile.

Ainsi la franchise du délai général s'applique tant à la partie qui doit signifier un acte dans le délai déterminé par la loi, qu'à celle qui doit également obtempérer dans un délai à l'acte qui lui a été notifié; mais l'augmentation de ces délais, à raison des distances, n'étant évidemment accordée qu'en faveur de celui qui doit *comparaître*, ne peut s'appliquer au délai donné pour signifier un acte.

---

(1) *Er.* Page 7, ligne 19, au lieu d'*art.* 44, lisez *art.* 444.

2197. Le délai se compte du *quantième* d'un mois au *quantième* correspondant d'un autre mois, d'après le calendrier grégorien, sans avoir égard au nombre de jours dont chaque mois est composé. — A. 1921.

Cette proposition énoncée dans notre analyse, et contraire à un arrêt de Colmar que nous y avons rapporté, est justifiée par deux arrêts de la cour de cassation, l'un du 27 décembre 1811, rendu par la section criminelle, l'autre du 12 mars 1816. (V. Sirey, 1812, p. 199, et 1816, p. 331.)

2198. Le délai court du jour de la signification du jugement à domicile élu. — A. 1421.

2199. La signification nulle n'a pas l'effet de le faire courir. — A. 1422. V. pour la forme de la signification *suprà*, n.° 851.

2200. Il en est de même de celle qui serait faite à requête d'un individu frappé de mort civile. — A. 1423.

2201. Lorsque l'appel est engagé sur une signification irrégulière, une signification valable, faite par l'intimé sans se désister de la première, ne produirait aucun effet. (Trèves, 6 mai 1812. Journal des avoués, t. 7, p. 360.)

2202. La signification fait courir le délai, lorsqu'elle a été faite à personne ou domicile, quoiqu'elle ne l'ait pas été préalablement à avoué. — A. 1424.

2203. Il faut qu'elle ait eu lieu à requête de la partie qui a obtenu le jugement, et non à la requête de l'avoué. (Bruxelles, 14 janv. 1812. Sirey, 1814, p. 361.)

2204. Si plusieurs parties ont obtenu un jugement conjointement, et que l'une d'elles seulement en fasse faire la signification, cette signification ne profite pas aux autres, et ne peut pas faire courir en leur faveur le délai de l'appel. — A. 1425. (*infrà*, n.° 2212, sur l'art. 444.)

2205. Lorsqu'un jugement est rendu contre une compagnie, et qu'il n'est signifié qu'au gérant de cette compagnie, le délai d'appel court contre chacun des associés. — A. 1426.

2206. La signification d'un jugement aux syndics ou directeurs d'une union de créanciers fait courir le délai d'appel contre chacun des créanciers unis. — A. 1427.

2207. La signification du jugement portant condamnation contre le mari et la femme séparée de bien, ne fait pas courir le délai d'appel contre celle-ci, si elle n'a été faite qu'au mari seulement. — A. 1428.

Indépendamment des motifs exposés sur cette question dans notre analyse , nous croyons cette proposition justifiée par les arrêts cités *suprà* , n.° 489.

2208. Le délai d'appel court, relativement à un jugement qui ordonne un serment, du jour de la signification de ce jugement, et non du jour de la prestation de ce serment. — A. 1429.

2209. Quand un jugement est nul en sa forme constitutive et intégrale , la signification n'en fait pas moins courir le délai d'appel. — A. 1430.

Cette proposition n'est qu'une conséquence de ce que nous avons établi, page 3 , 1.re note, et l'on peut y ajouter un arrêt de Rennes, du 15 mars 1809 , 3.e ch. , qui décide qu'une cour d'appel n'a le droit de déclarer ses arrêts nuls ou de les réformer qu'autant que les parties les ont entrepris par les voies que les lois leur tracent, et qu'ainsi elle ne peut faire droit à des conclusions prises à cet égard par le ministère public , dans l'intérêt de la loi.

2210. L'appel d'un jugement peut être déclaré non recevable après trente ans d'exécution, encore bien qu'il n'ait pas été signifié. — A. 1431. (1)

2211. La partie qui fait signifier un jugement dont elle se propose de relever appel, relativement à quelques chefs , doit , dans l'acte de signification , se réserver la faculté d'appel. — 1432.

2212. L'appel interjeté en temps utile par l'une des parties , ne fait pas acquérir à celles qui, dans la même affaire , ont le même intérêt et peuvent faire valoir les mêmes moyens , la faculté d'appeler elles-mêmes après l'expiration des délais. — A. 1433 ; v. *suprà* , n.° 2204 , et *infrà* sur l'art. 466.

Nous admettrions une exception en faveur des personnes condamnées *solidairement* , exception consacrée , d'ailleurs, par arrêt de la cour de Colmar , du 4 mars 1817, à l'égard des cohéritiers. (Jur. du C. C. , t. 9 , p. 147.)

DEUXIÈME DISPOSITION.

(V. *suprà* , n.° 981 et 982.)

2213. La deuxième disposition de l'article 443 , s'applique à toute espèce de jugemens par défaut , *susceptibles d'opposition ;* mais elle est sans objet à l'égard d'un jugement portant congé défaut. — A. 1434 et 1435 , et art. 157 ; 158 , 159 , et n.^{os} suivans.

2214. Si la partie condamnée par défaut, faute de constitution d'avoué, ne s'est pas rendue opposante, le délai d'appel ne court contre elle que

---

(1) Er. Premier alinéa, au lieu de *1808*, lisez *1809*.

du jour où l'exécution a été consommée. (Rennes, 13 juillet 1809 ,
1.re ch.

2215. Lorsque le jugement rendu, faute de constitution d'avoué,
a été exécuté, le condamné peut en interjeter appel, quoiqu'il n'ait
fait aucune protestation contre cette exécution. — A. 1436.

Nous avons, dans notre analyse, concilié *sur cette question* ce qu'elle
paraît avoir de contraire avec la proposition posée *suprà*, n.° 958.

2216. Un jugement rendu par défaut contre une partie qui avait
constitué avoué doit, pour faire courir le délai de l'appel, être signifié
non seulement à cet avoué, mais encore à personne ou domicile. —
A. 1437.

Aux arrêts que nous avions cités à l'appui de cette proposition,
nous aurions à ajouter celui de la cour de Paris du 10 août 1811.
(Sirey, 1812, p. 212.) Mais la cour de cassation a tranché toute
difficulté, en consacrant l'opinion contraire par deux arrêts, l'un
du 5 août 1813, l'autre du 21 décembre 1814. (V. Sirey, 1813,
p. 446, et 1815, p. 328.) Ils déclarent positivement que l'article
147 n'est ici d'aucune considération, et qu'il résulte des articles 157
et 443 combinés, que le délai d'appel court à partir de la signification du jugement à l'avoué, encore bien que cette signification
n'ait pas été renouvellée à personne ou à domicile, selon le vœu
de l'art. 147.

2217. Si, de plusieurs parties ayant le même intérêt, l'une s'est
pourvue par la voie de l'opposition, dans le délai utile, et les autres
par la voie de l'appel, les délais de l'opposition étant expirés à leur
égard, il n'y a lieu à renvoyer les appelans devant le tribunal saisi de
l'opposition, qu'autant que les intérêts communs des parties se rapportent à un objet indivisible de sa nature. — A. 1438, et *infrà* sur
l'art 444.

2218. La partie qui a formé opposition ne peut en abandonner la
poursuite pour prendre la voie d'appel. — A. 1439, et *suprà*, la
règle générale posée page 12.

2219. On peut appeler d'un jugement, même après le jugement
contradictoire qui aurait déclaré non recevable l'opposition formée
contre le premier, et sans avoir besoin d'interjeter appel de l'autre.
Les motifs de cette décision sont que le second jugement ne prononce que sur un point de procédure, et ne touche en aucune
manière, ni par ses motifs, ni par son dispositif, au fond de la
contestation. (Cass., 25 juin 1811. Sirey, 1811, p. 241.)

2220. On ne peut également opposer, comme fin de non recevoir
contre l'appel d'un premier jugement par défaut, que la partie
n'eût pas appelé d'un second jugement également rendu par défaut.
(Rennes, 19 novembre 1813, 2.° ch.)

(V. *suprà*, p. 4 et 5.)

2221. L'appel incident n'est permis qu'à l'intimé, et relativement à un jugement dont il y ait appel principal. (Cass., 26 mai 1814, et 18 juillet 1815. Sirey, 1814, p. 258, et 1815, p. 383.)

2222. Il n'est pas nécessaire que l'appel incident de l'intimé soit signifié par acte à personne ou domicile; il peut au contraire être formé par acte d'avoué à avoué. — A. 1440.

2223. Pour qu'un appel incident puisse être signifié par un simple acte d'avoué à avoué, et non à personne ou à domicile, il faut nécessairement que cet appel se rapporte *au jugement même* à l'occasion duquel celui qui l'interjette est intimé. — A. 1441.

De ce principe que l'intimé ne peut appeler en tout état de cause, et par acte d'avoué à avoué, que du jugement qui forme l'objet de l'appel principal, il s'ensuit que si l'appelant veut s'étayer d'un autre jugement, l'intimé ne peut appeler incidemment de ce dernier qu'autant qu'il se trouve dans le délai, et qu'il ne peut le faire par acte d'avoué à avoué. Ainsi l'on ne suivrait pas une décision de la cour de Nismes, du 7 janvier 1812 (Sirey, 1814, p. 371), qui, en admettant que l'intimé serait non recevable après le délai, prononce néanmoins qu'il peut encore, en tems utile, former son appel par acte d'avoué à avoué. Il y a, suivant nous, une contradiction manifeste dans cette décision. Au surplus, nous avons rapporté sur cette question 1441 de l'analyse, plusieurs exemples propres à faire connaître comment on doit appliquer la solution que nous en avons donnée.

2224. Mais lorsqu'un jugement contient plusieurs chefs, et qu'une partie interjette appel d'un de ces chefs seulement, l'intimé ne peut, par acte d'avoué à avoué, interjeter incidemment appel d'un autre chef du jugement attaqué. — A. 1442.

Nonobstant les autorités que nous avons citées à l'appui de cette proposition, et parmi lesquelles se trouve un arrêt de la cour de Rennes, du 1.ᵉʳ août 1810, la même cour, par arrêts des 11 mars 1817, 2.ᵉ ch., et 20 août 1817, 3.ᵉ ch., a jugé dans un sens absolument opposé, attendu que l'article 443 n'établit aucune distinction, et n'admet point la divisibilité du jugement : il s'agissait de l'appel de quelques chefs seulement du jugement attaqué interjeté incidemment, et par acte d'avoué à avoué.

Nous croyons néanmoins devoir persister dans l'opinion que nous avons précédemment énoncée. Il est vrai que l'article 443 ne distingue point et ne parle point du principe de la *divisibilité* des jugemens;

principe d'après lequel chaque disposition est considérée comme une décision séparée : mais il en est ici comme d'une foule d'autres principes de jurisprudence que le législateur n'a point consacrés par des dispositions formelles, mais qui résultent de l'assentiment des jurisconsultes et des magistrats, et qui sont passés dans la doctrine.

Or, celui dont il s'agit a été reconnu comme reçu depuis long-temps, non seulement par l'arrêt de la cour de Nismes, du 18 mai 1806, cité dans notre analyse (V. les considérans de cet arrêt au recueil de Sirey, 1809, sup., p. 119.), mais encore par un arrêt de la cour de cassation du 26 prairial an 11 (même recueil, an 11, p. 310), dont le premier considérant est ainsi conçu :

« Attendu qu'il est de maxime que lorsqu'un jugement statue » sur plusieurs chefs de demande indépendans les uns des autres, » la disposition qui frappe sur chacun des chefs du procès, *est re-* » *gardée comme un jugement séparé ,* duquel il est permis à chaque « partie d'appeler sans se priver du droit d'acquiescer aux autres » dispositions, etc. . . . . Enfin, que cette règle avait toujours été » regardée comme constante, comme le prouve l'article 114 de » l'ordonnance de 1539. »

On peut ajouter l'arrêt de la cour de cassation du 12 septembre 1811, qui, pour n'avoir pas été imprimé dans les recueils de jurisprudence n'en existe pas moins, et dont nous affirmons avoir eu l'expédition authentique sous les yeux en rédigeant la 1442.º question de notre analyse. (Nous revenons sur cette quest. *infrà* p. 20 , note 4.)

2225. L'appel relevé par l'intimé d'un chef non attaqué par l'appelant, mais *connexe* à un autre chef, ne doit pas être regardé comme principal, et, par suite, comme devant être notifié à partie ; la raison en est que le principe de la divisibilité ne s'entend que dans ce sens, que tous les chefs sont absolument *distincts* et *séparés.* (Rennes, 19 juin 1811, 3.º ch.)

2226. L'appel incident peut être formé par des conclusions verbales prises à l'audience , sans aucune signification préalable. (Bruxelles, 24 décembre 1812 Journal des avoués, t. 7, p. 361.) Cette décision a été motivée sur ce que l'appel incident peut être interjeté en tout état de cause, ce qui exclut en effet la nécessité d'une signification préalable. Mais du moins il nous semble prudent de renouveler cet appel par acte d'avoué à avoué ; car il est nécessaire qu'il existe dans la procédure un acte qui le constate. Aussi l'adhésion d'une partie à l'appel d'un autre ne suffit point pour que cet appel soit valablement interjeté ; il faut un acte exprès. (Rennes, 4 octobre 1811.)

2227. L'intimé qui, comme nous l'avons dit *suprà* n.ºˢ 2223 et suiv., peut interjeter appel incidemment, même après le délai de trois mois, à partir de la signification que l'appelant lui aurait faite, (v. A. 1443,) conserve cette faculté, même lorsqu'il a commencé à exécuter le jugement qui est l'objet de l'appel principal. — A. 1444.

2228. Mais s'il *conclut* sans réserve à la confirmation du jugement dont est appel, il ne peut ensuite s'en rendre incidemment appelant. — A. 1445.

2229. Néanmoins l'intimé ne se rendrait pas non recevable dans un appel *à minimá*, en obtenant purement et simplement un arrêt par défaut contre l'appelant principal. (Rennes, 26 juin 1810, 2.ᵉ ch.)

Il n'y a point de contradiction entre cette décision et celle de l'arrêt de la cour de cassation du 23 janvier 1810, sur laquelle nous avons établi la proposition du n.° précédent, attendu qu'il existait entre cet arrêt et celui de Rennes, que nous rapportons ici, cette différence que dans l'espèce du premier, l'appel *à minimá* était interjeté, sous le cours de l'opposition, à l'arrêt par défaut.

2230. Une partie qui n'a pas été intimée sur l'appel d'un jugement dans lequel elle a figuré, peut, si elle a intérêt à la confirmation de la disposition de ce jugement attaqué par l'appelant, intervenir et appeler elle-même incidemment, et même après le délai de trois mois, d'une autre disposition du même jugement.— A. 1446 (V. *suprà* p.

2231. Lorsqu'une partie interjette appel d'un jugement, la partie adverse, qui reconnaît que ce jugement peut être réformé sur certains points dans l'intérêt de l'appelant, ne doit pas en interjeter appel incidemment ; il est plus naturel qu'elle déclare, par acte signifié à l'appelant, qu'elle se désiste du bénéfice du jugement relativement aux dispositions sur lesquelles elle a lieu de craindre qu'il soit réformé. — A. 1447.

2232. Si l'appel principal était jugé non recevable, il n'y aurait pas lieu à statuer sur l'appel incident ; mais il y serait fait droit, si l'appel principal était jugé mal fondé. — A. 1448.

Cependant nous avons dit n.° 2015, que le désistement de l'appel principal n'empêcherait pas de prononcer sur l'appel incident auquel il donnerait lieu, si l'intimé refusait d'accepter ce désistement, par le motif qu'il ne serait donné que pour faire tomber son appel, en annulant l'appel principal. Il n'y a aucune contradiction entre cette solution et ce que nous venons de dire, que l'appel principal, déclaré non recevable, fait tomber l'incident. La raison de cette différence, c'est que la faculté de former incidemment appel en tout état de cause, n'est accordée à l'intimé que par suite de la présomption qu'il n'eût pas appelé, si son adversaire n'avait pas appelé lui-même. Or, l'intimé faisant déclarer non recevable l'appel de ce dernier, se replace volontairement dans l'état où il était avant cet appel, et par conséquent celui qu'il a incidemment formé doit être réputé non avenu comme celui-ci. Mais il doit en être autrement dans le cas du désistement, puisqu'il est l'effet de la volonté de l'appelant principal, duquel il ne peut dépendre de priver l'intimé du droit qu'il a acquis de faire prononcer sur son appel. En un mot, en opposant une fin de non recevoir contre l'appel principal, l'intimé renonce à son appel incident; mais il ne peut être contraint à cette renonciation par un acte de sa partie adverse.

2233. C'est une règle générale commune à tous les tribunaux qui connaissent en second degré de juridiction, que l'appel d'un jugement ne les autorise point à réformer les dispositions de ce jugement qui ne seraient point attaquées. Il paraît cependant que cette règle a été l'objet d'un doute, puisqu'on a cru nécessaire de la confirmer par un avis du conseil d'état du 25 octobre 1806, approuvé le 12 novembre suivant. Cependant elle avait reçu une application formelle par arrêt de la cour de cassation du 9 prairial an 8 (v. Sirey, t. 1, 2.ᵉ part., p. 245), portant que sur l'appel de quelques dispositions d'un jugement, celles qui ne sont pas attaquées ne peuvent être réformées au profit de la partie qui n'a pas interjeté appel.

ARTICLE 444.

Ces délais emporteront déchéance; ils courront contre toutes parties, sauf le recours contre qui de droit; mais ils ne courront contre le mineur non émancipé que du jour où le jugement aura été signifié tant au tuteur qu'au subrogé-tuteur, encore que ce dernier n'ait pas été en cause.

Conférence.

Loi du 16 août 1790, art. 14, tit. 5, *infrà* art. 455, 484, 763.

2234. *Quelles sont, outre celle qui résulterait de l'expiration du délai d'appel, les fins de non recevoir que l'on peut opposer afin de faire déclarer la poursuite non recevable?*

On peut, en général, opposer contre un appel toutes les fins de non recevoir que l'on peut élever contre une demande formée en première instance (V. en conséquence *suprà* nos questions sur le titre des exceptions, et *infrà* celle que nous examinerons sur l'article 456); mais les plus importantes sont celles qui résulteraient de ce que le jugement aurait acquis *l'autorité de la chose jugée*

3

non seulement par l'expiration du délai, conformément à l'art. 444, mais encore par l'acquiescement tacite ou formel de la partie qui voudrait se rendre appelante, même incidemment.

2235. *Qu'est-ce que l'on entend par chose jugée, dans quels cas et contre quelles personnes peut-on opposer l'autorité qui en résulte?*

En droit, ce mot *chose jugée* a différentes acceptions; il se prend tantôt pour ce qui résulte d'un jugement, tantôt pour le jugement même, souvent aussi l'on s'en sert pour exprimer la jurisprudence qui résulte de l'uniformité de différentes décisions portées sur un même point de droit; c'est dans ce sens qu'on dit *invoquer l'autorité de la chose jugée;* c'est-à-dire, justifier sa demande ou ses défenses sur des décisions rendues dans des espèces semblables. (1) Mais ces expressions s'emploient particulièrement pour désigner la chose décidée par un jugement en dernier ressort ou devenu inattaquable par les voies ordinaires. (2) C'est sous ce rapport que l'autorité de la chose jugée opère une fin de non recevoir non seulement contre l'appel du jugement, mais contre toute demande nouvelle qui serait formée contre les mêmes parties, pour le même objet et pour la même cause. (3)

Il arrive rarement qu'une partie laisse acquérir contre elle l'autorité de la chose jugée par l'expiration du délai d'appel; mais celle qui résulte de l'acquiescement est la fin de non recevoir que l'on oppose le plus fréquemment en cause d'appel; il est donc nécessaire d'examiner en quelles circonstances on peut dire qu'il existe ou non acquiescement à un jugement en premier ressort : c'est l'objet de la question suivante.

2236. *En quelles circonstances un jugement est-il réputé avoir acquis ou non l'autorité de la chose jugée par acquiescement de la partie?*

On nomme *acquiescement* l'adhésion ou consentement qu'une partie donne à un jugement ou à quelque autre acte que ce soit.

(1) V. sur l'autorité que peuvent avoir les décisions judiciaires dans les affaires contentieuses autres que celles sur lesquelles elles sont intervenues entre les mêmes parties, la dissertation sur la jurisprudence des arrêts, en tête du dictionnaire des arrêts modernes, par MM. Loyseau et Dupin.

(2) Nous disons par les voies ordinaires; c'est-à-dire, par opposition ou appel, parce que les moyens extraordinaires n'ôtent pas au jugement, tant qu'il subsiste, *l'autorité de la chose jugée,* tandis que tout jugement qui peut être attaqué par la voie de l'opposition ou de l'appel ne peut être dit passé en force de chose jugée. (Delvincourt, p. 394, note 2.)

(3) V. C. C., art. 1350 et 1351, et Delvincourt, t. 2, p. 73 des institutes, et pag. 394 des notes.

Acquiescer à un jugement, c'est donc en approuver les dispositions et se soumettre à les exécuter, ou du moins consentir qu'elles
reçoivent leur exécution ; c'est donc renoncer à l'appel qui aurait été
ou qui pourrait être interjeté ; c'est donner à ce jugement l'autorité de la chose jugée.

L'acquiescement est FORMEL OU TACITE.

Il est *formel*, lorsqu'il est donné par un acte contenant déclaration positive de la partie (1) ou de son fondé de pouvoir spécial.
(Rodier, sur l'art. 5 du titre 27 de l'ordonn.)

Il est *tacite* lorsqu'il résulte ou de son silence ou d'un fait de
sa part qui ne permette pas de douter qu'elle a entendu consentir
au jugement et vouloir l'exécuter. (2) (V. nouv. répert., Dénisart,

---

(1) Ainsi souscrire une déclaration que l'on tient un jugement *pour signifié*,
et que l'on promet de s'y conformer, c'est *acquiescer* et se rendre non recevable
dans l'appel ; (Cass., 16 février 1816 ; Sirey, 1816, p. 158.) et cet acquiescement peut être valablement donné même par une simple lettre missive. (Cass.,
25 prairial an 6, et 20 janvier 1806, au nouveau répert. au mot *viduité*, t. 13,
p. 372 et 384 de la 3.ᵉ édit. ; jur. des cours souv., t. 1, p. 4.) Mais si la lettre ne
contient que des offres, il est nécessaire, pour que l'acquiescement produise ses
effets, de prouver que la partie qui les a faites a reçu de l'autre une lettre
contenant acceptation. (Rennes, 3 thermidor an 8.)

(2) Par exemple, on pourrait opposer la fin de non recevoir résultant de
l'acquiescement tacite dans les cas suivans :
1.° Si la partie a demandé un délai soit pour payer les dépens, soit pour exécuter
la condamnation (loi 5, cod. *de re judicata*); 2.° à plus forte raison si elle
a payé les dépens sans réserve et sans protestation (v. *suprà* n.° 945 — 948);
3.° si elle fait quelque acte qui suppose évidemment reconnaissance de la dette
qui est l'objet de la condamnation, comme si elle la comprend dans son bilan,
(Paris, 27 frimaire an 12; Sirey, 1807, 2.ᵉ part., pag. 762); 4.° si elle
assiste personnellement à l'enquête qui se fait contre elle (*suprà* n.° 1430);
5.° si elle accepte des offres ou si elle conteste une caution, puisqu'en cela
elle exécute le jugement. (V. *infrà* liv. 5, tit. 1 et 2.)
Tous les actes que nous venons de détailler étant en effet *négatifs* de l'intention d'appeler, opèrent *acquiescement tacite*, et, par conséquent, fin de
non recevoir contre l'appel.
Mais laisser prêter un serment supplétoire sans se pourvoir de suite ou sans
s'y opposer (Cass., 21 thermidor an 8; Sirey, 1801, 2.ᵉ part., p. 269); offrir
les frais par forme de consignation pour prévenir ou arrêter des poursuites (Cass.,
2 janvier 1816; Sirey, 1816, p. 358); n'exécuter le jugement que parce qu'il
est exécutoire par provision, ce n'est pas acquiescer (Cass., 12 floréal an 9,
brumaire an 11, et 2 janvier 1816; Sirey, t. 1, 2.ᵉ part., p. 322, 1803, p. 54,
1816, p. 358); seulement, en ces cas, la prudence exige que l'on fasse les
réserves et protestations d'appel. (Annales du not., comm. t. 3, p. 12.) Remarquons cependant qu'il y aurait acquiescement, même nonobstant les réserves,
si, de part et d'autre, les titres et pièces avaient été remises lors du paiement du
montant de la condamnation, parce que cette remise annoncerait que les parties seraient demeurées d'accord, que tout serait consommé entre elles. (Riom,
10 juin 1817 ; Sirey, 1818, p. 62.)

au mot *acquiescement ;* Jousse , sur l'art. précité de l'ordonnance ; Berriat-Saint-Prix, p. 321 ; et Cass., 20 décembre 1815 ; Sirey, 1816, p. 242.)

En cette matière, la jurisprudence a consacré les règles suivantes :

1.° L'acquiescement ne peut résulter que du fait de la partie, et non de celui de son avoué. (Nouv. répert., *ubi sup.*) (1)

2.° Il n'est valable (v. *suprà* n.° 2013) qu'autant qu'il est donné par des personnes maîtresses de leurs droits (2), et qu'il n'est pas le résultat de la contrainte, du dol et de l'erreur. (3)

3.° Si le jugement contient tout à la fois et des dispositions favorables et des dispositions contraires à une partie , elle peut poursuivre l'exécution des premières sans que l'on puisse en tirer présomption d'acquiescement aux autres. (4)

---

(1) Le paiement des dépens fait par l'avoué ne constituerait donc pas un acquiescement qui pût être opposé à la partie, si cet avoué ne justifiait pas d'un pouvoir spécial. (Nouv. répert. , *ubi sup.* , p. 53.)

Il en serait de même du consentement donné par un avoué à la prestation d'un serment déféré d'office (Rennes, 2 avril 1810, et *suprà* n.° 707—710), et de sa présence à une enquête , (*suprà* n.° 1430.) Il a même été décidé , par arrêt de la cour de Turin du 20 mai 1809 (Sirey, 1810, p. 258 , que la signification du jugement faite *sans réserves*, entre avoués seulement, n'opérait pas *acquiescement*; mais les auteurs des annales du notariat (*ubi sup.* p. 15) citent un arrêt de Liége, du 26 janvier 1811, qui a décidé le contraire , et déclarent que telle est leur opinion, attendu que, dans certains cas, la signification d'avoué à avoué suffit pour faire courir les délais d'appel, comme dans celui de l'article 763. Tel est aussi notre avis pour ce cas particulier où la signification à avoué produit le même effet qu'une signification à personne ou domicile ; mais nous croyons, comme M. Berriat-Saint-Prix , p. 321, note 4 , qu'il faut , en toute autre circonstance, s'en tenir à la règle certaine qu'un acquiescement à un jugement ne peut résulter d'un simple acte d'avoué à avoué.

(2) Par suite de cette règle, on ne peut opposer la fin de non recevoir résultant de l'acquiescement aux femmes non autorisées (Cass., 15 juillet 1807 ; juris. des cours souv., t. 1, p. 34) et aux établissemens publics; les préposés de ces établissemens ne peuvent en effet les obliger par acquiescement, à moins qu'il ne fût prouvé qu'ils eussent agi en vertu de pouvoir formel. (Cass., 21 germinal an 12 et 23 décembre 1807 ; annales du not. , t. 3, p. 13 ; et jur. des cours souv. , t. 1, p. 23 et suiv.) Il n'est pas douteux que le ministère public ne peut acquiescer dans les affaires où il est partie principale. (Cass., 16 juin 1809 ; Denevers, 1809, sup. p. 161.).

(3) On entend ici par *erreur*, celle qui dérive de ce que la partie aurait mal entendu le jugement, Nouv. répert. *ubi sup.* pag. 53, et nouv. Dénisart , v.° *acquiescement* , §. 3), et non l'erreur de droit qui ne vicie pas l'acquiescement. (Bordeaux , 15 messidor an 13. Sirey, 1807 , 2.ᵉ part., p. 941.)

C'est parce que l'acquiescement doit être libre que nous avons dit *suprà* note 2, qu'il pouvait résulter de l'exécution d'un jugement exécutoire par provision.

(4) Cette règle formellement consacrée par un arrêt de la cour de Limoges , du 1ᵉʳ juillet 1817 , (Sirey 1817, p. 307) a été contredite de la même manière par un autre arrêt de la cour de Turin, du 30 novembre 1811. Nous n'en persistons pas moins à la considérer comme exacte et fondée , d'ailleurs , sur la

4.° L'on ne peut séparer l'acquiescement d'une partie des conditions qu'elle y a apposées. (1)

5.° S'en rapporter à la prudence des juges, n'est point acquiescer d'avance au jugement qui interviendra, et renoncer par conséquent à la faculté d'en interjeter appel. (Cass. 18 germinal an 11 ; Sirey, 1807, 2.° p., p. 764, et nouveau rép., v.° *succession*, §. 2, art. 3, et v.° *acquiescement*, §. 3. Rennes, 5 août 1808. (2)

6.° L'acquiescement d'une des parties au jugement n'empêche pas que les autres ne puissent en appeler. (L. 71, ff. *de excep. rei judic.*

principe de la divisibilité des jugemens établi *suprà* n.° 1812. C'est par suite de ce principe expressément reconnu par la cour de Paris, que cette cour, par son arrêt du 29 février 1812, (Sirey, p. 416) avait jugé que l'exécution d'un jugement n'emportait acquiescement que pour les dispositions exécutées, même sans réserves ; qu'ainsi, par exemple, la partie qui avait exécuté un jugement, en ce qu'il permettait un réglement par experts, n'en était pas moins recevable à demander la réformation du même jugement, parce qu'il avait omis de prononcer la contrainte par corps.

A cette décision vient se rattacher un arrêt de la cour de Rennes, du 6 thermidor an 9, 1.re ch., qui décide que des paiemens faits par une partie à valoir à une dette, dont elle était condamnée à acquitter le montant, ne faisaient pas présumer acquiescement à la fixation faite par les premiers juges, attendu que la partie ne faisait qu'exécuter, jusqu'à concurrence de ce qu'elle prétendait devoir, la reconnaissance qu'elle avait donnée d'être débitrice, mais n'annonçait pas par là consentir à payer le montant déterminé par le jugement, et susceptible d'être réduit en appel par suite d'un juste précompte qui en eût démontré l'excès.

Au surplus, les auteurs du nouveau Dénisart, v.° *acquiesc.*, §. 2, p. 2, s'expliquent de la manière la plus formelle sur la règle que nous tirons, par rapport à l'acquiescement, du principe de la *divisibilité* des jugemens.

« Toutes les fois, disent-ils, que les différens chefs d'un jugemens ne forment
» qu'un tout indivisible, comme lorsqu'une première disposition en entraîne à
» sa suite plusieurs autres qui en sont les conséquences nécessaires, il suffit pour
» être obligé d'exécuter le jugement en entier d'y avoir acquiescé en un seul
« point ; mais il arrive souvent que le même jugement prononce sur plusieurs
» chefs absolument indépendans les uns des autres ; et alors, quand on a acquiescé à
» une partie de ses dispositions, sans avoir donné aucun acquiescement ni tacite,
« ni exprès, cela n'empêche pas qu'on ne soit recevable à se pourvoir contre
« les autres. »

Enfin, la cour de cassation avait consacré cette doctrine sous l'empire de l'ancienne législation, par arrêts des 17 frimaire an 11 et 9 nivôse an 12. (V. jur. des cours souv., t. 1.re, p. 16 et 18.

(1) Ainsi, l'exécution d'un jugement, faite dans un sens déterminé, n'exclut pas l'appel, lorsque l'autre partie veut lui donner un sens plus étendu. (Cochin, t. 5, p. 758.)

(2) La cour de cassation avait proposé, dans ses observations sur le projet de code de procédure, de consacrer en loi cette règle de jurisprudence ; elle formait le 101.e article du titre qu'elle proposait de placer en tête de ce code, et qui était ainsi conçu :

« Quand on déclare s'en référer *à la justice du tribunal*, ou *à ce que le tribunal*
» *décidera*, on n'acquiesce pas éventuellement au jugement qui sera prononcé. »

et 63 *de re judicata*, cass., 13 nivôse an 10, jurisp. des cours souv., t. 1.ᵉʳ, p. 12.

7.° A plus forte raison ne peut-il lier les personnes qui n'auraient pas été parties an jugement, mais qui auraient intérêt à la décision qu'il eût prononcée. (1)

8.° La fin de non recevoir résultant de l'acquiescement ne peut être prouvée par témoins. (Rennes, 22 thermidor an *8*, 2.° ch.)

9.° Elle peut être opposée en tout état de cause. (V. *suprà*, n.° 1065.)

10.° Elle ne peut l'être en aucun cas, s'il s'agit d'une question d'état, ou de toute autre matière tenant à l'ordre public. (Cass., 18 août 1807, jur. des cours souv., t. 1.ᵉʳ, p. 54.)

11.° Enfin l'erreur du juge sur la question de savoir si elle est ou n'est pas fondée, est un moyen de cassation. (Cass., 22 octobre 1811. Sirey, 1811, p. 364.)

Nous terminons en remarquant que la fin de non recevoir, dont nous venons de traiter, a donné lieu, sur le caractère et les effets de l'acquiescement, à une foule de questions dont nous n'avons indiqué que les principales : on trouvera ces questions au nouveau répertoire et aux questions de droit, v.° *acquiescement, cassation, chose jugée, requête civile.* (V. en outre, 1.° sur l'article 451, ce que nous dirons de l'acquiescement aux jugemens interlocutoires; 2.° sur l'art. 455, l'examen de la question de savoir si les jugemens *d'expédient* sont sujets à l'appel.)

2237. Ces mots de l'art. 444, *contre toutes parties*, signifient que les délais fixés par l'art. 443 courent contre le mineur, la femme mariée, l'interdit, les communes, les fabriques, et tous autres établissemens publics, quels qu'ils soient. — A. 1449.

2238. L'art. 444, en conservant aux parties désignées dans la proposition précédente un recours contre leurs administrateurs, n'entend pas que ces derniers seront jugés responsables par cela seul qu'ils n'auront pas fait les diligences nécessaires pour interjeter l'appel. — A. 1450.

2239. *Si une partie s'était pourvue en opposition ou nullité d'un jugement dans les trois mois exigés pour l'appel, n'aurait-elle pas*

---

(1) Néanmoins, la personne qui exécuterait un semblable jugement, même avec réserves, n'empêcherait pas qu'elle se rendît non recevable à se pourvoir, par quelque voie que ce fût, parce qu'une exécution volontaire rend les réserves sans objet, aucuns motifs ne pouvant porter à faire, avec restriction, ce qu'on n'est obligé de faire en aucune manière. (Paris, 10 avril 1810, journ. des avoués, t. 1, p. 323, et nouv. Dén., *ubi suprà*, §. 2, n.° 3.

également encouru, malgré ce pourvoi, la déchéance prononcée par l'art. 444 ?

Il ne dépend point d'une partie condamnée par jugement défi-nitif de prolonger le délai que la loi lui accorde pour en déclarer appel, en faisant des procédures nouvelles soit en opposition, soit en nullité de ce jugement. La partie qui agit ainsi encourrait donc incontestablement la déchéance, ainsi qu'il a été jugé par la cour de Rennes, relativement à un jugement rendu en matière com-merciale, par des arbitres forcés. (Arrêt du 31 juillet 1811, 3.ᵉ ch., et *infrà* sur l'art. 1028.)

2240. La signification du jugement faite tant au tuteur qu'au subrogé tuteur d'un mineur non émancipé, fait courir le délai, quoique le jugement soit nul pour défaut d'assistance du tuteur dans la cause. — A. 1451.

2241. Les délais d'appel d'un jugement qui n'aurait point été signifié au subrogé tuteur, ne courent contre le mineur devenu majeur, qu'autant que celui-ci aurait été constitué en demeure d'appeler par une signification nouvelle faite à l'époque de sa majorité. — A. 1452.

2242. La disposition de l'art. 444 est applicable à l'interdit. — A. 1453.

2243. Le délai ne court pas si le mineur ou l'interdit n'a ni tuteur ni subrogé tuteur, ou n'a que l'un d'eux : c'est à la partie qui a obtenu gain de cause à faire pourvoir le mineur. — A. 1454, et Rennes, 27 janvier 1817, 1.ʳᵉ ch.

2244. Outre le cas mentionné dans l'art. 444, le jugement rendu contre une personne pourvue d'un conseil judiciaire, doit encore être signifié à ce conseil, si l'affaire est immobilière. Il en est de même pour le cas où le mari et la femme ont dû procéder conjoin-tement. — A. 1455.

2245. Par suite de la signification du jugement, le subrogé tuteur est responsable comme le tuteur lui-même, s'il laisse expirer le délai de trois mois, sans avoir pris les mesures prescrites par la loi pour savoir si l'appel doit être interjeté, et sans l'avoir inter-jeté. — A. 1456.

2246. L'intimé qui prétend que l'appelant a laissé écouler le délai d'appel, est tenu de représenter les exploits de signification du jugement. — A. 1457, et *suprà* n.° 424.

2247. On ne peut, après les trois mois qui ont suivi la signifi-cation, appeler du jugement d'un tribunal de commerce qui a statué sur un déclinatoire à raison de la matière. — A. 1458.

2248. La déchéance d'un appel tardif peut être suppléée d'office, et opposée en tout état de cause. — A. 1459, et cass., 3 brumaire an 10. Sirey, 1807, 2.ᵉ part., p. 783.

2249. Le juge saisi d'un appel interjeté après le délai ne peut, si la fin de non recevoir est opposée, s'appuyer sur des moyens tirés du fond pour le déclarer recevable. (Cass., 13 janvier 1817. Sirey, 1817, p. 152.)

2250. *Mais ne doit-on pas admettre une exception pour le cas où il s'agirait d'examiner si l'objet de la contestation est indivisible, afin de décider, par exemple, si l'appel interjeté par un mineur après le délai, et cependant en tems utile, parce qu'il n'y aurait pas eu de signification du jugement au tuteur ou au subrogé tuteur, relèverait les majeurs de la déchéance ?*

La cour de Rennes, 1.ʳᵉ ch., a prononcé l'affirmative de cette question par arrêt du 28 mai 1818, dans une espèce où il s'agissait du paiement d'une rente due par plusieurs co-obligés.

Il était en effet indispensable, pour juger s'il y avait lieu de déclarer des majeurs relevés de la déchéance par l'appel du mineur, d'examiner le fond, afin de s'assurer si la rente était véritablement indivisible, seul cas dans lequel l'appel du mineur pouvait profiter aux majeurs. Cette décision ne nous semble point contraire à l'arrêt de la cour de cassation, cité au précédent n.°, parce qu'il statue en thèse générale, et pour le cas où la déchéance serait encourue relativement à un jugement qui ne concernerait qu'une seule partie, ou des parties que l'appel d'une autre ne pouvait relever de cette déchéance.

2251. *Dans l'espèce de cette question, y avait-il lieu au fond à déclarer les majeurs relevés de la déchéance par l'appel du mineur interjeté en tems utile ?*

Par son arrêt définitif du 25 juin 1818, la même cour de Rennes a jugé l'affirmative, attendu qu'il s'agissait d'un objet indivisible, aux termes de l'art. 1221, §. 5 du code civil.

Il répugnerait en effet à l'équité que les majeurs fussent déchus de l'appel, et par là même exposés à supporter seuls le poids des arrérages, tandis que les mineurs auraient conservé la faculté de s'en faire décharger par la réformation des jugemens qui les auraient condamnés. Si des cours souveraines ont prononcé la déchéance en quelque cas, on doit croire, comme nous l'avons remarqué sur la 1433.ᵉ quest. de l'analyse, v. *suprà* n.° 2212, qu'il en avait été comme dans l'espèce d'un arrêt de la cour de cassation du 21 brumaire an 7. (Sirey, t. 1.ᵉʳ, p. 176.) Au reste, on peut encore appuyer l'arrêt de Rennes de celui de la cour de cassation du 21 prairial an 13, qui a déclaré l'appel relevé, en tems utile, par une des parties, commun à celles qui n'étaient plus dans le délai d'appeler. (V. Denevers, an 13; *sup.* p. 130.) C'est sauf cette exception pour les cas de solidarité et d'indivisibilité, que l'on doit entendre la proposition établie *sup.* n.° 2249.

La fin de non recevoir résultant de la déchéance prononcée par l'art. 444, ne doit pas être accueillie si l'appelant justifie que la notification de l'acte d'appel a été retardée par l'effet des troubles civils; par exemple, qu'une lettre portant ordre de faire cette notification a été retardée plusieurs jours à la poste par suite de ces troubles. (Rennes, 26 août 1817, 1.re ch.) Nous croyons, par les motifs exprimés sur la 65.e quest. de l'analyse, *sup.* n.° 96, que l'on pourrait étendre cette décision au retard causé par tout autre obstacle de force majeure.

2252. C'est la loi qui était en vigueur à l'époque de la prononciation du jugement, et non celle qui existe lors de la signification, qui doit faire la règle et du droit et du délai d'appeler. (Cass., 4 mars 1812. Denevers, 1812, p. 257.)

ARTICLE 445.

Ceux qui demeurent hors de la France continentale, auront, pour interjeter appel, outre le délai de trois mois depuis la signification du jugement, le délai des ajournemens réglé par l'art. 73 ci-dessus.

Conférence.

V. art. 73, 485 et 486. (1)

2253. *Quels sont les départemens qui forment le territoire continental du royaume?*

La France continentale est le territoire divisé en départemens contigus les uns aux autres, et dont Paris est la capitale. Ainsi l'île de Corse et les Colonies, quoique faisant partie du royaume, ne sont point de son territoire continental.

2254. *Les dispositions de l'article 445 s'appliquent-elles seulement aux français qui demeurent hors de la France continentale?*

Elles s'appliquent non seulement aux français qui habiteraient dans les îles et colonies, et momentanément dans les pays soumis à un gouvernement autre que celui de la France, mais encore à tous les étrangers de naissance qui auraient des contestations devant les tribunaux français. (V. *sup.* n.° 512.)

(1) *Er.* Au lieu de *voyez nos questions sur les art. 73*, etc., lisez, *voyez art. 73*, etc.

4

ARTICLE 446.

Ceux qui sont absens du territoire européen du royaume pour service de terre ou de mer, ou employés dans les négociations extérieures pour le service de l'état, auront, pour interjeter appel, outre le délai de trois mois depuis la signification du jugement, le délai d'une année.

Conférence.

Ordonn. de 1667, tit. 27, art. 14. V. art. 73, 485 et 486.

2255. *A quelle époque faut-il que les personnes désignées dans l'article 446 se trouvent absentes, pour qu'elles jouissent de la prorogation que cet article leur accorde?*

Il suffit que la partie ne fût point en France à l'instant où la signification du jugement a été faite à son domicile. Si donc elle rentre sur le territoire français quelques jours seulement après cette signification, elle n'en jouirait pas moins de la prorogation du délai.

ARTICLE 447.

Les délais de l'appel seront suspendus par la mort de la partie condamnée.

Ils ne reprendront leur cours qu'après la signification du jugement faite au domicile du défunt, avec les formalités prescrites en l'art. 61, et à compter de l'expiration des délais pour faire inventaire et délibérer, si le jugement a été signifié avant que ces derniers délais fussent expirés.

Cette signification pourra être faite aux héritiers collectivement, et sans désignation des noms et qualités.

Conférence.

T. art. 29. — Même titre 27 de l'ordonn., art. 15; sup. n.os 354 et 355, et articles 61 et 68; code civil, art. 795.

2256. La signification n'est pas valable, par cela seul qu'elle a été faite au domicile du défunt : il faut en outre avoir observé les formalités prescrites non seulement par l'art. 61, mais encore par l'art. 68. C'est même à ce dernier, plutôt qu'à l'article 61, que l'art. 437 a entendu renvoyer. — A. 1460.

2257. La dernière disposition de l'article 447 exprime que la signification peut être faite, par exemple, *aux héritiers de* TEL, *demeurant lors de son décès, à* .... *en son domicile* — A. 1461. (1); ou comme l'a jugé la cour de Bruxelles, par arrêt du 30 août 1810 (Sirey,

_____

(1) Er. Avant-dernière ligne, au lieu de *et à cela l'imitation*, etc., lisez *et cela, à l'imitation*, etc.

1814, p. 378, « *à l'un des héritiers, tant pour lui que pour ses* » *co-héritiers.* »

2258. La signification faite à l'héritier, fait courir le délai contre un successeur particulier à l'objet du jugement ; par exemple, contre un légataire, s'il n'est pas connu. — A. 1462.

2259. Si quelqu'un, n'étant pas héritier, s'était mis en possession publique de la succession, la signification qui lui serait faite, ferait courir le délai contre le véritable héritier. — A. 1463.

2260. De ce que l'article 447 permet de signifier le jugement aux héritiers collectivement et sans désignation des noms et qualités, pourvu que ce soit au domicile du défunt, il s'ensuit qu'il autorise la signification à la *veuve commune* et aux héritiers collectivement, en ne laissant qu'une seule copie pour ceux-ci et pour la veuve. (Cass., 6 sept. 1813. Sirey, 1815, p. 97.)

2261. Lorsqu'un jugement est signifié au nom de la partie qui l'a obtenu, le délai de l'appel ne court pas tant que l'héritier n'a pas justifié de sa qualité. (Nismes, 29 janvier 1811. Sirey, 1811, p. 434.)

ARTICLE 448.

Dans le cas où le jugement aurait été rendu sur une pièce fausse, ou si la partie avait été condamnée faute de représenter une pièce décisive qui était retenue par son adversaire, les délais de l'appel ne courront que du jour où le faux aura été reconnu ou juridiquement constaté, ou que la pièce aura été recouvrée, pourvu que, dans ce dernier cas, il y ait preuve par écrit du jour où la pièce a été recouvrée, et non autrement.

2262. Ces expressions de l'art. 448, *les délais de l'appel ne courront que du jour où le faux aura été RECONNU ou JURIDIQUEMENT CONSTATÉ*, doivent s'entendre en ce sens que le faux doit être *avoué* par la partie ou par l'auteur du faux, ou déclaré par un jugement civil ou criminel. — A. 1464. (1)

Telle fut en effet l'intention des auteurs du projet, comme nous l'avons fait remarquer dans notre analyse. A la vérité le ministre de la justice observa, lors de la discussion au conseil d'état, qu'il ne pouvait être question du faux *déclaré par un jugement*, puisqu'il s'agissait du faux qui n'était pas encore découvert. Néanmoins les mots *juridiquement constaté* furent insérés dans l'article, « d'après

(1) *Er.* 3.ᵉ alinea, 2.ᵉ ligne, effacez *premièrement ;* et infrà, p. 33, alinea 3.ᵉ, 7.ᵉ ligne, au lieu de *la cour de Rheims*, lisez *la cour de Turin.*

» l'observation de la section du tribunat, qu'il ne suffisait pas de dire
» que les délais de l'appel ne courraient que du jour où le faux aurait
» été découvert, la découverte du faux *n'étant vraiment constatée*
» *que par un jugement.* » (Esprit du code de procédure, t. 2,
p. 219.)

2263. Si la partie à laquelle le faux est imputé est décédée, on
peut, si l'on est dans le délai, interjeter appel du jugement rendu
sur les pièces prétendues fausses, en fondant grief sur le faux ; ce
qui amène une instruction en faux incident : mais si le délai est
écoulé, on ne peut que se pourvoir par action principale en première instance, afin de faire prononcer la nullité des pièces pour
cause de faux. (V. t. 1.er, p. 335, et *suprà* n.° 1227.) A ce
moyen, le faux devient constaté par jugement, et l'appel est recevable. — A. 1465.

2264. *Mais ne pourrait-on pas aussi, même après les délais
d'appel, se pourvoir par cette voie, et sur la fin de non recevoir
opposée par l'intimé, déclarer s'inscrire en faux, pour que la cour,
en cas qu'elle vînt à juger la pièce fausse, prononçât ensuite que
l'appel est* RECEVABLE, *conformément à l'article 448, le faux se
trouvant alors juridiquement constaté?* (1)

Pour l'affirmative de cette question, on prétend que le sens de
l'article 448 n'est pas que l'appel ne puisse être *émis* avant que les
pièces sur lesquelles le jugement est intervenu soient reconnues ou
juridiquement constatées fausses ; mais que l'appel ne peut être *reçu*
qu'après que les pièces prétendues fausses auraient été jugées telles. Or,
le juge d'appel devant statuer sur le mérite des moyens par lesquels
une fin de non recevoir est combattue, est compétent pour ordonner
l'instruction en faux nécessaire pour juger si cette exception est fondée;
et, en conséquence, si par suite de cette instruction, il déclare la
pièce fausse, le cas prévu par l'article 448 se réalise, et il y a lieu à
déclarer l'appel recevable.

On appuie cette opinion d'un arrêt de la cour d'Angers, du 21
janvier 1809 (Sirey, 1809, p. 304.) Cet arrêt rendu dans une espèce
où l'appel avait été interjeté avant la publication du code de procédure, déclare que, sous l'empire de la loi du 24 août 1810, qui,
comme l'article 443 de ce code, limitait le délai d'appel, avait
laissé subsister les exceptions adoptées par l'ancienne jurisprudence,
et qui sont énoncées dans l'article 448 ; et ensuite, attendu, « 1.° qu'il
» s'agissait d'un jugement en premier ressort contre lequel la voie
» de requête civile était interdite ; 2.° qu'il était juste de vérifier

---

(1) Cette question nous a été présentée par un de nos confrères de Lille,
et a dû être soumise à la cour royale de Douai. Nous ignorons si elle a
été résolue.

» les moyens de faux articulés par l'appelant, afin de faire triompher la
» justice, vérification qui ne pouvait avoir lieu *qu'en admettant*
» *l'appel* », la cour déboute l'intimé de la fin de non recevoir fondée
sur l'expiration du délai. Mais elle considère en même tems que
l'intimé n'avait pu, sans déroger à la fin de non recevoir qu'il avait
proposée contre l'appel, répondre à la sommation qui lui avait
été faite de déclarer s'il entendait se servir de la pièce arguée; et
elle lui accorde un délai pour répondre à cette sommation.

Nous croyons que la rigueur des principes et le texte de la loi
ne permettent pas de suivre cette marche. En effet, s'il est permis
d'*émettre un appel*, sauf l'examen de la question de savoir s'il est
recevable, du moins le juge qui en est saisi ne peut rien statuer
directement ou indirectement à l'occasion de cet appel, qu'après
avoir préalablement prononcé sur cette question, si elle est élevée
par l'intimé. Or, un appel n'est pas *recevable*, aux termes de l'art.
444, si le délai fixé par l'article 443 est expiré, et si la fin de
non recevoir ne présente à juger que ce seul fait de l'expiration
du délai. L'art. 448 dit à la vérité que le délai général ne commence à courir que du jour où le faux aura été *juridiquement
constaté;* mais cette prorogation ne peut être acquise qu'autant
que la partie prouve que la condition sous laquelle la loi l'accorde a
été remplie. L'appelant qui ne justifie pas du fait de son accomplissement, doit donc être déclaré non recevable dans l'état. La
raison tirée de ce que le juge d'appel est obligé d'apprécier le mérite des moyens opposés à la fin de non recevoir, a bien quelque
chose de spécieux, mais ne nous semble pas décisive; car le juge
d'appel ne pouvant être saisi que par un appel *recevable*, ne peut
ordonner une instruction tendante à placer l'appelant dans un cas
d'exception où il devait se trouver déjà lorsqu'il a émis son appel.
En un mot, une question essentiellement *préjudicielle* à l'appel
ne peut être soumise au juge supérieur, puisqu'il ne pourrait être
valablement saisi que par suite de la décision de cette question.
Nous concluons, en conséquence, que l'on doit préférer la marche
indiquée au numéro précédent.

2265. *Mais résultera-t-il de cette solution qu'un appel interjeté
après les trois mois doive être déclaré non recevable, quoique dans
l'intervalle de sa signification au jour fixé pour l'audience , le
faux eût été juridiquement constaté par l'autorité compétente?*

Non, sans doute, parce qu'au moment où le juge d'appel aurait
à prononcer sur la fin de non recevoir, la condition sous laquelle
la prorogation s'acquiert se trouvant accomplie, l'appel est recevable. Au contraire, dans l'espèce de la précédente question, la

condition n'étant pas accomplie et ne pouvant l'être, il serait contradictoire que le juge d'appel procédât à une instruction par suite
d'un appel qui, nous le répétons, ne serait pas recevable dans
l'état.

2266. Quoiqu'il se soit écoulé trois mois du jour où le faux a
été juridiquement constaté, on ne peut opposer, contre le ministère public poursuivant l'appel d'un mariage déclaré nul, la fin de
non recevoir résultant de l'art. 448. — A. 1466.

ARTICLE 449.

> Aucun appel d'un jugement non exécutoire par provi-
> sion ne pourra être interjeté dans la huitaine, à dater
> du jour du jugement; les appels interjetés dans ce délai
> seront déclarés non recevables, sauf à l'appelant à les
> réitérer, s'il est encore dans le délai.

Conférence.

Loi du 16 août 1790, tit. V, art. 14.

2267. Il résulte *à contrario* de l'art. 449, que les jugemens dont
on peut appeler pendant la huitaine, sont tous ceux qui sont
exécutoires par provision; les ordonnances de référé, et les jugemens des tribunaux de commerce (V. *suprà* n.° 2175); et il est à
remarquer qu'il n'est pas besoin, pour interjeter appel, d'en attendre la signification. — A. 1467.

2268. Par suite de l'opinion que nous avons émise n.° 1837,
on ne peut, sans contrevenir à l'article 450, exécuter un jugement
qui aurait prononcé la déchéance d'une preuve, et ordonner de
plaider au fond avant la huitaine. Cependant ce ne serait pas une
raison pour qu'on pût en appeler avant ce délai, puisqu'il ne peut
être rangé dans la classe de ceux que la loi a entendu désigner
par *jugemens emportant exécution provisoire;* ainsi la partie n'a
autre chose à faire, pour éviter d'acquiescer en plaidant au fond,
que d'exciper de la non expiration du délai, et si le juge passe
outre de se laisser condamner par défaut, sauf à se pourvoir ensuite
par les voies légales. — A. 1469.

2269. On doit compter dans le délai le jour de l'échéance, A.
2468, parce que la loi se sert des mots *dans la huitaine.* Or, comme
nous l'avons dit sur les questions 58 et 426 de notre analyse (voy.
sup. n.°ˢ 87 et 916), quand la loi dispose en ces termes, le dernier
jour du délai est celui de son expiration; autrement, on se trouverait
hors de ce délai. On ne peut opposer ce que nous avons dit *sup.*
n.° 2196, sur le délai général fixé par l'article 443, puisque sa disposition n'est pas conçue de la même manière.

2270. Aucune disposition de la loi n'a fixé la date d'un jugement arbitral au jour de l'ordonnance qui l'a rendue exécutoire ; cette ordonnance ne change donc rien à sa véritable date, qui est celle que les arbitres lui ont donnée ; d'où suit que l'appel interjeté *dans la huitaine,* à partir de l'ordonnance, ne peut être déclaré non recevable, s'il se trouve hors la huitaine de la date du jugement. (Argm.ᵗ d'un arrêt de Cass. du 14 vendémiaire an 6, rendu sous l'empire de la loi de 1790. V. Sirey, 1807, 2.ᵉ part., p. 887.)

2271. L'appel interjeté prématurément ne peut être réitéré par d'autres actes qu'un exploit d'appel. — A. 1470.

ARTICLE 450.

L'exécution des jugemens non exécutoires par provision sera suspendue pendant ladite huitaine.

Conférence.

Lois des 24 août 1790, tit. 5, art. 14, et du 24 mars 1806, art. 14, tit. 5, sup. n.o

2272. L'article 450 ne s'applique point aux jugemens préparatoires ou interlocutoires dont il est parlé dans les articles 451 et 452. (Cass., 8 mars 1816. Sirey, 1816, p. 367.)

ARTICLE 451.

L'appel d'un jugement préparatoire ne pourra être interjeté qu'après le jugement définitif et conjointement avec l'appel de ce jugement, et le délai de l'appel ne courra que du jour de la signification du jugement définitif : cet appel sera recevable, encore que le jugement préparatoire ait été exécuté sans réserve.

L'appel d'un jugement interlocutoire pourra être interjeté avant le jugement définitif : il en sera de même des jugemens qui auraient accordé une provision.

Conférence.

Loi du 3 brumaire an 11, art. 6.

2273. Les jugemens provisoires que l'article 451 assimile aux interlocutoires, sont tous ceux qui accordent une provision. — A. 1482 (1) et 454.

2274. En général, un jugement définitif est celui qui termine la contestation, et qui ne laisse rien à décider à son sujet ; mais dans les causes où il s'élève des contestations particulières qui doivent

_____

(1) Les propositions résultant de l'examen des questions 1471 à 1481 inclus de l'analyse, sont placées *infrà* sur l'art. 452.

être vidées avant que l'on puisse s'occuper de la contestation principale, on répute définitif le jugement qui intervient sur ces contestations. — A. 1483.

2275. Lorsqu'on se pourvoit en appel contre le jugement définitif, on peut prendre la même voie contre le jugement interlocutoire, encore bien qu'il se soit écoulé trois mois depuis la signification, et que l'on y ait acquiescé. — A. 1484.

Telle est la proposition qui résulte de la discussion qu'offre l'article 1484 de notre analyse, et que confirment deux arrêts de la cour de Rennes, l'un du 23 décembre 1808, 2.ᵉ ch., l'autre du 8 janvier 1812, 3.ᵉ ch.

Dans l'espèce du premier, la cour avait à juger si une partie était recevable à appeler d'un jugement qui avait ordonné une enquête, quoiqu'elle eût fait entendre les témoins, et elle a prononcé l'affirmative, « attendu que, par la seconde disposition, l'article 451 laissait aux » parties la faculté d'interjeter appel d'un jugement interlocutoire » aussitôt qu'il est rendu, et qu'il a toujours été de jurisprudence « que de même que l'interlocutoire ne lie pas le juge, la partie qui » l'exécute ne se rend pas non recevable à s'en porter appelante, quand » elle prend la précaution d'en faire la réserve dans les suites qu'elle » fait pour remplir l'interlocutoire. »

Dans l'espèce du second arrêt, on opposait, comme fin de non recevoir contre l'appel, un acquiescement résultant de ce que l'avoué de l'appelant avait assisté à une prestation de serment de l'intimé, et à une visite d'experts faite en vertu du jugement attaqué ; la cour rejeta cette fin de non recevoir, en considérant, 1.° « qu'il » était de principe, avant le code de procédure civile, que l'exé- » cution des dispositions interlocutoires d'un jugement n'était point » un acquiescement capable de faire obstacle à l'appel ; 2.° que ce » principe n'a point été abrogé par le code de procédure civile, » qui n'offre même aucune disposition sur ce qui constitue l'ac- » quiescement à un jugement; d'où suit qu'on doit se décider par » le même principe qu'avait établi une jurisprudence constante. »

Mais un arrêt de la cour de cassation, du 25 novembre 1817, (Sirey, 1818, pag. 182), décide que, d'après le second paragraphe de l'article 452, un jugement interlocutoire ne peut être attaqué par recours en cassation après l'expiration *des trois mois de sa notification à domicile ;* cette décision étant fondée sur l'article 452, il s'ensuit évidemment qu'elle doit s'appliquer à l'appel, et que, par conséquent, la doctrine que nous avons établie est rejetée par la cour suprème. On remarquera que nous ne dissimulions pas les objections dont elle était susceptible, et que nous consultions, pour prévenir toute difficulté ultérieure, d'interjeter appel avant l'expiration du délai. Aujourd'hui nous devons considérer comme obligation rigoureuse ce qui n'était, dans notre opinion, qu'une mesure de procédure. Quoi qu'il en soit, quelques jurisconsultes voudraient admettre une distinction, et pensent que le système consacré par la cour de cassation ne doit être suivi que dans les cas semblables à celui où il a été rendu, c'est-à-dire, lorsqu'il s'agit de ces espèces d'interlocutoires dont nous avons parlé sur la quest. 471 de notre analyse, t. 2, p. 39 (V. *infrà* n.° 2281), et qui préjugent la décision définitive, en statuant sur un point de la contestation, sans ordonner une preuve ou une vérification. En ce cas, disent-ils, l'effet du jugement étant irréparable en définitif, il faut bien en appeler dans le délai, et l'on se rend non recevable si on l'exécute : mais il n'en est pas de même de l'interlocutoire qui ne préjuge le fond qu'en ordonnant une preuve, une instruction ou une vérification, parce que l'exécution d'un semblable jugement ne produit point d'effet irréparable, le juge pouvant statuer sans égard à l'instruction qu'il aurait ordonnée.

Il suffit de lire l'arrêt de la cour de cassation, et l'exposé qui le précède, pour se convaincre qu'il repousse cette distinction, et déclare non recevable, par suite d'exécution ou de l'expiration du délai, l'appel de tout jugement interlocutoire, quel que soit son objet. (1)

---

(1) Il convient d'examiner si un second arrêt de la cour de cassation, en date du 13 janvier 1818 (Sirey, 1818, p. 204), ne serait pas en opposition avec les conséquences que nous venons de tirer de celui du 25 novembre 1818.

Cet arrêt décide qu'aux termes de l'article 14 de la loi du 2 brumaire an 4, le recours en cassation contre les jugemens en dernier ressort qui ne sont pas définitifs n'est ouvert qu'après le jugement définitif, et que l'article 451 du code de procédure, qui ne parle que de l'appel, n'a point dérogé en cet article.

La cour déclare ensuite que, dans l'espèce soumise à sa décision, et où il s'agissait de la vérification par pièces d'un fait allégué par la partie, le jugement qui avait ordonné cette vérification n'était qu'un avant faire droit, qui *ne préjugeait rien* ; que la preuve ordonnée d'office, et pour apprécier les moyens invoqués par les deux parties, ne faisait à aucune d'elles *un grief irréparable en définitive* ; que ce jugement ne *lie pas non plus les juges*, et qu'en conséquence il ne pouvait les empêcher de revenir aux moyens de droit sur lesquels ils pouvaient d'abord prononcer indépendamment de ce préliminaire.

En conséquence, l'arrêt rejette comme prématuré le pourvoi en cassation contre le jugement, attendu que l'article 14 de la loi du 2 brumaire an 4 porte que le jugement préparatoire et d'instruction n'est ouvert qu'après le jugement définitif.

Cet arrêt ne nous semble point en opposition avec celui du 25 novembre 1817,

5

2276. *Quel est, d'après les observations qui précèdent, le sens de la maxime :* L'INTERLOCUTOIRE NE LIE PAS LE JUGE ?

Cette question est importante en raison de l'application fréquente que l'on fait de cette maxime. Il est d'abord à remarquer qu'un jugement *interlocutoire* (1), en général, est toute décision du juge rendue dans l'intervalle de la demande au jugement définitif qui termine en entier la contestation ; et, dans cette acception, les jugemens *préparatoires*, définis par l'article 452, sont véritablement des *interlocutoires*. Cependant le même article les fait sortir de cette classe, en réservant le mot pour désigner les jugemens autres que ceux qui ne tendraient qu'à mettre la cause en état, et qu'il appelle *préparatoires*. Mais de ce qu'il définit les premiers ceux qui ordonnent une preuve, une vérification, une instruction qui préjuge le fond, il ne s'ensuit pas que d'autres jugemens ne puissent être considérés comme *interlocutoires*, ainsi que nous l'avons dit *infrà* n.° 2281, d'après les motifs exposés sur la 1471.ᵉ question de l'analyse, et l'arrêt de la cour de cassation cité au précédent numéro ; l'article 452 n'est qu'*énonciatif* et *non limitatif.* Ainsi

ainsi qu'on pourrait le croire au premier aperçu ; en effet, il rejette bien l'application de l'article 451 au pourvoi en cassation, parce qu'il existe une disposition expresse dans la loi de brumaire, relativement à ce pourvoi, lorsqu'il s'agit *d'interlocutoire ;* mais il ne prononce point que l'article 452 ne puisse pas, relativement au pourvoi, servir pour déterminer quand on peut assigner à un jugement le caractère de jugement préparatoire ou d'instruction, comme l'a décidé l'arrêt de 1817.

Au fond, il se trouve d'accord avec ce dernier arrêt, en ce qu'il décide qu'un jugement qui ne contient aucune disposition définitive et qui ne *préjuge rien*, est un simple *préparatoire*, un simple jugement d'instruction qui n'est point un véritable interlocutoire, et dont, par conséquent, le pourvoi en cassation n'est recevable qu'après le jugement définitif, conformément à la loi de brumaire. C'est ce que décide également l'arrêt de 1817, en déclarant au contraire qu'un jugement qui décide définitivement sur un point de la contestation et qui préjuge n'est pas un simple préparatoire, et qu'en conséquence le pourvoi est tardivement formé et non recevable, si l'on a laissé écouler le délai sans former le pourvoi en cassation, en attendant le jugement définitif. (V. la 1486.ᵉ quest. de notre analyse *infrà* sur l'article 453.)

Au surplus, quelque opinion que l'on prenne sur la question de savoir si ces deux arrêts sont conciliables ou non, il n'en sera pas moins vrai, quant à l'appel, que l'arrêt de 1817 fixe le sens de l'article 451, en décidant qu'il faut appeler, dans le délai de trois mois, de tout jugement interlocutoire qui préjuge ; et, par conséquent, nous répéterons ce que nous avons dit en terminant la 1484.ᵉ question de notre analyse, et ce qu'observe aussi M. Sirey, dans une dissertation insérée dans son recueil de 1814, p. 383, qu'il est au moins très-prudent d'interjeter appel avant l'expiration du délai.

(1) D'*inter* et de *loqui*, parler *entre.*

nous assignons le caractère d'*interlocutoire* à tout jugement qui n'est pas *préparatoire*, et qui préjuge le fond, non seulement en ordonnant une preuve ou une vérification, mais encore en prononçant une décision définitive quant à son objet particulier, mais qui préjuge ce qui reste à juger pour terminer entièrement le procès.

C'est aux seuls jugemens interlocutoires qu'indique l'article 452, c'est-à-dire, à ceux qui ordonnent une preuve, une vérification ou une instruction, que s'applique la maxime que *l'interlocutoire ne lie pas le juge*, en ce sens qu'après avoir ordonné la preuve du fait qui lui paraissait décisif, il peut, s'il reconnaît ensuite que ce fait est indifférent, prononcer contre la partie même qui en a fait la preuve. (V. nouv. rép., v.° *jugement*, §. 3, n.° 3.) Il est à remarquer que le juge a cette faculté dans le cas même où il n'est pas exprimé qu'il ordonne la preuve *sans nuire ni préjudicier aux droits des parties, ni à l'état de l'instance.* « En effet, dit Duparc » (princ. du droit, t. 9, p. 494), tout juge qui ordonne un genre » d'instruction est toujours présumé s'être réservé la liberté de juger » entre les parties suivant l'équité, et conséquemment de conserver » tous leurs droits jusqu'au jugement définitif. Il n'y a souvent » qu'une instruction parfaite qui puisse développer au juge le vrai » point de décision ; et si on lui ôtait la liberté de s'écarter du » préjugé qu'il a lui-même établi par un interlocutoire, lorsque » l'instruction était imparfaite, on le placerait dans la nécessité de » commettre une injustice, quelques pures qu'eussent été ses inten-. » tions lorsqu'il l'aurait rendu. »

Ces motifs ne peuvent s'appliquer aux interlocutoires qui n'ordonnent point de preuves, parce qu'ils statuent définitivement sur un point qui n'a pas pour objet l'instruction du juge ; et par conséquent, ainsi que nous l'avons dit, la maxime ne s'applique point à ces jugemens. (V. nouv. rép., *ubi sup.*)

2277. *Mais en supposant que la partie interjette appel dans le délai, ne pourrait-on pas du moins opposer la fin de non recevoir résultant de l'acquiescement ?*

Nous avons rapporté, sur la même question 1484.ᵉ de l'analyse, les opinions des auteurs qui l'ont décidée dans un sens inverse, et les arrêts qui l'ont résolue pour la négative (V. en outre Sirey, *ubi suprà*, p. 380), et nous avions adopté cette opinion. Mais un arrêt de la cour de cassation, du 21 janvier 1812, (Sirey, 1812, p. 184), décidant que la signification d'un jugement interlocutoire *avec réserves* empêche l'acquiescement, nous semble fournir un fort préjugé pour l'affirmative, puisqu'il suppose que si ces réserves n'avaient pas eu lieu, il y eût eu acquiescement opérant fin de non recevoir ; c'est ainsi qu'il a été décidé que la

présence de la partie à une enquête ou à une expertise opérait
une semblable exception contre l'appel du jugement qui avait ordonné l'une ou l'autre. (V. *suprà* n.º 1430, et p. 19, aux notes.)
D'ailleurs, dès qu'on admet que l'appel est non recevable après
l'expiration du délai, on ne saurait assigner aucune raison décisive
pour ne pas admettre les autres fins de non recevoir que l'on peut
opposer contre les appels des autres jugemens.

2278. *L'interlocutoire à fin d'instruction ne liant point les
juges, quel intérêt les parties pourraient-elles avoir à en interjeter appel, et comment se concilie ce principe avec l'obligation
où elles seraient de se pourvoir dans le délai de trois mois?*
De ce que le juge peut prononcer en définitive sans avoir égard
à l'instruction qu'il avait ordonnée, l'on ne doit pas conclure, dit
Duparc-Poullain, t. 9, p. 495, que l'appel d'un jugement interlocutoire soit inutile et frustratoire. Tout jugement d'instruction qui
est irrégulier, et qui peut occasionner des frais sans nécessité, cause
un grief évident à l'une ou à l'autre des parties, même aux deux.
Ainsi il était juste d'autoriser l'appel d'un pareil jugement, comme
l'a fait l'article 451. Mais s'il n'a pas été interjeté dans le délai, la
partie ne peut plus prétendre que le juge ait eu tort d'ordonner
une instruction préliminaire, par exemple, de déclarer admissible
une preuve par témoins; elle ne peut plus que maintenir, en plaidant au fond, que le juge, par suite de la maxime ci-dessus
énoncée, doit prononcer sans avoir égard à cette preuve, attendu
qu'il existerait par ailleurs des moyens de décision auxquels il devrait
s'attacher de préférence. Supposons en effet une contestation sur la
propriété d'un terrain ou sur une servitude, et qu'au défaut de
titres, l'éclaircissement puisse dépendre d'un rapport d'experts et
de la descente sur les lieux que le juge ordonne. Mais après exécution de l'interlocutoire, une partie produit un titre qu'elle prétend lui attribuer, soit la propriété, soit la servitude, elle pourra
plaider que tous les approfondissemens donnés par les experts sont
inutiles, parce que le tribunal doit juger suivant le titre.
C'est ainsi que la déchéance de l'appel, après le délai fixé par
l'art. 443, ne porte aucune atteinte à la maxime. (V. *inf.* n.º 2282.)

2279. L'erreur du juge sur le caractère préparatoire ou interlocutoire d'un jugement, donne ouverture à cassation. — A.
1485.

2280. Les jugemens interlocutoires sont sujets au pourvoi en
cassation; mais il ne peut être interjeté avant le jugement définitif,
à moins qu'en dernier résultat, les effets de l'interlocutoire en
fussent *irréparables*, parce qu'alors il cesse d'être purement préparatoire ou d'instruction, et tient, sous ce rapport, du jugement
définitif.

On voit que cette proposition, tirée de la 1486.° question de notre analyse, se trouve en harmonie avec les développemens donnés *sup.* n.° 2275, et à la note.

ARTICLE 452.

Sont réputés préparatoires les jugemens rendus pour l'instruction de la cause, et qui tendent à mettre le procès en état de recevoir jugement définitif.

Sont réputés interlocutoires les jugemens rendus lorsque le tribunal ordonne, avant dire droit, une preuve, une vérification, ou une instruction qui préjuge le fond.

Conférence.

T. art. 70.

2281. De ce que nous avons établi *sup.* n.° 2274, et sur la 1471.° question de l'analyse, il résulte,

1.° Que l'on doit réputer préparatoire tout jugement qui ne fait que régler la procédure, afin de *préparer* le procès à recevoir jugement définitif, et qui ne préjuge rien sur le fond, parce qu'il ne manifeste en aucune manière l'opinion du tribunal sur l'objet ou la matière du procès.

Ainsi, en général, l'on qualifie préparatoire tous jugemens de simple instruction ordonnant telle ou telle formalité que la loi prescrit ou permet; tels sont, par exemple, ceux qui prononcent la continuation ou le renvoi de la cause d'une audience à une autre, la jonction de deux procès, un délibéré, une instruction par écrit, une communication de pièces, soit au ministère public, soit à l'une des parties, l'adversaire ne contestant pas d'ailleurs qu'il la doive.

2.° Que l'on doit réputer jugemens interlocutoires tous jugemens qui préjugent le fond, soit par l'instruction qu'ils ordonnent, soit par toute autre décision qu'ils prononcent, en sorte que, pour déterminer si l'on doit assigner ce caractère à un jugement, on doit, quel que soit l'objet sur lequel il statue, ou la mesure qu'il ordonne, s'attacher à ce point unique : *Préjuge-t-il le fond*, c'est-à-dire, *manifeste-t-il l'opinion du tribunal sur les droits prétendus par les parties, et qui seront la matière de la décision définitive ?* C'est alors que l'appel est recevable avant le jugement définitif, pourvu que ce jugement n'ait pas acquis force de chose jugée par l'expiration du délai ou par acquiescement. (V. *suprà* n.°ˢ 2275 et 2277.) Dans le cas contraire, on ne peut en appeler qu'après le jugement définitif. (V. pour les détails les n.°ˢ suivans.)

2282. *Lorsqu'un tribunal ordonne une vérification quelconque, mais en prenant soin d'énoncer que c'est* SANS NUIRE NI PRÉJUDI-CIER *aux droits des parties ni à* L'ÉTAT *de l'instance, le jugement n'en est-il pas moins interlocutoire?*

Nous estimons qu'un tel jugement ne peut être considéré comme *interlocutoire*, puisqu'il ne préjuge le fond dans aucune de ses parties. Or, c'est à cette seule circonstance que l'art. 452 attache le caractère d'*interlocutoire*. Ce serait une erreur, selon nous, que de réputer tel un jugement, par cela seul qu'il ordonnerait une enquête, une visite d'experts, etc.

On peut donc concevoir facilement qu'en certains cas un jugement qui ordonne une preuve, une vérification, n'est, à vrai dire, qu'un simple préparatoire. Or, parmi ces cas, on doit particulièrement placer celui dans lequel le tribunal prend tous les moyens possibles pour manifester l'intention de ne préjuger aucune question du procès, et cette intention ne peut être autrement ni plus clairement manifestée que par ces termes, *sans nuire ni préjudicier aux droits des parties, ni à l'état de l'instance.* Ces mots ne sont pas simplement de style; on les emploie très-rarement dans les jugemens qui ont le vrai caractère d'*interlocutoire*, et il est visible que le juge qui les insère dans sa décision, loin de rien préjuger, annonce formellement une intention contraire.

Tels sont les motifs pour lesquels la cour de Rennes a déclaré simplement préparatoire un jugement qui avait ainsi ordonné une expertise. (Arrêt du 14 novembre 1815, 2.ᵉ ch.)

Mais il est à remarquer que la cour a pris soin elle-même d'avertir qu'on ne devait pas tirer de sa décision des conséquences trop étendues, en déclarant que ces expressions du jugement, *sans nuire ni préjudicier*, etc., n'eussent rien opéré, s'il avait eu par ailleurs le caractère d'interlocutoire, et si l'on eût pu inférer, soit des autres dispositions, soit même de l'énoncé des motifs, l'intention de préjuger le fond en tout ou en partie. Par exemple, nous croyons que, malgré la déclaration du tribunal de juger *sans nuire,* etc., le jugement eût été réputé *interlocutoire,* s'il avait exprimé qu'il fût résulté telle conséquence de tel apurement, ou s'il avait ordonné la vérification, après contestation des parties, sur l'admissibilité ou l'utilité de cette vérification. (V. *infrà* sur les questions 1473 et 1480 de l'analyse.)

2283. Un jugement qui ordonne la mise en cause d'un tiers peut être réputé interlocutoire, toutes les fois que cette mise en cause peut avoir quelqu'influence sur la décision du fond du procès; mais il en est autrement dans le cas contraire. — A. 1472. (1)

A l'arrêt de Montpellier, cité sur cette question de l'analyse, il faut ajouter celui par lequel la cour de Bruxelles a décidé, le 12 septembre 1812 (V. j. C. C., t. 20, p. 414), qu'un jugement rendu sur la déclaration de l'appelant de s'inscrire en faux, ordonne la mise en cause du tireur, n'est point un interlocutoire dont on puisse appeler avant le jugement définitif, attendu que cette mise en cause n'ayant pour objet que d'éclaircir les faits, elle ne préjuge rien sur le fond.

2284. Le jugement qui ordonne la comparution des parties, en vertu des dispositions des articles 119 et 428, n'est pas simplement préparatoire, il peut quelquefois être considéré comme interlocutoire, *suivant les circonstances particulières* d'après lesquelles on pourrait dire qu'il préjugeât le fond. — A. 1473. (2)

2285. Le jugement qui ordonne un interrogatoire sur faits et articles, doit être considéré comme interlocutoire. — A. 1474, et *suprà* n.° 1703.

2286. Le jugement qui ordonne un délibéré, une instruction par écrit, est essentiellement préparatoire. — A. 1475, et *suprà* n.° 610.

2287. Un jugement de jonction ne peut pas être considéré comme interlocutoire. — A. 1476.

2288. Le jugement qui ordonnerait un sursis peut, dans certains cas, être non seulement considéré comme interlocutoire, mais encore comme définitif. — A. 1477.

2289. Un jugement qui ordonne une communication de pièces, est préparatoire de sa nature; mais il peut devenir interlocutoire, s'il préjuge le fond. — A. 1478.

2290. Il est simplement préparatoire, lorsqu'il ordonne l'apport de la minute d'une pièce, et de plus que des faits articulés seront avoués ou constatés dans un délai déterminé, mais sans ordonner la preuve de ces faits. (Paris, 19 décembre 1810. Sirey, 1814, p. 380.)

2291. On doit considérer comme jugement préparatoire celui qui ordonne que les parties remettront leurs pièces à des avocats pour, passé leur avis rapporté au tribunal, être statué ce qui sera vu appartenir. (Rennes, 29 novembre 1810, 2.° ch.)

(1) *Er.* 2.° alinea, 2.° ligne, au lieu de 1.*er* *juin 1809*, lisez 1.*er* *juillet 1809*.

(2) *Er.* au lieu de *questions 203 et 1304, pag. 382*, lisez *questions 382 et 1394, p. 205*, etc.

Mais nous avons dit *suprà* n.ᵒˢ 622 et 2139 que les tribunaux de première instance ne peuvent statuer de la sorte, la faculté de renvoyer à des arbitres pour examen de compte, etc., étant particulière aux tribunaux de commerce.

2292. Un jugement qui ordonne de produire au procès la quittance d'un remboursement est interlocutoire. — A. 1479.

2293. Le jugement qui ordonne qu'il sera rendu compte d'une société de commerce dont l'existence serait contestée, et qui, à cet effet renvoie les parties devant arbitres, est interlocutoire. — A. 1480.

2294. Il en est de même du jugement qui nomme un arbitre pour procéder à un compte, si la contestation tend à faire décider s'il y a lieu à un compte. (Paris, 25 novembre 1812, journ. des avoués, t. 7, p. 97.)

2295. *Le jugement qui ordonne une expertise dans l'espéce de l'article 969 du code de procedure, est-il interlocutoire ?*

Il n'est que préparatoire, puisque cet article veut que le juge ne puisse ordonner une licitation qu'après expertise. Il faudrait, pour que le jugement fût interlocutoire, qu'il y eût contestation sur la demande en partage. Au reste, quand la loi prescrit impérieusement une vérification, le tribunal ne fait que mettre la cause en état, ce qui est le caractère essentiel du jugement préparatoire.

2296. Le jugement qui ordonne une enquête, ou toute autre preuve, n'est interlocutoire qu'autant que l'une des parties s'est opposée à ce qu'il fût rendu ou qu'il a été rendu d'office. — A. 1481.

Nous persistons dans cette opinion, quant à la première partie de la proposition que nous venons d'établir; mais d'après ce que nous avons dit *suprà* n.ᵒ 2281, nous estimons que l'on ne peut considérer comme véritablement interlocutoire un jugement qui ordonnerait une preuve d'office, attendu qu'il ne préjuge rien, puisque le tribunal ne le prononce que pour sa propre instruction, sans y être provoqué par une partie qui, en concluant à la vérification, laisserait entrevoir les conséquences qu'elle prétend en tirer en faveur de sa cause.

ARTICLE 453.

Seront sujets à l'appel les jugemens qualifiés en dernier ressort, lorsqu'ils auront été rendus par des juges qui ne pouvaient prononcer qu'en première instance.

Ne seront recevables les appels des jugemens rendus sur des matières dont la connaissance en dernier ressort appartient aux premiers juges, mais qu'ils auraient omis de qualifier, ou qu'ils auraient qualifiés en premier ressort.

Conférence.

V. pour les jugemens d'arbitres, art. 1028, la 3083.ᵉ question de l'analyse.

2297. Il est des cas où le code de procédure permet l'appel, quoique l'objet contesté soit dans le taux du dernier ressort. — A. 1487.

2298. Mais on ne peut étendre ces exceptions à d'autres, et particulièrement à celui où la contrainte par corps aurait été prononcée. — A. 1488.

2299. Le consentement de l'une des parties *seulement* à être jugée en dernier ressort, quand la loi en refuse le pouvoir au tribunal, ne suffit pas pour qu'elles ne puissent appeler de ce jugement. — A. 1489. (1)

ARTICLE 454.

Lorsqu'il s'agira d'incompétence, l'appel sera recevable, encore que le jugement ait été qualifié en dernier ressort.

Conférence.

V. art. 425 et 473.

2300. L'appel est recevable en matière de compétence, lors même que la matière n'est disposée à recevoir au fond qu'un jugement en dernier ressort. — A. 1490.

2301. Cette solution est applicable aux jugemens rendus par les tribunaux de commerce et les justices de paix, comme à ceux des tribunaux civils. — A. 1491.

ARTICLE 455.

Les appels des jugemens susceptibles d'opposition ne seront point recevables pendant la durée du délai pour l'opposition.

Conférence.

V. art. 449 et 456.

2302. La disposition de l'art. 455 est applicable aux jugemens par défaut rendus par les tribunaux de commerce. — A. 1492, et Paris, 7 janvier 1812. Sirey, 1812, p. 148.

---

(1) V. sur les différens cas où un jugement doit être rendu en premier ou dernier ressort, le code annoté de M. Sirey, p. 353 : les questions relatives à cette matière se trouveront dans le traité que nous préparons sur la compétence.

Mais par arrêt de la cour de cassation du 24 juin 1816 (Sirey, 1816, p. 409), le contraire a été formellement décidé, attendu qu'aucune disposition des deux titres du code de commerce, qui règlent la forme de procéder en jurisdiction commerciale, ne soumet les jugemens dont il s'agit à l'application de l'art. 455 ; et que l'art. 455 est au contraire formellement exclusif de cette application, puisqu'il décide que l'appel peut être interjeté le jour même du jugement.

2303. Le jugement par défaut rendu par un tribunal de commerce contre une partie qui aurait constitué mandataire ou agréé, n'est pas moins susceptible d'appel, puisque le délai pour l'opposition court jusqu'à l'exécution, conformément à l'art. 158, la constitution d'un agréé n'empêchant pas que le jugement ne soit rendu contre partie — A. 1493, et *suprà* n.° 2173.

2304. On ne peut interjeter appel dans le délai de l'opposition, quoique l'on prétende que le jugement ait été incompétemment rendu. — A. 1494.

2305. L'appel d'un jugement par défaut, interjeté dans le délai de l'opposition, est recevable, lorsque ce jugement a été rendu par suite d'un jugement contradictoire sur la compétence ou sur toute autre exception. — A. 1495.

2306. Quand le jugement par défaut est déclaré exécutoire non-obstant opposition, on peut en appeler dans le délai de l'opposition. — A. 1496.

2307. La voie de l'appel est ouverte en faveur du failli, contre les ordonnances du commissaire de la faillite, et contre les jugemens rendus sur son rapport, encore qu'ils puissent aussi être réformés par la voie d'opposition. — A. 1497.

Par arrêt du 27 février 1811, la cour de Rennes, 1.re ch., a jugé que l'article 455 s'appliquait aux jugemens qui déclarent l'ouverture de la faillite, puisque l'art. 457 du code de commerce les déclare susceptibles d'opposition, de la part du failli, dans les huit jours qui suivront celui de l'affiche. Cependant le même motif qui a porté la cour de Bruxelles à établir, par l'arrêt cité dans notre analyse, la proposition que nous venons de rappeler, existe à l'égard des jugemens qui déclarent l'ouverture de la faillite, car le failli n'y est pas appelé. (Esp.t du C. de com., par Locré, t. 5, p. 456.) D'un autre côté, la cour de Bruxelles reconnait que les jugemens intervenus sur rapport du juge-commissaire, sont sujets à l'opposition ; et, par conséquent, il y aurait au contraire raison de décider à leur sujet, comme l'a fait la cour de Rennes relativement aux premiers.

Mais celle de Bruxelles s'est fondée sur ce que les jugemens dont il s'agit ne sont pas des jugemens portés *par défaut contre un cité défaillant.*

Une considération qui nous est échappée, en adoptant cette dernière opinion, nous fera donner la préférence à la décision de Rennes ; c'est que l'article 455 ne mentionne aucunement les jugemens par défaut, mais s'exprime généralement à l'égard de *tous les jugemens susceptibles d'opposition* : il suppose donc des jugemens sujets à ce pourvoi, quoique la partie contre laquelle ils ont été rendus n'ait pas été citée, et par conséquent il est applicable aux jugemens dont il s'agit dans l'arrêt de Rennes, comme à ceux dont parle celui de Bruxelles.

2308. L'article 455 n'est pas applicable aux jugemens rendus en matière de droits réunis. — A. 1498.

2309. Le demandeur contre lequel il a été rendu un jugement par *congé défaut*, ne peut se pourvoir en appel sans avoir pris la voie de l'opposition. — A. 1499 et 515.

2310. Il n'y a pas déchéance si un appel est mal à propos interjeté pendant le délai de l'opposition. — A. 1500.

2311. L'appel d'un jugement par défaut, auquel il a été formé opposition, est recevable, quoiqu'on n'appelle pas du jugement qui, par une fin de non recevoir tirée de la forme, a débouté de l'opposition. — A. 1501. (1)

2312. Lorsqu'il a été rendu des jugemens par défaut contre lesquels il y a eu des oppositions dans le délai de la loi, il n'est pas nécessaire d'en relever appel en même tems que du jugement définitif, pour que l'appel de celui-ci soit admissible. — A. 1502.

2313. *Quelles sont les règles relatives aux jugemens d'*EXPÉDIENT, *et, particulièrement, peuvent-ils être entrepris par voie d'appel, ou autres que la loi admet contre les jugemens en général ?* (2)

Autrefois on appelait *jugement d'expédient* (3), celui qui intervenait conformément à l'avis d'un ancien avocat auquel on ren-

_____

(1) *Er.* P. 61 , 3.ᵉ ligne , au lieu de *était recevable*, lisez *était non recevable.*

(2) Par suite d'une faute d'impression à la note de la page 190 du premier volume, nous nous sommes trouvés dans la nécessité de placer cette question sous l'article 455 , avec lequel elle n'a réellement aucun rapport ; elle devait être placée à la suite du n. 2236, p. 22 du présent volume.

(3) D'*expedire*, expédier; c'est un arrangement fait pour l'*expédition* d'une affaire.

voyait la décision des affaires d'une légère importance. (Ordonn. de 1667 , tit. 6, art. 4 et 5.) Mais cette manière de terminer une contestation a cessé, comme le remarque M. Merlin (nouv. rép. , v.° *expédient*), avec les anciens tribunaux dont la suppression a été prononcée par la loi du 7 septembre 1790; et aucune disposition postérieure ne l'a rétablie.

On appelait aussi *jugement d'expédient* celui qui était prononcé du consentement des parties qui, se rendant volontairement justice sur l'objet de leur différent, arrêtaient de concert le dispositif du jugement qui le devait terminer.

Le code de procédure ne contient absolument rien concernant cette espèce particulière de jugement qui n'en subsiste pas moins, par cela même qu'aucune disposition ne suppose que le législateur ait entendu la supprimer.

Voici les règles que la jurisprudence avait consacrées.

1.° Les parties ou leurs fondés de *pouvoir spécial* devaient signer l'accord passé entre elles, autrement le juge ne pouvait lui donner le sceau de son autorité. (1)

2.° Jusqu'à cette homologation du juge, les parties pouvaient se désister, parce qu'il en est d'une convention judiciaire, comme de toutes celles qui se passent devant un officier public; elles n'obligent que du moment où l'acte a reçu sa perfection. (2)

---

(1) Nous ne pensons pas qu'il soit nécessaire que l'arrangement soit souscrit d'avance par les parties, parce que le code de procédure n'ayant rien statué à cet égard, on doit procéder suivant les règles générales, d'après lesquelles il suffit de conclusions signifiées et lues à l'audience. Ainsi les avoués peuvent se borner à insérer dans un acte de conclusions les conditions de l'arrangement sur lesquelles intervient jugement à l'audience : mais la prudence leur commande de se munir d'un pouvoir spécial, afin de prévenir l'action en désaveu, conformément à l'article 352 ; tel est aussi l'usage.

(2) On pourrait maintenir que les articles 1318 du code civil et 68 de la loi du 25 ventôse an 11, sur l'organisation du notariat, ont modifié cette règle pour le cas où il y aurait eu un accord signé d'avance par les parties, et revêtu d'ailleurs de toutes les formes exigées pour la validité des actes sous seing privé. Alors, en effet, d'après ces articles, il semble que l'acte étant parfait par la signature des parties, les oblige, et peut être opposé, soit comme acquiescement, soit comme désistement de sa part, à celle qui se refuse à passer l'expédient. Le tribunal aurait donc à prononcer, sinon en recevant l'expédient, du moins en prononçant sur la contestation par suite du débat judiciaire. Mais M. Pigeau, t. 1, p. 461 et 462, rejette cette opinion, en distinguant le cas prévu par les deux articles sur lesquels nous nous appuyons de celui où l'accord n'est signé que dans l'intention de passer un expédient en justice.

« Le premier, dit-il, est celui où les parties ayant signé devant notaire, se » retirent chez cet officier, persistant dans leur acte et dans la persuasion

3.° Pour parvenir à la réception de l'expédient, les procureurs lisaient verbalement à l'audience l'accord signé des parties, et

» que le notaire la signera : s'il ne le fait pas, la loi considérant que les parties ont
» cru et voulu être liées, et qu'elles ont pris leurs arrangemens en conséquence,
» décide que l'acte vaudra s'il est signé d'elles, à cause de l'opinion où elles ont
» été que l'acte était complet, et pour ne pas jeter le désordre dans leurs affaires,
» en renversant les arrangemens qu'elles ont pris d'après cette opinion. — Mais
» dans le second cas, c'est-à-dire, lorsque les parties ne se sont pas encore
» retirées de chez le notaire, et que cet officier n'a pas encore signé, les par-
» ties n'étant pas dans l'opinion que l'acte est parfait, étant au contraire dans la
» persuasion qu'il ne l'est pas, et n'ayant encore pris aucuns arrangemens en
» conséquence de l'existence d'un lien qui n'est pas encore formé, il faut décider
» que chacune d'elles peut encore se dédire, et appliquant ces principes à
» l'*expédient*, on doit dire que tant que l'expédient n'est pas encore adopté par
» le juge, chacune des parties peut le révoquer et s'opposer à la réception. »

Ainsi l'opinion de M. Pigeau, en faveur du maintien de l'ancienne règle, est fondée sur ce que les parties n'entendant transiger que devant la justice, l'accord signé d'elles ou de leurs avoués n'est pas une convention parfaite, tant que la justice n'y a pas apposé son autorité : jusque-là, selon lui, il n'est qu'un simple projet dont chaque partie peut se désister contre le gré de l'autre.

Ainsi encore, aujourd'hui comme autrefois, l'on devrait considérer la transaction par forme d'expédient comme révocable, jusqu'à la réception de l'expédient par le juge.

Nous répondons que cette opinion ne serait bien fondée qu'autant qu'il serait certain que la signature du notaire serait absolument nécessaire pour former le lien. Or, les articles précédemment cités nous semblent exprimer le contraire, puisque tous les deux déclarent que l'acte nul par incompétence, incapacité ou défaut de signature du notaire, ou par vice de forme, est valable comme acte sous seing privé, s'il est revêtu des signatures de toutes les parties contractantes. Ils ne distinguent point sur le cas particulier supposé par M. Pigeau, qu'elles se retirent avant que le notaire ait apposé la sienne, et disposent par consé-quent pour tous les cas. Donc c'est la signature des parties qui forme le lien entre elles, et qui donne la perfection au contrat ; celle du notaire n'est exigée que pour lui donner le caractère d'authenticité, et non pour former la conven-tion qui dérive uniquement de la volonté des parties, constatée par leur signa-ture. (V. Toullier, t. 8, p. 134 et 135.)

Mais, dira-t-on, les parties contractaient dans l'intention d'avoir un acte authentique ; donc, si elles sont trompées dans leur attente, l'acte ne peut valoir comme acte sous seing privé.

Le texte de la loi répond suffisamment à cette objection qui n'a de réalité qu'à l'égard des actes qui doivent être passés devant notaires. Dans ce cas, en effet, nous pensons comme M. Delvincourt, t. 2, p. 382, aux notes, que l'acte nul comme authentique ne peut être utile que pour les actes qui peu-vent être faits sous signature privée ; que par conséquent, si c'est un acte de *donation d'hypothèque ou un contrat de mariage*, il sera entièrement nul.

Insistera-t-on en disant : *L'expédient* passé en justice *est un jugement qui confère hypothèque ; l'accord n'a été rédigé qu'à cet effet : donc, tant que*

qu'ils devaient avoir communiqué au ministère public, s'il y était
intéressé. (Ordonn. du 15 mars 1673 et d'octobre 1535.) (1)

_____

*l'expédient n'est pas reçu, l'accord signé des parties n'est qu'un projet ; donc,
jusque-là, il ne lie pas les parties, et ne peut leur être opposé ?*

Nous remarquerons d'abord que cette nouvelle objection n'aurait quelque
poids que pour le cas où le droit d'hypothèque serait applicable à l'objet de la
contestation. Mais dans ce cas même, ce qui serait vrai relativement à un acte
notarié, ne le serait pas par rapport à l'expédient. En effet, la partie qui se
refuse à passer en justice l'expédient qu'elle a souscrit, n'a point dans cet accord
conféré l'hypothèque, comme elle l'eût fait dans l'acte qui devait être passé
devant notaires : l'hypothèque résulterait du *jugement d'expédient*, et non de
l'accord, et par conséquent l'accord tient comme reconnaissance donnée dans
un acte privé sur les prétentions de son adversaire, puisqu'il n'y est pas question d'hypothèque. Ainsi l'accord subsiste, comme subsisterait, en *qualité
d'acte privé*, tout acte qui, n'étant point constitutif d'hypothèque, serait nul
comme acte authentique.

Si donc la partie se refuse à passer l'expédient convenu par cet acte, le
tribunal, à la vérité, ne statuera pas par forme d'expédient ; il aura à prononcer en contradictoire défense sur les prétentions respectives des parties :
mais celle d'entre elles qui aura intérêt à se prévaloir des conventions qui devaient être l'objet de l'expédient projeté, pourra opposer ces conventions soit
comme acquiescement à sa demande, soit comme reconnaissance de la part de
son adversaire du peu de fondement des prétentions de ce dernier.

On ne peut objecter ici qu'un désistement doit être accepté pour lier les
parties, parce que l'accord ayant été signé par l'une et l'autre, ce lien a été
complètement formé.

Supposons maintenant que l'accord souscrit pour être passé *par expédient*
contienne une constitution *d'hypothèque spéciale ;* la solution sera la même. Dans
ce cas, ce ne sera jamais la partie qui l'aura consentie qui se refusera à l'expédient
auquel l'accord aura donné lieu, à moins que l'autre ne s'y oppose. Mais dans
cette dernière hypothèse, nous disons encore que l'on pourra opposer l'accord
comme fin de non recevoir, non pas en ce sens que l'on soit fondé à prétendre
que le tribunal doive prononcer que la constitution aura son effet par suite de
la convention, (car elle est nulle, l'hypothèque ne pouvant résulter que d'un
acte authentique), mais bien en ce sens que l'accord renferme un aveu écrit,
une reconnaissance en faveur des prétentions de l'autre partie. Ici encore le
tribunal ne prononcera pas par forme *d'expédient*, mais il statuera comme dans
la première espèce que nous avons posée, après contradictoire défense, et pourra
prendre en considération tout ce que l'accord contiendra d'aveux et de reconnaissances de la partie qui n'aura pas persisté à passer l'expédient. En un mot,
dans tous ces cas, il en sera comme des aveux et reconnaissances établis dans
les conclusions des parties ou donnés en plaidant, et auxquels le juge doit avoir
égard, sauf l'action en désaveu contre l'avoué.

Cette note paraîtra longue ; mais la question exigeait un examen d'autant
plus approfondi, qu'outre l'importance de son objet, nous avions contre notre
opinion l'imposante autorité de M. Pigeau.

(1) D'après ce que nous avons dit sur la seconde règle, il suffit de lire les
conclusions à l'audience.

4.º Le défaut de présence d'une des parties au jour fixé pour l'audience, n'était point un motif pour le rejeter, lorsqu'il avait été signé d'elle, et qu'il n'existait aucune preuve de désistement. (1)

5.º Le juge ne pouvait se refuser à le recevoir qu'autant qu'il s'apercevait qu'une des parties n'avait pas la capacité nécessaire pour souscrire cette espèce d'engagement, c'est-à-dire, celle de transiger (**V.** nouv. répert., v.º *jugement*, §. 1.ᵉʳ, et *sup.* n.ᵒˢ 2013 et 2235, 2.ᵉ règle, p. 20), ou qu'il reconnaissait dans les conditions quelque chose de contraire à l'ordre public, aux mœurs ou aux intérêts d'un tiers. (2)

6.º Enfin, la partie qui, après avoir signé l'expédient, s'opposait à ce qu'il fût reçu par le juge, était condamnée aux dépens, s'il était trouvé juste en définitif. (3)

Ces règles de l'ancienne jurisprudence ne nous semblent devoir être suivies qu'avec les modifications résultant des observations faites sur chacune d'elles aux notes.

Il nous reste à examiner l'importante question de savoir si les jugemens rendus par expédient sont attaquables par les voies admises contre les autres jugemens.

Suivant M. Merlin, dans un réquisitoire inséré au nouv. répert. (v.º *conventions matrimoniales*, 3.ᵉ édit., t. 3, p. 208), on n'aurait pas besoin de se pourvoir par ces voies contre les jugemens dont il s'agit; on pourrait les attaquer par les mêmes voies que l'on attaquerait la convention sur laquelle ils ont été rendus, c'est-à-dire, par une simple demande en nullité.

La raison qu'en donne ce jurisconsulte, est que les jugemens d'expédient ne sauraient couvrir la nullité des conventions auxquelles ils se réfèrent, parce que n'étant eux-mêmes que des jugemens

---

(1) Puisqu'il suffit de simples conclusions d'avoués sans acte préalable signé des parties, il s'ensuit qu'il ne peut être passé d'expédient sur le défaut de l'une d'elles; mais si l'on avait signifié en son nom des conclusions contenant l'expédient, le tribunal, statuant sur la contestation, aurait égard à l'acquiescement qu'elles contiendraient, et prononcerait en conséquence un jugement par défaut.

(2) On doit suivre cette règle, car elle est conforme aux principes qui ne permettent pas aux juges d'admettre des prétentions contraires à l'ordre public et aux mœurs, et de porter préjudice à un tiers qui n'est pas en cause.

(3) Le paiement des dépens est ordinairement l'objet d'une des clauses de l'expédient; ce n'est que dans le cas où l'expédient ne pouvant être reçu, il y a lieu à rendre jugement, comme s'il n'en avait pas été question, qu'il peut arriver que le tribunal ait à prononcer une condamnation de dépens qui n'eût pas été convenue d'avance.

conventionnels, ils contractent tous les vices de ces conventions.

L'autorité de la justice, dit-il, d'après un plaidoyer du ministère public à l'audience du parlement d'Aix, *l'autorité de la
justice qu'on fait intervenir* dans ces conventions, *les rend coac-
tives et exécutoires, mais n'en détruit pas l'origine ; c'est ce que
nous apprennent* Bellus en ses conseils, et d'Argentré sur l'article
265 de l'ancienne *coutume de Bretagne*, (v.° chap. 3, n.° 28.)

Il cite ensuite un arrêt de la cour de cassation du 2 nivôse an
9, qui déclare que la cour de Caen avait pu, sans contrevenir à
l'autorité de la chose jugée, confirmer l'annulation d'un jugement
d'expédient, quoiqu'il n'eût pas été attaqué par les voies légales.
En effet, on lit dans les considérans de cet arrêt, que « ce juge-
» ment rendu par un tribunal de commerce, n'avait fait qu'or-
» donner l'exécution d'un acte de cautionnement convenu entre
» les parties ; que ce jugement, *purement de forme*, ne contenait
» point de disposition judiciaire ; que l'exécution qu'il avait ordonnée
» avait été essentiellement subordonnée à la validité de l'acte auquel
» elle se référait, et sur lequel il n'avait point été contesté devant
» le tribunal ; que cet acte de cautionnement ayant été attaqué
» devant les tribunaux ordinaires par le bénéfice de la restitution,
» et ayant été annulé par ces tribunaux sur ces exceptions, les
» jugemens d'annulation avaient porté sur une contestation qui
» n'avait point été agitée au tribunal de commerce, et que dès-
» lors ces jugemens n'avaient pu être en contradiction avec l'autorité
» de la chose jugée. »

D'un autre côté, M. Desessarts, auteur de l'article *expédient*,
au nouveau répertoire, dit généralement que les jugemens d'expédient ont la même autorité que les autres jugemens, et peuvent
être attaqués par les mêmes voies.

Les éditeurs du nouveau Denisart (eod. v.°) émettent la même
opinion, en observant toutefois que ces jugemens étant de véritables transactions, ne peuvent être attaqués qu'*autant qu'ils ren-
fermeraient quelqu'un des vices capables de faire annuler une
transaction.* (1)

Enfin la cour de Paris, par deux arrêts, l'un du 16 juin 1813,
l'autre du 15 mars 1811 (Sirey, 1814, p. 189 et 364), a consacré
cette doctrine, que la cour de Turin avait rejetée par arrêt du 13

(1) Ils font à la vérité remarquer qu'au parlement d'Aix on n'admettait
que la *requête civile ;* mais cette remarque n'a pour objet que de faire connaître une exception admise dans ce ressort à la règle générale.

février 1810 (*ibid.* p. 101), « attendu, 1.° que c'est un principe
» puisé dans les lois sur la procédure, que tout jugement est sus-
» ceptible d'appel, lorsqu'il n'est pas simplement préparatoire, et
» qu'il est rendu sur une contestation dont l'objet excède la somme
» ou la valeur de 1000 fr.; 2.° qu'il est constant qu'un jugement,
» quoique prononcé d'accord entre les parties plaidantes, n'en est
» pas moins un jugement, et par là sujet à l'appel. »

Mais ce dernier arrêt a été cassé le 14 juillet 1813 (Sirey,
1814, p. 224), par application des articles 1350, 1351 et 1352
du code civil, attendu qu'en droit des jugemens auxquels il a été
acquiescé, ont obtenu l'autorité de la chose jugée, et ne peuvent
légalement être attaqués par la voie de l'appel. Or, quand un jugement est rendu sur le consentement d'une partie, conformément à
des conclusions signées d'elle et renouvelées à l'audience, il y a de
sa part acquiescement à ce jugement.

L'on peut donc regarder comme certain, nonobstant l'avis des
auteurs précédemment cités, que les jugemens d'expédient ne sont
point, au moins en ce cas, sujets à être attaqués par voie d'appel;
doctrine qui n'a d'ailleurs été contredite par aucun auteur.

Mais s'ensuivra-t-il que l'on ne puisse, en aucune manière,
attaquer ces jugemens, même dans le cas où ils seraient le résultat
du dol et de l'erreur dans les conventions qu'ils constatent? Ici
se présente à examiner le système établi en faveur de l'action principale en nullité, par M. Merlin, et par l'arrêt de cassation qu'il cite.

Et d'abord nous ne croyons pas que ce système, qui d'ailleurs n'a
pour appui dans la jurisprudence actuelle qu'un arrêt antérieur à
la publication du code de procédure, puisse être adopté sous son
empire.

D'un côté, il serait difficile de prouver que l'on ait admis, dans
l'ancienne jurisprudence, cette action en nullité, dont aucun auteur
ne parle; de l'autre, le code de procédure n'admet aucune
différence entre les jugemens d'expédient et les autres; ces jugemens prononcent, statuent sur les contestations d'après le consentement des parties, et condamnent celle qui a acquiescé aux conclusions de l'autre : ils ne forment donc point, sous le rapport des
moyens de les attaquer, une classe à part; et puisqu'il est bien
certain qu'un tribunal ne peut, hors le cas de requête civile,
soit réformer la décision qu'il a prononcée, soit celle qui a été
rendue par un autre tribunal égal en degré de jurisdiction, on
ne peut admettre que les parties puissent former l'action principale
en nullité; elles ne peuvent que se pourvoir par les voies que les
lois ont ouvertes contre les jugemens.

Si celle de l'appel est interdite, ce n'est pas parce qu'il s'agit,

7

à proprement parler, d'un jugement d'expédient ; c'est seulement parce que l'appel de tout jugement auquel on a acquiescé n'est pas recevable, et que la loi ne distingue point entre l'acquiescement donné avant ou après la prononciation.

Il n'en est pas ici comme des référés à la prudence du juge, dont nous avons parlé p. 21, note 2 de ce volume. En ce cas, la partie ignorant ce que le juge décidera, est présumée avoir entendu que sa décision lui sera favorable ; tandis que, dans notre espèce, c'est elle-même qui a d'avance *acquiescé* au dispositif qu'elle a souscrit.

Ne perdons pas de vue cette observation que, si l'appel n'est pas recevable, ce n'est que par suite de la fin de non recevoir résultant de l'acquiescement éventuel. Or, l'acquiescement, ainsi que nous l'avons dit *sup.* p. 20, cesse de produire son effet, lorsqu'il est le fruit de l'erreur, de la fraude ou de la violence : donc il doit être admis toutes les fois qu'il serait fondé sur cette cause, c'est-à-dire, lorsque l'accord que le jugement a consacré est infecté de ces vices.

Par suite de cette discussion, la requête civile est également ouverte contre le jugement, si la matière n'était sujette qu'au dernier ressort, et si l'expédient portait préjudice à un tiers, celui-ci pourrait se pourvoir par tierce-opposition.

ARTICLE 456.

L'acte d'appel contiendra assignation dans les délais de la loi, et sera *signifié à personne ou domicile*, à peine de nullité.

Conférence.

T. art. 29, et sup. art. 61 et 68.

2314. L'acte d'appel est assujetti à toutes les formalités d'un exploit d'ajournement. — A. 1503. (1)

2315. L'appel d'un jugement rendu avant la publication du code de procédure, doit être interjeté aujourd'hui dans la forme prescrite par l'art. 456. — A. 1504.

2316. Tout appel devant être interjeté par acte exprès ou séparé, qui doit être signifié à personne ou à domicile, une déclaration d'appel insérée dans un commandement ne tiendrait pas lieu de cet acte, lors même qu'elle contiendrait constitution d'avoué et assignation dans le délai de la loi. (Cass., 5 avril 1813. Sirey, 1813, p. 385.)

(1) Ainsi la plupart des questions traitées sur les articles 61, 66, 67, 68, 69 et 72, s'appliquent à l'acte d'appel ; et réciproquement plusieurs de celles que nous examinerons sur le présent article, conviennent à l'ajournement.

2317. Mais un appel serait valablement interjeté par la déclaration de la partie devant notaire, qu'elle entend se rendre appelante, lorsque cette déclaration est ensuite signifiée par un huissier, avec assignation *dans les délais de la loi pour voir infirmer le jugement.* (Pau, 16 août 1809. Sirey, 1814, p. 390.)

2318. Lorsque, dans un acte d'appel, l'appelant a déclaré interjeter appel de tel jugement, *ensemble de ceux y énoncés*, et de tout ce qui a pu s'ensuivre, elle ne constitue pas un appel des jugemens *énoncés*, quoiqu'on le réitère ensuite par des conclusions signifiées devant la cour. (Paris, 11 mars 1813. Sirey, 1814, p. 378.)

2319. Depuis la promulgation du nouveau code de procédure, *l'appel en adhérant* est, comme l'appel principal, soumis aux dispositions de l'art. 456 du code de procédure. Il doit, à peine de nullité, être signifié à personne ou domicile. (Rennes, 3 février 1808. Sirey, 1808, p. 107. V. *sup.* p. 5.)

2320. Un procureur fondé peut interjeter appel pour son commettant. (Cass., 22 brumaire an 12. Sirey, t. 4, 2.e pc., p. 282.) Et l'on ne contrevient pas à la maxime, *nul en France ne plaide par procureur*, lorsque l'appel est ainsi personnellement interjeté par le mandataire *en sa qualité* et pour l'intérêt de son commettant.

Cette proposition a été développée *sup.* n.° 353. Mais à l'arrêt de Rennes que nous avons cité à l'appui, nous devons en ajouter un autre du 6 août 1813, 2.e ch., lequel déclare que l'ancienne maxime, NUL EN FRANCE, etc. *dégénérerait en pure argutie*, s'il était nécessaire pour la validité de l'acte qu'il fût notifié *à requête du commettant, suite et diligence du procurateur*, et non pas seulement du procurateur pour son commettant. « Les procédures faites, » ajoute la cour, par un mandataire en nom qualifié, et en vertu » de procuration dûment enregistrée, sont aussi valables que si » elles avaient été faites au nom du mandant, suites et diligences » du mandataire. »

Cependant les partisans de l'opinion contraire s'appuient sur un arrêt du 16 prairial an 12, rapporté par Sirey, t. 4, 2.e partie, p. 141, et qui déclare nul un acte d'appel interjeté, *au nom d'un procurateur*, en vertu de la procuration de la partie. L'arrêtiste ajoute que la cour a consacré par cette décision l'ancienne maxime, *que nul en France ne plaide par procureur.*

On peut ajouter un autre arrêt du 24 brumaire an 9, rapporté par Denevers, an 12, p. 453.

Mais ces deux arrêts n'ont point décidé ce que M. Sirey suppose à l'égard du premier, et l'on peut s'en convaincre en lisant dans le recueil de Denevers (*ubi sup.*) l'espèce des deux arrêts. On y verra que l'appel ne fut pas déclaré irrégulier, précisément parce qu'il avait été interjeté à requête du mandataire, mais dans la première espèce, parce qu'on ne justifiait pas de l'existence du mandat, et que la ratification donnée par la partie dans l'intérêt de laquelle l'appel avait été relevé, était postérieure au délai de trois mois; dans la seconde espèce, parce qu'on ne justifiait pas davantage d'une procuration formelle donnée au mandataire, et énoncée dans l'acte d'appel.

Ainsi ces deux décisions, bien loin de déclarer qu'un fondé de pouvoir spécial ne peut former appel en son nom dans l'intérêt de son commettant, consacrent au contraire cette faculté comme principe de jurisprudence, puisqu'elles se bornent à exiger, pour son exercice, la double condition qu'il soit justifié d'une procuration, et qu'elle soit énoncée dans l'acte d'appel. Elles n'ont donc point appliqué la maxime, *nul en France*, *etc.*; et par conséquent nous persistons dans la solution donnée *sup.* n.° 353, et *infrà* n.°ˢ 2334 et 2335.

2321. Il n'est pas nécessaire que l'acte d'appel contienne l'énonciation des griefs. — A. 1505, et *sup.* art. 765. (1)

2322. Il est également indifférent que l'on y emploie le mot *appeler;* on peut y suppléer par des termes équipolens. (Cass., 2 ventôse an 9. Sirey, t. 1, 2.° part., p. 295.)

2323. L'acte n'est pas nul si l'on y déclare relever appel d'un jugement rendu par un tribunal de première instance, tandis que les parties auraient été jugées par un tribunal de commerce'; car la date du jugement et celle de sa signification étant insérées dans l'exploit, l'intimé ne peut se méprendre sur la nature et la qualité de ce jugement. (Rennes, 3 janvier 1811, 2.° ch.)

2324. Mais il y aurait nullité de l'appel d'un jugement indiqué sous une date à laquelle il n'en aurait été rendu aucun entre les parties, la cour ne pouvant être saisie de l'appel d'un jugement qui n'existe pas. (Rennes, 12 février 1811, 2.ᵉ ch.)

Cependant la cour de Paris, par arrêt du 28 août 1813 (Sirey, 1814, p. 261), a jugé que l'omission de la date du jugement n'entraînerait pas la nullité de l'appel.

On pourrait remarquer cette différence entre l'espèce de cette décision et celle de la précédente, que l'omission de la date ne fait pas présumer la non existence du jugement, de même que la fausseté. Mais, quoi qu'il en soit, nous regardons le dernier arrêt de Rennes comme trop rigoureux, et nous penserions que l'acte d'appel devait être déclaré valable, par les motifs énoncés dans un autre arrêt de la même cour, 1.ʳᵉ ch., du 3 juin 1813. Il décide en effet que s'il n'est intervenu entre parties aucun jugement du tribunal dont est

_____

(1) *Er.* In fine, au lieu de *4 septembre*, lisez *4 décembre*, et ajoutez *Sirey, 1810, p. 76 et 185, première partie.*

appel, autre que celui auquel on prétend que l'acte d'appel se rapporte, et qu'il soit constant par le libelle et les conclusions de l'exploit qu'il ne peut avoir que ce jugement pour objet, l'erreur dans l'énonciation de la date n'annule point l'exploit, puisqu'il est impossible de méconnaître l'identité du jugement.

2325. L'acte d'appel est valable, alors même qu'il porterait assignation à comparaître dans le délai de la loi, sans le préciser. — A. 1506.

2326. Mais il ne l'est pas quand il est donné à comparaître à *l'échéance des jours qui suivront sa notification.* (Rennes, 3.ᵉ ch., 3o avril 1813.) Car ces expressions n'indiquent pas, même d'une manière indirecte, que l'assignation ait été donnée dans le délai de la loi,

2327. *Serait-il nul si l'assignation était donnée dans le délai de huitaine, sans addition de l'augmentation à raison des distances, l'intimé étant éloigné de plus de trois myriamètres de la ville où siège la cour?*

Par arrêt du 17 décembre 1811 (Sirey, 1814, p. 392), la cour de Montpellier a jugé cette question pour l'affirmative. Nous pensons, d'après ce que nous avons dit sur l'art. 61, *sup.* n.º 413, que cette omission ne doit pas entraîner la nullité, et qu'il en résulte seulement que l'appelant ne pourrait obtenir défaut avant l'expiration du délai, si toutefois il était possible de supposer que la cause pût être appelée avant ce terme. C'est, au reste, ce que la cour de Rennes, 3.ᵉ ch., a formellement décidé par arrêts des 13 et 26 juin 1812.

2328. Mais si l'intimé a été assigné à un délai trop long, il n'est pas obligé d'en attendre l'échéance; il peut anticiper sur l'appel, en sommant l'appelant de comparaître dans les délais ordinaires. (Montpellier, 2 janvier 1811. Sirey, 1814, p. 211, et *sup.* n.ᵒˢ 415 et 416.)

2329. Il pourrait même, sans sommation préalable à l'appelant, se présenter à l'audience, et poursuivre contre lui un jugement ou arrêt de congé. (Turin, 9 janvier 1811. Sirey, 1811, p. 230.)

La première de ces décisions ne nous paraît pas souffrir de difficulté (v. *sup.* n.º 418); mais nous ne saurions admettre la seconde. Il serait injuste et frustratoire de juger par défaut une partie qui n'a pas été sommée d'audience, et d'autoriser l'autre à abuser d'une inexactitude pour s'en servir comme d'un piège, afin d'obtenir un arrêt sans discussion contradictoire. (V. au surplus *sup* n.ᵒˢ 415, 416, 417.)

2330. L'acte d'appel signifié à requête d'une partie décédée lors de la prononciation du jugement, est nul. (Rennes, 20 mai 1813, 2.ᵉ ch.; *sup.* n.º 355.)

2331. Un acte d'appel fait à la requête de toutes les parties qui ont figuré en première instance, est valable à l'égard de toutes, quoiqu'il n'ait été signé que par l'une d'elles seulement. — A. 1507.

Mais il en est autrement s'il ne l'a été qu'au nom de l'une d'elles (Turin, 6 juillet 1808. Sirey, 1812, p. 374), à moins qu'il n'y ait solidarité. (*Sup.* n.° 2212.)

2332. Par suite, l'acte d'appel signifié à plusieurs débiteurs solidaires, et qui est nul dans la forme, à l'égard de quelques-uns d'entre eux, mais régulier relativement aux autres, n'en produit pas moins, à cause de sa solidarité, son effet contre les premiers sans distinction. (Rennes, 24 juillet 1810. Sirey, 1814, p. 134.)

2333. L'acte d'appel d'un jugement rendu au profit de plusieurs parties y dénommées est nul, s'il n'est pas notifié à chacune d'elles individuellement, avec assignation, mais seulement dans la personne d'une d'entre elles, et par un seul et même exploit. (Rennes, 25 mars 1813.)

2334. Mais les parties ne sont plus recevables à se prévaloir de cette nullité, si elles ont constitué un avoué en nom commun. (Limoges, 22 décembre 1812. Sirey, 1814, p. 374.)

2335. Des propriétaires de mines, plaidant collectivement, sont valablement représentés par celui d'entre eux qui est nominativement aux qualités de l'exploit d'appel : il n'est pas besoin de les distinguer individuellement, en exprimant leurs noms, profession et domicile, sur-tout lorsque, dans tous les actes de la procédure en première instance, et dans le jugement même dont est appel, les qualités des appelans sont énoncées de la même manière que dans leur acte d'appel. (Rennes, 3 juin 1813, 1.re ch.)

2336. De même la qualité d'armateur de navire dispense celui qui en justifie de nommer dans l'acte d'appel ses co-intéressés dans l'armement, parce que tous les droits de propriété résident en sa personne : ses co-intéressés seraient les seuls qui pussent contredire l'appel qu'il interjette ; et la maxime *nul en France*, etc., n'est pas applicable à cet armateur. (Rennes, 7 mai 1818. V. *sup.* n.os 352 et 2319.)

2337. Quand l'intimé a lui-même fixé la qualité de l'appelant dans les actes de première instance, il n'est pas fondé à prétendre que l'exploit est nul par défaut d'expression de la profession de ce dernier qui lui est parfaitement connu. (Rennes, 24 janvier 1809, 2.e ch.)

2338. L'exploit d'appel, comme tout ajournement, doit contenir constitution d'avoué. (Turin, 14 juin 1807. Pau, 22 juillet 1809.

Sirey, 1807, 2.ᵉ part., p. 677, et 1810, p. 52.) Et comme nous l'avons dit *sup.* n.° 378, l'élection de domicile chez un avoué ne supplée pas à ce défaut ; c'est du moins ce que l'on considère comme certain, nonobstant un arrêt contraire de la cour de Colmar, du 24 mars 1810. (Sirey, 1812, p. 378.)

2339. Cette nullité est néanmoins couverte par la notification qui aurait été faite de la constitution de l'avoué de l'intimé, à celui chez lequel l'appelant aurait élu domicile. (Rennes, 26 avril 1810, 1.ʳᵉ ch.)

2340. L'appelant qui, dans l'acte d'appel, aurait constitué pour avoué un avocat n'exerçant pas les fonctions d'avoué, ne peut ultérieurement réparer cette erreur par la constitution d'un avoué. (Cass., 4 septembre 1809 et 5 janvier 1815. Sirey, 1809, p. 421, et 1815, p. 122 ; et *sup.* n.ᵒˢ 373 et 376.)

2341. Mais celui qui a par erreur constitué un avoué qui avait cessé ses fonctions *depuis moins d'une année*, peut reproduire son appel en observant les formalités prescrites par la loi. (Nismes, 24 août 1810. Sirey, 1812, p. 29.) Cette décision modifie celle de la cour de Rennes, insérée *sup.* n.° 374, en ce qu'elle détermine un terme avant lequel la nullité ne peut être prononcée; mais il nous paraît certain que la fixation de ce terme est laissée à l'arbitraire du juge.

2342. L'acte d'appel doit en général être signifié à personne ou à domicile *réel;* mais ce principe souffre exception, toutes les fois que les parties ont exprimé dans un acte un consentement à ce que la signification en soit faite à domicile élu, ou que la loi l'a permis, comme dans les articles 2148, §. 1.ᵉʳ, 2156 du code civil, et 584 du code de procédure. — A. 1508. (1)

Nous avons à relever dès ici une erreur de rédaction qui se trouve dans la 2373.ᵉ question de notre analyse (*infrà* sur l'art. 763), et qui forme une contradiction manifeste entre la solution précédente et celle de cette dernière question, en ce que nous y supposerions que l'on ne peut signifier l'appel d'un jugement d'ordre au domicile élu par l'inscription ; tandis que, suivant la proposition ci-dessus, dans laquelle nous persistons, et qu'un arrêt de Rennes, 2.ᵉ ch., du 30 août 1814, a formellement consacrée, nous disons absolument le contraire.

En tout cas, l'appel n'est pas valablement signifié au domicile élu chez l'avoué qui a occupé en première instance. (Limoges, 28 décembre 1812. Sirey, 1814, p. 390 ; et *sup.* n.° 2342.)

---

(1) *Er.* 2.ᵉ ligne, au lieu de (p. 275,) lisez (p. 367.)

2343. Mais par arrêt du 9 janvier 1806 (Sirey, 1806, 2.ᵉ part., p. 511), la cour de Rouen a jugé que la signification à domicile élu sans réserve en première instance , était valable si , depuis le jugement, l'intimé paraissait persister dans la première élection.

Il est à remarquer que cet arrêt est antérieur à la mise en activité du code : nous ne croyons pas qu'on pût aujourd'hui décider de la sorte. (1)

2344. L'assignation donnée à un étranger devant une cour d'appel, doit être notifiée au domicile du procureur-général. — A. 1509.

2345. Mais la nullité résultant de ce qu'il l'eût été au procureur du Roi serait couverte par l'anticipation de l'intimé. (Trèves, 12 mars 1813 ; jur. C. C. tom. 20, p. 434. V. *suprà* sur l'art. 69, n.° 513.)

ARTICLE 457.

L'appel des jugemens définitifs ou interlocutoires sera suspensif , si le jugement ne prononce pas l'exécution provisoire dans le cas où elle est autorisée.

L'exécution des jugemens mal à propos qualifiés en dernier ressort ne pourra être suspendue qu'en vertu de défenses obtenues par l'appelant , à l'audience de la cour royale, sur assignation à bref délai.

A l'égard des jugemens non qualifiés , ou qualifiés en premier ressort , et dans lesquels les juges étaient autorisés à prononcer en dernier ressort, l'exécution provisoire pourra en être ordonnée par la cour royale , à l'audience et sur un simple acte.

Conférence.

T. art. 148. V. *sup.* sur art. 70 et 123, n.ᵒˢ 162, 1386, 1387, 1388, 1391, et *inf.* art. 439, 443. V. aussi page 5 du présent volume, et les art. suivans.

2346. Les effets de la suspension d'exécution que produit l'appel sont tels que le jugement qui a été frappé d'appel, et qui est ensuite confirmé , ne doit produire son effet que du jour de la signification ; ou , suivant les circonstances , du jour de la prononciation de l'arrêt confirmatif. — A. 1510.

2347. Hors les cas où la loi a elle-même abrégé les délais, on est obligé, pour obtenir la suspension de l'exécution d'un jugement mal à propos qualifié en dernier ressort, de demander par requête l'autorisation d'assigner à bref délai. — A. 1511.

_____

(1) Nous aurons à examiner, sur les art. 584 et 763, d'autres questions relatives aux notifications des appels à domicile élu.

2348. L'appel est suspensif en matière d'expropriation comme en matière ordinaire. (Bordeaux, 25 août 1810. Sirey, 1811, p. 185.)

2349. Les actes faits au mépris des dispositions de l'article 457 sont nuls ; car, dans le cas où la loi surseoit à des poursuites, c'est pour des motifs graves qui ne permettent pas de considérer ses dispositions comme simplement comminatoires. (Perrin, traité des nullités, p. 225 et 226.)

2350. *Peut-on, lorsqu'on n'entend appeler qu'*à minimâ, *procéder à l'exécution du jugement quant aux chefs qu'on ne se propose pas d'attaquer?* En d'autres termes : *L'appel est-il suspensif à l'égard de tous les chefs indistinctement?*

(V. *suprà* n.° 2224, et la seconde règle posée page 20 de ce volume.)

ARTICLE 458.

Si l'exécution provisoire n'a pas été prononcée dans les cas où elle est autorisée, l'intimé pourra, sur un simple acte, la faire ordonner à l'audience, avant le jugement de l'appel.

Conférence.

T. art. 148. V. *suprà* art. 136, 137 et 439.

2351. Il est inutile de demander l'exécution provisoire en cause d'appel, lorsqu'elle est prononcée par la loi, sans qu'elle prescrive que le juge l'ordonnera ; mais si la loi, autorisant cette exécution, exige néanmoins que le juge l'ordonne, on ne peut la demander en cause d'appel, si on ne l'a pas déjà fait en première instance. — A. 1512.

2352. Dans le cas prévu par l'article 456, il n'est pas nécessaire d'assigner la partie. — A. 1513.

2353. Les juges d'appel doivent, sur la demande d'exécution provisoire, se conformer aux dispositions de l'article 135. — A. 1514.

2354. Il n'appartient point au juge de première instance d'ordonner la continuation des poursuites, sous le prétexte que l'appel interjeté ne serait plus recevable, attendu que l'appelant aurait acquiescé au jugement : il n'appartient qu'aux juges supérieurs de prononcer sur ce point. (Cass., 7 janvier 1818. Bulletin officiel, 1818, p. 8.)

2355. L'article 458 n'a pas limité le pouvoir des cours d'appel d'ordonner l'exécution provisoire d'un jugement appelé, lorsqu'elle n'a pas été ordonnée par les premiers juges : il suffit, pour que

8

ces cours puissent l'ordonner, qu'elle soit autorisée par la loi. (Rennes, 2.ᵉ ch., 21 décembre 1809.)

Il s'agissait dans l'espèce de l'exécution d'un jugement portant appointement à informer ; la cour a ordonné l'exécution provisoire, en prenant en considération que, dans l'espèce, la preuve pouvait dépérir d'un moment à l'autre, et que la confection de l'enquête ne pouvait nuire à aucune des parties, l'appel du jugement qui l'avait ordonnée existant toujours.

ARTICLE 459.

Si l'exécution provisoire a été ordonnée hors des cas prévus par la loi, l'appelant pourra obtenir des défenses à l'audience, sur assignation à bref délai, sans qu'il puisse en être accordé sur requête non communiquée.

Conférence.

T. art. 148. C. de comm. art. 439 et 647 ; ordonn. de 1667, tit. 27, art. 16 ; supr. art. **135** et 136, notamment au n.° 791.

2356. Les juges ne pourraient défendre d'exécuter, si la cause était en état sur le fond. — A. 1515.

2357. Les juges ne peuvent se réserver de décider sur les défenses en même tems que sur la question de savoir si l'appel est bien ou mal fondé. — A. 1516.

2358. Il est nécessaire, pour proposer les exceptions contre la demande de surséance, que l'intimé constitue avoué. — A. 1517.

2359. Si l'intimé fait défaut, il peut faire opposition à l'arrêt de défenses. — A. 1518.

2360. On ne peut accorder des défenses que sur requête communiquée à partie. — A. 1519.

2361. *Peut-on, pour obtenir arrêt de défenses, se dispenser d'assigner à bref délai, quand l'appel est relevé et que les délais sont expirés sans constitution d'avoué? Ne peut-on pas, sans attendre le tour du rôle, présenter un placet pour être fait droit sur la disposition qui accorde la provision ?*

A quoi bon, dirait-on pour la négative, une assignation à bref délai, lorsque les délais du premier exploit sont échus? On sent bien que si l'avoué des intimés tarde à se constituer, c'est pour donner à ses cliens le tems de faire exécuter la provision.

On répond que l'article 459 exige formellement l'assignation à bref délai, et qu'il l'exige par une raison de justice évidente ; c'est que l'intimé ne peut être, comme l'appelant, présumé prêt à défendre à toute demande qui serait dirigée contre lui. Il faut donc qu'il soit averti de celle par laquelle on poursuit un arrêt de défenses, et qu'il ait un tems suffisant pour y répondre ; ce qui ne serait pas, si cette demande pouvait être admise sur un simple placet.

2362. *La requête à bref délai, expédiée par le président, arrête-rait-elle l'exécution? Ou PLUS PARTICULIÈREMENT, le président peut-il expédier cette requête, toutes choses demeurant DANS L'ÉTAT, de manière que cette énonciation suffise pour arrêter l'exécution?*

On dit pour l'affirmative que si l'ordonnance du président n'était pas suspensive, il arriverait que le jugement exécuté sans caution présenterait un préjudice irréparable en définitive ; que, dans le silence de la loi, l'équité doit être la règle, et qu'elle veut en ce cas que la requête ait un effet suspensif ; que, par conséquent, le président peut ordonner que *les choses resteront dans l'état ;* que ce n'est point contrarier l'article 459, en ce qu'il exige un arrêt de défenses, cet arrêt restant toujours nécessaire pour que l'on puisse arrêter l'exécution jusqu'à l'arrêt définitif; qu'ainsi le président peut expédier la requête suivant ces conclusions, si toutefois on lui démontre que l'exécution a été ordonnée hors des cas prévus par la loi ; que le préjudice qui en résulterait serait irréparable, soit pour cause d'insolvabilité de la partie à requête de laquelle se ferait l'exécution, soit autrement, et qu'enfin il n'y a pas urgence dans cette exécution.

Nous répondons, et ce sont les motifs pour lesquels les présidens de la cour royale de Rennes se refusent constamment à expédier de la sorte les requêtes qu'on leur présente, que l'article 459 accordant la faculté d'obtenir des défenses, il n'y a qu'un arrêt de défenses qui puisse arrêter l'exécution ; que la requête n'est qu'un moyen, une formalité nécessaire pour obtenir cet arrêt ; qu'aucune loi ne porte qu'une fois expédiée cette requête sera suspensive, et qu'enfin ce n'est que par autorité de la cour entière que l'exécution d'un jugement qui a pour lui la présomption du bien jugé, peut être arrêtée.

2363. *Peut-on accorder des défenses sur le motif que l'exécution provisoire n'aurait pas été demandée en première instance?*

Nous avons dit (V. A. quest. 463 et *suprà* n.° 799) que l'exécution provisoire devait être demandée ; mais il ne suit pas de là que le juge d'appel soit autorisé à accorder des défenses, lorsque cette exécution a été ordonnée nonobstant le défaut de demande. En effet, l'article 459 n'accorde cette faculté que pour le cas où l'exécution aurait été ordonnée hors les circonstances prévues par la loi ; il suffit donc, pour que les défenses soient refusées, que l'exécution ait été ordonnée dans une de ces circonstances, et alors il importe peu que la partie n'eût pas fait la demande devant les premiers juges.

ARTICLE 460.

En aucun autre cas, il ne pourra être accordé des défenses, ni être rendu aucun jugement tendant à arrêter directement ou indirectement l'exécution du jugement, à peine de nullité. — A. 1520.

Conférence.

Code civil, art. 1319; cod de comm., art. 647.

2364. Les juges d'appel peuvent suspendre l'exécution du jugement, s'il était argué de faux. — A. 1520.

2365. Si, hors les cas mentionnés en l'article 459, les juges d'appel ne peuvent accorder des défenses, ils peuvent du moins accorder la permission de citer extraordinairement à jour et heure fixes pour plaider sur l'appel, mais seulement dans le cas où le jugement émane d'un tribunal de commerce. — A. 1521.

ARTICLE 461.

Tout appel, même de jugement rendu sur une instruction par écrit, sera porté à l'audience; sauf au tribunal à ordonner l'instruction par écrit, s'il y a lieu.

2366. Les juges d'appel ne peuvent, sur de simples conclusions motivées, ordonner qu'une affaire instruite par écrit en première instance, le sera de la même manière en cause d'appel. — A. 1522. (1)

ARTICLE 462.

Dans la huitaine de la constitution d'avoué par l'intimé, l'appelant fera signifier ses griefs contre le jugement. L'intimé répondra dans la huitaine suivante. L'audience sera poursuivie sans autre procédure.

2367. L'appelant n'est point obligé de signifier un écrit de griefs, sous peine d'être déchu du droit de plaider ses griefs à l'audience. — A. 1523, et arrêt de Rennes du 23 décembre 1808, 2.º ch.

2368. On peut, après les délais indiqués, signifier les écrits de griefs ou de réponses. — A. 1524.

ARTICLE 463.

Les appels de jugemens rendus en matière sommaire seront portés à l'audience sur simple acte, et sans autre procédure. Il en sera de même de l'appel des autres jugemens, lorsque l'intimé n'aura pas comparu.

2369. Par ces mots de l'article 463, *lorsque l'intimé n'aura pas comparu,* on entend que l'intimé n'a pas constitué avoué. — A. 1525.

---

(1) Er. 2.ª alinea, dernière ligne, au lieu de *15 juillet 1810,* lisez *15 juillet 1808.*

2370. Les écrits peuvent être fournis si l'intimé formait opposition à l'arrêt par défaut rendu contre lui. — A. 1526.

2371. Il n'y a pas lieu à signifier les écrits, en cas d'appel du jugement d'une justice de paix ou d'un tribunal de commerce. — A. 1527.

ARTICLE 464.

Il ne sera formé, en cause d'appel, aucune nouvelle demande, à moins qu'il ne s'agisse de compensation, ou que la demande nouvelle ne soit la défense à l'action principale.

Pourront aussi les parties demander des intérêts, arrérages, loyers et autres accessoires échus depuis le jugement de première instance, et les dommages et intérêts pour le préjudice souffert depuis ledit jugement.

Conférence.

Loi du 3 brumaire an 2, art. 7, *suprà* n.ᵒˢ 1060 et suiv., et 1091.

2372. *Qu'est-ce que l'on entend par demande nouvelle dans l'article 464, et quels sont en général et les conclusions que l'on peut prendre en cause d'appel, sans que l'on ait à craindre la fin de non recevoir résultant de ce que l'article interdit toute demande nouvelle, et les exceptions que cette règle comporte ?* Ou, plus généralement, *quel est le sens de l'article 464 ?*

Cette question correspond à celle que nous avons résolue n.ᵒ 1528 de l'analyse, (1) en demandant *quelles étaient les exceptions au principe que l'on ne peut former, en cause d'appel, aucune demande nouvelle* ; mais dans l'examen que nous nous proposons de faire ici, nous ne répéterons de notre ancien ouvrage que ce qui paraît indispensable pour compléter la solution de la présente question, suivant les termes dans lesquels nous venons de la poser, et qui lui donnent plus d'étendue que n'en avait la première.

Du texte de l'article 464, il résulte évidemment que toute action qui a pour but essentiel et immédiat de détruire la demande ou les prétentions de la partie adverse, est autorisée, en cause d'appel, quand même on n'en eût pas fait usage devant les premiers juges.

Telle est la règle générale que les auteurs déduisent de la disposition de l'article 464. (V. annales du not., comm. sur le cod. de proc., t. 3, p. 181.)

---

(1) *Er.* p. 73, in fine, au lieu de *même année, p. 291,* lisez *même année, p. 290 ; et paulo suprà,* au lieu de *1810, p. 127,* lisez *1810, p. 126.*

Elle est fondée, premièrement, sur ce que l'appel est autorisé non seulement pour remédier aux erreurs ou omissions du juge, mais encore pour réparer celles des parties. (Berriat-Saint-Prix, p. 360, note 4, p. 371, et note 98, et *suprà* p. 2.)

Secondement, sur ce qu'une exception n'est point à proprement parler une demande, et que la défense dérivant du droit naturel, il doit être permis à une partie de l'exercer en tout tems et de la manière qu'elle le juge convenable.

Enfin, cette règle est constamment appliquée par la cour de cassation, ainsi qu'on peut s'en assurer par les nombreux exemples que renferment les recueils de ses arrêts, et dont nous rappelons les principaux dans la note ci-dessous. (1)

Il suit clairement de ces décisions qu'une demande ne peut être considérée comme véritablement nouvelle, et par conséquent non susceptible d'être formée en appel, qu'autant qu'elle ne peut se rattacher en aucune manière aux conclusions prises en première

----

(2) D'après ces arrêts il n'y a pas nouvelle demande,

1.º Lorsqu'un cohéritier demande en appel que le demandeur primitif soit tenu de prendre dans la succession des biens autres que ceux qu'il avait réclamés : ce n'est point une nouvelle demande, mais une exception à la demande primitive. (23 frimaire an 9. Sirey, t. 1.ᵉʳ, 2.ᵉ part., p. 283; Berriat-Saint-Prix, pag. 382.)

2.º Il en est de même lorsqu'un héritier légitime, qui a soutenu en première instance que le testament où on léguait l'usufruit d'un domaine était nul, produit en appel un arrêt dont il résulte que le domaine n'appartenait pas au testateur. (5 nivôse an 13, nouv. répert., vᵉ testam., sect. 3.)

3.º Quand après avoir demandé, en première instance, la rescision d'un contrat de vente pour cause de lésion, l'on conclut en appel à la nullité pour défaut de prix. (Cass. 2 juillet 1806; Sirey, t. 6, 1.ʳᵉ p., pag. 353.

4.º Quand un créancier demande en appel *la nullité* de l'inscription d'un autre créancier placé avant lui par le jugement d'ordre de première instance. (16 octobre 1808. Sirey, 1809, 1.ʳᵉ p., pag. 98.)

5.º Si, sur une demande en délaissement de biens, à cause de la nullité d'un premier testament, l'héritier produit en appel un second testament où il est aussi institué. (23 janvier 1810. Denevers, p. 59.)

6.º Si, lorsque le premier juge a déclaré une rente hypothéquée aux créanciers de l'intimé, l'appelant propose une *nullité* contre l'inscription. (6 juin 1810, Denevers, p. 275.)

7.º Quand le vendeur à *réméré* qui avait fait, pour le rachat, des offres à la nullité desquelles l'acquéreur avait conclu en première instance, demande sous l'appel que la vente soit déclarée nulle pour simulation. (18 janvier 1814. Sirey, p. 161.

Les motifs de ce dernier arrêt sont particulièrement à remarquer :

« Considérant, dit la cour, que le défendeur, en excipant de la simulation de » l'acte, ne formait point une demande nouvelle dans le sens de l'article 464 du » code de procédure, mais proposait uniquement cette exception comme moyen » de défense à l'action en délaissement contre lui exercée par le demandeur. »

instance, et limitées à un objet bien clairement déterminé et exclusif de toute autre discussion.

C'est encore ce que prouvent formellement les arrêts qui ont rejeté comme demandes nouvelles des conclusions prises pour la première fois en cause d'appel : tous sont motivés sur le défaut de liaison avec la demande primitive jugée en première instance. (1)

Par suite de ces observations générales, nous allons examiner les diverses questions auxquelles, à notre connaissance, l'application de l'article 464 a donné ou pu donner lieu, et qui ne se trouvent pas résolues par les propositions énoncées aux notes de la présente.

Mais nous ne citerons que les arrêts rendus sous l'empire du code de procédure ; on pourra voir au code annoté de M. Sirey, ceux qui ont été rendus par application de la loi du 3 brumaire an 2, et dont on pourrait argumenter par analogie.

2373. *Est-ce former une demande nouvelle que de demander, pour la première fois, en cause d'appel, et pour cause de dol et de fraude, l'annulation d'un acte qui sert de base aux condamnations prononcées en première instance ?*

Cette question a été, à la cour de Rennes, l'objet d'une discussion approfondie dans une espèce où il s'agissait de l'appel d'un jugement qui avait déclaré valables des saisies-arrêts apposées en vertu d'un traité passé entre le saisissant et le saisi.

---

(1) 1.° *Arrêt du 22 février 1809.* (Sirey 1809 , 1.re p. , p. 151.) Cet arrêt décide qu'une demande en rescision d'une vente d'immeubles pour fait de lésion , et celle en délaissement des mêmes immeubles pour fait d'impignoration , étaient essentiellement différentes par les résultats que ces actions devaient avoir ; que la dernière ne pouvait être explicitement comprise dans la première , ni être regardée comme un moyen nouveau qui lui servît d'appui , mais qu'elle était elle-même une action principale et indépendante......

2.° *Arrêt du 22 juillet 1809.* (Sirey, t. 9 , 1.re p. , p. 394.) Un tribunal de commerce n'avait eu à prononcer que sur la nomination de deux arbitres, en remplacement de ceux qui avaient donné leur démission. Sur l'appel , la partie qui avait provoqué ce remplacement forme, pour la première fois , une demande en indemnité de 3000 fr. La cour de cassation déclare cette demande non recevable , parce qu'elle n'était ni objet de compensation , ni exception à l'action intentée en première instance. En effet, est-il ajouté dans les considérans, « il » est difficile de concevoir comment la régularité ou la nécessité d'une nomination » d'arbitres aurait pu dépendre de l'adjudication ou du refus d'une indemnité , ou « que l'une de ces demandes pût être considérée comme un moyen de défense » envers l'autre. »

Ces deux arrêts expliquent clairement ce qu'on doit entendre par demande nouvelle et principale : c'est évidemment celle qui diffère entièrement de la première, qui ne peut, en aucune manière, s'y rattacher ; qui forme , en un mot , des procès distincts et séparés, qui n'ont ensemble aucune connexité.

L'intimé opposait que la demande en annulation était une demande nouvelle : l'appelant prétendait, au contraire, qu'il se trouvait dans le cas des différentes espèces auxquelles la cour suprême a fait l'application de l'exception posée par l'article 464. (V. la note 2.)

Comme cette question est de nature à se reproduire souvent, nous croyons d'autant plus utile de développer les moyens qui militaient en faveur de l'appelant, et que la cour de Rennes a adopté en rejetant la fin de non recevoir, que par arrêt de la 3.ᵉ chambre, du 14 janvier 1817, la même cour avait jugé dans un sens contraire.

On a vu que l'action principale sur laquelle les premiers juges avaient eu à prononcer était une demande en validité de saisies-arrêts apposées en vertu d'un traité intervenu entre parties, et dont ces saisies avaient l'exécution pour objet.

Mais une action en annulation de l'acte qui sert de base à des saisies, est incontestablement le premier et le plus sûr moyen que l'on puisse opposer contre la demande en validité de ces saisies : elle constitue véritablement une exception contre cette demande qu'elle a pour but de rendre sans effet, et par conséquent elle peut être formée en cause d'appel, non seulement d'après le texte formel de l'article 464, mais encore d'après les principes admis dans tous les tems. Toujours en effet il a été de règle que toute exception péremptoire à laquelle une partie n'a pas formellement renoncé, est proposable en tout état de cause, même sous l'appel. (V. Duparc, t. 9, p. 85 ; le traité de procédure, M. Thomines, p. 11, et *suprà* n.° 1060 et suiv.)

L'auteur du nouveau répertoire (v.° *exception*, t. 4, p. 803) s'explique sur ce point de la manière la plus formelle.

« A l'égard des exceptions péremptoires, elles peuvent, dit-il, » être proposées en tout état de cause ; *elles peuvent même l'être* » *sur l'appel, lorsqu'on les a omises en première instance.* »

Et ce qu'il importe de remarquer dans l'espèce de notre question, c'est que l'auteur donne pour exemple de ces exceptions que les parties ne couvrent point, par leur silence, précisément les demandes en nullité du titre sur lequel reposerait l'action, et les moyens de dol et de fraude. Il s'exprime ainsi (p. 802) :

« Les exceptions sont tous les moyens que le défendeur peut » opposer contre le fond de la demande, soit parce que le deman- » deur est sans titre, OU QUE SON TITRE EST NUL, ou qu'il est le » fruit de l'ERREUR, du DOL, de la violence, etc. »

Telle était exactement l'espèce d'exception que les appelans opposaient en appel devant la cour de Rennes ; il est évident qu'elle n'était pas une défense à l'action principale.

Cependant, pour appuyer la fin de non recevoir résultant de ce que la demande en annulation serait une nouvelle demande, on citait un arrêt de la cour de cassation, du 5 octobre 1807 (Sirey, 1808, première partie, p. 195), par lequel il a été décidé qu'on ne pouvait, sous l'appel, ajouter à une demande en nullité, une demande en rescision qui n'avait pas été formée devant les premiers juges.

On pouvait en citer un autre du 8 pluviôse an 13, rapporté par Denevers (an 13, p. 273), lequel a décidé que l'on ne pouvait également ajouter, en cause d'appel, une demande en résiliation d'un bail, à une demande en nullité.

Mais ces deux arrêts ne prouvaient rien en faveur de la fin de non recevoir, et n'ont rien de contraire aux principes que nous venons d'établir.

En effet, dans l'espèce du premier, le demandeur débouté, en première instance, d'une demande en nullité de partage, se pourvoit en appel, et joint à ses conclusions principales des conclusions subsidiaires tendantes à ce que le partage qu'il attaquait fût rescindé pour cause de lésion ;

La cour, « attendu que l'action en rescision pour cause de
» lésion étant une action principale essentiellement distincte de
» l'action en nullité pour cause de dol, puisqu'au contraire elle en
» suppose la validité, elle aurait dû être proposée en première
» instance, ce que le demandeur n'avait pas fait, » dit « qu'en se
» contentant de prononcer sur les conclusions prises en première
» instance, la cour d'appel n'avait pu contrevenir à aucune loi. »

On voit que, dans cette espèce, la demande en rescision était véritablement une nouvelle demande qui n'était défense à aucune action, puisque c'était la *partie demanderesse en première instance qui la formait en appel.*

Il y avait donc lieu à l'application de la première partie de l'article 464, et non pas de la seconde partie, qui pose l'exception pour les demandes nouvelles qui sont défenses à l'action.

De même, dans l'espèce de l'arrêt de l'an 13, c'était le demandeur en appel qui ajoutait subsidiairement aux conclusions prises devant le premier juge à fin de nullité d'un bail, une demande subsidiaire à fin de résiliation.

La décision devait être la même que dans le premier cas.

Si, au contraire, sur une action formée en vertu des actes dont il s'agissait, *le défendeur* eût opposé en première instance une demande en nullité, et subsidiairement en appel une demande en rescision de ces actes, cette dernière eût été recevable sans diffi-

9

culté, d'après la seconde partie de l'article 464, puisqu'elle eût eu pour objet, comme l'autre, d'écarter l'action du demandeur.

Telle est aussi la jurisprudence de la cour royale de Rennes.

On citera notamment un arrêt de la seconde chambre, du 18 juin 1814, rendu dans l'espèce d'une transaction entre cohéritiers.

Le défendeur en avait demandé la nullité en première instance, d'après des moyens qu'il abandonna en cour d'appel.

Là, il se bornait à soutenir que la transaction devait être *annulée pour cause de lésion. On opposait à cette exception l'art. 464*, en ce qu'il interdit toute demande nouvelle en cause d'appel.

Mais la cour considéra que, si l'exception n'avait pas été proposée en première instance, c'était une simple erreur de la partie, qu'elle devait être admise à relever en cause d'appel; elle ordonna, en conséquence, la preuve de la lésion, et fit ainsi une juste application de la seconde partie de l'art. 464. (1)

De cette discussion, qui tend à justifier de plus en plus les observations générales faites sur la précédente question, nous concluons que l'on peut, en cause d'appel, demander l'annulation d'un titre qui servirait de base au jugement attaqué, et c'est aussi ce que la 3.ᵉ chambre de la cour d'appel de Rennes a jugé dans les termes suivans, par arrêt du 9 août 1817 :

« Considérant que l'article 464 permet de former en cause d'appel » une demande nouvelle, lorsqu'elle peut servir de défense à » l'action principale, et que cette faculté doit s'appliquer parti- » culièrement à des moyens de fraude, encore bien que le défen- » deur n'en ait pas fait usage devant les premiers juges, attendu » qu'ils tendent à écarter l'action dirigée contre lui, et que, par » la nature même de ces moyens, on peut supposer qu'ils n'ont » pas été découverts plutôt. »

2374. Des provisions qui n'ont pas été demandées en première instance ne peuvent l'être en cause d'appel, si les causes de la demande ne sont pas nées depuis le jugement dont est appel. — A. 1529.

2375. C'est à la cour saisie de l'appel, et non pas aux juges de première instance, que l'on doit former de semblables demandes, attendu qu'elles sont incidentes à l'appel, et forment un accessoire survenu depuis le jugement de première instance. Telle a été la décision de la cour de Rennes, dans l'espèce d'une demande en

(1) Cette décision prouve combien sont fondés les motifs de la règle posée *suprà* n.º 3372, page 62.

provision alimentaire ayant pour objet et la subsistance d'une femme qui avait obtenu la séparation de corps, et celle de sa famille. (3.ᵉ ch. , 2 mai 1812.)

2376. Mais la femme séparée de corps et de biens ne pourrait, sous l'appel du jugement qui a prononcé la séparation, demander pour la première fois que les avantages qu'elle a faits à son mari soient déclarés comme non avenus. Cette demande, en application de l'article 299 du code civil, est une demande nouvelle, dont la cause remonte à une époque antérieure à l'appel, et qui conséquemment doit subir, comme toute demande principale, les deux degrés de jurisdiction. (Rennes, 1.ʳᵉ ch. , avril 1810.)

2377. Si l'intimé prend sous l'instance d'appel des conclusions tendantes à obtenir une provision jusqu'à la reddition d'un compte qu'il prétend lui être dû par l'appelant, ses conclusions ne peuvent lui être adjugées lorsqu'elles n'ont pas établies devant les premiers juges. Il doit donc être renvoyé à se pourvoir comme il verra bon être. (Rennes, 3.ᵉ ch. , 18 mars 1809.)

Cet arrêt nous semble contraire à celui que nous venons de rapporter au n.º précédent, et nous estimons que l'on doit s'en tenir à ce dernier, parce que l'on ne peut dire que la cause de la demande en provision a pris exclusivement naissance avant l'instance d'appel, cette cause renaissant à chaque instant de retard que le compte éprouve.

2378. Lorsqu'après jugement de première instance, il intervient transaction entre les parties, et ensuite appel du jugement, la question de savoir si le montant des condamnations qui avaient été prononcées par ce jugement a été compris dans la transaction, n'appartient point aux juges d'appel ; autrement ce serait franchir un degré de jurisdiction, puisque les premiers juges n'en auraient point été saisis. (Cass. ; 16 février 1816. Sirey, 1816, p. 159.)

2379. On n'est pas recevable à demander sous l'appel que les parties qui ont partagé en vertu d'un jugement attaqué par cette voie, *déguerpissent* les héritages qui leur sont échus : c'est une demande nouvelle. (Rennes, 1.ʳᵉ ch. , 13 février 1811.)

2380. On ne peut également former, pour la première fois, sous l'appel, une demande en subrogation aux suites d'une saisie immobilière. (Turin, 24 juillet 1810. Sirey, 1811, p. 51, et *infrà* art. 721 et 722.)

2381. Mais on peut y demander la séparation des patrimoines, parce que c'est moins une demande nouvelle qu'un moyen nouveau. (Liège, 10 février 1807. Sirey, 1807, 2.ᵉ part., p. 697)

2382. Il en est de même de la demande en annulation d'un testament. (Grenoble, 25 juillet 1810. Sirey, 1811, pag. 377, *suprà* n.º 2373.)

2383. Quand une demande nouvelle non recevable a été formée en cause d'appel, la nullité de cette demande est couverte par la défense de l'intimé qui, plaidant au fond, ne s'en prévaut pas. — A. 1530.

2384. *Si l'on peut, en certains cas, former en appel des demandes nouvelles, ne peut-on pas à plus forte raison y faire valoir des moyens nouveaux, et être admis a y prouver des faits que l'on n'aurait pas posés en première instance?*

C'est une conséquence nécessaire de l'article 464, en ce qu'il admet les demandes nouvelles qui sont défense à l'action principale; conséquence d'ailleurs conforme au principe *in appellationibus non deducta deduci, non probata probari possunt,* ainsi que nous l'avons dit A. 1528, dernier alinéa.

Ainsi, dit Domat (supp.¹ au droit public, liv. 4, tit. 8, n.° 6), « on peut, en cause d'appel, faire tout ce qui peut servir à éclairer » le juge sur le principal qui a été décidé en première instance. » La cour de Rennes a fait l'application de ce principe en décidant, par arrêts des 11 et 19 août 1817, 2.° ch., qu'on pouvait demander à prouver ce qu'on n'aurait point offert de prouver en première instance, si toutefois les faits ne constituent point une des demandes nouvelles que proscrit l'article 464.

A la vérité la même cour, par arrêt du 23 août 1811, a décidé le contraire, sur l'appel d'un jugement rendu par un tribunal de commerce, en se fondant sur le principe que *les appellations se jugent dans l'état,* et en considérant que ce serait aller contre le vœu de la loi, sur-tout en matière commerciale, que d'admettre, sous l'appel, les parties à la preuve de faits qu'elles n'auraient pas posés devant le premier juge.

Cet arrêt, qui se trouve en opposition avec les autorités citées ci-dessus et dans notre analyse, nous semble présenter tout à la fois une fausse application du principe qu'il rappelle, et qui ne s'entend en général qu'en ce sens qu'on ne peut changer l'état de l'instance quant au fond à juger (V. *infrà* sur l'art. 465), et une contravention à l'art. 464.

Nous remarquerons en outre que, puisqu'il est constant (voy. *suprà* n.ᵒˢ 2372 et suiv., et cass., 12 frimaire an 10; Sirey, t. 2, p. 101) que le juge d'appel peut statuer d'après des moyens nouveaux, et sur des exceptions que le défendeur originaire n'aurait pas proposé en première instance, il s'ensuit nécessairement que la partie doit être admise à la preuve de ces moyens et de ces exceptions.

Nous ne dissimulons pas que l'on peut citer quelques arrêts de cours d'appel, qui sembleraient contrarier notre opinion; mais il

nous semble inutile de les citer (*V. code de proc. annoté, art. 464*),
soit parce qu'ils sont rendus dans des espèces où il y avait eu,
en première instance, renonciation expresse ou tacite aux exceptions qu'ils ont rejetées, soit parce que nous croyons en avoir
suffisamment démontré le peu de fondement, en prouvant la règle
générale à laquelle ils sont opposés, et qui d'ailleurs a été consacrée de la manière la plus formelle par un arrêt de la cour de
cassation du 25 juillet 1817, en ce qu'il décide qu'en cause d'appel
on peut alléguer un fait qui n'a point été présenté en première
instance, lorsque ce fait constitue seulement un *moyen nouveau*
à l'appui de la demande principale. (Sirey, 1818, p. 13.)

2385. On ne peut procéder en appel qu'avec les qualités qu'on
a prises devant les premiers juges : ainsi celui qui, en première
instance, a été renvoyé d'une demande formée contre lui en son
nom personnel, ne peut être condamné sous l'appel en qualité
d'héritier. (Bruxelles, 9 mars 1811. Sirey 1811, p. 321.)

2386. Cependant il est permis à une partie qui a formé en
première instance une demande tant en son nom personnel qu'au
nom d'un tiers, de restreindre cette demande dans son seul intérêt.
(Cass., 1.er septembre 1813. Sirey, 1814, p. 67.)

2387. On n'est pas recevable à proposer pour la première fois
en appel des moyens de nullité contre une enquête qui n'a pas été
attaquée en première instance. (Colmar, 20 février 1811. Sirey,
1814, t. 2, p. 305.)

Cette décision est une conséquence naturelle et *à fortiori* de
l'article 173, en ce qu'il impose aux parties l'obligation de faire
usage des moyens de nullité, avant toute défense ou exception.

ARTICLE 465.

Dans les cas prévus par l'article précédent, les nouvelles demandes et les exceptions du défendeur ne pourront
être formées que par de simples actes de conclusions
motivées.

Il en sera de même dans le cas où les parties voudraient
changer ou modifier leurs conclusions.

Toute pièce d'écriture qui ne sera que la répétition des
moyens ou exceptions déjà employés par écrit, soit en
première instance, soit sur l'appel, ne passera point en taxe.

Si la même pièce contient à la fois et de nouveaux
moyens ou exceptions, et la répétition des anciens, on
n'allouera en taxe que la partie relative aux nouveaux
moyens ou exceptions.

Conférence.

V. *infrà* sur l'art. 1030.

2388. On peut répondre aux actes de conclusions qui contiennent les nouvelles demandes et les exceptions. — A. 1531.

2389. L'article 465, en prescrivant que les nouvelles demandes et les corrections de conclusions ne pourront être formées que par de simples actes, n'entend point déclarer nulles des corrections qui n'auraient pas été faites par écrit, et qui seraient d'ailleurs constantes. (Cass., 1.er septembre 1813, déjà cité. Sirey, 1814, p. 67.)

2390. Il n'est permis de changer et de modifier les conclusions qu'autant que les objets, auxquels ces changemens s'appliquent, se trouvent toujours compris au nombre de ceux qui avaient été réclamés en première instance. — A. 1532.

ARTICLE 466.

Aucune intervention ne sera reçue, si ce n'est de la part de ceux qui auraient droit de former tierce-opposition.

Conférence.

V. art. 339, 340, 474 et 475.

2391. Il suffit, pour qu'une partie soit admise à intervenir en cause d'appel, qu'elle ait droit de former tierce-opposition à l'arrêt d'appel, sans qu'il soit nécessaire qu'elle attaque le jugement de première instance. — A. 1533.

2392. Celui qui n'est pas créancier *actuel* du mari, mais qui a contre lui des droits *éventuels* auxquels la séparation de biens demandée sans fraude par la femme pourrait porter préjudice, a le droit d'intervenir, quoique le mari défende lui-même à cette demande. — A. 1534.

2393. La partie qui demande à intervenir dans une instance d'appel peut et doit être reçue à le faire, quand elle soutient qu'elle n'a point été appelée en première instance. Cela résulte directement de l'article 466, qui accorde ce droit à ceux qui pourraient former tierce-opposition : or, l'article 474 accorde cette voie à toute partie qui n'a pas été appelée au jugement. La circonstance que l'intervenant aurait été employé aux qualités du jugement ne saurait opérer une fin de non recevoir, puisque ce serait se faire un moyen contre lui de la nullité et de la fraude même dont il se plaindrait, et parvenir, par l'effet d'une contravention aux règles de la procédure et au droit de légitime défense, à lui interdire une juste réclamation contre le jugement qui préjudicierait à ses droits. (Rennes, 13 février 1818, 2.e ch.)

Cet arrêt a été rendu dans l'espèce où une femme séparée avait été mise, conjointement avec son mari, aux qualités tant en première instance qu'en appel ; on opposait qu'elle ne pouvait être distraite de ces instances pour demander, par voie d'intervention, la nullité des procédures, sans avoir préalablement fait juger le désaveu de ceux qui avaient agi pour elle, et qui avaient notifié l'appel tant au nom de son mari qu'au sien propre. La cour a considéré que le désaveu n'était nécessaire que lorsqu'il existait un mandat *exprès* ou *tacite*, et qu'ainsi, lorsqu'il n'en existait ni de l'une ni de l'autre de ces espèces, les suites faites au nom de la partie réclamante étaient nulles. Et en effet, on ne pouvait ici considérer comme opérant mandat tacite la remise à l'avoué de première instance d'un exploit notifié au mari et à la femme conjointement, puisqu'ils devaient être assignés par acte séparé. (V. *suprà* n.° 489.) D'un autre côté, l'appel, pour être valablement interjeté au nom de la femme, devait être revêtu de son autorisation par signature ou par procuration particulière et spéciale. Telles ont été les raisons pour lesquelles la cour l'admit à intervenir, en la distrayant de l'instance sous les qualités dans lesquelles on l'y faisait figurer.

2394. Pour que l'intervention soit admise, il faut absolument, d'après l'article 474, que le jugement dont est appel *préjudicie* aux droits de l'intervenant. (Rennes, 12 février 1811, 2.° ch.) Ainsi la connexité n'autoriserait pas l'intervention qui serait non recevable dans ce cas, non seulement d'après l'article 474, mais encore d'après l'article 464, puisqu'elle fournirait un moyen de former de nouvelles demandes en appel : c'est encore ce qui résulte implicitement de l'arrêt que nous citons. — A. 1535.

2395. Les créanciers d'un failli qui n'ont point expressément acquiescé au concordat revêtu d'un nombre de signatures suffisant pour le faire homologuer, et contre lesquels l'homologation définitive n'a point été prononcée, peuvent se pourvoir, soit par intervention, soit par tierce-opposition, contre les jugemens rendus avec les syndics. (C. de comm., art. 523, 524. Cass., 14 mars 1810. Sirey, 1810, p. 219.)

2396. Quoique l'acquéreur soit l'ayant cause du vendeur, il n'est représenté par ce dernier dans aucun des procès postérieurs à la vente qui peuvent avoir pour résultat l'éviction de la chose vendue ; il a donc le droit d'intervenir dans le procès, comme il peut former tierce-opposition aux jugemens qui sont rendus sans l'avoir appelé.

Ainsi, l'acquéreur d'un immeuble dotal peut intervenir dans l'instance en séparation de biens formée contre le mari, et dont l'effet serait de donner à la femme le droit de révoquer l'aliénation de sa dot, comme il pourrait attaquer, par la voie de la tierce-opposition, le jugement de séparation lors duquel il n'aurait pas été appelé. (Cass., 28 janvier 1810. Sirey, 1811, p. 28.)

2397. *Peut-on forcer d'intervenir, en cause d'appel, une personne qui aurait droit de former tierce-opposition?*

Nous avons examiné cette question n.° 1535 de notre analyse, et nous l'avons résolue pour l'affirmative d'après deux arrêts de la cour de cassation, et conformément aux raisons développées par M. Merlin, dans son réquisitoire sur l'un de ces arrêts.

On peut ajouter un troisième arrêt de la même cour, en date du 18 août 1807 (Sirey, 1808, p. 553), lequel consacre la même doctrine, en ce qu'il déclare que celui qui intervient devant une cour d'appel ne peut invoquer en sa faveur la règle des deux degrés de juridiction, encore qu'il ne soit intervenu *qu'après sommation*. Il existe enfin un arrêt de la cour de Florence, du 1.er février 1811 (Sirey, 1814, p. 388), et un autre de la cour de Colmar, du 9 novembre 1810 (V. journal des avoués, t. 3, p. 298), qui décident de la même manière.

En rapportant cette dernière décision, M. Coffinières la justifie par l'une des raisons que nous avions données dans notre analyse. « D'après l'article 466, dit-il, l'intervention sur l'appel peut être » formée par ceux qui pourraient prendre la voie de la tierce-oppo- » sition; et il doit en être ainsi de la mise en cause, qui n'est qu'une » intervention provoquée par l'une des parties avec lesquelles l'ins- » tance est engagée; d'ailleurs, le tiers mis en cause ne peut se » plaindre de ce qu'on le prive d'un premier degré de juridiction, » puisqu'en prenant spontanément la voie de la tierce - opposition » contre l'arrêt (la seule qui lui soit ouverte), il devrait se pourvoir » devant la cour d'appel, aux termes de l'article 475. »

Quoique ces autorités et ces raisons eussent été invoquées devant la cour de Rennes, elle a néanmoins rejeté la doctrine qu'elles tendent à établir, et a considéré, par arrêt de la 1.re chambre du 27 juillet 1818, « que la règle des deux degrés de juridiction était un prin- » cipe général auquel on ne peut admettre d'autres exceptions que » celles qui sont formellement consacrées par la loi, laquelle, en » quelque cas que ce soit, n'autorise des *interventions forcées*. »

Il est à remarquer que la cour, dans cet arrêt, reconnaît que quelques auteurs ont accrédité ce système d'intervention forcée, dont, ajoute-t-elle, le code ne fournit aucun exemple; mais dans l'espèce qui lui était soumise, elle déclare que ces auteurs *limitent cette sin- gulière faculté* au cas où la personne qu'on veut forcer d'intervenir serait recevable à former tierce-opposition au jugement, circonstance qui ne se présentait pas dans cette espèce, par la raison que le juge- ment attaqué ne portait aucun préjudice à la partie que l'on intimait sous l'appel.

Sous ce dernier rapport, nous croyons l'arrêt bien rendu ; mais nous persistons à penser que l'on peut forcer à intervenir sous l'appel toute partie qui serait bien fondée à se rendre tierce-opposante.

2398. *Un tiers peut-il intervenir dans une instance de péremp-tion ?*

Sur cette question, nous rappellerons le principe posé *suprà* n.° 1977, que la demande en péremption constitue une action principale et introductive d'une instance absolument distincte de celle qu'elle tend à faire juger éteinte. Or, comme d'après l'article 466, ceux-là seuls peuvent intervenir qui auraient droit de se pourvoir par tierce-opposition contre l'arrêt à rendre, il s'ensuit rigoureusement que l'intervention d'un tiers qui n'a point été partie dans l'instance périmée ne peut être admise.

En effet, ce tiers ne pourrait former tierce - opposition contre l'arrêt qui déclarerait l'instance périmée, premièrement parce que ce genre de pourvoi n'est ouvert qu'à la partie qui n'a pas été appelée au jugement quoiqu'elle eût intérêt au procès. (Voy. nos quest. , sur l'art. 474.)

Or, d'après la nature et les effets d'une demande en péremption, on ne peut concevoir que d'autres personnes que les parties en cause dans l'instance dont il s'agit de prononcer l'extinction, puis-sent être réputées intéressées dans cette demande, et la raison en est sensible. La cause ou le motif de la demande en péremption est un *fait*, celui de la discontinuation des poursuites de la part de l'appelant défendeur à cette demande ; mais ce fait n'est impu--table qu'à ceux qui, au moment où la demande est formée, ont cette qualité de défendeurs ; donc, quiconque est étranger à ce même fait, ne pourrait se rendre tiers-opposant au jugement qui admet la péremption, et par une conséquence nécessaire de l'art. 466, il ne peut intervenir dans l'instance qui a pour objet l'obtention de ce jugement.

S'il en était autrement, on contreviendrait à tous les principes de la matière, car l'intervention est la voie indiquée pour se rendre partie dans un procès, pour y avoir qualité, comme demandeur ou défendeur : intervenir c'est donc prouver que l'on n'a pas encore cette qualité, que l'on n'est pas partie dans l'instance ; et puisqu'il faut nécessairement l'avoir été pour agir en demandant une péremp-tion ou en défendant à cette demande, il impliquerait que l'inter-vention fût admise. (V. la note de la 3.e quest. traitée sur l'art. 474.)

Secondement, parce qu'on ne peut valablement se pourvoir par tierce - opposition qu'autant que l'on prouve souffrir un préjudice réel du jugement, et par conséquent avoir un intérêt direct à la cause dans laquelle il a été rendu ; mais il est impossible qu'un jugement ou un arrêt qui déclare une péremption acquise porte préjudice aux droits d'un tiers qui ne serait pas partie dans l'instance à périmer, car le préjudice ne pourrait résulter que du prononcé même de l'arrêt ou du jugement qui jugerait quelque chose de relatif aux droits de ce tiers, et qui pourrait lui être opposé ; mais un jugement de péremption ne *juge* et ne *préjuge* rien, *même en appel,* contre les droits d'un individu qui n'a été partie, ni dans l'instance périmée, ni dans l'instance de péremption. Si la conséquence directe et nécessaire de la loi est, suivant l'article 469, de donner au jugement attaqué l'autorité de la chose jugée, c'est, comme le dit M. Merlin, v.° tierce-opposition, §. 6, *res inter alios acta quæ aliis præjudicare non potest :* maxime qui se trouve en toutes lettres dans l'article 1351 du code civil, et à laquelle, ajoute l'auteur, le code de procédure n'a dérogé ni pu déroger. Le tiers peut donc toujours se pourvoir par action principale pour obtenir, dans son intérêt, un jugement contraire aux effets qui résulteraient contre les parties qui ont laissé périmer une instance, de l'arrêt qui l'a déclarée périmée.

Cet arrêt d'ailleurs ne peut statuer en aucune manière sur les droits d'autrui ; il déclare uniquement le fait de la discontinuation des poursuites, et prononce en conséquence la péremption que la loi en fait dépendre ; il ne statue pas même sur la nullité du jugement attaqué, qui n'acquiert force de chose jugée que par la volonté du législateur, et non par la décision du juge, et qui ne l'acquiert que contre les personnes qui étaient parties dans l'instance périmée.

Concluons, en conséquence, que ceux-là seuls peuvent intervenir dans l'instance de péremption qui sont parties dans l'instance discontinuée, et c'est aussi ce que la cour royale de Rennes a jugé par l'arrêt du 16 juin 1818, cité n.° 1986.

2399. *Cette décision s'applique-t-elle même au cas où le tiers interviendrait dans l'instance à périmer, mais après la signification de la demande en péremption ?*

Oui, attendu qu'une fois la demande en péremption formée, on ne peut faire valablement aucun acte concernant l'instance que cette demande tend à faire déclarer éteinte. Cette instance reste donc arrêtée au point où elle était ; car si les parties elles-mêmes ne peuvent, aux termes de l'article 399, signifier valablement aucun acte relatif à cette instance, à plus forte raison un tiers ne peut-il rien changer à l'état où elle se trouvait au moment de la demande. La raison s'en tire de ce que dit M. Pigeau, t. 1.ᵉʳ, p. 449, « que » la péremption est irrévocablement acquise à l'instant même de la » demande ; que le jugement à intervenir n'accorde pas de droit à » celui en faveur duquel il prononce ; qu'il ne fait, enfin, que décla- » rer que le droit lui était précédemment acquis. » Ainsi, dès que la demande est formée, la présomption légale est pour l'extinction de l'instance; le jugement ne fait que convertir cette présomption en certitude : donc, sous aucuns rapports, dans aucune hypothèse, l'intervention n'est recevable dans une instance de péremption.

ARTICLE 467.

S'il se forme plus de deux opinions, les juges plus faibles en nombre seront tenus de se réunir à l'une des deux opinions qui auront été émises par le plus grand nombre.

Conférence.

A. sur les articles 117 et 118.

2400. La disposition de l'art. 117, qui veut que les juges plus faibles en nombre ne soient tenus de se réunir à l'une des deux opinions de la majorité qu'après un second tour d'opinions, est applicable en cause d'appel. — A. 1536.

ARTICLE 468.

En cas de partage dans une cour royale, on appellera, pour le vider, un au moins ou plusieurs des juges qui n'auront pas connu de l'affaire, et toujours en nombre impair, en suivant l'ordre du tableau : l'affaire sera de nouveau plaidée, ou de nouveau rapportée s'il s'agit d'une instruction par écrit.

Conférence.

V. art. 118.

2401. Les avocats auxquels appartient le titre d'*anciens jurisconsultes,* et qui, conséquemment, peuvent être appelés pour vider un partage, sont ceux qui exercent depuis dix ans au moins. — A. 1537.

2402. Une cour royale constituée en audience solemnelle doit nécessairement être composée d'un nombre de juges plus grand que celui des audiences ordinaires. Ainsi une cour qui juge ordinairement au nombre de sept juges, peut, en cette circonstance, ajouter quatre avocats comme suppléans. (Cass., 8 décembre 1813; Sirey, 1814, p. 121.)

2403. Lorsqu'un juge qui a concouru au partage ne peut coopérer au jugement en définitive, on doit, pour vider le partage, appeler de nouveaux juges en nombre pair, afin qu'il ne puisse y avoir lieu à un nouveau partage. (Cass., 12 avril 1810; Sirey, 1810, p. 234.)

ARTICLE 469.

La péremption en cause d'appel aura l'effet de donner au jugement dont est appel la force de chose jugée.

2404. La péremption d'instance sur l'appel n'est pas couverte par un acte extrajudiciaire qui a pour objet l'exécution du jugement du tribunal de première instance ; par exemple, par un commandement ou par une opposition à ce commandement. — A. 1538.

2405. *La péremption de l'instance d'appel éteint-elle l'action lorsqu'il s'agit d'une demande nouvelle formée dans le cours de cette instance ?*

Nous estimons que cette question doit être résolue pour la négative, attendu que l'article 469 ne donne à la péremption que l'effet de donner au jugement appelé l'autorité de la chose jugée. Il faut donc, attendu que les dispositions rigoureuses ne peuvent s'étendre d'un cas à un autre, en revenir à la règle générale de l'art. 401. Ainsi, lorsque la cour a prononcé la péremption de l'instance d'appel, quant au jugement, et qu'elle se trouve par là dessaisie tant du principal qui est terminé, que de l'accessoire qui est la demande nouvelle, laquelle reste à juger, on peut reporter cette demande en première instance devant le juge compétent.

2406. *L'appel qui a suspendu le cours de la prescription d'un jugement attaqué étant réputé non avenu par suite de la péremption, ne s'ensuit-il pas que la partie, loin d'avoir intérêt à demander la péremption, lorsque le laps de tems déterminé pour l'opérer se trouverait écoulé, se porterait préjudice en formant cette demande ?*

On a prétendu que, d'après l'article 401, la péremption rendant absolument comme non avenus tous les actes de la procédure périmée, et par conséquent l'acte d'appel, tandis que, d'un autre côté, l'article 2247 du code civil porte qu'elle a le même effet relativement à l'interruption de la prescription opérée par l'assignation, il s'ensuivait que le demandeur en péremption allait contre ses propres intérêts en formant sa demande en péremption.

Ce maintien n'est qu'une erreur, et d'abord parce que l'article 469, en donnant au jugement dont est appel l'autorité de la chose jugée, sans distinction ni exception, pour le cas où la prescription du jugement pourrait être acquise, il s'ensuit que cet article place l'appelant dans la même position que si le jugement attaqué avait été confirmé ; d'où suit qu'il ne peut plus invoquer la prescription de ce jugement ;

2.° Parce que l'article 401 n'a rapport qu'au cas qu'il prévoit, celui d'une nouvelle instance qui serait introduite après la péremption de la première ; hypothèse qui ne peut se présenter en cause d'appel, puisque la péremption donne au jugement l'autorité de la chose jugée : donc on ne peut argumenter de la disposition de cet article pour soutenir que la péremption ayant annulé l'appel, l'interruption de la prescription qu'il avait opérée doit être réputée non avenue ;

3.° Parce que la disposition de l'article 2247 du code civil ne prononce évidemment que dans l'intérêt du défendeur, et contre le demandeur qui laisse périmer l'instance, et qu'elle punit de sa négligence à poursuivre, en déclarant que l'interruption de la prescription opérée en sa faveur par sa demande sera réputée non avenue ;

4.° Enfin, parce que, s'il en était autrement, il y aurait une contradiction évidente entre les articles 401 et 469 du code de procédure, et l'article 2247 du code civil, en même tems que la péremption se trouverait par le fait interdite au défendeur, puisqu'elle lui serait préjudiciable.

Il suffira sans doute de ces simples observations pour démontrer le vice du raisonnement sur lequel on essaierait d'appuyer la solution affirmative de la question que nous avons posée.

2407. *Mais y aurait-il lieu à faire droit dans la demande de péremption, s'il était démontré que le jugement ne peut exister, parce que la loi aurait anéanti, par exemple, toute instance et tout jugement sur la matière à laquelle se rapporterait celui qui aurait été attaqué par voie d'appel?*

La négative a été soutenue devant la cour de Rennes, dans l'espèce de l'arrêt du 16 juin 1818, cité *suprà* n.° 1986, attendu que le jugement attaqué avait, prétendait-on, prononcé sur un terrain communal usurpé par la puissance féodale. Or, les lois de la révolution ayant déclaré éteintes toutes instances sur semblables contestations, il s'ensuivait, disait-on, que la demande en péremption était *frustratoire*, et ne pouvait être accueillie, puisque le jugement devant être réputé non avenu, il ne pouvait recevoir l'autorité de chose jugée résultant de la péremption.

Pour se convaincre du peu de fondement d'un semblable moyen, il suffit de rappeler ce que nous avons eu occasion de remarquer plusieurs fois, que la demande en péremption est essentiellement distincte de celle qui a introduit l'instance prétendue périmée, puisqu'il n'y a, comme l'a déclaré la cour de cassation (arrêt du 5 janvier 1818 ; Sirey, 1818, p. 120, et *suprà* n.° 1977), *nec eadem res nec eadem causa petendi.*

Il suit de là, sans contredit, que l'on ne peut, dans l'instance de péremption, agiter aucune question relative à la contestation prétendue périmée ; autrement on confondrait deux objets et deux causes de demandes essentiellement distincts, indépendans et appartenant à deux instances différentes.

L'article 1351 du code civil vient d'ailleurs prêter une nouvelle force à ces observations, en ce qu'il dispose que l'autorité de la chose jugée n'a lieu qu'à l'égard de ce qui a fait l'objet du jugement; qu'il faut que la chose demandée soit la même, et que la demande soit formée pour la même cause. Il y a donc deux actions toutes les fois qu'il y a différence soit entre l'objet, soit entre la cause d'une demande : or, c'est précisément ce qui a lieu en cas de péremption.

Le demandeur a-t-il qualité pour former la demande en péremption; autrement, était-il défendeur ou intimé dans le premier procès? A-t-il valablement formé et notifié sa demande? Le laps de tems fixé par la loi s'est-il écoulé sans poursuites? La péremption a-t-elle été couverte par des actes valables? Serait-elle prématurément formée? Voilà tout ce que l'on peut agiter dans cette nouvelle instance. Toute fin de non recevoir qui ne se rapporte pas à l'un de ces objets, et qui tendrait à écarter la demande introductive du procès périmé, n'est pas recevable, quelque bien fondée qu'elle fût : les juges n'ont point à s'occuper des résultats.

Ainsi, en cause d'appel, on prétendrait vainement, par des moyens du fond, que le jugement attaqué ne pourrait être confirmé, qu'il est anéanti soit par prescription de l'action sur laquelle il statue, soit autrement; dans tous ces cas, le juge doit prononcer la péremption, et n'a point à s'inquiéter de ce que son effet est d'attribuer au jugement la force de la chose jugée, puisque ce n'est pas lui qui la prononce, mais la loi.

ARTICLE 470.

Les autres règles établies pour les tribunaux inférieurs seront observées dans les tribunaux d'appel.

Conférence.

T. art. 70; code de comm., art. 648, et *sup.* art. 141.

2408. *Comment l'application de l'article 470 doit-elle être faite?*
V. A. 1539, et l'arrêt de la cour de cassation du 23 novembre 1810. (Sirey, 1811, p. 136.)

ARTICLE 471.

L'appelant qui succombera, sera condamné à une amende de cinq francs, s'il s'agit du jugement d'un juge de paix, et de dix francs sur l'appel d'un jugement de tribunal de première instance et de commerce.

T. art. 90.

2409. L'amende prescrite par l'article 471 doit être consignée avant le jugement ou l'arrêt à intervenir sur l'appel. — A. 1540.

2410. Dans le cas où le désistement a précédé les plaidoiries, l'amende consignée doit être rendue. — A. 1541.

2411. La partie qui ne succombe pas sur tous les points de la contestation, doit obtenir restitution de l'amende. — A. 1542.

ARTICLE 472.

Si le jugement est confirmé, l'exécution appartiendra au tribunal dont est appel : si le jugement est infirmé, l'exécution, entre les mêmes parties, appartiendra à la cour royale qui aura prononcé, ou à un autre tribunal qu'elle aura indiqué par le même arrêt; sauf les cas de la demande en nullité d'emprisonnement, en expropriation forcée, et autres dans lesquels la loi attribue jurisdiction.

2412. *Quand la cour confirme un jugement émané d'un tribunal de commerce, doit-elle retenir l'exécution, ou renvoyer devant un tribunal civil?*

Les tribunaux de commerce ne connaissent point de l'exécution de leurs jugemens (*suprà* art. 442); ainsi, quoique l'article 472 déclare qu'elle appartient au tribunal dont est appel, la cour ne peut renvoyer devant eux; d'où semblerait résulter qu'elle doit être attribuée au tribunal civil dans le ressort duquel se trouve le tribunal de commerce dont le jugement est confirmé.

Mais si l'on fait attention que l'article 472, comme le dit l'orateur du tribunat, ne renvoie l'exécution au premier juge que par respect pour le droit qu'il aurait eu sous l'appel d'exécuter son jugement; que ce droit n'appartient point au tribunal de commerce, et que, d'un autre côté, il est de l'intérêt des parties d'avoir pour juge de l'exécution celui qui connaît le fond de l'affaire, on sera sans doute porté à décider que la cour doit, en cette circonstance particulière, retenir l'exécution du jugement qu'elle confirme. Telle est notre opinion sur cette question, susceptible de controverse, et qu'il serait d'autant plus désirable de voir décidée par arrêt, qu'à notre connaissance elle n'a été traitée par aucun auteur.

2413. Mais lorsque le jugement d'un tribunal de commerce est infirmé, c'est la cour qui connaît de l'exécution de son arrêt. — A. 1543.

2414. Si les juges d'appel confirment en certains chefs et infirment en d'autres, l'exécution doit appartenir aux premiers juges, sans cependant que la cour soit absolument incompétente pour en retenir la connaissance. — A. 1544.

Cette proposition a été consacrée par un arrêt de la cour de Rennes du 7 octobre 1815, en ce qu'il déclare que l'article 472 n'ayant pas prévu le cas où la cour infirme et confirme tout à la fois le même jugement, sous le rapport de ses diverses dispositions, rien n'empêche, et l'intérêt des parties le commande souvent, que la cour retienne l'exécution de son arrêt, lorsque sur-tout il y a connexité entre la disposition confirmée et la disposition infirmée.

2415. Les juges d'appel ne peuvent, dans les cas où ils infirment en entier le jugement de première instrnce, indiquer pour l'exécution le tribunal qui l'aurait rendu. — A. 1545.

2416. Une cour d'appel peut prononcer sur la nullité d'un acte extrajudiciaire, dont l'effet est d'entraver l'exécution d'un arrêt *infirmatif*, sans que cette nullité ait été demandée par action principale devant un tribunal de première instance. — A. 1546.

2417. Une cour d'appel peut liquider les dommages-intérêts accordés par un jugement dont elle a prononcé la confirmation, parce que c'est moins une exécution de ce jugement, qu'une appendice ou un complément de l'arrêt. (Rouen, 26 janvier 1814; Sirey, 1814, p. 422.)

2418. Lorsque le tribunal de première instance a rejeté une demande en partage de succession, la cour, qui infirme cette décision, peut ordonner qu'il sera procédé, devant les premiers juges, à la liquidation de la succession. (Cass., 12 juin 1806; Sirey, 1807, 2.ᵉ part., p. 974.)

2419. Les juges d'appel ne peuvent, pour l'exécution d'un interlocutoire qu'ils ont rendu, renvoyer les parties en état de première instance, car ce serait leur faire parcourir au-delà des deux degrés de jurisdiction établis par la loi. (Cass., 19 novembre 1808; Sirey, 1810, p. 116.)

2420. Quand il serait vrai que l'opposition à une saisie-exécution, faite en vertu d'un arrêt *infirmatif*, dût être portée devant la cour, il est du moins certain que les parties ayant volontairement procédé devant le tribunal de première instance, ne peuvent, sous prétexte d'incompétence, attaquer le jugement rendu sur cette opposition par le même tribunal. Au reste, cette exception d'incompétence ne peut être suppléée d'office, parce qu'elle n'est pas radicale. (Rennes, 1.ʳᵉ ch., 15 avril 1816. (V. l'obs.ᵒⁿ gén. faite à la fin du n.º suivant.)

2421. Une cour qui, sur une demande en revendication de biens, a statué, par arrêt *infirmatif*, sur les qualités des parties et sur leurs droits respectifs à la chose, ne peut connaître de la demande en partage des biens qui font l'objet du litige. — A. 1547.

Après avoir résolu cette question de notre analyse, nous avons fait remarquer qu'il faut se garder de confondre ce qui est ou ce qui peut être à faire pour qu'un jugement produise ses effets, avec les demandes qui pourraient à la vérité se rattacher à l'objet de ce jugement, qui pourraient même être fondées sur la décision qu'il prononce, mais qui néanmoins, si elles n'avaient pas lieu, ne l'empêcheraient pas de recevoir son exécution, c'est-à-dire de produire, relativement aux objets qui ont fait la matière des conclusions des parties, les effets qu'elles se sont proposées d'obtenir. Par exemple, dans l'espèce du numéro précédent, une opposition à une saisie faite en vertu de l'arrêt confirmatif ne nous paraîtrait pas devoir être portée à la cour, si elle n'était pas fondée sur des moyens tirés du jugement même que cet arrêt aurait confirmé. Cette opinion trouve d'ailleurs un appui dans l'arrêt cité au numéro suivant.

2422. Lorsqu'un arrêt a annulé le jugement en vertu duquel avait été prise une inscription hypothécaire, la demande en radiation formée par suite n'est pas réputée exécution de l'arrêt ; elle ne peut être portée *de plano* devant la cour, d'après l'article 472 du code de procédure. Cette demande est une véritable action principale, dans laquelle on doit observer les deux degrés de jurisdiction. (Paris, 23 mars 1817 ; Sirey, 1818, p. 20.)

ARTICLE 473.

Lorsqu'il y aura appel d'un jugement interlocutoire, si le jugement est infirmé, et que la matière soit disposée à recevoir une décision définitive, les cours royales et autres tribunaux d'appel pourront statuer en même tems sur le fond définitivement, par un seul et même jugement.

Il en sera de même dans les cas où les cours royales ou autres tribunaux d'appel infirmeraient, soit pour vices de forme, ou pour toute autre cause, des jugemens définitifs.

Conférence.

Ordonn. de 1667, tit. 6, art. 2. — Loi du 14 août 1790, tit. 2, art. 15 ; *Infrà* art. 528.

2423. *Quel est le mode de prononcer sur les appels ?*

Pour faciliter l'intelligence des questions que présente l'art. 473, nous avons traité cette question générale A. 1548.

2424. *Dans quel esprit l'art. 473 a-t-il été rédigé, et quels nt, en conséquence, les principes qui doivent diriger le juge d'appel dans l'exercice de la faculté qu'il lui donne de renvoyer ou de retenir le fond?* (1)

L'ordonnance de 1667 avait défendu à tous juges d'*évoquer* les procès pendans aux tribunaux inférieurs, sous prétexte d'*appel* ou de connexité, si ce n'était pour juger définitivement, en l'audience, sur-le-champ, et par un seul et même jugement.

Mais, sous l'empire de cette loi, on recevait l'appel de tous les actes d'instruction, et, par suite, toutes les causes pouvaient être *évoquées*, avant même qu'elles fussent instruites : la disposition qui ordonnait de juger à l'audience et sur-le-champ, était sans cesse impunément violée. (Exposé des motifs sur l'art. 473.)

En proclamant comme principe fondamental de l'administration de la justice celui des deux degrés de jurisdiction, les lois de 1790 imposèrent aux juges d'appel, lorsqu'ils réformaient un jugement qui n'avait pas ou qui avait incompétemment prononcé sur le fond, l'obligation de renvoyer devant le premier juge.

D'un autre côté, toutes les fois qu'ils réformaient pour nullité, vice de forme ou fausse déclaration d'incompétence, les juges d'appel devaient retenir le fond sur lequel le premier juge avait statué, ou qu'il avait été mis en état de juger par les débats des parties; autrement on eût violé et le principe des deux degrés, en en faisant parcourir plus de deux, et la règle suivant laquelle *les juges d'appel doivent faire ce que le premier juge aurait dû faire et n'a pas fait.* (V. sup. p. 6.) (2)

Ainsi le principe de jurisprudence admis dans la législation intermédiaire était celui-ci :

« 1.° Il y a lieu à renvoi toutes les fois que les juges de première

---

(1) Les difficultés que présente continuellement l'application de l'article 473, par les contradictions réelles ou apparentes que l'on trouve soit entre les décisions antérieures ou postérieures à la publication du code de procédure, soit entre ces dernières elles-mêmes, nous ont déterminé, pour plus de clarté et de brièveté, à fournir sur cet article une doctrine générale, au lieu de traiter isolément toutes les questions auxquelles il donne lieu. Mais ce n'est pas une raison de passer ces questions sous silence, et nous en donnons la solution en note, suivant qu'elles se rapportent aux différentes propositions que nous établissons au texte.

(2) On n'avait point, sous l'empire de cette législation, à examiner quand il y avait lieu à renvoyer ou à retenir par suite de réformation des interlocutoires, puisque la loi du 3 brumaire an 2 interdisait l'appel tant de ces jugemens que des jugemens simplement préparatoires, avant le jugement définitif.

» instance n'ont pas *dú statuer sur le fond*, ou *n'ont pas été mis*
» *en état d'y statuer.* » (1)

2.° « Il y a lieu *à retenir*, toutes les fois que les parties ayant
» défendu sur le fond, les premiers juges *ont été mis en état de*
» *le juger.* » (2)

---

(1) Ainsi, par arrêts des 12 prairial an 8, 27 fructidor an 11 et 7 frimaire
an 13, la cour de cassation a décidé que le juge d'appel qui avait déclaré
nul et incompétemment rendu un jugement de première instance, n'avait pu
statuer sur le fond, sans enfreindre le principe des deux degrés, puisqu'on ne
pouvait dire que le premier eût été rempli par l'examen et la décision même
d'un juge incompétent. (*Sirey, t. 1, 2.ᵉ part., p. 378, et t. 5, 2.ᵉ part.,
p. 476; et infrà n.° 2426.*)

Ainsi, encore, par arrêt du 28 nivôse an 11, la même cour a déclaré qu'un
tribunal saisi de l'appel d'un jugement portant renvoi pour cause de litispendance, ne pouvait également prononcer sur le fond sans violer le même principe, puisque le tribunal n'avait pas été mis en état d'y statuer.

(2) La cour de cassation a décidé en conséquence qu'il y avait lieu à retenir
le fond,

1.° Lorsque le juge d'appel annulait pour vice de forme. (24 prairial an 8,
et 30 frimaire an 11; Sirey, t. 1, 2.ᵉ part., p. 250, et t. 3, *idem*, p. 258.)

2.° Lorsqu'il annulait, parce que le jugement avait été rendu par un tribunal
compétent, mais illégalement composé. (30 ventôse an 11; Sirey, t. 3, p. 215,
aux notes.)

3.° Lorsque le premier juge n'avait pas prononcé sur une demande en dommages-intérêts et restitution de prix, attendu qu'elle se trouvait *comprise* dans
celle qui avait été formée par un acquéreur évincé, contre son garant, en indemnité de toutes les condamnations qui interviendraient contre lui; d'où résultait
que le premier juge avait été mis en état de juger sur le tout. (*24 floréal an 11;
Sirey, t. 4, 2.ᵉ part., p. 695.*)

4.° Lorsque le premier juge s'était arrêté à une exception dilatoire, au lieu
de statuer sur le fond. (*10 pluviôse an 12; Sirey, t. 4, 2.ᵉ part., p. 70.*)

5.° Dans le cas d'un déni de justice résultant de ce que le premier juge
s'était *mal à propos* dessaisi d'une affaire disposée à recevoir une décision définitive. (27 août 1806; Sirey, t. 6, 2.ᵉ part., p. 740.)

6.° Par suite du même principe, la cour de Rennes, par arrêt de la 2.ᵉ
chambre du 9 novembre 1806, avait déclaré retenir la connaissance du fond
d'une demande de compte rendu et débattu en première instance; mais on
devrait aujourd'hui juger le contraire, d'après l'article 528.

On pourrait citer quelques arrêts desquels il semblerait résulter qu'il eût suffi,
pour que le juge d'appel pût retenir le fond, que le premier juge eût été saisi

Ces préliminaires posés, nous avons à faire remarquer la différence qui existe sur ce point entre les principes de la jurisprudence intermédiaire, et ceux que l'on doit adopter en exécution de l'art. 473, et à déterminer le sens de cet article d'après son esprit, son texte et les décisions des cours souveraines.

Par sa première disposition, il permet au juge d'appel qui infirme un interlocutoire, c'est-à-dire, au jugement qui, ne statuant pas sur le fond de la contestation, ordonne seulement une mesure nécessaire pour parvenir à la juger, de statuer en même tems sur le fond, définitivement *par un seul et même jugement*, si toutefois la *matière est disposée à recevoir une disposition définitive.*

Par là seconde disposition, il autorise également, *et sous les mêmes conditions*, le juge d'appel à statuer sur le fond, quand il *infirme* un jugement définitif, soit *pour vices de 'forme*, soit pour *toute autre cause.*

Ainsi la loi actuelle convertit en simple faculté l'obligation que celle qui l'a précédée imposait rigoureusement au juge d'appel. Aujourd'hui, pour nous servir des expressions de l'orateur du gouvernement, *la loi s'en rapporte AU CONTRAIRE à la sagesse des juges pour décider si, dans le cas où ils infirment, il ne serait pas inutile, s'il ne serait même pas préjudiciable aux parties de leur faire parcourir deux degrés de jurisdiction.*

Toutes les fois donc que le juge d'appel estime convenable soit de retenir, soit de renvoyer le fond, le pourvoi en cassation contre son jugement ne serait recevable que dans le premier cas, et alors

---

de la demande, quoiqu'elle n'eût pas été débattue devant lui; par exemple, celui du 27 germinal an 11, qui décide que le tribunal d'appel, qui infirmait un jugement de première instance qui avait accueilli une demande en péremption, pouvait statuer en même tems sur le fond, *s'il le trouvait en état d'être jugé.* Un autre du 24 ventôse an 4, par lequel la cour de cassation déclare que le juge d'appel annulant une enquête pouvait retenir le fond, et ordonner qu'il en serait fait une nouvelle devant lui. (Sirey, t. 4, p. 214.) Mais ces deux arrêts ne sont point en contradiction avec le principe ci-dessus énoncé, attendu que, dans l'une et l'autre espèce, on avait débattu sur le fond, et que, par conséquent, le premier juge avait été mis en état de le juger; le second servirait seulement à prouver que, sous la jurisprudence intermédiaire, le juge d'appel n'était pas rigoureusement obligé, comme il l'est aujourd'hui, à prononcer de suite par un seul et même jugement.

Au surplus, nous ne rappelons ces décisions qu'afin de fournir occasion d'en tirer, par rapport à l'application de l'article 473, les inductions que l'on croira convenables.

seulement il eût violé l'une des deux conditions prescrites par l'article,
soit en statuant *sur une matière qui n'eût pas été disposée à recevoir
une décision définitive* (1), soit en rendant cette décision *par un
jugement séparé de celui qui aurait infirmé.* (2)

---

(1) Ainsi, dans le cas où il s'agirait de l'infirmation d'un jugement interlocutoire, il faut, pour que le juge d'appel retienne valablement, que l'instruction ait été suffisamment faite sur le fond devant les premiers juges, ou
que, s'il s'agissait d'un vice de forme, il ne fût pas question d'irrégularités dont
l'effet serait de rendre nulle la procédure entière, et d'obliger à en faire une
nouvelle.

Par la même raison, il est évident que si la cause se trouvait dans un état
tel que le tribunal de première instance n'eût encore pu lui-même prononcer
sur le fond, il est évident que le juge d'appel ne le pourrait pas davantage.
Or, c'est ce qui arrive toutes les fois qu'il a été obligé d'ordonner quelque acte
d'instruction ou de procédure, ou qu'il est démontré que le fond n'a reçu aucune
instruction en première instance, ou enfin qu'il a été déclaré que le premier
juge avait été incompétemment saisi ; ce dernier cas, dans lequel l'instruction
faite en première instance doit nécessairement être considérée comme non avenue,
rentre en effet dans l'espèce des deux autres. (V. *infrà* n.°° 2426, 2427 et
2428.)

Mais aussi de ce que la loi autorise le juge d'appel à retenir, lorsque la
matière est disposée à recevoir une décision définitive, il s'ensuit qu'en infirmant un interlocutoire rendu après des plaidoiries sur le fond, il peut, sur la
simple remise des dossiers respectifs, et encore que l'intimé se soit borné à
soutenir l'appel non recevable dans la forme, statuer définitivement sur le fond.
(Cass., 8 décemb. 1813. Sirey, 1814, p. 121.)

Il suffit encore qu'il ait été statué en première instance sur le fond du procès,
même par défaut, pour que le juge d'appel qui infirme à raison de vices de
forme le jugement définitif intervenu sur l'opposition au jugement par défaut,
puisse juger en même tems sur le fond, si la cause lui paraît en état. (Caen,
4 mai 1813 ; Sirey, 1818, p. 400.)

Nous croyons qu'il peut également, sur l'appel du jugement par défaut rendu
contre le défendeur, statuer sur le fond qu'il jugerait en état, puisque le premier juge ne l'a rendu qu'après vérification des conclusions des parties (v. art.
150) ; mais il en serait autrement s'il s'agissait d'un jugement rendu sur congé
par défaut, ainsi que l'a jugé la cour de Turin, par arrêt du 28 août 1809
(V. Sirey, 1810, p. 64), à moins que les parties n'eussent plaidé au fond
devant le juge d'appel. Si, en effet, elles s'étaient bornées à discuter les moyens
de forme qui donneraient lieu à infirmer le jugement, on ne pourrait considérer
la cause comme en état d'être décidée définitivement, puisqu'en première instance
les conclusions du demandeur défaillant auraient été rejetées *sans examen.*

(2) Il suit de cette seconde condition, qui n'était pas rigoureusement imposée
au juge d'appel par la jurisprudence antérieure (v. *suprà* p. 82 et 83, et note 2
in fine), que le juge d'appel ne pourrait commencer par réformer le jugement
attaqué et retenir le fond pour le décider ensuite : il est tenu de prononcer de
suite et sans aucune intervalle sur l'un et l'autre objet, de manière que les décisions particulières à rendre sur chacune ne soient que des dispositions du même
jugement. Il ne peut donc ordonner, sur le fond, aucune procédure ; il ne
peut prescrire aucune espèce d'acte ; il ne pourrait pas même, en jugeant l'objet
d'un interlocutoire, où la question de nullité ou de forme qui se serait élevée

Il peut donc arriver souvent, soit que le juge d'appel prononce sur le fond, quoique le premier juge ne l'ait pas décidé, soit même, l'article 473 ne subordonnant le renvoi à aucune condition, qu'il ordonne le renvoi, quoique ce même juge ait déjà prononcé.

Ainsi, dans le premier cas, le principe des deux degrés se trouve au moins modifié dans son application, puisque, dans la rigueur, il ne serait *réellement rempli* que par une décision intervenue sur le fond.

Dans le second cas, il reçoit une véritable exception, puisqu'une cause est exposée à parcourir trois et même quatre degrés.

On a considéré, d'un côté, qu'il était de l'intérêt des parties d'obtenir sur-le-champ, du tribunal supérieur, une décision définitive qui leur épargne un nouveau procès; de l'autre, qu'il leur était également avantageux d'être renvoyées vers le premier juge, quand le tribunal d'appel n'avait pas de documens nécessaires.

C'est d'après ces explications que nous allons examiner les questions suivantes :

---

sur un jugement définitif, remettre à un autre jour pour plaider sur le fond : c'est ce qui a été décidé de la manière la plus formelle par arrêt de la cour de cassation, du 12 novembre 1816 ; Sirey, 1817, p. 400.

Cependant la cour de Rennes, par arrêt de la 3.ᵉ chambre du 17 avril 1812, s'était crue autorisée à retenir le fond dans une matière qui n'était pas en état, puisqu'elle ordonnait une enquête. Elle l'appuyait sur ce que « la cour, en in-» firmant pour contravention à la loi, était autorisée *par l'article 472* à retenir » la connaissance du fond, et que *l'article 473* n'était applicable qu'en appel » des jugemens *interlocutoires.* »

Nous répondons, 1.º que la seconde disposition de l'article 473 exprime d'une manière formelle qu'il en sera dans tous les cas où le tribunal d'appel infirme un jugement définitif, comme du cas où il infirme un jugement interlocutoire ; qu'en conséquence il est inexact de dire que l'art. 473 ne s'applique qu'en appel d'un jugement de cette espèce. Or, puisque la première disposition du même article veut que les juges d'appel ne retiennent le fond que lorsque la matière est *disposée à recevoir une décision définitive, et qu'ils statuent sur le fond et par un seul jugement,* la cour ne pouvait retenir le fond, puisqu'elle reconnaissait *de suite,* en ordonnant une enquête, qu'il n'était pas en état ; d'où suit que l'affaire restant à juger en définitive, par arrêt séparé de celui qui infirmait, la cour a doublement contrevenu à l'article 473.

2.º Que l'article 472 n'est point celui qui donne aux juges d'appel le droit de retenir le fond ; qu'il ne fait que supposer ce droit, en disposant pour le cas où il est exercé que l'exécution appartiendra ou au juge d'appel ou à un tribunal que ce juge indique. Mais l'exercice de ce droit reste subordonné à la disposition de l'article 473, qui, encore une fois, ne l'accorde que pour le cas où la matière est disposée à recevoir une décision définitive, et sous la condition de rendre cette décision par le même jugement qui infirme. Tel était aussi le sentiment de M. l'avocat-général qui portait la parole dans la cause.

2425. *Si une demande a été formée devant les premiers juges, mais que ceux-ci n'ayent pu la juger parce qu'ils ont été forcés de statuer sur une question préalable qu'ils ne pouvaient joindre au principal, les juges d'appel peuvent-ils statuer sur le fond ?*

Nous avons résolu cette question pour l'affirmative, A. 1549, en disant qu'il suffisait que le fond eût été soumis au premier tribunal par les conclusions d'une des parties, pour que le juge d'appel pût en retenir la connaissance. Pour prouver cette proposition, nous tâchions de repousser les inductions contraires que l'on pouvait tirer d'un arrêt de la cour de cassation du 9 octobre 1811, et nous remarquions qu'il n'avait accueilli le pourvoi contre l'arrêt d'appel que par suite de la violation des deux conditions exigées pour autoriser la retention du fond ; mais un nouvel examen de ces motifs prouve que cette remarque n'était pas juste, puisque la cour suprème commence par considérer que la *retention était une véritable évocation et un déni formel du premier degré* de jurisdiction, *en ce que le fond n'avait reçu en première instance ni développement ni instruction ;* d'où suivait que le juge n'était pas autorisé à le juger. Nous rétractons, en conséquence, notre première opinion, pour en revenir à celle que M. Berriat-Saint-Prix émet sur la même question (p. 385, note 112), et qu'il appuye sur différens arrêts.

2426. *La cour d'appel qui annule un jugement, soit parce qu'il est infecté d'un vice radical, soit parce que les premiers juges se seraient mal à propos déclarés compétens ou incompétens, peut-elle statuer sur le fond ?*

. Nous avons dit, A. 1550, que, dans ces trois cas, les juges d'appel étaient autorisés à retenir le fond, et nous persistons dans cette opinion à l'égard du premier, pourvu toutefois que le fond ait été débattu en première instance. Nous maintenons également, *sous la même condition,* que le juge d'appel peut retenir, quand il déclare, en infirmant, que le premier juge s'est mal à propos déclaré *incompétent.* (Arrêt du 12 novembre 1816, déjà cité *suprà* p. 85, à la note 2.)

Mais nonobstant l'arrêt du 23 janvier 1811, et les autres autorités que nous avions citées pour prouver qu'il devait en être de même dans l'espèce où le juge d'appel infirmerait pour cause d'incompétence du premier juge, en raison de la matière, nous croyons encore devoir rétracter cette opinion pour admettre celle de M. Berriat-Saint-Prix (p. 385, note 113), et nous en puisons les motifs dans un dernier arrêt du 30 novembre 1814, par lequel la cour suprême déclare que « l'article 473 ne dispose que pour le cas où le tribunal » de première instance aurait été *compétemment* saisi ; » d'où suit que le droit de retenir n'appartient pas au juge d'appel lorsqu'il infirme pour incompétence ou excès de pouvoir. On ne peut dire, en effet, soit comme le remarque M. Berriat, qu'un tribunal incompétent, autrement sans pouvoir, ait dû et même pu juger le fond; soit, comme nous l'avons fait observer (*suprà* p. 85, note 1.ʳᵉ) que l'affaire soit *en état*, puisque le vice d'incompétence entraîne la nullité de toute la procédure de première instance.

D'après les mêmes principes, la cour de Rennes, en annulant, par arrêt du 7 avril 1810, une sentence arbitrale incompétemment rendue, s'est bornée, comme l'affaire était de nature à être jugée par arbitres, à ordonner aux parties d'en nommer, ou de se pourvoir pour en faire nommer d'office, afin qu'il fût par eux prononcé sur le fond.

2427. Il n'en est pas de même dans le cas où le jugement est annulé pour toute autre cause, par exemple, pour nullité radicale, puisque le premier juge pouvait juger, et que la nullité d'un jugement ne vicie pas la procédure qui la précède. (Mais voyez *suprà* p. 85, à la note 1.ʳᵉ, ce que nous disons du cas où c'est la nullité de toute la procédure qui produit l'annulation du jugement.)

2428. A plus forte raison la faculté de retenir le fond est-elle interdite aux juges d'appel qui annulent pour incompétence un jugement rendu sur une affaire qui devait être portée devant un tribunal étranger au ressort de cette cour. — A. 1551.

2429. La même chose a lieu si, en vertu de la disposition générale de l'article 454, ils infirment un jugement de compétence intervenu par rapport à une affaire qui, au fond, ne pouvait recevoir qu'une décision en dernier ressort. (Cass., 22 juin 1812; Sirey, 1812, p. 368.)

Il y a, dans cette espèce, d'autant plus de raison pour ne pas retenir le fond, que le juge d'appel ne peut annuler qu'à raison de la compétence, et non pour toute autre cause, comme pour *irrégularité*, etc., puisque l'article 454 ne fait d'exception à la règle qui défend l'appel de tous jugemens dans une affaire non sujette aux deux degrés, que par rapport à la question d'incompétence. (Même arrêt.)

2430. *Idem* lorsqu'ils infirment un jugement rendu sur un incident élevé dans le cours d'un procès qui s'instruit par écrit, et que toutes les parties n'ont pas été intimées sur l'appel. On ne peut en effet envisager la matière comme disposée à recevoir une décision définitive par un seul et même jugement dans l'absence de trois parties ayant droit de prendre, en première instance, une part active à la discussion, jusqu'au jugement définitif. (Rennes, 1.ʳᵉ ch., 20 janvier 1812.)

2431. *Quand le juge d'appel annule ou* RÉFORME *un jugement de première instance, peut-il procéder à une opération que ce jugement aurait rejetée, et réparer une omission du premier juge ?*

D'après le principe qui impose au juge d'appel l'obligation de *de faire ce que le premier juge aurait dû faire et n'a pas fait*, M. Berriat résout cette question pour l'affirmative (p. 384 , note 111), et se fonde sur deux arrêts de la cour de cassation, l'un du 25 mai 1807, l'autre du 7 février 1809. (V. nouv. répert., v.° *enquête*, §. 4, et jurisprud. sur la pr.ʳᵉ, t. 3 , p. 244, et *infrà* sur l'art. 998, quest. 2968 de l'analyse.) Ces arrêts décident en effet que le juge d'appel peut, en RÉFORMANT, ordonner une enquête, nommer un curateur à une hoirie vacante. Cette proposition exige une explication qui la concilie avec les principes posés *suprà* n.° 2424.

Nous avons dit que, d'après l'article 473, le juge d'appel ne pouvait statuer sur le fond lorsqu'il *infirme* un interlocutoire ou un jugement définitif, qu'autant que l'affaire est en état, et par un seul et même jugement. Or, ceci paraît impliquer contradiction avec l'opinion de M. Berriat et les arrêts qu'il cite. Mais il faut faire attention aux termes de l'article 473, qui disposent pour le cas où le jugement de première instance est *infirmé*, c'est-à-dire, *invalidé*, rendu *sans force*, *sans effet* pour un vice quelconque, soit de compétence, d'excès de pouvoir ou d'irrégularité, et non pas pour celui où il est *réformé*, expression qui suppose la *validité* du jugement, mais un mal jugé pour défaut d'application ou fausse application de la loi, précipitation, erreur de fait ou injustice qui obligent le juge d'appel à faire nouveau jugement, soit en totalité, soit en partie.

L'article 473 fournit lui-même la preuve de cette distinction entre le cas d'*infirmation* et celui de *réformation*, puisqu'il autorise le juge qui *infirme à statuer sur le fond ;* ces expressions seraient redondantes, si le mot *infirmer* exprimait la même chose que *réformer*, car ce dernier mot suppose nécessairement que le juge d'appel a déjà pris connaissance du fond pour décider s'il y a lieu à *réformer*, tandis que le mot *infirmer* ne suppose qu'une décision résultant d'un examen de questions absolument distinctes et indépendantes du fond. (1)

_____

(1) Nous convenons que le mot *infirmé* exprime, dans l'article 472, et l'*in-firmation*, telle que nous venons de la définir, et la *réformation*, en un mot l'idée opposée à la *confirmation*. Mais il est évident qu'il ne peut être pris en ce double sens dans l'article 473, par cette raison qui nous semble décisive, que le législateur suppose que le juge d'appel n'a pas pris connaissance du fond,

Cela posé, l'article 473 n'ayant aucun rapport avec le cas de réformation, rien n'empêche, et la loi exige au contraire, que le juge d'appel qui, après avoir entendu les plaidoiries des parties, estime qu'il peut avoir lieu à réformer, si tel fait est prouvé, telle vérification faite, tel préliminaire rempli, ordonne par un interlocutoire une mesure de ce genre, afin de se conformer au principe qui veut qu'il fasse ce que le premier juge devait faire.

On ne peut dire qu'il y ait en cela violation du principe des deux degrés, puisque le premier a été rempli par le jugement qu'il s'agit de *réformer*, s'il y a lieu; l'on doit donc admettre l'opinion de M. Berriat.

2432. *L'exécution du jugement que le tribunal d'appel rend en ce cas, ou dans celui où il est nécessaire d'instruire des demandes nouvelles autorisées par l'article 464, peut-elle être renvoyée au juge de première instance?*

Oui, comme délégué du juge d'appel, conformément à l'art. 1030; par exemple, on pourra décerner au juge de première instance commission rogatoire pour la confection d'une enquête; mais on ne lui renverra pas cette opération comme acte de jurisdiction propre et pour prononcer ensuite, car on ferait par-là parcourir aux parties au-delà des deux degrés de jurisdiction. (Cass., 19 novembre 1808; Sirey, 1810, p. 116.)

LIVRE IV.

Des voies extraordinaires pour attaquer les jugemens.

(V. les notions préliminaires *suprà* pag. 1 de ce vol.)

TITRE I.er

De la tierce - opposition.

(Voyez *suprà* sur les articles 339, 340; 341 et 466.)

« Un jugement ne doit faire loi qu'entre ceux qui ont été entendus
» ou appelés : il ne peut statuer que sur des conclusions prises par
» une partie contre l'autre; si le jugement préjudicie à une per-
» sonne qui n'ait point été appelée, elle doit être admise à s'adresser
» aux mêmes juges, afin qu'après l'avoir entendue, ils prononcent
» à son égard en connaissance de cause. » (Exposé des motifs.)

De là l'origine de la *tierce-opposition* , que l'on doit définir, d'après le texte de l'article 474 , une voie extraordinaire ouverte contre tout jugement à une *tierce*-personne qui n'y a point été partie par elle-même, ou par ceux qu'elle représente , et aux droits de laquelle ce jugement préjudicie.

La tierce-opposition est *principale* ou *incidente.*

Elle est *principale* , lorsqu'elle est formée par action *principale* et distincte de toute autre , et en ce cas elle doit être portée devant le juge qui a rendu le jugement attaqué. (475.)

Elle est *incidente* , lorsqu'elle a lieu sous le cours d'une instance contre un jugement dont une des parties litigantes entend se prévaloir contre l'autre; alors elle est jugée comme tout autre incident par le tribunal saisi de la contestation principale à l'occasion de laquelle elle est formée , si toutefois ce tribunal est égal ou supérieur en degré de jurisdiction à celui dont émane le jugement attaqué; dans le cas contraire, c'est-à-dire, si le tribunal saisi du principal est inférieur , on suit la règle de compétence admise pour la tierce-opposition principale , et elle est, en conséquence , portée devant le juge qui a rendu le jugement contre lequel elle est dirigée. (476.)

Tels sont, en général , les effets de ce genre de pourvoi, que, s'il est incidemment formé, le tribunal a la faculté de surseoir ou non au jugement de l'affaire principale (477) ; et qu'en tous les cas, l'opposition ne peut profiter ou nuire à ceux qui auraient le même intérêt que l'opposant à empêcher que le jugement attaqué ne fût exécuté contre eux (478.)

Cette importante matière, sur laquelle les anciennes ordonnances ne contenaient que deux dispositions , l'une répétée dans l'art. 479 , relativement à l'amende contre le tiers-opposant qui succombait , l'autre concernant le droit d'exécuter, nonobstant toute opposition des tiers , les jugemens portant condamnation à délaisser un héritage, l'on peut dire, avec l'orateur du tribunat, que le code a presque entièrement créé la législation.

ARTICLE 474.

Une partie peut former tierce-opposition à un jugement
qui préjudicie à ses droits, et lors duquel ni elle, ni ceux
qu'elle représente, n'ont été appelés.

Conférence.

T. art. 75 ; ordonnance de 1667, art. 1 et 26 ; *suprà* art. 467 et 873.

2433. *Existe-il des moyens judiciaires de prévenir une tierce-
opposition ?*

Voyez ce que nous avons dit *suprà* n.ᵒˢ 1748 et suivans., sur les
demandes en déclaration de jugement commun.

2434. On peut se pourvoir par tierce-opposition contre toute espèce
de jugement, A. 1552, et Pardessus, t. 4, p. 76; mais non pas
contre un procès-verbal de conciliation qui n'est point une décision
judiciaire, mais un simple acte contenant des conventions privées
étrangères à toutes autres personnes que celles qui les ont souscrites.
(Paris, 18 juin 1813; journ. des avoués, t. 7, p. 240.)

2435. La tierce-opposition est ouverte contre tout jugement où l'on
n'a pas été et où *l'on aurait dû être appelé*, mais non pas contre
le jugement où l'on a été appelé, soit en sa personne, soit en celle
des individus qu'on représente, ou d'un représentant légitime agissant réellement, tel qu'un tuteur, un curateur, un mandataire ayant
pouvoir de plaider ; en un mot, un tiers qui soit censé avoir eu
mission. — A. 1553, et nouveau Denisart, au mot *tierce-opposition.*

Nous avons, avec tous les auteurs sans exception, et notamment
avec M. Merlin, nouveau répertoire, t. 8, p. 738; supposé dans
notre analyse que ce n'*était pas assez pour être reçu à la tierce-opposition qu'on n'eût pas été partie dans le jugement contre lequel
on voudrait prendre cette voie, QU'IL FALLAIT ENCORE QU'ON EÛT
DÛ L'ÊTRE.*

Mais il est à remarquer que l'article 464 du projet, dont les
termes se trouvent en entier dans l'article 474 du code, était terminé
par ceux-ci qui ont été supprimés : *encore qu'ils eussent dû l'être.*

D'un autre côté, pour exclure du droit de former tierce-opposition celui qu'on eût reconnu n'avoir pas dû être appelé, on ajoutait
dans l'article 465 du projet une disposition qui a été également
supprimée, et d'après laquelle la partie qui n'avait pas *dû être
appelée* à un jugement n'eût pu *l'attaquer* qu'en prouvant la
collusion, la fraude ou le dol.

Or, il est prouvé par la discussion au conseil d'état (v. Locré,
t. 2, p. 285 et suivantes), que ces suppressions ne furent arrêtées
qu'afin d'accorder au contraire le droit de former tierce-opposition
indistinctement à tous ceux qui, ayant *intérêt* et *qualité*, n'auraient
pas été appelés au jugement : on peut sans doute conclure de ces

observations, qu'on n'a point à considérer aujourd'hui si la partie qui se rend tierce-opposante a pu ou dû être appelée au jugement, et qu'il suffit, pour qu'elle soit recevable, qu'elle prouve, aux termes de l'article 474, qu'elle n'y ait pas été appelée, qu'elle avait qualité pour défendre à la demande, qu'enfin le jugement porte préjudice à ses droits.

Quoi qu'il en soit, en déclarant recevable la tierce-opposition d'un tiers-acquéreur aux jugemens et arrêts rendus avec son vendeur *depuis la vente*, et en vertu desquels il était assigné en déclaration d'hypothèque, la cour de cassation a entièrement rejeté cette doctrine, puisqu'elle a fondé sa décision sur le motif suivant :

« Considérant que l'article 474 ne fait que confirmer les anciens » principes sur la tierce-opposition, principes fondés sur la raison, » fixés par la doctrine des auteurs qui enseignent que, pour être. » admis à former tierce-opposition à un jugement ou à un arrêt, ce » n'est pas assez qu'on n'y ait pas été partie, *qu'il faut encore qu'on* » *ait dû l'être*, parce que s'il suffisait d'avoir intérêt de détruire » un jugement pour être recevable à l'attaquer par la voie de la » tierce-opposition, on ne serait jamais assuré de la stabilité d'un » jugement obtenu de bonne foi. » (Cass., sect. civile, 21 février 1816 ; Sirey, 1816, p. 153.)

Ces motifs sont précisément ceux que l'on faisait valoir lors de la discussion au conseil d'état pour le maintien des derniers termes de l'article 464 et de la disposition de l'article 465 du projet. Nous croyons que l'on doit s'en tenir à la décision de la cour de cassation, nonobstant les retranchemens arrêtés par le conseil d'état, attendu que les orateurs du gouvernement et du tribunat n'ont point expliqué la loi comme devant produire les conséquences résultant de ces retranchemens ; d'où suit qu'il est probable que le législateur a entendu conserver sur la tierce-opposition la doctrine tenue dans la jurisprudance (voy. entre autres arrêt du 29 prairial an 10 ; Sirey, t. 2, 2.ᵉ part., p. 295), unanimement attestée par les auteurs anciens, et professée de même par ceux qui ont écrit depuis la mise en activité du code : ainsi la disposition de l'article 465 du projet nous paraît devoir être envisagée au moins comme règle de jurisprudence, et par conséquent les jugemens, *lors desquels la partie n'a pas dû être appelée, ne peuvent être attaqués par elle qu'en prouvant la collusion, la fraude ou le dol.* 1)

___

(1) En admettant que la tierce-opposition n'est ouverte qu'à ceux *qui ont dû être appelés*, on sentira combien ce principe prête de force à la solution donnée n. 2398 ; car il est évident que celui qui intervient dans une instance de péremption n'est pas recevable, puisque ne devant *pas être appelé* en cette instance, il ne pourrait former tierce-opposition à l'arret qui admettrait la péremption.

2436. *Comment s'applique le principe d'après lequel on ne peut former tierce-opposition au jugement où ceux qu'on représente ont été parties ?*

Aux exemples donnés A. 1554, il convient d'ajouter,

1.° L'espèce de l'arrêt du 23 février 1816, cité au numéro précédent ;

2.° Un arrêt de la cour de Colmar, du 11 mai 1811 (Sirey, 1811, p. 457), qui déclare la tierce-opposition ouverte au cessionnaire qui n'est pas intervenu dans un procès intenté à son cédant par des tiers qui se prétendaient propriétaires de la créance cédée, si toutefois ce cessionnaire a ignoré le procès dont le résultat a été la dépossession du cédant. Décision rendue par le motif que ce cessionnaire, dans l'espèce de la cause, avait *pu* être appelé ; mais nous croyons cet arrêt contraire aux principes développés dans notre analyse, attendu que la cession était antérieure au jugement rendu au profit du tiers ; d'où suit qu'il était censé représenté par le cédant.

2437. Celui qu'un acquéreur a déclaré son command en vertu de la réserve qu'il s'en était faite par le contrat d'acquisition, qui depuis, et contradictoirement avec le vendeur seul, a déclaré le contrat d'acquisition frauduleux et nul. — A. 1555.

2438. Un créancier n'est pas recevable à attaquer par tierce-opposition un jugement rendu contre son débiteur. — A. 1556, et Rennes, 2.° chambre, 4 juin 1811. (V. aussi *infrà* sur l'art. 873.)

2439. *Cette proposition s'étend-t-elle au cas où le créancier motiverait son pourvoi sur des exceptions qui lui seraient personnelles ?*

La proposition établie au numéro précédent est sans doute à l'abri de toute critique. Il est constant, d'après l'article 1322 du code civil, que les jugemens, aussi bien que les contrats, ont tout leur effet contre les héritiers successeurs ou ayant-cause des parties. Par conséquent, les acquéreurs et les créanciers du condamné sont, en général, exclus du droit de former tierce-opposition.

Cependant, suivant la seconde disposition de l'article 474, le créancier et l'acquéreur ne sont exclus de la tierce-opposition qu'autant qu'ils sont censés avoir été représentés par leur vendeur ou leur débiteur, c'est-à-dire, qu'autant qu'ils exercent des droits que le condamné avait lui-même, et qu'ils présentent à la justice des moyens qu'il aurait dû faire valoir : ils ne sont donc pas exclus du droit de tierce-opposition sous le rapport de droits personnels que le condamné ne pouvait lui-même faire valoir. Ainsi des créanciers seraient admis à tierce-opposition, par exemple, pour soutenir un droit de préférence résultant de leurs inscriptions hypothécaires ; un acquéreur y serait admis si le jugement avait été rendu par fraude ou collusion avec le condamné (v. *suprà* n.° 2435), car on ne peut pas dire que le condamné représentât en ce cas ses créanciers, puisqu'il avait eu en vue d'agir contre eux et de les dépouiller ; d'ailleurs, la fraude ne doit profiter à personne. Cette doctrine, professée par M. Thomines, a été consacrée par arrêt de la cour de Nismes, du 14 avril 1812 (Sirey, 1813, p. 216), et de celle d'Aix, du 4 juillet 1810 (*ibid.* 1812, p. 31), et elle résulte clairement d'un arrêt de la cour de cassation du 16 juin 1814 ; (*ibid.* p. 337.)

2440. *La proposition énoncée, n.° 2438, s'applique-t-elle sans distinction aux créanciers hypothécaires comme aux créanciers chirographaires ?*

V. A. 1558.

2441. Les jugemens rendus avec les syndics d'une union de créanciers sont sujets à tierce-opposition de la part des créanciers qui n'ont pas accédé au contrat d'union, lorsque le concordat n'a pas encore été homologué. — A. 1559, et l'arrêt du 5 avril 1810 ; Sirey 1814, p. 140.

2442. Les créanciers d'un failli sont non recevables à former individuellement opposition au jugement qui annule le concordat ; ils ne peuvent agir que par le ministère des syndics ou d'un fondé de pouvoir qui représente la masse. (Paris, 11 mai 1812 ; Sirey, 1814, p. 147.)

2443. Mais les créanciers hypothécaires ne sont pas représentés par les syndics dans le sens de l'article 474, lors des poursuites en distribution des biens du failli, et par suite, ils sont recevables à former tierce-opposition au jugement rendu contradictoirement avec les syndics. (Cass., 25 juillet 1814 ; Sirey, 1815, p. 33.)

2444. La caution n'est recevable à attaquer, par la voie de la tierce-opposition des jugemens rendus avec le débiteur cautionné, qu'autant qu'elle propose des exceptions qui lui sont personnelles. — A. 1560, et *suprà* n.° 2439.

2445. Cette voie est interdite au coobligé solidaire contre le jugement qui a condamné son coobligé. — A. 1561.

2446. Un jugement rendu contre le fisc, pendant qu'il possède à *titre de déshérence* une succession abandonnée à l'effet de la chose jugée à l'égard de l'héritier qui ultérieurement se présente pour recueillir la succession; en ce cas, l'héritier ne peut former tierce-opposition, quand même il la fonderait sur un nouveau moyen que la régie aurait négligé de faire valoir. (Cassation, 5 avril 1815 ; Sirey, 1815, p. 137.)

2447. Un héritier ne peut, avant le partage, attaquer par cette même voie un jugement rendu contre son héritier, et relatif seulement à un objet particulier de la succession. — A. 1562

2448. Un cohéritier ne peut aussi former tierce-opposition à ce jugement rendu contre son consort *personnellement*. (Cass., 12 janvier 1814; Sirey, 1814, p. 246.)

2449. Il en est de même du donataire, en vertu d'acte antérieur à l'interdiction du donateur, à l'égard du jugement qui l'aurait prononcée. — A. 1563.

2450. *Idem* du tuteur de l'interdit, soit à l'égard du jugement rendu avec ce dernier lui-même avant que son interdiction eût été prononcée par la justice, A. 1564, soit à l'égard du jugement qui, bien que ce tuteur n'eût pas été appelé, a déclaré l'interdit relevé de son interdiction. (Bul. offic. de la cour de cass., tom. 13, p. 35.)

2451. L'usufruitier peut attaquer par tierce-opposition le jugement qui a décidé entre le débiteur et un tiers, que l'immeuble sujet à l'usufruit n'appartient pas à celui duquel il tient son droit; mais cette proposition n'est vraie qu'à l'égard d'un usufruit légal, elle serait fausse dans le cas d'un usufruit conventionnel. — A. 1565.

2452. A plus forte raison un fermier ne peut-il se rendre tiers-opposant contre le jugement qui a condamné son bailleur sur une question de propriété. (Rennes, 3.e ch., 23 décembre 1812.)

2453. La tierce-opposition est admissible contre un jugement qui statue sur une question d'état. — A. 1566.

2454. Un tiers qui se prétend injurié dans des mémoires imprimés et signifiés dans un procès où il n'est point partie, ne peut intervenir dans ce procès pour demander la suppression de ces mémoires et des dommages-intérêts. — A. 1567.

Cette proposition appartenait à l'article 339, et est justifiée par l'arrêt cité sur cet article, *suprà* n.o 1743.

2455. Pour écarter les effets d'un jugement auquel on n'a pas été partie, il n'est pas absolument nécessaire de former tierce-opposition à ce jugement. — A. 1568.

On peut donc l'attaquer pour cause de fraude, de collusion, etc., ou faire juger qu'il est *res inter alios acta*. (1)

_____

(1) Nous répétons ici l'observation faite, p. 98 de l'analyse, à la note, que nous nous bornons aux questions qui nous ont paru les plus importantes sur le droit de former tierce-opposition; on trouve d'autres espèces traitées par M. Pigeau, t. 1., p. 661 et 672 inclusivement, ou indiquées au code annoté de M. Sirey. Il convient sur-tout de voir les annotations concernant les émigrés, desquelles il résulte, en général, qu'ils ont été, durant leur mort civile, représentés par l'état dans les causes qui les concernaient, et, par conséquent, ils ne peuvent former tierce-opposition aux jugemens intervenus dans cet intervalle; mais qu'ils sont recevables à se pourvoir de la sorte contre ceux qui auraient été rendus avant la prévention d'émigration, ou depuis la cessation des effets de leur mort civile.

ARTICLE 475.

La tierce-opposition formée par action principale, sera portée au tribunal qui aura rendu le jugement attaqué.

La tierce-opposition incidente à une contestation dont un tribunal est saisi, sera formée par requête à ce tribunal, s'il est égal ou supérieur à celui qui a rendu le jugement.

ARTICLE 476.

S'il n'est égal ou supérieur, la tierce-opposition incidente sera portée, par action principale, au tribunal qui aura rendu le jugement. (1)

Conférence.

T. art. 75, et *suprà* art. 49, §. 3.

2456. La tierce-opposition principale se forme par une assignation ordinaire, A. 1569, car la forme de requête ne peut être employée que dans les instances incidentes. (Rennes, 3.e ch., septembre 1808.)

2457. Elle est recevable, quoique l'exploit ne contienne pas le mot *tierce*, mais seulement celui d'opposition. (Rennes, 2.e ch., 5 juin 1817.)

2458. Il est prudent de la soumettre à l'essai de conciliation. — A. 1570.

2459. On peut former la tierce-opposition par conclusions verbales prises sur le barreau, quand cette exception devient nécessaire, la forme de requête prescrite par l'article 475 n'étant pas exigée à peine de nullité. (Colmar, 9 août 1814; Sirey, 1815, p. 132.)

2460. Le délai pour former la tierce-opposition principale ne dure que trente ans, à partir du jour où le jugement contre lequel elle est dirigée aurait été connu de l'opposant. — A. 1571, et Cass., 17 germinal an 4; Sirey, 1815, p. 58.)

2461. Si la partie condamnée par le jugement l'a exécuté, on doit la mettre en cause; dans le cas contraire, le pourvoi est uniquement formé contre la partie qui a obtenu le jugement. — A. 1572.

2462. La tierce-opposition principale à un jugement *confirmé* sur appel, se porte au tribunal qui l'a rendu; elle se porte au contraire

_____

(1) A l'exemple de M. Locré (t. 2, p. 288), nous réunissons ces deux articles, parce qu'ils n'auraient pas dû être séparés; ou que si l'on voulait les maintenir divisés, on n'aurait dû ne comprendre dans le premier que la disposition relative à la tierce-opposition formée par demande principale, et rejeter dans le second tout ce qui concernait les tierces-oppositions incidentes. On conçoit, d'après cette observation, que les questions concernant ces articles peuvent souvent se rapporter à tous les deux à la fois; il ne convenait donc pas de les diviser elles-mêmes.

devant la cour , lorsqu'elle a infirmé. A. 1573. La raison en est qu'à
dans le premier cas , le jugement subsiste , et c'est contre lui que
le pourvoi est dirigé ; dans le second, il est détruit, et c'est conséquemment l'arrêt qu'on attaque.

2463. *En est-il de même lorsqu'on se pourvoit en déclaration
d'arrêt commun ?*

Si la tierce-opposition , lorsqu'elle est principale, doit toujours être
portée au tribunal qui a rendu le jugement attaqué , et lorsqu'elle
est incidente au même tribunal, s'il est supérieur à celui qui est
saisi de l'instance principale, c'est par la raison que la loi assujétit
le tiers-opposant aux mêmes règles de compétence qu'il eût dû suivre,
s'il était intervenu dans l'instance terminée par le jugement qu'il
attaque. Mais la demande en déclaration d'arrêt commun est une
demande principale en exécution de cet arrêt ; comme toute autre
demande de ce genre , elle est sujette à l'essai de conciliation (voy.
suprà n.° 1749) ; elle doit subir les deux degrés de jurisdiction,
et , par conséquent , il nous semble qu'elle doit être portée devant
le tribunal de première instance qui a rendu le jugement confirmé
par l'arrêt. En cela on ne porte nulle atteinte à l'autorité de la
cour , puisqu'il ne s'agit que de déclarer exécutoire un arrêt qui a
confirmé un jugement dont, aux termes de l'article 473 , l'exécution
appartient au tribunal qui l'a rendu , puisqu'on ne le rétracte pas ,
et qu'on ne fait qu'appliquer à un tiers ce qu'il a jugé.

La même chose doit encore avoir lieu quand l'arrêt n'a confirmé
qu'en partie, d'après ce que nous avons dit n.° 2414.

2464. Les tribunaux civils, comme juges d'appel des justices de
paix , prononcent en dernier ressort sur les tierces-oppositions formées
aux jugemens d'appel qu'ils auraient prononcés sur une décision
dérivée de ces justices et rendue en premier ressort. — A. 1574.

2465. Un tribunal de commerce ne peut connaître incidemment
de la tierce-opposition formée à un jugement émané d'un tribunal
civil, à moins que ce tribunal ne l'ait rendu comme exerçant la
jurisdiction commerciale. — A. 1575.

ARTICLE 477.

Le tribunal devant lequel le jugement attaqué aura été
produit pourra , suivant les circonstances, passer outre ou
surseoir.

2466. Le tribunal doit ordonner le sursis lorsqu'il lui paraît évident que le jugement auquel on s'oppose peut influer sur celui de
l'instance principale. — A. 1576.

2467. Mais un tribunal inférieur ne peut surseoir à l'exécution d'un arrêt, encore bien qu'il ait été formé tierce-opposition à cet arrêt. (Paris, 7 janvier 1812; Sirey, 1812, p. 148, et Rennes, 7 septembre 1808.)

ARTICLE 478.

Les jugemens passés en force de chose jugée, portant condamnation à délaisser la possession d'un héritage, seront exécutés contre les parties condamnées, nonobstant la tierce-opposition et sans y préjudicier.

Dans les autres cas, les juges pourront, suivant les circonstances, suspendre l'exécution du jugement.

Conférence.

Ordonnance de 1667, titre 27, art. 11, et *suprà* n. 152.

2468. *Quels sont les cas dans lesquels il est permis de suspendre ou non l'exécution du jugement?*

V. A. 1577.

2469. Le jugement qui admet la tierce-opposition ne doit rétracter celui contre lequel elle est formée qu'en ce qui concerne le droit et l'intérêt personnel de l'opposant, à moins que l'objet de ce dernier jugement ne soit indivisible. — A. 1578.

Aux autorités sur lesquelles nous avons fondé cette proposition, on doit ajouter les arrêts de la cour de cassation des 28 août 1811 et 12 janvier 1814. (Sirey, 1811, p. 352; et 1814, p. 246.)

Nous remarquerons que, suivant un acte de notoriété du 18 juillet 1716, rapporté par Devolant, *in fine* (V. aussi Duparc-Poullain, t. 10 de ses principes), la partie condamnée contre laquelle il y avait tierce-opposition, pouvait, en Bretagne, présenter requête en déclaration d'arrêt commun, de sorte, disait Duparc, que si *l'arrêt opposé était rétracté sur l'opposition, il l'était également pour la partie condamnée.* Aujourd'hui, d'après ce que nous avons dit dans l'analyse, il est certain que la tierce-opposition ne profite en général qu'au tiers-opposant, et qu'il n'y a d'exception que pour le cas où il est absolument impossible d'exécuter séparément et le jugement *opposé* et celui qui le rétracte.

2470. Des jugemens de première instance étant attaqués par des tiers, soit par appel, soit par tierce-opposition, une cour royale ne peut les annuler comme frauduleux sans recevoir l'appel ou la tierce-opposition, et sans prononcer *préalablement* sur les fins de non recevoir. (Cass., 30 août 1808; Sirey, 1808, p. 547.)

ARTICLE 479.

La partie dont la tierce-opposition sera rejetée, sera condamnée à une amende qui ne pourra être moindre de cinquante francs, sans préjudice des dommages et intérêts de la partie , s'il y a lieu.

Conférence.

Ordonnance, titre 27, art. 10.

2471. L'amende prononcée par cet article n'est pas applicable dans le cas où la tierce-opposition est rejetée comme inutile, en tant qu'elle porte sur un jugement par défaut, non exécuté dans les six mois de son obtention, lorsque le tiers-opposant a ignoré le défaut d'exécution, et par conséquent le vice du jugement : il en est de même pour les dépens. (Paris, 22 janvier 1810 ; Sirey, 1814, p. 406.)

2472. La condamnation à l'amende ne peut excéder la somme de 50 francs. — A. 1579.

2473. L'amende et les dommages-intérêts ont lieu, quelles que soient les causes de la tierce-opposition. — A. 1580.

TITRE II.

De la Requête civile.

S'IL est juste que les parties qui n'ont pas été appelées à un jugement, qui leur porte préjudice, soient admises à s'opposer à ce jugement, il ne l'est pas moins lorsqu'une décision, rendue *en dernier ressort*, ne repose pas sur les bases essentielles posées par la loi, que les parties ou leurs héritiers aient (1) la faculté de démontrer au juge l'erreur qu'il a commise, et d'obtenir de lui la rétractation de la décision et un jugement nouveau. (Exposé des motifs.)

De là naît la voie extraordinaire de la *requête civile.* (2) On peut la

---

(1) Voyez les observations que nous avons faites *infrà* art. 480, sur la question de savoir si elle est ouverte en faveur des *ayant-cause.*

(2) Le mot *requête civile* rappelle qu'en attaquant le jugement, on ne doit rien exprimer dans la requête qui soit offensant pour le magistrat qui l'a rendu. Cette observation ne cesse pas de subsister quoique , suivant plusieurs auteurs , la qualification de la requête civile n'est employée que pour exprimer que le pourvoi dont il s'agit n'a point lieu dans les affaires criminelles.

définir une demande tendante à faire rétracter en totalité ou en partie un jugement en dernier ressort ou un arrêt, soit contradictoire, soit par défaut, mais non susceptible d'opposition. (480.)

Cette demande opère contre la chose jugée une sorte de restitution, dont l'effet, lorsque la requête est admise, est de remettre les parties, par rapport au jugement ou au chef de jugement entrepris, au même état où elles étaient avant qu'il eût été prononcé. (Art. 501.)

Mais comme rien n'est plus respectable que l'autorité de la chose jugée, on a dû prévenir l'abus que, sous les plus légers prétextes, les parties pourraient faire de la requête civile, en déterminant les cas dans lesquels elle peut être admise, en l'assujettissant à des formes spéciales, en déclarant qu'elle n'empêche point l'exécution du jugement attaqué ; enfin, en punissant d'une amende celui qui l'aurait témérairement formée. (492, 498 et 500.)

Il intervient sur la requête civile, c'est-à-dire, sur l'acte contenant le pourvoi, deux sortes de jugemens; l'un sur le *rescindant*, que l'on plaide d'abord ; l'autre sur le *rescisoire*, que l'on plaide ensuite, si la requête est *entérinée.*

Il importe d'expliquer ces trois termes de pratique.

Rescindant signifie en général tout moyen qui sert à faire *rescinder*, autrement *annuler* un acte. Appliqué à la requête civile, il exprime l'ensemble des moyens qui y donnent ouverture, d'après l'article 480, et qui, s'ils sont jugés fondés, font rétracter le jugement.

Plaider sur le rescindant, juger le rescindant, c'est donc plaider, c'est prononcer sur ces moyens.

S'ils sont admis, on dit que la requête civile est *entérinée,* c'est-à-dire, qu'elle produit son effet en remettant les parties dans le même et *entier* état où elles étaient avant que le jugement rétracté, par suite de cette admission, eût été rendu. (501.)

C'est alors que l'on plaide pour faire prononcer sur le *rescisoire,* c'est-à-dire, sur *la contestation principale* que le jugement rétracté avait terminée.

Le rescisoire est jugé par les mêmes juges qui ont prononcé sur le *rescindant* (502); en cela on est revenu aux anciens principes, qui avaient été abrogés en ce point par une loi du 18 février 1791.

Les dispositions du code de procédure sur ce genre de pourvoi font connaître,

1.° Contre quels jugemens et pour quelles causes il est ouvert, tant contre le jugement entier que contre un de ses chefs. (480 -- 482.)

2.° Dans quels délais, dans quelles formes et devant quel tribunal le pourvoi doit être fait. (483 -- 496.)

3.° Quel peut en être l'effet. (497 -- 504.)

ARTICLE 480.

Les jugemens contradictoires rendus en dernier ressort par les tribunaux de première instance et d'appel, et les jugemens par défaut rendus aussi en dernier ressort, et qui ne sont plus susceptibles d'opposition, pourront être rétractés sur la requête de ceux qui y auront été parties ou dûment appelés pour les causes ci-après :

1.° S'il y a eu dol personnel ;

2.° Si les formes prescrites à peine de nullité ont été violées, soit avant, soit lors des jugemens, pourvu que la nullité n'ait pas été couverte par les parties ;

3.° S'il a été prononcé sur choses non demandées ;

4.° S'il a été adjugé plus qu'il n'a été demandé ;

5.° S'il a été omis de prononcer sur l'un des chefs de demande ;

6.° S'il y a contrariété de jugement en dernier ressort, entre les mêmes parties et sur les mêmes moyens, dans les mêmes cours ou tribunaux ;

7.° Si, dans un même jugement, il y a des dispositions contraires ;

8.° Si, dans les cas où la loi exige la communication au ministère-public, cette communication n'a pas eu lieu, et que le jugement ait été rendu contre celui pour qui elle était ordonnée ;

9.° Si l'on a jugé sur pièces reconnues ou déclarées fausses depuis le jugement ;

10.° Si, depuis le jugement, il a été recouvré des pièces décisives, et qui avaient été retenues par le fait de la partie.

Conférence.

Ordonnance, tit. 35, art. 13 et 34, *suprà* n.o 68; *infrà* sur les art. 1010, 1026 et 1027.

2474. La requête civile est ouverte contre tout jugement, à l'exception de ceux de justice de paix, de commerce et des arrêts de la cour de cassation. — A. 1581.

Mais M. Merlin, dans un réquisitoire rapporté par M. Sirey (1815, p. 136), justifie cette exception relativement aux justices de paix et tribunaux de commerce, en disant que la requête civile n'est admise par l'article 480 que contre les jugemens en dernier ressort des tribunaux de première instance et d'appel, et qu'elle ne l'est par aucun texte contre les jugemens en dernier ressort des juges de paix, non plus que des tribunaux de commerce. Or, ajoute-t-il, on sait que, par les mots tribunaux de première instance, le code de procédure n'entend, à l'instar de la loi du 27 ventôse an 8, que les tribunaux civils d'arrondissement.

MM. Delvincourt (institutions au droit commercial, t. 2, p. 184); Pardessus (t. 4, p. 80); Berriat-Saint-Prix (p. 398, note 12); Pigeau (t. 1, p. 599) émettent la même opinion et la fondent sur les mêmes motifs, auxquels on peut ajouter que toute requête civile étant communicable au ministère public (art. 498), le vœu de la loi ne pourrait être rempli dans les affaires commerciales; mais les auteurs des annales du notariat admettent au contraire cette voie, même contre les jugemens émanés des justices de paix, (Comm.re sur le code de procéd., tom. 3, pag. 258.); M. Boucher dit formellement qu'elle est ouverte contre les jugemens de commerce, (voy. p.re devant les tribunaux de commerce, p. 139); enfin, les auteurs du Praticien (t. 3, p. 292) expriment la même opinion, parce que, disent-ils, l'article 480 pose une règle générale et embrasse par conséquent sous la dénomination générique de *jugemens de première instance* ceux des tribunaux de commerce.

Enfin, M. Thomines, dans ses cahiers, professe la même doctrine, qu'il étend aussi aux jugemens rendus même par les juges de paix. Il s'exprime ainsi : « Un jugement obtenu par le dol d'une partie » adverse, soit devant un tribunal de commerce, soit devant un » juge de paix, ne doit pas être irréfragable ; nulle part le dol ne » peut profiter à son auteur : et si l'on objecte que les formes pres- » crites par le code pour la requête civile ne peuvent être observées » en justice de paix et de commerce, nous répondrons qu'il suffira » d'observer celles qui sont praticables ; que l'intention de la loi n'est » pas de réduire à l'impossible, et encore moins de laisser la fraude » impunie. »

La cour de Bruxelles, par arrêt du 23 janvier 1812, a décidé de la sorte à l'égard d'un jugement de tribunal de commerce ; elle a considéré que les expressions de l'article 480 comprenaient le tribunaux de commerce; que les lois spéciales qui limitaient leur com pétence ne leur interdisaient point de connaître des requêtes civile contre leurs jugemens, et que les formalités à suivre en ce cas étaien celles-là seulement qui étaient compatibles avec leur organisation que c'est ainsi qu'on a entendu les paragraphes 3 et 6 de l'art. 8: pour la communication au ministère public, dans les déclinatoire sur incompétence et dans les affaires concernant les mineurs ; que par suite, les articles 492, 496 et 498 ne sont pas un obstacl contre l'admission de la requête civile devant les tribunaux de com merce.

On sent que ces motifs, qui sont précisément ceux que donnent les auteurs du Praticien et M. Thomines, conviennent également aux justices de paix.

Entre ces opinions diverses, dont nous laissons au lecteur le soin d'apprécier les motifs, nous lui devons la nôtre ; mais nous la pré sentons avec d'autant plus de défiance, qu'elle est contraire à celle que nous avons exprimée *supra* n.° 68 et question 1561 de notre analyse, et au sentiment d'auteurs d'un grand nom. Mais ce qui nous détermine, c'est qu'autrefois la requête civile était admise contre les sentences des juges-consuls, et devant eux, comme l'attestent formellement Rodier sur l'article 4, titre 35 de l'ordonnance, et Duparc-Poullain (principes du droit, t. 9, p. 957.)

Or, on ne saurait, soit dans la discussion au conseil d'état, soit dans les exposés des motifs et les rapports au corps législatif, trouver la moindre trace d'une intention de changer à cet égard la jurispru dence antérieure. D'un autre côté, les mêmes motifs qui font admettre la requête civile contre les jugemens des tribunaux d'arrondissement militent pour tous les autres : quels que soient et la nature de l'affaire et le juge qui a statué à son égard, la fraude et certaines erreurs ne doivent profiter à personne ; et sous l'empire du code les *pro positions d'erreur* déjà abrogées par l'ordonnance (tit. 35, art. 42) ne pouvant être admises, il est d'autant plus juste d'étendre l'usage de la requête civile à tous les jugemens, de quelque jurisdic tion qu'ils émanent. (Journal des avoués, tom. 7, p. 184. (1))

2475. On peut se pourvoir par requête civile contre les jugemens interlocutoires, préparatoires ou provisoires, A. 1582, et même contre un jugement qui ne prononcerait que *quant à présent.* (Cass., 10 pluviôse an 12; Sirey, an 12, p. 256 ; mais v. *infra,* § 10, ce que nous dirons sur les jugemens comminatoires.)

---

(1) *Les propositions d'erreur* étaient une voie d'attaquer les arrêts, fondée sur la prétendue erreur de fait de la part des juges.

2476. La requête civile n'est pas recevable contre un jugement qui, d'abord sujet à l'appel, n'est plus susceptible de ce genre de pourvoi, parce que les délais sont expirés, ou qu'il y a eu acquiescement. — L. 1583.

2477. Mais elle l'est contre le jugement mal-à-propos qualifié en premier ressort. — A. 1584.

2478. En acquiesçant à certains chefs de jugemens, on peut se pourvoir par requête civile contre certains autres. (1585 et *infrà* sur 482.)

2479. *Quelles sont les personnes qui peuvent et contre lesquelles on peut se pourvoir par requête civile ?*

Ce sont non seulement celles qui ont été parties au jugement, mais encore leurs *héritiers, successeurs et ayant-cause.* — A. 1586.

Cependant, la section du tribunat, sur la proposition de laquelle la première disposition de l'article 480 fut adoptée, avait formellement établi que, si les héritiers pouvaient prendre la voie de la requête civile, parce qu'ils sont compris dans la dénomination de *parties*, suivant la maxime que les successeurs universels représentent le défunt, il en était autrement pour la requête civile qui ne doit être formée que par ceux qui ont été *parties* dans le jugement ou dûment appelés. (Locré, t. 2 ; p. 301.)

Mais les orateurs du gouvernement et du corps législatif ayant, au contraire, expressément placé les *ayant-cause* au nombre des parties qui peuvent se pourvoir par la voie dont il s'agit, nous estimons que tout ayant-cause a ce droit, suivant le vœu du législateur qui a décrété la loi après ces explications : c'est aussi ce que les auteurs ont enseigné dans tous les tems.

2480. On ne peut se pourvoir par requête civile, lorsque les voies d'appel et d'opposition sont ouvertes. — A. 1587, et *suprà* page 2.

2481. Lorsque des jugemens, passés en force de chose jugée, ont été rendus, à l'occasion des majorats ou dotations, la voie de requête civile est ouverte après le décès du titulaire, soit à l'intendant général, soit à l'appelé, et les moyens de requête sont ceux qu'indique l'art 480. (Décret du 22 décembre 1813 ; Sirey, 1813, p. 228 C. C., 896.)

Ces questions générales étant résolues, nous traiterons sous autant de paragraphes séparés celles qui se rapportent à chacun des moyens détaillés dans l'article 480.

14

§. Ier

PREMIER MOYEN DE REQUÊTE CIVILE.

2482. *Qu'est-ce que l'on entend par ce mot dol personnel ?*
Voyez A. 1588.

§. II.

2.e M O Y E N.

2483. *Y a-t-il lieu non seulement à requête civile, mais encore à cassation, pour violation des formes prescrites, à peine de nullité ?*
Voyez A. 1589.

2484. La requête civile n'est pas ouverte contre les jugemens arbitraux, pour la cause mentionnée en l'art. 480, §. 2, si les parties ont dispensé les arbitres de suivre les formes ordinaires. — A. 1590.

§. III.

3.e M O Y E N.

2485. La cause mentionnée en l'art. 480, §. 3, ne donnerait pas lieu à requête civile contre un jugement arbitral. — A. 1591.

2486. Il n'y aurait pas lieu à requête civile contre un jugement, à raison de ce qu'il eût prononcé sur la chose demandée, *mais non contestée.* — A. 1592.

2487. *Quels sont en général les cas où l'on pourrait dire que le juge eût prononcé sur choses non demandées ?*
Voyez A. 1593.

§. IV.

4.e M O Y E N.

2488. *Quels sont, en général, les cas où l'on pourrait dire que le juge eût adjugé plus qu'il n'a été demandé ?*
Voyez A. 1594. (1)

2489. Il y a lieu à la cassation comme à la requête civile, lorsque, par la disposition même qui prononce *ultrà petita*, les juges ont violé la loi ou excédé leurs pouvoirs. — A. 1595.

2490. Mais le moyen de requête civile, fondé sur l'*ultrà petita*, ne peut être employé comme moyen de cassation. (Cass., 3 frim. an 9; Sirey, t. 1.er, 2.e part., p. 277, et 5 brum. an 11; Sirey, an 11, 2.e part. p. 526.)

---

(1) Quatrième alinéa, seconde ligne, au lieu de *accorde un avantage*, lisez *accorde à une des parties un avantage.*

2491. La requête civile est ouverte dans les affaires de l'enregistrement comme dans toutes autres. (Voyez l'Analyse à la note de la page 112.)

§. V.
5.ᵉ M O Y E N.

2492. Lorsque le juge ne statue que sur un chef, et qu'il ajoute : Soit *qu'il met les parties hors de causes sur leurs autres conclusions*, soit *qu'il n'y a lieu de statuer sur leurs autres demandes*, on ne peut se pourvoir, par voie de requête civile, pour omission de prononcer sur ces mêmes chefs. — A. 1596.

2493. On le peut contre un arrêt qui, négligeant de statuer sur une demande incidente, prononce néanmoins sur la demande principale, et rend ainsi l'autre sans effet. (Turin, 1.ᵉʳ juillet 1812; Sirey, 1814, p. 271.)

2494. Il y a ouverture à requête civile contre un arrêt qui, en prononçant la nullité d'un emprisonnement, a omis de prononcer sur les dommages-intérêts réclamés ; mais, dans ce cas, il n'y a pas lieu à rétractation du chef qui a déclaré l'emprisonnement nul. (Florence, 25 mai 1809; Sirey, 1815, p. 120.)

2495. Le silence du jugement sur des conclusions tendantes à être admis à une preuve, ne constitue pas une omission de prononcer. — A. 1597.

5496. Si, en statuant définitivement sur quelques-uns des chefs, les juges ordonnaient un interlocutoire sur les autres, on ne pourrait pas prétendre qu'il y eût omission. — A. 1598.

§. V I.
6.ᵉ M O Y E N.

2497. Pour qu'il y ait ouverture à requête, il faut que toutes les conditions mentionnées au paragraphe 6 se trouvent réunies. — A. 1599.

2498. Il faut aussi que les jugemens contraires aient été rendus entre les mêmes parties, *agissant dans les mêmes qualités.* — A. 1600.

2499. Pour que l'on puisse dire que les jugemens contraires ont été rendus sur les mêmes moyens, il faut qu'ils l'aient été sur le même état de cause, c'est-à-dire, que depuis le premier d'entre eux il ne soit rien survenu qui ait pu donner lieu à une décision contraire. — A. 1601.

2500. On ne doit pas considérer comme émanés de tribunaux différens les jugemens rendus par deux sections ou chambres d'un même tribunal ou d'une même cour ; et, par conséquent, la voie de la requête civile est ouverte en cette circonstance. — A. 1692. (1)

2501. On ne peut se pourvoir pour contrariété entre deux jugemens après le délai fixé par la loi. — A. 1603.

2502. Dans le cas où, sur un jugement rendu en dernier ressort, les juges rendraient dans la cause un autre jugement qui changerait les dispositions du premier, ce ne serait pas une contrariété qui donnerait ouverture à requête civile. — A. 1604.

2503. La contrariété entre deux arrêts émanés de la même cour, qui est ordinairement un moyen de requête civile, devient un moyen de cassation, lorsque la partie a excipé du premier arrêt pour empêcher que le second ne fût rendu. (Cass., 18 décembre 1815 ; Sirey, 1816, p. 205.)

2504. Lorsqu'un arrêt a été rétracté pour prétendue erreur de calcul, et qu'il paraît qu'en réalité, il y a décision contraire sur un point contesté, il est dans les attributions de la cour de cassation d'examiner le mérite de la décision et d'en prononcer la cassation pour contravention à la chose jugée. (Cour de cass., 8 juin 1814 ; Sirey, 1815, p. 238.)

§. VII.

7.° MOYEN.

2505. Pour qu'il y ait dans un même jugement une contrariété qui donne lieu à la requête civile, il faut que les dispositions de ce jugement soient tellement inconciliables qu'elles ne puissent être exécutées simultanément. — A. 1605.

2506. Le défaut de communication au ministère public fournit un moyen de requête civile à la femme mariée, même lorsqu'il ne s'agit pas de sa dot.

On ne peut pas déclarer la femme non recevable dans son pourvoi en requête civile, faute par elle d'avoir obtenu d'avance l'autorisation de son mari, si cette autorisation lui est accordée dans le cours de l'instance. (Florence, le 16 août 1810 ; Sirey, 1815, p. 34.)

§. VIII.

8.° MOYEN.

2507. On ne pourrait pas se pourvoir en cassation, mais seulement par la voie de la requête civile, contre un jugement rendu sans communication au ministère public. — A. 1606. (2)

_____

(1) Dernière ligne , au lieu de *ne peut*, lisez , *peut donner*, etc.
(2) Au lieu de *Sirey, 1808, d. d. p. 73, et 1809, p. 122*, lisez, *Sirey, 1808, p. 322, et 1809, p. 203.*

2508. La formalité de l'intervention du ministère public dans une instance d'ordre, n'étant prescrite que dans l'intérêt de la masse des créanciers, le défaut d'accomplissement de cette formalité ne donne ouverture à requête civile qu'en faveur de cette masse. — Ainsi, le créancier majeur qui a agi seul en son nom, pour son propre compte, ne peut se pourvoir par requête civile, en se fondant sur ce que le ministère public n'a pas été entendu. (Paris, 9 août 1817 ; Sirey, 1817, p. 410.)

§. I X.

9.° M O Y E N.

(V. nos questions sur l'article 448.)

2509. Pour que la requête civile soit recevable contre un jugement, attendu qu'il serait rendu sur pièces fausses ou déclarées fausses depuis sa prononciation, il faut, outre la preuve de leur fausseté, fournir encore celle que ces pièces ont servi de base au jugement. — A. 1607.

2510. On ne peut, contre l'arrêt qui admet la requête civile, fonder un moyen de cassation sur ce que les pièces fausses n'auraient pas eu d'influence sur le jugement rétracté. — A. 1608.

§. X.

10.° M O Y E N.

2511. Le concours de toutes les conditions mentionnées au §. 10 de l'article 480, est absolument nécessaire pour qu'il y ait ouverture à requête civile. — A. 1609.

2512. Si la *pièce retenue et recouvrée* n'eût été susceptible d'avoir aucune influence sur le fond, la requête civile ne serait pas admise. — A. 1610. (1)

2513. Elle ne le serait pas non plus si, lors du jugement, la partie avait négligé les moyens possibles d'obtenir la représentation des pièces retenues. — A. 1611.

2514 Le recours contre les décisions contradictoires, rendues par le conseil d'état du Roi, correspond à la requête civile des tribunaux, mais il n'est admis qu'en deux cas ; savoir : 1.° si la décision a été rendue sur pièces fausses ; 2.° si la partie a été condamnée faute de représenter une pièce décisive qui était retenue par son adversaire. (Rég.¹ du 22 juillet 1806.)

---

(1) *Er.* 5.ᵉ alinea, 6.ᵉ ligne, au lieu de *un second jugement*, lisez *un second testament.*

Ce recours n'est pas recevable, s'il est fondé sur des pièces nouvellement recouvrées qui n'ont pas été *retenues*; on ne peut aussi l'admettre, encore qu'il le fût sur une pièce fausse, visée dans l'arrêt, s'il est d'ailleurs appuyé sur d'autres pièces décisives. (Décret du 11 janvier 1808 ; Sirey, 1816, p. 307.)

2515. Si le défendeur à la requête civile, fondée sur des pièces nouvellement recouvrées, prétend qu'elles sont fausses, il faut, avant de prononcer sur l'admission de la requête civile, commencer par instruire et juger le faux. — A. 1612.

2516. On ne peut se pourvoir, ni par requête civile, ni par action nouvelle, contre un jugement qui a été rendu faute à une partie d'avoir produit certaines pièces. — A. 1613. (1)

Nous persistons dans cette proposition, quelque controversée qu'elle soit, en Bretagne sur-tout, par rapport à la faculté de former action nouvelle, en vertu d'une pièce recouvrée par la partie, mais non retenue par son adversaire ; et nous ajouterons ici quelques observations tendantes à prêter un nouvel appui à notre opinion, au moyen de la réfutation des objections qui ont été faites contre la doctrine que nous avons soutenue.

On oppose contre le maintien que la requête civile n'est pas ouverte contre un jugement rendu *dans l'état*; et faute d'avoir servi *telle* pièce, l'arrêt du 10 pluviôse an 12, déjà cité n.° 2475 (2), en ce qu'il a déclaré la requête civile recevable contre un jugement qui avait prononcé le déboutement d'une demande *quant à présent*, par le motif que la partie qui l'avait formée ne justifiait pas du titre de propriété de la chose qu'elle réclamait.

Dans l'espèce de cet arrêt on objectait que la requête civile ne devait pas être admise, attendu que le jugement pouvait être réformé par la voie ordinaire, au moyen de la représentation du titre recouvré; et l'on invoquait le principe posé *suprà* page 2, d'après lequel la voie extraordinaire de la requête civile est fermée tant qu'il existe une voie ordinaire pour obtenir justice; mais la cour de cassation rejeta cette exception par le seul motif que les requêtes civiles étaient admises par l'ordonnance de 1667 contre les jugemens en dernier ressort, définitifs ou *non*.

Sans doute il est facile de conclure de là que la requête civile est admise contre tout jugement qui ne prononce que *quant à présent*

---

(1) *Er.* 3.ᵉ alinea, ligne 12, au lieu de *le 29 novembre*, lisez *le 22* ; et p. 123, 1.ᵉʳ alinea, 1.ʳᵉ ligne, au lieu de *arrêt du 30 janvier*, lisez *arrêt du 22 novembre*; enfin, p. 124, 2.ᵉ alinea, ligne 4, et 8 lignes au-dessous, lisez encore 22 *novembre*.

(1) M. Sirey s'étant borné à une simple notice sommaire de cet arrêt, il faut le voir dans le recueil de Denevers, an 12, p. 272.

ou *dans l'état*, faute à une partie d'avoir fourni une pièce décisive, etc.; et si cette conséquence était juste, la première partie de la proposition ci-dessus déduite des développemens donnés sur la 1613.ᵉ question de l'analyse, ne serait pas exacte; mais ni l'arrêt que l'on cite, ni les faits qui le précèdent, n'apprenant que le titre recouvré eût ou n'eût pas été retenu par le fait de la partie, on doit croire qu'il l'avait été, autrement la requête civile n'eût pas été admise, puisqu'elle ne pouvait l'être, même sous l'empire de l'ordonnance, que dans les seuls cas prévus par elle, et que l'article 24 n'y donnait expressément ouverture, comme le code actuel, qu'autant que les pièces décisives nouvellement recouvrées *eussent été retenues* par la partie adverse. (V. *suprà*, n.ᵒˢ 2511 -- 2514.)

Nous sommes donc autorisés à croire que l'on ne peut opposer, contre la première partie de la proposition de notre analyse, l'arrêt dont on argumente.

Sur la seconde partie, par laquelle nous établissons que l'on ne peut, dans le cas de pièces recouvrées, mais non retenues, se pourvoir même par *action nouvelle* devant un même juge, à l'effet de faire rétracter le jugement, on convient que si le tribunal n'a pas jugé en exprimant que ce n'était que *dans l'état, quant à présent*, ou *faute de produire telle pièce* décisive, le jugement doit tenir comme définitif, à moins, toutefois, qu'il y ait ouverture à requête civile.

Mais, dans le cas contraire, c'est-à-dire, lorsque le tribunal n'a prononcé qu'en forme comminatoire, on prétend que, si la condition dont le défaut d'accomplissement donne lieu à la décision est remplie dans le laps de trente ans fixé pour la prescription, le déboutement ou la condamnation doit cesser, et que les parties doivent, en conséquence, être remises au même et pareil état où elles étaient avant le jugement; autrement, dit-on, cette disposition, *dans l'état, quant à présent, faute de*, serait illusoire, ce qui ne se suppose pas dans un jugement. On ajoute, qu'en effet, l'intention du juge, en insérant une telle disposition, c'est évidemment que, si un jour la pièce décisive est produite, la preuve manquante administrée, telle condition ou telle formalité remplie, etc., justice soit rendue ainsi que de droit; qu'alors le jugement comminatoire doit être déclaré non avenu, parce qu'il cesse d'être définitif; qu'en un mot, il participe de la nature, soit d'un *provisoire*, soit d'un *interlocutoire* qui ne lient point le juge, et qui supposent toujours un jugement définitif à rendre; d'où l'on conclut, contre l'opinion émise dans notre 1613.ᵉ question, que l'ancienne action en *lief de comminatoire* est toujours recevable, non seulement lorsqu'il s'agit de pièces recouvrées, mais même dans tous les autres cas que nous avons détaillés en traitant cette question.

Nous répondrons, en ajoutant quelques observations à celles que nous avons faites dans notre analyse, et en les appuyant de nouvelles autorités.

Et, d'abord, s'il était permis de se pourvoir par action nouvelle, pour pièces recouvrées, il eût été inutile de faire un moyen d'ouverture de requête civile du recouvrement des pièces, et surtout de limiter ce moyen au cas où la pièce eût été retenue par le fait de la partie adverse. L'arrêt de la cour de cassation du 10 pluviôse an 10, prouve, en admettant la requête civile, que l'action nouvelle était fermée dans le cas dont il s'agit, puisque l'on s'opposait à ce que la requête fût admise, en se fondant précisément sur ce que l'action nouvelle et principale étant ouverte à la partie qui avait recouvré la pièce, celle-ci ne pouvait, avant d'avoir épuisé la voie ordinaire, recourir à la voie extraordinaire. Or, évidemment, cette exception n'eût pas été rejetée si la voie ordinaire eût été ouverte.

Cette réponse nous paraît suffisante pour prouver que l'on ne peut se pourvoir, par action principale, contre un jugement rendu faute de représenter une pièce et qu'on n'a que la voie de la requête civile, *lorsque la pièce a été retenue.*

Mais en traitant la 1613.ᵉ question de notre analyse, nous avons examiné, si du moins l'on pouvait, pour toute autre cause que le recouvrement d'une pièce, se pourvoir contre un jugement par cette action principale et nouvelle, que nous avons appelée action *en lief de comminatoire.* Les objections que nous venons de rappeler sembleraient subsister sous ce dernier rapport, puisque nous n'avons répondu que dans la première hypothèse.

Nous persistons également à maintenir, en ce cas, la proposition de notre analyse, parce qu'encore une fois le code de procédure civile n'admet d'autres voies pour se pourvoir contre les jugemens que celles dont il a établi les règles, comme l'appel ; l'opposition simple et les voies extraordinaires de la tierce-opposition et de la requête civile.

On veut assigner aux jugemens rendus dans l'*état* le caractère d'une décision *provisoire*, que le juge peut toujours rétracter. Mais il est à remarquer que le jugement *provisoire* suppose toujours qu'il reste à rendre un jugement définitif, tandis que le jugement *comminatoire* n'en saurait supposer, puisqu'il statue sur tous les points de la contestation.

On veut, en outre, considérer un semblable jugement comme *interlocutoire*; mais on sait que tout interlocutoire ne tend qu'à l'instruction de l'affaire, tandis que le comminatoire prononce sur le fond.

Or, de ce que le comminatoire n'a ni l'un ni l'autre de ces deux caractères que l'on prétend lui attribuer, il s'ensuit que le recours au juge qui l'a rendu, afin de le faire rétracter, soit en justifiant de l'accomplissement de la formalité, soit en faisant la preuve, dont le défaut l'eût occasionné, est une voie de se pourvoir que l'on suppose arbitrairement, et que, par conséquent, on ne peut pas admettre.

Sans doute, il en peut provenir des inconvéniens, et nous ne les avons pas dissimulés dans notre analyse; mais aussi, combien n'en résulterait-il pas de plus grands encore d'une forme de prononcer qui, pendant un long espace de tems, tiendrait les parties dans l'incertitude et paralyserait l'exécution des décisions judiciaires ?

Nous ne voudrions du moins admettre l'action *en lief de comminatoire*, qu'autant que le juge eût bien formellement réservé à une partie la faculté de produire telle pièce décisive dont elle aurait argumenté, ou de remplir telle formalité ou telle condition, pour le tout lui *être reporté*, et *être par lui statué définitivement*; c'est en ce cas seulement que les principes se trouveraient conciliés avec les intérêts des plaideurs, et que l'on pourrait recourir au même juge, non par le motif qu'il eût prononcé comminatoirement, mais par la raison qu'il ne se serait pas dessaisi.

Au surplus, nous terminerons cette discussion en faisant remarquer que, nonobstant les décisions de la cour de Rennes, citées dans notre analyse, comme ayant implicitement admis l'ancienne action en lief de comminatoire (1), cette même cour, par arrêt du 2 mars 1818, a enfin consacré notre opinion, en déclarant que si *les mots* EN L'ÉTAT *pouvaient constituer un jugement comminatoire, TITRE QUE LA LOI nouvelle n'a point consacré, cela n'obligerait point les parties de se pourvoir au même tribunal en lief de comminatoire, procédure qui n'est ni commandée ni autorisée par aucun* TEXTE *du code, lequel, au contraire, indique la voie d'appel pour tous les cas et pour toutes les espèces de jugemens, les seuls préparatoires exceptés.* On reconnaîtra facilement, après avoir lu la question 1613 de notre analyse, que cet arrêt repousse formellement l'opinion de ceux qui soutiennent que l'ancienne doctrine des jugemens comminatoires doit subsister sous l'empire du code actuel.

---

(1) Il est à remarquer que cette action n'avait d'autre fondement dans l'ancienne jurisprudence bretonne qu'un arrêt du parlement de Rennes, du 3 juillet 1740, rapporté au journal de ce parlement, tome 3, chap. 50, p. 250, lequel avait décidé que le jugement qui ne déclare un individu héritier pur et simple que *faute d'avoir émis au procès* les pièces qui établissent les qualités d'héritier bénéficiaire, ne pouvait être réformé sur la production de ces pièces dans l'instance d'appel, et que la sentence devait être confirmée, sauf *à lever le comminatoire dans la juridiction où la sentence avait été rendue.*

2517. *Peut-on intimer, dans l'instance de requête civile, une personne qui n'était point partie, et qui était sans intérêt dans le jugement attaqué?*

Au moment où nous écrivons, cette question est soumise à la cour royale de Rennes à l'occasion d'une requête civile formée pour cause de *dol personnel* d'une partie; celle qui s'est pourvue prétendant qu'un tiers aurait coopéré à ce dol, a cru pouvoir le mettre en cause, et conclure contre lui à une condamnation solidaire.

Nous croyons ce tiers bien fondé dans la fin de non recevoir qu'il oppose, et dont les motifs ont été développés comme suit dans un mémoire, auquel est jointe une consultation de plusieurs avocats de notre barreau :

« L'usage de la requête civile est un moyen extraordinaire que la loi présente à une partie, non pour introduire une demande ou une action nouvelle, mais pour obtenir, selon les circonstances, et pour les causes qu'elle indique, la rétractation de jugemens contradictoires, rendus en dernier ressort, par les tribunaux de première instance et d'appel, et les jugemens par défaut, aussi rendus en dernier ressort, et non susceptibles d'opposition.

« Cette définition est exacte, insusceptible de controverse : elle est la conséquence immédiate, nécessaire, indispensable de la réunion et de la combinaison des dispositions diverses qui composent le titre deux, partie première, livre quatre du code de procédure civile. On ne saurait donc prétendre qu'une instance aux fins de requête civile puisse légalement se compliquer, comme toutes les autres, d'actions en garantie, en dommages-intérêts, recours, etc., etc.

» En effet, en matière de requête civile, le juge n'a et ne peut avoir à prononcer qu'entre les parties qui ont figuré dans les arrêts et jugemens en dernier ressort, dont on demande la rétractation ; les personnes *seules* qui ont figuré dans le jugement ou arrêt pouvant former cette demande d'après l'article 480 du code.

» Si d'ailleurs on prenait à la lettre l'article 492, il faudrait décider que l'on ne serait même pas recevable à procéder par requête civile envers les ayant-cause de la partie au profit de laquelle l'arrêt a été rendu.

» Mais l'opinion commune et même uniforme des commentateurs, est que l'on peut agir par la même voie contre les cause-ayant, et ce en vertu du principe que l'on peut exercer contre eux tous les droits que l'on avait vers leurs auteurs. (V. *suprà* n.° 2479.)

» Ajoutons premièrement que le juge, en matière de requête civile, n'a d'abord à prononcer que sur la question unique de savoir si les parties seront remises en même et pareil état qu'elles étaient antérieurement aux décisions attaquées. (Art. 501.)

» Secondement, que les parties entre lesquelles le jugement rétracté est intervenu, ont à plaider de nouveau sur le fond de la contestation. (Art. 502.)

» Donc un tiers mis en cause dans l'instance de requête civile, et qui n'a été partie dans aucun des arrêts dont le demandeur poursuit la rétractation, qui, d'ailleurs, n'est cause-ayant d'aucunes de celles qui y ont figuré, ne peut être valablement appelé dans l'instance dont il s'agit. »

ARTICLE 481.

L'état, les communes, les établissemens publics et les mineurs, seront encore reçus à se pourvoir, s'ils n'ont été défendus, ou s'ils ne l'ont été valablement.

Conférence.

Voyez ordonnance de 1667, titr. 35, art. 35 et 36.

2518. Les mineurs, les communes, les établissemens publics sont réputés n'avoir pas été défendus, lorsqu'ils ont été jugés par défaut ou par forclusion, et ne l'avoir pas été valablement, quand les principales défenses de fait et de droit ont été omises, et qu'il paraît que cette omission a influé sur le jugement. — A. 1614.

2519. La requête civile n'est pas la seule voie que l'état, un établissement public, un mineur puissent prendre contre le jugement rendu contre eux, sans que leurs administrateurs légaux aient été appelés ; elle concourt avec la tierce-opposition. — A. 1615. (1)

2520. Si le mineur émancipé, qui aurait esté en justice sans l'assistance d'un curateur, était devenu majeur avant le jugement, il ne pourrait l'attaquer par voie de requête civile, pour cause de minorité non défendue ou non valablement défendue, qu'autant que depuis sa majorité il n'aurait fourni aucune écriture, ni fait aucun acte approbatif de l'instruction. — A. 1616. (2)

2521. Pour établir la valable défense d'un mineur, il n'est pas nécessaire qu'il ait été pris des conclusions expresses sur le moyen de défense ; il suffit que ce moyen ait été proposé, soit dans les écrits du procès, soit dans les plaidoiries. — A. 1617. (3)

---

(1) *Er.* p. 127, 3.ᵉ ligne, au lieu de *n'a pas appelé*, lisez *n'a pas été appelé*.

(2) *Er.* 1.ʳᵉ ligne, au lieu de *résout affirmativement*, lisez *résout négativement*.

(3) *Er.* 1.ʳᵉ ligne de la question, au lieu de *les jugemens ne peuvent*, lisez *les jugemens peuvent*.

2522. L'omission de proposer un moyen de forme ne donnerait pas ouverture à requête civile pour cause de non valable défense. — A. 1618.

2523. La faveur de l'article 481 doit être étendue aux interdits, mais non aux femmes mariées. — A. 1619.

2524. Dans les cas où la femme mariée peut se pourvoir par requête civile, son pourvoi est admissible, quoique formé sans l'autorisation du mari, si cette autorisation est accordée ultérieurement dans le cours de l'instance. (Florence, 16 août 1810 ; Sirey, 1815, p. 34.)

ARTICLE 482.

S'il n'y a ouverture que contre un chef de jugement, il sera seul rétracté, à moins que les autres n'en soient dépendans.

2525. En général, il y a lieu à rétracter un jugement pour un seul chef, ou pour quelques chefs seulement, toutes les fois qu'il s'agit de l'allocation de différentes créances. — A. 1620.

ARTICLE 483.

La requête civile sera signifiée avec assignation, dans les trois mois, à l'égard des majeurs, du jour de la signification à personne ou domicile, du jugement attaqué.

Conférence.

V. tarif, art. 78 ; ordonnance de 1667, tit. 35, art. 5, 1. part.

2526. Le délai général fixé par l'article 483 court contre l'état et les établissemens publics. — A. 1621.

2527. Il n'y a plus, comme autrefois, de cas où l'on puisse être relevé du délai fixé pour la requête civile. — A. 1622.

2528. *La requête civile peut-elle être valablement formée par simple assignation, et sans requête préalable ?*

Les auteurs décident négativement cette question. Il faut, dit M. Berriat-Saint-Prix, p. 408, présenter la requête et la faire suivre d'assignation (art. 489, conféré avec 492 et 494, et tarif, art. 78.) Il ajoute, aux notes, que l'article 483 semble exiger une simple assignation, mais qu'en le combinant avec les autres articles cités, on ne peut l'entendre que dans un sens différent, ainsi que le remarquent avec raison M. Pigeau, t. 1.er, p. 618, et M. Thomines, pag. 203.

Cependant, il existe sur cette question deux arrêts opposés de la cour de cassation, rapportés par Sirey, 1816, pag. 441--445 ; l'un, de la section des requêtes, du 9 juin 1814, consacre l'opinion des auteurs que nous venons de citer ; l'autre, de la *section civile*, du 3 juillet 1816, décide au contraire qu'aucune disposition du code de procédure n'annonce que le législateur ait entendu prescrire, et *sur-tout à peine de nullité*, une requête préalable à l'assignation. Nous n'en pensons pas moins qu'il est prouvé, par les motifs énoncés au premier, qu'il est plus conforme au vœu de la loi de procéder par voie de requête avec assignation ; mais comme aucun article ne l'exige *à peine de nullité*, nous ne pensons pas que l'on doive déclarer le pourvoi non recevable, s'il a été formé par assignation seulement.

ARTICLE 484.

Le délai de trois mois ne courra contre les mineurs que du jour de la signification du jugement, faite depuis leur majorité, à personne ou domicile.

Conférence.

V. la dernière disposition de l'art. 5, du tit. 35 de l'ordonnance.

2529. A défaut de signification depuis la majorité, le délai s'étendrait jusqu'à trente ans, mais non pas au-delà. — A. 1623.

2530. Le majeur ne profite pas du délai accordé au mineur, quoiqu'ils aient un intérêt commun et indivisible ; il peut seulement intervenir dans l'instance sur le rescisoire. — A. 1624.

ARTICLE 485.

Lorsque le demandeur sera absent du territoire européen du Royaume pour un service de terre ou de mer, ou employé dans les négociations extérieures pour le service de l'Etat, il aura, outre le délai ordinaire de trois mois depuis la signification du jugement, le délai d'une année.

Conférence.

V. ordonnance, tit. 35, art. 7 ; C. de pr., art. 446.

Voyez A. sur l'art. 73.

ARTICLE 486.

Ceux qui demeurent hors de la France continentale, auront, outre le délai de trois mois depuis la signification du jugement, le délai des ajournemens réglé par l'art. 73 ci-dessus.

Conférence.

V. code de procédure, art. 445.

Voyez A. sur l'art. 73.

ARTICLE 487.

Si la partie condamnée est décédée dans les délais ci-dessus fixés pour se pourvoir, ce qui en restera à courir ne commencera, contre la succession, que dans les délais et de la manière prescrite en l'article 473 ci-dessus.

V. ordonnance, titre 35, art. 8, et sur l'art. 447.

ARTICLE 488.

Lorsque les ouvertures de requête civile seront le faux, le dol ou la découverte de pièces nouvelles, les délais ne courront que du jour où, soit le faux, soit le dol, auront été reconnus, ou les pièces découvertes ; pourvu que, dans ces deux derniers cas, il y ait preuve par écrit du jour, et non autrement.

Conférence.

V. ordonnance, tit. 35, art. 12, et sur l'art. 448.

ARTICLE 489.

S'il y a contrariété de jugement, le délai courra du jour de la signification du dernier jugement.

Voyez A. 1603.

ARTICLE 490.

La requête civile sera portée au même tribunal où le jugement attaqué aura été rendu ; il pourra y être statué par les mêmes juges.

Conférence.

Ordonnances de 1545, art. 7 ; de 1560, art. 38 ; de 1667, titr. 35, art. 20 ; *infrà* art. 1026.

2531. Si le tribunal qui a rendu le jugement attaqué ne subsistait plus, il faudrait s'adresser à la cour de cassation, qui désignerait un autre tribunal. — A. 1525.

2532. La requête civile formée contre un jugement arbitral se porte au tribunal qui eût été compétent pour connaître de l'appel. — A. 1626.

ARTICLE 491.

Si une partie veut attaquer par la requête civile un jugement produit dans une cause pendante en un tribunal autre que celui qui l'a rendu, elle se pourvoira devant le tribunal qui a rendu le jugement attaqué ; et le tribunal saisi de la cause dans laquelle il est produit pourra, suivant les circonstances, passer outre ou surseoir.

Conférence.

V. ordonn., tit. 35, art. 25 et 26.

2533. En général, dans le cas d'une requête civile incidente, le tribunal saisi de la cause principale peut surseoir ou passer outre au jugement de cette cause, suivant que le jugement peut ou non influer sur celui du principal. — A. 1627.

2534. On peut se pourvoir incidemment par requête civile, lorsque les délais fixés par les articles précédens sont expirés. — A. 1628. (1)

ARTICLE 492.

La requête civile sera formée par assignation au domicile de l'avoué de la partie qui a obtenu le jugement attaqué, si elle est formée dans les six mois de la date du jugement : après ce délai, l'assignation sera donnée au domicile de la partie.

Conférence.

Tarif, art. 75 et 78; ordonnances de Roussillon, art. 7; de 1667, tit. 35, art. 6.

2535. La requête civile doit être présentée au juge avant d'être signifiée avec assignation à la partie. — A. 1629. (2) Mais voyez *suprà* n.° 2528.

ARTICLE 493.

Si la requête civile est formée incidemment devant un tribunal compétent pour en connaître, elle le sera par requête d'avoué à avoué ; mais si elle est incidente à une contestation portée dans un autre tribunal que celui qui a rendu le jugement, elle sera formée par assignation devant les juges qui ont rendu le jugement.

Conférence.

Tarif, art. 75 et 90.

2536. La loi autorise une réponse à la requête civile incidente, formée par acte d'avoué à avoué, dans le cas prévu par l'art. 493. — A. 1630.

2537. Les plaidoiries sont admises dans une instance liée avec la régie de l'enregistrement, sur un pourvoi par requête civile. — A. 1631.

---

(1) *Er.* 1.re ligne du dernier alinea, au lieu de *la négative*, lisez *l'affirmative*.
(2) *Er.* 1.re alinea, ligne 15, au lieu de *l'art. 493*, lisez *l'art. 492*.

ARTICLE 494.

La requête civile d'aucune partie autre que celle qui stipule les intérêts de l'Etat, ne sera reçue si, avant que cette requête ait été présentée, il n'a été consigné une somme de trois cents francs pour amende, et cent cinquante francs pour les dommages-intérêts de la partie, sans préjudice de plus amples dommages-intérêts, s'il y a lieu : la consignation sera de moitié, si le jugement est par défaut ou par forclusion, et du quart, s'il s'agit de jugemens rendus par les tribunaux de première instance.

Conférence.

Tarif, art. 90; ordonnance de 1667, tit. 35, art. 16.

2538. Les indigens sont tenus de consigner la somme exigée par l'article 494. — A. 1632.

2539. Lorsqu'une requête civile est dirigée contre un jugement de première instance contradictoire, l'amende à consigner n'est que du quart de la somme exigée au cas d'un jugement sur appel contradictoire, et il en est de même pour les dommages-intérêts. (Cass., 17 novembre 1817; Sirey, 1818, p. 147.)

ARTICLE 495.

La quittance du receveur sera signifiée en tête de la demande, ainsi qu'une consultation de trois avocats exerçant depuis dix ans au moins près un des tribunaux du ressort de la cour royale dans lequel le jugement a été rendu.

La consultation contiendra déclaration qu'ils sont d'avis de la requête civile, et elle en énoncera aussi les ouvertures; sinon la requête ne sera pas reçue.

Conférence.

V. t., art. 140; ordonn. de 1667, tit. 35, art. 13 et 16.

2540. Les avocats exerçant depuis dix ans près une cour royale peuvent, tout aussi bien que les avocats exerçant depuis dix ans près un tribunal de première instance de cette cour, signer la consultation à l'appui de la demande en requête civile. (Cass., 17 novembre 1817; Sirey, 1818, p. 147.)

2541. La régie de l'enregistrement n'est pas dispensée de joindre à sa requête civile une consultation d'avocats. — A. 1633.

ARTICLE 496.

Si la requête civile est signifiée dans les six mois de la date du jugement, l'avoué de la partie qui a obtenu le jugement, sera constitué de droit sans nouveau pouvoir.

Conférence.

V. ordonn. de 1667, tit. 35, art. 6, et *suprà* art. 49*.

ARTICLE 497.

La requête civile n'empêchera pas l'exécution du jugement attaqué ; nulles défenses ne pourront être accordées : celui qui aura été condamné à délaisser un héritage, ne sera reçu à plaider sur la requête qu'en rapportant la preuve de l'exécution du jugement au principal.

Conférence.

V. ordonn. de 1667, tit. 35, art. 18 et 19.

2542. La contrariété de jugemens ou d'arrêts peut mettre obstacle à leur exécution ; tout en cela dépend de l'objet des dispositions qui se contrarient. — A. 1634.

2543. Si, en exécution d'un jugement ou arrêt attaqué par voie de requête civile, il y avait quelque interlocutoire à instruire ou à juger, la requête civile ne ferait pas suspendre l'instruction, ou du moins le jugement de l'interlocutoire. — A. 1635. (1)

2544. S'il s'agissait de la remise d'un objet mobilier, et qu'il fût prouvé que le condamné eût cet objet à sa disposition, il ne serait pas nécessaire, pour qu'il fût admis à poursuivre sur la requête civile, qu'il justifiât avoir exécuté le jugement en faisant cette remise. — A. 1636. (2)

ARTICLE 498.

Toute requête civile sera communiquée au ministère public.

Conférence.

Ordonn. de 1566, art. 61 ; ordonn. de 1667, tit. 35, art. 27 ; question 1629 de l'analyse, *suprà* 2535.

2545. La requête civile doit être communiquée au ministère public, même avant qu'elle soit signifiée avec assignation. — A. 1637.

---

(1) Ligne 3.ᵉ de la question, au lieu de *juger la requête civile, ferait-elle,* lisez *juger, la requête civile ferait-elle.*

(2) 23.ᵉ ligne de la question, au lieu de *serait,* lisez *fût.*

ARTICLE 499.

Aucun moyen autre que les ouvertures de requête civile énoncées en la consultation, ne sera discuté à l'audience ni par écrit.

Conférence.

Ordonnance de 1667, titre 35, art. 29, 31 et 37.

2546. Si l'on découvrait des ouvertures de requête civile, autres que celles énoncées en la consultation, on ne serait pas admis à les proposer. — A. 1638, et Locré, t. 2, p. 333.

ARTICLE 500.

Le jugement qui rejetera la requête civile, condamnera le demandeur à l'amende et aux dommages-intérêts ci-dessus fixés, sans préjudice de plus amples dommages-intérêts, s'il y a lieu.

Conférence.

Ordonnance de 1667, titre 35, art. 39; *suprà* art. 494, et *infrà* art. 501.

2547. L'amende consignée, conformément à l'article 494, doit être restituée si la partie qui aurait fait cette consignation, dans l'intention de se pourvoir, n'avait pas formé sa requête. — A. 1639. (1)

2548. Elle doit l'être également, lorsqu'avant qu'il ait été statué par le tribunal, le demandeur justifie d'une transaction intervenue sur la demande en requête civile. (Arrêté du Gouvernement du 27 nivôse an 10.)

ARTICLE 501.

Si la requête civile est admise, le jugement sera rétracté, et les parties seront remises au même état où elles étaient avant ce jugement ; les sommes consignées seront rendues, et les objets des condamnations qui auront été perçus en vertu du jugement rétracté, seront restitués.

Lorsque la requête civile aura été entérinée pour raison de contrariété de jugemens, le jugement qui entérinera la requête civile, ordonnera que le premier jugement sera exécuté selon sa forme et teneur.

Conférence.

Ordonnance, titre 35, art. 33; T. art. 90 et 92; *suprà* art. 500

2549. Le premier jugement étant rétracté, il suffit, sur le rescisoire, d'assigner la partie par un simple acte *d'avoué à avoué.* — A. 1640.

───────────────

(1) *Er.* 2.' ligne, au lieu de *12 octobre 1808*, lisez *12 octobre 1809*.

2550. Si le jugement rétracté n'est que préparatoire ou interlocutoire, on appliquera la première disposition de l'article 501, relative au paiement des dépens, en ordonnant la restitution des frais
faits depuis ce jugement inclusivement; mais il ne sera statué sur
les dépens antérieurs que par le jugement qui prononcera sur le
rescisoire. — A. 1641.

2551. Lorsqu'il **y a** contrariété entre les dispositions d'un même
jugement, il ne conviendrait pas de laisser subsister la première
disposition, et d'anéantir seulement celle qui serait postérieure; il
faudrait rétracter le premier jugement tout entier pour lui en substituer un autre. — A. 1642.

2552. Lorsqu'un arrêt d'appel rejette une requête civile, et néanmoins ordonne la restitution de l'amende consignée, la partie qui
retire l'amende, en vertu de l'arrêt, se rend par cela seul non
recevable à l'attaquer ensuite par voie de cassation : il y a acquiescement. (Cassation, 13 thermidor an 12; Sirey 1804, p. 173.)

ARTICLE 502.

Le fond de la contestation sur laquelle le jugement rétracté aura été rendu, sera porté au même tribunal qui
aura statué sur la requête civile.

Conférence.

Ordonnance, titre 35, art. 22.

2553. Lorsque, par l'effet de l'entérinement d'une requête civile,
la cause au fond est reproduite devant les mêmes juges qui ont rendu
la décision rescindée, les mêmes avoués qui ont déjà occupé peuvent, sans une nouvelle constitution, occuper dans la nouvelle instance sur le fond. (Toulouse, 29 novembre 1808; Sirey, 1815, p. 6.)

2554. Lorsqu'un arrêt par lequel une cour d'appel a rejeté une
demande en admission de requête civile a été cassé, et la cause renvoyée devant une autre cour qui admettrait la requête, c'est à
cette dernière seule qu'appartient le droit de prononcer sur le rescisoire. — A. 1643.

2555. En cas de cassation pour contrariété d'arrêts ou de jugemens en dernier ressort, l'exécution du premier doit être ordonnée
par l'arrêt de cassation. — A. 1644.

ARTICLE 503.

Aucune partie ne pourra se pourvoir contre la requête
civile, soit contre le jugement déjà attaqué par cette voie,
soit contre le jugement qui l'aura rejetée, soit contre celui
rendu sur le rescisoire, à peine de nullité et de dommages-
intérêts, même contre l'avoué qui, ayant occupé sur la
première demande, occuperait sur la seconde.

Conférence.

Ordonnances de 1579, art. 146; de 1667, titre 35, art. 41.

2556. Les mineurs ne peuvent user une seconde fois de la requête civile dans les trois cas où l'article 503 interdit en général ce second pourvoi. — A. 1645.

2557. Si, depuis le rejet de la requête civile, on découvrait un dol, un faux ou une retention de pièces, on ne pourrait se pourvoir une seconde fois par la même voie. — A. 1646.

2558. Celui contre qui la requête civile est admise peut se pourvoir par cette même voie contre le jugement, s'il y a ouverture. — A. 1647.

ARTICLE 504.

La contrariété de jugemens rendus en dernier ressort entre les mêmes parties et sur les mêmes moyens en différens tribunaux, donne ouverture à cassation; et l'instance est formée et jugée conformément aux lois qui sont particulières à la cour de cassation.

Conférence.

Suprà art. 480 et 501, 2.e disposition.

2559. Les jugemens rendus en cause d'appel, successivement par un ancien tribunal de district, et depuis l'organisation faite par la loi du 27 ventôse an 8, par un tribunal d'appel remplaçant ce tribunal, sont censés émanés de la même cour : en conséquence, s'il y a *contrariété* entre ces jugemens, il y a lieu à requête civile et non à cassation. (Cass., 21 mai 1816; Sirey, 1816, p. 280.)

TITRE III.

De la prise à partie.

(V. Code d'instruction criminelle, livre 2, titre 4, chap. 3.)

Dans l'ancienne pratique, les juges inférieurs étaient obligés de comparaître et d'assister dans toutes les causes d'appel pour soutenir leurs jugemens. (1) On crut ensuite, et avec raison, qu'il était plus

_____

(1) V. Rodier, sur le titre 25 de l'ordonnance, art. 1.er; nouv. répert., v. *prise à partie*; esprit des lois, livre 28, chap. 27 et 28.

convenable d'attaquer le jugement que le juge, et de ne permettre d'intimer, pour justifier le bien jugé de la sentence, que la partie qui avait obtenu gain de cause. (1) Mais en même tems on dut réserver aux plaideurs une ressource contre la prévarication du magistrat, et au magistrat une garantie contre la passion et le ressentiment du plaideur. De là l'origine *de la prise à partie*, et le motif général de toutes les dispositions qui la régissent.

La prise à partie est une action ouverte dans les cas prévus par la loi, soit contre un tribunal entier, soit contre un juge, en réparation du dommage qu'il aurait causé par abus de son ministère.

Elle ne constitue point, comme la requête civile et la tierce-opposition, un pourvoi contre le jugement, *afin de le faire rétracter*; et si les dispositions qui la concernent se trouvent néanmoins placées dans le code sous la rubrique générale *des voies extraordinaires pour attaquer les jugemens*, c'est uniquement par le motif qu'une action dirigée contre le juge, à raison de la décision qu'il a rendue, est une attaque indirecte contre cette décision elle-même.

En effet, pour réussir dans cette action, il faut prouver l'injustice qui vicie la décision et fonde la demande en indemnité.

Il suit de là que, nonobstant le succès de la prise à partie, le jugement, à l'occasion duquel elle a été formée, n'en produit pas moins tous ses effets; seulement, celle des parties à laquelle il causerait préjudice, en obtient, à titre de dommages-intérêts, la réparation contre le juge. (2)

Les anciennes ordonnances, et celle de 1667 elle-même, n'avaient rien de complet ni d'assez précis, soit sur les cas de prise à partie, soit sur la marche et les résultats de cette action : le code de procédure a perfectionné la législation sur tous ces points :

---

(1) De là, la maxime *factum judicis, factum partis*, le fait du juge est le fait de la partie.

(2) C'est par ce motif que la prise à partie ne donne jamais lieu à juger de nouveau le fond, si ce n'est comme nous le dirons *infrà* n.° 2569, lorsqu'elle est fondée sur un déni de justice qui a empêché d'y statuer.

Premièrement, en indiquant les cas où il y a lieu à prise à partie. (505.) (1)

Secondement, en définissant le plus important, qui est celui du déni de justice, et en exigeant, pour que l'action soit ouverte pour cette cause, deux réquisitions préalables au juge. (506–507.)

Troisièmement, les tribunaux qui doivent connaître de l'action sous la condition, toutefois, d'une permission d'intimer le juge. (509–510–511.)

Quatrièmement, en défendant, sous peine d'amende et injonction, toute expression injurieuse contre le juge. (512.)

Cinquièmement, en réglant les effets du rejet et de l'admission de la requête en prise à partie, et ceux du jugement. (513–514–515 et 516.)

ARTICLE 505.

Les juges peuvent être pris à partie dans les cas suivans :

1.° S'il y a dol, fraude ou concussion, qu'on prétendrait avoir été commis, soit dans le cours de l'instruction, soit lors des jugemens ;

2.° Si la prise à partie est expressément prononcée par la loi ;

3.° Si la loi déclare les juges responsables, à peine de dommages-intérêts ;

4.° S'il y a déni de justice.

Conférence.

Ordonnance de 1540, art. 2; de 1498, art. 26; de 1579, art. 135, 143, 147 et 154; de 1667, titre 25; code, civil, art. 4. V. *suprà* n. 745–747.

2560. Les officiers du ministère public peuvent être pris à partie sans qu'il soit nécessaire d'une autorisation préalable du conseil d'état. — A. 1648. (2)

---

(1) De ce que la loi a précisé les cas de prise à partie, il s'ensuit que cette action ne peut avoir lieu pour un *simple mal jugé.* Hors ces cas, les fautes que le juge peut commettre sont présumées n'être que l'effet de la faiblesse humaine, et des surprises dans lesquelles les parties peuvent souvent faire tomber les juges les plus attentifs.

(2) Dernier alinea, lignes 1 et 2, au lieu de *un arrêt la cour*, lisez *un arrêt de la cour.*

2561. On peut prendre à partie les juges des cours souveraines, comme ceux des tribunaux inférieurs. — A. 1649.

2562. On peut également poursuivre par cette voie les arbitres en matière de société commerciale, puisqu'ils ont le caractère de juge. (Cass., 7 mai 1817; Sirey, 1817, p. 247.)

2563. Lorsque la prise à partie est fondée sur un jugement émané d'un tribunal entier, elle ne peut être dirigée contre un des juges seulement, tel, par exemple, que le rapporteur. — A. 1650.

2564. *La prise à partie peut-elle être exercée contre l'héritier du juge?*

Le principe général est que celui qui cause préjudice à autrui par un délit ou quasi-délit, oblige les siens comme il s'oblige lui-même à le réparer. (Code d'instruction criminelle, art. 2; code civil, art. 1382.) Serpillon, d'après Raviot, estime, dans son commentaire sur l'ordonnance, page 477, que ce principe s'applique aux cas de la prise à partie; mais il cite un arrêt du parlement de Dijon qui avait jugé le contraire par application des lois romaines, qui ne rendaient point l'héritier responsable du délit de son auteur, à moins qu'il n'en eût profité, *nisi in quantùm factus est locupletior.* (Voyez loi 16, ff. *de judiciis.*) Enfin, ce commentateur paraît décider que la prise à partie ne peut valablement procéder contre l'héritier, qu'autant que la prise à partie a été intentée du vivant du juge.

Duparc-Poulain rappelle dans ses principes de droit, tome 10, p. 925, un arrêt du parlement de Rennes, rapporté au journal de cette cour, t. 1.er, chap. 32, qui décide, au contraire, que l'héritier d'un juge est responsable du jugement et tenu aux dommages-intérêts, quoiqu'il n'y eût eu aucune action formée avant le décès du juge.

Cependant, on opposait précisément la loi 16, ff. *de judiciis*, et le principe du droit romain, suivant lequel les quasi-délits, étant personnels, l'action ne pouvait procéder contre les héritiers de ce juge.

Quand on admettrait que la question fût sujette à controverse, dans le tems où les lois romaines étaient obligatoires, dans le silence du droit commun ou coutumier, nous croyons qu'elle est sans difficulté aujourd'hui, puisque ces lois ne doivent être considérées que comme raison écrite (V. notre introducttion générale), et que le principe général que nous avons rappelé en commençant, est que l'héritier est responsable, à fins purement civiles, de *tous* les *faits de son auteur.*

2565. Il n'y a de causes légitimes de prise à partie que celles qu'énonce l'article 5o5. — A. 1651.

§. Ier

1.er MOYEN.

2566. La faute grossière ne donne pas lieu à la prise à partie pour cause de dol. — A. 1652. (1)

§. I I.

2.e MOYEN.

2567. Le code d'instruction criminelle est le seul qui établisse aux articles 77, 112, 164 et 271 plusieurs cas où la prise à partie est ouverte. — A. 1653.

§. I I I.

3.e MOYEN.

2568. Les cas où la loi prononce la responsabilité sous peine de dommages-intérêts sont établis par les articles 15 et 928 du code de procédure, 2063 du code civil, 114, 117 et 119 du code pénal. — A. 1554.

§. I V.

4.e MOYEN.

2569. *La loi ouvrant la voie de prise à partie pour déni de justice, pourrait-on, pour la même cause, se pourvoir en appel; et si on peut prendre cette dernière voie, comment le fond sera-t-il jugé?*

En ouvrant la voie de la prise à partie en faveur de celui qui éprouve un déni de justice, la loi a évidemment exclu l'appel fondé sur la même cause; en effet, dit M. Merlin, (nouveau répertoire, v.° *déni justice*), de deux choses l'une, ou l'affaire dont il s'agit est de nature à être jugée en dernier ressort par le tribunal de première instance devant lequel elle est portée, ou elle est de nature à subir deux degrés de jurisdiction. — Au premier cas, il est clair qu'on ne peut pas la porter par appel au tribunal supérieur, et que celui-ci serait, *ratione materiæ*, incompétent pour en connaître. — Au second cas, le tribunal supérieur ne pourrait en connaître qu'après qu'elle aurait subi un premier degré de jurisdiction.

Quel sera donc, au cas de déni de justice, le moyen de faire juger le fond? Le code de procédure civile ne l'indique pas; mais il est évident qu'on doit assimiler le cas où un tribunal de première

_____

(1) Dernier alinea, lignes 1 et 2, au lieu de *un arrêt la cour*, lisez *un arrêt de la cour.*

instance refuse de juger, au cas où il se trouve, par le défaut d'un nombre suffisant de magistrats, dans l'impuissance de remplir ses fonctions ; il faut donc suivre en ce dernier cas la marche que nous avons indiquée *suprà* n.° 1819. (V. aussi nouveau répertoire, v.° *cour de cass.*, n.° 3.) Néanmoins, il est à remarquer que le tribunal supérieur pourrait juger le fond, si le déni de justice résultait d'un jugement par lequel le tribunal de première instance se serait mal à propos dessaisi d'une affaire disposée à recevoir une décision définitive ; c'est ce que prouve un arrêt du 6 thermidor an 11, rapporté par M. Merlin (v.° *déni de justice*), et ce que nous avons dit sur l'article 473.

ARTICLE 506.

Il y a déni de justice, lorsque les juges refusent de répondre les requêtes ou négligent de juger les affaires en état et en tour d'être jugées.

Conférence.

Ordonnance de 1667, tit. 25, art. 2.

2570. Il y a déni de justice, lorsque les juges refusent de juger sous prétexte du silence, de l'obscurité ou de l'insuffisance de la loi, ou de répondre les requêtes, ou lorsqu'ils négligent de juger les affaires qui sont tout à la fois en état et en tour d'être jugées. — A. 1555.

2571. Il y a déni de justice si le tribunal renvoie à faire droit sur une partie non contestée de la demande, jusqu'à ce que la partie litigieuse de cette demande soit en état d'être jugée. (Turin, 23 juin 1807 ; Sirey, 1808, p. 49.)

2572. La cour d'appel qui, dans les motifs de son arrêt, considère comme nul un jugement de première instance soumis à sa censure, et qui, dans son dispositif, prononce comme si ce jugement n'existait pas, est censée, par cela seul, l'avoir annullé ; en conséquence l'arrêt d'appel ne peut être réputé renfermer de ce chef un déni de justice. (Cass., 5 avril 1810 ; Sirey, 1813, p. 107.)

ARTICLE 507.

Le déni de justice sera constaté par deux réquisitions faites aux juges en la personne des greffiers, et signifiées de trois en trois jours au moins pour les juges de paix et de commerce, et de huitaine en huitaine au moins pour les autres juges : tout huissier requis sera tenu de faire ces réquisitions, à peine d'interdiction.

17.

2573. Les réquisitions exigées par l'article 507 peuvent être faites aux juges supérieurs comme aux juges inférieurs. — A. 1556.

2574. La réquisition pourrait être faite en la personne du greffier, trouvé ailleurs qu'au greffe, mais il doit toujours viser l'original. — A. 1557, et *infrà* art. 1029.

ARTICLE 508.

Après les deux réquisitions, le juge pourra être pris à partie.

2575. On voit, par l'article 510, que les deux réquisitions ne suffisent pas pour former la demande en prise à partie, il faut de plus en avoir obtenu la permission préalable du tribunal devant lequel l'action doit être portée ; ces deux réquisitions ne sont donc un préliminaire de la prise à partie qu'en ce sens qu'elles sont indispensablement prescrites pour pouvoir obtenir du tribunal supérieur la permission nécessaire pour intenter la demande.

2576. L'article 509 prouve qu'encore bien que l'article 508 ne parle de ces réquisitions qu'à l'égard d'un juge, elles n'en sont pas moins prescrites pour le cas où la prise à partie serait dirigée, soit contre une partie, soit contre un tribunal entier.

ARTICLE 509.

La prise à partie contre les juges de paix, contre les tribunaux de commerce ou de première instance, ou contre quelqu'un de leurs membres; la prise à partie contre un conseiller à une cour royale ou à une cour d'assises, seront portées à la cour royale du ressort.

La prise à partie contre les cours d'assises, contre les cours royales ou l'une de leurs chambres, sera portée à la haute-cour, conformément à l'article 101 de l'acte du 8 mai 1804.

Conférence.

Déclaration du 20 avril 1732, art. 4; art. 483 et suivans du code d'instruct. crimin.

2577. On ne peut former d'action contre un juge de paix à raison de ses fonctions dans une assemblée de famille, qu'au moyen de la prise à partie, puisqu'il ne fait partie de cette assemblée qu'en sa qualité de juge de paix. (Cass., 29 juillet 1812; Sirey, 1813, p. 32.)

2578. Une action en prise à partie peut être portée devant la cour de cassation, lorsqu'elle est incidente à une plainte en forfaiture. — A. 1658.

ARTICLE 510.

Néanmoins aucun juge ne pourra être pris à partie, sans permission préalable du tribunal devant lequel la prise à partie sera portée.

Conférence.

Réglemens du 4 juin 1699, 17 mars 1700, et 18 août 1702, *suprà* n.º 2575.

2579. La permission de prendre à partie un juge qui ne serait pas désigné ne suffirait pas : on doit indiquer le magistrat contre lequel l'action sera dirigée. — **A.** 1660.

ARTICLE 511.

Il sera présenté, à cet effet, une requête signée de la partie ou de son fondé de procuration authentique et spéciale, laquelle procuration sera annexée à la requête, ainsi que les pièces justificatives, s'il y en a, à peine de nullité.

Conférence.

V. arrêts de réglément des 4 juin 1699 et 8 août 1702.

2580. Lorsque la requête porte sur le dol, la fraude ou la concussion, la partie n'est obligée d'en administrer les preuves avec sa requête qu'autant qu'elle en a d'écrites ; mais, si elle ne peut prouver que par témoins, elle détaille les faits, et, s'ils sont admissibles, la cour ordonne l'enquête. — **A.** 1661.

ARTICLE 512.

Il ne pourra être employé aucun terme injurieux contre les juges, à peine, contre la partie, de telle amende, et contre son avoué, de telle injonction ou suspension qu'il appartiendra.

ARTICLE 513.

Si la requête est rejetée, la partie sera condamnée à une amende qui ne pourra être moindre de trois cents francs, sans préjudice des dommages-intérêts envers les parties, s'il y a lieu.

Conférence.

Ordonnance de 1540, art. 2.

2581. L'amende est de droit, puisqu'elle est acquise au fisc, et, par conséquent, elle doit être prononcée d'office ; mais, il en est autrement des dommages-intérêts, il faut qu'ils soient formellement demandés.

ARTICLE 514.

Si la requête est admise, elle sera signifiée dans trois jours au juge pris à partie, qui sera tenu de fournir ses défenses dans la huitaine.

Il s'abstiendra de la connaissance du différend ; il s'abstiendra même, jusqu'au jugement définitif de la prise à partie, de toutes causes que la partie, ou ses parens en ligne directe, ou son conjoint, pourront avoir dans son tribunal, à peine de nullité des jugemens.

Conférence.

T. art. 29 et 75 ; ordonnance de 1667, titre 25, art. 5.

2582. La signification de la requête, prescrite par l'article 514, doit être donnée à la personne ou au domicile du juge ; mais elle ne pourrait être arguée de nullité, si elle avait été faite en la personne du greffier. — A. 1662.

2583. Si la requête était signifiée après le délai de trois jours, la signification ne serait pas réputée non avenue. — A. 1663.

2584. On doit signifier avec la requête l'arrêt qui l'admet. — A. 1664.

2585. Celui qui prend le juge à partie peut répondre à l'écrit de défenses fourni par ce dernier. — A. 1665.

2586. Un juge ne pourrait pas, du consentement des parties, concourir au jugement d'un procès dans lequel serait intéressé celui qui l'aurait pris à partie. — A. 1666.

ARTICLE 515.

La prise à partie sera portée à l'audience sur un simple acte, et sera jugée par une autre section que celle qui l'aura admise : si la cour royale n'est composée que d'une section, le jugement de la prise à partie sera renvoyé à la cour royale la plus voisine par la cour de cassation

Conférence.

V. suprà art. 83, **§. 5**.

2587. Puisque l'instance de prise à partie doit être jugée par une section de la cour royale, autre que celle qui aura admis la requête, il est évident que cette dernière section doit délibérer, et rendre arrêt d'admission ; mais s'ensuit-il qu'elle doive prononcer en audience publique ? Nous ne le pensons pas, non seulement parce que l'article 515 porte que la prise à partie sera portée à *l'audience* pour être *jugée*, ce qu'il n'a point prescrit à l'égard de l'admission, mais encore parce qu'il ne convient pas de rendre publiquement üne décision sur un point qui n'admet aucun débat, et qui souvent peut ne tendre qu'à inculper gratuitement un juge. Ainsi, nous croyons que la section de la cour doit prononcer en chambre du conseil, comme le fait la cour de cassation sur l'admission des requêtes.

2588. D'après la disposition générale du paragraphe 5 de l'art. 83, non seulement le ministère public doit porter la parole lors du jugement de la prise à partie, mais la requête doit lui être communiquée, et il doit donner ses conclusions sur l'admission ou le rejet. (Locré, t. 2, p. 352.)

ARTICLE 516.

Si le demandeur est débouté, il sera condamné à une amende qui ne pourra être moindre de trois cents francs, sans préjudice des dommages-intérêts envers les parties, s'il y a lieu.

2589. Lorsque le demandeur est fondé, il doit obtenir contre le juge les conclusions qu'il a prises. — A. 1667.

LIVRE V.

De l'exécution des Jugemens.

Soit qu'un jugement puisse être attaqué par les voies ordinaires et extraordinaires qui sont l'objet des livres précédens, soit que l'on ait inutilement essayé de le faire réformer ou modifier en employant les unes ou les autres, il ne reste plus qu'à l'exécuter.

L'exécution d'un jugement est l'accomplissement volontaire ou forcé de ce qu'il ordonne ; elle est *volontaire,* lorsque le condamné offre de se conformer ou se conforme réellement aux dispositions du jugement, ou réclame le bénéfice de cession (1); elle est *forcée,* lorsqu'elle s'opère au moyen des poursuites et des contraintes exercées par la partie qui a obtenu gain de cause.

---

(1) Ainsi les offres de paiement et la réclamation du bénéfice de cession sont des moyens d'exécution; mais on peut aussi les employer à d'autres fins, par exemple, pour prévenir un procès, et c'est la raison pour laquelle le légis-lateur en traite dans la seconde partie du code, parmi les procédures diverses, (V. liv. 1, tit. 1 et 12.)

Le livre 5 du code de procédure établit les règles et les formalités de l'exécution en la considérant sous deux rapports :

1.° Comme exécution des dispositions par lesquelles un jugement ordonne quelque chose à faire, avant l'exécution définitive, sur les biens ou sur la personne du condamné ; c'est *l'exécution par suite d'instance*, matière des cinq premiers titres du livre ;

2.° Comme exécution définitive du jugement, sur les biens et en certains cas sur la personne du condamné ; c'est *l'exécution forcée proprement dite*, objet des titres 6 et suivans.

L'exécution par suite d'instance s'opère par les réceptions de caution, la liquidation des dommages-intérêts, des frais, des dépens et des fruits et par les redditions de comptes, qui sont autant de préliminaires indispensables à remplir, suivant les circonstances, pour qu'un jugement puisse être complètement et définitivement exécuté. (Titres 1, 2, 3, 4 et 5.)

L'exécution définitive et forcée s'opère par les différentes saisies des biens-meubles, par celle des immeubles, et quelquefois par l'emprisonnement du débiteur.

Mais avant de tracer les règles particulières à chacun de ces modes d'exécution, le législateur a posé quelques principes généraux qui s'appliquent à toutes. (Titre 6.)

Celles de ces voies qui n'atteignent que le mobilier sont *la saisie-arrêt ou opposition* (tit. 7), *la saisie-exécution* (tit. 8), *la saisie-brandon* (tit. 9), et *celle des rentes constituées sur particuliers.* (Tit. 10.)

Leur effet étant la distribution des deniers arrêtés ou du prix des choses vendues, entre les créanciers du débiteur, la loi a complété les règles qui les concernent par les dispositions relatives au mode de cette distribution. (Tit. 11.)

La saisie-immobilière ou réelle est la seule voie d'exécution qui atteigne les immeubles ; elle donne lieu à la distribution par ordre d'hypothèques. (Titres 12, 13 et 14.)

Celle qui s'exerce sur la personne même du débiteur est l'emprisonnement ou l'exercice de la contrainte par corps. (Tit. 15.)

Toutes les dispositions que la loi contient à ce sujet n'ont pas uniquement pour objet l'exécution d'une décision judiciaire ; elles s'appliquent également à celle d'un acte notarié, par la raison qu'il a toute la force d'un jugement passé en force de chose jugée, et est exécutoire comme lui, suivant les dispositions des articles 1317 et 1319 du code civil, 545 et 547 du code de procédure, et 19 de la loi du 25 ventôse an 11 sur le notariat.

, Dans le cours de l'exécution des jugemens et des actes, il peut s'élever des obstacles qu'il est urgent de faire cesser ; de là le pourvoi en référé, dont les règles établies au titre 16 complètent tout le système législatif de l'exécution des uns et des autres.

On voit par ces préliminaires, et ceux que nous avons placés au tête de chacun des livres et des titres qui précèdent, que le code de procédure a réglé dans sa première partie tout ce qui compose la procédure judiciaire, définie dans notre introduction générale ; savoir, *la demande, l'instruction, le jugement, le pourvoi et l'exécution.*

PREMIÈRE DIVISION.

De l'exécution par suite d'instance.

TITRE Ier

Des réceptions de Cautions.

On appelle caution celui qui accède à l'obligation d'un autre, en se soumettant, envers le créancier, à satisfaire à cette obligation si le débiteur n'y satisfait pas lui-même.

La caution est conventionnelle, légale ou judiciaire ; *conventionnelle*, quand les parties l'ont stipulée ; *légale*, quand la loi oblige de la fournir ; *judiciaire*, quand elle est donnée pour l'exécution d'un jugement. (V. Cod. civ., liv. 3, tit. 14.)

Le code de procédure ne concerne que les cautions qui doivent être reçues en justice, soit en vertu de la loi, soit en vertu de jugement.

Il règle, en conséquence, la forme à suivre pour leur *réception*, c'est-à-dire, pour l'admission, en cette qualité de *caution*, de la personne présentée par la partie obligée de fournir le cautionnement.

Toutes ses dispositions tendent à garantir que cette personne réunit les conditions exigées par la loi.

Ces conditions consistent en ce qu'elle soit capable de contracter; qu'elle ait des biens suffisans pour répondre de l'objet du cautionnement; qu'elle soit domiciliée dans le ressort de la cour où siége le tribunal qui la reçoit; enfin, qu'elle soit susceptible d'être contrainte par corps à l'accomplissement de son obligation, si cette obligation a pour objet l'exécution d'un jugement. (C. C., art. 2018 et 2040.

Fixation du délai pour fournir accepter ou contester la caution. (517.) — Forme de sa présentation. — Communication de ses titres, acceptation expresse ou tacite et soumission de sa part. (518 et 519.) — Poursuite de l'audience quand sa capacité ou sa solvabilité sont contestées. (520) — Procédure et jugement sur sa réception. (521.) — Sa soumission quand elle est admise. (522.)

Tels sont les objets des différens articles qui composent ce titre.

ARTICLE 517.

Le jugement qui ordonnera de fournir caution, fixera le délai dans lequel elle sera présentée, et celui dans lequel elle sera acceptée ou contestée.

Conférence.

Ordonnance de 1667, tit. 28, art. 1 ; Code civil, art. 15, 120, 601, 626, 771, 807, 1618, 1613, 2017, 2041; le tit. 14, liv. 3, et particulièrement le chap. 4. — Code de procédure, art. 17, 135, 155, 439, 542, 832, 992, etc.

2590. Si le juge ne fait qu'autoriser à exécuter un jugement, nonobstant appel, à la charge de donner caution, il n'est pas nécessaire qu'il prescrive un délai pour l'exécution de cette obligation. — A. 1668.

2691. *Quel est le délai fixé pour les réceptions de cautions de la part d'un surenchérisseur d'un héritier bénéficiaire, ou dans les affaires de commerce?*

V. A. 1669, et les questions sur les articles 440, 832, 992.

ARTICLE 518.

La caution sera présentée par exploit signifié à la partie, si elle n'a point d'avoué, et par acte d'avoué, si elle en a constitué, avec copie de l'acte de dépôt qui sera fait au greffe, des titres qui constatent la solvabilité de la caution, sauf le cas où la loi n'exige pas que la solvabilité soit établie par titres.

Conférence.

T. art. 71 et 91. Ordonnance de 1667, tit. 28, art. 2 et 3. V. *suprà* sur l'art. 882.

2592. En toute autre matière qu'en matière de commerce, il n'est pas indispensable que l'acte ou l'exploit par lequel la caution est présentée, contienne sommation de paraître à l'audience pour voir prononcer sur l'admission, en cas de contestation. — A. 1670.

2593. *Pour fixer la valeur des immeubles offerts par la caution, doit-on suivre les bases d'évaluation posées dans l'art. 2165?*

Nous croyons qu'il y aurait en cela erreur évidente. On connaît la maxime *in toto jure, generi per speciem derogatur.* Quand le législateur s'est occupé de la réduction des hypothèques non conventionnelles, s'il a, pour évaluer les immeubles, fixé un taux inférieur à celui auquel ces sortes de biens sont communément appréciés et vendus; il existe une sorte de compensation dans l'article même, puisque le montant des créances, comparé au prix des immeubles, est augmenté d'un tiers en sus, tandis que, dans le cas de la surenchère, c'est précisément la valeur du prix et des charges du contrat que doit égaler la valeur de l'immeuble offert pour la caution.

Aussi a-t-il été jugé que l'article 2165 n'était point applicable, hors du cas particulier qu'il a pour objet de régler. (Sirey, 2.e part. 1807, p. 117.)

2594. En matière de commerce, ou lorsque la dette est modique, la loi n'exige pas que la solvabilité de la caution soit établie par titres. — A. 1671.

2595. Le simple acte par lequel la caution est acceptée, est un acte d'avoué. — A. 1672.

ARTICLE 519.

La partie pourra prendre au greffe communication des titres; si elle accepte la caution, elle le déclarera par un simple acte : dans ce cas, ou si la partie ne conteste pas dans le délai, la caution fera au greffe sa soumission, qui sera exécutoire sans jugement, même pour la contrainte par corps, s'il y a lieu à contrainte.

Conférence.

T. art. 71, 91. — Art. 3, même titre de l'ordonnance.

2596. *Que signifient ces derniers mots de l'article 519 : LA SOUMISSION DE LA CAUTION SERA NOTIFIÉE SANS JUGEMENT, MÊME POUR LA CONTRAINTE PAR CORPS, S'IL Y A LIEU ?* Voyez A. 1673 (1)

2597. *Est-il nécessaire que celui à qui la caution est fournie l'accepte ?*

Il suffit, d'après l'art. 519, que la caution présentée ne soit pas contestée pour en induire une acceptation tacite de la part de celui à qui elle est offerte ; cependant il est utile à celui-ci de déclarer formellement qu'il accepte la caution, puisque ce n'est qu'après cette acceptation qu'il peut poursuivre sa partie, si la caution présentée ne fait pas sa soumission.

ARTICLE 520.

Si la partie conteste la caution dans le délai fixé par le jugement, l'audience sera poursuivie sur un simple acte.

Conférence.

T. art. 71. — Même art. 3 de l'ordonnance.

2598. La caution est contestée par un simple acte. — A. 1674.

ARTICLE 521.

Les réceptions de caution seront jugées sommairement, sans requête ni écritures ; le jugement sera exécuté nonobstant appel.

Conférence.

Même art. 3 de l'ordonnance.

2599. *Si la caution venait à changer de domicile ou à mourir serait-on obligé d'en fournir une nouvelle ?*

On peut, suivant M. Thomines, dans ses cahiers de dictée, dire pour l'affirmative que, par le changement de domicile de la caution, la discussion en deviendrait plus difficile ; que, par le décès de la caution, celui-là à qui elle aurait été donnée cesserait d'avoir la contrainte par corps. Mais, ajoute notre respectable collègue, on peut dire pour la négative que celui qui était obligé à donner caution, et qui a d'abord satisfait, ne peut être condamné à en fournir une nouvelle pour de légers préjudices ; que l'obligation de fournir une nouvelle caution n'est imposée par la loi que pour le

_____

(1) Page 150, troisième ligne, au lieu de *ne pourrait*, lisez *pourrait.*

cas d'insolvabilité ; qu'enfin l'obligation de la caution passe à ses
héritiers, et qu'il n'y a pas lieu d'en demander une nouvelle. Cette
opinion nous paraît, ainsi qu'à M. Thomines, préférable à la première.

ARTICLE 522.

Si la caution est admise, elle fera sa soumission, conformément à l'article 519 ci-dessus.

Conférence.

T. art. 71 et 91.

2600. S'il arrive que la caution contestée soit rejetée, la partie
est recevable à en présenter une autre si le jugement qui avait ordonné le cautionnement ne porte pas que, faute de présenter une
caution solvable dans le délai déterminé, la partie perdra les avantages accordés, sous cette condition, par ce même jugement. —
A. 1675.

2601. Une partie condamnée à fournir caution ne peut diviser le
cautionnement entre deux personnes, c'est-à-dire, fournir deux
cautions dont chacune ne s'obligerait que pour moitié. (*Ibidem.*)

TITRE II.

De la liquidation des dommages-intérêts.

(V. code civil, livre 3, titre 3, chap. 3, sect. 4 ; en outre les art. 1382
et suivans, et *suprà* sur l'art. 128, tom. 1, p. 210.)

SUIVANT le principe d'équité consigné dans les dispositions générales des articles 1382 et suivans du code civil, chacun est responsable du préjudice qu'il cause à autrui, ou par son propre fait,
ou par celui de ses employés, ou à l'occasion des choses qui lui
appartiennent.

Les dommages-intérêts sont l'indemnité ou dédommagement qui
est due par suite de cette responsabilité à la personne à laquelle on
a causé le préjudice ; ils s'appliquent non seulement à la perte qu'elle
aurait soufferte, mais encore à la privation du gain qu'elle aurait
pu faire. (1)

(1) Le mot *dommage*, employé seul, signifie l'indemnité due pour un préjudice déjà souffert, et le mot *intérêt*, celle de la perte d'un gain dont on
est privé par le fait d'autrui ; ces deux termes *dommages-intérêts* réunis, sont
une expression collective, qui comprend l'une et l'autre indemnité, *quantùm
nobis abest, quantumque lucrari potuimus.* (L. 13, ff. *rem ratam haberi.*)

Suivant l'article 128, le juge doit, *autant qu'il est possible,* liquider (1) les dommages-intérêts, c'est-à-dire, déterminer le montant de la somme à laquelle il les évalue, par le jugement même qui condamne à les payer; c'est donc uniquement dans le cas où les juges n'ayant pu faire de suite cette liquidation, ont, en conformité du même article, ordonné que *les dommages-intérêts seront fournis par état* (**V.** *suprà* les n.ᵒˢ 740 et 741), qu'il y a lieu à procéder conformément aux dispositions du présent titre.

Ces dispositions prescrivent la signification de la déclaration des dommages-intérêts et la communication des pièces (523), fixent le délai dans lequel le défendeur doit rétablir ces pièces et faire ses offres; règlent les effets de l'exécution de ces formalités (524), et ordonnent la condamnation aux dépens contre le demandeur qui aurait mal à propos contesté les offres. (525.)

ARTICLE 523.

Lorsque l'arrêt ou le jugement n'aura pas fixé les dommages-intérêts, la déclaration en sera signifiée à l'avoué du défendeur, s'il en a été constitué; et les pièces seront communiquées sur récépissé de l'avoué, ou par la voie du greffe.

Conférence.

T. art. 91 et 141; ordonnance de 1667, tit. 32, art. 1. V. art. 128.

2602. La déclaration des dommages-intérêts, lorsque la partie contre laquelle elle est formée n'a pas d'avoué en cause, est signifiée par exploit à personne ou domicile. — A. 1676.

2603. L'avoué du défendeur ne peut, après le délai fixé par l'article 1038, occuper sans nouveaux pouvoirs sur l'instance en liquidation. — A. 1677.

ARTICLE 524.

Le défendeur sera tenu, dans les délais fixés par les articles 97 et 98, et sous les peines y portées, de remettre lesdites pièces; et, huitaine après l'expiration desdits délais, de faire ses offres au demandeur, de la somme qu'il avisera pour les dommages-intérêts; sinon, la cause sera portée sur un simple acte à l'audience, et il sera condamné à payer le montant de la déclaration, si elle est trouvée juste et bien vérifiée.

___

(1) On entend, en général, par *liquidation*, du latin *liquet*, *il est clair*, *il est manifeste*, la fixation de certaines choses à une valeur ou à une quotité qui n'étaient pas encore déterminées.

Conférence.

T. art. 71 et 142; ordonn. de 1667, tit. 32, art. 1, 2.e part.

2604. Le délai dans lequel les pièces communiquées doivent être remises est de quinzaine. — A. 1678.

2605. Les articles 97 et 98, cités dans l'article 524, ne portant aucune peine contre le défendeur qui ne remettrait pas les pièces communiquées, il semble qu'on doit appliquer la disposition générale de l'article 191, mais non, comme plusieurs l'ont pensé, celle de l'article 107, qui se rapporte au cas particulier de l'instruction par écrit. — A. 1679.

2606. Le défendeur a le droit de critiquer la déclaration du demandeur. — A. 1680.

2607. Les offres du défendeur se font par acte d'avoué à avoué. — A. 1681.

2608. La loi n'exige point que les offres soient faites à deniers découverts; et si l'avoué du défendeur n'a pas pouvoir spécial pour recevoir, le montant ne peut en être consigné avant qu'elles aient été renouvelées par exploit à partie. — A. 1682.

2609. Lorsque le défendeur acquiesce à la déclaration, le demandeur a le droit de l'appeler à l'audience pour obtenir un jugement qui, sur le consentement des parties, décerne acte de l'acquiescement du défendeur, et le condamne au paiement. — A. 1683 et 1334.

ARTICLE 525.

Si les offres contestées sont jugées suffisantes, le demandeur sera condamné aux dépens, du jour des offres.

Conférence.

Ordonnance, même titre, art. 3.

2610. Si le tribunal ne peut par lui-même évaluer exactement les dommages-intérêts, d'après les contestations des parties, il doit nommer des experts, ou ordonner une enquête, suivant les circonstances. — A. 1684.

2611. *Quand un tribunal a liquidé les dommages-intérêts à une somme fixe, mais en ajoutant : SI MIEUX N'AIMENT LES PARTIES, A DIRE D'EXPERTS dans un délai fixé, ce tribunal peut-il, lorsque les parties sont convenues d'experts, et que ceux-ci ont procédé, ordonner une nouvelle expertise, conformément à l'article 322 ?*

On dit pour la négative, 1.º que le tribunal n'ayant point ordonné l'expertise pour sa propre instruction, puisqu'il a lui-même liquidé les dommages, ne peut, sans se réformer sur ce point, ordonner une nouvelle expertise dont l'objet ne pourrait être que de prononcer par suite une condamnation différente de la première; que, par conséquent, il ne peut, en ce cas, user de la faculté que lui donne l'article 322; 2.º que l'option qu'il a donnée aux parties, soit de se conformer à sa liquidation, soit de la faire déterminer par des experts, les oblige à suivre l'avis des experts auxquels elles ont préféré se soumettre, au lieu de s'en tenir au réglement du tribunal.

Nous répondons, 1.º que le jugement qui déclare une partie sujette aux dommages-intérêts de l'autre, présente, pour en déterminer la valeur, deux dispositions facultatives essentiellement distinctes; l'une par laquelle le tribunal, dans la vue de mettre un terme aux débats, apprécie à forfait, et avant apurement sur ce point, le préjudice souffert; l'autre par laquelle il laisse aux parties l'option d'une liquidation approfondie par la voie de l'expertise; 2.º que la première de ces dispositions, offerte aux parties comme un moyen de transaction, ne peut et ne doit avoir d'effet qu'étant au moins accompagnée de leur consentement tacite, puisque ce n'est qu'à défaut de consommation de l'option, dans le délai déterminé, que la fixation provisoire doit devenir définitive; 3.º que cette disposition, privée du consentement qui doit la vivifier, devient caduque, et doit être considérée comme non avenue, du moment où les parties, usant de la faculté qui leur était donnée, prennent pour règle la seconde disposition, qui fait nécessairement tomber la première; 4.º enfin, que l'on peut conclure de ces observations que le jugement devient un simple interlocutoire, ordonnant un apurement préalable.

Telle est notre opinion sur cette question, qui peut se présenter souvent, et que le tribunal de commerce de Saint-Malo a résolu dans ce sens. Nous convenons qu'elle a, au premier aperçu, quelque chose de bisarre en ce qu'elle admet la possibilité d'un interlocutoire sur un point qui semble déjà définitivement jugé; mais cette contradiction, qui n'est qu'apparente, disparaît quand on remarque que les deux dispositions étant alternatives et au choix des parties, celle à laquelle elles se sont tenues doit subsister, avec tous ses effets, comme si l'autre n'avait pas existé.

2612. Lorsqu'un jugement adjuge des dommages-intérêts à donner par état, et qu'il ne prononce pas la contrainte par corps dans un cas où elle est autorisée, cette contrainte ne peut être ordonnée par le jugement qui liquide les dommages-intérêts. — A. 1685.

TITRE III.
De la liquidation des fruits.

LES fruits sont les revenus d'une terre , d'une maison , d'une rente ; le code civil (art. 547 et suiv.) explique en quoi ils consistent ; et celui de procédure , à la différence de l'ordonnance de 1667 , qui avait établi pour leur liquidation des formalités particulières , se borne à déclarer (art. 526) qu'elle sera faite suivant les règles et les formalités des redditions de compte en justice.

En effet , la liquidation des fruits ne présente qu'un compte à régler , puisqu'elle se fait en balançant la recette ou la *perception* avec la *dépense*, c'est-à-dire , avec les frais des travaux, labour et semences qui doivent être déduits du produit perçu ; du reste, l'article 129 a fixé les bases d'après lesquelles on doit estimer la valeur des fruits à liquider ; et en disposant que cette estimation se fera d'après les mercuriales , il a épargné aux parties les frais et les longueurs des expertises et des enquêtes.

ARTICLE 526.
Celui qui sera condamné à restituer des fruits , en rendra compte dans la forme ci-après ; et il sera procédé comme sur les autres comptes rendus en justice.

Conférence.
V. le titre suivant, et notamment les art. 633 et 640. — C. civ., art. 547 et suiv., *suprà* art. 529.

2613. L'évaluation des fruits se fait d'après les bases posées en l'art. 129. — A. 1686.

TITRE IV.
Des redditions de comptes.

TOUTE personne qui a géré les biens ou les affaires d'autrui est assujettie à rendre compte.

Rendre compte, c'est présenter à celui pour qui on a géré un état détaillé de ce qu'on a reçu et dépensé pour lui.

Dans la balance de ces deux parties d'un compte, la somme qui excède la dépense forme ce qu'on appelle le *reliquat* ou *débet*, autrement ce que le *comptable* ou *rendant compte* doit à l'*oyant*, (1) c'est-à-dire, à celui auquel le compte est rendu; celle, au contraire, qui excède la recette, forme l'*avance* du *rendant*, et, par conséquent, une créance à son profit contre l'*oyant*.

La fixation de ce résultat est le but de toutes les dispositions du présent titre.

Elles doivent être observées quel que soit l'objet du compte, et le titre en vertu duquel il est rendu *judiciairement;* il n'y a d'exception qu'à l'égard de ceux mentionnés *infrà* n.os 2614 et 2615.

Ainsi, quoique ces dispositions fassent partie d'un livre qui traite de l'*exécution des jugemens*, elles n'en sont pas moins applicables aux redditions de compte poursuivies par *action principale*, comme à celles qui sont ordonnées par jugement, et qui conséquemment ont lieu par suite d'instance.

Après avoir désigné les juges devant lesquels chaque comptable doit porter l'examen de son compte (527--528), le code pose les règles relatives à la nomination des avoués (529); au jugement qui condamne à rendre le compte lorsqu'il a été demandé par action principale (530); à sa forme et à son contenu (532—535); à sa présentation et affirmation, aux peines contre l'oyant en retard, et au paiement préalable de l'excédant en recette qu'il présente (534--535--556); à la dispense d'enregistrement des pièces (537); aux débats (538 et 542), au jugement (539--540), et, enfin, à l'exclusion des demandes en révision (541).

Questions sur l'ensemble du titre.

2614. Les comptables de deniers publics et les copartageans, relativement aux comptes qu'ils peuvent devoir, ne sont point assujétis aux formalités prescrites par le présent titre. — A. 1687.

2615. Il en est de même à l'égard des comptes rendus en matière commerciales. — A. 1688, et Rennes, 3.e ch., 23 août 1817.

---

(1) OYANT, du vieux français *ouir*, dérivé d'*audire*, entendre : l'*oyant* est celui qui *entend* le compte afin de le débattre.

2616. Aux tribunaux seuls appartient le droit de décider les contestations qui s'élèvent entre le tuteur et le subrogé-tuteur, relativement aux comptes de tutelle. En conséquence, une délibération de conseil de famille qui statue sur de semblables débats, est nulle et ne peut être homologuée. (Turin, 5 mai 1810 ; Sirey, 1811 , 2.ᵉ partie, p. 37 et 38.)

ARTICLE 527.

Les comptables commis par justice seront poursuivis devant les juges qui les auront commis ; les tuteurs , devant les juges du lieu où la tutelle a été déférée ; tous autres comptables , devant les juges de leur domicile.

Conférence.

Art 2 , tit. 29, ordonnance de 1667 , voyez art. 472, 907 et 995.

2617. Si un comptable était assigné devant le tribunal de son domicile, quoiqu'il eût été commis par un autre , il serait fondé à opposer un déclinatoire. — A. 1689. (1)

Telle est aussi la doctrine professée par M. Thomines , dans ses cahiers de dictée.

2618. *Si le comptable a été commis par des juges d'appel , doit-il rendre compte devant eux ?*

Cela résulte, dit M. Jourdain, Cod. de Comp., tom. 3, p. 191, n.° 114, du principe posé dans l'art. 527 ; ainsi l'on n'est point tenu, quand le le comptable a été commis sous l'appel , d'observer les deux degrés de jurisdiction.

2619. *Peut-on placer un héritier bénéficiaire parmi les comptables commis par justice ?*

Nous ne le pensons pas par cette raison qu'en donne M. Thomines , dans ses cahiers , que ce comptable est un véritable héritier institué par sa seule volonté , et qui a seulement le privilège de ne payer les dettes que jusqu'à concurrence de la valeur des biens qu'il a recueillis ; aussi n'est-il pas contraignable par corps.

2620. La demande en reddition de compte est , comme toute autre demande principale , assujétie au préliminaire de conciliation , à moins qu'elle ne se trouve dans les cas d'exception mentionnés en l'art. 49. — A. 1690.

2621. Cette demande est sommaire si elle est pure personnelle et fondée en titre non contesté ; elle est ordinaire en toute autre circonstance. — A. 1691.

(1) Première ligne, au lieu d'*affirmative* , lisez *négative.*

19

2622. Si le compte dû à plusieurs personnes est demandé par deux d'entre elles ou par un plus grand nombre, la poursuite appartient à celui qui, le premier, a fait viser l'original de son exploit par le greffier du tribunal. — A. 1692.

2623. Le jugement qui ordonne une reddition de compte, comprenant nécessairement la condamnation de payer le reliquat du compte, s'il s'en trouve après la liquidation et l'apurement, l'hypothèque judiciaire doit en résulter comme de tout autre jugement de condamnation. (Cass., 21 août 1810; Sirey, 1811, p. 29.)

ARTICLE 528.

En cas d'appel d'un jugement qui aurait rejeté une demande en reddition de compte, l'arrêt infirmatif renverra, pour la reddition et le jugement du compte, au tribunal où la demande avait été formée, ou à tout autre tribunal de première instance que l'arrêt indiquera.

Si le compte a été rendu et jugé en première instance, l'exécution de l'arrêt infirmatif appartiendra à la cour qui l'aura rendu, ou à un autre tribunal qu'elle aura indiqué par le même arrêt.

Conférence

V. l'art. 472.

2624. Ces expressions de la seconde disposition de l'art. 528 : *L'exécution de l'arrêt infirmatif appartiendra à la cour qui l'aura rendu*, doivent s'entendre en ce sens, que si la cour déclarait nul le compte rendu et jugé en première instance, et qu'elle en ordonnât un autre, l'exécution de son arrêt infirmatif lui appartiendrait, si elle n'en chargeait un autre tribunal. — A. 1693, Jourdain, t. 2, p. 242, n.° 338.

ARTICLE 529.

Les oyans qui auront le même intérêt, nommeront un seul avoué : faute de s'accorder sur le choix, le plus ancien occupera, et néanmoins chacun des oyans pourra en constituer un ; mais les frais occasionnés par cette constitution particulière, et faits tant activement que passivement, seront supportés par l'oyant.

Conférence.

Art. 536. — Ordonnance de 1667, tit. 29, art. 2.

2625. Les oyans ont le même intérêt, lorsque la recette et la dépense leur sont communes, et qu'aucun d'eux n'a pour son compte ni recette ni dépense particulière à débattre. — A. 1694.

ARTICLE 530.

Tout jugement portant condamnation de rendre compte fixera le délai dans lequel le compte sera rendu, et commettra un juge.

Conférence.

Ordonnance, même titre, art. 5.

2626. Le délai fixé pour rendre compte court du jour de la signification du jugement qui l'ordonne. — A. 1695.

On remarquera que nous avons *suprà*, n.° 1408, appliqué ce principe à tous les cas où les juges fixent des délais pour l'exécution de leurs jugemens. Cependant un arrêt de la cour de cassation, cité sur la question 1695, semble décider le contraire, et faire courir le délai du jour de la notification. Par les raisons développées sur cette dernière question, nous avons maintenu notre proposition à l'égard du jugement qui ordonne de rendre compte; mais nous n'entendons pas l'appliquer à celui qui émanerait d'un tribunal de commerce, parce que le ministère d'avoué n'étant point admis dans ces tribunaux, on ne peut y exiger à la rigueur l'accomplissement des règles ordinaires sur la manière de procéder. (Rennes, 3.e ch., 9 mars 1810, et 1.re ch., 3 mai 1810, et notre introduction.)

2627. Le juge qui condamne à rendre compte, peut déterminer en même tems la somme jusqu'à concurrence de laquelle le rendant y sera contraint, s'il laisse passer le délai fixé sans se présenter et affirmer. (Bruxelles, 24 juin 1812; Denevers, t. 13, p. 76.)

2628. Quoiqu'un tribunal ne puisse changer, modifier, ni interpréter sa décision, s'il s'était glissé dans le jugement omission de fixer le délai de la reddition d'un compte et de commettre un juge-commissaire pour la présentation, l'affirmation et les débats, les premiers juges pourraient réparer ces erreurs et omissions, sans qu'on fût obligé de recourir à l'appel. (Rennes, 2.e ch., 29 janvier 1813.)

2629. *L'article 530 s'étend-il à un compte rendu volontairement, c'est-à-dire, sans qu'il ait été ordonné par jugement ; ou , plus particulièrement, le comptable peut-il se borner à dénoncer l'audience au demandeur, en lui signifiant des conclusions tendantes à le faire reconnaître lui-même reliquataire, et condamner de payer le reliquat, en sorte que l'instance serait jugée sur plaidoirie, après communication des pièces, sans nomination préalable de commissaire, sans affirmation judiciaire, etc. ?*

Nous estimons que cette question doit être résolue négativement, et que ce serait une erreur de conclure de la disposition de l'article 530, qu'il n'y a lieu à la procédure prescrite par le titre 4, livre 5, première partie du code, que lorsqu'il est ordonné par jugement qu'une partie rendra compte. Cet article n'est relatif qu'au cas où le défendeur refuse de rendre le compte qui lui est demandé, et alors c'est par le même jugement qui le condamne que le tribunal doit fixer un délai et nommer un juge.

Cet article n'est donc fait que pour un cas particulier; ce cas n'existant pas, il ne doit être d'aucune considération; et, dans cette circonstance, c'est au rendant qui rend volontairement son compte, à assigner l'oyant pour voir fixer le délai dans lequel le compte sera présenté, et nommer un juge-commissaire; tel est aussi le sentiment de M. Lepage (nouveau style de la procédure, 4.ᵉ édit.ᵒⁿ, p. 407.) Cette fixation de délai, cette nomination du juge-commissaire une fois faites, on doit se conformer aux dispositions du code de procédure, conformément à l'avis de tous les auteurs qui ont supposé l'hypothèse d'un compte rendu volontairement, c'est-à-dire, sans qu'il soit besoin du jugement dont il s'agit dans l'article 530. Et, en effet, le législateur a entendu établir pour les redditions de comptes une procédure spéciale applicable aux deux cas d'une reddition, soit volontaire, soit forcée. Nous croyons, en conséquence, que, s'il arrivait de suivre une autre marche, l'oyant pourrait, en tout état de cause, arguer la procédure de nullité; la raison en est qu'il n'est point permis aux juges de substituer les formalités ordinaires aux formalités prescrites pour certaines matières spéciales. (V. notre introduction.)

2630. *L'oyant qui n'a point provoqué la nomination du juge-commissaire, qui n'y a pas même conclu par son assignation, ne s'est-il pas interdit la faculté d'invoquer l'accomplissement des formalités particulières du code, en sorte que le rendant puisse exiger qu'il soit prononcé suivant la forme ordinaire prescrite pour tout autre cas?*

Nous ne pensons pas que le rendant compte ait cette faculté, les lois de la procédure étant de droit public, ainsi que nous l'avons dit dans notre introduction générale, une partie est toujours fondée à réclamer que l'instruction se fasse suivant les règles et les formalités qu'elles prescrivent sur chaque matière, sauf à supporter les frais des actes qu'elle aurait faits, ou que, par sa manière de procéder, elle aurait obligé sa partie adverse de faire en contravention aux règles établies.

ARTICLE 531.

Si le préambule du compte, en y comprenant la mention de l'acte ou du jugement qui aura commis le rendant, et du jugement qui aura ordonné le compte, excède six rôles, l'excédant ne passera point en taxe.

Conférence..

T. art. 75 ; ordonnance, même titre, art. 5.

2631. Il n'est pas nécessaire que le jugement qui ordonne le compte soit transcrit en entier dans le préambule, ainsi que le jugement ou les actes qui auraient commis le rendant. — A. 1696.

2632. Le préambule du compte se compose d'un exposé général et succint des faits qui ont donné lieu à la gestion du comptable. — A. 1697.

ARTICLE 532.

Le rendant n'emploiera pour dépenses communes que les frais de voyage, s'il y a lieu, les vacations de l'avoué qui aura mis en ordre les pièces du compte, les grosses et copies, les frais de présentation et affirmation.

Conférence.

T. art. 92 ; ordonnance, même titre, art. 18, 2.° part.

2633. Les dépenses indiquées dans l'article 532 sont supportées par la personne à qui le compte est dû. — A. 1698, et comm.¹ᶜ des annales du notariat, t. 3, p. 397.

2634. Le rendant n'a pas le droit de former reprise pour les frais de la dresse ou reddition du compte, indépendamment des sommes allouées par les articles 62 et 75 du tarif, pour la mise en ordre des pièces et pour les grosses et copies. — A. 1699

2635. *En est-il de même des frais du jugement qui a ordonné le compte ?*

C'est notre opinion, fondée sur ce que le code ne reproduit point, dans l'article 532, les dispositions de l'ordonnance qui mettaient ces frais à la charge des oyans; ce qui nous semble fondé sur la raison que le comptable est toujours présumé débiteur, tant qu'il n'a pas présenté son compte, et a d'ailleurs à s'imputer la faute de donner lieu à une assignation en reddition : mais on sent qu'il doit en être autrement, lorsque c'est au contraire le comptable qui poursuit à l'effet d'être autorisé à rendre compte. Tel est encore le sentiment des auteurs des annales du notariat. (V. *suprà* n.° 2632.)

ARTICLE 533.

Le compte contiendra les recette et dépense effectives; il sera terminé par la récapitulation de la balance desdites recette et dépense, sauf à faire un chapitre particulier des objets à recouvrer.

Conférence.

Ordonnance, même titre, art. 7, 1.ᵉ part.

2636. Le compte doit être rédigé en forme de grosse, où l'on distingue les recettes et dépenses de diverses années ou de diverses natures. — A. 2700.

2637. La loi n'exige pas que le compte soit suivi d'un inventaire des pièces. — A. 1701.

1638. *L'oyant peut-il refuser de débattre le compte dans la forme qu'il a été rendu, et produire un nouveau compte pour servir à ces débats ?*

Il est de principe que la forme ou la texture d'un compte appartient à celui qui le rend ; que c'est son ouvrage, et qu'il est le maître de le composer à son gré, pourvu qu'il l'établisse sur les bases constitutives d'un compte ; que l'oyant ne peut pour les débats présenter un compte nouveau ; qu'il est obligé de s'astreindre à suivre l'ordre et la méthode adoptés par le rendant : ces maximes ont pour but d'éviter la confusion que des règles contraires ne manqueraient pas d'entraîner, et de conduire plus promptement à un résultat clair et certain. Les droits de l'oyant ne peuvent en souffrir, puisqu'il conserve, par la voie du débat, tous les moyens nécessaires pour rectifier les erreurs dont il peut avoir à se plaindre, suppléer, retrancher ; en un mot, recharger la recette autant qu'il croit l'avoir à faire, et rejeter de la dépense tout ce qu'il prétend n'y devoir pas entrer ; l'essentiel est qu'il suive toujours l'ordre établi dans les comptes ; mais, encore une fois, il ne peut dresser un nouveau compte, ainsi qu'il a été formellement décidé par un arrêt de la cour de Rennes du 16 juillet 1817.

ARTICLE 534.

Le rendant présentera et affirmera son compte en personne ou par procureur spécial, dans le délai fixé, et au jour indiqué par le juge-commissaire, les oyans, présens ou appelés à personne ou domicile, s'ils n'ont avoué, et par acte d'avoué, s'ils en ont constitué.

Le délai passé, le rendant y sera contraint par saisie et vente de ses biens jusqu'à concurrence d'une somme que le tribunal arbitrera ; il pourra même y être contraint par corps, si le tribunal l'estime convenable.

Conférence.

T. art. 29, 70, 92. — Art. 8, même titre de l'ordonnance.

2639. L'ordonnance du juge-commissaire doit être demandée par requête et non pas sur le procès-verbal du juge. — A. 1702.

2640. Si le rendant laissait passer le délai fixé par le jugement, sans présenter le compte, l'oyant aurait à obtenir lui-même l'ordonnance et à la signifier au rendant, suivant la forme indiquée par l'article 534. — A. 1703.

2641. Le tribunal peut proroger le délai fixé pour rendre compte; mais seulement dans des circonstances majeures. — A. 1704.

2642. L'affirmation du compte ne doit pas être faite sous serment. — A. 1705.

2643. La somme qu'arbitre le tribunal, conformément à la seconde disposition de l'art. 534, n'est qu'une provision. — A. 1706.

2644. Ces expressions, *si le tribunal l'estime convenable*, l'autorisent à décerner la contrainte par corps, quel que soit l'objet du compte. — A. 1707.

2645. Les peines mentionnées en l'article 534 peuvent être prononcées *éventuellement* par le jugement même qui ordonne de rendre compte. — A. 1718.

ARTICLE 535.

Le compte présenté et affirmé, si la recette excède la dépense, l'oyant pourra requérir du juge-commissaire exécutoire de cet excédant, sans approbation du compte.

Conférence.

T. art. 92. — Deuxième partie, art. 7, même titre de l'ordonnance.

2646. L'exécutoire de l'excédant du compte peut être demandé même après la présentation. — A. 1709.

2647. L'exécutoire délivré par le juge-commissaire confère hypothèque. — A. 1710. V. *suprà* sur l'art 527, n.° 2623.

2648. On peut former opposition à l'exécutoire — 1711, mais voyez la question suivante.

2649. *L'exécutoire est-il susceptible d'appel?*

La négative a été jugée par arrêt de la cour de Turin, du 1.er juin 1812 (V. jur., cod. civ., tom. 19, p. 227), attendu qu'en thèse générale ce n'est que contre les jugemens des tribunaux que la voie d'appel est ouverte; que la loi a spécialement prévu les cas dans lesquels l'appel d'un jugement ou d'une ordonnance rendue par un seul juge est autorisé; et qu'enfin l'on ne trouve nulle part dans le code de procédure qu'une ordonnance de la nature de celle rendue en l'espèce par un juge commis par le tribunal, soit du nombre de celles dont il est permis d'interjeter appel à la cour.

En rapportant cet arrêt dans son journal des avoués, tome 7, p. 105, M. Coffinière observe que l'appel n'est pas recevable, puisque le juge-commissaire ne fait autre chose que de donner à l'oyant un titre pour réclamer ce que le comptable reconnaît lui devoir, et qu'en conséquence son ordonnance ne peut avoir aucun des caractères d'un jugement, puisqu'à cet égard il n'y a rien de litigieux entre parties.

Telle est, selon nous, la véritable raison de décider, et non celle que présente l'arrêt; car nous ne croyons pas qu'il soit nécessaire, pour qu'on puisse appeler de l'ordonnance d'un juge-commissaire, que la loi ait positivement autorisé l'appel. Ainsi, dans la supposition que le rendant compte eût de justes motifs pour s'opposer à ce que l'exécutoire fût décerné, par exemple, s'il avait à faire compensation entre l'excédant dont il serait débiteur, et une créance qu'il porterait sur l'oyant, et qu'en cette circonstance il déclarât, dans le compte même, entendre retenir cet excédant pour cette cause, nous serions portés à croire qu'il pourrait interjeter appel, puisque le juge-commissaire aurait statué sur un point litigieux.

ARTICLE 536.

Après la présentation et affirmation, le compte sera signifié à l'avoué de l'oyant : les pièces justificatives seront cotées et paraphées par l'avoué du rendant; si elles sont communiquées sur un récépissé, elles seront rétablies dans le délai qui sera fixé par le juge-commissaire, sous les peines portées par l'article 107.

Si les oyans ont constitué avoués différens, la copie et la communication ci-dessus seront données à l'avoué plus ancien seulement, s'ils ont le même intérêt, et à chaque avoué, s'ils ont des intérêts différens.

S'il y a des créanciers intervenans, ils n'auront tous ensemble qu'une seule communication, tant du compte que des pièces justificatives, par les mains du plus ancien des avoués qu'ils auraient constitués.

Conférence.

T. art. 92. — Art. 9, 10, 11 et 12, même titre de l'ordonnance. — Art. 107.

2650. Si l'oyant n'a pas constitué d'avoué, le compte n'en doit pas moins être signifié. — A. 1712.

2651. Si plusieurs des oyans ou intervenans, bien qu'ayant des intérêts communs, avaient constitué des avoués différens (v. art. 529), chaque avoué pourrait exiger une copie du compte, sous ses offres de supporter séparément les frais. — A. 1713.

2652. Ce n'est point au juge-commissaire qu'il appartient d'appliquer les peines sous lesquelles il est ordonné que les pièces seront rétablies au greffe dans le délai qu'il a fixé. — A. 1714.

ARTICLE 537.

Les quittances de fournisseurs, ouvriers, maîtres de pension, et autres de même nature, produites comme pièces justificatives du compte, sont dispensées de l'enregistrement.

Conférence.

Art. 23 et 47. Loi du 22 frimaire an 7.

2653. Les pièces dispensées de la formalité de l'enregistrement ne le sont pas de celle du timbre. — A. 1715.

2654. Les comptes rendus à l'amiable devant notaires sont dispensés de l'enregistrement, comme les comptes rendus en justice. (Décision des ministres de la justice et des finances, du 22 septembre 1807; Sirey, 1807, 2.ᵉ part., p. 295.)

ARTICLE 538.

Aux jour et heure indiqués par le commissaire, les parties se présenteront devant lui pour fournir débats, soutenemens et réponses sur son procès-verbal : si les parties ne se présentent pas, l'affaire sera portée à l'audience sur un simple acte.

Conférence

T. art. 92. — Art. 18, même titre de l'ordonnance.

2655. L'article 538 ne doit recevoir son application qu'autant que le rendant *ou* l'oyant ne se présente pas devant le juge-commissaire, soit par lui-même, soit par procurateur. — A. 1716.

2656. Loin que le juge-commissaire soit tenu à faire écrire les débats, soutenemens et réponses tels qu'ils sont présentés, soit de vive voix, soit par écrit, il est de son devoir rigoureux d'apporter dans la rédaction, *qui n'appartient qu'à lui seul*, tout le laconisme et toute la précision qui peuvent se concilier avec la nécessité de de ne rien omettre d'essentiel. — A. 1717.

2657. Quand le rendant fait défaut, le juge-commissaire doit se borner à renvoyer à l'audience, pour y faire son rapport. — A. 1718.

2658. *Le rendant aurait-il, après les réponses de l'oyant aux soutenemens d'un compte, le droit de répliquer à ses réponses?*

Aucune disposition de la loi ne lui accorde ce droit, et l'article 538 le lui refuse, au contraire, de la manière la plus formelle, en n'admettant d'autres dires sur le procès-verbal du juge-commissaire que les débats, les soutenemens et les réponses.

Les débats sont fournis par l'oyant, soit contre la recette, soit contre la dépense, soit contre le chapitre des objets à recouvrer.

Les soutenemens sont fournis par le rendant pour *soutenir* son compte, s'il n'adhère pas aux débats.

Enfin, les réponses sont données par l'oyant s'il persiste dans les débats et n'acquiesce pas aux soutenemens.

Ces dits et contredits à insérer sur le procès-verbal du juge-commissaire remplacent les trois écrits que l'on pouvait signifier en matière de compte, avant la publication du code de procédure. On n'admettait point de réponses aux contredits de l'oyant sur les soutenemens du comptable.

S'il ne suffisait pas du texte de l'article 536 pour prouver que le rendant ne peut répliquer aux réponses de l'oyant, on citerait l'article 92 du tarif qui ne taxe d'autres vacations que celles qu'occasionnent les *débats, soutenemens* et *réponses.*

Mais, en outre du texte de la loi et du tarif, la raison dit que l'on ne pouvait admettre sans injustice le rendant à répliquer aux réponses de l'oyant, car autrement il serait admis à s'expliquer trois fois sur l'objet du compte : premièrement, dans le compte lui-même ; secondement, dans les soutenemens ; troisièmement, dans la réplique aux réponses que l'oyant aurait fait aux soutenemens.

L'oyant, au contraire, n'aurait à s'expliquer que deux fois : la première, dans les débats ; la seconde, dans ses réponses aux soutenemens.

C'est pour établir l'égalité que la loi n'a autorisé que deux dires de part et d'autre, comme l'ordonnance n'avait admis, pour chaque partie, que deux écrits.

ARTICLE 539.

> Si les parties ne s'accordent pas, le commissaire ordonnera qu'il en sera par lui fait rapport à l'audience, au jour qu'il indiquera ; elles seront tenues de s'y trouver sans aucune sommation.

Conférence.

Voyez art. 977 *in fine.*

2659. Lorsque les parties s'accordent, elles peuvent, à leur choix, passer une transaction ou obtenir un jugement qui homologue les conventions arrêtées entre elles. — A. 1719.

2660. Quand le juge-commissaire, sur les contestations des parties, ordonne qu'il en sera par lui fait rapport à l'audience, on doit lever le procès-verbal pour le servir au tribunal ; mais on ne peut le signifier. — A. 1720.

ARTICLE 540.

Le jugement qui interviendra sur l'instance du compte, contiendra le calcul de la recette et des dépenses, et fixera le reliquat précis, s'il y en a aucun.

Conférence.

Art. 20, même titre 29 de l'ordonnance.

2661. Le jugement qui intervient sur l'instance du compte doit fixer, non seulement la somme dont le rendant est débiteur ou reliquataire, mais encore celle dont il est créancier. — A. 1721.

2662. Un jugement rendu en matière de compte, doit être envisagé comme faisant un seul et même acte avec le procès-verbal de débats. — A. 1722.

ARTICLE 541.

Il ne sera procédé à la révision d'aucun compte, sauf aux parties, s'il y a erreurs, omissions, faux ou doubles emplois, à en former leurs demandes devant les mêmes juges.

Conférence.

Première partie de l'art. 21, même titre de l'ordonnance.

2663. La prohibition de l'action en revision de compte exclut en tous les cas l'appel, afin de faire rectifier les erreurs, omissions, faux ou doubles emplois qui n'auraient pas été relevés devant les premiers juges. — A. 1723.

2664. Quand un compte a été régulièrement rendu, reçu et approuvé, on ne peut procéder par nouveau compte, mais seulement par voie de demande en rectification d'erreurs, omissions, faux et doubles emplois.

2665. Ainsi les juges ne sont pas autorisés à considérer un premier compte comme non avenu, et à ordonner qu'il en sera rendu un nouveau, et ces principes sont applicables aux comptes extra-judiciaires, tout aussi bien qu'aux comptes rendus en justice. (Arrêts de cass. des 17 avril 1810 et 10 septembre 1812 ; Sirey, 1811, p. 119, et 1813, p. 254, et de Rennes, 8 juin 1811, 5.e ch.)

2666. L'appelant d'un incident sur expropriation forcée, ne peut demander à relever des erreurs ou doubles emplois dans un compte de commerce qu'il prétend être le principe de la créance du poursuivant. (Rennes, 12 janvier 1814, 1.re chambre.)

2667. D'après la maxime *qui veut la fin veut les moyens*, la loi en accordant aux comptables la faculté de redresser les erreurs,

omissions, etc., qui auraient pu échapper dans un premier jugement, les autorise incontestablement à faire valoir toutes les pièces
et les moyens propres à les manifester, même les pièces qui auraient été produites en premier jugement. (Rennes, 19 janvier
1816, 1.re chambre.)

2668. L'action en redressement des erreurs ou omissions qui se
sont glissées dans une sentence d'arbitres, en matière de commerce,
doit être portée, non devant le tribunal de commerce, mais devant
l'arbitre qui a rendu cette sentence. (Cass., 28 mars 1815 ; Sirey,
1815, p. 154.)

2669. Une demande formée sous l'appel, et qui a pour objet de
relever des omissions, faux ou doubles emplois, précédemment dé-
battus devant des arbitres, ne doit pas être considérée comme demande nouvelle et renvoyée comme telle devant les premiers juges.

2670. Il en est ainsi de celle qui serait également formée en cause
d'appel, à l'occasion d'un précompte que la cour aurait renvoyé
devant notaire. Cette circonstance du renvoi devant notaire ne
dessaisit point, en effet, la cour de la connaissance du compte, et
par conséquent, elle doit connaître de l'incident qui constitue une
partie intégrante de l'ensemble de la comptabilité dont elle est
saisie. (Rennes, 25 février 1817, 2.e ch.)

ARTICLE 542.

Si l'oyant est défaillant, le commissaire fera son rapport
au jour par lui indiqué : les articles seront alloués, s'ils
sont justifiés ; le rendant, s'il est reliquataire, gardera les
fonds, sans intérêts ; et s'il ne s'agit point d'un compte de
tutelle, le comptable donnera caution, si mieux il n'aime
consigner.

Conférence.

Art. 23, titre 29, ordonnance de 1667. — C. Civ., art. 474.

2671. Le tuteur est compris dans la disposition qui autorise le
rendant reliquataire à garder les fonds sans intérêts. — A. 1724 ;
et Delvincourt, tom. 1.er, p. 501. (1)

---

(1) Dans cette question, au lieu de *qui dispense le rendant reliquataire de*,
etc., lisez *qui autorise le rendant reliquataire*, etc. ; et v. *infrà* troisième alinea,
deuxième ligne, après p. 370, ajoutez *et Delvincourt*, tom. 1, p. 501.

TITRE V.

De la liquidation des dépens et frais.

(V. suprà art. 130 et 131.)

A parler exactement, les *dépens* ne sont autre chose que les dépenses du procès lui-même, et les *frais* sont les déboursés qui n'ont été faits qu'accessoirement; mais on comprend les uns et les autres sous le mot *dépens*, lorsqu'il s'agit de les liquider contre la partie qui a été condamnée à les supporter.

- Cette liquidation nécessite deux opérations. La première consiste à examiner si les pièces de la procédure sont autorisées par la loi, et si d'ailleurs elles n'ont pas été déclarées nulles; car, en ces deux cas, le juge ne pourrait les taxer. La seconde a pour objet d'attribuer à chaque pièce la somme à laquelle elle doit être taxée d'après les réglemens.

En matière sommaire, la liquidation est toujours faite par le jugement (543); mais dans les autres affaires elle l'est par l'un des juges qui ont concouru à sa prononciation, et, suivant le mode, déterminé par les réglemens d'administration publique. (544. Voy. sur l'art. 1041.)

ARTICLE 543.

La liquidation des dépens et frais sera faite, en matière sommaire, par le jugement qui les adjugera.

Conférence.

Ordonnance de 1667, tit. 31, art. 33.

2672. Ce n'est pas seulement dans les matières sommaires que le jugement doit contenir la liquidation des dépens et frais, mais elle doit encore être faite lorsqu'il prononce sur certaines contestations élevées en matière d'ordre. — A. 1726, art. 762 et 766.

2673. Il n'est pas nécessaire, à peine de nullité du jugement, qu'en matière sommaire la taxe des dépens soit prononcée à l'audience; il suffit qu'elle soit énoncée dans la minute. — A. 1727.

2674. Le délai de l'opposition à l'exécutoire ou au jugement au chef de la liquidation, est le même tant en matière sommaire qu'en matière ordinaire. — A. 1728.

2675. Un arrêt en matière de taxe de dépens peut être attaqué par la voie de la cassation. — A. 1729. (1)

2676. L'opposition formée contre la taxe opérerait une fin de non recevoir contre l'appel que l'on interjetterait du jugement relativement au fond. — A. 1730.

Cependant le contraire a été jugé par arrêt de la cour de Paris, du 10 juin 1812 (V. j. c. civ., tom. 19, p. 265), attendu que l'opposition à la taxe contenue dans un jugement ne renferme pas d'acquiescement, puisqu'elle n'est pas volontaire, le réglement du 16 février 1807, portant (art. 6) qu'elle doit être formée dans les trois jours, à peine de déchéance. Nous croyons que l'on doit s'arrêter à cette dernière décision.

2677. Lorsque la partie qui succombe interjette appel de la taxe des dépens, il est nécessaire, pour que l'appel soit recevable, que, dans les trois jours, les articles contestés soient croisés; fallût-il les croiser tous, l'appel embrassant la totalité de la taxe.

Le commissaire taxateur ne peut autoriser la partie qui a gagné à employer en frais et mise d'exécution de ses créances les dépens qui lui ont été adjugés, si l'arrêt qui condamne aux dépens ne renferme point cette faculté. (Paris, 11 fructidor an 13; Sirey, 1807, p. 895.)

2678. La taxe ou exécutoire des dépens est susceptible d'opposition, non seulement par la partie condamnée, mais encore par la partie au profit de qui les dépens sont accordés. (Ajaccio, 12 sept. 1811; Sirey, 1814, p. 22.)

2679. Lorsqu'un jugement condamne une partie aux frais et avances de son avoué, ce jugement est toujours réputé rendu sauf la taxe. Il cesse donc d'être exécutoire aussitôt que la taxe est demandée, et dès-lors il ne peut légitimer des poursuites en expropriation forcée.

Si, dans ces circonstances, un tribunal de première instance décide le contraire, et ordonne la continuation des poursuites, son jugement est susceptible d'appel, même après la quinzaine de la signification à avoué. Ici ne s'appliquent point les articles 734 et 736 du code de procédure civile. (Paris, 23 mai 1808; Sirey, 1808, p. 267.)

ARTICLE 544.

La manière de procéder à la liquidation des dépens et frais dans les autres matières, sera déterminée par un ou plusieurs réglemens d'administration publique, qui seront

---

(1) *Er.* Au lieu de *Denevers, 1812, p. 391,* lisez *Denevers, 1812, p. 389; et Sirey, 1813, p. 37.*

exécutoires le même jour que le présent code , et qui , après trois ans au plus tard, seront présentés en forme de loi au Corps législatif, avec les changemens dont ils auront paru susceptibles.

2680. Le réglement d'administration publique, qui détermine la manière de procéder à la liquidation des dépens et frais, est contenu dans le décret du 16 février 1807. — A. 1725.

DEUXIÈME DIVISION.

De l'exécution forcée sur les biens ou sur la personne du débiteur.

TITRE VI.

Règles générales sur l'exécution forcée des jugemens et actes.

AVANT de tracer les règles particulières à chaque mode d'exécution forcée, le législateur a posé quelques règles générales sur la nature des actes qui sont par eux-mêmes susceptibles de ce genre d'exécution, et sur les formalités dont ils doivent essentiellement être revêtus ou accompagnés, afin que l'on y procède valablement.

Ces règles concernent,

1.º La force exécutoire des jugemens rendus en France ou à l'étranger. (545—647.)

2.º Certains préalables à remplir pour l'exécution de ceux qui ordonnent quelque chose à faire par un tiers ou à sa charge. (548 —550.)

3.º Les conditions requises pour procéder à une saisie mobilière ou immobilière. (551.)

4.º L'exercice de la contrainte par corps, dans le cas où l'objet est susceptible de liquidation. (552.)

5.º L'indication du tribunal auquel sont portées les contestations sur l'exécution des jugemens rendus par les tribunaux de commerce. (553.)

6.° La décision à rendre provisoirement sur les difficultés relatives à l'exécution, lorsqu'elles requièrent célérité. (554.)

7.° La procédure à suivre, en cas d'insulte faite à un officier dans l'exercice de ses fonctions. (555.)

8.° Les cas où la remise de l'acte ou du jugement à l'huissier vaut ou ne vaut pas pouvoir. (556.)

ARTICLE 545.

Nul jugement ni acte ne pourront être mis à exécution, s'ils ne portent le même intitulé que les lois et ne sont terminés par un mandement aux officiers de justice, ainsi qu'il est dit article 146.

Conférence.

Loi du 29 septembre 1791, sect. 2, tit. 1, art. 13 et 14; C. C., art. 2213, et l'ordonnance du Roi du 30 août 1815.

2681. *L'exécution d'un acte ou jugement d'une date antérieure à la publication du code civil peut-elle avoir lieu aujourd'hui, s'ils ne sont revêtus de la formule royale?*

D'après les dispositions des articles 2213 du premier de ces codes, et 545 du second, nul acte ou jugement n'a pu être mis à exécution sans être revêtu de la formule exécutoire; mais jusqu'à l'ordonnance du 30 août 1815, peu importait que cette formule fût ou non celle du tems où l'expédition avait été délivrée. (Avis du conseil d'état, du 2 frimaire an 13, et A. 1734.)

Il avait même été décidé par arrêts de la cour de cassation, des 21 brumaire an 11 et 8 août 1808, que, dans l'intervalle du décret du 22 septembre 1792 à la loi du 25 ventôse an 11, on pouvait exécuter un acte sans formule.

Aujourd'hui la formule royale est indispensable, à peine de nullité, suivant l'article 1.er de l'ordonnance que nous venons de citer; l'article 5 a seulement autorisé la continuation des procédures commencées en vertu de grosses portant une formule ancienne.

2682. *Les actes notariés et les jugemens sont-ils les seuls qui ne puissent être mis à exécution qu'en vertu de la formule exécutoire?*

Les arrêtés et actes administratifs qui constatent des contraventions ou prononcent des condamnations emportant l'exécution parée, comme les actes notariés et les jugemens (V. avis du conseil d'état du 16 thermidor an 12, 29 octobre 1811, et 24 mars 1812), nous semblent, d'après les termes généraux de l'article 545, *nul acte*, devoir être revêtus de la formule exécutoire.

Cependant, si l'on s'arrêtait à une décision du ministre de la justice, rapportée par Sirey, 1809, 2.ᵉ part., p. 314, et suivie dans l'usage, les huissiers pourraient mettre à exécution ces mêmes actes, nonobstant le défaut de formule; mais nous remarquerons que, s'il a pu exister quelques doutes sur l'opinion contraire que nous venons d'émettre, ils sont levés par l'article 1.ᵉʳ de l'ordonnance du 30 août, qui évidemment comprend dans sa disposition tous actes, arrêts ou jugemens, quels qu'ils soient. Tel est aussi le sentiment des auteurs des annales du notariat. (V. comm. sur le code de procéd., t. 3, pag. 460.)

Nous ne pourrions indiquer qu'un seul acte qui puisse être exécuté sans formule : ce sont les contraintes décernées en matière d'enregistrement. Elles n'y sont pas soumises, parce qu'elles n'émanent que de simples officiers et non pas des fonctionnaires publics, dans le sens légal du mot, et qu'elles ne forment d'ailleurs que des actes préalables de poursuites dont on peut toujours arrêter les effets, en se pourvoyant par opposition devant les tribunaux.

2683. L'ordonnance d'un juge ne peut être mise à exécution si elle n'est pas revêtue de la formule. — A. 1732.

2684. Les actes constatant les ventes publiques de meubles, faites par les notaires, ne sont pas susceptibles d'exécution parée s'ils ne sont signés de l'acheteur et du vendeur, comme du notaire et des témoins. (Bruxelles, 22 mars 1810; Sirey, 1810, p. 333.)

2685. Un jugement signifié à avoué ne peut être exécuté avant de l'avoir été à partie. — A. 1731 et 488. V. *suprà* art. 147.

2686. Les jugemens ne peuvent être exécutés sur la minute. — A. 1733. V. l'exception pour les ordonnances de référés, *infrà* art. 811.

2687. Avant d'exécuter personnellement contre les héritiers un titre qui était exécutoire contre leur auteur, il faut leur signifier ce titre dans le délai fixé par l'article 877 du code civil. — A. 1735.

2688. Mais les titres pour dettes mobilières, exécutoires contre le mari ou la femme, avant le mariage, le sont de plein droit contre la communauté. (Bruxelles, 25 juin 1807; Sirey, 1807, p. 345.)

2689. Le cessionnaire d'un titre exécutoire n'est pas tenu, pour le mettre à exécution, de s'y faire autoriser par justice. (Nismes, 2 juillet 1808; Sirey, 1809, p. 61.)

2690. *Quand l'exécution des jugemens et actes notariés peut-elle être arrêtée ?*

L'exécution d'un jugement par défaut peut toujours l'être par l'opposition, tant qu'elle est recevable. (Art. 158 et 165.) Quant à celle des jugemens contradictoires et de ceux qui , rendus par défaut , ne sont plus sujets à l'opposition , elle ne peut l'être que par un appel s'ils ne sont pas exécutoires par provision (V. art. 135 , 435 , 439); enfin , quant à celle des actes notariés , l'article 1519 du code civil, d'accord avec l'article 19 de la loi du 25 ventôse an 4 , veut qu'en cas de plainte en *faux principal*, l'exécution soit suspendue par la mise en accusation, et se borne à autoriser les tribunaux , en cas *d'inscription en faux incident*, à prononcer la suspension, suivant les circonstances. Nous estimons, au reste , qu'il dépend de même des tribunaux de prononcer cette suspension, lorsque l'acte est attaqué par des moyens de fraude, de dol, de simulation, ou , en un mot, de nullités qui auraient une grande apparence de fondement. (V. *suprà* sur l'article 124.)

Il reste à remarquer que si le serment décisoire peut être déféré contre et outre le contenu d'un acte notarié , cette délation n'en suspendrait point l'exécution de plein droit. (V. arrêts de Colmar , 18 avril ; de Grenoble , 11 juillet 1806; et sur-tout celui de Turin , du 10 nivôse an 14 ; Sirey , 1806 , 2.ᵉ partie, p. 900 et 988 ; 1807 , p. 47, et 1806 , p. 87.)

2691. *Le porteur d'un titre exécutoire peut-il obtenir jugement de condamnation au payement des sommes qui lui seraient dues en vertu de ce titre ?*

On dit , pour la négative, qu'au moyen d'un titre de cette nature le créancier peut agir par voie d'exécution sur les biens, et que, par conséquent , il n'est pas besoin qu'il obtienne un jugement de condamnation qui ne lui donnerait qu'un droit qu'il a déjà ; d'où suit que les poursuites judiciaires qu'il ferait , à cet égard , seraient tout à la fois et vexatoires et frustratoires.

Nous répondons que nulle disposition n'interdit l'action du créancier pour le cas dont il s'agit , et qu'il a d'ailleurs un intérêt évident à la former , 1.º parce que cette action peut seule lui faire obtenir les intérêts qui ne courent que depuis la demande en justice. Ainsi Dénisart, v.º *intérêts*, et M. Pigeau, dans sa procédure civile du Châtelet (t. 1.ᵉʳ, p. 43 , note 6), comme dans son nouveau traité, t. 1.ᵉʳ, p. 66 , estiment que le créancier a droit d'obtenir jugement ; 2.º parce que l'art. 1153 du code civil l'y autorise formellement par la généralité de ses termes qui ne distinguent point relativement à la forme de l'obligation ; 3.º parce qu'aujourd'hui qu'il n'y a plus d'hypothèque sans stipulation formelle, le créancier ne peut acquérir cette sûreté qu'au moyen d'un jugement.

Si , dans ces circonstances , l'action était interdite au créancier, il se trouverait avec un titre exécutoire dans une position moins favorable que le porteur d'une simple obligation privée ; ce qu'on ne peut admettre. Ce ne serait donc que dans le seul cas où l'acte procurerait au créancier tous les avantages qu'il pourrait obtenir d'un jugement, qu'il serait permis aux tribunaux de rejeter la demande, suivant la maxime, *l'intérêt est la mesure des actions*; dans le cas contraire, le débiteur a à s'imputer la faute de s'être exposé, en ne satisfaisant pas à ses engagemens, aux frais que l'action peut occasionner.

Concluons que si le créancier, en vertu d'un titre exécutoire, a le droit de passer à l'exécution des meubles ou à la saisie des immeubles de son débiteur, il ne s'ensuit nullement que la faculté d'agir en justice, pour obtenir une condamnation aux intérêts du retard et une hypothèque légale lui soient enlevés. (1) Or, quand on a plusieurs moyens de se pourvoir, on peut choisir celui qui paraît offrir le plus d'avantages. (V. d'Argentré, sur l'art. 122 de l'ancienne coutume de Bretagne, et notre introduction.)

ARTICLE 546.

Les jugemens rendus par les tribunaux étrangers, et les actes reçus par les officiers étrangers, ne seront susceptibles d'exécution en France, que de la manière et dans les cas prévus par les articles 2123 et 2128 du code civil.

Conférence.

C. C., art. 2123 et 2128; ordonnance de 1629, dite *code* Michau, art. 121, *suprà* n.ᵒˢ 1016, 1017 et 1027.

2692. Les jugemens rendus et les actes passés en pays étranger ne sont exécutoires en France qu'après déclaration d'un tribunal français, à moins que les traités entre la France et les puissances étrangères ne contiennent des exceptions. (A. 1736.) Tel est celui passé entre la France et la Suisse, le 4 vendémiaire an 12 ; l'art. 24 exige seulement que les jugemens soient légalisés. (Bulletin des lois, n.° 324.)

2693. Sur les poursuites de cette déclaration, le Français a le droit de débattre de nouveau la chose jugée contre lui à l'étranger. A. 1737. Voyez en outre Delvincourt, t. 1, p. 301, et les annales du notariat, t. 15, p. 103 et suivantes.

Un arrêt de Paris, du 27 août 1812 (V. Sirey, 1813, p. 226), a formellement consacré cette proposition en déclarant que nos nouveaux codes n'ont point abrogé l'article 121 de l'ordonnance de

(1) A l'appui de cette observation, voyez les articles 58 et 69 de l'ordonnance de François I.ᵉʳ, du mois d'août 1539, dans Neron, tom. 1, p. 201, et la paraphrase de Bourdin, sur l'article 69 *ibidem.*

1629; mais nous disions dans notre analyse que l'étranger ne jouissait pas de la même faculté, et qu'en conséquence il ne pouvait s'opposer à ce que le juge décernât un simple *pareatis* lorsque le Français avait à exécuter le jugement contre lui. Cependant, par arrêt du 27 août 1816 (Sirey , 1816, p. 369), la cour royale de Paris a jugé le contraire. Nous n'en persistons pas moins dans notre opinion, qui est celle de M. Merlin et de M. Berriat-Saint-Prix, cités dans notre analyse, et nous nous fondons, 1.º sur le texte même de l'art. 121 de l'ordonnance, puisqu'il porte « nonobstant les jugemens, nos sujets *contre lesquels* ils auront été rendus pourront de nouveau débattre leurs droits » comme entiers pardevant nos officiers ; 2.º sur ce qu'il a été jugé par arrêt de la cour de cassation du 7 janvier 1806, rapporté au nouveau répertoire, que l'ordonnance ne s'appliquait pas au cas où le jugement était intervenu entre deux étrangers, ce qui prouve que l'ordonnance n'a eu en vue que les Français; 3.º sur ce que l'étranger ne peut contester la validité d'un jugement rendu par ses juges naturels. (V. nouveau Dénisart , v.º *droit des gens* , p. 259)

2694. Mais ce droit du Français ne s'étend pas aux sentences arbitrales; elles sont purement et simplement déclarées exécutoires. — A. 1738.

2695. Il ne peut aussi s'exercer lorsque le jugement a été rendu du consentement de toutes les parties. (Paris, 14 juillet 1809 ; Sirey, 1812, p. 359.)

2696. Il en est encore de même lorsque les jugemens étrangers ne sont que la conséquence nécessaire ou l'exécution de décisions souveraines rendues en France contre un Français. (Cass. , 30 juillet 1810; Sirey, 1811, p. 91.)

2697. En tous autres cas, le jugement rendu à l'étranger ne peut, avant d'avoir été rendu exécutoire, avoir en France autorité de chose jugée. (1) (V. bulletin officiel de cass., t. 11, p. 67.)

---

(1) Ainsi, 1.º il n'opère point l'exception résultant de cette autorité contre la nouvelle action que le Français voudrait intenter en France, encore bien que ce Français eût été demandeur en pays étranger, que la matière fût commerciale, et que le tribunal étranger eût été saisi par renvoi du ministre de France. (Cass., 26 ventôse an 12 ; Sirey, an 12, p. 267.)

2.º Le jugement qui, dans l'étranger, admet un négociant au bénéfice de cession, n'est point obligatoire pour les créanciers de France, encore que lui-même soit Français d'origine. (Bruxelles, 8 mai 1810; Sirey, 1807, 2.ª part., p. 973.)

3.º Celui qui accorde un sursis à une maison de commerce n'empêche pas de pratiquer en France des saisies-arrêts au préjudice de cette maison. (Bordeaux, 5 février 1813; Sirey, 1815, p. 111.)

4.º Le jugement rendu sur la question de savoir si des marchandises confisquées comme de bonne prise, appartenant au Français ou à l'étranger, n'empêche pas la revendication en France de ces marchandises. (Cass., 19 octobre 1809; Sirey, 1810, p. 113.)

2698. Si tout acte d'exécution fait en France par un étranger, en vertu d'un acte passé hors France, et non rendu exécutoire par un tribunal français, est de nul effet (Rouen, 11 janvier 1817; Sirey, 1817, p. 89), il en est autrement des mêmes actes faits en pays étranger, en vertu d'un jugement rendu par un tribunal français ou d'un titre passé en France; ils peuvent produire des effets en France, comme l'a décidé un arrêt de la cour de cassation du 14 février 1810, cité par M. Delvincourt, t. 1, p. 301 et 302, en déclarant qu'une saisie-arrêt faite dans l'étranger avait pu empêcher en France la compensation.

2699. *Les tribunaux français peuvent-ils déclarer exécutoire un acte fait en France par un étranger qui a conservé son domicile dans les états du prince dont il est le sujet?*

Tout acte fait en France par un étranger est régi par la loi française, suivant la maxime *locus regit actum :* ainsi nul motif pour faire déclarer exécutoire un acte fait dans le royaume par un étranger, comme il le faudrait si cet acte avait été passé hors France; mais si l'acte dont il s'agit avait besoin, d'après la loi de France, d'être rendu exécutoire, même lorsqu'il serait fait par un Français, comme serait un testament olographe, le tribunal français ne pourrait le déclarer tel lorsqu'il émanerait d'un étranger, parce que la succession du testateur s'étant ouverte dans le lieu de son domicile, hors France, son testament ne pourrait être réglé, quant à son exécution, que par les lois de son pays; or, les tribunaux français ne peuvent, en aucune manière, s'immiscer dans les opérations d'une succession ouverte en pays étranger, et par suite dans l'exécution d'un testament fait en France par un étranger qui n'y a pas acquis domicile. (Paris, 22 juillet 1815; Sirey, 1816, p. 298.)

ARTICLE 547.

Les jugemens rendus et les actes passés en France seront exécutoires dans tout le Royaume, sans *visa* ni *pareatis*, encore que l'exécution ait lieu hors du ressort du tribunal par lequel les jugemens ont été rendus, ou dans le territoire duquel les actes ont été passés.

Conférence.

Ordonnance de 1667, tit. 27, art. 6; lois du 29 septembre 1791, tit. 2, sect. 2, art. 15, et du 25 ventôse an 11, art. 19 et 28.

2700. Pour que l'exécution d'un acte notarié faite hors du département dans lequel réside le notaire qui a délivré la grosse soit valable, il ne suffit pas qu'elle porte la formule exécutoire, il faut en outre qu'elle soit légalisée par le président, ou, à défaut, par un des juges de la résidence du notaire. — A. 1738.

Telle est aussi l'opinion de M. Pigeau, t. 2, p. 36 et 37, opinion consacrée par l'arrêt de Colmar, cité dans notre analyse, et rendu dans une espèce ou la partie qui se prévalait du défaut de légalisation avait elle-même figuré dans l'acte notarié, et ne contestait ni la réalité ni la sincérité de l'obligation.

Cependant, par arrêt du 10 juillet 1817, la cour de cassation a décidé le contraire, par le motif que la formalité de la légalisation n'est pas exigée *à peine de nullité*. (Sirey, 1818, p. 384.) M. Toullier, t. 8, p. 126, n.° 59, pense aussi que le défaut de légalisation ne doit point opérer la nullité de l'exécution, et nous nous rangeons d'autant plus volontiers à cette opinion, que, par arrêt du 22 octobre 1812, rapporté au bulletin criminel de la cour de cassation, 1812, p. 449, cette cour a décidé en thèse générale que la légalisation d'un acte n'est pas *constitutive de son authenticité*, et n'en est que la *preuve*.

2701. *Mais si l'exécution n'est pas nulle, le tribunal ne doit-il pas du moins la suspendre jusqu'à ce que la formalité de la légalisation soit remplie ?*

C'est l'avis bien prononcé de M. Toullier. « Le tribunal, dit-il, » devrait suspendre et ordonner avant faire droit, et toutes choses » demeurant en état, que le saisissant rapportât un acte légalisé, » faute de quoi la saisie serait rejetée. » Nous ne voyons pas que l'arrêt ci-dessus rapporté s'oppose à ce que l'on admette ce tempérament, parce que, dans l'espèce, la partie n'avait conclu qu'à la nullité, sans demander subsidiairement la suspension des poursuites ; mais nous distinguerons entre le cas où la partie qui demanderait le sursis aurait figuré dans l'acte, et n'en contesterait ni la réalité ni la sincérité, et celui où il s'agirait d'exécuter contre un tiers, par exemple, dans l'espèce de l'article 2158 du code civil. Dans le premier cas, nous pensons qu'il ne serait pas juste d'accorder un sursis à une personne qui ne peut raisonnablement contester la signature du notaire ; dans le second, au contraire, le tiers qui n'est pas obligé de la connaître doit obtenir la suspension jusqu'à ce qu'il lui soit *certifié* par la légalisation que l'acte est véritablement l'ouvrage d'un notaire compétent, autrement la disposition de l'article 28 de la loi du 25 ventôse deviendrait absolument inutile.

2702. *Y aurait-il nullité de l'exécution faite sur une grosse qui ne serait pas revêtue du sceau du notaire, ainsi que le prescrit l'article 27 de la loi du 25 ventôse ?*

Non, parce que cet article ne prononce encore aucune peine contre l'omission de cette formalité. (Toullier, t. 8, p. 126.)

ARTICLE 548. (1)

Les jugemens qui prononceront une main-levée, une radiation d'inscription hypothécaire, un paiement, ou quelque autre chose à faire par un tiers ou à sa charge, ne seront exécutoires par les tiers ou contre eux, même après les délais de l'opposition ou de l'appel, que sur le certificat de l'avoué de la partie poursuivante, contenant la date de la signification du jugement faite au domicile de la partie condamnée, et sur l'attestation du greffier constatant qu'il n'existe contre le jugement ni opposition ni appel.

Conférence.

Tarif, art. 90; ordonn. tit. 35, art. 5, *suprà* les quest. 487, 569 et 570 de l'analyse, et *suprà* n. 845, 978, 979; *infrà*, art. 550.

2703. *Qu'est-ce que l'on entend par tiers dans l'art. 548?*

On entend toutes les personnes autres que celles qui sont intéressées dans l'instance sur laquelle le jugement aurait été rendu, et qui cependant, à raison de leur qualité ou de leurs fonctions, sont tenues de concourir à son exécution.

2704. Il n'est pas nécessaire, dans le cas de l'article 548, d'attendre l'expiration du délai de l'appel pour mettre à exécution un jugement contradictoire qui ne serait pas encore passé en force de chose jugée. — A. 1740.

2705. *Un conservateur des hypothèques peut-il refuser la radiation de l'inscription, sous prétexte que le jugement n'aurait été notifié qu'au domicile élu et non au domicile réel?*

Par deux décisions des 21 juin et 5 juillet 1808, les ministres des finances et de la justice avaient résolu cette question pour l'affirmative, mais la jurisprudence de la cour de Paris était contraire. (V. arrêts des 26 août 1808 et 17 juillet 1813; Sirey, 1809, p. 18, et 1814, p. 107.) Aujourd'hui toute incertitude est levée par suite de l'arrêt de la cour de cassation du 29 août 1815 (même recueil, 1815, p. 430), lequel décide que le mot domicile, dont se sert l'article 548, doit s'entendre du *domicile réel.*

2706. Les jugemens qui ordonnent le remboursement d'une consignation judiciaire, doivent être rendus avec les parties qui peuvent y avoir intérêt; ceux qui ne l'auraient été que sur simple requête

_____

(1) *Er.* Au sommaire de l'article, au lieu de *vis-à-vis des tiers*, lisez *à l'égard des tiers*, et *infrà*, au lieu de *question 427*, lisez *question 487*, et supprimez la seconde ligne commençant ainsi : Les questions traitées, etc.

n'obligent point les préposés de la caisse d'amortissement à les exécuter, et il faut, d'ailleurs, que toutes les formalités prescrites par l'article 148 soient observées. (Circulaire du ministre de la justice, du 1.er septembre 1812.)

ARTICLE 549.

A cet effet, l'avoué de l'appelant fera mention de l'appel, dans la forme et sur le registre prescrit par l'article 163.

Conférence

Art. 90 et *suprà* art. 163.

2707. *Est-ce l'avoué de l'appelant près la cour royale qui doit faire la mention de l'appel, et sur quel registre doit-elle être faite?*

Plusieurs auteurs ont trouvé difficile la solution de cette question. Si, disent-ils, c'est l'avoué que l'appelant a eu en première instance qui doit faire la mention sur le registre de son tribunal, l'article ne sera pas susceptible d'exécution quand le jugement aura été rendu par défaut faute de constitution d'avoué; si c'est l'avoué constitué en appel qui doit faire la mention sur le registre de la cour, le greffier de première instance, qui doit donner le certificat, n'aura pas connaissance de l'appel; si, pour prévenir cet inconvénient, l'avoué de la cour doit faire la mention sur le registre de première instance, on tombe dans un autre inconvénient résultant de la distance.

Nous croyons que cette difficulté s'évanouit devant les considérations suivantes : 1.º il s'agit d'exécution ; or, les avoués qui ont occupé en première instance sont tenus, d'après l'article 1038, à occuper sur l'exécution qui a lieu dans l'année ; donc, il est présumable que la loi a entendu désigner l'avoué de première instance ; 2.º puisque c'est le greffier de première instance qui doit donner le certificat (art. 163 et 648), c'est sur son registre que la mention de l'appel doit être inscrite, comme le pense M. Thomines, p. 217 ; et comme la loi exige que l'avoué lui-même fasse cette mention, ce qui obligerait l'avoué constitué en appel de déplacer pour remplir la formalité, et ce que la loi n'a surement pas entendu, il faut bien admettre que c'est l'avoué de première instance qui doit l'exécuter. Au reste, quand l'exécution n'a lieu qu'après le délai fixé par l'article 1028, ou quand le jugement a été rendu par défaut, c'est à la partie qui interjette son appel à charger un avoué de première instance de faire la mention dont il s'agit ; autrement elle aurait à s'imputer sa négligence, et ne pourrait se plaindre de l'exécution du jugement, suivant la maxime *qui damnum sua culpa sentit sentire non intelligitur.* (V. De la Porte, t. 2, p. 139, comm.re des aun. du not., t. 3, p. 509.)

ARTICLE 550.

Sur le certificat qu'il n'existe aucun opposition ni appel
sur ce registre, les sequestres, conservateurs, et tous,
autres, seront tenus de satisfaire au jugement.

Conférence.

Suprà art. 548.

2708. Les personnes désignées dans l'article 550, n'ont droit
d'exiger que le certificat du greffier, et non celui de l'avoué; mais
aussi le greffier ne peut donner son certificat qu'après avoir été
saisi de celui de l'avoué. — A. 1741.

ARTICLE 551.

Il ne sera procédé à aucune saisie mobilière ou immobilière, qu'en vertu d'un titre exécutoire, et pour choses
liquides et certaines : si la dette exigible n'est pas d'une
somme en argent, il sera sursis, après la saisie, à toutes
poursuites ultérieures, jusqu'à ce que l'appréciation en ait
été faite.

Conférence.

Ordonnance de 1657, titre 33, art. 2, et C. C., art. 2213.

2709. On peut exécuter par voie de saisie-arrêt, en vertu d'un
simple titre sous seing privé. — A. 1742.

2710. Un jugement rendu sur arbitrage volontaire ne peut,
sans qu'il y ait contravention à l'article 551, être mis à exécution
et servir de fondement à une saisie, s'il a été rendu exécutoire par
un président de tribunal de commerce et non par celui du tribunal
civil. (Rennes, 13 décembre 1809, 3.e ch., et *infrà* sur les art.
1020 et 1021.)

2711. *Un jugement qui ne prononce point de condamnation
principale susceptible de liquidation, mais qui condamne une
partie aux frais de lief, peut-il servir de titre à une saisie exécution en payement de ces frais?*

On dit pour l'affirmative que lorsqu'un jugement contient, au
principal, condamnation au payement d'une somme liquide, on
saisit en même tems pour les frais du lief et de la signification
comme pour le principal; or, quand il n'y a condamnation que
pour les frais du lief pourquoi ne saisirait-on pas?

Nous répondons que l'article 551 veut que la somme soit liquide,
et qu'elle ne l'est pas par la simple marque du greffier; qu'en
conséquence il faut obtenir exécutoire du juge contre cette partie,
lorsque le jugement ne contient pas de condamnations principales
liquides.

22

2712. *Un propriétaire, porteur de bail authentique, qui saisit un immeuble hypothéqué, pour sureté de ses fermages, doit-il obtenir jugement qui détermine et liquide le montant des fermages dus ?*

Nous ne le pensons pas, par la raison que le titre portant le prix annuel des fermages, la créance se trouve liquide et certaine par suite de l'évaluation donnée au fermage annuel.

Lorsque l'appréciation en argent de la dette pour laquelle on poursuit une saisie immobilière a été faite avant l'adjudication préparatoire, le saisi ne peut pas s'en plaindre. (Bordeaux, 8 février 1817; Sirey 1817, p. 201.)

2713. L'article 551 ne fait qu'expliquer et modifier l'article 2213 du code civil, et n'est point en opposition avec les dispositions de ce même article. — A. 1743. (1)

ARTICLE 552.

> La contrainte par corps, pour objet susceptible de liqui-
> dation, ne pourra être exécutée qu'après que la liquida-
> tion aura été faite en argent.

Conférence.

V. *infrà* art. 798.

2714. Le but de l'article 552 est de ménager au débiteur le tems de faire des offres et d'éviter par là l'exécution de la contrainte. — A. 1744.

ARTICLE 553.

> Les contestations élevées sur l'exécution des jugemens
> des tribunaux de commerce seront portées au tribunal de
> première instance du lieu où l'exécution se poursuivra.

Conférence.

V. *suprà* art. 442 et 472.

2715. *S'il s'élève des contestations sur l'exécution d'actes administratifs, y a-t-il lieu à suivre la règle de compétence posée pour celles des tribunaux de commerce par l'article 553 ?*

C'est un principe incontestable que si les tribunaux sont incompétens pour statuer sur le sens et l'effet des actes administratifs,

---

(1) *Er.* Premier alinea, 9.ᵉ ligne, au lieu de *avant la saisie*, lisez *jusqu'à la saisie*; et *infrà* 2.ᵉ alinea, 3.ᵉ ligne, au lieu de *immobilière*, lisez *mobilière*.

il entre néanmoins dans leurs attributions de connaître de toutes les contestations auxquelles l'exécution de ces mêmes actes peut donner lieu , soit qu'il s'agisse de décrets , d'ordonnances , d'arrêtés de conseil de préfecture ou d'anciens arrêts du conseil rendus en matière de propriété ; aussi a-t-il été décidé par différens décrets que les conseils de préfecture ne pouvant connaître de l'exécution de leurs arrêtés , n'avaient pas le droit de déléguer , à cet effet, des autorités qui n'auraient pas la qualité de juges. Il y a donc évidemment lieu à l'application de l'article 553 , lorsqu'il s'agit de l'exécution des actes administratifs. (V. les décrets cités par M. Macarel , élémens de jurisprudence administrative , t. 1ᵉʳ, p. 11, n.° 4 , p. 26 , n.° 50.)

2716. Mais c'est à l'autorité administrative et non aux tribunaux qu'il appartiendrait de décider si un acte émané d'elle a reçu son exécution dans le sens et selon le mode qu'elle aurait déterminé par cet acte même. (Cass., 15 octobre 1807 ; Sirey , 1807 , 2.ᵉ part., p. 272.)

2717. Il y a exception à la règle posée par l'article 553 , en ce que le code de commerce attribue au tribunal de commerce par les art. 449 et suivans , la connaissance de l'exécution du jugement par lequel il déclare , en conformité de l'article 441, l'ouverture d'une faillite ; mais cette exception à la règle générale doit être sévèrement circonscrite dans les limites que lui assigne le code de commerce.

ARTICLE 554.

Si les difficultés élevées sur l'exécution des jugemens ou actes requièrent célérité , le tribunal du lieu y statuera provisoirement, et renverra la connaissance du fond au tribunal d'exécution.

Conférence.

Voyez art. 472.

2718. *Peut-on , d'après l'article 454, s'adresser à un juge de paix pour faire statuer sur un cas urgent?*

C'est notre opinion, fondée sur ce que la loi se sert de l'expression générale *juge du lieu ;* mais il faudrait que la difficulté exigeât une décision tellement urgente que le recours au tribunal civil pourrait, à raison du retard qui résulterait de la distance, causer un préjudice à la partie. Le remède à tout inconvénient nous semble d'ailleurs exister dans la disposition qui ne rend la décision que *provisoire,* et autorise à la soumettre à l'examen du tribunal d'exécution.

ARTICLE 555.

L'officier insulté dans l'exercice de ses fonctions dressera procès-verbal de rébellion; et il sera procédé suivant les règles établies par le code d'instruction criminelle.

Conférence.

Ordonnance de 1670, tit. 10, art. 6; C. de pr., art. 209 et suiv., et infrà art. 785.

2719. L'officier chargé d'une exécution peut requérir lui-même la force armée. — A. 1745.

2720. Si l'article suppose que la poursuite contre les délinquans se fera à requête du ministère public, c'est évidemment sans préjudice de celles de l'officier à fins civiles.

ARTICLE 556.

La remise de l'acte ou du jugement à l'huissier vaudra pouvoir, pour toutes exécutions autres que la saisie immobilière et l'emprisonnement, pour lesquels il sera besoin d'un pouvoir spécial.

Conférence.

V. sur l'art. 352.

2721. *La remise de l'acte à l'huissier lui vaut-elle pouvoir, si elle ne lui a pas été faite directement par la partie au nom de laquelle il agit?*

Un arrêt de la cour de cassation du 31 janvier 1815, rapporté au journal du palais, tome 12, page 469, a décidé la négative; mais il est à remarquer que l'huissier avait été désavoué par la partie au nom de laquelle il avait agi; d'où nous concluons que jusqu'à désaveu, celle contre laquelle l'exécution aurait lieu ne pourrait s'y opposer ou la faire annuler sous prétexte que l'huissier n'aurait pas reçu les pièces directement et personnellement des mains du créancier ou de son fondé de pouvoir.

2722. Le pouvoir exigé par l'article 556 pour que l'huissier puisse procéder à une saisie immobilière est nécessaire à peine de nullité de la saisie. — A. 1746. (1)

2723. Mais ce pouvoir spécial dont l'huissier doit être porteur n'est pas exigé pour le commandement à fin de saisie immobilière; et, par conséquent, l'exécution ne serait pas nulle par cela seul que l'huissier

_____

(1) *Er.* 8.° ligne, au lieu de *1812*, p. 229, lisez *1812*, p. 177; et Sirey, *1812*, p. 54.

n'exhiberait qu'un mandat spécial, ayant acquis date certaine postérieurement au commandement, mais *antérieurement* à la saisie, tel qu'un mandat sous seing privé, enregistré le jour même de la saisie. Cass., 12 mai 1813 ; Sirey, 1814, p. 277, et A. 1746.)

2724. Bien plus, il a été décidé, par trois arrêts de la cour de cassation des 24 janvier, 12 juillet et 10 août 1814, rapportés par Sirey (1814, p. 124, et 1815, p. 29 et 30), que le pouvoir dont il s'agit n'a pas besoin, pour acquérir une date certaine, d'être enregistré ou *copié* dans un des actes de la procédure, et qu'il suffit, pour que le vœu de la loi soit rempli, qu'il fût établi *en fait* que le pouvoir existait au moment de la saisie ou de l'emprisonnement.

Mais il nous semble que l'exécution ne pourrait être validée si le pouvoir n'avait acquis date certaine que depuis la saisie, mais antérieurement au réquisitoire qu'on eût fait à l'huissier de le représenter. (V. les arrêts de Colmar et de Rouen, rapportés par Sirey, 1814, p. 421.) Le contraire semblerait néanmoins résulter d'un arrêt de la cour de Rennes du 20 février 1817, 2.ᵉ chambre. (V. en outre arrêt de Paris du 20 août 1814 ; Sirey, 1816, p. 214.)

2725. Un arrêt de Nancy du 22 juin 1813, Sirey, 1816, p. 95, a jugé que l'huissier qui procède à un emprisonnement n'était pas tenu d'exhiber son pouvoir, attendu que la loi ne lui en imposait pas l'obligation ; mais cette jurisprudence est formellement proscrite par celle de la cour de cassation, ainsi qu'il résulte des numéros précédens.

2726. *Le pouvoir doit-il contenir le nom de l'huissier chargé de procéder à l'exécution ?*

Il nous semble que le mot *spécial*, dans l'article 556, ne porte que sur le fait de la commission donnée à l'huissier, afin de saisir l'immeuble ou la personne de tel débiteur désigné, et ne suppose point la nécessité de mentionner le nom de l'huissier. La loi ne soumet d'ailleurs ce pouvoir à aucune forme ; elle exige seulement que l'huissier en soit porteur, ainsi un pouvoir donné à tout huissier suffit ; l'essentiel est que celui qui a procédé justifie qu'il était porteur d'un semblable pouvoir. Par une conséquence de ces principes, le tribunal civil de Rennes a jugé qu'une saisie était valable, quoique l'huissier ne fût porteur que d'un pouvoir donné à un tiers, afin de charger tout huissier de saisir un immeuble, on a considéré avec raison que le mot *spécial*, dans l'article 556, ne portait que sur le fait de la commission donnée à l'huissier d'apposer la saisie sur l'immeuble de tel débiteur désigné, et n'exprimait rien concernant la personne de l'officier ministériel.

2727. La saisie immobilière faite à la requête de deux créanciers est valable, quoique le pouvoir spécial donné au nom de ces deux créanciers ne soit signé que par l'un d'eux. (Cass., 10 avril 1818; Sirey, 1818, p. 356.)

2728. *Pour arrêter un débiteur condamné par corps, les gardes du commerce doivent-ils étre munis d'un pouvoir spécial?*

Cette question s'est présentée à la cour de Paris, à l'occasion de l'arrêt du 5 août 1817, rapporté par Sirey, 1817, p. 307 ; mais elle n'a pas été résolue. On disait pour la négative que l'institution des gardes du commerce ayant pour but unique l'exécution des contraintes par corps, en matière de commerce, la simple remise des pièces leur donnait pouvoir suffisant pour procéder à l'arrestation ; nous sommes loin de partager cette opinion, et en nous référant, d'ailleurs, aux moyens développés, p. 310 du recueil précité, nous nous bornerons aux remarques suivantes qui nous semblent décisives : 1.° le décret du 14 mars 1808, qui institue les gardes de commerce, n'a pour objet que de substituer aux huissiers des officiers spéciaux pour l'exécution des contraintes par corps, et non pas de tracer une forme de procéder particulière aux cas ou pour les cas où l'on est obligé de les employer ; d'où suit que le code de procédure doit être la règle de leur ministère ; 2.° la disposition de l'article 556 est toute en faveur du débiteur qui ne doit être poursuivi dans sa personne ou dans ses biens que par suite de la volonté bien positivement manifestée du créancier ; or, il serait injuste que cette disposition cessât d'être applicable à Paris, uniquement parce qu'il y a des gardes de commerce en cette ville, tandis que les débiteurs des départemens pourraient l'invoquer, parce que l'exécution a continué d'y être confiée aux officiers ordinaires ; 3.° l'abrogation d'une loi favorable et de droit commun ne se présume point, et sur-tout d'après de simples raisonnemens d'induction.

2729. Il n'est pas nécessaire que le pouvoir spécial contienne celui de recevoir le paiement, parce que l'objet de l'exécution étant de le procurer, l'huissier a nécessairement le droit de recevoir, et conséquemment de donner quittance. (Locré, t. 2, p. 449.)

DISTINCTION PREMIÈRE.

Des voies d'exécution sur le mobilier, ou des diverses espèces de saisies mobilières.

TITRE VII.

De la saisie - arrêt ou opposition.

LE premier mode d'exécution forcée sur les meubles est la *saisie-arrêt* ou *opposition*, par laquelle un créancier met sous la main de la justice, les effets, actions et crédits mobiliers de son débiteur existant entre les mains d'un tiers.

Elle a pour objet d'empêcher que ce tiers ne se dessaisisse de la somme ou de la chose qu'il doit au préjudice du saisissant (1) qui, lui-même, ne peut en disposer au préjudice d'autres créanciers qui arrêteraient à leur tour.

Cette voie d'exécution était connue en France sous diverses dénominations; en Flandre on l'appelait *clain*, en Bretagne *plegement*, ailleurs *banniment*. Ce mot *saisie-arrêt* et celui d'*opposition* avaient eux-mêmes une signification différente (2); mais aujourd'hui « que

---

(1) C'est pour cela qu'on l'appelle *saisie-arrêt* ou *opposition*; ARRÊT, parce qu'on *arrête* la somme ou la chose entre les mains de celui qui la doit ou qui la détient; OPPOSITION, parce qu'on s'*oppose* à ce qu'il ne s'en dessaisisse avant que le juge ne l'ait ordonné.

(2) On appelait particulièrement *saisie-arrêt* la saisie apposée sur un objet spécifiquement désigné dans le procès-verbal, et on entendait par *opposition* la saisie qui frappait également sur tout ce qui se trouvait entre les mains du tiers-saisi appartenant au débiteur du saisissant; d'où résultait que le tiers, dans le cas de simple *arrêt*, n'était tenu de garder jusqu'à jugement que les seuls objets désignés; tandis que par suite de l'*opposition*, rien, au contraire, de ce qui appartenait au débiteur, entre les mains du tiers, ne pouvait en sortir que par ordre de justice. Ces mêmes effets ont lieu aujourd'hui quelle que soit la qualification de l'acte d'exécution, soit *arrêt*, soit *opposition*, suivant que l'on déclare dans le procès verbal vouloir saisir un objet déterminé, ou généralement tout ce que le tiers devrait au tiers-saisi, ou tout ce qui serait sous sa détention appartenant au saisi.

» l'on se serve de l'un ou de l'autre ou de tous les deux, avec la
» particule conjonctive ou disjonctive, ce ne sera jamais que le même
» acte qui sera toujours assujéti aux mêmes formalités et produira
» toujours les mêmes effets. » Ainsi, par exemple, les effets que l'art.
1218 du code civil attribue à la *saisie-arrêt* appartiendraient de
droit à l'acte que l'on qualifiait *opposition*. (Locré, t. 21, p. 450.)

L'ordonnance de 1667 gardait le silence sur ce mode d'exécution des
jugemens et actes; il n'avait pour règle que des usages, des opinions
incertaines et quelques arrêts de cours souveraines; en Bretagne toutes
les formalités qu'il exigeait consistaient dans un exploit et une assignation en justice pour ordonner que le payement fût fait au saisissant. (1) C'est aussi la seule procédure qu'indiquât Rodier, si ce
n'est qu'il exigeait commandement. (*Instruction pour la poursuite
des bannimens de deniers, à la suite du titre 33 de l'ordonnance.*)

Le code de procédure a établi d'autres formalités et prescrit d'autres actes, afin de conserver plus surement et de concilier tant les intérêts des personnes qui sont parties dans la saisie, que ceux des créanciers du saisi; ses dispositions n'ont fait, au reste, que consacrer les
règles que M. Pigeau avait établies dans sa procédure civile du
Châtelet (t. 1.er, p. 651 et suivantes.)

Le code indique, 1.º les titres en vertu desquels on peut *saisir-arrêter*,
et ce qu'on doit faire quand il n'en existe pas (557—558); 2.º ce
que l'exploit doit contenir (559); 3.º comment il doit être signifié
(560 et 561); 4.º ce que l'on peut exiger que l'huissier justifie
(562) ; 5.º comment la saisie doit être dénoncée et la demande en
validité formée (563—564); 6.º quelles sont les suites du défaut
de dénonciation ou de demande en validité (565.)

Il dispense cette demande de la conciliation (566.)

Il indique le tribunal où la contestation doit être portée (567),
dans quel cas le tiers peut ou ne peut pas être assigné en déclaration, et devant quel tribunal cette assignation est donnée (568—
669—570); comment la déclaration doit être faite et affirmée, et
ce qu'elle doit contenir (571—572—573.

---

(1) On appèle *saisissant* le créancier à requête duquel la saisie est faite ;
saisi, le débiteur direct de ce créancier; et *tiers-saisi*, la personne qui doit
la somme ou qui retient la chose arrêtée.

Il prescrit l'annexe et le dépôt des pièces justificatives (574.)

Il ordonne de dénoncer à l'avoué du premier saisissant les nouvelles saisies qui interviendraient (575.)

Il interdit toute procédure quand la déclaration n'est pas contestée (576); détermine les suites du défaut de déclaration (577), et lorsque la saisie porte sur des effets mobiliers, il exige un état détaillé de ces effets (578.)

Enfin, il règle les effets de la saisie-arrêt déclarée valable (579); fixe la proportion dans laquelle les traitemens et pensions dus par l'Etat sont saisissables (580); détaille les choses qui ne le sont pas (581) ou qui ne le sont qu'en certaines circonstances qu'il précise. (582)

En dernière analyse, l'effet de toute *saisie-arrêt* déclarée valable est, ou de faire payer au saisissant la somme dont le tiers-saisi serait jugé débiteur envers le saisi, ou d'en opérer la distribution entre lui et les autres créanciers qui se seraient mis en mesure d'y prendre part, ou, s'il s'agit d'effets mobiliers, de les faire vendre pour que le prix en soit également compté au saisissant ou distribué, comme nous venons de le dire. C'est ainsi que les actes et les jugemens sont définitivement exécutés au moyen de cette saisie.

ARTICLE 557.

Tout créancier peut, en vertu de titres authentiques ou privés, saisir-arrêter entre les mains d'un tiers les sommes et effets appartenant à son débiteur, ou s'opposer à leur remise.

Conférence.

T. art. 29. — V. *suprà* art. 417, et *infrà* 568.

2730. Les saisies-arrêts ou oppositions formées entre les mains des receveurs ou administrateurs des caisses de deniers publics, n'admettent pas les formalités prescrites par le présent titre. — A. 1747.

2731. On ne peut, sous le prétexte qu'on est créancier de l'Etat, faire de saisies-arrêts entre les mains des débiteurs de l'Etat même. — A. 1748.

2732. *Idem* entre les mains des débiteurs des communes sur leurs fonds déposés à la caisse d'amortissement. — A. 1749.

23

2733. L'article 149 du code de commerce s'oppose à ce qu'on arrête par une saisie le payement des lettres de change. (Rennes, 29 avril 1816, 1.re ch.)

2734. On ne peut saisir *sur soi-même*, comme sur une personne étrangère, la somme que l'on devrait à celui dont on serait en même tems créancier (A. 1750); proposition confirmée par arrêt de la cour de Rouen, du 13 juillet 1816. (Sirey, 1816, p. 371.)

2735. Un créancier ne peut saisir sur son débiteur les fonds qui ont été distribués à un autre créancier par une contribution régulière. — A. 1751.

2736. *En général, tout créancier à terme peut-il faire des saisies-arrêts au préjudice du débiteur qui n'offre aucune sureté pour le payement à l'échéance du terme?*

M. Sirey résout cette question pour l'affirmative dans une consultation imprimée en son recueil de 1817. (V. §. 2 de cette consultation, p. 83.) Dans une autre consultation délibérée par M. Pigeau (V. même recueil, p. 85), ce savant professeur estime que, quelques fortes que soient les raisons données par M. Sirey, néanmoins elles peuvent souffrir difficulté. Quant à nous nous croyons qu'aucun acte ne peut être exécuté si la dette n'est exigible, et elle n'est exigible qu'autant qu'elle est échue. Or, la saisie-arrêt étant une voie d'exécution, il s'ensuit qu'elle ne peut être valablement apposée avant l'échéance du terme, sans contrevenir, d'ailleurs, à l'article 1186 du code civil, d'après lequel ce qui est dû à terme ne peut être exigé avant le terme.

C'est, à notre avis, exiger le payement que de saisir-arrêter. En effet, lorsque le débiteur ne peut plus toucher ce qui lui est dû à lui-même, lorsque le dessaisissement du montant de sa créance entre les mains du saisissant est ordonné, ce qui est la suite nécessaire de l'opposition, il est dans le même état que s'il avait effectué lui-même le payement, et cela ne peut être, puisqu'on ne peut faire indirectement ce qu'on ne peut faire d'une manière directe.

2737. Cependant le cessionnaire d'une créance qui a stipulé son recours en garantie contre le cédant, peut, en cas de non paiement, et avant d'avoir entièrement discuté le débiteur principal, faire, à titre de mesure conservatoire, et sauf à ne toucher qu'après la discussion du débiteur, une saisie-arrêt au préjudice du cédant. (Bordeaux, 2 juillet 1813; Sirey, 1815, p. 11.)

Nous ne pensons pas qu'il y ait contradiction entre cette décision et celle que nous venons de donner au numéro précédent, attendu que le résultat *nécessaire* de la saisie ne serait pas ici de faire payer le cessionnaire sur les fonds du cédant, celui-ci pouvant empêcher que la aisie ne produise cet effet contre lui, en indiquant au cessionnaire es moyens d'épuiser les facultés du débiteur cédé et d'en obtenir atisfaction. Au contraire, dans le cas de l'obligation à terme, e débiteur qui n'a point un semblable moyen de se soustraire aux ffets de la saisie, se trouve évidemment payer par anticipation, uisque les fonds qui lui sont dus restent aux mains du tiers-saisi, our, à l'échéance du terme, n'en sortir qu'afin de passer en elles du saisissant ; d'où suit qu'en autorisant une saisie-arrêt avant ette échéance, c'est véritablement la même chose que si l'on obligeait n débiteur à consigner le montant de sa dette avant cette époque.

2738. Un créancier hypothécaire ne peut saisir-arrêter au préudice du tiers détenteur des biens affectés à sa créance. — A. 1752.

2739. L'héritier bénéficiaire n'est pas le représentant des créanciers de la succession ; ainsi chacun de ces créanciers peut exercer personnellement des saisies-arrêts entre les mains des débiteurs de la succession, même après en avoir formé entre les mains de l'héritier bénéficiaire. (Cass., 8 septembre 1814 ; Sirey, 1815, p. 153.)

2740. Les titres en vertu desquels on procède à la saisie, doivent nécessairement porter condamnation ou obligation contre le débiteur saisi. (Bordeaux, 1.er juillet 1813 ; Sirey, 1815, p. 114.)

2741. *Peut-on saisir-arrêter sur le fondement de droits contestés en justice ?*

Nous ne le pensons pas, et tel est aussi l'avis des auteurs des annales. (Comm., t. 4, p. 6.) Il faut, disent-ils, une créance directe et personnelle contre le saisi ; ainsi, par exemple, une demande en indemnité qui n'est pas jugée, ne peut autoriser des oppositions, et cela est fondé sur ce que tant que cette action n'a pas été annulée par la justice, l'indemnité n'est qu'une *simple prétention*, qui, à la vérité, peut être consacrée par un jugement, mais qui peut également être rejetée ; c'est ce qui a été décidé par un arrêt de la cour de Paris, du 8 mai 1809, et l'on sent que les motifs que nous venons d'énoncer s'appliquent à tous droits contestés en justice.

2742. Cependant on peut saisir-arrêter en vertu d'un jugement attaqué par voie d'appel. — A. 1753.

2743. On le peut aussi en vertu d'un jugement par défaut, et la notification de la saisie au débiteur suffit pour faire réputer le jugement exécuté et lui ouvrir la voie de l'appel. (Cass., 30 juin, 1812 ; Sirey, 1812, p. 361.)

2744. C'est par la voie de la saisie-arrêt, et non par celle de la saisie-exécution, que les administrations publiques doivent assurer, sur le cautionnement des officiers ministériels, le paiement des amendes prononcées contre eux. — A. 1754.

2745. Les droits incorporels d'un débiteur, et particulièrement ses bénéfices dans une entreprise de commerce, peuvent être saisis-arrêtés. — A. 1755.

2746. Mais le créancier d'un associé, pour une cause étrangère à la société, n'a pas le droit d'arrêter ce qui est dû aux autres associés. (Cass., 11 mars 1806; Sirey, 1807, 2.ᵉ part., p. 124.)

ARTICLE 558.

S'il n'y a pas de titre, le juge du domicile du débiteur, et même celui du domicile du tiers-saisi, pourront, sur une requête, permettre la saisie-arrêt et opposition.

Conférence.

T. art. 29 et 77.

2747. C'est le président seul, ou le juge qui le remplacerait en cas d'absence, et non le tribunal entier, qui doit accorder la permission de saisir-arrêter lorsqu'il n'y a pas de titre. — A. 1756.

2748. Le président du tribunal de commerce et celui du tribunal civil peuvent indistinctement, à défaut de titre, permettre la saisie-arrêt dans les contestations qui sont de la compétence des tribunaux de commerce. (Turin, 30 mars 1813; Sirey, 1814, pag. 436.)

Cette décision a été fortement critiquée par les auteurs des annales du notariat, t. 4, p. 14 et 15, à l'occasion d'un autre arrêt de la même cour du 17 janvier 1810; mais nous croyons devoir l'adopter par les raisons qui sont développées ci-dessous, nᵒ 2751, et qui s'appliquent aussi bien au juge de commerce qu'au juge de paix.

2749. Le président n'est pas tenu d'accorder la permission. — A. 1757.

2750. *Comment se pourvoir s'il y a refus de sa part?*

Nous estimons qu'en cette circonstance on ne peut faire autrement que de s'adresser au tribunal entier.

2751. *Un juge de paix peut-il autoriser la saisie?*

L'article 558 ne paraît désigner que le juge du tribunal civil. Il semble à M. Thomines (dans ses cahiers de dictée) que, s'il ne s'agissait que d'une créance de 100 fr. ou de salaire de domestique, comme le juge de paix peut, dans ces cas, prononcer une condamnation définitive, il peut aussi autoriser la mesure conservatoire d'une saisie-arrêt. L'article 6 permet d'en venir devant ce juge par cédule d'heure à heure; et dans les cas urgens, il pourrait prononcer provisoirement et autoriser une saisie-arrêt. L'article 558 n'a

point eu effet pour but de déroger aux règles générales de compétence, quant à la matière. Or, quelle serait la raison pour laquelle
tout tribunal ne pourrait pas autoriser une saisie-arrêt pour des
causes soumises à sa compétence?

ARTICLE 559.

Tout exploit de saisie-arrêt ou opposition, fait en vertu
d'un titre, contiendra l'énonciation du titre et de la somme
pour laquelle elle est faite : si l'exploit est fait en vertu
de la permission du juge, l'ordonnance énoncera la somme
pour laquelle la saisie-arrêt ou opposition est faite, et il
sera donné copie de l'ordonnance en tête de l'exploit.

Si la créance pour laquelle on demande la permission
de saisir-arrêter n'est pas liquide, l'évaluation provisoire en
sera faite par le juge.

L'exploit contiendra aussi élection de domicile dans le
lieu où demeure le tiers-saisi, si le saisissant n'y demeure
pas : le tout à peine de nullité.

Conférence.

T. art. 29 ; ordonn. de 1667, tit. 33, art. 1.

2752. Lorsque la créance n'est pas liquide, c'est le juge auquel
est adressée la requête qui doit faire l'évaluation provisoire : si l'on
n'avait pas besoin de permission, parce qu'il y aurait titre, on
s'adresserait au juge indiqué par l'article 558. — A. 1759.

2753. Il n'y aurait pas nullité d'une ordonnance qui n'énoncerait
pas la somme pour laquelle la saisie est faite, si cette énonciation
existait dans la requête. — A. 1760. (1)

2754. Si l'acte en vertu duquel la saisie est faite contenait, de la
part du saisissant, une élection de domicile, celui-ci n'en serait pas
moins obligé à faire l'élection prescrite par l'article 559. —
A. 1761.

2755. *Y aurait-il nullité d'une saisie où l'on aurait énoncé une
somme fixe et d'autres créances indéterminées?*

Cette saisie serait valable pour la somme déterminée, et ne pourrait, à notre avis, être annulée pour le tout, suivant la maxime
utile per inutile non vitiatur.

2756. Il n'est pas nécessaire, à peine de nullité, que l'exploit de
saisie contienne copie du titre en vertu duquel la saisie est faite,
ou de la requête sur laquelle serait intervenue la permission de saisir-
arrêter. — A. 1762.

---

(1) *Er.* Page 190, dernière ligne, au lieu de *page 275*, lisez *page 273.*

2757. L'exploit de saisie n'est pas borné aux formalités de l'art. 559, il est en outre assujéti à toutes celles que prescrivent les articles 61 et suivans. — A. 1763.

2758. La saisie-arrêt ne peut être valablement signifiée au domicile d'un mandataire du tiers-saisi. — A. 1764.

2759. Le saisi est recevable à exciper des nullités. — A. 1765. (1)

ARTICLE 560.

La saisie-arrêt ou opposition entre les mains de personnes non demeurant en France sur le continent, ne pourra point être faite au domicile des procureurs du Roi; elle devra être signifiée à personne ou à domicile.

Conférence.

Art. 69, n. 9, et art. 73.

2760. Lorsque la saisie-arrêt est faite entre les mains de personnes qui demeurent en pays étranger, on n'est pas dispensé des formes prescrites par l'article 559. — A. 1766.

ARTICLE 561.

La saisie-arrêt ou opposition formée entre les mains des receveurs, dépositaires ou administrateurs de caisses ou deniers publics, en cette qualité, ne sera point valable, si l'exploit n'est fait à la personne préposée pour le recevoir, et s'il n'est visé par elle sur l'original, ou, en cas de refus, par le procureur du Roi.

Conférence.

Art. 569 et 1039; édits de février 1689, février 1705, septembre 1708 et août 1712; décret du 13 pluviôse an 13, rendu applicable au code par avis du conseil d'état du 12 mai 1807, approuvé le premier juin; *autres* des 28 floréal an 13 et 18 août 1807; avis du conseil d'état du 12 du même mois. V. *suprà* n. 2730, la question 1747 de l'analyse.

2761. La saisie, dans le cas prévu par l'article 561, serait valablement signifiée au bureau du caissier, en parlant à un commis qui viserait l'original, pourvu que celui-ci déclarât avoir qualité pour le recevoir et le viser. — A. 1767.

ARTICLE 562.

L'huissier qui aura signé la saisie-arrêt ou opposition, sera tenu, s'il en est requis, de justifier de l'existence du saisissant à l'époque où le pouvoir de saisir a été donné, à peine d'interdiction, et des dommages et intérêts des parties.

(1) *Er.* Avant-dernière ligne, au lieu de *31 août 1811*, lisez *30 août 1811.*

2762. Si l'huissier ne connaît pas le saisissant, il peut prendre la précaution que l'article 11 de la loi du 25 ventôse an 11 indique aux notaires. — A. 1768.

2763. Si l'huissier est requis par un mandataire, il lui suffira de justifier de l'existence de celui-ci. — A. 1769.

2764. Il ne résulte pas de l'article 562 que l'huissier, pour faire une saisie-arrêt, ait besoin d'un pouvoir spécial. — A. 1770.

ARTICLE 563.

Dans la huitaine de la saisie-arrêt ou opposition, outre un jour pour trois myriamètres de distance entre le domicile du tiers-saisi et celui du saisissant, et un jour pour trois myriamètres de distance entre le domicile de ce dernier et celui du débiteur saisi, le saisissant sera tenu de dénoncer la saisie-arrêt ou opposition au débiteur saisi, et de l'assigner de validité.

Conférence.

Tarif, art. 29.

2765. La disposition de l'article 1033 sur la franchise du délai n'est pas applicable au délai fixé par l'article 563. V. A. 58 et 526. — A. 1771.

2766. La saisie est nulle, si elle n'a pas été dénoncée au débiteur saisi, et s'il n'a pas été assigné en validité dans le délai fixé par l'article 563. — A. 1772. (1)

2767. L'article 17 de la loi du 25 ventôse an 9, qui dispense l'administration des domaines de recourir au ministère d'un avoué, dans les instances qu'elle a à suivre, s'applique au cas d'une instance en validité d'une saisie-arrêt formée par l'administration, accessoirement et par suite d'une contrainte. (Cass., 7 janvier 1818; Sirey, 1818, p. 199.)

ARTICLE 564.

Dans un pareil délai, outre celui en raison des distances, à compter du jour de la demande en validité, cette demande sera dénoncée, à la requête du saisissant, au tiers-saisi, qui ne sera tenu de faire aucune déclaration avant que cette dénonciation lui ait été faite.

---

(1) *Er.* Pag. 195, dernière ligne de cette question, au lieu de *qu'elle n'a pas été faite*, lisez *que la demande en validité n'a pas été faite.*

Conférence.

T. art. 29; *suprà* sur l'art. 342, n. 1764; *infrà* art. 565, 573, 574 et 577.

2768. Si le tiers-saisi habite hors de la France continentale, on doit, pour l'augmentation du délai dont il s'agit dans les art. 563 et 564, se reporter à l'art. 73. — A. 1773.

2769. Aucun délai fatal n'est fixé au tiers-saisi pour faire sa déclaration; d'où il suit que sa déclaration est recevable en tout état de cause, et qu'il ne peut être déclaré débiteur pur et simple du montant de la saisie pour prétendue *tardiveté.* (Cass., 28 décembre 1813; Sirey, 1814, p. 92.)

ARTICLE 565.

Faute de demande en validité, la saisie ou opposition sera nulle : faute de dénonciation de cette demande au tiers-saisi, les paiemens par lui faits jusqu'à la dénonciation seront valables.

Conférence.

V. A. 1772 et sur l'art. 576.

2770. De ce que l'article 565 porte que, faute de dénonciation de la demande en validité au tiers-saisi, les paiemens par lui faits *jusqu'à la dénonciation* seront valables, il ne s'ensuit pas que le tiers-saisi puisse payer valablement pendant le délai accordé pour signifier cet acte. — A. 1774.

2771. *La nullité a-t-elle lieu de plein droit, lorsqu'elle n'est pas suivie de demande en validité, en sorte qu'on puisse exiger le paiement du tiers-saisi?*

Cette question est très-controversée parmi les auteurs; ceux des annales du notariat supposent l'affirmative (Comm.ᵉ, t. 4, p. 565); mais M. Demiau, p. 384, M. Delaporte, t. 2, p. 148 et 149, et sur-tout les auteurs du Praticien, t. 4, p. 112, maintiennent la négative.

2772. Nous ne partageons pas cette dernière opinion : « Si la » demande en validité, dit M. Pigeau, (t. 2, p. 61), n'a point été » formée dans le délai, la saisie étant nulle, d'après l'article 565, » le saisi a conservé la disposition de sa créance; ainsi les paye- » mens faits par le tiers, et le transport fait depuis la saisie, *sont* » *valables.* »

De là suit nécessairement que le saisi peut user de tous ses droits pour obliger le tiers-saisi à acquitter envers lui sa dette. Il serait bizarre, en effet, et on oserait dire absurde, lorsque la loi déclare que les paiemens faits par le débiteur seront valables, que ce débiteur, autorisé à payer , ne pût être contraint au paiement. Aussi les auteurs des annales *(ubi suprà)* disent-ils que la saisie qui ne serait pas suivie de demande en validité étant radicalement nulle, ne peut produire *aucun effet;* qu'en conséquence, celui sur qui elle frappe *peut user de tous ses droits contre le tiers-saisi pour exiger le paiement de ce qu'il lui doit.*

Il n'y a donc pas de main-levée à demander au juge pour agir contre le tiers-saisi, quand il n'y a pas eu de demande en validité. Admettre le contraire, ce serait offrir à un saisissant qui n'aurait aucun titre, aucun motif pour faire déclarer ses oppositions valides, un moyen de colluder avec un débiteur qui voudrait se soustraire à l'acquit de ses obligations, à l'effet d'empêcher un créancier légitime de contraindre ce débiteur à se libérer.

Au reste, cette doctrine a été consacrée par arrêt de la cour de Rennes, 29 avril 1816, 1.ere ch., qui en outre a déclaré que ces moyens pouvaient être opposés en appel, parce qu'il ne s'agit pas d'une simple nullité d'exploit, qui peut se couvrir par la procédure volontaire, mais d'une nullité qui constitue un moyen du fond, et dont on peut se prévaloir en tout état de cause.

2773. Si la dénonciation de la demande en validité n'a pas été faite au tiers-saisi, le saisi n'est pas fondé à exiger que celui-ci lui paye ce qu'il lui doit. — A. 1775.

On sent, d'après ce que nous avons dit sur la question précédente, que nous rétractons cette proposition tirée de notre analyse.

2774. Mais si la dénonciation de l'assignation en validité est faite au tiers-saisi après le délai, il ne peut plus payer valablement. — A. 1776.

2775. Si la demande en validité n'a point été formée dans le délai, les paiemens et le transport faits par le tiers depuis la saisie sont valables; puisque la saisie était nulle, d'après la première disposition de l'article 565, le saisi a conservé la disposition de la créance. — A. 1777.

Cette proposition se rattache à la solution donnée n.° 2772; mais nous remarquerons que l'article 565 suppose défaut absolu de demande et non pas demande tardive. Si donc la demande n'est formée qu'après ce délai, sans que le tiers-saisi ait fait encore aucun payement, cette demande nous semble l'arrêter, au moins à dater de l'époque de la notification, car le tribunal pourrait, dans notre opinion, prononcer sur la validité. (V. n.° 2774.)

24

2776. *Le tiers-saisi peut-il être contraint de payer à son créancier-saisi ce qu'il doit au-delà de la somme arrêtée entre ses mains ?*

L'article 1242 du code civil est ainsi conçu : « Le payement fait » par le débiteur à son créancier, au *préjudice* d'une saisie ou d'une » opposition, n'est pas valable à l'égard des créanciers saisissans ou » opposans ; ceux-ci peuvent, selon leur droit, contraindre à payer » de nouveau, sauf, en ce cas seulement, son recours contre le » créancier. »

Il résulte clairement de cette disposition que, dès qu'il existe plusieurs saisies, le tiers-saisi ne peut être obligé à payer aucune somme à son créancier débiteur saisi ; il en résulte encore, comme le dit M. Pigeau, t. 2, p. 60, « que le tiers-saisi ne peut, « du moment de la saisie, rien faire qui nuise au droit du saisis- » sant, si la saisie est valable. Le tiers ne peut donc payer valable- « ment au saisi ; » cependant l'auteur ajoute « que si la créance du » saisissant est moindre que la somme due par le tiers ; si, par « exemple, la première est de 1000 fr. et la seconde de 3000 fr., » celui-ci peut, en gardant 1000 fr pour le saisissant, payer les » 2000 fr. au saisi, et qu'il sera libéré envers le saisissant s'il ne » survient pas d'autres saisies. »

Mais, dit encore M. Pigeau, *si avant que le saisissant reçoive les 1000 fr. et DONNE MAIN-LEVÉE, il arrive d'autres saisies, le payement n'aura aucun effet ni vis-à-vis du premier saisissant ni à l'égard du second.*

Il suit de là que le tiers-saisi ne peut être obligé de payer son créancier, lors même que celui-ci lui offrirait caution de ce qui excède les causes de la saisie, puisqu'il peut survenir d'autres saisies qui annuleraient tout paiement, tant qu'il n'y aurait pas de main-levée de la première. (1) (V. Turin, 19 juillet 1806 ; Sirey, 1815, p. 63, *infrà* sur l'art. 567.)

_____

(1) Il serait trop long de transcrire ici les preuves que M. Pigeau, ainsi que M. Delvincourt, t. 2, p. 351, donnent de cette opinion également admise par M. Toullier (t. 7, p. 57 et 58.) Voyez, sur-tout, la note de cette dernière page 58, particulièrement aux cinq dernières lignes.

La raison de décider ainsi, c'est, comme le dit M. Delvincourt, que la somme restée entre les mains du tiers, pour le premier saisissant, doit être distribuée entre lui et les autres saisissans qui sont survenus. Or, comme il peut arriver qu'au moyen de cette distribution, le premier saisissant ne fût pas payé en-tièrement, et aurait recours contre le tiers-saisi pour se faire restituer la diffé-rence qui se trouverait entre la somme qu'il touche réellement et celle qu'il aurait touchée s'il n'eût pas été fait de paiement au saisi, c'est un pré-judice que le premier saisissant souffre par le fait du tiers-saisi, et dont par conséquent celui-ci doit l'indemniser. Tel est, suivant les auteurs cités, le vœu de l'article 1242 du code civil. C'est aussi l'avis de M Thomines, dans ses cahiers de dictée.

ARTICLE 566.

En aucun cas il ne sera nécessaire de faire précéder la demande en validité par une citation en conciliation.

Conférence.

Art. 49, §. 7, et *suprà* n. 248.

ARTICLE 567.

La demande en validité, et la demande en main-levée formée par la partie saisie, seront portées devant le tribunal du domicile de la partie saisie.

V. art. 59, première disposition.

2777. La demande en validité ou en main-levée doit être portée devant le tribunal du domicile du saisi, encore que la saisie soit faite en vertu d'un jugement dont, en conformité de l'article 472, l'exécution appartiendrait à un autre tribunal. — A. 1778.

2778. La disposition de l'article 567 est applicable même au cas d'un jugement ou ordonnance rendu par suite de l'attribution portée en l'article 60 du code de procédure. (Bulletin de cassation, t. 19, p. 53.)

2779. *De ce que nous avons dit suprà, n.° 2748, que le président du tribunal de commerce et même un juge de paix pouvaient accorder permission de saisir-arrêter, s'ensuit-il que ce juge et ceux des tribunaux de commerce puissent connaître de la demande en validité et des effets de la saisie.*

Non, parce que l'article 567 attribue exclusivement jurisdiction à cet effet au tribunal civil. (1)

---

(1) Nous déduisons cette solution générale des arrêts suivans :
1.° *De Bruxelles*, 28 mai 1807 ; il déclare que toute demande relative à la validité ou aux effets d'une saisie-arrêt doit être portée devant les tribunaux civils, encore que la saisie-arrêt ait eu pour objet d'assurer la spéculation d'un marchand contre un marchand, et que les relations du tiers-saisi avec le saisi fussent commerciales. (Sirey, 1807, 2.ᵉ part., p. 292.)
2.° *De Paris, 31 décembre 1811, et Turin, 30 mars 1813 ;* ils jugent qu'un tribunal de commerce ne peut connaître d'une demande en validité ou déclaration. (*Ibid.*, 1812, p. 65 et 1814, p. 436.)
3.° *De Cassation, 12 octobre 1814 ;* il décide qu'un tribunal civil devant lequel une contestation sur demande en validité ou sur le mérite d'une déclaration a été régulièrement portée, peut retenir la connaissance de la contestation, quoique le déclarant soit commerçant, quoiqu'il demande son renvoi, et que le mérite de la déclaration soit contesté par son créancier aussi commerçant, et qu'enfin, les contestations roulent sur des opérations de commerce, etc. (Sirey, 1815, p. 129.)

2780. L'article 567 n'est pas applicable en matière d'enregistrement ; la demande en validité se porte devant le tribunal dans le ressort duquel le bureau de la perception est situé. (Délib. du conseil de la régie de l'enregistrement, 28 avril 1814; Sirey, 1814, 2.ᵉ part., p. 265.)

2781. Le saisi ne peut se pourvoir en référé, pour faire ordonner le payement des sommes qui lui sont dues, au préjudice d'une saisie-arrêt faite par son créancier. — A. 1779.

2782 Cependant le tiers-saisi qui aurait payé, en vertu d'une ordonnance sur référé, exécutoire par provision, serait valablement libéré, quoique l'ordonnance fût ensuite réformée sur l'appel. — A. 1780.

2783. Si le tribunal renvoie à une époque déterminée pour statuer sur la validité d'une saisie-arrêt, il peut en même tems accorder main-levée provisoire de la saisie, en prenant les précautions nécessaires pour mettre les droits des intéressés à couvert. — A. 1781.

2784. Un créancier ne peut, en offrant de donner caution suffisante au tiers-saisi, obtenir la main-levée des saisies-arrêts faites à la requête de quelques autres créanciers. — A. 1782. V. *suprà* sur l'art. 565, n.º 2776.

2785. La demande en main-levée peut être donnée au domicile élu dans l'exploit de saisie. — A. 1783. (1)

ARTICLE 568.

Le tiers-saisi ne pourra être assigné en déclaration, s'il n'y a titre authentique, ou jugement qui ait déclaré la saisie-arrêt ou l'opposition valable.

ARTICLE 569.

Les fonctionnaires publics dont il est parlé à l'article 561, ne seront point assignés en déclaration ; mais ils délivreront un certificat constatant, s'il est dû à la partie saisie, et énonçant la somme, si elle est liquide.

Conférence.

T. art. 91, et *suprà* art. 560.

2786. Les notaires, les huissiers et autres fonctionnaires publics peuvent être assignés en déclaration des sommes qu'ils ont reçues ou touchées en leur qualité. — A. 1784. (2)

(1) *Er.* Deuxième ligne, au lieu de *saissant*, lisez *saisissant*.
(2) *Er.* Première ligne, au lieu de *l'affirmative*, lisez *la négative*; et plus bas, dernier mot de la question, au lieu de *validité*, lisez *déclaration.*

2787. Les fonctionnaires désignés dans l'article 561 ne pouvant être assignés en déclaration, on doit, pour avoir le certificat qui tient lieu de cette déclaration, le requérir d'eux par une sommation d'avoué. — A. 1785.

ARTICLE 570.

Le tiers-saisi sera assigné, sans citation préalable en conciliation, devant le tribunal qui doit connaître de la saisie, sauf à lui, si sa déclaration est contestée, à demander son renvoi devant son juge.

Conférence.

Tarif, art. 29 et 75, art. 567 et 638.

2788. Le tiers-saisi peut demander son renvoi devant ses juges naturels, quelle que soit la nature de la contestation à laquelle sa déclaration donne lieu. — A. 1786.

2789. Le tiers-saisi forme sa demande en renvoi par une requête à laquelle on peut répondre. — A. 1787.

2790. La faculté accordée au tiers-saisi de demander son renvoi devant ses juges naturels, en cas de contestation de sa déclaration, n'a lieu qu'autant que la contestation porte sur la véracité des faits affirmés ; elle ne s'étend pas au cas où la déclaration est attaquée comme nulle ou irrégulière ; alors le tiers-saisi est tenu de procéder devant le tribunal au greffe duquel il a fait sa déclaration. (Bordeaux, 23 mars 1813 ; Sirey, 1813, p. 299.)

2791. La comparution du tiers-saisi, à l'effet de donner sa déclaration, ne peut lui être opposée comme une soumission au tribunal du domicile du saisi. — A. 1788.

2792. Le renvoi étant prononcé, il n'a pas l'effet de transporter au tribunal du tiers-saisi les suites de l'instance entre le saisissant et le saisi ; il ne porte que sur la contestation de la déclaration. — A. 1789.

ARTICLE 571.

Le tiers-saisi assigné fera sa déclaration, et l'affirmera au greffe, s'il est sur les lieux ; sinon, devant le juge de paix de son domicile, sans qu'il soit besoin, dans ce cas, de réitérer l'affirmation au greffe.

Conférence.

Voy. art. 638.

2793. Le tiers-saisi doit faire sa déclaration dans les délais fixés au titre des ajournemens. — A. 1790.

2794. Le tiers-saisi doit être assisté d'un avoué pour faire et affirmer au greffe sa déclaration. — A. 1791.

2795. Quand la déclaration est faite devant le juge de paix, celui-ci, à la diligence du tiers-saisi, l'adresse au greffe du tribunal. — A. 1792.

ARTICLE 572.

La déclaration et l'affirmation pourront être faites par procuration spéciale.

Conférence.

Art. 638.

2796. La loi n'exige pas que la procuration soit authentique, mais l'on est, et avec raison, dans l'usage de faire dresser cet acte par des notaires. — A. 1793.

2797. L'affirmation ne doit pas être faite sous serment. — A. 1794.

ARTICLE 573.

La déclaration énoncera les causes et le montant de la dette ; les paiemens à compte, si aucuns ont été faits ; l'acte ou les causes de libération, si le tiers saisi n'est plus débiteur, et, dans tous les cas, les saisies-arrêts ou oppositions formées entre ses mains.

Conférence.

T. art. 92. — Art. 578 et 638.

2798. On entend par *cause de la dette*, tout ce qui peut s'y rapporter, même pour la détruire ou la modifier. — A. 1795.

2799. Le tiers-saisi ne peut, et par conséquent ne doit énoncer le montant de la dette qu'autant qu'elle est liquide ; dans le cas contraire, il déclare qu'elle ne l'est pas. — A. 1796.

2800. Quand le tiers-saisi énonce qu'il a fait des paiemens à compte, ou qu'il est libéré, il est rigoureusement tenu de rapporter la preuve de ces paiemens ou de sa libération. — A. 1797.

2801. Le tiers-saisi est tenu à une déclaration, lors même qu'il se croit libéré. — A. 1798.

ARTICLE 574.

Les pièces justificatives de la déclaration seront annexées à cette déclaration ; le tout sera déposé au greffe, et l'acte de dépôt sera signifié par un seul acte contenant constitution d'avoué.

T. art. 70 et 92.—Art. 575, 578 et 638.

2802. Le dépôt au greffe de la déclaration et des pièces justificatives a pour objet de donner au saisissant la faculté d'en prendre communication. — A. 1799.

ARTICLE 575.

S'il survient de nouvelles saisies-arrêts ou oppositions, le tiers-saisi les dénoncera à l'avoué du premier saisissant, par extrait contenant les noms et élection de domicile des saisissans, et les causes des saisies-arrêts ou oppositions.

Conférence.

T. art. 70. V. art. 638.

2803. Le tiers-saisi n'est pas obligé de faire successivement sa déclaration sur chaque saisie qui intervient à la suite d'une première; il doit se borner à signifier aux seconds saisissans l'acte de dépôt de la déclaration qu'il aurait déjà donnée, et des pièces justificatives de cette déclaration. — A. 1800.

2804. S'il y a plusieurs saisissans ultérieurs, on doit se conformer aux dispositions des articles 536 et 932. — A. 1801.

2805. *Résulte-t-il de l'article 575 qu'on ne peut s'opposer au denier qu'en formant saisie-arrêt?*

C'est notre opinion, fondée sur ce qu'il résulte de plusieurs articles du présent titre, que le code abroge les anciennes instances en opposition au denier, sur ce que le saisissant toucherait de suite, après la déclaration, s'il était seul, et que le tarif ne taxe aucun acte d'opposition de la part de créanciers non saisissans; d'où suit que l'article 579 ne suppose qu'il y a lieu à procéder à la distribution qu'autant qu'il y a de nouvelles saisies.

C'est aussi ce que la cour de Rennes a jugé par arrêt du 29 janvier 1817, en déclarant que la saisie-arrêt ou opposition est la seule voie indiquée au créancier qui veut obtenir son paiement sur les fonds de son débiteur existans entre les mains d'un tiers; et que, par conséquent, lorsque plusieurs créanciers prétendent concurremment exercer un pareil droit, chacun d'eux doit former une saisie-arrêt, et ne peut prendre la voie de l'intervention, ce qui serait substituer une autre procédure à celle que la loi prescrit.

Ainsi donc, soit le jugement qui déclare une saisie valable en ordonnant que le tiers-saisi se dessaisira entre les mains du saisissant de ce qu'il déclarera lui devoir, soit celui qui, dans le cas où le tiers-saisi n'aurait pas été assigné en déclaration, ordonne le dessaisissement après jugement antérieur qui a prononcé la validité, opèrent le transport judiciaire de la créance que le débiteur eût pu faire volontairement. C'est aussi ce qu'expriment les auteurs des annales du notariat, tom. 4, pag. 56, et Demiau-Crouzillac, sur l'article 579. Et nous étendons cette décision même au cas où des créanciers saisiraient après les jugemens dont nous venons de parler. (1)

_____

(1) Cependant, comme cette opinion contrarie les idées reçues, particulièrement en Bretagne où l'on admettait l'opposition que l'on appelait entre *la bourse et le denier*; c'est-à-dire, avant la distribution jusqu'à ce qu'elle ait été effectuée, nous croyons nécessaire d'entrer dans tous les développemens qui peuvent concourir à justifier les propositions ci-dessus posées.

Et d'abord, nous remarquerons que l'article 575 ne peut évidemment recevoir son application qu'à des saisies apposées durant l'instance introduite par une première saisie; c'est ce qui dérive et de l'obligation que cet article impose au tiers-saisi de notifier ces nouvelles saisies à l'avoué du premier saisissant, et du rang que le même article occupe dans le code parmi les dispositions concernant cette instance.

Aussi M. Pigeau, tom. 2, p. 73, 1.re édition, examinant ce qui est à juger lorsqu'il y a plusieurs saisissans, suppose-t-il instance entre eux et le premier, et jugement qui leur est commun. « Si, dit-il, le saisi a constitué avoué, on donne » *avenir AUX SAISISSANS* et au tiers-saisi, s'il est en cause; l'on obtient ensuite » jugement qui déclare *valables les saisies*, si elles le sont, et qui ordonne, » au cas que les deniers suffisent pour payer *tous les saisissans*, qu'ils seront » délivrés à ceux-ci jusqu'à concurrence de leurs dus; et s'ils sont insuffisans, » que la distribution s'en fera suivant la forme, etc., etc. »

Une conséquence nécessaire de ce que l'article 575 ne peut s'appliquer que dans le cours de l'instance sur une première saisie, est qu'une fois le dessaisissement ordonné, un créancier ne peut désormais saisir valablement la somme que le tribunal a attribuée aux saisissans antérieurs.

Or, le jugement qui ordonne le dessaisissement est, soit celui qui juge la saisie valable et ordonne en même tems que le tiers-saisi qui n'aurait pas encore été assigné en déclaration se dessaisira entre les mains des saisissans, soit celui qui, dans le cas où l'assignation n'eût pas eu lieu, ordonne le dessaisissement après la déclaration faite par le tiers-saisi sur la notification du jugement qui déclare la saisie valable.

En effet, ou le tiers-saisi n'a pas été assigné, parce que le titre du saisissant était *authentique*, et alors si la saisie est déclarée valable, le jugement ordonne en même tems le dessaisissement, au profit du saisissant, des deniers dont le tiers-saisi se déclarera débiteur, ou ce dernier n'a pas été assigné, parce que le saisissant n'a pas de titre authentique, et, en ce second cas, le premier jugement se borne à juger la validité; il est signifié au tiers-saisi, qui fait sa déclaration, et il intervient ensuite un second jugement qui ordonne le dessaisissement. (V. art. 368, et Pigeau, t. 2, p. 50, 71 et 72)

Une fois ce dessaisissement ordonné, nous estimons que le jugement opère, dans l'intérêt du premier saisissant ou des saisissans antérieurs à la prononciation, un transport judiciaire de la créance, dont les effets sont les mêmes que ceux du transport conventionnel dont il est question dans l'article 1690 du code

2806. *La solution donnée sur la précédente question recevrait-elle son application à la saisie des fruits civils d'un immeuble ou des arrérages non échus d'une rente?*

Nous ne le pensons pas.

En effet, ces fruits, comme le remarque M. Pigeau, page 47, deviennent meubles à mesure qu'ils échoient; or, en fait de meubles, l'acquéreur ou cessionnaire est bien propriétaire avant la tradition à l'égard du vendeur ou cédant; mais à l'égard du tiers, il ne l'est qu'au moment de la tradition. (C. C., art. 1141.)

---

civil, et qui (V. Pigeau, t. 2, p. 46) rend la somme transportée insaisissable dès que, sans fraude, il est signifié au débiteur ou accepté par lui. Autrement, il faudrait admettre qu'une décision judiciaire prononcée définitivement, sans réserves ni conditions, serait, quant à son exécution, subordonnée à une foule d'événemens qui n'ont été prévus ni par son dispositif ni par la loi.

Il est à considérer d'ailleurs que toutes les formalités que l'article 1690 du code civil exige pour que le débiteur, qui est ici le tiers-saisi, ait connaissance du transport conventionnel, et soit tenu d'acquitter la créance au cessionnaire, se trouvent suppléées dans l'instance de saisie, soit par la dénonciation, avec assignation au tiers-saisi, conformément à l'article 563 du code de procédure, soit, si cet acte n'a pas eu lieu, par la signification du jugement de validité, formalités qui remplacent la signification du transport, exigée par le code. D'un autre côté, le jugement qui a déclaré la saisie valable, et en même tems ordonné le dessaisissement, ou celui qui statue sur ce dernier point, dans le cas où la validité eût été déclarée antérieurement, suppléent d'autorité de justice à l'acceptation qu'exige l'article 1690.

Nous concluons de ces observations, que les propositions que nous avons établies en commençant sont bien fondées, et, par conséquent, nuls autres créanciers que ceux qui ont saisi après jugement intervenu sur la déclaration du tiers-saisi ne peuvent être admis à la distribution des deniers judiciairement transportés aux saisissans antérieurs, par une décision qui leur confère un droit acquis. M. Pigeau, dont l'autorité est d'un grand poids, n'a pas traité cette question d'une manière positive et directe; mais il nous semble supposer une solution conforme à celle que nous en donnons, lorsqu'il dit, au titre de la distribution, t. 2, pag. 168 : « Si la distribution se fait sur une saisie-arrêt de deniers, le » tiers-saisi a dû, suivant l'article 575, dénoncer à l'avoué du premier saisis- » sant les saisies-arrêts postérieures, par *extrait contenant les noms et élections* » *de domicile des saisissans et les causes des saisies-arrêts, LE JUGEMENT* » *QUI INTERVIENT SUR LA SAISIE-ARRÉT EST RENDU AVEC TOUS LES SAI-* « *SISSANS ; on le produit pour prouver quels sont ceux qui ont droit à la* « *distribution.* » Ce sont donc les seuls créanciers qui ont saisi avant le jugement qui, d'après M. Pigeau, ont droit à la distribution.

Nous terminons en observant que cette opinion est d'ailleurs fondée sur le système qui a présidé à la rédaction du titre ; on a voulu ramener à l'uniformité les principes d'une jurisprudence variée et contradictoire, suivant les localités, et prendre un milieu entre ces principes, par exemple, en n'accordant point de privilège au premier saisissant, comme le faisait l'article 168 de la coutume de Paris ; mais aussi en n'accordant point à tout créancier la faculté de s'opposer, comme on disait en Bretagne, *entre la bourse et le denier,* autrement jusqu'à la distribution.

25

Si les fruits ne sont pas encore échus, ils ne sont pas en la possession du cessionnaire ; la tradition n'est pas effectuée, car il ne peut y avoir tradition ni possession d'un objet qui n'existe pas.

Le créancier du cédant peut donc toujours, avant que les fruits soient échus et qu'ils passent en la possession du cessionnaire, les empêcher par une saisie antérieure de tomber entre les mains de ce dernier, sauf son recours contre le premier.

Ce que l'on dit ici du transport des fruits non échus, s'applique évidemment à une première saisie. Le premier saisissant ne peut les percevoir, malgré le jugement qui ordonne le dessaisissement à son profit, qu'autant que d'autres créanciers ne les auraient pas saisis avant qu'il les eût perçus en vertu de ce jugement.

Donc, nonobstant ce jugement, toute saisie apposée avant la perception frappe sur ces fruits et donne lieu à une distribution par contribution. (1)

ARTICLE 576.

Si la déclaration n'est pas contestée, il ne sera fait aucune autre procédure, ni de la part du tiers-saisi, ni contre lui.

---

(1) Il en est d'ailleurs une raison d'équité qui semble sans réplique : si le jugement qui ordonne en faveur d'un saisissant le paiement de loyers et fermages dus au saisi jusqu'à l'entier acquit de la créance, lui conférait un droit exclusif sur les fermages à échoir, il arriverait que des créanciers qui auraient contracté avec lui, sous la garantie de la fortune qu'ils lui connaissent, seraient frustrés en totalité ou en partie de leurs dus, par un jugement dont ils ignorent l'existence, et qui équivaudrait en quelque sorte à une aliénation, si la créance du saisissant était considérable.

C'est par cette raison que, dans sa procédure civile du Châtelet, t. 1.ᵉʳ, M. Pigeau établissait, de la manière la plus formelle, qu'on ne peut déléguer et transporter parfaitement que les créances nées et non à naître, comme *loyers de maisons* et arrérages de rentes à échoir. « Tous transports et délégations, » disait-il, qui en sont faits avant qu'elles soient échues, ne peuvent préju-» dicier aux créanciers de ceux qui les font, lesquels peuvent, jusqu'à cette » échéance, saisir les loyers et arrérages de la rente. Cela a été jugé par nombre » d'arrêts, et c'est l'opinion d'une multitude de jurisconsultes, fondée sur ce » que, s'il en était autrement, un débiteur pourrait frustrer ses créanciers de » leurs paiemens, ou au moins les reculer, en déléguant à un affidé des arrérages » et loyers à échoir pendant un long tems. »

Il est évident que le même inconvénient existerait si, au moyen d'une première saisie-arrêt, un créancier pouvait, à l'exclusion de tous autres, même postérieurs, acquérir un droit exclusif au paiement des arrérages à échoir d'une rente ou des prix annuels d'un bail.

Conférence.

V. art. 638.

2807. De ce que l'art. 576 porte qu'il n'est fait aucune procédure de la part du tiers-saisi, il ne s'ensuit pas que celui-ci ne puisse rien faire à l'effet de se libérer avant la fin de l'instance de la saisie-arrêt ou de la distribution par contribution. — A. 1802.

2808. Le tiers-saisi peut, en sa qualité, former incidemment une demande au débiteur-saisi pour se faire déclarer quitte envers lui, et en outre le faire condamner comme débiteur. (Rennes, novembre 1813.)

2809. *Un jugement de validité rendu sur défaut contre le saisi étant périmé par six mois, conformément à l'article 156, le tiers-saisi peut-il encore opposer la saisie au saisi qui lui demande paiement ?*

Oui, parce que la saisie tient toujours ; mais s'il s'est écoulé trois ans depuis la demande en validité, comme le jugement est non avenu, le saisissant est réputé n'avoir pas poursuivi son instance, on peut la faire déclarer périmée ; et d'après l'article 401, la demande en validité se trouve elle-même comme non avenue.

ARTICLE 577.

Le tiers-saisi qui ne fera pas sa déclaration ou qui ne fera pas les justifications ordonnées par les articles ci-dessus, sera déclaré débiteur pur et simple des causes de la saisie.

2810. Ces mots de l'article 577, *le tiers-saisi*, etc., *sera déclaré débiteur pur et simple DES CAUSES de la saisie*, signifient que le tiers qui ne fera pas sa déclaration ou les justifications ordonnées, sera déclaré débiteur de toutes les sommes pour lesquelles la saisie aurait été faite, encore bien que ces sommes fussent plus fortes que celles qu'il devrait réellement. — A. 1803.

2811. Le tiers-saisi qui déclare au greffe ne rien devoir au saisi, et omet ensuite de signifier au saisissant l'acte de dépôt des pièces justificatives, ne doit pas par cela seul être déclaré débiteur pur et simple des causes de la saisie, si le saisissant ne peut ignorer le montant de ce qu'il devait ; en ce cas il n'y a lieu à condamner le tiers-saisi qu'au paiement de la totalité de la dette par lui contractée envers le débiteur-saisi. (Bordeaux, 16 juin 1814 ; Sirey, 1815, p. 53.)

2812. Le délai accordé au tiers-saisi, pour faire sa déclaration, n'est que *comminatoire ;* et le droit de contrainte donné au saisissant, à faute de cette déclaration, cesse dès l'instant où elle est signifiée. — A. 1804, et Rennes, 26 novembre 1814, 3.ᵉ ch.

2813. La demande en déclaration formée contre un tiers-saisi, est indéterminée de sa nature, et par conséquent ne peut être jugée *en dernier ressort* par un tribunal de première instance, même dans le cas où la créance du saisissant ne s'élève pas au-dessus de 1000 fr. (Paris, 7 mai 1817 ; Sirey, 1817, p. 359.)

ARTICLE 578.

Si la saisie-arrêt ou opposition est formée sur effets mobiliers, le tiers-saisi sera tenu de joindre à sa déclaration un état détaillé desdits effets.

Conférence.

T. art. 70.

2814. L'état des effets peut être donné dans la déclaration même. — A. 1805.

2815. Les effets doivent être désignés dans l'état dont il s'agit, comme ils le seraient dans le procès-verbal d'une saisie-exécution. — A. 1806.

ARTICLE 579.

Si la saisie-arrêt ou opposition est déclarée valable, il sera procédé à la vente et distribution du prix , ainsi qu'il sera dit au titre *de la Distribution par Contribution.*

Conférence.

V. art. 612 et suiv., 656 et suiv.

2816. Les formalités à observer pour la vente des effets sont celles prescrites au titre de la saisie-exécution, mais il n'est pas nécessaire de dresser un procès-verbal. — A. 1807.

2817. Lorsqu'il y a plusieurs créanciers, et que le prix de la vente des effets ou les sommes effectives qui ont été l'objet de la saisie ne suffisent pas pour les satisfaire entièrement, elles sont distribuées entre eux au marc le franc. — A. 1808.

2818. Le tiers-saisi doit retenir les frais qu'il a été obligé de faire pour l'accomplissement des obligations que la loi lui impose. — A. 1809.

2819. Le jugement en validité n'est exécutoire contre le tiers-saisi que sous les conditions portées en l'art. 548. — A. 1810.

2820. Si, avant le paiement, mais après le jugement de validité, le débiteur tombe en déconfiture, le tiers-saisi doit payer au saisissant et non pas à la masse des créanciers. — A. 1811.

ARTICLE 58o.

Les traitemens et pensions dus par l'Etat, ne pourront être saisis que pour la portion déterminée par les lois ou par arrêtés du Gouvernement.

2821. Cet article ne suppose pas que l'on puisse, dans tous les cas, saisir une portion des traitemens et pensions dus par l'Etat. — A. 1812.

2822. Les traitemens des fonctionnaires publics sont saisissables (jusqu'à l'entier acquittement des créances), savoir; pour un cinquième pour les sommes non excédant 1000 fr., pour un quart sur les 5000 fr. suivans, et pour un tiers sur la portion excédant 6000 fr. (Loi du 21 ventôse an 9 ; Sirey, 1801, 2.ᵉ part., p. 497.)

2823. Les traitemens ecclésiastiques sont insaisissables dans leur totalité. (Arrêté des Consuls du 18 nivôse an 11 ; Sirey, 1803, 2.ᵉ part., p. 57.)

2824. Les actions ou intérêts, dans les compagnies de finance ou d'industrie, peuvent être saisis-arrêtés tout aussi bien que les sommes et effets appartenans au débiteur. — L'article 557 ci-dessus, qui ne parle de la saisie-arrêt que relativement aux sommes et effets, n'est pas limitatif.

Les intérêts saisis-arrêtés ne doivent être vendus ni à l'audience des criées, ni par un commissaire-priseur chez un notaire. — La vente doit avoir lieu sur trois publications, en l'étude d'un notaire, sans l'intervention de commissaire-priseur. (Paris, 2 mai 1811 ; Sirey, 1814, p. 213.)

2825. Les pensions dues par les caisses des diverses administrations de l'Etat à leurs employés en retraite, doivent être considérées comme pensions dues par l'Etat : à ce titre, elles sont insaisissables, de même que les pensions directement payées par le trésor public, encore qu'elles ne soient pas établies par brevet. (Cass., 28 août 1815 ; Sirey, 1816, p. 216.)

ARTICLE 581.

Seront insaisissables, 1 les choses déclarées insaisissables par la loi ; 2.º les provisions alimentaires adjugées par justice ; 3.º les sommes et objets disponibles déclarés insaisissables par le testateur ou donateur ; 4.º les sommes et pensions pour alimens, encore que le testament ou l'acte de donation ne les déclare pas insaisissables.

Conférence.

Art. 582. — Art. 1981, cod. civ.

2826. Le §. 1.er de l'article 581 prohibe la saisie des choses déclarées insaisissables par la loi. — A. 1813.

2827. Les provisions alimentaires, adjugées par justice, peuvent être saisies pour cause *d'alimens*. On comprend sous ce mot, non seulement la nourriture, mais encore tout ce qui est nécessaire à la vie, comme *vêtement*, *logement*, et même les visites et pansemens des médecins et chirurgiens, et les médicamens. — A. 1814.

2828. Par ces mots *sommes et objets disponibles*, la disposition de l'article 581, §. 3, exprime que l'affranchissement de la saisie ne peut jamais porter sur la réserve légale déterminée par le code civil (art. 913, 915, 916 et 919), et que si elle est comprise dans la donation, les créanciers du donataire pourront la saisir. — A. 1815.

2829. Les objets déclarés insaisissables par le donateur ou le testateur ne continuent de l'être, entre les mains de l'héritier du donataire ou légataire, qu'autant qu'il apparaît que telle a été la volonté du donateur ou du testateur. — A. 1816.

2830. Une pension léguée à titre *de pension viagère* serait néanmoins insaisissable, quoiqu'elle ne fût pas qualifiée *alimentaire*, si les circonstances concouraient à faire croire que la pension dût tenir lieu d'alimens. — A. 1817.

2831. Les créanciers postérieurs à l'acte de donation ou à l'ouverture du legs forment par requête, conformément à l'art. 77 du tarif, leur demande afin d'obtenir la permission de saisir-arrêter les objets mentionnés aux n.os 3 et 4 de l'article 581. —. A. 1818.

2832. Les sommes et objets mentionnés en ces mêmes numéros, pourraient être saisis sans permission du juge, s'il s'agissait de les saisir pour cause d'alimens. — A. 1819.

ARTICLE 582.

Les provisions alimentaires ne pourront être saisies que pour cause d'alimens; les objets mentionnés aux n. 3 et 4 du précédent article pourront être saisis par des créanciers postérieurs à l'acte de donation ou à l'ouverture du legs; et ce, en vertu de la permission du juge, et pour la portion qu'il déterminera.

Conférence.

T. art. 77.

2833. L'usage est de permettre la saisie du quart; mais le juge n'est pas moins libre de déterminer telle portion qu'il estime convenable, après avoir pesé les circonstances. — A. 1820.

TITRE VIII.

Des saisies-exécutions. (1)

La saisie-*exécution* (2) est celle qu'un créancier fait apposer sur mobilier *corporel* et *saisissable* (3) de son débiteur, à l'effet de vendre, pour le prix être employé au paiement de la dette ou distribué entre le saisissant et les autres créanciers du saisi.

Sur cette matière le code reproduit en grande partie les dispositions du titre 33 de l'ordonnance de 1667 ; mais il en remplit plusieurs lacunes, et consacre, par des dispositions expresses, des règles qu'il fallait chercher dans des déclarations antérieures ou postérieures à l'ordonnance, dans des arrêts de réglement, quelquefois même dans de simples actes de notoriété.

Comme la saisie-exécution est véritablement un acte d'expropriation, le législateur a voulu qu'on ne pût y procéder qu'après un *commandement*, c'est-à-dire, une sommation de payer dont il détermine les formalités, le contenu et les effets. (Art. 583 et 584.)

Un jour après ce commandement, on peut procéder à la saisie ; elle se forme par un acte sujet aux formalités ordinaires des exploits, et dans lequel l'huissier, assisté de deux témoins, désigne en détail, et sans les déplacer, les objets qu'il saisit, indique le jour de la vente et établit un gardien dont les droits et les obligations sont

---

(1) Nous parlerons *infrà*, au titre de la saisie-gagerie, de l'exécution par voie *d'éjection de meubles*, parce qu'elle a lieu le plus souvent contre les locataires ou fermiers dont les baux sont résiliés pour défaut de paiement.

(2) Cette saisie est appelée *exécution*, parce qu'elle dépouille le débiteur de ses meubles, qui sont vendus de suite et sans qu'il soit besoin de recourir à la justice.

(3) Nous disons *corporel*, parce que, d'un côté, la loi a établi au titre X des formalités particulières pour la saisie des *rentes*, et que de l'autre, les actions du débiteur peuvent être exercées par le créancier aux termes de l'art. 1166 du code civil, sans acte préalable qui l'y autorise. Nous disons *saisissable*, parce qu'il est des effets mobiliers qui ne peuvent être saisis en aucune circonstance (art. 592 , ou qui, du moins, ne peuvent l'être que dans certains cas expressément désignés (art. 593.) Ce sont ces objets qui forment ce qu'en termes de pratique on nomme le *prohibé*.

déterminés par les articles 1962 et 2060 du code civil, 603 et 604 du code de procédure.

Tel est le sommaire des articles 585, 586, 588, 589, 590, 595, 596 et 598.

Au surplus, la loi n'autorise l'huissier à établir un gardien de son choix (art. 597) qu'autant que le saisi ne lui a pas présenté une personne solvable et ayant les qualités requises par l'article 598 (596) ; mais s'il y a lieu à nommer un gérant, c'est le juge de paix et non l'huissier qui l'établit (art. 594.)

En tous les cas ce gardien peut demander sa décharge dans les circonstances prévues par l'art. 605, et suivant la forme prescrite par l'article 606.

L'acte de saisie étant dressé, le débiteur doit en avoir connaissance par une copie que l'huissier doit ou lui remettre ou lui notifier, en cas d'absence, dans un délai et selon des formes déterminées (601—602).

Nul obstacle ne peut arrêter les suites d'une saisie-exécution. Ainsi, 1.° l'huissier est autorisé à passer outre malgré les oppositions soit du saisi (607), soit de tierces personnes ; celle-ci ne peuvent que s'opposer à la vente si elles réclament des objets saisis (608), ou s'opposer sur le prix si elles sont créancières (608—609—610) ; mais, en ce dernier cas, elles peuvent, si la vente n'a pas lieu au jour indiqué, y faire procéder au moyen d'un récolement de la saisie (611—612.)

2.° Si l'ouverture des portes ou celle des fermetures d'un meuble n'a pas lieu volontairement, l'huissier la fait faire en présence d'un fonctionnaire que la loi désigne (587—591.)

3.° Tout auteur de trouble ou de soustraction est poursuivi conformément aux lois criminelles (599.)

4.° Si une première saisie a eu lieu, l'huissier fait le récolement des effets et recharge cette saisie, s'il y a lieu (611.)

Toutes ces formalités de la saisie étant remplies, la vente est annoncée au public, et se fait, après récolement, au plus prochain marché, par un commissaire-priseur, dans les lieux où le gouvernement en a établi, et ailleurs par un huissier (art. 613—619.)

L'adjudication se fait sur enchère en faveur du plus offiant, au comptant, soit en présence du saisi, comme en son absence ; mais elle doit cesser aussitôt que ce produit, dont l'officier instrumentaire est responsable, s'élève au montant des créances et des frais (622—625.)

L'article 625 indique ce que le procès-verbal d'adjudication doit contenir. Les articles 620 et 621 assujétissent à des formalités particulières la vente de certains objets qu'ils désignent.

Remarquons maintenant qu'en définissant la saisie-exécution, en tête de cette analyse, nous avons dit que le produit de la vente doit être remis au saisissant ou distribué entre lui et les autres créanciers du saisi qui se présenteraient pour y prendre part, et ainsi se trouve exécuté l'acte ou le jugement, autrement, le titre qui a donné lieu à cette saisie.

ARTICLE 583.

Toute saisie-exécution sera précédée d'un commandement à la personne ou au domicile du débiteur, fait au
moins un jour avant la saisie, et contenant notification
du titre, s'il n'a déjà été notifié.

Conférence.

T. art. 29 ; C. p. , art. 551 , 634.

2834. La saisie des choses mobilières déposées en main-tierce, encore qu'il y ait eu déplacement et établissement de gardien, ne doit pas être rangée dans la classe des saisies-exécutions et n'est pas soumise aux mêmes formalités ; c'est une saisie-arrêt. (Colmar, 13 janvier 1815 ; Sirey, 1815, p. 174. V. *suprà* p. 175.)

2835. Une saisie-exécution faite sur copie de signification d'un arrêt, laquelle ne contient ni les points de fait, ni les motifs, est nulle comme faite sur titre irrégulier, puisque l'article 7 de la loi du 10 avril 1810 frappe de nullité les arrêts qui ne contiennent pas les motifs, et que la copie tient lieu d'original. (Rennes, 29 août 1816, 1.ᵉ ch.)

2836. *Si l'on avait omis, dans la copie du titre donnée par le commandement, celle de la formule exécutoire, y aurait-il nullité ?*

Nous avons résolu cette question pour l'affirmative, relativement à la saisie immobilière, A. 2017 ; mais on oppose, quant à la saisie-exécution, que l'article 583 n'exige point, comme l'article 673, qu'il soit donné copie *entière* du titre. Cette différence ne nous semble

26

pas devoir en faire une concernant la question que nous venons de poser ; car si le législateur exige, dans l'article 583, la copie du titre, c'est évidemment une copie entière. Mais, au reste, comme on ne peut procéder à la saisie-exécution de même qu'à la saisie immobilière sans titre exécutoire, il nous paraît s'ensuivre que l'omission de la formule dans le commandement emporte nullité, puisqu'on n'aurait pas justifié d'un titre emportant exécution parée. (V. *infrà* n.° 2848.)

2837. *S'il s'agit de meubles communs à plusieurs débiteurs, par exemple, à des cohéritiers, faut-il commandement individuel à chacun ?*

Suivant M. Thomines, dans ses cahiers de dictée, il convient de faire un commandement individuel, parce que personne ne peut être dépouillé de ce qui lui appartient, ou de la part qu'il a dans un objet commun, sans avoir été personnellement averti. Si cependant, ajoute-t-il, un mobilier commun se trouvait dans la possession d'un seul des débiteurs, la saisie faite sur lui sans commandement adressé aux autres serait valable, par la présomption que celui qui possède un meuble en est le propriétaire ; les autres pourraient seulement agir en suivant les formes prescrites par l'article 608. Nous croyons que c'est le dernier parti qu'il faudrait préférer. (V. sur 673.)

2838. *Mais quel sera le résultat de cette demande en distraction ?*

Ou les meubles qui se trouvent en la possession d'un des débiteurs auront été partagés entre ceux-ci, ou ils sont indivis ; dans le premier cas, on ne passera outre à la vente qu'à l'égard des meubles appartenant au débiteur à qui le commandement aura été fait, parce que la saisie sera déclarée nulle à l'égard des autres pour défaut de commandement ; dans le second cas, il faudra effectuer le partage pour vendre ceux des meubles qui écherront au débiteur qui a reçu le commandement.

2839. *On peut donc saisir des meubles indivis avant que le partage en soit effectué ?*

Oui, à la différence de ce qui se pratique à l'égard de la saisie des immeubles ; mais les copropriétaires non débiteurs des saisissans peuvent s'opposer à la vente en formant une demande en distraction, conformément à l'article 608 ; demande qui exige nécessairement que le partage soit effectué, afin qu'il ne soit procédé qu'à la vente de la portion du débiteur saisi. (Locré, t. 3, pag. 30.)

2840. La copie du commandement ne doit pas énoncer le visa exigé par l'article 673, parce que le délai de vingt-quatre heures, accordé pour le visa, ne court que du moment de la remise de la copie. (Rennes, chambre des vacations de 1816.)

2841. Quoique l'administration des domaines jouisse du privilège de ne pas employer le ministère d'avoué, rien ne la dispense de se conformer à la loi générale dans l'exécution des jugemens et arrêts rendus à son profit. Ainsi une saisie-arrêt faite sans commandement est nulle. (Rennes, 29 août 1816, 1.re ch.)

2842. On peut procéder à la saisie le lendemain du jour auquel le commandement a été signifié. — A. 1821.

2843. Le délai qui doit s'écouler entre le commandement et la saisie n'est pas susceptible d'augmentation à raison des distances. — A. 1822.

2844. Si le saisissant ne fait procéder à la saisie qu'après le délai fixé par l'article 583, il n'est pas nécessaire qu'il renouvelle le commandement. — A. 1823.

2845. Un commandement de payer, sous peine d'y être contraint par les voies de droit, suffit à la validité de plusieurs espèces de saisies successivement exercées pour le même objet. — A. 1824.

2846. Si le débiteur n'avait pas de domicile, on n'est pas dispensé de lui faire un commandement signifié, suivant la forme prescrite au n.° 8 de l'art. 69. — A. 1825.

2847. Quand le titre a été signifié, l'huissier doit l'énoncer dans le commandement. — A. 1826.

2848. Pour procéder à la saisie-exécution, il faut nécessairement que le titre soit exécutoire. — A. 1827.

2849. Cependant, il y a des cas où une saisie-exécution peut avoir lieu sans titre exécutoire; tels sont ceux où la régie des domaines et de l'enregistrement poursuit la rentrée des créances personnelles dues à l'état. — A. 1828, et *suprà* n.° 2682.

2850. Mais les municipalités et les commissions des hospices et de bienfaisance demeurent soumises au principe général, qu'on ne peut procéder par voie de saisie-exécution, à moins d'être muni d'un titre exécutoire et en bonne forme. (*Ibid.* et arrêt de Bruxelles, 26 mai 1810 ; Sirey 1811, p. 50)

2851. Le créancier qui n'a pas de titre exécutoire, ou qui n'a aucun titre sous seing privé, n'a aucune ressource pour conserver son gage sur le mobilier de son débiteur, si celui-ci ne doit pas pour cause d'opérations commerciales, ou s'il n'est pas débiteur forain. Il ne reste donc au créancier que la saisie-arrêt, qu'il peut mettre entre les mains des tiers chez lesquels le débiteur aurait caché les effets qu'il aurait voulu soustraire. — A. 1829,

2852. Une saisie faite en vertu d'un titre éteint, mais provisoirement, n'est pas valable.. — A. 1830.

ARTICLE 584.

Il contiendra élection de domicile jusqu'à la fin de la poursuite, dans la commune où doit se faire l'exécution, si le créancier n'y demeure; et le débiteur pourra faire à ce domicile élu toutes significations, même d'offres réelles et d'appel.

Conférence.

T. art. 29; Jousse, sur l'art. 1 du tit. 33 de l'ordonn. de 1667.

2853. La demande en nullité d'une saisie-exécution ne doit pas être portée devant le tribunal dans le ressort duquel la saisie a été faite, lorsqu'elle a eu lieu en vertu de l'arrêt d'une cour d'appel, jugeant comme tribunal de première instance. L'exécution des jugemens appartient toujours aux juges qui les ont rendus, quand ils ne l'ont point été sur appel. (Paris, 14 avril 1807; Sirey, 1815, pag. 174.)

2854. Les dispositions de l'article 584 ne peuvent s'étendre à tout autre cas que celui de la saisie-exécution, et notamment à celui de l'article 417. (Rennes, 14 août 1816, 3.ᵉ ch.).

2855. Avant, comme depuis le code, la loi qui oblige le saisissant à élire domicile dans l'exploit de saisie-exécution, produit cet effet que le saisi peut assigner à ce domicile dans toutes les contestations qui naissent de la poursuite. Les juges du lieu où se pratique la saisie sont compétens pour statuer sur les réclamations du saisi. — Ce n'est point au juge du domicile du saisissant que se portent les contestations incidentes. (Paris, 13 pluviôse an 13; Sirey, 1807, p. 1191.)

2856. Le commandement tendant à saisie-exécution n'est pas nul par cela seul qu'il ne contient pas de la part du créancier élection de domicile dans la commune où se fait l'exécution. — A. 1831.

2857. En admettant toutefois qu'il y eût en ce cas nullité du commandement, cette nullité serait couverte par l'élection de domicile faite dans l'exploit de saisie. — A. 1832.

2858. Ainsi il est indifférent, pour la validité de l'appel dont il est parlé dans l'article 584, que le domicile où il est signifié ait été élu par le poursuivant dans son premier commandement, ou dans tout autre acte de la poursuite. (Turin, 30 mars 1808; Sirey, 1809, p. 308.)

2859. Les exploits signifiés à domicile élu doivent, comme ceux qui le sont à domicile réel, être adressés à chacune des parties par copie séparée, encore que l'exploit concerne des cohéritiers procédant ensemble au nom de l'auteur commun, et ayant élu même domicile. — L'unité d'intérêt entre plusieurs ne fait exception que lorsqu'il s'agit d'assignation donnée à un corps moral. (Cass., 15 février 1815 ; Sirey, 1815, p. 204.)

2860. Si, avant que l'exécution soit consommée, le saisissant qui habitait la commune où cette exécution se poursuit, transportait son domicile ailleurs, sans faire une élection en cette commune, l'ancien domicile du créancier, dans la commune dont il s'agit, tiendrait lieu du domicile qu'il eût dû élire dès le commencement des poursuites, s'il n'avait pas demeuré dans cette commune. — A. 1833. (1)

2861. La faculté accordée au débiteur par l'art. 584 du code de procédure civile, de faire des offres au domicile élu par le commandement préalable à la saisie-exécution, ne s'étend pas au cas où la convention des parties détermine un autre lieu pour le paiement. C'est à ce lieu que les offres doivent être faites à peine de nullité; et c'est devant le tribunal du domicile de ce lieu que la demande en validité doit être portée. (Cass., 28 avril 1814; Sirey, 1814, p. 209.)

2862. Un domicile élu pour l'exécution d'un contrat n'est pas élu pour l'exécution des jugemens rendus à l'occasion de ce contrat. (Cass., 29 août 1815 ; Sirey, 1815, p. 430.)

2863. Il n'est pas nécessaire, pour le commandement, que l'huissier soit assisté de recors ou témoins. — A. 1834.

2864. L'appel d'un jugement signifié, avec commandement de s'y conformer, ne peut être notifié au domicile élu par l'exploit de signification. — A. 1835.

2865. A moins que cet exploit ne contienne commandement à fin de saisie. (Rennes, 13 mars 1818, 2.° ch.)

2866. L'appel signifié au domicile élu par le commandement, serait valable encore bien qu'il n'y ait pas eu de saisie-exécution, parce que si l'article 456 dispose que l'acte d'appel doit être signifié à personne ou domicile, l'article 584 contient exception à ce principe, dans le cas où il y a eu un commandement *à fin* de saisie-exécution. (Rennes, 23 novembre 1813, 2.ᵉ ch.)

2867. Le saisissant ne serait pas valablement assigné par un tiers au domicile élu dans le commandement, à moins que ce tiers ne fût créancier du saisi. — A. 1836 (2), et cass., 3 juin 1812 ; Sirey, 1812, p. 362.

(1) Quatrième ligne de la question, au lieu de *saisissant*, lisez *saisi*.
(2) Page 221, dernière ligne, au lieu de *juillet*, lisez *juin*.

2868. On ne pourrait pas signifier un acte d'appel ou des offres au domicile élu pour d'autres saisies que la saisie-exécution — A. 1837. V. *suprà* n. 2854.

ARTICLE 585.

L'huissier sera assisté de deux témoins, Français, majeurs, non parens ni alliés des parties ou de l'huissier, jusqu'au degré de cousin issu de germain inclusivement, ni leurs domestiques ; il énoncera sur le procès-verbal leurs noms, professions et demeures : les témoins signeront l'original et les copies. La partie poursuivante ne pourra être présente à la saisie.

Conférence.

T. art. 31 ; ordonn., titre 33, art. 4 ; titre 11, art. 2 ; titre 19, art. 9 ; C. civ., art. 37 et 980 ; ordonn. de 1566, art. 32.

2869. Il n'est pas nécessaire que les témoins de l'huissier soient citoyens français.

2870. Mais un étranger, admis à fixer son domicile en France, ne peut pas être témoin dans une saisie. — A. 1838.

2871. Les témoins de l'huissier doivent savoir signer. — A. 1839.

2872. Le saisissant ne peut être présent à la saisie, ni même envoyer quelqu'un pour désigner les lieux et les personnes. — A. 1840.

2873. Un procès-verbal d'exécution et saisie n'est pas nul parce que l'huissier, en mentionnant au commencement qu'il était assisté de témoins, a omis d'ajouter qu'ils étaient français, majeurs, non parens ni alliés des parties. Il suffit, pour sa régularité, que l'huissier ait indiqué à la fin de l'acte les noms des témoins, leur profession et demeure. Au surplus, l'article 585 ne prononçant point la peine de nullité, la saisie-exécution serait valable, lors même qu'on maintiendrait et que l'on prouverait que les témoins dont l'huissier était assisté n'avaient pas les qualités requises par cet article. (Rennes, 21 décembre 1812, 3.ᵉ ch.) Mais voyez *infrà* n.º 28-5.

2874. Des gendarmes peuvent servir de témoins à un huissier dans une exécution et dans un procès-verbal d'emprisonnement, quand ils sont majeurs, français, non parens ni alliés des parties ni de l'huissier, et qu'ils n'agissent pas comme force armée requise par l'huissier. (Rennes, 31 mars 1814, 1.ʳᵉ ch.)

2875. La peine de nullité n'étant pas attachée à l'inobservation des formalités prescrites par l'article 585, on ne peut annuler la saisie qu'à l'égard de celles de ces formalités, qui seraient substantielles. — A. 1841. (1)

2876. L'huissier n'est pas obligé de mentionner, dans son procès-verbal, l'heure à laquelle il procède ; mais il agirait prudemment en faisant cette mention. — A. 1842.

ARTICLE 586.

Les formalités des exploits seront observées dans les procès-verbaux de saisie-exécution ; ils contiendront itératif commandement, si la saisie est faite en la demeure du saisi.

Conférence.

T. art. 31 ; ordonnance de 1667, titre 33, art. 3 ; c. p., art. 61.

2877. Les formalités qui doivent être observées dans le procès-verbal de saisie sont celles qui sont communes à tous les exploits, et non pas celles qui seraient particulières aux ajournemens, comme la constitution d'avoué. — A. 1843 V. *suprà* n.° 341.

2878. Il est dans l'esprit de l'art. 586 que l'on fasse itératif commandement au débiteur, quand la saisie se fait hors de sa demeure, encore bien qu'il se trouve présent à l'endroit où sont les meubles. — A. 1844.

2879. Quand la saisie se fait en la demeure du saisi, on doit, s'il est absent, lui réitérer le commandement dans la personne de ceux qu'on y rencontre. — A. 1845.

2880. De ce que l'article 585 exige que les formalités des exploits soient observées dans les procès-verbaux de saisie, il ne s'ensuit pas qu'il y ait nullité de celui qui ne présenterait pas celles exigées à peine de nullité par l'article 61, à moins que les formalités omises ne soient substantielles. — A. 1846, et *suprà* n.° 2875.

2881. M. Thomines estime néanmoins que les formalités prescrites par l'article emportent nullité sans distinction ; nous nous en tenons aux raisons développées dans notre analyse, en faveur de l'opinion contraire.

2882. *A quoi expose l'omission des formalités qui ne sont pas prescrites à peine de nullité ?*

Cette omission ne peut que motiver une opposition à la vente, et faire adjuger au saisi des dommages-intérêts.

(1) Deuxième alinéa, dernière ligne, au lieu de *n'exister*, lisez *exister*.

ARTICLE 587.

Si les portes sont fermées, ou si l'ouverture en est refusée, l'huissier pourra établir gardien aux portes pour empêcher le divertissement : il se retirera sur-le-champ, sans assignation, devant le juge de paix, ou, à son défaut, devant le commissaire de police ; et dans les communes où il n'y en a pas, devant le maire, et à son défaut devant l'adjoint, en présence desquels l'ouverture des portes, même celle de meubles fermans, sera faite, au fur et à mesure de la saisie. L'officier qui se transportera, ne dressera point de procès-verbal ; mais il signera celui de l'huissier, lequel ne pourra dresser du tout qu'un seul et même procès-verbal.

Conférence.

T. art. 6, 31 et 32 ; ordonn., tit. 33, art. 5 ; *suprà* art. 583.

2883. Les officiers qui doivent suppléer le juge de paix, dans le cas de l'article 587, peuvent agir sans qu'il soit certain que le juge soit empêché : le cas d'urgence est suffisant pour les autoriser à prêter leur ministère. (Cass., 1.er avril 1813 ; Sirey, pag. 324.)

2884. Si les fonctionnaires désignés dans l'article 587 refusaient leur assistance, l'huissier devrait surseoir à l'exécution, sauf en faveur du saisissant, l'action en dommages-intérêts contre ces fonctionnaires. — A. 1847. (1)

2885. L'article 222 du code pénal est applicable à un saisi qui outrage par paroles un adjoint de maire requis par un huissier de l'assister à une ouverture de portes.

On ne peut admettre l'excuse tirée de ce que le juge de paix n'a point été appelé avant l'adjoint, comme l'exige l'art. 587. (Cass., 1.er avril 1813 ; Sirey, 1817, p. 322.)

2886. L'officier qui se transportera pour faire ouvrir les portes, doit rester avec l'huissier jusqu'à ce que celui-ci ait achevé la saisie. — A. 1848.

ARTICLE 588.

Le procès-verbal contiendra la désignation détaillée des objets saisis : s'il y a des marchandises, elles seront pesées, mesurées ou jaugées, suivant leur nature.

(1) *Er.* pag. 227, dernier alinea, ligne 6, au lieu de *nous ne pensons pas,* lisez *nous pensons.*

Conférence.

T. art. 31; ordonnance, titre 33, art. 6; C. p., art. 595 et 613.

2887. Il ne suffirait pas d'avoir pesé, mesuré ou jaugé les marchandises suivant leur nature, il est en outre nécessaire, en plusieurs circonstances, de désigner les *marchandises* par leur qualité. — A. 1849.

2888. L'obligation de détailler les effets saisis n'autorise pas l'huissier à fouiller le débiteur ou les personnes qui lui sont attachées. — A. 1850.

2889. L'huissier qui ne trouvera dans la maison aucun effet saisissable, doit rapporter un procès-verbal de perquisition et de carence. — A. 1581.

ARTICLE 589.

L'argenterie sera spécifiée par pièces et poinçons, et elle sera pesée.

Conférence.

T. art. 31.

2890. Qu'entend-on par ces mots de l'article 589, *sera spécifiée par poinçons?*

Nous croyons devoir substituer ce qui suit à ce que nous avions exposé dans notre analyse, question 1852.

On entend par ces mots, *sera spécifié par poinçons*, que l'huissier énoncera dans son procès-verbal *le poinçon de titre*; on appelle ainsi l'une des empreintes apposées sur chaque pièce d'argenterie pour en déterminer *le titre*, c'est-à-dire, le rapport de la quantité de métal pur ou de fin, de celle de l'alliage, et conséquemment la valeur.

La loi du 17 brumaire an 6 porte qu'il y a trois titres pour l'or et deux pour l'argent: chaque poinçon du titre porte pour empreinte un coq, avec l'un des chiffres arabes 1, 2, 3, indicatifs des premier, deuxième et troisième titres. Ainsi l'huissier spécifie par poinçon un objet d'or ou d'argent, lorsqu'il énonce pour l'or qu'il est marqué au premier, au second ou au troisième titre, et, pour l'argent, qu'il est au premier ou au second.

La loi précitée veut encore que les mêmes ouvrages d'or et d'argent qui ne pourraient être frappés des poinçons ci-dessus désignés sans être endommagés, soient marqués d'un plus petit poinçon, portant, pour l'or, une tête de coq, et pour l'argent un faisant; enfin, un poinçon de vieux, destiné uniquement à marquer les ouvrages dits *de hasard*, représente une hache; celui pour les ouvrages venant de l'étranger contient les lettres E t.

C'est aux huissiers à distinguer ces différens poinçons, afin de bien remplir le but de la loi, qui est de prévenir la substitution d'une valeur inférieure à celle qui aura été saisie; mais si le poinçon était effacé par vétusté, l'huissier le constaterait, et, en tous les cas, s'il était embarrassé pour distinguer le poinçon, il appellerait un orfèvre.

ARTICLE 590.

S'il y a des deniers comptans, il sera fait mention du nombre et de la qualité des espèces : l'huissier les déposera au lieu établi pour les consignations, à moins que le saisissant et la partie saisie, ensemble les opposans, s'il y en a, ne conviennent d'un autre dépositaire.

Conférence.

Ordonnance du Roi du 3 juillet 1816; tarif, 31 et 33.

2891. L'huissier peut laisser au saisi la somme qui serait nécessaire pour sa subsistance et celle de sa famille pendant un mois. — A. 1853.

2892. Si l'huissier négligeait de désigner les espèces monnoyées par leur nombre et leur qualité, le dépositaire devrait rendre la somme qu'il aurait reçue, suivant la valeur actuelle des pièces qu'il compterait. — A. 1854.

2893. L'huissier doit déposer les deniers comptans qu'il saisit, à Paris, à la caisse des dépôts et consignations, et, dans les départemens, chez les receveurs-généraux des contributions qui en sont, en cette partie, les préposés. — A. 1855.

Mais l'officier instrumentaire en est dispensé lorsque le saisissant, la partie saisie et les opposans, s'il y en a, ayant la capacité de transiger, conviennent d'un sequestre volontaire dans les trois jours du procès-verbal de saisie. C'est ainsi que l'ordonnance du 3 juillet 1816 explique l'article 590.

2894. Au reste, ce même dépôt n'est pas prescrit à peine de nullité, et cette peine ne peut se suppléer (art. 1030); d'ailleurs les droits des parties sont à couvert par la responsabilité de l'huissier qui s'est emparé du numéraire trouvé aux possessions du saisi. (Rennes, 28 février 1818, 1.re ch.)

ARTICLE 591.

Si le saisi est absent, et qu'il y ait refus d'ouvrir aucune pièce ou meuble , l'huissier en requerra l'ouverture; et s'il se trouve des papiers il requerra l'apposition des scellés par l'officier appelé pour l'ouverture.

Conférence

Article 587.

2895. L'huissier requiert l'ouverture des pièces et meubles dans la forme prescrite par l'article 587. — A. 1856.

2896. Si, parmi les papiers du saisi, l'on trouvait des billets obligatoires consentis à son profit, l'huissier ne pourrait les comprendre dans sa saisie. — A. 1857.

2897. S'il y a lieu à apposer les scellés sur les papiers du saisi, cette apposition ne doit pas être, comme l'ouverture des portes, pièces et meubles, constatée seulement par le procès-verbal de la saisie ; il est nécessaire que le fonctionnaire dresse séparément celui d'apposition. — A. 1858.

ARTICLE 592.

Ne pourront être saisis, 1.° les objets que la loi déclare immeubles par destination ;

2.° Le coucher nécessaire des saisis, ceux de leurs enfans vivant avec eux ; les habits dont les saisis sont vêtus et couverts ;

3.° Les livres relatifs à la profession du saisi, jusqu'à la somme de trois cents francs, à son choix ;

4.° Les machines et instrumens servant à l'enseignement, pratique ou exercice des sciences et arts, jusqu'à concurrence de la même somme, et au choix du saisi ;

5.° Les équipemens des militaires, suivant l'ordonnance et le grade ;

6.° Les outils des artisans, nécessaires à leurs occupations personnelles ;

7.° Les farines et menues denrées nécessaires à la consommation du saisi et de sa famille pendant un mois ;

8.° Enfin, une vache, ou trois brebis ou deux chèvres, au choix du saisi, avec les pailles, fourrages et grains nécessaires pour la litière et la nourriture desdits animaux pendant un mois.

Conférence.

Ordonnance de 1667, tit. 33, art. 14 et 16; observations de Jousse sur ces deux articles; C. civil, art. 524, 525 et 2102.

2898. Les objets placés sur un fonds pour le service de l'exploitation de ce fonds, sont saisissables lorsqu'ils ont été placés par le fermier. — A. 1859.

2899. Le cheval et la charrette d'un brasseur, les machines, décorations, partitions de théâtre et autres effets mobiliers d'un théâtre peuvent être saisis. — A. 1860. (1)

2900. Sous ces expressions générales *le coucher nécessaire,* le code a entendu comprendre toutes les choses indispensables pour se livrer au repos, telles que le bois de lit, les couvertures, les draps, le traversin, un lit de plumes et deux matelats. — A. 1861.

2901. On doit laisser un coucher pour chacun des époux et des enfans. — A. 1862.

2902. On ne peut saisir les habits dont le débiteur serait vêtu même sans nécessité. — A. 1863.

2903. Si l'huissier et la partie ne s'accordent pas sur l'évaluation des livres ou des instrumens que cette dernière veut conserver l'huissier doit appeler un expert qui fera l'estimation. — A. 1864.

2904. On doit laisser cumulativement au saisi les livres et les instrumens, en sorte que ces objets lui restent jusqu'à la concurrence d'une somme de 600 fr. — A. 1865.

2905. On doit laisser aux ecclésiastiques, outre leurs livres, les vases et ornemens nécessaires au service divin. — A. 1866.

2906. L'équipement militaire est insaisissable pour toute espèce de créance. — A. 1867.

2907. On peut saisir, chez un artisan, les outils qui servent à ses ouvriers. — A. 1868.

2908. Ces termes *menues denrées* se trouvent expliqués par des lettres-patentes du 12 juillet 1634, enregistrées au parlement de Toulouse le 24 janvier suivant, d'après lesquelles on ne pouvait saisir les farines, pain, volailles, gibier, viande coupée, et autres menues denrées servant à la nourriture des hommes. — A. 1869.

2909. Les syndics de créanciers d'un failli, en usant de la faculté qui leur est accordée par l'article 529 du code de commerce, ne peuvent, au préjudice du privilège du propriétaire de la maison qu'habite le failli, rendre à celui-ci d'autres meubles que ceux spécifiés par le n.° 2 de l'art. 592 du code procédure civile. (Cour d'appel de Paris, 27 décembre 1813 ; Sirey 1816, p. 106.)

2910. Le débiteur ne peut valablement renoncer à la faveur de diverses dispositions de l'article 692. — A. 1870.

2911. L'huissier doit détailler, dans son procès-verbal, les objets insaisissables qu'il a laissés au débiteur. — A. 1871.

2912. La saisie qui comprend les objets déclarés insaisissables par la loi n'est pas nulle. — A. 1872.

---

(1) *Er.* 3.e ligne, au lieu de *négative,* lisez *affirmative.*

ARTICLE 593.

Lesdits objets ne pourront être saisis pour aucune créance, même celle de l'Etat, si ce n'est pour alimens fournis à la partie saisie, ou sommes dues aux fabricans ou vendeurs desdits objets, ou à celui qui aura prêté pour les acheter, fabriquer ou réparer ; pour fermages et moissons des terres à la culture desquelles ils sont employés ; loyers des manufactures, moulins, pressoirs, usines dont ils dépendent, et loyers des lieux servant à l'habitation personnelle du débiteur.

Les objets spécifiés sous le numéro 2 du précédent article, ne pourront être saisis pour aucune créance.

Conférence

Ordonnance de 1667, tit. 33, art. 14 et 16; cod. civ., art. 2102.

2913. Les objets auxquels il aurait été fait des réparations, peuvent être saisis pour le prix de ces réparations. — A. 1873.

2914. On entend par *fermages* le prix des fermes, soit en argent, soit en nature ; et par *moissons*, les créances des ouvriers qui ont fait les récoltes. — A. 1874.

ARTICLE 594.

En cas de saisie d'animaux et ustensiles servant à l'exploitation des terres, le juge de paix pourra, sur la demande du saisissant, le propriétaire et le saisi entendus ou appelés, établir un gérant à l'exploitation.

Conférence.

2915. On doit nommer un gérant pour les moulins, pressoirs et usines, lorsqu'on en saisit les ustensiles. — A. 1875.

2916. Les dispositions du présent titre, relatives au gardien, sont applicables au gérant. — A. 1876.

ARTICLE 595.

Le procès-verbal contiendra indication du jour de la vente.

Conférence.

infrà, 601 et 613.

2917. L'omission du jour de la vente dans la saisie n'en opérerait pas la nullité. — A. 1877.

Cette proposition doit s'entendre en ce sens que la saisie n'est pas nulle par cela seul qu'il y eût omission au procès-verbal, si toutefois il y avait eu ensuite indication du jour de la vente par acte postérieur, comme le dit M. Perrin, traité des nullités, pag. 236. Mais il y aurait nullité de la vente si cette indication n'avait pas été faite, et, par conséquent, lieu à dommages-intérêts contre l'officier instrumentaire, ainsi que l'a jugé la cour de Rennes par arrêt du 22 septembre 1810.

ARTICLE 596.

Si la partie saisie offre un gardien solvable, et qui se charge volontairement et sur-le-champ, il sera établi par l'huissier.

Conférence.

T. art. 34.

2918. L'huissier ne peut accepter une femme pour gardienne, sans le consentement exprès du saisissant. — A. 1878.

ARTICLE 597.

Si le saisi ne présente gardien solvable et de la qualité requise, il en sera établi un par l'huissier,

Conférence.

Ordonnance de 1667, tit. 19, art. 4.

2919. Celui que l'huissier établirait gardien peut refuser cette commission. — A. 1879.

ARTICLE 598.

Ne pourront être établis gardiens, le saisissant, son conjoint, ses parens et alliés jusqu'au degré de cousin issu de germain inclusivement, et ses domestiques ; mais le saisi, son conjoint, ses parens, alliés et domestiques, pourront être établis gardiens, de leur consentement et de celui du saisissant.

Conférence.

Ordonnance de 1667, tit. 19, art. 13 et 14; C. procéd., art. 628. -- *Suprà*, n. 2916.

2920. L'huissier peut établir pour gardien toute personne qui n'est pas exclue par l'article 598, pourvu qu'elle ait d'ailleurs les qualités requises ; mais on sent qu'il ne conviendrait pas qu'il le désignât lui-même. — A. 1880.

2921. Il n'est pas nécessaire que le consentement du saisissant et du gardien, exigé par l'art. 598, soit donné par écrit ; il suffit qu'il soit énoncé dans le procès-verbal. — A. 1881.

2922. La femme non commune peut, sans l'autorisation de son mari, être constituée gardienne judiciaire des meubles saisis sur ce dernier ; mais elle n'est pas contraignable par corps en cette qualité. (Paris, 21 prairial an 13; Sirey, an 13, p. 573.)

ARTICLE 599.

Le procès-verbal sera fait sans déplacer ; il sera signé par
le gardien en l'original et la copie : s'il ne sait pas signer,
il en sera fait mention, et il lui sera laissé copie du procès-
verbal,

Conférence.

Ordonnance de 1666, tit. 19, art. 8.

2923. Ces mots *sans déplacer* n'expriment pas que l'huissier ne
puisse déplacer les objets saisis ; mais ils signifient qu'il doit rédiger
son procès-verbal sur les lieux et sans divertir à d'autres actes.
— A. 1882.

2924. *Y aurait-il nullité d'une saisie si l'huissier, employant
plusieurs vacations, ne signe pas à la fin de chacune ?*

Nous ne le pensons pas, attendu que, nonobstant les interrup-
tions que la saisie eût exigées n'empêchent pas que le procès-
verbal ne fasse un seul et même acte, dont les parties sont régies
par la signature apposée à la fin.

2925. *Y a-t-il nullité de la saisie si le gardien n'a pas signé
le procès-verbal, ou n'a pas été du moins interpellé de le signer ?*

La cour de Colmar avait jugé cette question pour l'affirmative, par
application de l'article 8 du titre 19 de l'ordonnance ; mais l'article
599 ne porte point la peine de nullité comme celui de l'ordonnance ; on pourrait donc douter que les tribunaux puissent la
prononcer.

Nous estimons cependant qu'il y a nullité, parce que la signature tient à la substance de l'acte, en ce qu'elle est indispensable
pour prouver qu'un gardien a été établi et a accepté la garde : le
défaut de signature équivaut au défaut d'établissement du gardien.

2926. Le procès-verbal doit être signé par le gardien même,
dans le cas où il se charge volontairement des effets. — A. 1880.

ARTICLE 600.

Ceux qui, par voies de fait, empêcheraient l'établissement du gardien, ou qui enleveraient et détourneraient des
effets saisis, seront poursuivis conformément au code criminel.

Conférence.

Ordonnance de 1667, tit. 19, art. 17.

2927. L'huissier doit dresser un procès-verbal des obstacles apportés
à la saisie. — A. 1884.

2928. Le saisissant a le droit de faire rétablir sous la saisie les objets qu'il justifie avoir été enlevés, dans quelques mains qu'ils soient passés, en faisant la réclamation dans le délai prescrit par l'article 2279 du code civil. (Rennes, 1.re ch., 11 juillet 1814.)

2929. Les peines encourues par ceux qui enlevraient ou détourneraient des effets saisis, sont celles du vol, comme si la soustraction avait été faite sur le propriétaire lui-même, et non pas celles que prononce l'article 255 du code pénal. (Cass., 29 octobre 1812; Sirey, 1813, p. 190.)

2930. Il est à remarquer que le saisi, son époux, ses père ou mère ou ses enfans, ne pourraient être condamnés à ces peines. (Même arrêt.)

ARTICLE 601.

Si la saisie est faite au domicile de la partie, copie lui sera laissée sur-le-champ du procès-verbal, signée des personnes qui auront signé l'original; si la partie est absente, copie sera remise au maire ou adjoint, ou au magistrat qui, en cas de refus de portes, aura fait faire ouverture, et qui visera l'original.

Conférence.

T. art. 31; ordonnance de 1667, tit. 33, art. 7, et tit. 11, art. 4; *supra* art. 595

2931. On doit, dans tous les cas d'absence, sans distinction d'ouverture ou de fermeture de portes, remettre une copie du procès-verbal au maire ou au magistrat désigné par l'art. 601.—A. 1885.

2932. S'il y a plusieurs débiteurs-saisis, fussent-ils solidaires, on doit donner à chacun d'eux copie du procès-verbal. — A. 1886.

2933. La copie du procès-verbal doit, sous peine de nullité, être remise sur-le-champ au saisi, conformément à l'article 601. (Rennes, 22 septembre 1810.)

ARTICLE 602.

Si la saisie est faite hors du domicile et en l'absence du saisi, copie lui sera notifiée dans le jour, outre un jour pour trois myriamètres; sinon les frais de garde et le délai pour la vente ne courront que du jour de la notification.

Conférence.

T. art. 29.

ARTICLE 603.

Le gardien ne peut se servir des choses saisies, les louer ou prêter, à peine de privation des frais de garde, et de dommages et intérêts, au paiement desquels il sera contraignable par corps.

Conférence.

Ordonnance de 1667, tit, 33, art. 9; cod. civ., art. 1962 et 2060,

2934. *Le saisissant et l'huissier sont-ils personnellement garans des malversations du gardien?*

2935. Nous ne le pensons pas, par la raison que l'article 596 onne au saisi la faculté d'offrir un gardien solvable; d'où suit qu'il doit imputer la faute d'avoir mis l'huissier dans la nécessité d'en établir n de son choix.

ARTICLE 604.

Si les objets saisis ont produit quelques profits ou revenus, il est tenu d'en compter, même par corps.

Conférence.

Ordonnance de 1667, tit. 33, art. 10; cod. civ., art. 1936, 1962 et 2060.

2936. Les dispositions de cet article concernent les fruits naturels qui viennent spontanément sans le secours de l'homme, tels que e bois et le lait des animaux; mais un édit de septembre 1674, ermettait au saisi d'user du lait, et nous croyons que l'on n'a as entendu le priver de cette faveur.

ARTICLE 605.

Il peut demander sa décharge, si la vente n'a pas été faite au jour indiqué par le procès-verbal, sans qu'elle ait été empêchée par quelque obstacle; et, en cas d'empêchement, la décharge peut être demandée deux mois après la saisie, sauf au saisissant à faire nommer un autre gardien.

Conférence.

Λ. art. 33; ordonnance de 1667, tit. 19, art. 20 et 22.

ARTICLE 606.

La décharge sera demandée contre le saisissant et le saisi, par une assignation en référé devant le juge du lieu de la saisie : si elle est accordée, il sera préalablement procédé au récolement des effets saisis, parties appelées.

28

Conférence.

T. art. 29 et 35 ; ordonnance tit. 19, art. 20.

2937. *Comment procède-t-on au récolement lorsque le gardien a obtenu sa décharge ?*

Voyez A. 1887.

ARTICLE 607.

Il sera passé outre, nonobstant toutes réclamations de la part de la partie saisie, sur lesquelles il sera statué en référé

2938. *Résulte-t-il de l'article 607 que l'huissier doive toujours continuer la saisie malgré l'opposition ?*

L'article signifie seulement qu'il n'est pas nécessaire de faire juger l'opposition, si elle paraît frivole, avant de faire la saisie. Mais si le débiteur exhibait une créance non suspecte, ou une saisie-arrêt faite entre ses mains, ou une opposition au jugement en vertu duquel on prétendrait le saisir, il conviendrait de surseoir, ou l'huissier exposerait son requérant à des dommages-intérêts s'il passait outre. (Thomines, cahiers de dictée.)

2939. La disposition de l'article 607 ne s'applique pas seulement au cas où le saisi réclamerait contre la demande en décharge du gardien ou contre le récolement ; elle s'applique encore à toute réclamation quelconque, faite par le saisi durant le cours de la saisie. — A. 1888.

2940. La saisie annulée pour défaut de forme conserve son effet à l'égard des opposans ; mais ceux-ci cessent d'en profiter si elle est déclarée nulle pour toute autre cause, par exemple, comme faite *pro non debito*. — A. 1889.

2941. La demande en nullité de la saisie peut être formée par requête d'avoué à avoué, si elle est faite en vertu d'un jugement ; si ce jugement a été rendu par le tribunal même qui peut connaître de son exécution ; et si enfin cette exécution a lieu dans l'année de la prononciation du jugement. En tout autre cas, la demande dont il s'agit doit être formée par exploit. — A. 1890.

ARTICLE 608.

Celui qui se prétendra propriétaire des objets saisis ou de partie d'iceux, pourra s'opposer à la vente par exploit signifié au gardien, et dénoncé au saisissant et au saisi, contenant assignation libellée et l'énonciation des preuves de propriété, à peine de nullité : il y sera statué par le tribunal du lieu de la saisie, comme en matière sommaire.

Le réclamant qui succombera, sera condamné, s'il y échet, aux dommages et intérêts du saisissant.

Conférence.

T. art. 29.

2942. La personne qui se prétend propriétaire d'objets que l'on se propose de saisir ne peut pas s'opposer à la saisie, mais seulement à la vente. — A. 1891. (V. *suprà* n.⁰ˢ 2837 et suiv. , et 2937, *infrà* 2945.)

2943. Lorsque des meubles ont été saisis à la requête d'un percepteur, la revendication par un tiers des meubles saisis est une question de propriété de la compétence des tribunaux. (Décret du 16 septembre 1816 ; Sirey, 1814 , p. 409.)

2944. Celui qui se prétend propriétaire d'objets mobiliers saisis sur un tiers, et qui, dans son exploit d'opposition à la vente, énonce son titre de propriété , satisfait suffisamment au vœu de la loi, qui exige que l'exploit contienne les preuves de propriété. (Bordeaux , 2.ᵉ ch., 19 juillet 1816 ; Sirey, 1817, p. 396.)

2945. Sur l'opposition à la vente, le tribunal peut ordonner distraction d'objets revendiqués dans une saisie de meubles faite sur un fermier par le propriétaire de la ferme, à moins qu'il ne soit prouvé que le bailleur ait eu connaissance antérieure que les effets appartinssent à d'autres qu'au fermier. (Rennes, 2.ᵉ chambre, 19 août 1817 — V. art. 819.)

2946. *Résulte-t-il que le propriétaire ne puisse revendiquer dès l'instant de la saisie ?*

Non, dit M. Thomines, dans ses cahiers de dictée, il peut s'opposer, et traduire en référé, si on veut passer outre ; en ce cas l'huissier doit se borner à poser des gardiens et à obéir au référé avant de continuer la saisie.

Les auteurs des annales du notariat (Comm. sur le code de procédure , t. 4, p. 109) pensent, au contraire, qu'une réclamation de cette espèce, faite à l'instant de la saisie, ne peut empêcher l'huissier de comprendre dans son procès-verbal les effets réclamés. La raison qui paraît militer en faveur de cette opinion qui, avant tout, a pour elle le texte de la loi (609), c'est que le procès-verbal n'est, en cas de réclamation, qu'un acte purement conservatoire dont l'objet est de mettre sous la main de la justice tous les effets mobiliers qui se trouvent au domicile du saisi, et d'en confier la surveillance à un gardien dont la responsabilité conserve les droits du tiers ; en sorte que personne ne souffre préjudice de la saisie, la loi réservant toujours à ce tiers le droit de s'opposer à la vente.

2947. Le gardien ne doit pas être assigné sur l'opposition du propriétaire. — A. 1892.

2948. *Mais sous le prétexte que le débiteur aurait son domicile chez un tiers, pourrait-on saisir les meubles d'un tiers, nonobstant sa déclaration qu'il est chef de maison et que tout le mobilier lui appartient, et en ce cas, ne pourra-t-il se pourvoir que par la voie indiquée par l'article 608?*

Nous croyons qu'en ce cas le tiers a la voie de nullité, car l'art. 608 suppose une saisie faite sur un saisi maître de la maison chez lequel un tiers aurait des meubles. Dans cette circonstance particulière, nous admettons l'opposition à la saisie et le pourvoi en référé; il y a plus, nous pensons avec les auteurs des annales (*ubi suprà*) que le maître de maison serait autorisé à interdire l'entrée de ses appartemens à l'huissier, car il nous semble évident qu'on ne peut pénétrer dans la demeure d'un citoyen pour y exercer des actes d'exécution qui ne le concernent pas personnellement.

2949. *Que faut-il ajouter au dénoncé à faire au gardien de la demande en distraction?*

Il faut faire injonction de ne souffrir ni l'enlèvement ni la vente des objets réclamés, jusqu'à ce qu'il ait été statué sur la revendication.

2950. On ne peut, sur la demande dont il s'agit, appeler les créanciers opposans. — A. 1893.

2951. La femme qui se prétend propriétaire des meubles saisis sur son mari ne peut demander la nullité des poursuites. — A. 1894. (1)

ARTICLE 609.

Les créanciers du saisi, pour quelque cause que ce soit, même pour loyers, ne pourront former opposition que sur le prix de la vente : leurs oppositions en contiendront les causes; elles seront signifiées au saisissant et à l'huissier ou autre officier chargé de la vente, avec élection de domicile dans le lieu où la saisie est faite, si l'opposant n'y est pas domicilié : le tout à peine de nullité des oppositions, et des dommages-intérêts contre l'huissier, s'il y a lieu.

Conférence.

T. art. 29.; C. p., art. 622; *suprà* n.° 2946.

2952. Le propriétaire ou principal locataire est compris sous ces expressions de l'article 609 : *Les créanciers du saisi, etc.* — A. 1895. (V. le n.° suivant.)

_____

(1) *Er.* Avant dernière ligne, au lieu de *5 juillet*, lisez *3 juillet.*

2953. Ainsi le privilège que la loi accorde au propriétaire sur les meubles de son locataire, pour ce qui lui sera dû en exécution du bail, ne lui donne pas la faculté de s'opposer à la vente des meubles ; bien que cette vente puisse nuire à l'entretien du bail, il ne peut, en aucun cas, exercer son privilège que sur le prix des meubles. (Cass, 16 août 1814; Sirey 1815, p. 93.)

2954. *Pour former opposition sur le prix, est-il nécessaire que le créancier qui n'a pas de titres obtienne une permission sur requête ?*

On a prétendu, et cette prétention a été accueillie, à notre connaissance, par plusieurs tribunaux, que dans ce cas, il faut se régler d'après l'article 558 du code de procédure. Il est vrai que M. Pigeau (t. 2, p. 101), dans la formule qu'il donne de l'opposition sur le prix des deniers, suppose que le créancier qui n'a pas de titres doit présenter requête, mais c'est le seul auteur qui ait pensé que cette formalité, dont l'article 609 ne dit pas un mot, fût nécessaire. Il nous semble, au contraire, que les articles 29 et 77 du tarif ne permettent pas de suivre cette opinion, et d'ailleurs, l'article 609 est dans une espèce toute différente de celle de l'art. 558. Ainsi, dans notre opinion, il suffit du ministère d'un huissier pour former l'opposition dont il s'agit, lors même qu'il n'y a pas de titres, sauf (comme dit l'art. 610) à discuter cette opposition.

ARTICLE 610.

Le créancier opposant ne pourra faire aucune poursuite, si ce n'est contre la partie saisie ; et, pour obtenir condamnation , il n'en sera fait aucune contre lui, sauf à discuter les causes de son opposition lors de la distribution des deniers.

ARTICLE 611.

L'huissier qui, se présentant pour saisir, trouverait une saisie déjà faite, ne pourra saisir de nouveau; mais il pourra procéder au récolement des meubles et effets sur le procès-verbal, que le gardien sera tenu de lui représenter ; il saisira les effets omis, et fera sommation au premier saisissant de vendre le tout dans la huitaine ; le procès-verbal de récolement vaudra opposition sur les deniers de la vente.

Conférence..

T. art. 36.

2955. Si l'on n'a pas donné à l'huissier connaissance d'une première saisie apposée, la nouvelle saisie à laquelle il procède est

est valable, comme procès-verbal de récolement. (Limoges , 18 décembre 1813 ; Sirey 1817 , p. 216.)

2956. *Quelles sont les formalités à suivre pour le récolement?*
V. A. 1896,

2957. C'est par le procès-verbal même que la sommation de vendre dans huitaine doit être faite au premier saisissant. — A. 1897.

2958. Lorsqu'il n'y a que récolement, l'huissier ne doit donner que deux copies du procès-verbal , l'une au saisi, l'autre au saisissant; mais lorsqu'il y a saisie d'effets omis, on doit donner une troisième copie au gardien. — A. 1898.

2959. Quand on saisit des effets omis, il est naturel, et sur-tout moins couteux , de les confier au même gardien. — A. 1899.

ARTICLE 612.

Faute par le saisissant de faire vendre dans le délai ci-après fixé , tout opposant ayant titre exécutoire pourra , sommation préalablement faite au saisissant, et sans former aucune demande en subrogation , faire procéder au récolement des effets saisis, sur la copie du procès-verbal de saisie que le gardien sera tenu de représenter , et de suite à la vente.

Conférence,

T. art. 29.

2960. L'exercice de la faculté donnée à un créancier opposant de faire passer *de suite* à la vente , est subordonnée à l'accomplissement des formalités prescrites pour la publicité de cette vente par les articles 617 , 618 et 619. — A. 1900.

ARTICLE 613.

Il y aura au moins huit jours entre la signification de la saisie au débiteur et la vente. '

Conférence.

Ordonn. de 1667 , tit. 33 , art. 12 ; *suprà* , art. 595.

2961. Le délai déterminé par l'article 613 est franc. La vente peut avoir lieu après le délai, sans nouvelle saisie. — A. 1901.

2962. On sent que ce délai ne peut être observé, lorsque les objets saisis sont sujets à se corrompre. En ce cas, nous pensons que l'on peut passer à la vente avant son échéance, en prenant la précaution de se faire autoriser par le juge.

A R T I C L E 614.

Si la vente se fait à un jour autre que celui indiqué par la signification, la partie saisie sera appelée, avec un jour d'intervalle, outre un jour pour trois myriamètres en raison de la distance du domicile du saisi, et du lieu où les effets seront vendus.

Conférence.

T. art. 29.

2963. Dans le cas prévu par l'article 614, la partie saisie est appelée à la vente par une sommation à personne ou domicile. — A. 1902.

A R T I C L E 615.

Les opposans ne seront point appelés.

A R T I C L E 616.

Le procès-verbal de récolement qui précédera la vente ne contiendra aucune énonciation des effets saisis, mais seulement de ceux en déficit, s'il y en a.

Conférence.

T. art. 37.

2964. *Quelles sont les formalités du récolement prescrit par art. 616.*

Voyez A. 1903.

2965. Si le procès-verbal contenait le détail des objets saisis, il ne serait pas nul; mais on ne le passerait en taxe qu'en raison de ce que prescrit l'article 616.

A R T I C L E 617.

La vente sera faite au plus prochain marché public, aux jour et heure ordinaires des marchés, ou un jour de dimanche: pourra néanmoins le tribunal permettre de vendre les effets en un autre lieu plus avantageux. Dans tous les cas, elle sera annoncée un jour auparavant par quatre placards au moins affichés, l'un au lieu où sont les effets, l'autre à la porte de la maison commune, le troisième au marché du lieu, et s'il n'y en a pas, au marché voisin, le quatrième à la porte de l'auditoire de la justice de paix; et si la vente se fait dans un autre lieu que le marché ou lieu où sont les effets, un cinquième placard sera apposé au lieu où se fera la vente. La vente sera en outre annoncée par la voie des journaux, dans les villes où il y en a.

Conférence.

T. art. 38 et 76; c. p. art. 631; ordonnance de 1667, tit. 33, art. 11.

2966. La saisie-exécution pourrait être déclarée nulle, si l'huissier avait indiqué pour la vente un marché qui ne serait pas le plus voisin du lieu de la saisie. — A. 1904.

2967. La permission de vendre en un autre lieu que le plus prochain marché doit être demandée par requête, présentée au tribunal qui y fait droit par une ordonnance. — A. 1905.

2968. Le gardien n'est pas obligé de faire la représentation des effets sur le lieu où ils doivent être vendus. — A. 1906.

2969. L'huissier ne doit pas donner copie de l'exploit par lequel il constate l'apposition des placards. — A. 1907.

2970. *Si l'huissier ne peut vendre tous les effets dans le jour où tient le marché, peut-il continuer le lendemain qui n'est pas jour de marché?*

Nous croyons qu'il est dans le vœu de la loi qu'il renvoie au plus prochain jour de marché. En effet, quel que soit le petit nombre ou le peu de valeur des objets compris dans une saisie, c'est nécessairement à jour de marché que la vente doit être faite; or, si la saisie est considérable, le même motif existe pour partie des effets compris dans cette saisie, comme il existe pour le cas où la saisie serait de moindre importance en totalité.

ARTICLE 618.

Les placards indiqueront les lieu, jour et heure de la vente, et la nature des objets sans détail particulier.

ARTICLE 619.

L'apposition sera constatée par exploit, auquel sera annexé un exemplaire du placard.

ARTICLE 620.

S'il s'agit de barques, chaloupes et autres bâtimens de mer du port de dix tonneaux et au-dessous, bacs, galiotes, bateaux et autres bâtimens de rivière, moulins et autres édifices mobiles, assis sur bateaux ou autrement, il sera procédé à leur adjudication sur les ports, gares ou quais où ils se trouvent : il sera affiché quatre placards au moins, conformément à l'article précédent, et il sera fait à trois divers jours consécutifs, trois publications au lieu où sont lesdits objets : la première publication ne sera

faite que huit jours au moins après la signification de
la saisie. Dans les villes où il s'imprime des journaux,
il sera suppléé à ces trois publications par l'insertion qui
sera faite au journal de l'annonce de ladite vente, laquelle
annonce sera répétée trois fois dans le cours du mois
précédent la vente.

Conférence.

T. art. 41 ; C. comm., art. 207 ; C. civ., art. 531 ; ordonnance de 1681, tit. 14, art. 9.

2971. Il a été dérogé, par l'article 207 du code de commerce, aux
dispositions de l'article 620 du code de procédure, relativement aux
barques, chaloupes et autres bâtimens de mer du port de dix tonneaux et au-dessous. — A. 1908. V. les articles 197--215 du code
de commerce.

ARTICLE 621.

La vaisselle d'argent, les bagues et joyaux de la valeur
de trois cents francs au moins, ne pourront être vendus
qu'après placards apposés en la forme ci-dessus, et trois
expositions, soit au marché, soit dans l'endroit où sont
lesdits effets ; sans que néanmoins, dans aucun cas, lesdits
objets puissent être vendus au-dessous de leur valeur réelle,
s'il s'agit de vaisselle d'argent, ni au-dessous de l'estimation qui en aura été faite par les gens de l'art, s'il s'agit
de bagues et joyaux.

Dans les villes où il s'imprime des journaux, les trois
publications seront suppléées comme il est dit en l'article
précédent.

Conférence.

T. art. 41 ; ordonnance de 1667, tit. 33, art. 13.

2972. L'exposition des objets mentionnés en l'article 621 doit être
faite à trois marchés différens. — A. 1909.

2973. On n'est pas obligé d'observer, pour d'autres objets que ceux
qu'il énumère, les formalités prescrites par l'article 621. — A. 1910.

2974. On peut, à la troisième exposition, vendre les objets ci-dessus
mentionnés. — A. 1911.

2975. L'estimation se fait sur le procès-verbal d'exposition, par
un expert, qui signe ce procès-verbal. — A. 1912.

ARTICLE 622.

Lorsque la valeur des effets saisis excédera le montant des causes de la saisie et des oppositions, il ne sera procédé qu'à la vente des objets suffisant à fournir la somme nécessaire pour le paiement des créances et frais.

Conférence.

Ordonnance de 1667, tit. 33, art. 20.

2976. L'article 622 exprime que l'huissier ou le commissaire-priseur qui fait la vente doit l'arrêter dès l'instant où les objets vendus ont produit une somme suffisante pour payer, 1.° les causes de la saisie 2.° les sommes dues aux créanciers opposans; 3.° les frais de la saisie et de la vente. — A. 1913.

2977. Si le prix de la vente est plus considérable que ce qui est dû, la personne préposée à la vente doit, après avoir satisfait sur-le-champ les créanciers, et retenu les frais légitimes et taxes, remettre l'excédant au saisi, à moins qu'il n'y ait opposition. — A. 1914.

2978. Les frais sont taxés par le juge sur la minute du procès-verbal de vente. — A. 1915.

ARTICLE 623.

Le procès-verbal constatera la présence ou le défaut de comparution de la partie saisie.

Conférence.

T. art. 40.

2979. L'huissier ne doit pas faire représenter la partie saisie lors de la vente. — A. 1916.

ARTICLE 624.

L'adjudication sera faite au plus offrant, en payant comptant; faute de paiement, l'effet sera revendu sur-le-champ à la folle enchère de l'adjudicataire.

Conférence.

Ordonnance de 1667, tit. 33, art. 17.

2980. L'officier préposé à la vente ne peut se rendre adjudicataire. — A. 1917.

2981. Pour revendre à la folle enchère, l'officier n'a pas besoin d'une ordonnance du juge. — A. 1918.

2982. Si, par suite de la revente sur folle enchère, le prix est supérieur ou inférieur à celui de la première adjudication, on applique les dispositions de l'article 744, à l'exception de celle qui soumet

l'adjudicataire à payer, sous peine de contrainte par corps, la différence en moins du prix de son adjudication et de celui de la folle
enchère. — A. 1919.

2983. On ne peut, en vertu du procès-verbal de vente, contraindre
l'adjudicataire à payer la différence ; il faut qu'il intervienne jugement, partie appelée. — A. 1920. (V. *suprà* n.° 2684.)

ARTICLE 625.

Les commissaires-priseurs et huissiers seront personnellement responsables du prix des adjudications, et feront
mention, dans leurs procès-verbaux, des noms et domiciles des adjudicataires : ils ne pourront recevoir d'eux
aucune somme au-dessus de l'enchère, à peine de concussion.

Conférence.

Ordonnance de 1667, tit. 33, art. 18.

2984. Sous l'empire du code de procédure civile, les greffiers des
justices de paix ne peuvent faire des ventes mobilières concurremment avec les huissiers et commissaires-priseurs : à cet égard, les
lois du 26 juillet 1790 et 27 septembre 1793 sont en pleine vigueur.
(Rouen, 20 mars 1807 ; Sirey, 1807, 2.ᵉ part., p. 1249.)

2985. Les parties sont responsables des extorsions commises par
les officiers ministériels qu'elles ont employés. (Bruxelles, 10 mars
1808 ; Sirey, 1814, p. 188.)

2986. *Les officiers publics qui procèdent à toutes autres ventes
de meubles sont-ils responsables du prix, comme les huissiers pour
les saisies-exécutions, quand ils ont fait crédit aux adjudicataires
obligés de payer comptant?*

La responsabilité résultant de l'obligation d'exiger le paiement de
suite a évidemment lieu contre les officiers qui ont fait des ventes
de meubles ordonnées en justice, autrement *des ventes judiciaires,*
puisque ces sortes de ventes doivent se faire dans les formes prescrites au titre des *saisies-exécutions.* (Art. 945 ; Pigeau, tom. 2,
pag. 613.)

2987. *Mais en est-il de même des ventes publiques volontaires
faites par les huissiers-priseurs ou par les notaires?*

En principe, l'officier public est responsable, car il est entendu
que ces ventes se font au comptant, comme celles qui sont ordonnées en justice. « Les huissiers-priseurs, lit-on dans le nouveau
» Dénisart (v.° *huissier*, t. 9, p. 638), sont personnellement res-
» ponsables du prix des choses qu'ils ont adjugées, et conséquemment
» des crédits qu'ils ont pu faire aux adjudicataires. »

On ne saurait sans doute assigner des raisons valables pour distinguer sur ce point entre les notaires et les huissiers; et, par conséquent, nous estimons que les uns et les autres sont, pour les ventes volontaires, responsables du prix des adjudications faites à crédit, comme ils le sont pour les ventes judiciaires (1), à moins toutefois qu'ils n'aient été formellement déchargés de cette responsabilité par une déclaration signée de celui à la requête duquel ils instrumentent; telle est aussi la jurisprudence de la cour royale de Rennes.

2988. Les commissaires-priseurs et les huissiers sont responsables *par corps* du prix des adjudications. — A. 1921.

---

(1) Quoi qu'il en soit, en plusieurs villes, à Rennes, par exemple, les *revendeurs* (on nomme ainsi ceux qui achètent pour revendre des effets mobiliers) ne paient pas ordinairement de suite; il est d'usage de leur accorder un délai pour s'acquitter après la livraison; sans cela ils n'achèteraient pas. D'après cet usage, il semble que les notaires ne devraient pas être jugés garans de la rentrée des deniers, et il serait en effet difficile de citer des exemples qu'on les ait astreints à la garantie. Quand les adjudicataires ne paient pas, le notaire qui a fait la vente, et qui se charge ordinairement du recouvrement, en prévient le propriétaire des objets vendus; celui-ci retire expédition du procès-verbal de vente, et poursuit, si bon lui semble, les adjudicataires en retard; car, ainsi que nous l'avons dit n.° 2684, art 551, le procès-verbal n'est point un titre emportant *exécution parée.*

L'usage dont il s'agit ici a été attesté par les notaires de Saint-Malo et de Rennes, par deux actes de notoriété produits dans une affaire jugée à la cour. Mais, quoi qu'il en soit, les notaires feraient bien de se faire autoriser à accorder délai pour le paiement, car *usage n'est pas toujours loi.*

Rodier, sur l'article 17 du titre 33 de l'ordonnance, dit que l'officier public qui a délivré la chose adjugée, sans avoir reçu le prix convenu, *demeure responsable,* même sans recours, contre *celui à qui il aurait adjugé,* lequel, ajoute-t-il, prétendrait que, par la délivrance, la chose est censée payée; ce qui aurait lieu quand même l'huissier aurait marqué sur son procès-verbal que le prix est dû, parce qu'en cette partie ce serait *propria adnotatio,* à laquelle on devrait d'autant moins donner de crédit, qu'il serait dangereux que certains huissiers n'en abusassent pour exiger deux fois le paiement de la même chose : à l'appui de ce sentiment, on peut voir l'art. 2279 du code civil.

Jousse observe aussi, sur le même article de l'ordonnance, que, quand on a laissé enlever les meubles à l'adjudicataire, ils sont censés avoir été payés; autrement, il ne dépendrait que d'un huissier de faire payer deux fois l'adjudicataire, en ne mettant pas le mot *payé* à côté de l'article qui lui a été adjugé. Duparc, t 10, p. 604, n'est pas du même avis. « Si l'huissier, dit-il, délivre » le meuble sans recevoir le paiement, il en serait personnellement responsable, » et même quelques auteurs pensent (il veut parler sans doute de Jousse et » de Rodier) que l'adjudicataire serait présumé l'avoir payé *comptant;* cepen-« dant nous ne croyons pas que cette présomption soit admise dans notre » usage, parce que l'adjudicataire doit en payant faire marquer le paiement » sur le procès-verbal de vente. »

Les passages des auteurs cités sont, comme l'article 551, dans l'espèce d'une

TITRE IX.

De la saisie des fruits pendans par racines , ou de la saisie-brandon.

Si l'article 520 du code civil déclare immeubles les fruits pen‑ dans par racines , celui de la procédure les considérant comme devant être prochainement cueillis et devenir meubles (C. C. , art. 528), permet aux créanciers de leur propriétaire de les saisir par avance, quoiqu'ils ne soient pas encore détachés du sol.

Cette saisie est donc une saisie mobilière.

On peut la définir l'acte par lequel un créancier fait mettre sous la main de la justice les fruits pendant par racines , appartenant à son débiteur, afin qu'ils soient conservés jusqu'à la maturité , pour être vendus ensuite , et le prix employé à payer les créanciers.

Tels sont tout à la fois l'objet et la fin de cette voie d'exécution.

On l'appelle saisie-*brandon* par suite de l'usage où l'on était en quelque pays de placer sur le champ des faisceaux de paille appelés *brandons* , suspendus à des pieux fichés en terre. Mais il est à observer que le code de procédure, en conservant cette dénomination , n'a pas conservé l'usage duquel elle tire son origine.

Ses formalités sont simples et peu nombreuses ; le code indique l'époque à laquelle la saisie peut être faite (626) , et ce que le procès‑ verbal doit contenir (627); il prescrit l'établissement d'un gardien (626) et l'apposition de placards pour annoncer la vente (629 et 630); il règle la manière de constater cette apposition (631); il

---

vente par suite de saisie-exécution ; mais on peut les appliquer aux autres ventes publiques de meubles , soit judiciaires , soit volontaires.

L'opinion de Rodier et de Jousse paraît devoir obtenir la préférence dans les lieux où il n'est point d'usage de faire crédit aux adjudicataires, et où les ventes se font au comptant , comme il est de règle pour ces sortes d'adju‑ dications ; seulement le juge pourrait prendre le serment de l'adjudicataire qui soutiendrait avoir payé. Dans les endroits, au contraire, où l'usage est de faire crédit , la présomption de paiement n'existant plus, il semble qu'on pour‑ rait, suivant les circonstances, condamner l'adjudicataire à payer , en adoptant l'avis de Duparc-Poullain, qui pourtant est moins fondé en droit que celui de Rodier et de Jousse.

détermine le jour et le lieu de la vente (632 , 633), renvoie à l'application des formalités prescrites pour les saisies - exécutions (634) , et ordonne la distribution du prix au moyen de laquelle l'acte ou le jugement se trouvera définitivement exécuté.

Questions sur l'ensemble du titre.

2989. Il n'y a aucune contradiction entre les dispositions par lesquelles le code autorise la saisie-brandon, avec les dispositions des articles 688 et suivans , d'après lesquelles les fruits échus depuis la dénonciation de la saisie immobilière sont immobilisés , parce que les dernières supposent que les fruits pendans ont été compris dans la saisie immobilière, et qu'elles en constituent sequestre judiciaire le saisi propriétaire du sol. — A. 1922. (V. sur 688 et suiv.)

2990. La dénomination donnée à la saisie des fruits ne suppose pas la nécessité de placer des *brandons* sur les champs. — A. 1923.

2991. De ce que le titre de la saisie-brandon indique les fruits *pendans par racines* , il ne s'ensuit pas que l'on ne puisse saisir les fruits détachés du sol, mais existans encore sur les terres ; ils sont saisissables par voie de saisie-exécution. — A. 1924.

2992. *Qu'arriverait-il si les fruits d'un colon ou fermier étant saisis pour une dette du propriétaire, l'on saisissait pour la dette personnelle des premiers les pailles qui sont sur les terres ?*

A cette question, posée par la section du tribunat , lors de la discussion du projet, on répondit :

1.° Que le fermier peut exciper de son bail et agir en ce point comme propriétaires des fruits, et qu'il en est de même du colon pour la part qui lui revient ;

2.° Que les pailles appartiennent au domaine et ne peuvent en être séparées pas plus que les engrais (C. C. , art. 524 ; Locré, tom. 3 , p. 82.)

2993. *Comment sera-t-il fourni aux avances nécessaires pour la culture ?*

C'est à la partie saisissante à y pourvoir, sauf à comprendre les déboursés parmi les frais. (*Ibid.*)

ARTICLE 626.

La saisie-brandon ne pourra être faite que dans les six semaines qui précéderont l'époque ordinaire de la maturité des fruits ; elle sera précédée d'un commandement , avec un jour d'intervalle.

Conférence.

T. art. 29. **V.** art. 821.

2994. Il n'existe dans aucune localité de règle fixe d'après laquelle on puisse déterminer l'époque où les fruits peuvent être saisis. — A. 1925.

Ainsi la disposition n'entraîne pas nullité ; seulement, si le tribunal juge la saisie prématurée, il déchargera le saisi des frais de garde pour tout le tems qui excédera les six semaines. (Locré, t. 3, p. 72 et 73.)

2995. *Le délai du commandement est-il le même que pour la saisie-exécution ?*

Quelques-uns ont cru remarquer que le code avait mis une différence entre les délais du commandement que précède soit la saisie-brandon soit la saisie-exécution, par la différence des expressions employées dans les articles 583 et 626 ; mais nous estimons qu'il est de règle générale qu'on doit donner au débiteur un jour franc entre le commandement et la saisie, afin qu'il trouve des moyens de satisfaire et d'empêcher l'exécution, s'il lui est possible. Ce délai est commun, soit qu'il s'agisse des meubles ou des récoltes.

2996. La saisie-brandon peut être faite avant les six semaines qui précèdent l'époque ordinaire de la maturité des fruits, si le saisissant offre de payer les frais de garde jusqu'à cette époque. (1)

Nous ajouterons avec M. Thomines, dans ses cahiers de dictée, que l'article 620 du code civil déclarant que les grains ne sont meubles qu'après qu'ils ont été séparés du sol, ils ne peuvent être transportés comme meubles, au préjudice des créanciers, pendant le délai que la loi leur donne pour les saisir. S'il en était autrement les créanciers seraient exposés à des fraudes inévitables, et il n'y aurait pas un seul jour où ils pussent être assurés de faire la saisie-brandon, sans rencontrer un obstacle. En effet, si la saisie avait été faite plus de six semaines avant la maturité, on pourrait l'arguer de nullité comme précipitée, et si le créancier eût attendu quelques jours, il pourrait trouver une vente déjà faite et consommée par la livraison.

ARTICLE 627.

Le procès-verbal de saisie contiendra l'indication de chaque pièce, sa contenance et sa situation, et deux au moins de ses tenans et aboutissans, et la nature des fruits.

_____

(1) *Er.* Troisième alinea, ligne 4, au lieu de *le législateur n'a interdit*, lisez *le législateur a interdit.*

Conférence.

T. art. 40 et 43.

2997. L'huissier ne doit pas être assisté de témoins lors de la saisie-brandon. — A. 1927.

2998. Il peut se contenter d'indiquer approximativement la contenance de chaque pièce. — A. 1928.

ARTICLE 628.

Le garde champêtre sera établi gardien, à moins qu'il ne soit compris dans l'exclusion portée par l'article 598 ; s'il n'est présent, la saisie lui sera signifiée : il sera aussi laissé copie au maire de la commune de la situation, et l'original sera visé par lui.

Si les communes sur lesquelles les biens sont situés sont contiguës ou voisines, il sera établi un seul gardien, autre néanmoins qu'un garde champêtre. Le *visa* sera donné par le maire de la commune du chef-lieu de l'exploitation ; et s'il n'y en a pas, par le maire de la commune où est située la majeure partie des biens.

Conférence.

T. art. 29, 44 et 45 ; *suprà* art. 598.

2999. L'huissier ne pourrait pas, sur la réquisition du saisissant, commettre un autre gardien que le garde champêtre, sauf au saisissant à commettre en outre, et à ses frais, un autre gardien. — A. 1929.

3000. De ce que l'article 628 porte que, si le garde champêtre n'est pas présent, la saisie lui sera signifiée, il n'en résulte pas que l'huissier ne soit pas obligé de lui en donner copie, lorsqu'il est présent. A. 1920.

3001. La partie saisie doit aussi recevoir une copie du procès-verbal. — A. 1931.

3002. Le garde champêtre doit être salarié, lorsqu'il est constitué gardien. A. 1932.

3003. Il est évident que l'on doit, dans les cas où les fruits sont situés sur le territoire de plusieurs communes, laisser copie de la saisie au maire, comme dans le cas où ils se trouvent sur celui d'une seule commune.

ARTICLE 629.

La vente sera annoncée par placards affichés, huitaine au moins avant la vente, à la porte du saisi, à celle de la maison commune, et s'il n'y en a pas, au lieu où s'apposent les actes de l'autorité publique; au principal marché du lieu, et s'il n'y en a pas, au marché le plus voisin, et à la porte de l'auditoire de la justice de paix.

Conférence.

C. p., art. 617.

3004. La huitaine qui doit s'écouler entre l'apposition des placards et la vente est franche. — A. 1933.

ARTICLE 630.

Les placards désigneront les jour, heure et lieu de la vente; les noms et demeures du saisi et du saisissant; la quantité d'hectares, et la nature de chaque espèce de fruits, la commune où ils sont situés, sans autre désignation.

Conférence.

C. p., art. 618.

ARTICLE 631.

L'apposition des placards sera constatée ainsi qu'il est dit au titre *des Saisies-exécutions.*

Conférence.

C. p., art. 619.

ARTICLE 632.

La vente sera faite un jour de dimanche ou de marché.

3005. Le choix des jours et des lieux indiqués aux articles 632 et 633, est laissé à l'arbitraire du saisissant. — A. 1934.

3006. *Si des grains saisis se trouvent en état d'être coupés avant qu'on puisse en faire la vente, quel est en ce cas le parti à prendre ?*

Le saisi peut faire signifier au saisissant que, pour empêcher la perte de ses grains, il entend les faire couper tel jour et les engranger dans tel bâtiment; sauf au saisissant à surveiller, s'il le juge convenable, et même à proposer un gardien au grain coupé, comme dans le cas de saisie-exécution.

30

Si le saisi ne fait pas cette déclaration, le saisissant peut le traduire en référé devant le président du tribunal civil, pour être autorisé à faire récolter lui-même et à engranger par compte et nombre en présence du saisi ou lui dûment appelé.

ARTICLE 633.

Elle pourra être faite sur les lieux, ou sur la place de la commune où est située la majeure partie des objets saisis.

La vente pourra aussi être faite sur le marché du lieu, et, s'il n'y en pas, sur le marché le plus voisin.

V. la première proposition sur l'article précédent.

ARTICLE 634.

Seront, au surplus, observées les formalités prescrites au titre *des Saisies-exécutions.*

Conférence;

C. p., art. 583 et suivans.

3007. Le renvoi que fait l'article 634 se rapporte non seulement aux formalités de la vente, mais encore à celles qui sont relatives au commandement, au procès-verbal, à la dénonciation au saisi, à l'opposition des créanciers et à la revendication des propriétaires, sauf les exceptions qui résulteraient de la nature même de chaque saisie. — A. 1935. (1)

ARTICLE 635.

Il sera procédé à la distribution du prix de la vente, ainsi qu'il sera dit au titre *de la distribution par contribution.*

Conférence.

C. p., art. 656 et suivans.

3008. S'il ne se présente pas d'enchérisseurs, le saisissant peut présenter requête au tribunal du lieu, pour se faire autoriser, contradictoirement avec le saisi, à faire la récolte lui-même, et à la faire vendre, après l'avoir rendue à sa destination naturelle et commerciale. — A. 1936.

---

(1) *Er.* Page 263, au titre de page, au lieu de *saisie*, lisez *de la saisie des fruits;* et au premier alinéa de la question 1935, ligne 7, au lieu de *expliqué*, lisez *exprimé.*

TITRE X.

De la saisie des rentes constituées sur particuliers.

UNE rente constituée est la créance d'une somme non exigible ; mais pour laquelle le débiteur paie annuellement des intérêts convenus. La somme non exigible forme le *principal* ou le corps de de la rente ; les intérêts qu'elle produit sont ce qu'on appelle les *arrérages*.

Les arrérages ne peuvent être saisis que par la voie de la saisie-arrêt ou opposition ; le principal ne peut l'être que suivant les formes prescrites par le présent titre ; mais la saisie qui en est faite vaut *arrêt* pour les intérêts échus et pour ceux à échoir jusqu'à distribution du prix de la vente.

De sa nature, la saisie des rentes est une saisie mobilière, puisque l'article 529 du code civil les a déclarées *meubles*, comme l'avaient déjà fait les lois des 11 frimaire et 29 brumaire an 7 (1) ; c'est pourquoi le prix de la vente doit être distribué entre les créanciers, comme celui de tout autre meuble saisi.

D'une part, la circonstance que les rentes sont une portion trop considérable de la fortune des citoyens pour qu'on dût permettre de les leur enlever avec la même facilité que d'autres biens meubles d'une moindre importance ; de l'autre, cette différence essentielle entre les biens corporels et incorporels, d'où résulte que la dépossession des premiers est évidente, tandis qu'il devient nécessaire d'avertir que la propriété des autres a changé de main : telles sont les considérations majeures d'après lesquelles le code a soumis les rentes à des formalités spéciales qui en forment un quatrième mode d'exécution.

(1) En ce point, ces lois ramenèrent à l'uniformité les dispositions coutumières suivant lesquelles les rentes étaient considérées comme *meubles*, en certaines provinces, et comme immeubles, en plusieurs autres, par exemple, en Bretagne et en Normandie.

Et comme dans cette saisie il s'agit d'une créance sur un tiers
comme aussi la rente peut présenter souvent un principal équivalan
au prix d'un immeuble, ces formalités offrent, dans leur ensemble
une combinaison des règles prescrites pour les saisies-arrêts et la saisie
immobilière, mais rendues plus simples, moins dispendieuses et mieu:
proportionnées avec la valeur ordinaire de leur objet.

Le code détermine au reste en vertu de quel titre et après quelles fo:
malités la rente peut être saisie (636); il règle la forme de cette saisi
(637), et ses effets relativement aux arrérages (640); comment ell
sera signifiée, lorsqu'elle sera faite entre les mains de personnes demeu:
rant en France, hors du continent (639); comment elle sera dé
noncée au saisi (641), et de quel jour courra le délai de cette dénon
ciation, lorsque le débiteur sera domicilié hors du continent de l:
France (642); il prescrit le dépôt au greffe du cahier des charges
et ce qu'il doit énoncer (643); il ordonne trois publications, tan
au tribunal que par placards et insertion dans les journaux (644
650), fixe le mode de la réception des enchères (651), indique :
qui appartient la poursuite, lorsqu'il y a deux saisissans (653), e:
dans quel tems le saisi doit proposer ses moyens de nullité (654)
il renvoie, pour la distribution du prix, aux règles communes à
toutes les ventes mobilières, en faisant toutefois exception à l'égard
des rentes grevées d'hypothèques antérieurement à la loi du 11 brumaire an 7 (655.)

Il ordonne au surplus l'application à cette espèce de saisie des
formalités prescrites au titre des saisies-arrêts, relativement à la
demande en validité et à la déclaration du tiers-saisi (638), et au
titre de la saisie immobilière, relativement aux placards et annonces
(647), à la rédaction du jugement d'adjudication, à l'acquit des
conditions et du prix, et à la revente sur folle enchère (652.)

Questions sur l'ensemble du titre.

3009. Les dispositions du titre 10 s'appliquent à toutes espèces de
rentes constituées sur particuliers, même aux rentes foncières et
viagères. — A. 1937 (1); et Caen, 21 juin 1814; Sirey, 1814,
pag. 397.

_____

(1) *Er.* 2.ᵉ alinea, ligne première, au lieu de *mars 1808*, lisez *mars 1806.*

3010. Mais il est évident qu'elles n'ont aucune application à une rente remboursable dans un terme rapproché, et qui ne constituerait qu'une simple créance à terme avec intérêts ; dans ce cas, il suffit au créancier de former saisie-arrêt ou opposition. (Locré, t. 3, p. 102.)

3011. Si l'on n'entendait saisir que les arrérages de la rente, on ne devrait pas suivre les formalités du présent titre, mais on pourrait se borner à une saisie-arrêt. — A. 1938.

ARTICLE 636.

La saisie d'une rente constituée ne peut avoir lieu qu'en vertu d'un titre authentique et exécutoire.

Elle sera précédée d'un commandement fait à la personne ou au domicile de la partie obligée ou condamnée, au moins un jour avant la saisie, et contenant notification du titre, si elle n'a déjà été faite.

Conférenc.

T. art. 29 et 128.

3012. Il n'est pas nécessaire que le saisissant fasse élection de domicile dans le commandement. — A. 1939.

ARTICLE 637.

La rente sera saisie entre les mains de celui qui la doit, par exploit contenant, outre les formalités ordinaires, l'énonciation du titre constitutif de la rente, de sa quotité et de son capital, et du titre de la créance du saisissant ; les noms, profession et demeure de la partie saisie, élection de domicile chez un avoué près le tribunal devant lequel la vente sera poursuivie, et assignation au tiers-saisi en déclaration devant le même tribunal : le tout à peine de nullité.

Conférence.

Tarif, art. 46.

3013. Si le saisissant ne connaît ni le titre, ni le capital de la rente, il peut faire une saisie-arrêt entre les mains du débiteur de la rente, afin d'obtenir, par la déclaration que prescrit l'art. 573, les renseignemens nécessaires pour faire l'énonciation exigée par l'article 637.

3014. Quant aux rentes viagères, comme elles n'ont point de capital, l'énonciation exigée par la loi ne peut avoir lieu, même dans le cas où la rente aurait été créée moyennant une somme ou un fonds aliéné. — A. 1940.

3015. La quotité d'une rente est la somme de cette rente, c'est-à-dire, les arrérages ou intérêts qu'elle produit chaque année, soit en argent, soit en nature. — A. 1941.

3016. L'élection de domicile chez un avoué près le tribunal devant lequel la vente sera poursuivie vaut constitution d'avoué. — A. 1942.

3017. La vente de la rente doit être poursuivie, et l'assignation donnée au tiers-saisi devant le tribunal du domicile du propriétaire de la rente, c'est-à-dire, de la partie saisie. — A. 1943.

3018. L'assistance de deux témoins ou recors n'est pas nécessaire au procès-verbal de saisie. — A. 1944.

3019. Les mots *à peine de nullité*, qui terminent l'article 637, s'appliquent aux dispositions de l'article 636. — A. 1945.

ARTICLE 638.

Les dispositions contenues aux articles 570, 571, 572, 573, 574, 575 et 576, relatives aux formalités que doit remplir le tiers-saisi, seront observées par le débiteur de la rente.

Et si ce débiteur ne fait pas sa déclaration, ou s'il la fait tardivement, ou s'il ne fait pas les justifications ordonnées, il pourra, selon les cas, être condamné à servir la rente faute d'avoir justifié de sa libération, ou à des dommages-intérêts résultans soit de son silence, soit du retard apporté à faire sa déclaration, soit de la procédure à laquelle il aura donné lieu.

3020. Les formalités que le débiteur de la rente doit remplir sont celles que prescrivent les articles 570 à 576.

3021. Si le débiteur de la rente peut suffisamment justifier, par des quittances sous seing privé et sans date certaine, du paiement des arrérages fait au terme échu, il ne peut justifier de la même manière du remboursement du capital. — A. 1947.

ARTICLE 639.

La saisie entre les mains de personnes non demeurant en France sur le continent, sera signifiée à personne ou domicile ; et seront observés, pour la citation, les délais prescrits par l'article 73.

Conférence.

Voyez art. 560.

3022. La signification de la saisie faite entre les mains de personnes non demeurant en France sur le continent, ne peut être faite au domicile du procureur du Roi. — A. 1948.

3023. Par le mot *citation*, employé dans l'art. 639, la loi entend assignation en déclaration affirmative. — A. 1949.

ARTICLE 640.

L'exploit de saisie vaudra toujours saisie-arrêt des arrérages échus et à échoir jusqu'à la distribution.

3024. Les paiemens d'arrérages faits par le débiteur de la rente, nonobstant la saisie, seraient réputés non avenus, à partir de l'époque à laquelle le saisissant aurait notifiée au débiteur de la rente la dénonciation de la saisie au propriétaire. — A. 1950.

ARTICLE 641.

Dans les trois jours de la saisie, outre un jour pour trois myriamètres de distance entre le domicile du débiteur de la rente et celui du saisissant, et pareil délai en raison de la distance entre le domicile de ce dernier et celui de la partie saisie, le saisissant sera tenu, à peine de nullité de la saisie, de la dénoncer à la partie saisie, et de lui notifier le jour de la première publication.

Conférence.

Tarif, art. 29.

3025. La peine de nullité prononcée par l'article 641 s'applique non seulement au défaut de dénonciation, mais encore au faux calcul du délai légal. — A. 1951.

ARTICLE 642.

Lorsque le débiteur de la rente sera domicilié hors du continent de la France, le délai pour la dénonciation ne courra que du jour de l'échéance de la citation au saisi.

3026. L'article 642 doit s'entendre en ce sens que, si le débiteur de la rente ne demeure pas sur le continent de la France, la loi fixe les trois jours pour la dénonciation de la saisie à la partie saisie, à compter du jour de l'échéance de l'assignation en déclaration donnée au débiteur de la rente. — A. 1952.

ARTICLE 643.

Quinzaine après la dénonciation à la partie saisie, le saisissant sera tenu de mettre au greffe du tribunal du domicile de la partie saisie, le cahier des charges contenant les noms, professions et demeures du saisissant, de la partie saisie et du débiteur de la rente ; la nature de la

rente , sa quotité, celle du capital, la date et l'énonciation du titre en vertu duquel elle est constituée ; l'énonciation de l'inscription, si le titre contient hypothèque, et
si aucune a été prise pour sureté de la rente ; les noms et
demeure de l'avoué du poursuivant, les conditions de
l'adjudication, et la mise à prix : la première publication
se fera à l'audience.

Conférence.

Coutume de Paris, art. 348 et 349.

3027. Le délai de quinzaine dans lequel, après la dénonciation
à la partie saisie, le saisissant doit remettre le cahier des charges,
n'admet pas l'augmentation d'un jour par trois myriamètres. —
A. 1953.

3028. Le saisissant fait constater, au bas de la copie qui reste aux
mains de l'avoué, la remise au greffe du cahier des charges. —
A. 1954.

3029. Le cahier des charges doit contenir, outre les énonciations
mentionnées en l'article 643, le sommaire de toute la procédure.—
A. 1955.

ARTICLE 644.

Extrait du cahier des charges, contenant les renseignemens ci-dessus, sera remis au greffier huitaine avant la
remise du cahier des charges au greffe, et par lui inséré
dans un tableau placé à cet effet dans l'auditoire du tribunal devant lequel se poursuit la vente.

Conférence.

C. p., art. 697 et 698.

3030. L'extrait du cahier des charges doit indiquer le jour de la
première publication ; il convient qu'elle ait lieu le lendemain de la
remise. — A. 1956.

ARTICLE 645.

Huitaine avant la remise du cahier des charges au greffe,
pareil extrait sera placardé, 1.º à la porte de la maison de
la partie saisie ; 2 º à celle du débiteur de la rente ; 3.º à
la principale porte du tribunal ; 4.º et à la principale place
du lieu où se poursuit la vente.

3031. Nous pensons qu'on n'est pas tenu d'apposer des placards à
la porte du débiteur de la rente, quand il est domicilié à une longue

istance de l'arrondissement du tribunal où se poursuit la vente. Alors, en effet, l'apposition ne pourrait avoir lieu dans le court délai que la loi détermine; or, la loi n'a jamais entendu prescrire l'impossible. C.ᵉ des annales du not., t. 4, p. 187.)

ARTICLE 646.

Pareil extrait sera inséré dans l'un des journaux imprimés dans la ville où se poursuit la vente ; et, s'il n'y en a pas, dans l'un de ceux imprimés dans le département, s'il y en a.

Conférence.

Voyez art. 683.

3032. La disposition de l'article 646 n'est requise que dans le cas où il s'imprimerait un journal *périodique*, de quelque nature qu'il ût. En ce cas, l'annonce doit être insérée dans une des feuilles antérieures de trois jours au moins à celui de la publication, et l'avoué doit annexer à son dossier l'exemplaire de cette feuille, avec certificat de l'imprimeur, comme il se pratique en saisie immobilière.

ARTICLE 647.

Sera observé, relativement auxdits placards et annonces, ce qui est prescrit au titre *de la Saisie immobilière.*

Conférence.

C. p., art. 682, 683, 684, 685, 686, 687, 695, 696, 703, 704 et 705.

3033. Il est certain, d'après l'article 647, que l'on doit, dans la saisie des rentes, se conformer aux articles 683, 685, 686 et 687; mais il n'est pas également nécessaire, et sur-tout à peine de nullité, d'observer les formalités prescrites par l'article 703, en ce qu'il exige que l'adjudication préparatoire soit précédée de nouveaux placards, qui contiendraient en manuscrit la mise à prix et l'indication du jour où se fait cette adjudication. — A. 1957.

ARTICLE 648.

La seconde publication se fera huitaine après la première ; et la rente saisie pourra, lors de ladite publication, être adjugée, sauf le délai qui sera prescrit par le tribunal.

3034. Ces mots de l'article 648, *pourra, lors de cette publication, être adjugée, sauf le délai qui sera prescrit par le tribunal,* signifient qu'en adjugeant la rente le tribunal fixera un délai, pendant lequel des tiers seront admis à enchérir sur le prix de cette adjudication, qui, par conséquent, n'est que préparatoire. — A. 1958.

31

ARTICLE 649.

Il sera fait une troisième publication, lors de laquelle l'adjudication définitive sera faite au plus offrant et dernier enchérisseur.

3035. Si le tribunal ne jugeait pas à propos d'adjuger la rente lors de la seconde publication, l'adjudication qu'il en ferait, lors d'une troisième, serait nécessairement définitive. — A. 1959.

ARTICLE 650.

Il sera affiché nouveaux placards et inséré nouvelles annonces dans les journaux, trois jours avant l'adjudication définitive.

3036. Les placards prescrits par l'article 650 doivent indiquer le prix de l'adjudication préparatoire, si elle a été faite. — A. 1960.

3037. *Y a-t-il nullité de l'expropriation, parce que les nouveaux placards n'auraient pas été notifiés au saisi ?*

Nous ne le pensons pas, attendu que, si la loi prescrit pour la vente forcée d'un immeuble, plusieurs annonces ou placards, elle n'a néanmoins exigé qu'une seule fois leur notification au saisi ; c'est ce que prouvent, pour les rentes, les articles 647 et 650, et pour les immeubles, les art. 683, 687 et 733. Ces divers articles n'exigent nullement de nouvelles notifications au saisi, et certes, le législateur n'eût pas manqué de prescrire cette formalité, s'il l'eût jugée nécessaire ; loin de là, il a considéré que tant de nouvelles notifications seraient inutiles, et ne tendraient qu'à grever le saisi ; qu'il lui suffisait d'avoir un placard, et non plusieurs, pour reconnaître que les affiches comportaient les indications exigées par la loi. (1)

_____

(1) Cependant, contre cette opinion, on peut argumenter de l'article 687 du code et d'un arrêt d'Aix, du 5 janvier 1809.

M Thomines-Desmazures, dans une consultation imprimée, répond comme suit aux inductions que l'on voudrait tirer et de cet article et de cette décision.

« Quant à l'article 687, il contient deux dispositions, l'une que le procès-verbal d'apposition d'affiches sera visé par les maires des communes, et cette disposition a pour but de bien assurer la date de l'apposition ; elle devient alors complète dans la forme, quand elle a obtenu ce visa ; l'autre disposition est que le procès-verbal sera notifié au saisi, mais cette disposition n'est relative qu'à la première apposition d'affiches ; et cela est si vrai et si évident, que les articles 700 et 701 qui reparlent de cette notification, exigent qu'elle soit faite au moins un mois, et non plus de six semaines avant la première publication. L'apposition d'affiche et la notification au saisi sont évidemment deux formalités différentes ; elles le sont tellement, que le tarif fixé dans l'article 60 le droit de l'huissier pour

ARTICLE 651.

Les enchères seront reçues par le ministère d'avoués.

Conférence.

C. p., art. 707.

3038. L'adjudication ne serait pas nulle, quoiqu'elle n'eût pas été faite à extinction de feux. — A. 1961.

ARTICLE 652.

Les formalités prescrites au titre *de la saisie immobilière,* pour la rédaction du jugement d'adjudication, l'acquit des conditions et du prix, et la revente sur folle enchère, seront observées lors de l'adjudication des rentes.

Conférence.

C. p., art. 714, 715, 737 et suivans, jusques et compris 745. **V. A. sur les art.** 707, 708, 714, 715, 737 et suivans.

3039. Le jugement d'adjudication de la rente ne doit pas, comme celui d'adjudication des immeubles, contenir injonction au saisi de délaisser la possession, ainsi que l'exige l'article 714. — A. 1962.

les procès-verbaux d'apposition de placards sans notification, et dans l'article 29, le droit particulier de la notification.

» Toutefois donc que la loi ne parle que d'apposition d'affiches, il est impossible d'étendre sa disposition, et de prétendre qu'il faille, en outre, une notification Quant à l'arrêt d'Aix, c'est un arrêt isolé, contraire à ce qui se pratique, et qui n'a pour base que des raisonnemens d'induction évidemment erronés. Pour prononcer une nullité, il faut qu'elle soit formellment exprimée par la loi (art. 1030.) Or, on ne peut pas dire que les articles 550, 703, 704 et 732, en se bornant à dire qu'il y aura nouvelles affiches, et que leur apposition serait constatée aux yeux du juge, aient exigé de plus et formellement que les nouvelles affiches soient notifiées au saisi. Cet arrêt suppose que la notification du procès-verbal d'apposition d'affiches et de remise du placard, exigée par l'article 687, a eu pour but d'avertir le saisi du jour de la première publication qui avait déjà été annoncée par la dénonciation, et la cour demande ensuite comment après avoir averti deux fois le saisi de ce jour, on ne l'avertirait pas du jour de l'adjudication préparatoire ou définitive Mais c'est précisément parce que le saisi était averti du jour de la première publication par la dénonciation, que la cour d'Aix aurait dû penser que le but de la notification du placard n'était pas de lui donner un second avertissement absolument inutile ; la loi veut au contraire économiser les frais et épargner au saisi tous ceux qui ne sont pas inévitables

» Mais le but de la dénonciation de la saisie était de constituer ses biens en sequestre, de le traduire en jugement, de le rendre partie dans l'expropriation, et de l'avertir du jour où commenceraient les publications; le but de la notification de la première apposition des affiches n'a été ensuite que de lui faire connaître que, jusque là, tout s'est fait régulièrement, et que les affiches contiennent l'indication suffisante des biens à vendre, comme la loi le prescrit en l'article 684; mais une fois que le saisi est partie dans l'instance, qu'il a pu constituer avoué, qu'il est d'ailleurs suffisamment instruit comme le public, par les nouvelles annonces et affiches, il n'a plus droit d'exiger des notifications à domicile. »

3040. Outre les formalités prescrites au titre de la saisie immobilière, et auxquelles les articles 647 et 652 renvoient pour la saisie des rentes, on doit encore observer dans cette saisie celles qui concernent les obligations imposées aux avoués par les articles 705 et 719, la subrogation dont il est question aux articles 722, 723 et 724, et les incidens qui peuvent arriver dans le cours de la saisie immobilière, et qui peuvent également survenir pendant une saisie de rentes. — A. 1963. V. aussi les questions 1846 et 1857 de l'analyse *in fine.*

3041. Dans le cas d'une saisie de rente, on ne pourrait pas appliquer les articles 710 et 711 qui, en matière de saisie immobilière, accordent à toute personne la faculté de surenchérir le prix de l'adjudication. — A. 1964.

ARTICLE 653.

Si la rente a été saisie par deux créanciers, la poursuite appartiendra à celui qui le premier aura dénoncé ; en cas de concurrence, au porteur du titre le plus ancien ; et si les titres sont de même date, à l'avoué le plus ancien.

Conférence.

Coutume de Paris, art. 178 ; C. p., art. 719, V. Pigeau, t. 1, p. 150.

3042. C'est la dénonciation prescrite par l'article 641 qui, lorsqu'elle a été régulièrement faite, sert à régler la préférence pour la poursuite, en cas de concours de deux saisies. — A. 1965.

3043. En cas de contestation sur la préférence, c'est au président qu'il appartient d'en décider ; il statue sans forme de procès, et sans frais. — A. 1966.

ARTICLE 654.

La partie saisie sera tenue de proposer ses moyens de nullité, si aucuns elle a, avant l'adjudication préparatoire, après laquelle elle ne pourra proposer que les moyens de nullité contre les procédures postérieures.

Conférence.

Loi du 11 brumaire an 7, art. 23, et *infrà* art. 733.

3044. L'article 654 s'entend en ce sens que les moyens de nullité doivent être proposés avant la seconde publication ; ainsi quand même, lors de cette publication, il n'y aurait point eu d'adjudication, la partie saisie ne serait plus recevable à proposer les nullités antérieures. — A. 1967.

3045. Les nullités de l'adjudication préparatoire et des actes postérieurs doivent être proposées avant l'adjudication définitive. — A. 1968.

ARTICLE 655.

La distribution du prix sera faite ainsi qu'il sera prescrit au titre *de la distribution par contribution*, sans préjudice néanmoins des hypothèques établies antérieurement à la loi du 11 brumaire an 7 (1.er novembre 1798.)

Conférence.

Voy. l'ordonnance du 3 juillet 1816, art. 2, n. 8.

3046. La distribution du prix des rentes sur lesquelles des hypothèques ont été établies antérieurement à la loi du 11 brumaire an 7, se fait par ordre entre les créanciers hypothécaires, et par contribution entre les autres. — A. 1969.

TITRE XI.

De la distribution par contribution.

LE but de toute saisie mobilière est de faire payer les créanciers, et la loi veut, par conséquent, que les sommes provenant des différentes ventes, qui en sont la suite, soient distribuées entre eux.

Cette distribution se fait au *marc le franc*, c'est-à-dire, en proportion de la créance de chacun, en sorte que si les deniers sont insuffisans pour acquitter en entier toutes les créances, chaque créancier *contribue* à la perte, proportionnellement au montant de la sienne. (1)

Mais il est à observer que les créanciers privilégiés ne contribuent pas à cette perte commune; ils doivent, conformément aux articles 2073, 2101 et 2102 du code civil, toucher la totalité de ce qui leur est dû, avant que tout autre puisse concourir à la distribution.

L'ordonnance de 1667 était muette sur cette importante procédure, qui complète l'exécution mobilière des jugemens et des actes. Avant la publication du code, elle était régie par autant de régle-

(1) Par exemple, si le montant des deniers arrêtés, ou le produit des meubles vendus ne formait que la moitié de la somme totale des créances, chaque créancier ne recevrait que la moitié de la sienne : c'est de là que la répartition du denier prend le nom de *distribution par contribution*.

mens particuliers qu'il y avait de cours souveraines, et pour ainsi dire de jurisdiction. Aussi l'orateur du gouvernement remarquait-il qu'on ne suivait point au Châtelet de Paris la même marche qu'au parlement, et qu'il fallait encore d'autres règles pour les pays où les meubles étaient susceptibles d'hypothèques.

En Bretagne, l'huissier, incontinent après la vente, remettait le prix au saisissant, à moins qu'il n'y eût sur le denier une ou plusieurs oppositions, auquel cas il fallait jugement, dont la poursuite n'étant soumise à aucune procédure particulière, autorisait des assignations à tous les opposans, et des dénonciations d'où résultaient une foule d'écritures et de jugemens, dont le seul effet était de retarder la distribution en multipliant les frais.

Notre code, en prévenant ces abus, a emprunté au Châtelet de Paris les formes simples qui y étaient usitées, et il a établi la procédure rapide dont voici l'analyse :

La distribution ne se fait en justice qu'autant que les créanciers et le saisi ne se sont pas accordés pour la faire à l'amiable (656.)

Passé ce délai, le prix est consigné (657), et le saisissant ou la partie la plus diligente provoque du président la nomination d'un juge-commissaire (658.)

En vertu de l'ordonnance de ce juge, les créanciers sont sommés de produire ; ils forment dans leur acte de production leurs demandes en collocation ou à fin de privilège (660, 661, 662), et le juge dresse l'état de distribution (663.)

Après la clôture de cet état, qui toutefois ne peut avoir lieu, s'il s'élève des contestations, qu'après un jugement qui les ait terminées (666-671), chaque créancier vient affirmer que sa créance est sincère et véritable.

Alors il obtient du greffier un mandat sur le receveur des consignations (665, 671, et ordonnance du 3 juillet 1816), et dès ce moment cessent les intérêts des sommes admises en distribution (672.)

ARTICLE 656.

Si les deniers arrêtés ou le prix des ventes ne suffisent pas pour payer les créanciers, le saisi et le créancier seront tenus, dans le mois, de convenir de la distribution par contribution.

3047. La distribution par contribution a lieu en toute espèce de saisie, même en saisie immobilière, après paiement des créanciers hypothécaires, ou lorsque le produit de la vente est inférieur à des privilèges ou hypothèques qui se trouvent en concours. —A. 1970.

3048. L'article 656 est absolument facultatif, et il n'est pas nécessaire que les créanciers justifient d'avoir tenté la distribution dans le mois. — A. 1971.

3049. De ce que la loi porte qu'ils seront tenus de convenir de la distribution par contribution, il ne s'ensuit pas qu'ils ne puissent convenir de tout autre emploi des deniers ; leur concordat est susceptible de toute espèce de modifications, et ils ont toute liberté sur la destination des deniers, pourvu qu'ils s'accordent avec la partie saisie (Locré, t. 3, p. 127), et que leurs conventions n'aient rien de contraires à l'ordre public et aux bonnes mœurs. (C. civ., art. 6.)

3050. *Dépend-il d'un créancier de mettre obstacle à la distribution à l'amiable, sans justifier de justes motifs?*

Le vœu du législateur exprimé en termes impératifs que la distribution se fasse à l'amiable, nous paraît exposer aux frais qu'il aurait occasionnés tout créancier qui, sans bonne et valable raison, mettrait obstacle à une distribution à l'amiable.

3051. S'il y a vente d'effets saisis, le délai court du jour de la clôture du procès-verbal qui la constate ; mais s'il n'y a eu qu'arrêt de deniers, il court du jour de la signification du jugement qui a déclaré la saisie valable. — A. 1972.

A cet égard, l'article 8 de l'ordonnance du 3 juillet 1814 tranche toute difficulté, en disposant « que ce délai comptera pour les » sommes saisies-arrêtées, du jour de la signification au tiers-saisi du » jugement qui fixe ce qu'il doit rapporter.

» S'il s'agit de deniers provenant de ventes ordonnées par justice , » ou résultant de saisies-exécutions, saisies-foraines, saisies-gageries , » ou même de ventes volontaires auxquelles il y aurait eu opposi- » sitions du jour de la dernière séance du procès-verbal de vente.

» Enfin, s'il s'agit de deniers provenant de saisies de rentes ou » d'immeubles du jour du jugement d'adjudication. »

ARTICLE 657.

Faute par le saisi et les créanciers de s'accorder dans ledit délai, l'officier qui aura fait la vente sera tenu de consigner, dans la huitaine suivante, et à la charge de toutes les oppositions, le montant de la vente, déduction faite de ses frais d'après la taxe qui aura été faite par le juge sur la minute du procès-verbal : il sera fait mention de cette taxe dans les expéditions.

Conférence.

T. art. 42 ; ordonnance de 1667 , titre 38 , art. 21 ; ordonn. du Roi du 3 juillet 1816.

3052. Le tiers-saisi peut être contraint à consigner si le jugement ne porte pas que les fonds resteront entre ses mains jusqu'à la distribution, et l'adjudicataire d'une rente ne peut l'être qu'autant que cette obligation aurait été insérée dans le cahier des charges. — A. 1973.

Mais l'ordonnance du 3 juillet 1816 n'admet aucune distinction. L'article 2 , §. 7 , exige en effet la consignation « de toutes sommes » saisies et arrêtées entre les mains de dépositaires ou débiteurs, à » quelque titre que ce soit, de celles qui proviendraient des ventes » de biens-meubles de toute espèce, par suite de toute sorte de » saisies, ou même de ventes volontaires, lorsqu'il y aura des » oppositions dans les cas prévus par les articles 656 et 657 du » code de procédure. » Cette consignation doit être faite dans la huitaine, à compter de l'expiration du délai fixé par l'article 656 (*suprà*), pour procéder à la distribution à l'amiable. (Même ordonnance, art. 8.)

3053. L'article 657 n'est point applicable au curateur à une succession vacante, c'est l'article 813 du code civil. — A. 1974.

Par arrêt du 30 novembre 1812 , la cour de Rennes avait aussi jugé que l'huissier-priseur n'était pas tenu à la consignation du prix de vente de meubles faite à requête du curateur ; l'ordonnance du 3 juillet dispose autrement au §. 13 de l'article 2 , portant que les sommes de deniers trouvés dans une succession vacante, *ou provenant du prix des biens d'icelle*, seront consignés.

3054. Ces mots de l'article 657 , *à la charge de toutes les oppositions*, signifient que la consignation se fait sous la condition , 1.º que le préposé de la caisse des consignations qui en reçoit le montant, ne remettra le prix ni au saisi ni à ses créanciers, tant que subsisteront les oppositions faites sur ce prix ; 2.º qu'il ne le remettra qu'aux personnes désignées par le jugement ou l'ordonnance du juge qui aura statué sur les oppositions. — A. 1975.

Au surplus, l'ordonnance du 3 juillet a réglé tout ce qui est elatif à cet objet et au délivrement des fonds consignés. (V. la ection 3, art. 12 -- 17.)

3055. L'officier qui a fait la vente peut retenir par ses mains le montant des frais qui lui sont dus. — A. 1976. Du moins l'ordon- nance du 3 juillet ne contient aucune disposition contraire à cette proposition, qui était certaine sous l'empire de l'ordonnance.

3056. La minute du procès-verbal de vente doit rester entre les mains de l'officier qui l'a faite. — A. 1977.

ARTICLE 658.

Il sera tenu au greffe un registre des contributions, sur lequel un juge sera commis par le président, sur la réquisition du saisissant, ou, à son défaut, de la partie la plus diligente ; cette réquisition sera faite par simple note portée sur le registre.

Conférence.

T. art. 95 ; art. 750 et 751 ; ordonn. du Roi du 3 juillet 1816, art. 4.

3057. La poursuite de la distribution appartient à celle des parties intéressées qui, la première, a requis la nomination du commissaire. — A. 1978.

3058. Cette réquisition se fait par un acte que l'avoué inscrit sur le registre destiné aux contributions. — A. 1979.

3059. Cet acte doit contenir mention de la date et du numéro de la consignation qui a été faite des deniers à distribuer, autrement on ne pourrait procéder à la distribution, à peine de tous dom- mages contre les avoués. (Ordonn. du 3 juillet, art. 4.)

3060. Si le poursuivant négligeait de faire les actes nécessaires à la distribution, un des opposans pourrait demander à l'audience à être subrogé à la poursuite. — A. 1980.

3061. Le tribunal compétent pour connaître de la distribution, est celui auquel il appartenait de connaître de la saisie. Mais si deux saisies, faites contre le même débiteur, donnaient lieu à une distri- bution dans deux tribunaux différens, il deviendrait nécessaire de réunir les deux procédures et de les continuer devant le tribunal qui aurait été le premier saisi de l'une de ces poursuites. — A. 1981.

32

ARTICLE 659.

Après l'expiration des délais portés aux articles 656 et
657, et en vertu de l'ordonnance du juge commis, les
créanciers seront sommés de produire, et la partie saisie
de prendre communication des pièces produites, et de contredire, s'il y échet.

Conférence.

T. art. 29 et 96. — Art. 752 et 753.

3062. L'ordonnance en vertu de laquelle les créanciers sont
sommés de produire est demandée par requête : le juge-commissaire ouvre son procès-verbal par la mention qu'il en fait; c'est
ensuite au poursuivant à la signifier à chaque opposant par acte
d'avoué, sinon à partie, à défaut d'avoué. — A. 1982.

ARTICLE 660.

Dans le mois de la sommation, les créanciers opposans,
soit entre les mains du saisissant, soit en celles de l'officier
qui aura procédé à la vente, produiront, à peine de
forclusion, leurs titres ès mains du juge commis, avec acte
contenant demande en collocation et constitution d'avoué.

Conférence.

T. art. 29 et 97 ; art. 754.

3063. L'acte de demande en collocation doit être signé de l'avoué
constitué, mais il n'a pas besoin d'être signifié aux parties. — A. 1983.

3064. Les créanciers opposans sont forclos par la seule expiration du délai fixé par l'article 660. — A. 1984.

3065. Quand la forclusion est acquise contre les créanciers
opposans qui n'ont pas produit, ces créanciers ne peuvent être
relevés de la déchéance, quoique la masse des deniers à distribuer
ait été augmentée depuis cette forclusion. — A. 1985.

ARTICLE 661.

Le même acte contiendra la demande à fin de privilège :
néanmoins le propriétaire pourra appeler la partie saisie
et l'avoué plus ancien en référé devant le juge-commissaire, pour faire statuer préliminairement sur son privilège
pour raison de loyers à lui dus.

Conférence.

T. art. 29, 97 et 98.

3066. *Comment s'exécute la disposition de l'article 661?*
V. A. 1986.

ARTICLE 662.

Les frais de poursuite seront prélevés, par privilège, avant toute créance autre que celle pour loyers dus au propriétaire.

Conférence.

Code civ., art. 2101 et 2102.

3067. Les frais qui doivent, *comme frais de poursuites*, être prélevés par privilège, avant toute créance *autre que celle pour loyers dus au propriétaire*, sont ceux d'entre les frais de justice qui ont pour objet seulement la poursuite en contribution : les frais de commandement, de saisie et de vente, sont toujours préférés à toutes autres créances. — A. 1987.

3068. De ce que l'article 662 veut que les frais de poursuites soient prélevés par privilège, avant *toute* créance *autre* que celle pour loyers dus au propriétaire, on doit conclure que cette dernière créance doit nécessairement primer tous les autres privilèges. — A. 1988.

3069. Le créancier poursuivant ne doit pas pour cela être préféré aux créanciers opposans; il vient à contribution dans la même proportion que les autres créanciers. (Bruxelles, 11 décembre 1806; Sirey, 1807, p. 243.)

ARTICLE 663.

Le délai ci-dessus fixé expiré, et même auparavant, si les créanciers ont produit, le commissaire dressera, en suite de son procès-verbal, l'état de distribution sur les pièces produites; le poursuivant dénoncera, par acte d'avoué, la clôture du procès-verbal aux créanciers produisans et à la partie saisie, avec sommation d'en prendre communication, et de contredire sur le procès-verbal du commissaire dans la quinzaine.

Conférence.

T. art. 29, 99; 100. — Art. 666 et 755.

3070. On n'est pas obligé de requérir le juge-commissaire, à l'effet qu'il dresse l'état de collocation; il doit y procéder d'office. — A. 1989.

3071. Le procès-verbal ne doit être ni levé ni signifié. — A. 1990.

ARTICLE 664.

Faute par les créanciers et la partie de prendre communication ès mains du juge-commissaire dans ledit délai, ils demeureront forclos, sans nouvelle sommation ni jugement; il ne sera fait aucun dire, s'il n'y a lieu à contester.

Conférence.

Art. 756, 757.

3072. Quoique la clôture du procès-verbal ne soit pas faite, le juge-commissaire ne peut recevoir les contredits qui surviendraient après la quinzaine fixée par l'article 664. — A. 1991.

Mais cette proposition a été contredite par arrêt de la cour de Rennes, du 31 mai 1813, 2.ᵉ chambre. Cette cour a déclaré que le délai n'était pas péremptoire, et qu'ainsi tant que le procès-verbal n'avait pas été clos définitivement et irrévocablement, les créanciers en retard pouvaient fournir leurs contredits, mais à leurs frais, suivant l'art. 757, dont on ne peut contester l'analogie avec la disposition de l'article 664. Nous persistons à croire que le texte formel de l'art. 664 ne permettait pas de décider de la sorte. Si l'article 757 dispose autrement, en matière d'ordre, ce n'est pas une raison lorsque les termes sont précis, en matière de distribution, pour décider par induction le contraire de ce qu'ils expriment.

ARTICLE 665.

S'il n'y a point de contestation, le juge-commissaire clorra son procès-verbal, arrêtera la distribution des deniers, et ordonnera que le greffier délivrera mandement aux créanciers, en affirmant par eux la sincérité de leurs créances.

Conférence.

T. art. 101. — Art. 548, 670, 711 et 759.

3073. L'affirmation exigée par l'article 665, doit être faite entre les mains du greffier par le créancier en *personne*, assisté de son avoué, mais sans qu'il soit besoin de donner assignation aux autres parties — A. 1992.

3074 On ne doit pas délivrer, indépendamment des mandemens, une expédition du procès-verbal. — A. 1993.

3075. Le mandement est exécutoire. — A. 1994.

3076. Lorsque les deniers à distribuer ont été consignés, le porteur du mandement ne peut, sur la simple représentation qu'il en fait, toucher le montant de sa collocation; il doit encore être muni des certificats exigés par l'article 548 , (A. 1995) et , d'après l'article 17 de l'ordonnance du 3 juillet , il faut de plus que l'état de collocation prescrit par cet article ait été remis à la caisse des consignations par le greffier du tribunal.

A R T I C L E 666.

S'il s'élève des difficultés , le juge-commissaire renverra à l'audience ; elle sera poursuivie par la partie la plus diligente , sur un simple acte d'avoué à avoué sans autre procédure.

Conférence.

Art. 405 , 758 , 761.

3077. Si les contestations ne concernent que des créanciers contribuables et non privilégiés , ou si elles ne sont élevées que relativement à des créanciers privilégiés d'une classe inférieure , le commissaire peut , en renvoyant à l'audience , arrêter la distribution pour les créances privilégiées qui ne seraient pas contestées. — A. 1996. (1)

A R T I C L E 667.

Le créancier contestant , celui contesté , la partie saisie , et l'avoué le plus ancien des opposans seront seuls en cause ; le poursuivant ne pourra être appelé en cette qualité.

. Conférence.

Art. 669 , et 760 *in fine.*

3078. Si l'une des parties que l'on doit mettre en cause , d'après l'article 667 , n'avait pas d'avoué , on l'appellerait par exploit à personne ou à domicile. — A. 1997.

3079. Dans le cas où le client de l'avoué le plus ancien a le même intérêt que celui de l'avoué contesté , et dans celui où ce client est sans intérêt , comme lorsqu'il est privilégié , on doit appeler un autre avoué que l'avoué le plus ancien. — A. 1999.

3080. Par ces mots de l'article 667 , *le poursuivant ne pourra être appelé en cette qualité*, on entend que le poursuivant ne doit être mis en cause qu'autant qu'il serait créancier contestant ou contesté. — A. 2000.

3081. Un créancier direct qui interjette appel d'un jugement ne peut intimer sur l'appel que les parties qui ont contesté sa demande

(1) *Er.* Quatrième ligne de la question , au lieu de *pour ces créances* , lisez *pour les créances.*

en préférence, et qui ont obtenu la collocation, dont il croit avoir droit de se plaindre. Argument des articles 667 669, 753, 754, 778; code de pr.; bulletin de cass., t. 12, p. 69.

ARTICLE 668.

Le jugement sera rendu sur le rapport du juge-commissaire et les conclusions du ministère public.

Conférence.

V. art. 111 et 762.

3082. L'on ne doit ni signifier copie du procès-verbal contenant le dire d'après lequel la contestation est élevée, ni répondre par écrit à cette contestation. — A. 1998.

3083. Les parties ne peuvent plaider avant le rapport du juge-commissaire, mais elles ont la faculté de le faire après. — A. 2001, et *suprà* n.° 651.

ARTICLE 669.

L'appel de ce jugement sera interjeté dans les dix jours de la signification à avoué : l'acte d'appel sera signifié au domicile de l'avoué ; il contiendra citation et énonciation des griefs : il y sera statué comme en matière sommaire.

Ne pourront être intimées sur ledit appel que les parties indiquées par l'article 667.

Conférence.

V. sur art. 667, 763 et 764.

3084. Le jour *à quò* ne compte point. (Rennes, 1.re ch., 3 mai 1813.)

3085. Les dépens adjugés sur l'appel d'un jugement rendu sur les contestations survenues dans une distribution, ne doivent pas être taxés comme en matière sommaire.

3086. Le jugement rendu sur contestation n'est susceptible d'appel qu'autant que l'objet de la contestation serait au-dessus de 1000 fr. — A. 2902. (1) Mais par les raisons développées sur l'article 764, question 2382 de l'analyse, nous rétractons cette proposition.

3087. Le délai de dix jours fixé par l'article 669, ne peut être augmenté à raison des distances. — A. 2003. D'après ce que nous avons dit *suprà* n.° 1424, nous rétractons cette proposition pour adopter l'opinion contraire. (V. aussi sur 763.)

---

(1) *Er.* Au lieu de *telle est aussi l'opinion, etc.,* etc., lisez *mais voyez*, infrà *sur l'art.* 764, *question* 2382 in fine de l'analyse.

3088. Lorsque les sommes dont un jugement ordonne la distribution entre les créanciers, proviennent en partie de la vente des immeubles du débiteur, et en partie de la vente du mobilier, on doit appliquer les dispositions de l'article 763, de préférence à celles de l'article 669. — A. 2004.

3089. Il n'y aurait pas nullité, si l'acte d'appel ne contenait pas assignation et griefs. — A. 2005, et *infrà* sur 763.

3090. Si le débiteur saisi n'avait pas constitué d'avoué, il faudrait lui signifier à personne ou domicile, et le jugement et l'acte d'appel. — A. 2006.

ARTICLE 670.

Après l'expiration du délai fixé pour l'appel, et en cas d'appel, après la signification de l'arrêt au domicile de l'avoué, le juge-commissaire clorra son procès-verbal, ainsi qu'il est prescrit par l'article 665.

Conférence.

Art. 695, 671 et 767.

3091. La clôture du procès-verbal consiste dans un réglement à faire conformément à l'article 665, mais ici deux observations particulières :

1.º Le juge-commissaire ne peut plus, comme dans le cas de cet article, prendre son réglement provisoire pour base unique du réglement définitif; il doit se conformer aux rectifications que le juge d'appel aurait ordonnées;

2.º L'avoué, le plus ancien des opposans, ayant été appelé en cause dans les contestations qui auront été élevées, et cet avoué ayant nécessairement dû faire des frais à ce sujet, il est nécessaire de le colloquer par préférence et en son nom personnel, pour raison de ces mêmes frais. (V. com.ʳᵉ ann. du not., t. 4, p. 279.)

ARTICLE 671.

Huitaine après la clôture du procès-verbal, le greffier délivrera les mandemens aux créanciers, en affirmant par eux la sincérité de leur créance pardevant lui.

Conférence.

T. art. 101. — Art. 771. — A. sur l'art. 665 ; ordonnance du 3 juillet 1816, art. 11.

3092. Il est défendu aux greffiers de délivrer les mandemens dont il est question en cet article, sur autres que sur les préposés de la caisse des dépôts et consignations, (Ordonnance du 3 juillet, art. 4.)

ARTICLE 672.

Les intérêts des sommes admises en distribution cesseront du jour de la clôture du procès-verbal de distribution, s'il ne s'élève pas de contestation; en cas de contestation, du jour de la signification du jugement qui aura statué; en cas d'appel, quinzaine après la signification du jugement sur appel.

Conférence.

Art. 767 *in fine.* — A. sur l'art. 665. — Ordonnance du 3 juillet, art. 14.

3093. La caisse des dépôts et consignations paie l'intérêt de la somme consignée, à raison de 3 pour cent, à compte du 61.ᵉ jour, à partir de la date de la consignation, jusques et non compris celui du remboursement. Mais lorsque les sommes consignées sont retirées partiellement, l'intérêt des portions restantes continue de courir sans interruption. (Ordonnance du 3 juillet, art. 14.) D'où nous semble résulter que tout créancier qui se présente après le 61.ᵉ jour, doit recevoir, à ce taux de 3 pour cent en sus du montant de son mandat, l'intérêt de la somme y portée.

DISTINCTION DEUXIÈME.

De l'exécution forcée sur les immeubles et de ses suites.

(V. ordonnance des criées de 1551; ordonn. de 1539, édit de 1771; loi du 11 brumaire an 7; C. C., liv. 2, tit. 1, ch. 1, et liv. 1, tit. 9.)

Oɴ a vu aux titres précédens comment l'exécution forcée des jugemens et des actes s'opère sur les meubles du débiteur; elle a lieu sur ses immeubles au moyen de la saisie *immobilière,* dont la forme et les suites sont réglées par les dispositions des titres 12, 13 et 14.

Le premier a particulièrement pour objet de tracer la procédure à observer, lorsqu'aucun incident ne vient entraver la poursuite; le second établit celle que chaque incident rend nécessaire; le troisième enfin, celle qui doit conduire à la distribution entre les créanciers du prix de l'immeuble vendu.

TITRE XII.

De la saisie immobilière.

La saisie immobilière (1) est un acte (2) par lequel un créancier fait mettre sous la main de la justice l'immeuble corporel ou incorporel (3) de son débiteur, à l'effet de l'en *exproprier* par une vente judiciaire dont le prix doit être employé à payer la dette, ou distribué entre le saisissant et les autres créanciers.

L'EXPROPRIATION (4) est *l'éviction* que ce débiteur éprouve par suite de l'adjudication qui termine la poursuite de la saisie ; elle est la *fin* que le créancier se propose, et la saisie *le moyen* que la loi lui donne pour y parvenir.

Le code civil, au titre de *la distinction des biens*, détermine les caractères qui les soumettent à cette voie d'exécution. Le même code, au titre *de l'expropriation forcée*, indique les personnes qui peuvent ou contre lesquelles on peut l'employer.

Ainsi, le code de procédure ne règle, comme nous l'avons dit, que les formalités des poursuites depuis l'apposition de la saisie jusqu'à la distribution du prix.

---

(1) On l'appelait autrefois *saisie réelle*, dénomination moins exacte, puisque les meubles ayant une existence aussi *réelle* que les immeubles, elle convenait également à la saisie des uns et des autres.

(2) Nous disons *un acte*, parce que la saisie existe dès qu'un huissier a dressé le procès-verbal prescrit par l'article 675 ; et c'est par cette raison que la loi désigne souvent, et que nous désignerons aussi ce procès-verbal par le mot *saisie*. (V. par exemple l'art. 581.)

(3) Nous disons *incorporels*, parce que les droits réels qu'un débiteur peut avoir sur un héritage sont saisissables comme l'immeuble auquel ils sont attachés. (C. civ., art. 2204.)

(4) *Expropriation* (autrefois *vente par décret*), expression nouvelle, introduite par la loi du 9 messidor an 3, et consacrée successivement par la loi du 11 brumaire an 7 et le code civil ; elle signifie la même chose que le mot *éviction*, que l'on a toujours employé pour exprimer l'action de *déposséder*, de *dépouiller juridiquement quelqu'un* ; mais ce mot s'applique généralement à toute espèce de privation d'un droit de propriété prononcée par justice, tandis que celui *d'expropriation* restreint cette signification générale au cas d'une vente par suite de saisie.

33

L'ordonnance de 1667 ne contenait aucune disposition concernant cette saisie ; un édit de François I.er, de 1536 ; un autre de Henri II, de 1551 , connu sous le nom d'édit des criées, des déclarations générales ou particulières, des dispositions de coutumes, des usages, des réglemens de cours souveraines ; telles étaient les sources des règles compliquées, incohérentes et contradictoires que l'on suivait en chaque ressort. (V. exposé des motifs, édition de Firmin Didot, p. 209 et suivantes, et rapport au tribunat, *ibid.* p. 250 et 251.) (1)

La loi du 11 brumaire an 7 fit cesser cette diversité de législation et de jurisprudence ; mais on lui reprochait d'avoir simplifié la procédure à un tel excès que, d'un côté, le propriétaire pouvait être aussi facilement dépouillé d'un domaine que d'un meuble, tandis que, de l'autre, les droits des tiers sur l'héritage saisi n'étaient point suffisamment conservés.

De là, le nouveau système que le code de procédure établit, et qui lui-même n'a pas été à l'abri de la critique ; du moins plusieurs cours souveraines avaient émis, dans leurs observations sur le projet, le vœu de conserver la loi de brumaire, avec quelques modifications qu'elles indiquaient.

Il n'entre pas dans le plan d'un ouvrage dont l'objet est d'expliquer la doctrine et le texte de la loi, telle qu'elle existe, de discuter les avantages et les inconvéniens de deux législations, dont l'une a cessé d'exister ; il nous suffira donc de dire, d'après l'esprit qui a présidé à la rédaction des dispositions du code, que ses auteurs ont voulu tenir un juste milieu entre les formalités compliquées et dispendieuses de l'ancienne saisie réelle , et la forme trop rapide qui avait été tracée par la loi de brumaire.

Au surplus, pour faire plus facilement concevoir le système adopté par le titre 12 du code, relativement à la forme et à la poursuite de de la saisie, nous réunirons dans leur ordre naturel les sommaires de ses dispositions.

---

(1) En Bretagne, on observait exactement l'édit des criées , sauf les modifications données à l'occasion des offices des commissaires aux saisies réelles. (Voy. *Principes du droit* de Duparc, t. 10, p. 621 et suiv.)

§. Ier

Formalités préliminaires.

Avant de saisir un immeuble, il faut nécessairement que le débiteur ait été constitué en demeure de payer ; c'est l'objet d'un *commandement* dont les formalités sont prescrites à peine de nullité (673 et 717.)

Mais on doit lui donner ensuite le tems nécessaire pour trouver des fonds, et prévenir la saisie en se libérant envers le créancier ; et par conséquent l'on ne peut saisir que trente jours après le commandement, qui lui-même est périmé si on laisse écouler trois mois avant d'apposer la saisie (674.)

§. I I.

Forme de la saisie.

Le PROCÈS-VERBAL qui constate *la saisie* est soumis à des formalités particulières, dont l'objet est la désignation la plus exacte possible de l'immeuble ; mais il admet en outre l'application de toutes celles qui concernent les exploits en général.

Une copie doit être remise aux greffiers des juges de paix et aux adjoints des lieux de la situation des biens (676), et dès-lors tous les autres actes de la poursuite se succèdent, et doivent pour la plupart être consommés dans des délais rigoureux. (V. les paragraphes suivans.)

§. I I I.

Formalités depuis la saisie jusqu'au dépôt du cahier des charges.

LA SAISIE est transcrite au bureau des hypothèques de la situation des biens (677, 678 et 679); dans la quinzaine suivante, la même formalité est remplie au greffe du tribunal où se fera la vente (680) ; et enfin, dans une autre quinzaine, du jour de cette dernière transcription, elle est *dénoncée* au débiteur (681.)

C'est à partir de cette *dénonciation* qu'elle produit contre lui l'effet de ne le faire considérer que comme séquestre judiciaire de son propre bien, en sorte qu'il cesse de faire les fruits siens ; que le bail qui n'a pas de date certaine peut être annulé; que, dans le cas contraire, les créanciers peuvent saisir et arrêter les loyers et fermages, et qu'enfin le saisi ne peut aliéner l'immeuble sans leur consentement, à moins qu'avant l'adjudication l'acquéreur ne consigne une somme suffisante pour acquitter les créances inscrites (688—694.)

D'autres formalités ont pour objet de donner à l'adjudication toute la publicité nécessaire afin de procurer un grand concours d'enchérisseurs. Elles consistent, 1.º dans l'insertion d'un extrait de la saisie, tant au tableau de l'auditoire qu'aux journaux; 2.º dans l'apposition aux lieux indiqués d'un placard imprimé du même extrait. (683, 687.)

Un exemplaire de ce placard est notifié aux créanciers inscrits, huit jours avant la première publication, ou lecture à l'audience du cahier des charges (695 et 696) déposé au greffe quinzaine au moins avant cette première publication (697.)

§. I V.

Cahier des charges.

LE CAHIER DES CHARGES est un acte qui contient l'énonciation de toutes les clauses et conditions de la vente, et une mise à prix de l'immeuble saisi; il est ainsi appelé, parce qu'il détaille toutes les charges que l'on impose ou qui sont déjà imposées sur cet immeuble; c'est lui qui sert de *qualités* au jugement d'adjudication, et par conséquent on inscrit sur la grosse les dires des parties, les publications et les enchères (697—699.)

§. V.

Adjudication préparatoire.

La saisie immobilière donne lieu à deux adjudications, l'une *préparatoire*, l'autre *définitive*.

L'ADJUDICATION PRÉPARATOIRE est un jugement par lequel le tribunal déclare le dernier enchérisseur acquéreur de l'immeuble aux prix de son enchère, mais *provisoirement* et sous la condition que cette enchère ne sera pas couverte au jour fixé pour l'adjudication définitive.

Elle est prescrite afin de réunir tous ceux qui auraient pour eux-mêmes ou pour d'autres l'intention d'enchérir, et de leur faire connaître positivement le jour auquel la dernière adjudication sera faite (706.)

Huit jours avant qu'on y procède, on insère dans les journaux et l'on affiche de nouvelles annonces, auxquelles on a ajouté *la mise à prix* et l'indication du jour où les enchères seront reçues.

Trois publications au moins, autrement trois lectures du cahier des charges faites à l'audience, de quinzaine en quinzaine, doivent la précéder, et elle a lieu dans les formes prescrites pour l'adjudication définitive (700-702.)

§. V I.

Adjudication définitive.

Deux mois doivent s'écouler entre l'adjudication préparatoire et l'adjudication définitive (art. 706, *modifié par l'article 1.⁽ᵉ⁾ du décret du 2 février 1811*); mais dans la première quinzaine de ce délai, on fait de nouvelles annonces, auxquelles on a ajouté le prix de l'adjudication préparatoire et le jour de l'adjudication définitive (703-705.)

Ce jour arrivé, les biens sont adjugés à l'audience, sur des enchères faites par le ministère d'un avoué, et pendant la durée de trois feux au moins. Chaque avoué est obligé de tenir son enchère tant qu'elle n'a pas été couverte, et, si elle ne l'est pas, il doit, dans les trois jours, déclarer le nom et fournir l'acceptation de celui pour lequel il l'a mise; autrement, il serait réputé lui-même adjudicataire en son propre nom (707 à 709.)

Tel est, en résumé, tout le système de la procédure en expropriation forcée; il en résulte que, dans un intervalle de cinq mois et quelques jours, le créancier peut mettre fin à une poursuite qu'aucun incident n'aurait arrêtée, en même tems que le saisi, sans avoir besoin de susciter des difficultés pour obtenir du tems, jouit d'un délai suffisant pour se procurer les moyens d'opérer sa libération, autrement que par la vente de sa propriété.

§. VII.
Jugement d'adjudication.

Le jugement d'adjudication n'est autre chose que la copie du cahier des charges, revêtue de l'intitulé des jugemens et du commandement qui les termine, et accompagnée d'une injonction au saisi de délaisser les biens, sous peine d'y être contraint par corps (714.)

Ce jugement, qui forme le titre de l'adjudicataire, ne lui est délivré qu'autant qu'il justifie du paiement des frais *ordinaires* de poursuite, et qu'il prouve avoir rempli *les conditions urgentes* de la vente (715.)

A l'égard des frais *extraordinaires*, qui sont particulièrement ceux des incidens dont nous parlerons au titre suivant, ils sont payés par privilège sur le prix de l'adjudication, lorsque le jugement l'a décidé ainsi (716.)

§. VIII.
Droits de l'adjudicataire.

L'adjudication ne transmet à l'adjudicataire que les seuls droits du saisi à la propriété des biens (731); et il ne devient, au reste, propriétaire de l'immeuble que sous la condition qu'une autre personne ne fera pas une surenchère. *Toute personne*, dans la huitaine de l'adjudication, peut en effet surenchérir du quart le prix principal, et, dès qu'elle en a fait la dénonciation, elle est admise à concourir avec l'adjudicataire, qui ne peut plus conserver l'immeuble qu'autant qu'il le porte à un prix plus élevé que celui dont le surenchérisseur a fait offre (710--712.)

ARTICLE 673. (N.) (1)

La saisie immobilière sera précédée d'un commandement à personne ou domicile, en tête duquel sera donnée copie entière du titre en vertu duquel elle est faite: ce commandement contiendra élection de domicile dans le lieu où siège le tribunal qui devra connaître de la saisie, si le

_____

(1) Les articles marqués d'une N sont ceux qui, d'après l'art. 717, emportent nullité.

créancier n'y demeure pas; il énoncera que, faute de paiement, il sera procédé à la saisie des immeubles du débiteur. L'huissier ne se fera point assister de témoins; il fera, dans le jour, viser l'original par le maire ou l'adjoint du domicile du débiteur, et il laissera une seconde copie à celui qui donnera le *visa*.

Conférence.

T. art. 29. Lois du 11 brumaire an 11, art. 1 et 2; *suprà* sur les articles 583, 584 et 34; C. C., art. 2211.

3094. *Quelles sont les personnes qui peuvent poursuivre par voie de saisie immobilière? Contre qui, et sur quels biens cette poursuite peut-elle être dirigée?*

V. A. 2007.

3095. *Peut-on stipuler qu'à défaut de paiement à l'échéance, le créancier hypothécaire pourra faire vendre l'immeuble de son débiteur devant notaire, sans prendre la voie de la saisie immobilière, et sans autres formalités que celles dont les parties conviendraient?*

Toute la difficulté que cette question peut présenter, naît de l'application qu'on entendrait faire à son espèce des articles 2078 et 2088 du code civil. A notre avis, il a été victorieusement répondu aux objections résultant de ces deux articles, et de deux arrêts (1), l'un de Bourges (Sirey, 1812, p. 20), l'autre de Liège (1807, p. 8), dans une consultation insérée au recueil de M. Sirey (1813, p. 89.) Mais en adhérant aux moyens qu'elle contient pour justifier la validité de la stipulation dont il s'agit, nous ajouterons, premièrement, que cette opinion a été consacrée par un arrêt de la cour de Trèves, du 15 avril 1813 (Sirey, 1814, p. 11.) Il décide formellement qu'on peut stipuler qu'à défaut de paiement le créancier pourra, sans recourir à la saisie immobilière, faire vendre devant notaire et aux enchères.

Secondement, qu'en outre de l'argument que l'on tire en faveur de cette doctrine de l'article 747 du code de procédure civile, on peut encore raisonner par induction de l'article 955 du même code, en ce qu'il permet de vendre les biens d'un mineur devant notaire, pourvu que ce soit publiquement et aux enchères. Or, il suit de

---

(1) Un arrêt de Turin (Sirey, 1813, p. 223) semble aussi consacrer en principe qu'on ne peut déroger aux règles sur l'expropriation forcée; mais il ne faut pas perdre de vue que, dans l'espèce, comme dans celle de l'arrêt de Bourges, le créancier était autorisé à vendre arbitrairement, et qu'il avait vendu par acte sous seing privé.

là que ce mode a inspiré au législateur au moins autant de confiance que la vente en justice, puisqu'il l'autorise à l'égard du mineur qu'il environne de toute sa sollicitude.

Troisièmement, qu'il soit juste que l'on ne puisse pas stipuler que le créancier, à défaut de paiement, disposera de l'immeuble à son gré, on en convient, parce qu'il pourrait abuser de la position du débiteur au moment de la stipulation ; mais cet inconvénient ne peut exister dans le cas où la stipulation établit un mode légal qui fournit au débiteur toutes les garanties qu'il trouve dans les formalités de la saisie.

D'un autre côté, les tiers qui auraient hypothèque sur l'immeuble ne peuvent se plaindre de cette convention, puisque la constitution d'hypothèque n'empêche pas le débiteur d'aliéner l'immeuble de gré à gré, et à plus forte raison peut-il consentir à ce qu'il soit vendu publiquement. Enfin, l'hypothèque suit l'immeuble dans quelques mains qu'il passe ; l'acquéreur est tenu de notifier son contrat aux créanciers inscrits, et d'offrir d'acquitter leur créance ; ceux-ci peuvent requérir la mise aux enchères, si l'héritage leur semble vendu à vil prix, et par conséquent il n'est, sous tous les rapports, aucune raison plausible pour résoudre négativement la question que nous avons posée.

3096. Il n'est pas nécessaire, *à peine de nullité*, que le créancier d'une rente viagère, qui a obtenu jugement de condamnation pour les arrérages échus, fasse signifier au débiteur son certificat de vie avant de passer à l'expropriation forcée. (Paris, 4 juin 1817 ; Sirey, 1817, 2.ᵉ part., p. 951.)

Mais nous pensons que le créancier d'une rente viagère, constituée par acte notarié, ne pourrait, *en vertu de cet acte*, et pour obtenir le paiement des mêmes arrérages échus, saisir sans justifier de son existence, conformément à l'article 1983 du code civil. — L'arrêt ci-dessus n'est en effet fondé que sur la circonstance particulière de l'existence d'un jugement qui présupposait l'accomplissement de l'obligation imposée par cet article.

3097. La transcription de la vente n'étant pas nécessaire pour transférer à l'acheteur la propriété de la chose vendue, il est évident que des créanciers peuvent faire saisir, sur leur débiteur, des biens par lui vendus, encore que la vente n'ait pas été transcrite. (Poitiers, 18 janvier 1810 ; Sirey, 1810, p. 374.)

3098. L'article 111 du code civil, qui permet de faire, au domicile élu pour l'exécution d'un acte, les significations, demandes et poursuites relatives à cet acte, s'applique au cas de saisie immobilière. — A. 2008. Arrêts divers de cass., 24 janvier 1816 ; Sirey, 1816, p. 198.

3099. Le commandement ne serait pas nul par cela seul qu'il aurait été signifié au domicile élu par un procurateur qui avait pouvoir de faire cette élection, et qui l'aurait faite chez lui-même. (Bordeaux, 11 avril 1810; Sirey, 1811, p. 87.)

3100. De ce que l'article 673 veut que le commandement soit fait à personne ou domicile, il résulte que celui qui serait signifié au tiers détenteur seulement, doit être considéré comme non avenu. — A. 2009.

3101. Le commandement peut être signifié à la personne du débiteur, trouvée hors de son domicile, pourvu que l'huissier ait le tems de faire viser l'original de son exploit, dans le jour, par le maire ou l'adjoint de la commune où est établi le domicile du débiteur, et qu'il ait caractère pour exploiter au véritable domicile. — A. 2010. Mais voyez *infrà*, n.° 3116, une modification de cette proposition.

3102. Le défaut de qualité de l'huissier qui aurait fait le commandement ne peut être opposé que par la partie à qui l'exploit a été signifié. — A. 2011.

3103. En cas de faillite du débiteur, le commandement est valablement fait aux syndics. — A. 2012.

3104. Il est valable même dans le cas où il eût été notifié à un agent provisoire tombé lui-même en faillite, et dont les pouvoirs seraient expirés, si d'ailleurs cet agent n'avait pas cessé ses fonctions par un remplacement légal. (Rouen, 19 mars 1815; Sirey, 1815, p. 224.)

3105. Le commandement fait à l'héritier du débiteur, sans lui avoir fait signifier le titre huit jours auparavant, est valable, si le titre est notifié dans le commandement même. — A. 2013.

3106. Mais le débiteur n'a pas besoin d'insérer au commandement la copie des pièces justificatives de la qualité d'héritier, et en conséquence le délai d'un mois exigé entre le commandement et la saisie court avant que l'héritier n'ait justifié de sa qualité. (Paris, 31 mars 1816; Sirey, 1806, p. 241.)

3107. Si déjà le titre, en vertu duquel la saisie est faite, avait été notifié, on ne serait pas dispensé d'en donner copie dans le commandement. — A. 2014.

3108. Si la saisie est faite en vertu de jugement, on ne doit donner dans le commandement que la copie de ce jugement, sans être obligé de donner celle des titres sur lesquels il est intervenu. — A. 2015, et Rouen, 19 mars 1815; Sirey, 1815, p. 224.)

3109. Le cessionnaire d'un titre exécutoire doit donner, dans le commandement, copie entière du titre originaire et de l'acte de transport, sans qu'il soit besoin que ce dernier acte ait été préalablement notifié. — A. 2016.

3110. De ce que l'article 663 exige que la copie du titre soit entière, il en résulte que l'omission de la formule exécutoire qui termine le titre opère la nullité du commandement. — A. 2017 (V. *suprà* n.° 2836. Bruxelles, 16 février 1809; Sirey, 1815 pag. 179.)

3111. Les effets de l'élection de domicile que le saisissant doit faire dans le commandement s'étendent à toutes les procédures auxquelles l'expropriation doit donner lieu jusqu'au jugement d'ordre inclusivement et à la consommation de la distribution ; mais le débiteur ne pourrait valablement faire des offres ni notifier un appel au domicile élu par un créancier qui aurait ailleurs son domicile réel. — A. 2018.

3112. Le tribunal qui doit connaître de la saisie est toujours celui de la situation des biens, A. 2019, même en cas d'élection de domicile dans l'acte qui sert de base à la saisie. (Delvincourt, t. 1.er, p. 338, et Demiau-Crouzilhac, p. 436.)

3113. Il n'est pas nécessaire que le commandement contienne la désignation des immeubles dont le créancier entend provoquer la vente, il suffit d'employer, dans le commandement, les seules expressions dont se sert l'article 673. — A. 2020.

3114. C'est le plus ancien membre du conseil municipal qui doit donner, en cas d'absence ou d'empêchement du maire ou de l'adjoint, le visa exigé par l'art. 673. — A. 2021.

3115. On peut faire viser par l'adjoint sans qu'il soit besoin de constater l'absence ou l'empêchement du maire. (Besançon, 18 juillet 1811, et cass., 1.er septembre 1809; Sirey, 1815, p. 181, et 1816, p. 230.)

3116. Si le commandement est fait au débiteur trouvé hors du domicile, à une distance trop éloignée pour que l'huissier revienne dans le jour prendre le visa du maire du domicile, ce visa est valablement donné par le maire du lieu où le commandement est fait. (Cass., 12 janvier 1815; Sirey, 1815, p. 175.)

3117. Le commandement est assujéti aux formalités ordinaires des exploits. — A. 2022. V. *suprà* sur les art. 61, 68 et suiv.

3118. Cependant l'article 69 n'y est pas applicable en ce qui concerne l'affiche à la porte du tribunal où la demande est portée, lorsque le domicile n'est pas connu. La raison en est que le commandement ne renferme pas la demande, puisqu'il précède la saisie dont il ne fait pas partie ; il peut donc être signifié par affiche à la porte du tribunal du dernier domicile du saisi. (Paris , 3 février 1812 ; Sirey , 1814 , p. 23.)

Ce principe, que le commandement n'est qu'un acte prépara-toire des poursuites, a été consacré par arrêt de la cour de cassa-tion du 5 février 1811 ; Sirey , 1811 , p. 98 ; mais cela n'empêche pas de le considérer comme le premier acte de la procédure.

3119. L'erreur dans les prénoms du saisissant ne vicie ni le com-mandement ni les actes ultérieurs. (Paris , 31 mai 1806 ; Sirey , 1806 , p. 241 , et 20 août 1814 ; *ibidem* , 1814 , p. 214.)

3120. Lorsqu'il s'agit de poursuivre l'expropriation d'un immeuble commun entre plusieurs débiteurs non solidaires et domiciliés dans des lieux différens , le commandement doit être fait à chacun des débiteurs , avec toutes les formalités prescrites pour le cas où il n'y en a qu'un seul. — A. 2023 , et *suprà* 2837. V. de l'autre part.

3121. Mais si l'on peut cumuler , dans la même vente , les biens particuliers et propres à chaque débiteur solidaire , néanmoins chacun d'eux peut demander la séparation des ventes et la distinction des dettes et charges. (Riom , 24 février 1813 ; Sirey , 1814 , p. 174.)

3122. *Le codébiteur solidaire, propriétaire indivis de l'immeuble, peut-il opposer la nullité du commandement fait aux enfans de son codébiteur solidaire, ses copropriétaires ?*

Nous ne le pensons pas , attendu que l'article 2249 du code civil ne répute point *solidaires* , envers le codébiteur solidaire de leur auteur , les enfans de ce dernier ; d'où suit que la nullité est absolu-ment relative et ne peut être opposée que par les héritiers.

3123. Celui qui se prétend propriétaire des immeubles menacés de saisie , par un précédent propriétaire , ne peut pas former oppo-sition à ce commandement ; il doit attendre que la saisie soit faite , afin de procéder par demande en distraction. — A. 2024.

3124. Le tiers qui revendiquerait ne pourrait donc assigner le saisissant au domicile élu dans le commandement , conformément à l'article 584 , qui d'ailleurs n'a trait qu'à la saisie-exécution ; il doit se conformer à l'article 727. (Cass. , 3 juin 1812 ; Sirey , 1812 , p. 362.)

3125. *Le commandement fait au débiteur et reporté au tiers déten-teur , avec sommation de payer , si mieux n'aime celui-ci, soit remplir, dans le délai de la loi , les formalités prescrites pour payer , soit dé-laisser l'héritage , suffit-il, pour donner au créancier le droit de saisir l'immeuble sur ce tiers détenteur à l'expiration du délai de trente jours fixé par l'article 2169 du code civil ?*

En d'autres termes : *L'article 2183 du code civil exige-t-il une sommation distincte de celle prescrite par l'article 2169 , en sorte qu'il faille , pour saisir l'immeuble sur le tiers détenteur , d'abord une sommation , afin qu'il ait à payer; 2.° une autre sommation afin de payer ou de délaisser ?*

Nous pensons que le tiers détenteur qui veut purger d'hypothèque le bien qu'il a acquis , est suffisamment averti par la loi qu'il doit user de cette faculté avant les poursuites du créancier hypothécaire , soit au plus tard dans le mois du premier acte que ce créancier lui signifie , et que le premier acte qui forme la première poursuite du créancier est le commandement, fait au débiteur originaire , reporté au tiers détenteur avec sommation de payer la dette exigible ou de délaisser l'héritage. (1)

(1) Par deux arrêts, l'un du 4 juin 1807, l'autre du 6 juillet 1812, rapportés au journal du palais , 2.e semestre 1807 , p. 296 , et t. 35, p. 309, la cour de Nismes a décidé la question d'une manière absolument opposée, mais l'arrêtiste critique cette décision ; et , d'un autre côté , les éditeurs de la jurisprudence du code civil, en rapportant le dernier de ces arrêts (t. 19 , p. 425), en ajoutent un troisième de la même cour de Nismes , rendu le 28 août 1812, qui prononce formellement le contraire dans les termes suivans : (V. p. 438.) « *Attendu que* « *la sommation qu'exige l'article 2183 du code ne peut être autre que celle prés-* » *crite par l'article 2169 auquel l'article 2183 se réfère.* » Cet arrêt prouve que la cour de Nismes est revenue contre la jurisprudence qu'elle avait consacrée. Mais, il y a plus ; les éditeurs de la jurisprudence du code, à la suite de l'arrêt du 6 juillet 1812, rapportent une note insérée dans le mémorial de jurisprudence de M Bazille , conseiller à Nismes (mémorial contenant les arrêts de cette ville) , dans laquelle ce magistrat fait remarquer que l'arrêt dont il s'agit n'est motivé que de cette manière ; *adoptant en entier les motifs énoncés au jugement dont est appel* Or , M. Bazille atteste que ce jugement qui rejettait des poursuites faites contre un tiers détenteur fut confirmé en ce qu'il décidait que la sommation de payer ou de délaisser devait être précédée d'un commandement régulier fait au débiteur originaire ; que le commandement n'était pas régulier dans l'espèce , et que le tiers détenteur avait pu faire valoir toutes les nullités qui se trouvaient dans ce commandement. Il est vrai que les premiers juges avaient aussi motivé leur jugement sur ce que la cour de Nismes , par le premier arrêt du 4 juin 1807, avait décidé que la sommation exigée par l'article 2183 était différente de celle dont il s'agit en l'article 2169 ; et c'est parce que la cour de Nismes , dans son arrêt du 6 juillet 1812 , avait déclaré adopter *en entier* les motifs des premiers juges , que l'on a conclu qu'elle avait deux fois prononcé de la même manière. Ce mot *en entier* , dit M Bazille , est une erreur de *plume* qui doit tirer d'autant moins à conséquence , que l'opinion bien connue de la cour a été manifestée par le troisième arrêt du 25 août 1812. Nous sommes positivement assurés, ajoute-t-il , que la question ne fut pas discutée par la cour , et l'on sent que toute discussion à cet égard eût été superflue et sans objet , du moment que la cour reconnaissait qu'il n'y avait pas de commandement valable fait au débiteur originaire.

Il faut donc tenir pour certain qu'il n'existe, contre l'opinion que nous venons d'émettre, que le premier arrêt de la cour de Nismes ; et qu'au contraire on peut s'appuyer du troisième , qui a très-formellement et très-explicitement résolu la question d'une manière conforme à cette opinion.

En effet, d'après les articles 2167 et 2168, les poursuites en expropriation forcée, ne peuvent être dirigées contre le tiers détenteur, que lorsqu'il n'a pas rempli les formalités prescrites pour purger la propriété; et ce n'est qu'alors que, demeurant obligé à toutes les dettes hypothécaires, il doit payer tous les intérêts et capitaux exigibles ou délaisser l'immeuble.

Mais on ne saurait conclure de là qu'il faille préalablement sommer ce tiers acquéreur de purger.

La loi ne contient aucune disposition qui impose cette obligation au créancier, et l'on sait qu'il est contraire aux principes de suppléer une obligation à la charge d'une partie, et à plus forte raison d'attacher au défaut d'accomplissement de cette obligation supposée une nullité de poursuites.

Nous avons parcouru avec soin les meilleurs ouvrages écrits sur cette matière, entre autres ceux de Messieurs Delvincourt, Pigeau, etc., et nous n'avons trouvé, dans aucun, rien qui puisse autoriser à dire que leurs auteurs aient adopté, ou semblé adopter la nécessité de deux sommations différentes, l'une pour purger, l'autre pour délaisser.

Au contraire, M. Tarrible, dans son commentaire sur le titre des hypothèques, cité par les éditeurs de la jurisprudence du code civil, dit formellement que le droit de purger est purement facultatif; que l'acquéreur est libre de l'employer ou de le négliger. Il n'est donc pas nécessaire d'une sommation préalable; car il serait absurde de sommer quelqu'un de faire ce qu'il a la liberté de faire ou de ne pas faire, si cela lui convient.

Au reste, il existe sur cette difficulté une raison qui paraît tranchante; c'est que le droit du créancier contre l'acquéreur ne peut évidemment prendre naissance qu'au moment où il n'a pas purgé; jusque là on ne peut exercer l'action personnelle résultant de la dette, que contre la personne du débiteur.

Aussi la loi veut-elle que, préalablement à toutes suites contre le débiteur, on fasse commandement à ce débiteur, et ce n'est qu'autant qu'il ne paie pas qu'elle autorise à agir contre le détenteur par l'action hypothécaire.

Or, il serait contraire aux principes consacrés par la loi elle-même d'exiger, afin de purger, une sommation qui précéderait le commandement au débiteur, et il serait contradictoire, si cette sommation était exigée, de prescrire ensuite un commandement à celui-ci. Un tel système serait absurde et conduirait à multiplier les frais, à étendre les délais sans nécesité. En effet, à quoi bon s'adresser au tiers détenteur pour l'obliger à purger sans avoir avant tout constitué vainement le débiteur en demeure de payer. L'action personnelle résultant de la dette doit précéder toujours l'action résultant de l'hypothèque, ou au moins s'exercer en même tems ; en un mot, comme le dit M. Tarrible, le premier mouvement de l'action résultant de l'article 2169 est le commandement de payer fait au débiteur ; ce n'est donc pas une sommation à faire au détenteur ; celui-ci est assez averti d'user de ses droits par les poursuites autorisées par l'article 2169 ; et l'article 2183 n'a pour objet que de lui faire connaître le moment où il cessera de pouvoir les exercer, par suite de la sommation prescrite par l'article 2169.

ARTICLE 674. (N)

La saisie immobilière ne pourra être faite que trente jours après le commandement : si le créancier laisse écouler plus de trois mois entre le commandement et la saisie, il sera tenu de le réitérer dans les formes et avec le délai ci-dessus.

Conférence.

Loi du 11 brumaire an 7, art. 1 ; *suprà* art. 156, *infrà* art. 717 ; C. A. 1746, n. 2752.

3126. Le délai de trente jours, à l'expiration duquel on peut procéder à la saisie, est franc. — A. 2925.

3127. Lorsque le commandement doit être reporté à un tiers, le délai pour procéder à la saisie ne commence qu'à compter du jour du report. — A. 2926, et *suprà* n.º 3108.

3128. Si le créancier procédait à la saisie avant l'expiration du délai de trente jours, il ne serait pas obligé de signifier un second commandement, afin de faire une seconde saisie. — A. 2927.

3129. Le commandement est périmé de plein droit par le laps de trois mois. — A. 2928.

3130. Il n'est pas nécessaire de renouveler le commandement dans le cas où le retard a été occasionné par le fait du débiteur. (1) — A. 2929.

3131. La péremption du commandement n'est pas si absolue qu'elle détruise tous les effets que cet acte peut produire ; il subsiste comme acte conservatoire et interruptif de la prescription. — A. 2930.

3132. Le délai de trois mois ne se compte point par mois de trente jours, mais du quantième du premier mois au même quantième du troisième mois ; par exemple, du 15 février au 15 mai. — A. 2931.

_____

(1) Er. 2.ᵉ alinéa, 2.ᵉ ligne, au lieu de *prescription*, §. 3, lisez *péremption*, §. 63.

3133. *Les actes ultérieurs de poursuites seraient-ils sujets à péremption comme le commandement, si on laissait passer six mois sans continuer la procédure ?*

La loi ne s'est point expliquée à cet égard, peut-être parce qu'elle a pensé que cette question ne pouvait se présenter, tous les actes de la poursuite devant être faits dans le cours de délais prescrits à peine de nullité. Mais cette opinion est erronée; en effet, comme il n'y aura souvent d'annulé que l'acte qui n'aurait pas eu lieu dans le délai fixé et ceux qui l'auront suivi, on demandera si les actes antérieurs et valables seront sujets à péremption, et par quel laps de tems.

Cette question s'est présentée sous l'empire de la loi du 11 brumaire, dont l'article 4, §. 8, déclarait le commandement périmé par le laps de six mois. La cour de cassation déclara la poursuite périmée de plein droit par le même laps de tems (1.ᵉʳ prairial an 13 ; Denevers, an 13, p. 443 ; et Sirey, 1807, 2.ᵉ part., p. 1193), et se fonda précisément sur la disposition de l'article 4 , qui était absolument la même que celle de l'article 674, à la seule différence que le délai était de six mois au lieu de trois. Nous croyons donc que l'on devrait décider aujourd'hui de la même manière, puisqu'il y a identité de disposition et de raison. On ne peut d'ailleurs supposer que le législateur ait entendu prolonger indéfiniment les poursuites d'une expropriation qu'il a voulu qui fût terminée dans des délais précis, et il serait contraire à son vœu que la prescription n'eût lieu qu'à l'expiration des trois années prescrites par l'article 397, lorsqu'il a expressément déclaré que le commandement était périmé de plein droit par le laps de trois mois. Il n'est pas besoin d'observer que la péremption serait suspendue par l'un des incidens prévus par le titre suivant, ou par le décès des parties ou de l'une d'elles.

3134. *Résulte-t-il de l'article 474 que le procès-verbal de saisie doive être terminé dans les trois mois ?*

Nous ne le pensons pas, attendu que l'article n'établit que le terme *à quo.* Au surplus, s'il pouvait exister quelques doutes à ce sujet, ils nous paraîtraient levés par un arrêt de la cour de cassation, rapporté au recueil de Denevers, an 13, p. 114, et dont l'analogie avec l'espèce du même article est parfaite. Cet arrêt décide que l'apposition des affiches qui , sous l'empire de la loi du 11 brumaire an 7, tenait lieu de saisie était valable, même après les six mois, lorsqu'elle avait été commencée auparavant et continuée sans interruption. Le délai de l'article 674 remplace celui de la loi de brumaire, et nous ne voyons pas de raisons pour décider, sur-tout lorsque les biens sont éloignés et morcelés , autrement que l'arrêt cité a statué relativement à l'apposition des affiches.

ARTICLE 675. (N.)

Le procès-verbal de saisie contiendra, outre les formalités communes à tous les exploits, l'énonciation du jugement, ou du titre exécutoire, le transport de l'huissier sur les biens saisis, la désignation de l'extérieur des objets saisis, si c'est une maison, et énoncera l'arrondissement, la commune et la rue où elle est située, et les tenans et aboutissans; si ce sont des biens ruraux, la désignation des bâtimens, s'il y en a, la nature et la contenance au moins approxima- tive de chaque pièce, deux au moins de ses tenans et aboutissans, le nom du fermier ou colon, s'il y en a, l'arrondissement et la commune où elle est située : quelle que soit la nature du bien, le procès-verbal contiendra en outre l'extrait de la matrice de rôle de contribution fon- cière pour tous les articles saisis, l'indication du tribunal où la saisie sera portée, et constitution d'avoué chez lequel le domicile du saisissant sera élu de droit.

Conférence.

T. art. 47; ordonnance de Henri II, du 15 septembre 1551, art. 1; loi du 11 brumaire an 7; art. 5, t. 47. V. sur 689 et 717.

3135. On ne peut procéder à la saisie des immeubles d'un mineur avant la discussion de son mobilier, et à celle de la portion d'un copropriétaire avant le partage. — A. 2032.

3136. L'huissier ne doit point être assisté de témoins, lorsqu'il dresse le procès-verbal de saisie. — A. 2033.

3137. Il n'est pas nécessaire de donner, dans le procès-verbal, une assignation au saisi, à l'effet de comparaître devant le tribunal. — A. 2034, et *suprà* n.ᵒˢ 3117 et 3118.

3138. L'indication de la profession du saisissant n'est pas essen- tielle, lorsqu'il a été désigné de la même manière dans les actes de la procédure sur laquelle est intervenu le jugement qui sert de base à la saisie. (Cass., 29 août 1814; Sirey, 1815, p. 43.) Mais il n'en est pas moins prudent, puisque le procès-verbal de saisie est un exploit, de ne pas omettre cette indication, s'il est possible.

3139. On énonce le jugement en indiquant sa date et le tribunal qui l'a rendu, et sommairement l'objet de la condamnation; on énonce le titre par sa date et sa nature — A. 2035.

3140. De ce que la loi exige le transport de l'huissier sur les biens saisis, il ne s'ensuit pas qu'il doive nécessairement rédiger son procès- verbal sur les lieux; mais il vaut mieux qu'il le fasse pour éviter des erreurs. — A. 2036, et journ. des avoués, t. 4, p. 25.)

3141. *Qu'est-ce que l'huissier doit faire pour remplir les obligations que la loi lui impose de désigner l'extérieur des objets saisis, si c'est une maison?*

Voy. A. 2027.

Nous ajouterons aux observations faites sur cette question, que le législateur n'a point entendu exiger une désignation minutieuse, et que, par conséquent, les juges peuvent se refuser à annuler, suivant qu'ils estiment que l'extérieur des objets est désigné suffisamment pour qu'on ne puisse les méconnaître.

3142. Si la commune de la situation de l'immeuble était un chef-lieu d'arrondissement, l'omission du nom de cet arrondissement ne serait pas valablement suppléée par l'indication de ce chef-lieu. — A. 2038. (1)

3143. L'omission du nom de la rue ne peut être suppléée par l'indication du nom du faubourg dont elle fait partie, lors même que le faubourg n'aurait que deux rues. — A. 2039.

3144. On doit indiquer le numéro de la maison, et cependant l'omission n'entraînerait pas nullité. — A. 2040.

3145. Mais la fausse indication de la rue donnerait lieu à l'annulation, par exemple, si l'on indiquait une rue pour une autre. (Paris, 8 juin 1812; jurispr. C. C., t. 19, p. 161.)

3146. S'il est absolument nécessaire d'indiquer tous les tenans et aboutissans, dans chacun des quatre points cardinaux, néanmoins une simple erreur d'indication dans l'un des tenans n'opérerait pas nullité. — A. 2041.

3147. La cour de Paris a même décidé, par arrêt du 20 août 1814, Sirey, 1816, p. 214, qu'il n'est pas indispensable d'indiquer tous les tenans et aboutissans, puisqu'il suffirait que les biens fussent désignés de manière à n'être pas méconnus; mais cette décision nous paraît trop opposée au texte de la loi pour être suivie.

3148. *L'erreur dans l'indication des tenans et aboutissans d'une pièce de terre rend-elle la saisie nulle en son entier?*

Il paraît aux rédacteurs de la jurisprudence du code civil qu'il résulterait de l'arrêt de Paris, que nous venons de citer, que la saisie ne doit être annulée qu'à l'égard de cette pièce de terre, c'est du moins ce qu'ils expriment dans l'énoncé de la question jugée. Mais le jugement de première instance dont les motifs ont été adoptés par l'arrêt, ne nous semble pas conduire directement à cette conséquence, on y lit : « Attendu que le procès-verbal de saisie énonce

(1) *Er.* 4.e ligne, au lieu de *17 septembre 1808*, lisez *17 décembre 1808* ; *Sirey, 1815, p. 180.*

35

» que l'héritage compris dans l'article 4 tient d'une part au sieur
» Bezanger, de l'autre à Jean Jubin , de deux autres bouts au»
» aboutissans, sans indiquer le nombre des propriétaires , tandi
» qu'il tient d'une part à Jean Matras, d'autre au sieur Gourlar
» dine , d'où il suit que, contrairement à l'article 675 , ledit héri
» tage n'est pas désigné par deux ou moins de ses tenans et abou
» tissans » Or, le dispositif n'est point rapporté , et certes, rier
n'autorise à conclure de ce considérant que le tribunal n'eût annulé
la saisie qu'à l'égard de l'héritage incomplètement désigné. Il nous
paraît, au contraire, probable que la saisie aura été annulée dans
son entier, car l'article 675 prononce la nullité du procès-verbal
pour l'insuffisance des tenans et aboutissans d'une pièce ; on connaît
d'ailleurs l'inconvénient de n'annuler la saisie qu'en partie, ce qui
obligerait d'apposer une nouvelle saisie pour une pièce isolée, et mul-
tiplierait les frais en rendant necessaire de dénoncer, d'afficher, etc. ,
les deux procès-verbaux, et d'obtenir une jonction de ces deux
saisies.

3149. Quoi qu'il ne soit pas nécessaire d'indiquer la contenance
des domaines urbains, il serait néanmoins prudent , sans cependant
que cela fût indispensable à peine de nullité, de désigner la contenance, du moins approximative , d'un jardin attenant à une maison.
— A. 2042. (1)

3150. Lorsqu'il s'agit de fonds ruraux, il suffit , à la rigueur,
que les bâtimens soient désignés par leur destination. — A. 2043.

3151. On ne peut, à notre avis, entendre par le mot *pièce* les
sinuosités d'une forêt , et par conséquent il suffirait de désigner
sur chaque ligne orientale, méridionale, etc. , un tenant et un abou-
tissant.

3152. Le procès-verbal de saisie qui contiendrait la désignation
du principal corps de logis , mais dans lequel on aurait omis des
objets qui en sont par leur nature des dépendances ou des accessoires,
ne serait pas nul pour cette omission. — A. 2044. (2)

Il en serait de même de toute espèce de servitude.

3153. Par le mot pièce, la loi entend chaque portion des terres
du saisi, qui se trouve séparée des autres, soit par des haies, soit
par des fossés , et les tenans et aboutissans de chacune de ces portions
doivent être désignés. Mais dans les pays de plaine, il suffit d'indi-

_____

(1) *Er.* Page 312, douzième ligne, au lieu de *nous aurions peine* , lisez
nous balancerions.

(2) *Er.* Quatrième ligne , au lieu de *9 mai 1808* , lisez *22 juin 1808.*

quer les diverses parties qui touchent à des propriétés étrangères. — A. 2045.

3154. On ne peut prouver que par acte authentique l'inexactitude des tenans et aboutissans. (Paris, 8 juin 1812 ; jurispr. C. C., t. 19, p. 161.)

3155. Par contenance au moins approximative, l'article 675 entend le nombre d'ares ou d'hectares que l'huissier, à la simple vue, peut présumer que chaque pièce contient réellement. — A. 2046.

3156. On peut désigner la contenance approximative par le mot *environ*, fréquemment employé dans les contrats de vente, à la suite de l'indication de la contenance ou mesure des choses vendues ; mais voyez sur le sens de ce mot, Pothier, contrat de vente, n.° 253.

3157. Le procès-verbal de saisie qui donnerait aux biens une contenance beaucoup inférieure à leur contenance réelle, pourrait être annulé, à moins que cette contenance ne fût la même que celle portée dans la matrice du rôle. — A. 2047.

3258. Dans le cas contraire il y aurait nullité, du moins à notre avis, si la contenance indiquée était de beaucoup inférieure à la contenance réelle ; c'était à l'huissier à se faire accompagner d'un expert arpenteur.

3159. Lorsque toutes les pièces sont situées dans la même commune et le même arrondissement, il suffit d'indiquer une seule fois l'arrondissement et la commune, sans être obligé de répéter cette indication au fur et à mesure que l'on désigne chaque pièce de terre.

3160. L'obligation d'indiquer la commune et l'arrondissement ne suppose pas celle de mentionner le canton et le département. — A. 2048.

3161. De ce que l'article 675 porte que *la saisie contiendra l'extrait de la matrice du rôle*, il s'ensuit qu'il faut une transcription *littérale* de tous les articles de la matrice foncière où les pièces saisies sont désignées, et non un simple extrait de ces articles. — A. 2049. (1)

Nous avons cité dans l'analyse plusieurs arrêts qui ont prononcé d'une manière moins rigoureuse, et on peut y ajouter celui de Besançon, du 18 mars 1808 (Sirey, 1815, p. 178); il décide qu'un extrait conforme n'étant pas nécessaire, il suffisait de faire, à la fin de chaque article des héritages compris dans la saisie, mention de la somme à laquelle ils étaient évalués dans la matrice de rôle ; mais nous persistons dans les raisons que nous avons fournies pour l'opinion con-

_____

(1) *Er.* Page 315, première ligne, au lieu de *p. 315, lisez p. 314.*

traire, et nous ne voudrions admettre d'autres modifications à la rigueur du texte de la loi, que le cas d'impossiblité de se procurer un extrait de la matrice, comme dans l'espèce de l'arrêt de Turin, du 6 décembre 1809, cité sur la 2052.ᵉ question de l'analyse, *infrà* n.° 3116.

3162. S'il n'a été inséré au procès-verbal que l'extrait de la matrice du rôle d'une seule commune, et non des diverses communes dans lesquelles les biens saisis sont situés, la saisie serait nulle pour le tout. (Bordeaux, 1.ᵉʳ mai 1816; Sirey, 1817, p. 71.)

3163. Par arrêt du 6 frimaire an 13, rendu sous l'empire de la loi de brumaire, qui n'exigeait que l'évaluation des revenus dans la matrice de rôle; c'est-à-dire, une simple mention de l'évaluation du revenu, la cour de cassation a jugé qu'il n'était pas nécessaire que le revenu mentionné fût celui qu'indiquait la dernière matrice. Sous l'empire du code, qui exige une copie exacte, nous pensons que le législateur a entendu parler de la matrice actuelle; c'est-à-dire, de celle qui a servi à la confection des derniers rôles, et non pas de toute autre antérieure, réformée par elle. Nous puisons cette observation au traité de la saisie immobilière, par M. Huet.

3164. Il n'est pas nécessaire que l'extrait transcrit dans le procès-verbal soit signé du percepteur : la signature de l'huissier garantit la vérité de cet extrait. — A. 2050.

3165. Lorsque les extraits de la matrice du rôle ont une date postérieure à celle qui est énoncée en tête du procès-verbal de saisie, la saisie n'est pas nulle si, d'ailleurs, cette date est antérieure à la dénonciation. — A. 2051.

3166. L'extrait de la matrice de rôle peut être remplacé par une simple mention du montant de la contribution, dans les pays où il n'y a pas de matrice de rôle. — A. 2052.

3167. Il suffit, au reste, pour l'exécution de la loi, qu'on trouve l'extrait dans le procès-verbal; elle ne prescrit aucune forme particulière; il suffit qu'il n'y ait pas de contestation sur la conformité de cet extrait avec le rôle public dont il est la copie. (Rennes, 1.ʳᵉ ch., 4 janvier 1813.)

3168. C'est le tribunal de la situation des biens qui connaît de la saisie, — A. 2053; et si différens biens compris dans plusieurs saisies font partie d'une seule et même exploitation, c'est le tribunal du chef-lieu de l'exploitation qui en connaît (A. note sur la 2062.ᵉ question de l'analyse, page 319.)

3169. La loi du 14 novembre 1818 dispose que l'on peut, moyennant permission du tribunal, saisir simultanément plusieurs domaines, toutes les fois que leur valeur totale est inférieure au montant réuni des sommes dues tant au saisissant qu'aux autres créanciers inscrits. (Note au pied de la page 319 de l'analyse.)

Mais comme cette loi ne se rapporte qu'au cas de l'article 2210 du code civil, il n'y a pas besoin de permission du juge, et il ne faut que se conformer à l'article 2211, lorsqu'une métairie est située dans un arrondissement et des champs dans un autre. Ces mots de l'article 2211, *s'il le requiert*, n'empêchent pas de saisir le tout. (Nouv. répert., v.° *saisie immobilière*, p. 642, n.° 3.)

3170. C'est la dénonciation de la saisie et non la constitution d'avoué, dans le procès - verbal, qui détruit les effets de l'élection de domicile faite par le commandement chez toute autre personne que cet avoué constitué. — A. 2054.

3171. Ce n'est point le procès-verbal de saisie, mais la dénonciation qui doit contenir la date de la première publication. — A. 2055. V. sur 681.

3172. Une saisie qui comprendrait des objets qui n'appartiendraient point au saisi, ne serait pas nulle pour cette seule cause. — A. 2056.

3173. Elle ne le serait pas non plus si l'on avait omis de mentionner quelques portions des biens du saisi. (Bordeaux, 21 mai 1816; Sirey, 1817, p. 208.)

3174. Mais il en serait autrement s'il n'y était pas fait mention de tous les biens que le créancier aurait compris ultérieurement dans les affiches. (Denevers, 5 août 1812, t. 1³, p. 103.)

3175. *Des pièces qui ne sont expressément désignées ni dans le procès-verbal de saisie ni dans le cahier des charges, feraient-elles néanmoins partie de l'immeuble adjugé?*

L'obligation de désigner toutes les pièces dont se compose l'immeuble est rigoureusement imposée au saisissant (art. 675, 682, et *suprà* n.°⁵ 3153 et suiv.); l'adjudication est une vente que le saisi est censé faire par le ministère de la justice; les clauses du contrat sont le cahier des charges (art. 714.) — Or, quand on exprime dans un contrat de vente tous les objets en détail dont se compose l'immeuble que l'on veut aliéner, tout ce qui n'est pas compris dans ce détail ne fait point partie de la vente. Si, dans une estimation volontaire, les expressions plus ou moins générales de l'acte, et la faculté de chercher quelle a été l'intention des parties, permettent de donner au contrat, quant aux objets qui doivent y être compris, une étendue que son contexte peut rendre douteuse, il en est autrement lorsqu'il s'agit d'une vente sur saisie qui se réfère pour la désignation des objets à vendre au procès-verbal et au cahier des charges. Tout ce qui n'est pas détaillé dans ces deux pièces doit être considéré comme exclu. (V. Pigeau, t. 2, p. 224.)

Ces mots mêmes *circonstances et dépendances* ne remplissent pas le vœu de l'article 675, et l'on ne peut prétendre que le défaut de désignation soit suffisamment *explicite*, et ne soit, aux termes de l'article 717, qu'une nullité susceptible de se couvrir suivant l'article 733, si elle n'est pas proposée avant l'adjudication préparatoire. En effet, le saisi n'arguerait pas de nullité pour défaut de désignation suffisante ; loin de là, il ne trouve sans doute la saisie que trop étendue ; il ne cote point non plus grief contre l'adjudication, en ce qu'elle aurait adjugé expressément des objets non désignés dans le procès-verbal ; mais en convenant de la régularité et de la saisie et de l'adjudication, il soutient qu'on n'a mis en vente que ce qui a été désigné dans le procès-verbal ; que c'est là seulement ce qui a été adjugé ; que tout ce qui n'a pas été désigné est exclu nécessairement ; qu'en un mot, l'adjudication n'est pas translative de la propriété de ces objets.

Prétendre le contraire, ce serait admettre une saisie immobilière tacite, ou du moins, par équipollence, ce qui répugne autant à l'esprit qu'à la lettre de la loi.

3176. La saisie d'une manufacture avec ses circonstances et dépendances s'étend au mobilier immobilisé par destination, conformément à l'article 524 du code civil, par exemple, aux ustensiles scellés à chaux et à plâtre, mais non pas aux meubles proprement dits. (Cass., 1.er floréal an 10, et 10 janvier 1814 ; Sirey, t. 2, 2.e part., p. 310, et 1814, p. 64.)

3177. Il n'est pas nécessaire que l'huissier fasse mention, dans le procès-verbal, du pouvoir spécial dont il doit être porteur, conformément à l'art. 556. — A. 2057.

3178. *La nullité résultant de l'omission de quelques formalités prescrites par l'article 675 serait-elle couverte par la signature du saisi apposée au procès-verbal ?*

Nous ne pensons pas que le débiteur, en apposant sa signature, sur le procès-verbal, puisse être censé renoncer à l'observation des formalités prescrites dans son intérêt ; la loi ne le suppose à portée de juger de la régularité du procès-verbal, que lorsque cet acte est terminé et qu'il a été signifié. Alors seulement le saisi peut le parcourir et y découvrir des nullités ; jusque là il lui a été impossible de le lire avec réflexion ; les moyens de nullité qu'il opposerait ne peuvent donc être écartés, sous prétexte que sa signature opérerait acquiescement.

ARTICLE 676. (N)

Copie entière du procès-verbal de saisie sera, avant l'enregistrement, laissée aux greffiers des juges de paix, et aux maires ou adjoints des communes de la situation de l'immeuble saisi, si c'est une maison; si ce sont des biens ruraux, à ceux de la situation des bâtimens, s'il y en a, et s'il n'y en a pas, à ceux de la situation de la partie des biens à laquelle la matrice de rôle de la contribution foncière attribue le plus de revenus : les maires ou adjoints et greffiers viseront l'original du procès-verbal, lequel fera mention des copies qui auront été laissées.

Conférence.

T. art. 48; loi du 11 brumaire an 7, art. 2 et 6. V. sur les art. 673 et 717.

3179. L'article 676 entend par enregistrement non pas la transcription de la saisie prescrite par l'article 677, mais cette formalité qu'on appelait autrefois contrôle, et qui doit être remplie dans les quatre jours donnés à l'huissier par l'article 10 de la loi du 22 frimaire an 7. — A. 2058.

3180. Dans les villes où il y a plusieurs mairies et plusieurs justices de paix, c'est seulement au maire ou au greffier de l'arrondissement où sont situés les biens, et non à chacun des maires ou des greffiers des justices de paix que la copie du procès-verbal doit être remise. — A. 2059.

3181. On ne peut argumenter de cet article, qui n'exige le visa du maire que sur l'original, pour éluder la disposition rigoureuse mais très-expresse de l'article 68, qui en exige la mention sur la copie comme sur l'original, sous peine de la nullité prononcée par l'article 70. (Rennes, 25 juin 1818, 1.re ch.)

3182. Les greffiers de justices de paix peuvent, en cas d'empêchement, être remplacés par les commis-greffiers préposés à cet égard par le juge de paix; par exemple, dans le cas de l'article 676 du code de procédure civile, la procédure ne peut être annulée par le seul motif que la copie du procès-verbal a été remise à un commis-greffier, et que le visa a été apposé par lui sur l'original, lorsqu'il est constant d'ailleurs qu'il avait été commis à cet effet par le juge de paix. (Cass., 6 novembre 1817; Sirey, 1818, p. 147.)

3183. On peut notifier le procès-verbal de saisie immobilière à l'adjoint du maire, sans constater l'absence, l'empêchement ou la suspicion de celui-ci. — A. 2060, *suprà* n.° 3115, et *infrà* sur l'article 687.

3184. Si l'un des fonctionnaires désignés dans l'article 676 était parent du saisissant à un degré qui le rendît suspect, l'huissier ferait bien de s'adresser à un autre fonctionnaire qui eût qualité à cet effet; mais, s'il ne le faisait pas, ce ne serait pas un motif pour annuler le procès-verbal, et même il faudrait que le fonctionnaire, parent du saisi, mît son visa, s'il n'y avait point d'autres fonctionnaires que lui dans la commune. — A. 2061.

3185. Si la saisie comprenait plusieurs corps de biens, formant autant d'exploitations, et situés chacun dans une commune différente, il ne suffirait pas, dans le cas où une seule de ces exploitations aurait des bâtimens, de remplir, dans les communes où ils seraient situés, la formalité de la remise de la copie et du visa, il faudrait que cette double formalité fût remplie dans chacune des communes où se trouverait le chef-lieu de chaque exploitation différente. — A. 2062, et C. C., art. 2210.

3186. Lorsque la saisie comprend des biens situés dans plusieurs communes ou cantons, l'huissier ne doit pas se permettre de scinder le procès-verbal, en ne donnant à un des greffiers, maires ou adjoints qu'une copie de la partie qui concerne les immeubles situés dans leurs arrondissemens respectifs; il doit, à peine de nullité, remettre à chacun d'eux une copie entière du procès-verbal. — A. 2063. (1)

3187. C'est l'huissier exploitant qui doit faire mention que les copies ont été laissées aux fonctionnaires désignés dans l'article 676, et la reconnaissance, de la part de ces fonctionnaires, d'avoir reçu la copie, ne pourrait suppléer au défaut de mention de la part de l'huissier. — A. 2064.

Il est à remarquer, sur cette proposition, que la cour de cassation, par arrêt du 12 janvier 1815 (Sirey, 1815, p. 175), a décidé qu'une saisie n'est pas nulle, parce que l'huissier, au lieu d'exprimer que les copies *ont été laissées*, a dit seulement qu'il les laissera.

3188. Il n'est pas indispensable que la délivrance des copies du procès-verbal de saisie et les visas prescrits par l'article aient lieu le jour même, pourvu toutefois que la formalité remplie postérieurement le soit avant l'enregistrement de la saisie. (Rouen, 19 mars 1815; Sirey, 1815, p. 221.)

Cette cour a considéré que la remise et le visa étant la suite nécessaire du procès-verbal de saisie, l'acte qui constatait cette formalité accessoire ne faisait qu'un seul et même acte avec ce procès-verbal.

_____

(1) *Er.* 8.e ligne, au lieu de *l'art. 556*, lisez *l'art. 676*, et *infrà*, dernière ligne, au lieu de *et aux autres la fin*, lisez *et aux autres que la fin*.

3189. *Mais annulerait-on, pour défaut d'accomplissement de la formalité dont il s'agit, si le procès-verbal constatait qu'elle eût été remplie au moment de la clôture du procès-verbal de saisie, quoiqu'en effet le visa n'eût été donné que postérieurement, le lendemain, par exemple?*

Par une conséquence de la décision donnée au numéro précédent, la mention erronée du procès-verbal deviendrait insignifiante, puisque la formalité est utilement remplie après la clôture du procès-verbal. D'ailleurs, on pourrait considérer comme erreur, soit la date du procès-verbal, soit celle du visa; or, on sait que l'erreur de date n'opère point nullité, toutes les fois que le vœu de la loi a d'ailleurs été exécuté. (V. Toullier, t. 8, p. 152.)

ARTICLE 677. (N)

La saisie immobilière sera transcrite dans un registre à ce destiné au bureau des hypothèques de la situation des biens, pour la partie des objets saisis qui se trouve dans l'arrondissement.

Conférence.

T. art. 12; loi du 11 brumaire en 7, art. 6; C. p., art. 681 et 717; avis du conseil d'état du 18 juin 1809.

3190. La transcription de la saisie consiste dans *la copie entière* du procès-verbal faite à la diligence de l'avoué, pour la partie des objets saisis qui se trouve dans l'arrondissement. — A. 2065.

3191. Dans les cas prévus par les articles 2210 et 2211 du code civil, la transcription doit être faite dans chaque bureau de la situation, encore que la saisie soit portée en un seul tribunal. — A. 2066.

3192. Le conservateur peut transcrire la saisie qui se ferait à sa requête, comme receveur de l'enregistrement. — A. 2067.

3193. Il n'y a point de délai dans lequel la saisie doive être transcrite au bureau des hypothèques : la transcription est valablement faite à quelque époque que ce soit, pourvu toutefois que l'acte n'ait pas été anéanti par la péremption. — A. 2068, et *suprà* n.° 3133.

ARTICLE 678.

Si le conservateur ne peut procéder à la transcription de la saisie à l'instant où elle lui est présentée, il fera mention sur l'original qui lui sera laissé des heure, jour, mois et an auxquels il lui aura été remis; et, en cas de concurrence, le premier présenté sera transcrit.

36

Conférence.

C. civ., art. 2200.

3 94. Si l'article 678 ne prononce pas la peine de nullité, le saisissant trouve du moins sa garantie dans l'action en dommages-intérêts qu'il peut former contre le conservateur qui a omis cette formalité. — A. 2069. (1)

ARTICLE 679.

S'il y a eu précédente saisie, le conservateur constatera son refus en marge de la seconde; il énoncera la date de la précédente saisie, les noms, demeures et professions du saisissant et du saisi, l'indication du tribunal où la saisie est portée, le nom de l'avoué du saisissant, et la date de la transcription.

Conférence

Art. 719 et 720. -- A. sur les art. 720 et 721.

3195. On doit lire l'article 679, comme si le législateur s'était exprimé ainsi : S'il y a eu *précédente saisie transcrite ou présentée à la transcription.* — A. 2070.

3196. Quoique l'article 679 ne porte point la peine de nullité, on n'en devrait pas moins déclarer non avenue la seconde saisie qui aurait été transcrite, car deux saisies sur un immeuble ne peuvent co-exister. — A. 2071. (2)

ARTICLE 680.

La saisie immobilière sera en outre transcrite au greffe du tribunal où doit se faire la vente, et ce, dans la quinzaine du jour de la transcription au bureau des hypothèques, outre un jour pour trois myriamètres de distance entre le lieu de la situation des biens et le tribunal.

Conférence.

T. art. 102; - art. 681, 632 et 717. - A. 2065. Avis du conseil d'état du 18 juin 1809.

3197. La nullité attachée par l'article 717 à l'infraction de l'art. 680 s'applique à la seconde comme à la première disposition de cet article; c'est-à-dire, à celle qui détermine le délai, comme à celle qui exige la transcription. — A. 2072.

---

(1) *Er. 3.* ligne, au lieu de *le remise*, lisez *la remise.*
(2) *Er. 1.* ligne de la question, au lieu de *art. 779*, lisez *art. 679.*

3198. La saisie ne devrait pas être déclarée nulle pour avoir été transcrite au greffe un jour de dimanche. — A. 2073.

M. Huet, dans son traité, p. 111-115., critique fortement l'arrêt de Riom, sur lequel nous avons établi cette proposition ; mais nous nous réservons d'entrer dans de nouveaux développemens à son égard, en examinant sur l'article 1037 la question générale de savoir s'il s'applique indirectement à tout acte judiciaire.

ARTICLE 681. (N.)

La saisie immobilière, enregistrée comme il est dit aux articles 677 et 680, sera dénoncée au saisi dans la quinzaine du jour du dernier enregistrement, outre un jour pour trois myriamètres de distance entre le domicile du saisi et la situation des biens : elle contiendra la date de la première publication. L'original de cette dénonciation sera visé dans les vingt-quatre heures par le maire du domicile du saisi, et enregistré dans la huitaine, outre un jour pour trois myriamètres, au bureau de la conservation des hypothèques de la situation des biens ; et mention en sera faite en marge de l'enregistrement de la saisie réelle.

Conférence.

T. art. 49 et 103 ; art. 117 ; avis du conseil d'état du 10 juin 1809, *infrà* art. 697 et 726.

3199. La force majeure dispense de l'exécution de l'article 681, qui ordonne, à peine de nullité, selon l'article 717, de signifier dans la quinzaine le procès-verbal de saisie immobilière.

L'occupation militaire et hostile des lieux à parcourir est réputée *force majeure*, empêchant une signification ; à cet égard, la décision des juges du fond ne saurait être un moyen de cassation. (Cass., 24 novembre 1814; Sirey, 1816, p. 55.)

3200. On n'est pas tenu de réitérer dans la dénonciation la constitution d'avoué déjà portée au procès-verbal de saisie. (Rennes, 4 avril 1810; Sirey, 1815, p. 10.)

3201. La dénonciation ne peut être faite après la quinzaine du jour du dernier enregistrement, sauf le délai des distances — A. 2074. (1)

_____

(1) Par arrêt du 27 août 1811 (Sirey, 1815, p. 190), la cour de Paris a jugé le contraire en appliquant la disposition de l'article 1033; décision absolument inconciliable avec celle d'une foule d'autres arrêts que nous rapporterons sur les articles 703, 710, 711, 723, 730, dont les dispositions sont parfaitement

3202. *Quand la dénonciation est faite en parlant à la personne est-elle valable si elle est notifiée passé le délai de quinzaine, mais dans ce délai, augmenté à raison de la distance de son domicile ?*

Telle est notre opinion, parce que l'augmentation a été établie en faveur du créancier, afin qu'il eût tout le tems nécessaire pour signifier la dénonciation au domicile de la partie, quelqu'éloigné qu'il en soit; s'il trouve occasion de lui signifier dans un autre lieu plus rapproché après la quinzaine, mais dans le laps de tems que comporte l'augmentation, il paraît incontestable qu'il agit en tems utile, et conséquemment on ne peut lui opposer de nullité, puisqu'il était toujours fondé à signifier à domicile le jour où il a signifié à personne.

3203. Il n'est pas nécessaire, pour remplir le vœu de l'art. 681, de rapporter en entier, dans la dénonciation de la saisie, les transcriptions prescrites par les articles 677 et 680; mais il convient d'en justifier par certificat du conservateur et du greffier. — A. 2075.

3204. C'est la dénonciation et non la saisie qui doit contenir la date de la première publication. — A. 2076, (et Cass., 1.er décembre 1813; Sirey, 1814, p. 29, et *suprà* 3171.)

3205. *La dénonciation doit-elle, à peine de nullité, contenir copie entière de la saisie ?*

Oui, car aux termes de l'article 681, c'est la saisie et non un extrait de la saisie qui doit être dénoncé. (Cass., 5 août 1812; Sirey, 1813, p. 88.)

3206. *De ce que nous avons dit suprà n.º 3098, que le commandement pouvait être notifié à domicile élu, s'ensuit-il que la dénonciation puisse l'être également ?*

Telle est l'opinion de M. Delvincourt, t. 1.er, p. 338, nonobstant les argumens contraires que l'on pourrait tirer de l'arrêt du 5 février 1811, cité *suprà* n.º 3118. Ce savant professeur se fonde sur ce que le domicile élu remplace en tout point, pour l'exécution de l'acte, le domicile réel; mais il remarque avec raison que la loi donnant

analogues à celles de l'article 681. M. Huet (p. 119) observe avec raison « qu'il ne s'agit point d'appliquer ici les dispositions de l'article 1033. Quand » la loi dit *quinzaine*, c'est une quinzaine qu'il faut entendre, et non dix-sept » jours; ainsi la dernière transcription ayant eu lieu, par exemple, le 19 novembre, » ce jour ne compte pas; c'est donc le 4 décembre qui est le dernier jour utile » pour la dénonciation, puisqu'elle doit avoir lieu dans la quinzaine. »
Telle est la considération sur laquelle nous avions fondé notre opinion, considération qui motive également les propositions des n.ºs 87 et 916.

attribution spéciale pour la poursuite au tribunal de la situation des biens saisis, la possibilité de signifier à domicile élu n'opère aucun changement relativement à la compétence de ce tribunal. V. *suprà* n.° 3112.

3207. Il y aurait nullité de la saisie, si l'original de la dénonciation n'était pas visé par le maire du domicile du saisi, et enregistré au bureau de la conservation, dans les délais fixés par l'art. 681. — A. 2077.

3208. *Si la copie a été remise au saisi, parlant à sa personne, dans un autre lieu que celui de son domicile, le visa du maire de ce lieu est-il suffisant pour remplir le vœu de la loi?*

Il serait absurde de supposer que la dénonciation ne pût être notifiée à la personne du saisi partout où l'huissier le rencontre. Ceci admis, on ne peut pas exiger que, dans les vingt-quatre heures de la signification faite à personne, dans un lieu souvent éloigné de celui du domicile, on fasse viser l'original par le maire de ce domicile; ce serait exiger l'impossible. Le visa du maire du lieu où la signification est faite à personne doit donc valablement remplacer le visa du maire du domicile. Si la loi n'a parlé que du visa à donner par le maire du domicile, c'est parce qu'elle n'a statué que sur le cas qui doit se présenter et qui se présentera en effet le plus souvent, celui de la remise de la copie à la personne trouvée à domicile, et elle n'a pas dû prévoir les cas très-peu nombreux où la personne serait trouvée dans un autre lieu et y recevrait la copie. *Suprà* n.° 3116.

3209. L'original de la dénonciation doit être visé par le maire, soit qu'on ait trouvé la personne du saisi, soit qu'on ne l'ait pas trouvée. — A. 2078.

3210. C'est, à notre avis, par suite d'un oubli involontaire, que la loi porte que l'original de la dénonciation doit être visé par le maire, sans ajouter ou *l'adjoint*, comme dans les articles 673 et 676. Nous croyons donc que le visa donné par l'adjoint serait valable, surtout d'après la considération que les fonctions municipales sont, aux termes de la loi du 28 pluviôse an 8 (art. 12, 13 et 14), exercées par les *maires et adjoints*, sans exprimer que ces derniers ne les exercent qu'à défaut du maire.

Néanmoins, dans le cas particulier de l'article 681, et nonobstant ce que nous avons dit sur l'article 673, il serait prudent à l'huissier de constater l'absence ou l'empêchement du maire. Alors, en effet, on ne pourra craindre aucune chicane, puisqu'on ne saurait contester que du moins l'adjoint peut remplacer le maire absent ou empêché (Riom, 12 mai 1808; Sirey, 1815, p. 180), comme le premier membre du conseil municipal peut remplacer l'adjoint lui-même. (*Suprà* n.° 3114.)

3211. *La copie de la dénonciation de la saisie doit-elle, à peine de nullité, contenir la mention que l'original a été visé dans les vingt-quatre heures par le maire du domicile du saisi?*

Nous ne le pensons pas, parce que la loi ne dit pas que la dénonciation sera visée, mais que l'original seulement le sera; d'où suit qu'on ne peut invoquer ici le principe que la copie tient lieu d'original au défendeur, principe qui ne s'applique qu'aux actes à l'égard desquels la loi ne fait aucune distinction entre les formalités de l'original et celles de la copie.

Il suffit donc que l'on justifie du visa sur l'original pour que la dénonciation soit valable; et il est d'autant moins nécessaire de référer ce visa sur la copie, que la loi ne dit point, ainsi qu'elle l'a fait en plusieurs articles, que la copie contiendra mention du visa.

Ainsi donc, et sous aucun rapport, on ne peut, sans ajouter à la loi, exiger, à peine de nullité, que cette mention soit faite.

3212. L'original de la dénonciation doit être transcrit comme le procès-verbal de saisie. — A. 2079.

3213. La dénonciation peut être faite, et les formalités qui y sont relatives peuvent être observées après l'insertion de l'extrait au tableau prescrit par l'article 682. — A. 2080.

3214. La mention de l'enregistrement de la dénonciation doit être faite par le conservateur des hypothèques. — A. 2081.

ARTICLE 682. (N)

Le greffier du tribunal sera tenu, dans les trois jours de l'enregistrement mentionné en l'article 680, d'insérer dans un tableau placé à cet effet dans l'auditoire, un extrait contenant,

1.º La date de la saisie et des enregistremens;

2.º Les noms, professions et demeures du saisi et du saisissant, et de l'avoué de ce dernier;

3.º Les noms de l'arrondissement, de la commune, de la rue des maisons saisies;

4.º L'indication sommaire des biens ruraux, en autant d'articles qu'il y a de communes, lesquelles seront indiquées, ainsi que les arrondissemens; chaque article contiendra seulement la nature et la quantité des objets, et les noms des fermiers ou colons, s'il y en a; si néanmoins les biens situés dans la même commune sont exploités par plusieurs personnes, ils seront divisés en autant d'articles qu'il y aura d'exploitans;

5.° L'indication du jour de la première publication;

6.° Les noms des maires et greffiers des juges de paix auxquels copies de la saisie auront été laissées.

Conférence.

T. art. 104; art. 647 et 717; loi du 11 brumaire an VII, art. 4.

3215. *Qu'entend-on par enregistrement dans le premier alinea, et au paragraphe premier de l'article?*

Le mot enregistrement signifie transcription dans le premier alinéa, (v. *suprà* art. 580); le même mot, au pluriel, signifie en même tems, au paragraphe premier, la transcription tant au bureau des hypothèques qu'au greffe du tribunal, et la formalité ordinaire de l'enregistrement de l'acte dans le bureau où il en doit être revêtu.

3216. Le greffier n'est tenu d'insérer au tableau de l'auditoire l'extrait exigé par l'article 682, qu'autant que l'avoué du saisissant lui a remis cet extrait. — A. 2082.

3217. On peut constater que l'insertion au tableau de l'auditoire a été faite dans le délai de la loi, par une déclaration du greffier, insérée soit dans le tableau lui-même, soit dans un registre, et qui porte que le tableau a été placé dans l'auditoire un tel jour. — A. 2083.

3218. La saisie doit être déclarée nulle, si l'extrait prescrit par l'article 682 n'a pas été inséré au tableau dans les trois jours de l'enregistrement au greffe. — A. 2084.

Mais le contraire a été décidé par arrêt de la cour de cassation, du 4 octobre 1814 (Sirey, 1816, p. 78, §. 8), portant que la nullité de l'extrait prescrit par l'article 682, comme du placard dont parle l'article 695, n'entraîne point celle de la saisie, et que ces actes seuls sont nuls.

3219. La jurisprudence n'étant point fixée sur le point de savoir si c'est l'arrondissement du juge de paix ou l'arrondissement communal que l'extrait de la saisie doit indiquer, conformément à l'article 682, paragraphe 3, il est prudent de les indiquer l'un et l'autre. — A. 2085.

3220. L'obligation de désigner les colons qui exploitent les immeubles saisis, imposée par l'article 682, ne s'applique qu'aux colons attachés à l'exploitation d'une manière permanente et telle, qu'en les indiquant les biens soient mieux désignés.

L'obligation de désigner les fermiers ne s'applique qu'à un fermier connu exploitant publiquement les biens saisis ; si le fermier n'a jamais pris possession des biens affermés, et que le propriétaire en ait continué l'exploitation, il n'est pas nécessaire de désigner ce fermier.

La loi n'oblige pas de désigner les ouvriers employés à la journée ou autrement ; ainsi le défaut de désignation de ces ouvriers, ou l'inexactitude dans la désignation qui en est faite, n'annule pas la saisie. (Bordeaux, 8 février 1817 ; Sirey, 1817, p. 201, §. 1, 2, 3.)

3221. L'extrait de la saisie doit, à peine de nullité, contenir les noms des maire et greffier du juge de paix. — A. 2086.

3222. *Résulte-t-il du quatrième paragraphe de l'article 682, qui exige que les biens situés dans la même commune, et exploités par plusieurs personnes, soient divisés en autant d'articles qu'il y a d'exploitans, que l'on ne puisse vendre ces biens en même tems ?*

Les placards et annonces doivent indiquer les biens à vendre, par articles séparés, non parce qu'ils devront être vendus par articles, la loi ne l'exige point, mais seulement afin que le public ne se trompe point sur la désignation, et que l'on puisse s'adresser au maire de la commune ou à chaque fermier pour voir les biens et les mieux connaître. (Consultat. de M. Thomines.)

ARTICLE 683.

L'extrait prescrit par l'article précédent sera inséré, sur la poursuite du saisissant, dans un des journaux imprimés dans le lieu où siége le tribunal devant lequel la saisie se poursuit ; et s'il n'y en a pas, dans l'un de ceux imprimés dans le département, s'il y en a : il sera justifié de cette insertion par la feuille contenant ledit extrait, avec la signature de l'imprimeur, légalisée par le maire.

Conférence.

T. art. 165 ; avis du conseil d'état du 1 juin 1807, et décret du 2 août 1807 ; - art. 703, 717, 868, 962 ; code de comm., art. 457, 512, 569, 592 et 599.

3223. L'insertion prescrite par l'article 683 doit être faite avant l'apposition du placard ordonnée par l'article 684, sans cependant que l'on pût prononcer la peine de nullité pour le cas contraire. — A. 2087.

Cette proposition a été consacrée par un arrêt de la cour de cassation du 5 octobre 1812 (Sirey, 1816, p. 163), attendu que le code, en consignant ces deux formalités dans deux articles distincts et immédiatement subséquens, n'a pas entendu pour cela assujétir le créancier à les remplir exactement dans l'ordre des articles.

3224. C'est à l'avoué du saisissant qu'il appartient de faire exécuter la formalité de l'insertion. — A. 2088.

3225. Cette formalité peut être justifiée par un imprimeur non patenté, lorsqu'il est notoire qu'il exerce sa profession, et que sa signature est légalisée à ce titre par le maire. (Arrêt du 5 octobre 1812, cité n.° 3224.)

3226. Le propriétaire ou rédacteur du journal ne pourrait signer l'extrait, s'il n'était en même tems l'imprimeur de ce journal. — A. 2089.

3227. Le père, adjoint d'une commune, peut légaliser la signature de son fils, imprimeur, quoiqu'associé à son commerce. (Rennes, juin 1814, 1.re ch.)

ARTICLE 684.

Extrait pareil à celui prescrit par l'article précédent, imprimé en forme de placard, sera affiché,

1.° A la porte du domicile du saisi;

2.° A la principale porte des édifices saisis;

3.° A la principale place de la commune où le saisi est domicilié, de celle de la situation des biens, et de celle du tribunal où la vente se poursuit;

4.° Au principal marché desdites communes; et lorsqu'il n'y en a pas, aux deux marchés les plus voisins;

5.° A la porte de l'auditoire du juge de paix de la situation des bâtimens; et s'il n'y a pas de bâtimens, à la porte de l'auditoire de la justice de paix où se trouve la majeure partie des biens saisis;

6.° Aux portes extérieures des tribunaux du domicile du saisi, de la situation des biens, et de la vente.

Conférence.

T. art. 106; art. 695, 703, 717; édit de 1751, art. 2; loi du 11 brumaire an 7, art. 5; avis du conseil d'état du 18 juin 1809.

3228. Il n'y aurait pas nullité de la saisie immobilière, si les placards étaient imprimés sur du papier qui ne fût pas du timbre de dimension. — A. 2090.

37

3229. Le placard doit, à peine de nullité, être imprimé, et dans son entier. — A. 2091.

3230. Mais on ne doit pas entendre cette proposition dans un sens tellement rigoureux, qu'on dût annuler le placard imprimé où l'on aurait écrit à la main l'indication du jour de l'une des publications (Rennes, 5 décembre 1812.)

3231. L'article 684 du code de procédure portant que l'extrait prescrit par l'article 682 doit être affiché à la porte du domicile du saisi, doit s'entendre en ce sens que si le domicile du saisi n'a pas de porte extérieure, il suffit d'apposer l'affiche sur la porte du bâtiment dans lequel est inclus le domicile du saisi. (Cass., 10 juillet 1817 Sirey, 1818, p. 385.)

3232. Le placard doit être affiché à la place où le marché se tient mais la loi n'exige point qu'il le soit le jour, et à l'heure même qu'il a lieu. — A. 2092, et Cass., 19 novembre 1812; Sirey, 1813 pag. 225.

3233. En général, on appelle place principale celle à laquelle aboutit le plus grand nombre de rues, et où l'on suppose que la circulation est plus nombreuse : de même le marché principal est celui qui est le plus fréquenté. — A. 2093.

3234. Les placards doivent être appliqués au lieu du principal marché de chacune des trois communes désignées en l'article 684 et non pas seulement au principal marché de ces trois communes réunies. — A. 2094. (1)

3235. Il faut entendre ces mots de la loi, *lorsqu'il n'y en a pas aux deux marchés les plus voisins*, comme s'il y avait *lorsqu'il n'y a aucun marché dans l'une desdites communes, aux deux marchés les plus voisins de celle qui n'en a pas.* — A. 2095.

3236. Lorsque des placards indicatifs d'une vente par expropriation forcée ont été apposés aux marchés voisins de la commune où se trouvent situés les biens expropriés, et que d'ailleurs il est constant que ces marchés sont plus fréquentés que ceux qui se trouvent plus voisins du lieu de la situation des biens, le débiteur exproprié n'est pas recevable à provoquer la nullité de l'expropriation, sous prétexte que l'article 684 du code de procédure n'a pas été rigoureusement observé, en ce qu'il prescrivait l'apposition d'affiches aux deux marchés les plus voisins. (Cass., 29 novembre 1816; Sirey, 1817, p. 238.)

---

(1) *Er.* 3.ᵉ alinea, 2.ᵉ ligue, au lieu de *19 juin*, lisez *9 juin.*

3237. La loi s'exprimant sans faire de distinction, il est prudent d'afficher les placards aux portes extérieures de tous les tribunaux ordinaires ou d'exception qui siégent aux lieux qu'elle indique. — A. 2096.

3238. L'original du placard doit être dressé par l'avoué. — A. 2097.

3239. *Comment se forme l'original du placard?*

Lorsque l'avoué du saisissant, dit M. Huet, p. 137, fait imprimer le placard, il doit avoir soin d'en faire tirer un premier exemplaire au pied duquel il appose la date et sa signature, et qu'il fait revêtir de la formalité de l'enregistrement; c'est là, ajoute-t-il, l'original du placard. Nous croyons aussi que cette pièce peut être imprimée; mais, d'après l'article 686, qui défend de *la grossoyer*, il semble qu'il est plus conforme au vœu de la loi qu'elle soit manuscrite.

3240. On peut apposer un plus grand nombre d'affiches que celui qu'exige l'article 684; mais le surplus ne passerait pas en taxe. — A. 2098.

ARTICLE 685. (N)

L'apposition des placards sera constatée par un acte, auquel sera annexé un exemplaire du placard : par cet acte l'huissier attestera que l'apposition a été faite aux lieux désignés par la loi, sans les détailler.

Conférence.

Tarif, art. 50; — art. 717.

3241. L'acte qui constate l'apposition des affiches doit être dressé sur du papier du timbre de dimension, séparé de l'exemplaire du placard qui y demeure annexé, et en mentionnant *l'annexe*. — A. 2099.

3242. Il n'y aurait pas nullité, si l'huissier détaillait les lieux où il aurait apposé des placards. — A. 2100.

Loin de là, il y aurait de puissans motifs pour exiger qu'il fît ce détail, ainsi que le prouve M. Huet, dans son traité, p. 145.

3243. Nous pensons avec cet auteur (p. 146) que, nonobstant le silence de la loi, l'huissier doit, relativement aux placards, se conformer aux principes généraux d'après lesquels toute copie doit être signée, et conséquemment signer chaque exemplaire qu'il affiche, et qui n'est autre chose que la copie de l'original dont il est question article 686 (V. *suprà*, n.° 2241); il convient en outre qu'il rédige au pied un extrait de son procès-verbal d'apposition, avec indication sur chaque copie du lieu où elle a été apposée.

3244. L'apposition peut être faite par le même huissier, encore qu'il n'eût pas droit d'instrumenter dans tous les lieux désignés par la loi. — A. 2101.

3245. Mais celles qui seraient faites par différens huissiers ne seraient pas irrégulières, quoique l'un d'eux eût le droit d'instrumenter dans tous ces lieux. — A. 2102.

ARTICLE 686.

Les originaux du placard, et le procès-verbal d'apposition, ne pourront être grossoyés sous aucun prétexte.

Conférence.

Tarif, art. 50 et 106.

3246. Si l'original du placard et le procès-verbal avaient été grossoyés, ils ne seraient pas nuls, mais il n'entrerait en taxe que les frais de minute. — A. 2103.

ARTICLE 687. (N)

L'original du procès-verbal sera visé par le maire de chacune des communes dans lesquelles l'apposition aura été faite, et il sera notifié à la partie saisie, avec copie du placard.

Conférence.

Tarif, art. 29; - art. 700, 701, 705 et 717.

3247. Le visa peut être donné par l'adjoint, en cas d'absence ou d'empêchement du maire. — A. 2104.

3248. Un certificat du maire, constatant l'apposition du placard, apposé au pied du procès-verbal de l'huissier, qui constate aussi l'apposition, peut tenir lieu du visa exigé par l'article 687. — A. 2105.

3249. On ne doit ni laisser aux maires ou adjoints une copie du procès-verbal d'apposition, ni la faire transcrire au bureau de la conservation. — A. 2106.

3250. Le vœu de l'article 687 ne serait pas rempli en annexant une copie du placard à un exploit de notification du procès-verbal, et, dans tous les cas, cette copie doit être signée de l'huissier. — A. 2107.

3251. Les notifications à faire dans le cas de l'article 687, doivent, à peine de nullité, contenir les formalités prescrites par l'article 68. — A. 2108.

ARTICLE 688.

Si les immeubles saisis ne sont pas loués ou affermés, le saisi en restera en possession jusqu'à la vente, comme sequestre judiciaire ; à moins qu'il ne soit autrement ordonné par le juge, sur la réclamation d'un ou plusieurs créanciers. Les créanciers pourront néanmoins faire faire la coupe et la vente, en tout ou en partie, des fruits pendans par les racines.

Conférence.

Ordonn. du Roi, 3 juillet 1816, n. 9, art. 2. — Cod. civ., art. 1961. — C. pr., art 691. — Loi du 11 brum. an 7, art. 98 ; *infrà* sur art. 689.

3252. Lorsque le saisi reste en possession, il est contraignable par corps, non seulement à la représentation de la chose, mais encore à la restitution des fruits. — A. 2109.

3253. Le saisi fait siens les fruits échus avant la dénonciation, si, d'ailleurs, ils n'ont pas été saisis par voie de saisie-arrêt ou de saisie-brandon. — A. 2110.

3254. Lorsque les créanciers demandent que le saisi ne reste pas en possession, le tribunal peut prendre telle mesure que la prudence lui suggère, et remettre la possession, soit aux créanciers, soit à toute autre personne, à titre de gérant-sequestre. — A. 2111.

3255. La demande que formeraient les créanciers, afin d'ôter la possession au saisi, doit être motivée et justifiée. — A. 2112.

3256. La demande en dépossession du saisi est formée par requête signifiée d'avoué à avoué ; et dans le cas où le saisi n'en aurait pas constitué, elle l'est également par requête, mais avec assignation à personne ou à domicile. — A. 2113.

3257. L'incident formé par la demande en dépossession n'est pas de la nature de ceux prévus par l'article 718. — A. 2114.

5258. Les créanciers peuvent user de la faculté de déposséder le saisi ou de faire faire la coupe des fruits sans être obligés de les saisir immobilièrement ; mais la vente doit s'en faire conformément aux dispositions de la saisie-brandon.

3259. Le sequestre, dont il s'agit en l'article 688, n'est point une saisie mobilière proprement dite, mais uniquement une administration des fruits des immeubles saisis.

Il peut être exercé sur des tiers détenteurs comme sur les débiteurs originaires. (Cass., 4 octobre 1814 ; Sirey, 1814, p. 78.)

ARTICLE 689.

Les fruits échus depuis la dénonciation au saisi seront immobilisés, pour être distribués avec le prix de l'immeuble par ordre d'hypothèques.

Conférence.

Ordonn. du Roi du 3 juillet 1816, art. 2, n. 9, et *infrà* art. 691.

3260. De ce que les fruits sont immobilisés après la dénonciation de la saisie, il s'ensuit que le propriétaire cesse *de plein droit* de les faire siens. — A. 2116. Voyez *suprà* n.º 3256.

3261. *La disposition de l'article 689 suppose-t-elle que l'adjudicataire de l'immeuble le soit, tant du fonds que des fruits échus, c'est-à-dire, coupés depuis la dénonciation de la saisie, encore bien que ces fruits n'aient pas été désignés dans le procès-verbal de saisie?*

Nous ne le pensons pas; l'immobilisation ne suppose point que l'adjudicataire aura les récoltes, du moins celles échues avant sa mise en jouissance : elle n'a pour objet que d'ôter au saisi une jouissance qu'il ne peut avoir dès qu'il n'est que sequestre après la dénonciation. (1)

---

(1) On ne pourrait, à notre avis, soutenir le contraire que par une fausse interprétation de l'article 520 du code civil, car, en déclarant que les récoltes sont immeubles, il ne dit point qu'elles seront saisies par cela seul que le fonds le sera, et sans qu'il soit besoin de les désigner dans le procès-verbal. C'est ce que M. Malleville remarque sur cet article, et c'est aussi ce qui résulte d'un arrêt de cassation, du 19 ventôse an 14; Sirey, an 14 et 1806, p. 70.

On opposerait vainement encore l'article 2204; il ne dit point davantage que la saisie du fonds emporte celle de l'accessoire qui, conséquemment, appartiendrait à l'adjudicataire : il faut donc pour saisir les accessoires les faire connaître dans la saisie; et l'on doit, à cet effet, comme le disent M. Malleville, t. 2, p. 8, et t. 4, p. 345, et les art. 2217 et 2218, se conformer au code de procédure.

Ainsi donc, ou l'héritage est affermé, ou il ne l'est pas.

S'il ne l'est pas, il faut que la saisie apprenne au débiteur que les fruits sont saisis. Il en est alors sequestre; le saisi en tient compte aux créanciers, si ceux-ci ne les ont pas fait couper, et le prix en est distribué conformément à l'art. 689. Cette disposition prouve évidemment que l'on ne suppose pas que la saisie du fonds emporte la saisie des fruits; et si les créanciers ne se conforment pas aux articles 688 et 689, il en résulte qu'ils annoncent ne vouloir pas disposer des fruits, mais non que l'adjudicataire en sera propriétaire. Il serait absurde que des fruits non cueillis lors de la saisie, et qui le sont avant l'adjudication, appartinssent à l'adjudicataire : l'article 675 exige des indications par détail. On ne peut croire que le législateur, s'il avait entendu que la saisie du fonds emportât celle des fruits, n'eût pas exigé qu'on en fît connaître la quantité et la nature; et si on le supposait, on admettrait, ce qui est encore déraisonnable, que l'adjudication aurait un effet rétroactif. Cela serait encore plus dénué de raison dans le cas où le fonds serait affermé, car les fermiers auraient recueillis pour l'adju-

3262. *Le bétail donné à cheptel, qui n'a point été saisi ni désigné dans le cahier des charges, fait-il néanmoins, pour la portion qui en appartenait au saisi, partie de la métairie désignée?*

On a vu dans la note, sur la question précédente, que ce qui n'était désigné ni dans le procès-verbal de saisie ni dans le cahier des charges, devait être considéré comme équivalemment exclu de l'adjudication à faire. — Si cette règle n'a pas été appliquée aux fruits pendans par racine, au moment de l'adjudication, c'est que la chose est due telle qu'elle existe à ce moment, à moins de convention contraire, et qu'ainsi les fruits pendans par racine continuent de faire partie intégrante des fonds, à moins de disposition expressément contraire.

L'article 522 du code civil répute immeuble, tant qu'ils sont attachés au fonds, les animaux, etc.

Bien qu'immeubles fictifs, ils sont, comme les fruits pendans par racines, susceptibles d'une saisie mobilière, art. 594. M. Pigeau, p. 195, enseigne qu'ils peuvent être saisis *immobilièrement*, mais avec leur fonds, pour être vendus ensemble.

Mais s'il n'est pas fait mention des bestiaux dans le procès-verbal de saisie du fonds, ne répugne-t-il pas au système de la procédure, en matière de saisie, qu'ils y soient tacitement compris? S'ils n'y sont ni expressément ni tacitement désignés, et que le cahier des charges soit réputé les exclure dès qu'il ne les comprend pas, comment feront-ils partie de la vente?

S'il s'agissait d'une vente volontaire, on pourrait dire : La chose vendue doit être livrée avec ses accessoires, au moment de la vente, et tout ce qui a été destiné à son usage ; ces accessoires font donc partie intégrante de la chose vendue, s'ils ne sont pas formellement exceptés de la vente. Tout pacte obscur ou ambigu s'interprète contre le vendeur (art. 1602.)

Mais quand il est question de fixer le plus ou moins d'étendue d'une adjudication, le cahier des charges doit être conforme au

---

dicataire, quoique tous ces fruits fussent détachés du fonds et devenus meubles lors de son adjudication : ce n'est pas ce que décide l'article 691, qui ne donne que le droit de faire annuler le bail, savoir ;' par les créanciers avant l'adjudication ; par l'adjudicataire après l'adjudication, s'il n'a pas date certaine, et qui le maintient s'il en a une. Les créanciers ne peuvent alors que saisir-arrêter les fermages; seulement l'adjudicataire a droit aux fruits existant au moment de l'adjudication ou de son entrée en jouissance, si l'époque en a été fixée, parce qu'il les trouve sur le fonds. (Code civil, art. 1614, 1615; Pigeau, p. 224 et 238.)

procès-verbal de saisie; donc, ce qui n'est ni expressément saisi, ni expressément mis en vente, ne fait point partie de l'adjudication. (1)

3263. Si des fruits pendans par racines étaient saisis mobilièrement par un créancier avant qu'ils fussent échus (*coupés*), cette saisie les empêcherait d'être immobilisés, et le prix en serait distribué par contribution. — A. 2117, et *suprà* n.° 3264.

ARTICLE 690.

Le saisi ne pourra faire aucune coupe de bois ni dégradation, à peine de dommages et intérêts, auxquels il sera condamné par corps; il pourra même être poursuivi par la voie criminelle, suivant la gravité des circonstances.

Conférence.

Loi du 17 brumaire an 7, art. 8, 2.e disposition. - A. 410.

3264. Lorsque le saisi a commis des dégradations dans les biens à exproprier, l'adjudicataire n'a d'action que contre lui seul, en dédommagement de ces dégradations. — A. 2118 sur l'art. 692, et Paris, 19 août 1808; Sirey, 1807, 2.e part., p. 950.

3265. La mutation, au cas d'adjudication confirmée sur appel, a eu lieu dès le jour de l'adjudication; car il est de principe que c'est le jugement qui a fixé les droits des parties, et que l'arrêt n'a fait que lever l'obstacle qui s'opposait à son exécution. Si donc il survient durant l'appel des accidens, des dégradations, ces événemens n'autorisent pas l'adjudicataire à demander une diminution de prix. (Cass., 18 août 1808; Sirey, 1808, p. 541.)

Nous remarquerons qu'un autre arrêt du 29 octobre 1806 (Sirey, 1806, p. 467), conséquemment postérieur à la mise en activité du code de procédure, semble contraire à celui-ci, en ce qu'il déclare

(1) Dira-t-on que nous avons cependant décidé que les fruits pendans par racines font partie de l'adjudication? Mais l'adjudicataire a vu les terres ensemencées; on savait, d'après l'usage du pays, qu'elles devaient l'être à telle époque.

Les fruits pendans par racines sont *pars fundi.*

C'est comme productifs que les terrains saisis et vendus ont le revenu estimé par la cote d'imposition, dont le montant sert au moins de base pour la mise à prix.

Quant au bétail, au contraire, l'adjudicataire a pu penser qu'il appartenait au fermier; et lorsqu'on ne l'a point averti par le cahier des charges que ce bétail avait été attaché à la ferme par le propriétaire, le donner à l'adjudicataire aux fins de l'article 522 seulement, ce serait le gratifier d'un accessoire de beaucoup de prix, dont il ne songeait pas à faire l'acquisition, et que rien ne lui annonçait qu'on eût mis en vente. (Sur les effets mobiliers qui sont censés faire partie du fonds, relativement aux saisies réelles, V. d'Héricourt, traité de la vente, édition de 1752, p. 33, n.° 3.)

qu'en cas d'appel du jugement d'adjudication, la vente n'est consommée et définitivement consentie que par l'arrêt confirmatif; mais il faut faire attention que cet arrêt a toujours un effet rétroactif au moment du jugement qu'il confirme ; seulement ce qui est fait dans l'intervalle n'est que provisoire, et n'a d'effet définitif qu'après sa prononciation.

ARTICLE 691.

Si les immeubles sont loués par bail dont la date ne soit pas certaine, ayant le commandement, la nullité pourra en être prononcée, si les créanciers ou l'adjudicataire le demandent.

Si le bail a une date certaine, les créanciers pourront saisir et arrêter les loyers ou fermages ; et, dans ce cas, il en sera des loyers ou fermages échus depuis la dénonciation faite au saisi, comme des fruits mentionnés en l'article 689.

Conférence.

Pothier, traité de la procédure civile, 4.e part., ch. 2, sect. 5, art. 5, §. 1.

3266. L'article 691 n'entend parler que de l'acquéreur de l'immeuble même, et non de l'adjudicataire des fruits. — A. 2119.

3267. *Quelles mesures les créanciers peuvent-ils provoquer quand le bail est annulé?*

Voyez *suprà* n.os 3253 et suiv. , et A. 2120.

3268. Si le bail a une date certaine, le saisi peut percevoir à son profit les loyers et fermages, dans le cas où les créanciers ne les auraient pas saisis-arrêtés. — A. 2121, et Toullier, t. 8, p. 428.

Ceci n'est point en opposition avec ce que nous avons dit sur la question 2116 de l'analyse , *suprà* n.° 3259 , attendu que, dans ce numéro, il s'agit du saisi qui possède par lui-même, et ici du cas où l'immeuble est affermé.

3269. *Peut-on faire annuler certains baux ayant date certaine?*

Pothier (traité du contrat de louage , t. 1.er, p. 5) estimait qu'on pouvait faire annuler les baux dont le tems de jouissance excédait neuf ans, et dont le prix consistait dans une somme unique. Ces baux, dit-il, doivent être considérés comme des aliénations ; or , comme aliénations, ils doivent être annulés sans qu'on ait besoin d'alléguer la fraude ; et, en effet, dit M. Delvincourt, t. 2 , p. 558, en général les baux excédant neuf années sont regardés comme des espèces d'aliénations ; c'est sur ce principe que sont fondées les dispositions relatives aux baux des biens des mineurs, des femmes

38

mariées; et cet auteur, pag. 566, prouve, par des raisons très-fortes
que l'on doit annuler ces baux, nonobstant la disposition de l'art. 69
du code de procédure, et même indépendamment *d'un prix unique*
c'est-à-dire, qu'il suffit qu'ils soient à longues années. Sa principal
raison est que si de tels baux sont considérés comme des aliénations
puisqu'ils sont interdits à tous ceux qui ne peuvent aliéner, on doi
les considérer sous le même rapport, lorsqu'il s'agit de l'intérêt de
créanciers qui sont certainement aussi favorables. Par suite de c
principe, l'auteur accorde la faculté de faire rescinder le bail au
créanciers hypothécaires inscrits au moment où ce bail a acquis un
date certaine, parce que l'immeuble ne pouvait être aliéné à leu
préjudice; quant aux chirographaires, ajoute-il, le débiteur pourrait
en vendant, les priver de tout droit sur l'immeuble; il a pu fair
un acte qui leur est moins préjudiciable encore qu'une aliénation
et, par conséquent, ils ne peuvent faire annuler le bail.

Nous remarquerons que ces observations de M. Delvincourt rentren
dans l'objet de deux articles qui avaient été proposés par la section
du tribunat, lors de la discussion du code de procédure, et qu
n'ont pas été adoptés. Leurs dispositions, dit M. Locré, auraient trop
gêné les transactions et l'usage de la propriété. On a persisté à ne
regarder comme suspects que les baux faits depuis le commandement, et l'on s'est borné à maintenir la saisie des loyers et fermages.
Par ces motifs, nous pensons que les créanciers ne peuvent faire
annuler les baux ayant date certaine, et qui excéderaient neuf
ans, qu'autant qu'il y aurait fraude, car le dol, pour nous servir
des expressions de M. Locré, est exceptif de toutes les règles. (Esprit
du code de procédure, t. 3, p. 193 et 194.)

3270. Les loyers et fermages saisis-arrêtés ne sont immobilisés que
pour la portion du terme qui a couru depuis la dénonciation. —
A. 2122.

3271. Les loyers ou fermages échus après la dénonciation ne sont
immobilisés qu'autant qu'un créancier *hypothécaire* les a frappés de
saisie-arrêt. — A. 2123.

ARTICLE 692.

La partie saisie ne peut, à compter du jour de la dénonciation à elle faite de la saisie, aliéner les immeubles,
à peine de nullité, et sans qu'il soit besoin de la faire
prononcer.

Conférence.

Loi du 11 brumaire an 7, art. 8, §. 3, part. 1.

3272. La nullité des aliénations faites après la dénonciation de la
saisie s'étend jusqu'aux hypothèques que la partie saisie consentirait.
— A. 2124.

3273. La saisie immobilière, après sa dénonciation au saisi, et du jour de la notification des placards aux créanciers inscrits, fixe le sort de ceux-ci, et conserve les inscriptions, alors existantes, sans qu'il soit besoin de les renouveler pendant l'instance en expropriation. (Rouen, 29 mars 1817; Sirey, 1817, p. 238.)

3274. L'aliénation de l'immeuble serait nulle, dans le cas même où les poursuites de la saisie ayant été interrompues par une instance en partage et licitation, la propriété commune serait vendue par le saisi et ses copropriétaires. — A. 2125.

3275. Si des objets, réputés immeubles par destination, saisis et vendus avec le fonds, ont été soustraits par le saisi, il ne peut résulter de cette soustraction, en faveur de l'adjudicataire, qu'une action en rescision de la vente ou en réduction du prix, proportionnellement au déficit qu'il éprouverait. — A. 2126.

3276. De ce que l'aliénation de l'immeuble n'est nulle qu'autant qu'elle a lieu après la dénonciation, il ne s'ensuit pas qu'en aucun cas on ne puisse critiquer celle qui aurait été faite auparavant; on le peut au contraire dans ceux des articles 1167 du code civil, 442 et 444 du code de commerce, et lorsqu'on allègue la fraude. — A. 2127.

3277. Les intéressés à se prévaloir de la nullité de l'aliénation peuvent poursuivre la saisie sans appeler l'acquéreur de l'immeuble vendu après la dénonciation. — A. 2128.

3278. La déclaration pour le droit de mutation doit comprendre l'immeuble saisi, si l'aliénation n'a pas été suivie de la consignation autorisée par l'article 693; dans le cas contraire, elle ne comprend que le prix. — A. 2134.

3279. L'aliénation de l'immeuble faite depuis la dénonciation de la saisie est nulle, sans qu'il soit besoin de la prononcer, cette dénonciation mettant le saisi dans un tel état d'interdiction, par rapport à l'immeuble, qu'il ne peut plus en disposer au préjudice du saisissant.

Vainement qualifierait-on *délaissement* une cession faite par le saisi à celui qui lui aurait vendu l'immeuble; le saisi ne peut pas plus *délaisser* que transmettre ce qui n'est plus à sa disposition : un tel changement de mains a tous les caractères de l'aliénation prohibée par la loi; car celui qui *délaisse*, *aliène* comme celui qui vend, et il n'y a aucune raison plausible d'écarter en ce cas l'application de l'article 692, par le motif que c'est un vendeur qui est rentré dans la propriété de la chose, comme s'il ne l'avait pas vendue. (Rennes, 12 mars 1818, 1.re ch.)

ARTICLE 693.

Néanmoins l'aliénation ainsi faite aura son exécution si avant l'adjudication l'acquéreur consigne somme suffisante pour acquitter, en principal, intérêts et frais, les créances inscrites, et signifie l'acte de consignation aux créanciers inscrits.

Si les deniers ainsi déposés ont été empruntés, les prêteurs n'auront d'hypothèque que postérieurement aux créanciers inscrits lors de l'aliénation.

Conférence.

T. art. 29.

3280. La consignation exigée par l'article 693 peut être faite et signifiée après l'adjudication préparatoire, et même après l'adjudication définitive, s'il y a revente par suite de surenchère ou de folle enchère. — A. 2129.

3281. On doit consigner non seulement une somme suffisante pour acquitter les créances inscrites, mais encore celle qui serait nécessaire pour acquitter la créance du poursuivant, s'il n'était pas hypothécaire ou inscrit; mais il n'en est pas ainsi à l'égard des créances de personnes qui auraient hypothèque indépendante de l'inscription, ou de celles des créanciers hypothécaires qui pourraient s'inscrire conformément à l'article 834. — A. 2130.

3282. La consignation ne doit pas être précédée d'offres au saisi et aux créanciers. — A. 2131.

3283. La signification de l'acte de consignation doit être faite à chacun des créanciers individuellement. — A. 2132.

3284. La partie saisie ne pourrait, à l'audience fixée pour l'adjudication définitive, demander qu'il y fût sursis, par le motif qu'elle aurait désintéressé le poursuivant, et qu'elle offrirait de désintéresser les créanciers. — A. 2135.

3285. Au cas prévu par l'article 693, la vente devient volontaire, et est sujette à la transcription et aux formalités légales prescrites pour purger des hypothèques non inscrites. (Décision du ministre des finances du 7 juin 1808; Sirey, 1808, p. 33.)

ARTICLE 694.

Faute d'avoir fait la consignation avant l'adjudication, il ne pourra y être sursis sous aucun prétexte.

Conférence.

Code civil, art. 2212.

3286. La consignation ne serait pas suffisante pour arrêter les poursuites, si elle était inférieure au montant des créances inscrites, mais égale au prix de l'aliénation. — A. 2133.

3287. Les articles 692, 693 et 694 n'étant point prescrits à peine de nullité, leur inobservation ne produirait d'autres effets que ceux qui sont réglés par ces articles eux-mêmes. — A. 2136.

ARTICLE 695. (N)

Un exemplaire du placard imprimé prescrit par l'article 684 sera notifié aux créanciers inscrits, au domicile élus par leurs inscriptions, huit jours au moins avant la première publication de l'enchère, outre un jour pour trois myriamètres de distance entre la commune du bureau de la conservation et celle où se fait la vente.

Conférence.

Tarif, art. 29 et 107; - art. 717 ; avis du conseil d'état du 18 juin 1809 ; *suprà* art. 682 et 692.

3288. La notification du placard ne doit être faite qu'aux créanciers qui se trouvent inscrits à l'époque où le placard doit être notifié. — A. 2137.

3289. Une saisie immobilière, dont les placards ont été notifiés, est un titre commun à tous les créanciers inscrits; il ne suffirait pas que le poursuivant s'en désistât pour qu'elle devînt sans effet; elle ne peut être radiée hors de la présence de tous les créanciers inscrits : tout cela est vrai, même à l'égard du créancier dont le titre ne serait inscrit qu'après la notification des placards. Ainsi ce créancier peut, comme tous les autres, demander la subrogation au cas prévu par l'article 722. (Nancy, 2 mars 1818; Sirey, 1818, p. 289.)

3290. Si les poursuites en saisie immobilière sont interrompues postérieurement à la notification prescrite par l'article 695, le saisissant n'est pas tenu de renouveler cette notification lors de la reprise des poursuites. (Cass., 23 juillet 1817 ; Sirey, 1817, p. 6.)

3291. On n'a pas besoin de notifier aux créanciers qui ont hypothèque légale, et qui n'ont pas pris d'inscription. — A. 2138, et Cass., 27 novembre 1811 et 5 décembre 1812 ; Sirey, 1812, p. 171 ; nouveau répert., v.° *saisie immobilière.*

3292. *Doit-on, à peine de nullité, notifier un exemplaire de placard, non seulement aux créanciers du débiteur principal, inscrit sur les immeubles saisis, mais encore aux créanciers du tiers détenteur contre lequel l'expropriation se poursuivrait;*

Autrement, *la notification doit-elle être faite indistinctement à tout créancier inscrit sur l'immeuble?*

Pour soutenir que le placard doit être notifié aux créanciers des tiers détenteurs, on peut argumenter du premier alinea de l'article 2177 du code civil, qui appelle les créanciers des tiers détenteurs, comme ceux du débiteur personnel, à exercer leur hypothèque; d'où l'on doit conclure que ces créanciers sont assimilés les uns aux autres.

D'un autre côté, l'article 695 est général et n'est point restreint aux créanciers inscrits sur le débiteur personnel; cette restriction serait d'ailleurs directement contraire à l'intention du législateur, puisqu'il a voulu avertir des poursuites *tous* les créanciers inscrits *sur le fonds*, afin qu'ils conservent leurs intérêts, soit en surenchérissant, soit de toute autre manière. Telle est aussi notre opinion, et nous l'appuyons sur l'arrêt de la cour de cassation du 27 novembre 1811, rapporté par Sirey, 1812, p. 171, et par Denevers, pag. 195.

En effet, cet arrêt décide implicitement la question, en déclarant que l'on doit faire la notification aux créanciers inscrits sur les précédens propriétaires de l'immeuble saisi. Or, la même raison de décider s'applique évidemment aux créanciers du tiers détenteur contre lequel on poursuivrait l'expropriation. Ainsi, pour parler plus généralement, nous dirons que l'on doit notifier le placard à tout créancier indistinctement qui se trouve inscrit sur l'immeuble.

3293. Si le poursuivant n'avait pas notifié à un créancier inscrit, cette omission n'empêcherait pas que l'hypothèque de ce créancier ne fût purgée par l'adjudication, dans le cas où le défaut de notification proviendrait de la faute du conservateur; mais il en serait autrement lorsqu'il ne serait imputable qu'au poursuivant. — A. 2139.

3294. Si des créanciers inscrits habitent en pays étranger, il n'y a pas lieu à l'application de l'article 69, §. 9, puisque l'art. 695 porte que l'exemplaire du placard sera notifié aux créanciers inscrits, aux domiciles élus par leurs inscriptions. — A. 2140.

3295. La nullité résultant du défaut de notification du placard,

ou des irrégularités de cette notification, ne peut être invoquée par
le saisi. — A. 2141. (1)

3296. Au reste, en admettant que le saisi peut se prévaloir de la
nullité prononcée par l'art. 695, il ne saurait y être admis si le défaut
de notification lui était imputable, comme procédant de son propre
fait ; par exemple, s'il avait fait une fausse déclaration sur les hypothèques existantes. (Cass., 29 novembre 1811 ; Sirey, 1812, p. 171.)

ARTICLE 696. (N)

La notification prescrite par l'article précédent sera enregistrée en marge de la saisie, au bureau de la conservation : du jour de cet enregistrement, la saisie ne pourra plus
être rayée que du consentement des créanciers ou en vertu
de jugemens rendus contre eux.

Conférence.

T. art. 108 ; avis du conseil d'état du 18 juin 1809 ; *suprà* sur l'art. 707 ; *infrà* sur les
art. 717 et 721.

3297. Pour l'exécution de l'article, il suffit qu'en marge de l'enregistrement de la saisie il soit fait mention de celui des dénonciations et notifications sur un autre registre, avec indication de la
page ou numéro de chaque *enregistrement*, c'est-à-dire, *transcription*.
— A. 2142, et *suprà* n.° 3190.

3298. Les créanciers dont le consentement est nécessaire pour que
la saisie puisse être rayée, sont ceux auxquels la notification a été
faite. — A. 2143.

(1) Nous remarquerons qu'un arrêt de la cour de Paris du 10 mai 1810
(Sirey, 1813, p. 146), a jugé de la sorte, mais dans l'hypothèse où *les créanciers*
comparaissaient, et, loin de se plaindre, déclaraient adhérer à la saisie.

M. Huet, p. 157, en conclut que, dans les cas où les créanciers ne se présentent
pas, le saisi peut opposer la nullité : sa principale raison est qu'en prononçant la nullité, la loi ne lui a point défendu de s'en prévaloir ; il s'appuie,
à cet égard, d'un des considérans de l'arrêt de la cour de cassation, du 29
novembre 1811, cité *suprà* n.° 3296, où il est déclaré qu'en *thèse générale*
le débiteur saisi est *recevable à exciper du moyen de nullité* résultant de la
contravention à l'article 695 (c'est-à-dire, du défaut de notification du placard.)

Nous convenons que cet arrêt peut faire adopter une modification de la solution de notre analyse ; mais nous n'en persistons pas moins dans notre opinion,
parce qu'il est de principe que le saisi argumenterait ici du droit d'autrui ; ce
qui est reconnu par l'arrêt du 10 mai 1810 lui-même, puisqu'il rejette la demande en nullité formée par le saisi, lorsque les créanciers adhèrent à la saisie,
nonobstant le défaut de notification.

3299. Lorsque le saisissant est *contraint* de cesser ses poursuites l'un des créanciers ou l'adjudicataire peut s'opposer à ce que la saisi soit rayée. — A. 2144.

Nous avions fondé notre opinion sur un arrêt de la cour d Montpellier, qui décide que l'article ne s'applique qu'au cas où l cessation des poursuites est volontaire de la part du saisissant ; mai en y réfléchissant, nous sommes portés à croire qu'en tous cas l saisie ne doit pas être rayée, car la poursuite devenant commun à tous les créanciers au moment où la notification du placard a ét enregistrée aux hypothèques, chacun d'eux a droit de se faire subroge aux poursuites, afin d'agir de son chef et selon ses intérêts. Tel es aussi l'avis de M. Thomines, dans ses cahiers de dictée.

3300. Le créancier porteur de plusieurs titres de créances, mai qui n'a saisi que pour une seule, peut, après avoir été payé de cette créance, continuer les poursuites à raison de celles qui n'ont pas été acquittées. — A. 2145.

ARTICLE 697.

Quinzaine au moins avant la première publication, le poursuivant déposera au greffe le cahier des charges, contenant, 1.° l'énonciation du titre en vertu duquel la saisie a été faite, du commandement, de l'exploit de saisie, et des actes et jugemens qui auront pu être faits ou rendus; 2.° la désignation des objets saisis, telle qu'elle a été insérée dans le procès-verbal; 3.° les conditions de la vente; 4.° et une mise à prix par le poursuivant.

Conférence.

T. art. 109; - art. 714, 717; - loi du 11 brumaire an 7, art. 5, dernier paragraphe. V. *infrà* sur l'art. 726.

3301. On ne doit point signifier au saisi et aux créanciers inscrits une copie du cahier des charges, ni en remettre une à l'huissier qui doit faire la publication à l'audience. — A. 2146.

3302. Le cahier des charges serait nul, s'il ne parlait pas de l'acte de dénonciation au débiteur, de l'insertion du placard dans les journaux; en un mot, de tous les actes sans exception qui ont précédé le dépôt de ce cahier au greffe. — A. 2147. V. la note de la page suivante, sur le n.° 3304.

3303. Les jugemens qui peuvent avoir été rendus avant la remise du cahier des charges, et dont il faut faire mention dans ce cahier, sont, par exemple, ceux qui interviendraient sur l'appel du jugement en vertu duquel la saisie a été faite; sur la demande en nullité e la saisie; enfin, sur toute autre contestation ou incident qui s'y apporte. — A. 2148. (1)

33o4. Le cahier des charges serait nul si on se bornait à une désignation générale, qui ne serait pas telle que celle du procès-verbal de saisie. — A. 2149. (2)

33o5. Les conditions de la vente, que l'on doit insérer dans le cahier des charges, sont non seulement celles que la loi seule prescrit à l'adjudicataire, mais encore toutes autres que le poursuivant a droit d'y ajouter, pourvu qu'elles ne soient pas préjudiciables au saisi. — A. 2150.

Telles seraient, par exemple, des conditions nouvelles qui, par leur importance, pourraient influer sensiblement sur le sort et le prix de l'adjudication. (Rouen, 7 août 1813 ; Sirey, 1815, p. 113.)

33o6. L'adjudicataire peut être autorisé à retenir sur son prix le montant des loyers payés d'avance, lorsque les clauses du cahier des charges portent qu'il entrera en possession de l'immeuble à compter d'une époque déterminée, et lorsqu'il est chargé d'ailleurs de l'entretien des baux. (Paris, 23 novembre 1812. Voy. les observations de M. Coffinières, en tête de cet arrêt; journ. des avoués, t. 7, p. 149.)

33o7. Le poursuivant est libre de fixer comme il lui plaît le montant de la mise à prix que doit contenir le cahier des charges. — A. 2151.

ARTICLE 698.

Le poursuivant demeurera adjudicataire pour la mise à prix, s'il ne se présente pas de surenchérisseur.

---

(1) Nous persistons dans cette opinion, quoique l'on puisse opposer qu'il résulterait d'un arrêt de la cour de cassation du 12 janvier 1815, Sirey, 1815, p. 75, qu'un cahier de charges n'est pas nul, mais seulement sujet à réduction, quant à la taxe, lorsqu'au lieu de contenir une *indication sommaire* des biens saisis, aux termes des articles 682 et 697, il en contient une désignation entière et détaillée, d'où suivrait qu'une désignation générale et sommaire serait suffisante. Mais d'un côté l'article 682, qui ne parle que de l'extrait de la saisie à insérer au tableau de l'auditoire, ne dispose rien sur le cahier des charges, et de l'autre l'article 697 qui, seul, comme l'observe M. Huet, p. 162, prescrit les formes de ce cahier, exige formellement la désignation des objets telle qu'elle a été insérée dans le procès-verbal : ce n'est donc pas une désignation générale ou sommaire que doit contenir le cahier des charges, mais, comme nous l'avons dit dans notre analyse, une désignation entière et conforme à celle du procès-verbal.

(2) *Er.* 2.ᵉ ligne, au lieu de *a été faite sur la demande*, lisez *a été faite, sur la demande.*

Conférence.

Edit de Henri II, du 3 septembre 1551, art. 6; *infrà* sur l'art. 713.

3308. Le poursuivant ne demeure définitivement, adjudicataire qu'autant qu'il ne se présenterait aucun enchérisseur lors de l'adjudication définitive. — A. 2152.

3309. Les lois qui assujétissent les établissemens publics à ne pouvoir se rendre propriétaires sans une autorisation préalable du gouvernement, ne sont point applicables au cas où ces établissemens deviendraient propriétaires sur des poursuites en expropriation forcée, faites à leur requête contre leurs débiteurs. (Décret du 11 septembre 1811, bulletin des lois, 4.ᵉ série, t. 15, p. 257.)

ARTICLE 699. (N)

Les dires, publications et adjudications, seront mis sur le cahier des charges, à la suite de la mise à prix.

Conférence.

T. art. 111; - art. 717.

3310. *En quoi consistent les dires, et par qui peuvent-ils se faire?*

Voyez A. 2153.

3311. *Que doit faire le créancier qui a fait au bas du cahier des charges un dire tendant à la réformation de telles ou telles clauses, charges ou conditions?*

Voyez A. 2154.

ARTICLE 700. (N)

Le cahier des charges sera publié, pour la première fois, un mois au moins après la notification du procès-verbal d'affiches à la partie saisie.

Conférence.

T. art. 111; - art. 702 et 717. Voy. sur l'art. 650 n. 3037.

3312. On entend par publication la lecture du cahier des charges faite à haute voix et à l'audience, par l'huissier de service; le délai dans lequel la première doit avoir lieu se compte du quantième d'un mois au quantième correspondant du mois suivant. — A. 2155.

ARTICLE 701. (N)

Il ne pourra y avoir moins d'un mois, ni plus de six semaines de délai, entre ladite notification et la première publication.

Conférence.

Art. 717 et 965 ; - loi du 11 brumaire an 7 , art. 7.

3313. Il résulte clairement du texte de cet article, *ni moins d'un mois ni plus de six semaines*, que dès-lors le mois est franc, et que le délai de six semaines ne l'est pas. (V. l'introduction générale.)

ARTICLE 702. (N)

Le cahier des charges sera publié à l'audience successivement de quinzaine en quinzaine, trois fois au moins avant l'adjudication préparatoire.

Conférence.

T. art. 112 ; - art. 727.

3314. Le défaut d'une publication du cahier des charges au jour indiqué (ce jour étant férié) ne vicie pas de nullité les publications précédentes, et ne peut entraîner la nullité de la saisie. (Cass., 4 octobre 1814 ; Sirey, p. 78.)

3315. On peut, suivant les circonstances, faire plus de trois publications, mais jamais moins ; le délai doit être de quinzaine, c'est-à-dire, expirer le quinzième jour après, et elles seraient nulles, s'il y avait entre elles un plus long intervalle que celui que la loi détermine. — A. 2157. (1)

3316. L'adjudication préparatoire peut avoir lieu à l'audience où se fait la troisième publication. — A. 2157.

ARTICLE 703. (N, 1.er alinea.)

Huit jours au moins avant cette adjudication, outre un jour pour trois myriamètres de distance entre le lieu de la situation de la majeure partie des biens saisis et celui où siège le tribunal, il sera inséré dans un journal, ainsi qu'il est dit en l'article 683, de nouvelles annonces ; les mêmes placards seront apposés aux endroits désignés en l'article 684 ; ils contiendront, en outre, la mise à prix et l'indication du jour où se fera l'adjudication préparatoire.

Cette addition sera manuscrite ; si elle donnait lieu à une réimpression de placard, les frais n'entreront pas en taxe.

---

(1) *Er.* 3.e alinea, *in fine*, après ces mots *l'art. 703*, ajoutez, *un autre arrêt du 10 septembre 1812 (Sirey, 1813, p. 228) a prononcé de la même manière ; et infrà* 4.e alinea, 1.re ligne, au lieu de *cet arrêt*, lisez *de ces arrêts*.

Conférence.

Art. 717; - *infrà* sur l'art. 705.

3317. Le jour de l'insertion au journal doit être compté dans le délai de huit jours. — A. 2158.

3318. Il n'y aurait pas nullité si l'addition que l'on doit faire aux placards était imprimée. — A. 2159.

3319. *Devrait-on, dans tous les cas, rejeter les frais de réimpression de placard?*

Si différens incidens, impossibles à prévoir, intervenaient dans la procédure et nécessitaient un plus grand nombre d'appositions de placards que la loi ne le prescrit en général, il nous semble qu'on devrait passer en taxe les frais de réimpression ; sans cela, comme le remarque M. Desevaux (traité de la procédure en saisie immobilière, p. 53), on tomberait dans l'inconvénient que le législateur a voulu éviter, celui de multiplier les frais. L'avoué qui poursuivrait une saisie réelle pourrait, en effet, pour ne pas courir le danger de voir des déboursés rester à sa charge, faire imprimer beaucoup plus de placards qu'il ne lui en faudrait effectivement, et le tribunal serait forcé d'allouer ces frais qui auraient été faits en pure perte.

3320. Les mots *au moins*, employés tant dans l'article 703 que dans le décret du 2 février 1811, laissent aux tribunaux la faculté d'accorder un délai plus long ; cette prolongation peut être demandée par les créanciers comme par le débiteur. On ne doit pas argumenter de l'article 1244 du code civil pour en conclure que la prolongation ne peut être demandée que par le débiteur. (Rennes, 13 juin 1817.)

ARTICLE 704. (N)

Dans les quinze jours de cette adjudication, nouvelles annonces seront insérées dans les journaux, et nouveaux placards affichés dans la forme ci-dessus, contenant en outre la mention de l'adjudication préparatoire, du prix moyennant lequel elle a été faite, et indication du jour de l'adjudication définitive.

Conférence.

Art. 717.

3321. Il est nécessaire que les annonces et placards prescrits par l'article 704 aient lieu dans la quinzaine de l'adjudication préparatoire. — A. 2160.

ARTICLE 705. (N)

L'insertion aux journaux, des seconde et troisième annonces, et les seconde et troisième appositions de placards, seront justifiées dans la même forme que les premières.

Conférence.

Art. 685, 687, 717.

3322. Il n'est pas nécessaire que les second et troisième procès-verbaux d'affiches soient, comme le premier, notifiés au saisi. — A. 2181.

Voyez *suprà* n. 3037, et surtout l'arrêt de la cour de cassation, du 12 octobre 1814, qui a tranché toute difficulté sur cette question, extrèmement controversée dans la jurisprudence des cours royales. (Sirey, 1815, p. 111.)

ARTICLE 706. (N)

Il sera procédé à l'adjudication définitive, au jour indiqué lors de l'adjudication préparatoire : le délai entre les deux adjudications ne pourra être moindre de six semaines.

Conférence.

T. art. 113; décret du 2 février 1811, art. 1; *infrà* sur l'art. 714.

3323. Ce décret déroge à la disposition de l'article 706, et veut (art. 1.er) qu'en cas de saisie immobilière, le délai entre l'adjudication préparatoire et l'adjudication définitive soit au moins de deux mois. — A. 2162.

3324. Le délai fixé en matière d'expropriation forcée entre l'adjudication préparatoire et l'adjudication définitive, d'après l'art. 706 du code de procédure civile, ou l'article 1.er du décret du 2 février 1811, ne doit pas être augmenté à raison des distances. L'art. 1033 du code de procédure civile n'est pas applicable dans ce cas. (Cass., 21 août 1817; Sirey, 1818, p. 17.)

3325. L'article 706 et le décret du 2 février 1811, qui fixent l'intervalle qu'on doit laisser entre l'adjudication préparatoire et l'adjudication définitive, doivent s'entendre en ce sens que le juge ne peut diminuer cet intervalle, mais qu'il peut, en usant de ce pouvoir avec discrétion, l'augmenter si un plus long délai lui paraît avantageux au saisi et aux créanciers. (Metz, 28 janvier 1818; Sirey, 1818, p. 337.)

3326. Si divers accidens ne permettaient pas que l'adjudication définitive eût lieu an jour fixé lors de l'adjudication préparatoire, on pourrait, par suite d'un renvoi, *affiches tenant*, procéder à l'adjudication à une autre audience, sans nouvelles affiches. — A. 2163.

3327. *Lorsqu'il y a eu appel d'un jugement qui, avant de passer outre à l'adjudication préparatoire, a débouté le saisi de nullités par lui proposées, que le jugement est confirmé, qu'un second jugement fixe de nouveau l'adjudication, faut-il que ce nouveau jugement accorde le délai de deux mois, conformément au décret du 2 février 1811?*

La cour de Rennes a jugé cette question pour l'affirmative, par arrêt du 12 janvier 1817; mais nous nous croyons fondés à maintenir, au contraire, d'après les raisons développées dans notre analyse à l'appui de la proposition établie au numéro précédent, que si, depuis le premier jugement jusqu'à l'arrêt confirmatif, les deux mois se sont écoulés, le juge est autorisé à renvoyer à moins de deux mois, puisqu'à partir du premier jugement il s'en est déjà écoulé plus de deux entre les deux adjudications. Au surplus, M. Thomines a parfaitement réfuté les objections qu'on peut faire contre cette opinion, dans une consultation imprimée, du 1.er décembre 1813, et que nous transcrivons en entier dans la note ci-dessous. (1)

---

(1) Vainement prétendrait-on, dit notre collègue, que c'est à partir du second jugement qui, après lecture de l'arrêt, déclare l'instance reprise, que l'on doit fixer le délai de deux mois; que ce délai a été suspendu par l'appel, et n'a repris son cours qu'après ce second jugement; qu'autrement il en résulterait les plus graves inconvéniens, en ce que le saisi n'aura plus le tems de présenter de nouvelles nullités, ou que peut-être il ne restera plus un tems suffisant pour faire de nouvelles annonces au public, ou qu'enfin le poursuivant ne pourra les apposer que le jour même de l'adjudication.

A ces moyens, il suffit de répondre qu'on ne peut ériger en loi un système plus ou moins plausible, et que l'article 706 n'autorise nullement les distinctions ci-dessus; cet article fixe un délai entre les *adjudications*, et non pas un délai entre les jugemens postérieurs à l'adjudication préparatoire et l'adjudication définitive.

On ajoute que, loin de donner au saisi la faculté de proroger le délai par des incidens, loin de suspendre ce délai par l'appel qu'interjèterait le saisi, le législateur a pris au contraire des mesures pour que ces sortes d'incidens ne différassent point l'adjudication définitive, et que c'est à cette fin, par exemple, qu'il prescrit (art. 734 et 735) de ne pas recevoir l'appel, s'il n'est interjeté dans la quinzaine de la signification du jugement d'adjudication préparatoire, et d'y statuer, autant qu'il sera possible, dix jours au moins avant l'adjudication définitive.

Il est déraisonnable d'admettre qu'il dépende d'un saisi de suspendre par des chicanes les délais de l'adjudication et d'en éloigner le terme, en sorte que, si elle se trouve retardée par son fait, il puisse exiger un nouveau délai de deux mois.

3328. D'après l'article 342, l'adjudication définitive ne peut être suspendue lorsque tous les actes ont été faits avant le décès survenu ou même notifié de la partie saisie. (Cass., 23 ventôse an 11, et Paris, 4 juillet 1812; Sirey, t. 3, p. 223, et t. 13, p. 197.)

ARTICLE 707. (N)

Les enchères seront faites par le ministère d'avoués et à l'audience : aussitôt que les enchères seront ouvertes, il sera allumé successivement des bougies préparées de manière que chacune ait une durée d'environ une minute.

L'enchérisseur cesse d'être obligé, si son enchère est couverte par une autre, lors même que cette dernière serait déclarée nulle.

Conférence.

T. art. 114; - art. 717 et 742; édit de Henri II, du 3 septembre 1551, art. 10 et 11; loi du 11 brumaire an 7, art. 13 et 19; Pothier, traité de la procédure civile, partie 4, chap. 2, sect. 5, art. 9, §. 5. A. sur l'art. 713.

3329. Le défaut de mention que l'enchère a été faite a éteinte de feux n'entraînerait pas nullité. — A. 2164. (1)

3330. A plus forte raison n'est-il pas indispensable de mentionner la durée des bougies. (Lyon, 2 août 1811; Sirey, 1812, p. 20.)

3331. Si l'enchérisseur cesse d'être obligé dès que son enchère a été couverte par une autre, lors même que cette dernière serait nulle, cet enchérisseur ne pourrait cependant faire revivre son enchère et se faire adjuger l'immeuble, en faisant annuler celle par laquelle la sienne aurait été couverte. — A. 2165. (2)

3332. S'il se trouvait un plus grand nombre d'enchérisseurs qu'il n'y aurait d'avoués près le tribunal qui procède à l'adjudication, ce tribunal pourrait autoriser un des avoués à faire enchère, en déclarant qu'il la porte pour telle personne. — A. 2166.

3333. Un enchérisseur ne pourrait rétracter son enchère, sous prétexte que celle qu'il aurait couverte serait nulle. — A. 2167.

3334. Lorsqu'une adjudication définitive a été renvoyée à un jour certain, et qu'après des enchères reçues elle est renvoyée à un autre jour, celui qui a fait la dernière enchère peut s'en désister. Son silence, au moment du renvoi, n'est point un acquiescement à la remise. (Riom, 17 août 1806; Sirey, 2.° part., p. 403.)

---

(1) *Er.* Dernière ligne, au lieu de *la mention*, lisez *la même décision.*

(1) *Er.* 2.° alinea, 10.° ligne, au lieu de *ne pourrait être faite*, lisez *ne pouvait être faite*, etc.

ARTICLE 708. (N)

Aucune adjudication ne pourra être faite qu'après l'extinction de trois bougies allumées successivement.

S'il y a eu enchérisseur lors de l'adjudication préparatoire, l'adjudication ne deviendra définitive qu'après l'extinction de trois feux, sans nouvelle enchère.

Si, pendant la durée d'une des trois premières bougies, il survient des enchères, l'adjudication ne pourra être faite qu'après l'extinction de deux feux sans enchère survenue pendant leur durée.

Conférence.

Loi du 11 brumaire an 7 ; art. 14, 15 et 17 ; *infrà* art. 717 et 742.

3335. La première disposition de l'article 708 seulement est applicable à l'adjudication préparatoire ; les deux autres ne regardent que l'adjudication définitive. — A. 2168.

ARTICLE 709.

L'avoué dernier enchérisseur sera tenu, dans les trois jours de l'adjudication, de déclarer l'adjudicataire, et de fournir son acceptation ; sinon, de représenter son pouvoir, lequel demeurera annexé à la minute de sa déclaration : faute de ce faire, il sera réputé adjudicataire en son nom.

Conférence.

Art. 742 ; - loi du 11 brumaire an 7, art. 19 ; - réglement du 29 août 1678. V. art. 708.

3336. La peine de nullité n'est pas attachée à l'inobservation des dispositions de l'article 709, parce que ces dispositions trouvent leur sanction dans celles qui déclare adjudicataire en son nom l'avoué qui ne s'acquitte pas des obligations qu'elles lui imposent. — A. 2169.

3337. Les trois jours dans lesquels l'avoué doit faire la déclaration exigée par l'article 709 ne sont pas francs ; cela résulte de ce que la loi veut que cette déclaration soit faite *dans* les trois jours. — A. 2170. V. l'introduct. générale.

3338. La déclaration est faite au greffe, et écrite sur le cahier des charges à la suite de l'adjudication. — A. 2171.

3339. La déclaration prescrite par l'article 709 n'est pas, comme déclaration de command, soumise aux dispositions de la loi du 22 frimaire an 7. — A. 2172. (1)

_____

(1) *Er.*, P. 377, 2.ᵉ alinea, 3.ᵉ ligne, au lieu de *l'art. 710*, lisez *l'art. 709*.

Nous ajouterons que, par une instruction générale du 16 juillet
1813, la régie annonce que la déclaration de command faite par
l'adjudicataire déclaré par l'avoué, ne doit profiter de l'exemption
qu'autant que celui-ci en a fait la réserve *dans l'adjudication*, et
que le droit proportionnel est exigible si la réserve a été faite seulement par l'adjudicataire dans l'acceptation de la déclaration de l'avoué.
Annales du notariat, t. 13, p. 296. V. Sirey, 1816, p. 285.)

334ο. L'accomplissement des obligations prescrites par l'art. 709
n'est qu'un acte de prudence de la part de l'avoué, et non pas un
devoir rigoureux, lors de l'adjudication préparatoire. — A. 2173.

ARTICLE 710.

Toute personne pourra, dans la huitaine du jour où
l'adjudication aura été prononcée, faire au greffe du tribunal, par elle-même ou par un fondé de procuration
spéciale, une surenchère, pourvu qu'elle soit du quart
au moins du prix principal de la vente.

Conférence.

T. art. 115. — A. sur les art. 681, 7ο3, 7ι3 et 965.

334ι. L'article 710 du code n'est pas applicable aux adjudications
volontaires — A. 2174. (1)

3342. Ces mots *toute personne*, employés dans l'article 710,
semblent supposer, par leur généralité, que toute personne, même
le poursuivant, les personnes désignées dans l'article 713 seules exceptées, peut former une surenchère. — A. 2176.

3343. Les personnes notoirement insolvables ne sont pas admises
à surenchérir, même lorsqu'elles offriraient de consigner et réaliser
le montant de la surenchère ; elles n'y seraient admises qu'en donnant
des sûretés du paiement, tant de la surenchère que du montant des
adjudications. (Rennes, 3.ᵉ ch., 29 juin 1814.)

3344. La surenchère faite sur les immeubles du mari, par une
femme qui ne possède que des biens dotaux et inaliénables, est
nulle (C. C., art. 1554), cette femme se trouvant comprise dans
la prohibition prononcée par l'article 713 contre les personnes notoirement insolvables. (Lyon, 27 août 1813 ; Sirey, 1813, p. 367.)

3345. Lorsque la surenchère est nulle à raison de l'incapacité d'un
surenchérisseur, elle n'en subsiste pas moins à l'égard de son co-enché-
risseur. — A. 2176.

---

(1) Nous traiterons de rechef, sur l'article 965, la question dont l'examen
dans l'analyse a donné lieu à cette proposition.

3346. La surenchère doit à la vérité se faire avec l'assistance d'un avoué; mais, dans le cas contraire, la loi ne prononçant pas la peine de nullité, on doute qu'elle dût être rejetée. — A. 2177.

3347. Rien ne s'oppose à ce que le pouvoir de surenchérir soi donné par acte sous seing privé; mais il vaut mieux le donner par acte authentique. — A. 2177.

3348. *Quelle est la forme de l'acte de surenchère?*

Voyez A. 2179.

3349. Le délai de huitaine, fixé par l'article 710, n'est pas franc; le jour de l'échéance est nécessairement compté. — A. 2180, et l'introduction générale.

3350. Les jours fériés étant comptés dans ce délai, il ne souffre point d'extension dans la circonstance où le huitième jour se trouve un dimanche; il faut alors, conformément à l'article 1037, obtenir la permission du juge, et, à peine de nullité, notifier la surenchère à l'échéance du délai. (Rouen, 14 janvier 1815. V. sur l'art. 681 et l'introduction.)

3351. Le greffier peut, pendant le délai de huitaine, recevoir plusieurs surenchères, et alors tous les surenchérisseurs sont admis à concourir, encore bien que l'un d'eux ait porté sa surenchère au-dessus du quart du prix principal de l'adjudication. — A. 2181.

3352. L'adjudication forcée de l'immeuble d'un failli est soumise à la surenchère du quart pour toutes personnes, ou, en d'autres termes, cette faculté est indépendante de celle que l'article 565 du code de commerce n'accorde qu'aux créanciers de surenchérir d'un dixième; l'espèce de cet article diffère en effet, et essentiellement, de celle de l'article 710, en ce que la vente n'a pas lieu par suite de saisie. (Aix, 10 juin 1813; Sirey, 1814, p. 64.)

3353. On ne doit pas entendre par *le quart* que la loi exige, celui du prix de la vente, en y comprenant les frais auxquels l'adjudicataire est tenu. — A. 2182.

3354. Une surenchère serait nulle si la déclaration ne contenait pas soumission de porter le prix au quart en sus du prix principal de la vente. — A. 2183.

3355. *Si, dans la huitaine pendant laquelle ce droit de surenchérir peut être exercé, et avant qu'il y ait surenchère, le bien périt ou se dégrade, pour qui sera la perte? Sera-ce pour le saisi vendeur ou pour l'adjudicataire? Pour qui sera-t-elle, si le cas arrive après la surenchère?*

Ces questions seront traitées sur l'article 731. — A. 2184.

ARTICLE 711. (N)

La surenchère permise par l'article précédent ne sera reçue qu'à la charge, par le surenchérisseur, d'en faire, à peine de nullité, la dénonciation, dans les vingt-quatre heures, aux avoués de l'adjudicataire, du poursuivant, et de la partie saisie, si elle a avoué constitué, sans néanmoins qu'il soit nécessaire de faire cette dénonciation à la personne ou au domicile de la partie saisie qui n'aurait pas d'avoué.

La dénonciation sera faite par un simple acte contenant avenir à la prochaine audience, sans autre procédure.

Conférence.

T. art. 116. (V. sur 681, 703, 710.)

3356. La surenchère après adjudication, sur expropriation forcée, diffère de la surenchère après vente ordinaire, en ce que si le surenchérisseur se désiste, sans que les créanciers se fassent subroger, l'adjudicataire peut écarter toutes enchères pour conserver effet à son adjudication, en élevant le prix au taux où la surenchère l'a porté.

3357. Une surenchère, faite la veille d'une fête légale, serait valablement dénoncée après les vingt-quatre heures. — A. 2185. (1)

3358. Ce même délai de vingt-quatre heures doit s'entendre du jour entier qui suit le jour auquel la surenchère a été reçue au greffe, à moins que l'on n'ait fixé l'heure de la réception de la surenchère et celle de la dénonciation. — A. 2186, et Caen, 21 décembre 1812; Sirey, 1813, p. 101.

3359. Celui qui mettrait une surenchère après un ou plusieurs autres surenchérisseurs, doit la leur dénoncer. — A. 2187.

3360. Il n'est pas nécessaire de notifier la surenchère à l'avoué qui n'aurait été constitué que sur un incident. — A. 2188. (2)

_____

(1) M. Huet, p. 191, critique cette décision qui, en effet, semble en opposition avec plusieurs décisions, et notamment avec l'arrêt cité sur l'article précédent, n.° 3350. On peut opposer, dit-il, dans l'espèce de l'article 711, comme dans le cas de l'article 710, que le surenchérisseur qui a fait sa déclaration au greffe le samedi, peut obtenir autorisation du président pour dénoncer la surenchère le dimanche; mais d'après les autorités citées dans notre analyse, la jurisprudence est fixée, et il ne serait pas sûr de soutenir l'opinion contraire à celle qu'elle consacre.

(2) M. Huet, p. 194 et suivantes, critique encore cette proposition résultant de l'arrêt de Paris, cité dans notre analyse, et nous partageons son opinion, par cette raison qui nous semble décisive, que la loi veut que la surenchère soit dénoncée à l'avoué de la partie saisie si elle en a constitué un. Or, la partie saisie n'a eu besoin de constituer avoué qu'afin d'élever un incident; donc, on peut, on doit même dénoncer la surenchère.

3361. L'audience à laquelle on doit assigner les parties désignée dans l'article 711 , ne peut être celle qui suit la dénonciation , mai la prochaine audience après le délai de rigueur. — A. 2189.

3362. S'il n'y a pas nécessité absolue , il est du moins prudent d donner l'assignation à la plus prochaine audience qui suit l'expira tion du délai. — A. 2190.

3363. Le créancier surenchérisseur n'est pas réputé acquiescer au jugement qui annule sa surenchère, et se rendre non recevable à attaquer ce jugement, par cela seul qu'il aurait produit à l'ordre si la production a été faite *sous toutes réserves.* Cass., 28 octobr 1809 ; journal des avoués, t. 1.er, p. 5.

Nous pensons que cet acquiescement ne pourrait lui être oppos dans le cas où la production aurait été faite sans réserve, attendu qu'elle se fait par l'avoué, et que celui-ci ne peut acquiescer pou la partie s'il n'a pouvoir spécial. (V. *suprà* t. 2 , p. 20 , au texte et aux notes.)

3364. L'enchérisseur devenant adjudicataire définitif doit, suivant l'art. 2188 du code civil, restituer au précédent adjudicataire les frais et loyaux coûts de son adjudication.

ARTICLE 712.

Au jour indiqué, ne pourront être admis à concourir que l'adjudicataire et celui qui aura enchéri du quart, lequel, en cas de folle enchère, sera tenu par corps de la différence de son prix d'avec celui de la vente.

Conférence.

V. sur art. 711 et 744.

3365. Si le surenchérisseur ne se présentait pas au jour indiqué, il serait condamné au paiement du montant de sa surenchère. — A. 2191.

3366. Une personne qui ne serait pas contraignable par corps, n'est pas par cette raison privée du droit de surenchérir. — A. 2192.

3367. Les personnes notoirement insolvables peuvent être empêchées d'enchérir, même au cas de surenchère, et malgré la responsabilité établie contre les avoués. L'insolvabilité de ces personnes peut être discutée préalablement, et avant qu'il soit procédé à la nouvelle adjudication des biens. (Cass., 6 février 1816 ; Sirey, 1816, p. 365.)

3368. S'il arrive que la nouvelle adjudication faite au profit du surenchérisseur soit inefficace par inexécution des charges qu'elle impose à ce dernier, il n'y a pas lieu de procéder à l'adjudication par folle enchère ; la nullité ou inefficacité de cette adjudication et de la surenchère qui y aura donné lieu, rend un plein effet à la première adjudication définitive. (Turin, 13 juin 1812 ; Sirey, 1814, p. 285.) (1)

ARTICLE 713. (N)

Les avoués ne pourront se rendre adjudicataire pour le saisi, les personnes notoirement insolvables, les juges, juges suppléans, procureurs généraux, avocats généraux, procureurs du roi, substituts des procureurs généraux et du roi, et les greffiers du tribunal où se poursuit et se fait la vente, à peine de nullité de l'adjudication, et de tous dommages et intérêts.

Conférence.

Loi du 11 brumaire an 7, art. 20. — Règlement de 1663, art. 13. — Ordonnance de 1629, art. 17. — Arrêté de règlement de 1583, 1611 et 1615. — Pigeau, p. 138 et suiv., sur art. 707, 710 et 712, *infrà* 964.

3369. La prohibition portée en l'article 713, peut être étendue aux personnes indiquées dans l'article 1596 du code civil, mais non pas à celles que l'article suivant désigne. — A. 2193. (Mais voyez l'exception résultant de la note ci-après sur le numéro suivant.)

3370. Un avoué peut enchérir pour son propre compte, lors même qu'il occupe sur les poursuites de la saisie. — 2194. (2)

---

(1) M. Huet, p. 198, pense que cette décision est en opposition, soit avec l'art. 707, portant que l'enchérisseur cesse d'être obligé si son enchère est couverte par une autre, lors même que cette dernière serait déclarée nulle, soit encore avec les articles 739 et suiv., qui veulent qu'en cas de vente sur folle enchère il y ait de nouvelles adjudications, tant préparatoire que définitive. (V. sur 731.)

(2) Au nombre des autorités que nous invoquions dans notre analyse, à l'appui de cette opinion, nous citions un arrêt de la cour de Paris, du 7 janvier 1812 ; mais cet arrêt a été cassé le 2 août 1813, et la cause renvoyée à la cour de Rouen, y a reçu une décision conforme à celle de la cour suprême (V. Sirey, 1813, p. 445 et 1815, p. 223) : enfin, par deux autres arrêts des 10 et 26 mars 1817 (même recueil, 1817, p. 208 et et 267), cette cour, écartant comme nous le faisions (*quant à l'avoué*), l'application à la vente par expropriation forcée de l'article 1596, sur lequel les deux arrêts précités étaient particulièrement motivés, a décidé que le principe n'est applicable qu'aux ventes volontaires, parce qu'alors l'avoué est le mandataire du propriétaire, et comme tel chargé de vendre ; au lieu qu'en matière de vente forcée, l'avoué n'est chargé que de *provoquer la vente* ; il ne représente qu'un créancier du propriétaire et non le propriétaire sur qui l'on vend. Or, de même que le créancier poursuivant peut acquérir (art. 698), de même le mandataire de ce créancier peut devenir personnellement adjudicataire. Nous reviendrons sur cette question (art. 964), relativement aux avoués qui représentent les parties dans les autres ventes judiciaires qui ont lieu par suite de saisie.

3371. Un avoué ne peut se rendre adjudicataire pour le saisi, lors même qu'il n'est pas tenu personnellement de la dette, mais seulement à cause des biens qu'il détient. — A. 2195.

3372. La femme créancière de son mari peut, avec son autorisation, se rendre adjudicataire des biens de celui-ci mis en vente par suite d'expropriation forcée. — A. 2107. (1)

3373. Cependant, par arrêt du 26 mars 1812 (Sirey, 1814, p. 78), la cour de Bruxelles a jugé qu'une femme mariée sous le régime de la communauté ne pouvait pas se rendre adjudicataire des biens vendus sur son mari, parce qu'elle acquérait pour compte de la communauté, et que, dans le fait, c'était le saisi lui-même qui devenait adjudicataire, puisque l'immeuble rentrait dans sa main. (V. *suprà* n.° 3373.) (2)

3374. La saisie d'un immeuble *extrà dotal* de la femme mariée (*sous une constitution de dot particulière*), poursuivie contre elle et contre son mari, en autorité seulement, ne rend pas ce dernier partie saisie ; il n'est en cause que pour la régularité de la procédure, et dès lors il peut se présenter aux enchères et y faire ses offres. (Aix, 27 avril 1809 ; Sirey, 1809, p. 237.) (3)

3375. On peut regarder comme licite la convention par laquelle un tiers s'engage à surenchérir l'immeuble dans l'intérêt du saisi ; et le premier adjudicataire ne pourrait, à raison d'une telle convention, demander la nullité de la surenchère. — A. 2197.

3376. Au surplus, les personnes notoirement insolvables, sont les faillis non réhabilités, et ceux qui, sans être faillis, sont dans un tel

_____

(1) *Er.* Dernier alinea, ligne dix, au lieu d'*aliénabilité*, lisez d'*inaliénabilité*.

(2) Cet arrêt semble en contradiction avec celui de la cour d'Aix, sur lequel nous avons établi dans l'analyse la proposition posée au numéro précédent ; mais M. Huet a parfaitement développé les raisons d'après lesquelles ils se concilient ; et, en effet, dans l'espèce de l'arrêt d'Aix, la femme n'était pas créancière, et n'ayant aucun droit personnel, elle se trouvait véritablement agir dans l'intérêt du saisi ; dans celle de l'arrêt de Bruxelles, la femme avait dans cette qualité de créancière un intérêt personnel, et ne pouvait être réputée acquérir pour la communauté. (Mais voyez les développemens donnés par M. Huet, p. 199.)

(3) En général nous remarquerons que toutes ces décisions, souvent contradictoires, concernant les époux, dout l'un se rendrait adjudicataire des biens saisis sur l'autre, ne sauraient être considérées comme établissant des points de jurisprudence, auxquels on puisse absolument se rapporter. Quand la loi défend à un époux qui exerce un droit interdit à l'autre époux, lequel peut profiter des avantages résultant de cet exercice, le premier est facilement présumé personne interposée. (V. C. C., art. 911.)

tat à la connaissance du public, que l'avoué n'aurait à alléguer aucune excuse d'ignorance de cet état. — A. 2198.

5577. Les membres des cours royales peuvent acquérir un immeuble vendu par expropriation devant un tribunal du ressort. — . 2199.

33-8. Quant au procureurs généraux, la loi les exclut en termes ormels par l'article 713, sans que par ces mots *procureurs généraux du tribunal où se poursuit la vente,* cet article veuille supposer qu'elle puisse quelquefois se faire en cour royale. — A. 2200.

Ainsi l'article doit s'entendre comme s'y l'on y lisait : *Les procureurs généraux et avocats généraux près la cour royale à laquelle ressortit le tribunal où se poursuit et se fait la vente.*

3379. Les commis-greffiers sont compris dans la prohibition de article 713; il n'en est pas de même des huissiers. — A. 2201.

3380. La nullité attachée à la violation de la disposition prohibitive de l'article 713 n'a pas lieu de plein droit. — A. 2202.

3381. L'adjudicataire incapable, et l'avoué qui a surenchéri pour ui, sont tous les deux, et solidairement, assujettis aux dommages-itérêts. — A. 2203.

ARTICLE 714.

Le jugement d'adjudication ne sera autre que la copie du cahier des charges, rédigée ainsi qu'il est dit dans l'article 697 ; il sera revêtu de l'intitulé des jugemens et du mandement qui les termine, avec injonction à la partie saisie de délaisser la possession aussitôt la signification du jugement, sous peine d'y être contrainte, même par corps.

Conférence.

Loi du 11 brumaire an 7, art. 8, *in fine.* - Art. 652 et 697 ; *suprà* sur l'art. 83, n. 552; infrà sur 723.

3382. La saisie immobilière peut être poursuivie et l'expropriation consommée en vacations, parce que c'est une affaire urgente t sommaire. (Art. 49, argum.t de l'article 718; Cass., 18 prairial n 11, et 16 floréal an 13; Sirey, t. 3, p. 444, supplém.t, et Denevers, an 13, p. 41.)

3383. Outre la rédaction du cahier des charges, l'adjudication doit contenir tout ce qui est inséré à la suite de la minute (art. 699), comme les formalités des publications, enchères et adjudications. — A. 2204.

Mais la cour suprême a jugé le contraire par arrêt du 20 février 1816 (Sirey, 1818, p. 137), en prononçant qu'il n'est pas nécessaire, à peine de nullité, que le jugement énonce en détail toutes les opérations qui ont eu lieu, et qu'ainsi l'omission de la mention des dires, publications et adjudications préparatoires ne produit pas la nullité de ce jugement.

3384. Il n'est pas nécessaire que le jugement d'adjudication contienne toutes les formalités ordinaires prescrites pour la rédaction des jugemens, — A. 2205.

3385. *Le jugement d'adjudication est-il sujet à l'appel, et dans quel délai cet appel doit-il être notifié ?*

Il n'est pas douteux que ce jugement soit sujet à l'appel, même dans le cas où le saisi ne se serait pas opposé à la vente, et n'eût proposé aucuns moyens de nullité contre la procédure. (Pau 20 nov. 1813; Sirey, 1816, p. 81.) Le délai doit être de trois mois conformément à l'article 443, puisque la loi n'a point fixé de terme plus abrégé. (Nouv. répert., v.° *saisie*, art. 2.) Mais il faut observer que ce délai ne courrait pas dans le cas particulier où le jugement aurait été signifié par un huissier qui se serait rendu adjudicataire. (Art. 66, et Pau, 7 juillet 1813; Sirey, 1816, p. 105.)

3386. *L'appel de ce jugement peut-il être notifié à domicile élu ?*

La cour de Turin, par arrêt du 9 février 1810 (Sirey, 1810, p. 325), avait jugé que l'appel pouvait être signifié soit au domicile de l'avoué qui avait occupé, soit au domicile élu par le poursuivant. Mais la cour de Paris a décidé le contraire par arrêt du 21 octobre 1813 (Sirey, 1814, p. 267), en se conformant à la jurisprudence de la cour de cassation, qui, par arrêt du 14 juin 1813 (*ibid.* 1813, pag. 410), avait déclaré qu'il fallait observer la règle établie dans l'article 456, auquel le code de procédure, par les articles 673, 675 et 584, n'avait fait aucune exception pour cet appel.

3387. La signature du jugement faite au nom des adjudicataires fait courir le délai de l'appel envers et contre toutes les autres parties. (Riom, 27 juin 1810, sur lequel est intervenu l'arrêt du 14 juin. V. Denevers, 1813, p. 394, à la note, et arrêt de Cass., 28 décembre 1808, même recueil, 1819, p. 34.)

3388. Lorsque l'appel émis par le saisi est nul, relativement au créancier poursuivant, il peut, par cela même et attendu l'indivisibilité, être déclaré nul à l'égard de l'adjudicataire. (Cass., même arrêt, 14 juin 1813.)

3389. Si de plusieurs créanciers inscrits sur un immeuble saisi réellement et vendu, l'un interjette appel du jugement d'adjudi-

eation et succombe, les autres créanciers peuvent interjéter un
second appel, s'ils sont encore dans les délais, et s'ils n'ont pas été
parties dans le premier ; il n'y a pas contre eux *chose jugée*, parce
qu'ils n'ont pas été représentés par le premier appelant, s'il n'a agi
que dans son intérêt privé. (Paris, 26 août 1814; Sirey, 1815,
p. 245.)

3390. *L'adjudicataire est-il propriétaire du jour de l'adjudica-*
tion, *ou du jour de l'arrêt d'appel qui a déclaré cette adjudica-*
tion valable?
Voyez *infrà* sur l'art. 731. — A. 2206.

3391. On ne peut exercer la contrainte par corps contre un saisi
qui ne délaisserait pas la possession, si d'ailleurs il n'y était pas sujet
à raison de son âge ou de son sexe. — A. 2207.

ARTICLE 715.

Le jugement d'adjudication ne sera délivré à l'adjudicataire, qu'en rapportant par lui au greffier quittances
des frais ordinaires de poursuite, et la preuve qu'il a satisfait aux conditions de l'enchère, qui doivent être exécutées
avant ladite délivrance ; lesquelles quittances demeureront
annexées à la minute du jugement, et seront copiées en
suite de l'adjudication : faute par l'adjudicataire de faire
lesdites justifications dans les vingt jours de l'adjudication,
il y sera contraint par la voie de la folle enchère, ainsi
qu'il sera dit ci-après, sans préjudice des autres voies de
droit.

Conférence.

Art. 652, 697, 727 à 745 inclusivement, notamment l'art. 737 ; - loi du 11 brumaire
an 7, art. 21 et 24; art. 30, édit de février 1689.

3392. Par *frais ordinaires*, le législateur entend ceux qui ont
été faits directement pour parvenir à la vente, depuis le procès-verbal
jusqu'à l'adjudication définitive inclusivement ; les frais extraordinaires
sont tous ceux qui n'auraient pas eu lieu sans des circonstances particulières. L'adjudicataire peut facilement calculer les premiers, du
moins par apperçu ; mais il n'en est pas ainsi des seconds, ils ne
sont aucunement susceptibles d'être déterminés d'avance. — A.
2208. (1)

---

(1) *Er.* 2.ᵉ alinea, 1.ʳᵉ ligne, au lieu de *dans des circonstances*, lisez
sans des circonstances.

3393. En ordonnant que le jugement d'adjudication ne sera délivré à l'adjudicataire qu'en fournissant la preuve qu'il a satisfait *aux conditions de l'enchère*, etc., la loi veut qu'il ait satisfait à toutes les conditions exigibles de l'adjudication. — A. 2209.

3394. De la disposition de l'article 715, portant que l'adjudicataire qui ne fait pas les justifications qu'il a prescrites y sera contraint par voie de folle enchère, sans préjudice *des voies de droit*, il résulte que, sans faire procéder à la revente par folle enchère, on peut poursuivre l'adjudicataire comme on poursuivrait tout débiteur contre lequel on aurait un titre exécutoire, par exemple, par voie de saisie-arrêt et de saisie-exécution. — A. 2210.

ARTICLE 716.

Les frais extraordinaires de poursuite seront payés par privilège sur le prix, lorsqu'il en aura été ainsi ordonné par jugement.

Conférence.

3395. Si les frais ont été ordonnés pour des causes qui ne peuvent être imputées à aucune des parties, ou si la partie saisie les a occasionnés et a succombé, il est nécessaire d'ordonner qu'ils seront prélevés par privilège sur le prix de l'adjudication. — A. 2211.

3396. *Peut-on allouer par privilège les frais extraordinaires de poursuites, s'il n'en a pas été ainsi ordonné par le jugement même qui a statué sur les contestations qui leur ont donné lieu?*

Par inadvertance, ou par oubli de la disposition de l'article 716, il est arrivé souvent de négliger de conclure à ce qu'un jugement à rendre sur un incident allouât par privilège les frais de la contestation, et l'on croyait pouvoir suffisamment remplir le vœu de l'article en s'adressant de nouveau au tribunal qui avait statué sur l'incident, ou à celui devant lequel se poursuivrait l'ordre. Les auteurs des annales du notariat (t. 4, p. 453 de leur commentaire, et M. Pigeau, t. 2, p. 174) disent formellement que l'article parle du jugement qui a prononcé sur les contestations qui ont donné lieu aux frais, et cela paraît évident. La partie avertie par la loi doit donc avoir soin, dans la poursuite des incidens, de demander qu'il soit ordonné que les frais seront payés par privilège ; et si elle omet cette précaution, elle ne peut imputer qu'à elle-même la perte de ce privilège qu'elle pouvait réclamer, chose essentielle que les avoués ne doivent pas perdre de vue.

ARTICLE 717.

Les formalités prescrites par les articles 673, 674, 675, 676, 677, 680, 681, 682, 683, 684, 685, 687, 695, 696, 697, 699, 700, 701, 702, 1.er alinea de 703, 704, 705, 706, 707, 708, seront observés à peine de nullité.

Conférence.

V. *suprà* sur l'art. 681.

3397. Les formalités prescrites par les articles énumérés en l'article 717, ne sont pas les seules qui soient prescrites à peine de nullité.; il faut ajouter 711 et 713, et observer que ces différens articles ne s'appliquent qu'aux actes ordinaires, et non aux incidens dont les actes, comme nous les verrons au titre suivant, sont aussi frappés de nullités particulières.

TITRE XIII.

Des incidens sur la poursuite de saisie immobilière.

Les poursuites de la saisie immobilière forment entre le saisissant, les créanciers inscrits et la partie saisie une véritable instance qui, comme toute autre, peut être entravée par des incidens, c'est-à-dire, par des contestations qui surviendraient durant son cours. (V. t. 1.er, p. 267 et 459.)

Le législateur, afin de prévenir les difficultés, d'en diminuer le nombre, d'en accélérer la décision, règle le tems et la manière d'élever ces incidens, la forme suivant laquelle ils seront instruits et jugés, et enfin comment et dans quel délai l'appel du jugement devra être interjetté. Tel est en général l'objet des dispositions du titre 13.

Elles forment autant de dérogations aux règles générales des incidens ordinaires, et doivent être interprétées et appliquées dans l'esprit qui les a dictées, de manière à faire cesser, le plus promptement possible, tout obstacle qui s'opposerait à la continuation des poursuites.

Ces dispositions contiennent deux règles générales communes
tous les incidens : 1.º ils doivent être instruits et jugés sommair
ment, et sans essai préalable de conciliation (718); il y a sursis
l'adjudication définitive jusqu'à ce qu'ils soient terminés par décisio
en dernier ressort, ou passés en force de chose jugée (732.)

Les autres dispositions concernent en particulier les incidens su
vans :

1.º *JONCTION de plusieurs saisies en une seule*, afin de vendre
conjointement et sur les mêmes poursuites, soit des biens différer
saisis sur le même propriétaire et dans un même arrondissement
soit des biens ajoutés à une première saisie par un second saisissan
(719 et 720.)

2.º *SUBROGATION aux poursuites de la saisie*, en faveur d'u
second saisissant, lorsque le premier, par collusion, fraude ou négl
gence, ne continue pas celles qu'il a commencées (721-724.)

3.º *L'APPEL du jugement qui sert de titre à la saisie*, autrement
pour l'exécution duquel elle a été apposée (726.)

4.º *DEMANDES à fin de distraction*, qui comprennent, malgr
le silence du code, non seulement les demandes en distraction *proprement dites*, c'est-à-dire, les revendications de la part des tiers d
la totalité ou de quelques parties de l'immeuble saisi, mais encor
celles *à fins de charge* ou en réclamations de droits réels que de
tiers auraient à exercer sur ce même immeuble (727-730.)

5.º *LES DEMANDES en nullité des poursuites*, sur lesquelles o
doit distinguer entre les nullités des actes antérieurs ou postérieur
à l'adjudication définitive, les dernières ne pouvant être proposées,
d'après l'article 735, modifié par décret du 2 février 1811, que
quarante jours au moins avant l'adjudication définitive, et devant
être jugées trente au plus tard avant qu'on y procède (733-736.)

6.º *LA FOLLE ENCHÈRE*, autrement la nouvelle adjudication de
l'immeuble aux risques de *l'adjudicataire* qui n'a pas satisfait aux
obligations que ce titre lui impose, et qui par conséquent devient
responsable de la différence entre le prix de son adjudication et celui
de la nouvelle vente (737-745.)

7.° *LA CONVERSION* de la saisie en vente volontaire, lorsque les intéressés sont tous majeurs et maîtres de leurs droits, ou qu'il y a pour le mineur autorisation du conseil de famille (747-748.)

ARTICLE 718.

Toute contestation incidente à une poursuite de saisie immobilière sera jugée sommairement dans les cours et dans les tribunaux : les demandes ne seront pas précédées de citation au bureau de conciliation.

Conférence.

Loi du 11 brumaire an 7, art. 27, et *suprà* sur 337 et 405 ; *infrà* 718 et 733.

3398. Le mot *sommairement*, dont se sert l'article 718, signifie seulement qu'on ne peut ordonner *d'instruction par écrit.* — A. 2212.

3399. Cette forme d'élever et de juger des incidens est, à peu d'exceptions près, commune à toute contestation incidente. — A. 2213. (1)

3400. Les demandes en nullité de saisie immobilière ne sont pas exceptées des dispositions d'après lesquelles les incidens doivent être signifiés à avoué. — A. 2214. (2)

3401. Lors même qu'il n'existe encore que le commandement préalable à la saisie, le tribunal de la situation des biens hypothéqués peut seul connaître de la validité des offres réelles faites par le débiteur, au domicile élu par le commandement ; dès-lors on ne doit considérer ni le domicile réel du créancier ni celui du débiteur. (Cass., 10 décembre 1807 ; Sirey, 1808, p. 94.)

―――――

(1) A l'appui de cette proposition, nous ajouterons aux raisons exposées dans l'analyse, l'explication donnée sur l'article 718, par l'orateur du gouvernement : « La théorie de la vente forcée, dit-il, (édition de F. Didot, » p. 215) serait incomplète, si l'on n'avait pas prévu les incidens que cette » poursuite voit naître *ordinairement*, et si l'on n'avait pas établi des règles » particulières pour faire prononcer promptement sur ces incidens ; il ajoute » plus bas, on commence par établir une *règle commune* à tous les incidens. »
Ces mots *ordinairement* et *règle commune* prouvent que l'on a prévu tous les incidens, mais les plus fréquens, et que la règle générale posée par l'article 718 s'applique à tous ceux qui peuvent survenir.

(2) *Er.* 1.re ligne, au lieu de *négative*, lisez *affirmative* ; 2.e alinea, 1.re ligne, au lieu de *affirmative*, lisez *négative*, et *infrà*, après 1139.e, ajoutez *et celles traitées sur l'art. 733.*

3402. L'article 250 reçoit son application en saisie immobilière, et, par conséquent, une inscription en faux incident n'oblige pas de surseoir à l'adjudication. (Cass., 1.er décembre 1813; Sircy, 1814, p. 80, et *suprà* n.° 1343.)

ARTICLE 719.

Si deux saisissans ont fait enregistrer deux saisies de biens différens, poursuivies dans le même tribunal, elles seront réunies sur la requête de la partie la plus diligente, et seront continuées par le premier saisissant : la jonction sera ordonnée, encore que l'une des saisies soit plus ample que l'autre; mais elle ne pourra, en aucun cas, être demandée après la mise de l'enchère au greffe. En cas de concurrence, la poursuite appartiendra à l'avoué porteur du titre le plus ancien; et si les titres sont de même date, à l'avoué le plus ancien.

Conférence.

T. art. 117. — Art. 11, édit de 1689.

3403. La demande en jonction de deux saisies de la part des parties est facultative, et néanmoins le tribunal peut l'ordonner d'office. — A. 2215.

3404. Toute partie intéressée peut demander la jonction. — A. 2216.

3405. *Comment se forme cette demande?*

Voyez A. 2217.

3406. La mise de l'enchère n'est autre chose que le dépôt au greffe du cahier des charges. — A. 2218.

3407. Il est indifférent pour qu'on ne puisse demander la jonction que ce soit l'enchère concernant la première ou la seconde saisie qui ait été mise au greffe. — A. 2219.

3408. Si l'une des saisies comporte une quantité de biens suffisante pour désintéresser les créanciers, le tribunal peut surseoir à l'une des poursuites. — A. 2220.

3409. *Quel est celui des saisissans auquel appartient la poursuite des saisies jointes, et que doit-il faire si les deux saisies ne sont pas au même état?*

Voyez A. 2221.

ARTICLE 720.

Si une seconde saisie présentée à l'enregistrement est plus ample que la première, elle sera enregistrée pour les objets non compris en la première saisie, et le second saisissant sera tenu de dénoncer sa saisie au premier saisissant, qui poursuivra sur les deux, si elles sont au même état, sinon surseoira à la première, et suivra sur la deuxième jusqu'à ce qu'elle soit au même degré, et alors elles seront réunies en une seule poursuite, qui sera portée devant le tribunal de la première saisie.

Conférence.

T. art. 118.

3410. Dans l'espèce de l'article 720, la jonction est *nécessaire*, et, par conséquent, on n'a pas besoin de la demander. — A. 2222.

3411. La jonction des saisies ne peut avoir lieu qu'autant que les biens sont situés dans le même arrondissement, ou que l'étant dans un arrondissement différent, ils forment une dépendance de l'immeuble, principal objet de la première saisie. — A. 2223.

3412. Il y aurait lieu à la jonction dans l'espèce de l'article 720, même dans le cas où la seconde saisie serait faite après la mise au greffe de l'enchère de la première. — A. 2224.

Nous nous sommes fondés sur ce que l'article 720, statuant sur un autre cas que l'article 719, il n'y a pas lieu à argumenter de ce dernier; mais nous ne tenons pas à cette opinion, par les raisons que M. Thomines apporte pour la combattre, et que nous transcrivons dans la note suivante. (1)

3413. La dénonciation de la seconde saisie peut être faite à domicile élu. — A. 2225.

3414. Les poursuites d'une seconde saisie ne seraient valables, nonobstant le défaut de dénonciation au premier saisissant, que dans

_____

(1) L'unique but de la jonction des saisies, dit ce savant professeur dans ses cahiers de dictée, est évidemment de diminuer les frais en ne faisant qu'une seule poursuite; d'où il suit qu'on doit regarder comme une règle générale la disposition de l'article 719, qui porte qu'en aucun cas la jonction ne peut être demandée après la mise de l'enchère au greffe : alors l'une des saisies étant très-avancée, et la presque totalité des frais de la poursuite étant faite, on augmenterait encore les frais, si on provoquait la réunion des saisies. Quand donc l'article 720 veut que celui qui, en présentant sa saisie aux hypothèques pour y être transcrite, trouve une saisie préexistante sur partie des mêmes immeubles, soit tenu de dénoncer cette obligation, cet article suppose que la première poursuite est peu avancée, car si déjà le cahier des charges avait été mis au greffe, la dénonciation serait inutile, parce que jonction serait impossible.

le cas où il y aurait une présomption légale que le second eût ignoré la première saisie. — A. 2226.

Tel est l'avis de M. Pigeau, cité dans notre analyse ; mais M. Thomines, dans ses cahiers de dictée, estime qu'il n'y aurait pas nullité des poursuites, puisque la loi ne la prononce pas, seulement, ajoute-t-il, le second saisissant devrait supporter l'augmentation des frais qu'il aurait mal à propos occasionnés au débiteur.

Nous croyons néanmoins devoir persister dans notre premier avis, parce qu'il ne s'agit point ici de formalités ni d'actes de procédure, mais d'une marche impérieusement tracée par la loi, et à l'occasion de laquelle l'article 1030 ne nous parait pas rigoureusement applicable.

3415. Si, après la jonction de deux saisies, l'une de ces saisies réunies est attaquée et jugée nulle, cette nullité ne frappe que cette saisie. — A. 2227.

ARTICLE 721.

Faute par le premier saisissant d'avoir poursuivi sur la seconde saisie à lui dénoncée, conformément à l'article ci-dessus, le second saisissant pourra, par un simple acte, demander la subrogation.

Conférence.

T. art. 119. — Question 2233.

3416. Le droit de faire prononcer la subrogation est acquis au second saisissant, si, depuis la dénonciation de la seconde saisie au premier saisissant, celui-ci fait un nouvel acte sur la sienne, sans commencer les poursuites sur la seconde. — A. 2228.

3417. *Comment se forme la demande en subrogation ? Comment est-elle instruite et jugée, et quels sont les effets du jugement ?*

V. A. 2229.

3418. *La subrogation doit-elle être prononcée contradictoirement avec la partie saisie ?*

Il n'en est pas question dans l'article 721, mais M. Desevaux, dans son traité sur la procédure en saisie immobilière, p. 45, pense qu'on doit notifier au saisi cette demande à personne ou domicile, s'il n'a pas d'avoué ; telle est aussi notre opinion, fondée sur ce que le saisi est véritablement la partie principale, et que par conséquent rien ne doit être fait à son insçu.

3419. De la disposition de l'article 721 il ne résulte pas que le tribunal soit toujours tenu d'accorder la subrogation. — A. 2230.

ARTICLE 722.

Elle pourra être également demandée en cas de collusion, fraude ou négligence de la part du poursuivant.

Il y a négligence, lorsque le poursuivant n'a pas rempli une formalité ou n'a pas fait un acte de procédure dans les délais prescrits, sauf, dans le cas de collusion ou fraude, les dommages-intérêts envers qui il appartiendra.

Conférence.

T. art. 119.—V. sur 695.

3420. *En quelles circonstances la subrogation peut-elle être ordonnée pour collusion, fraude ou négligence ?*

Voy. A. 2231. Nous ajoutons que la subrogation peut être ordonnée en cas de désistement des poursuites. (Cass., 15 germinal an 11 ; Sirey, t. 3, p. 284.)

3421. Le saisi ne peut se prévaloir de l'inobservation des délais pour empêcher la subrogation. — A. 2232.

3422. Le droit de demander la subrogation appartient indifféremment à tout créancier inscrit, pourvu que la saisie lui ait été notifiée. — A 2233. (1)

3423. Hors le cas prévu par les articles 721 et 722, les créanciers du saisi sont représentés dans l'instance en expropriation par le poursuivant, qui est seul mandataire légal ; et par suite, la demande en intervention formée par l'un d'eux, sur l'appel d'un jugement rendu contradictoirement avec le poursuivant, serait non recevable. (Toulouse, 7 mai 1818 ; Sirey, 1818, p. 232.) (2)

_____

(1) *Er.* Deuxième alinea, ligne quatrième, au lieu de *2143*, lisez *2233*.

(2) Cette décision nous paraît en opposition formelle avec un arrêt de la cour de cassation, du 13 octobre 1812 ; Sirey, 1812, page 42. Cet arrêt déclare, en termes exprès, que l'essence du mandat étant d'être volontaire, on ne connaît de mandat légal que celui qui résulte de la disposition expresse de la loi, et qu'aucun article de celle du 11 brumaire an 7, sous laquelle ce même arrêt a été rendu, n'établit mandataire des créanciers du débiteur saisi, celui d'entre eux qui poursuit l'expropriation ; que, loin de là, l'article 6 de cette loi charge expressément le créancier poursuivant de notifier la saisie réelle et les affiches *individuellement* aux créanciers inscrits, et que l'article 23 les autorise à proposer les nullités contre la procédure ; ce qui est incompatible avec l'idée d'un *mandat légal* dans la personne du créancier poursuivant.

Or, les motifs de cette décision sont les mêmes sous l'empire du code de procédure. En effet, comme le remarque M. Coffinières (journal des avoués, t 7, pag 83), on ne peut soutenir que le poursuivant est le mandataire de tous les créanciers, par cela seul qu'ils profitent comme lui de la vente de l'immeuble ; il en est, à cet égard, comme des obligations dont parle l'art.

42

3424. La demande en subrogation est également autorisée dan l'espèce de l'article 721, comme elle l'est dans l'espèce de l'artic 722.—A. 2234. (1)

3425. Si la loi, pour que la subrogation leur soit accordée n'impose pas formellement aux créanciers inscrits qu'ils se soient fa connaître, cette mesure leur est du moins conseillée par la prudenc —A. 2235.

3426. Un créancier non inscrit peut obtenir la subrogation. - A. 2236.

3427. Un créancier en sous ordre peut être subrogé. — / 2237.

3428. Lorsque le saisi est autorisé à poursuivre lui-même l'adju dication à l'audience des criées, en présence de ses créanciers ceux-ci peuvent se faire subroger, en se plaignant du retar qu'éprouve la vente. — A. 2238.

3429. Si la demande en subrogation est portée à l'audience in diquée pour l'adjudication préparatoire, et si la subrogation es accordée, il peut être passé outre de suite à l'adjudication, nonobstan la faculté d'appel accordée par l'article 723. (Arg. de l'article 733 arrêt de Riom, du 21 mars 1816, rapporté par M. Huet, p. 23. et 235.

3430. On ne peut demander la subrogation sous l'appel d'un ju gement qui a prononcé sur des nullités de la saisie.—A. 2239.

1121 du code civil, et le poursuivant n'agit dans l'intérêt des autres créanciers que parce que telle est la nature des poursuites qu'il dirige, qu'elles doivent profiter à tous ceux qui ont un droit réel sur l'immeuble.

Si on attribuait au poursuivant la qualité de mandataire, les créancier inscrits ne devraient pas figurer dans les poursuites, puisqu'ils y seraient repré sentés; et cependant l'art. 695 du code de procédure, aussi bien que l'article 6 de la loi du 11 brumaire an 7, sur les expropriations, renferme une disposi tion manifestement contraire.

D'ailleurs, dans la même hypothèse, les créanciers ne pourraient jamais ex ciper des nullités dans les poursuites, puisqu'ils devraient être réputés avoir commis eux-mêmes ces nullités, et l'on sait que l'article 733 du code de pro cédure dispose dans l'intérêt de la partie saisie; il est donc certain que le pour suivant n'est pas le mandataire des créanciers.

(1) Aux arrêts d'Aix et de la cour de cassation, contraires à celui d'Orléans, tous cités dans notre analyse, nous ajoutons, en faveur de notre proposition, les arrêts de Rouen, du 16 germinal an 11; Sirey, t. 3, p 224, celui de Riom, du 20 mars 1816, rapporté par M. Huet, p 232, et l'article 119 du tarif qui rappelle les articles 721 et 722 du code, sans les distinguer; d'où suit évidem ment que la demande en subrogation est autorisée dans l'espèce de l'art. 721 comme dans celle de l'article 722.

3431. La nullité du jugement en vertu duquel il a été procédé à la saisie, entraîne la nullité des poursuites, de telle sorte que la subrogation ne peut plus être prononcée en faveur d'un autre créancier. — A. 2240.

3432. De même que le paiement du créancier poursuivant n'empêche pas la continuation des poursuites de saisie immobilière, s'il plaît à un autre créancier non payé de se faire subroger à la poursuite ; ainsi le créancier qui est porteur de plusieurs créances, et qui poursuit à défaut de paiement de l'une d'elles, peut, s'il vient à être payé du montant de cette créance, continuer sa poursuite à raison des autres créances non payées, pourvu qu'elles soient inscrites sur les biens saisis. (Grenoble, 14 juillet 1809; Sirey, 1810, p. 366.)

3433. Lorsque la demande en subrogation est fondée sur ce que le poursuivant n'a pas *rempli une formalité*, ou n'a pas fait *un acte de procédure dans les délais de la loi*, elle ne peut être accordée que dans le cas où la nullité, résultant de ces contraventions, n'a pas été opposée; et si elle l'a été, la subrogation ne peut être accordée que pour les poursuites antérieures aux actes nuls, si toutefois le vice de ces actes n'annulle pas ces poursuites elles-mêmes.

3434. Il n'est pas nécessaire que les avoués soient munis d'un pouvoir spécial pour demander la subrogation ; cependant cette mesure serait prudente à l'égard d'un créancier non saisissant. — A. 2241.

ARTICLE 723.

L'appel d'un jugement qui aura statué sur cette contestation incidente, ne sera recevable que dans la quinzaine du jour de la signification à avoué.

Conférence

Suprà 681, 710 et 711.

3435. On ne peut se pourvoir par opposition contre un jugement rendu par défaut sur une demande en subrogation. — A. 2243. (1)

---

(1) Cette proposition s'applique à tout jugement rendu sur un incident de saisie immobilière, à moins que l'opposition ne fût fondée sur des moyens par lesquels on attaquerait le titre et la substance même de la saisie, circonstance qui n'admet pas l'application du décret du 2 février 1811. (Bruxelles, 30 janvier 1813; Sirey, 1814, p. 17.) Mais voyez la note sur l'article 734, à la suite du n.º 2521, où l'article 2293 de l'analyse est cité

L'article 153 n'est point applicable aux jugemens par defaut, rendus sur les incidens non sujets à opposition. (Turin, 19 avril 1812, p. 190.)

3436. *L'appel du jugement, rendu sur une demande en su-brogation, peut-il être interjetté à domicile élu par le poursui-vant?*

La solution de cette question que nous posons, relativement à la demande en subrogation, doit s'appliquer à tout jugement rendu sur les incidens dont il sera question ci-après (Voyez art. 726, 734, 736, 745), à la seule exception de celui qui interviendrait sur une demande en distraction. L'article 730 disposant que ce jugement doit être signifié à personne ou domicile, et accordant pour l'appel la prorogation du délai, à raison des distances, il s'ensuit, en effet, que, dans ce cas particulier, l'appel doit être notifié à personne ou domicile.

Quant aux jugemens rendus sur les autres incidens, il est aujourd'hui de principe incontestable, fondé sur la jurisprudence des arrêts, que l'appel peut être interjetté au domicile élu par le poursuivant, ou s'il n'y en a pas, au domicile de l'avoué. Cela résulte, 1.º du mode particulier de la signification du jugement, laquelle doit avoir lieu à domicile d'*avoué*, et non à domicile réel; 2.º de la dispense de toute signification dans le cas de l'article 738; 3.º de la briéveté du délai fixé pour l'appel; 4.º de la nécessité qu'il soit promptement fait droit sur cet appel, afin que la marche de la procédure soit aussi rapide que le législateur l'a voulu. (V. particulièrement les arrêts de la cour de cassation des 8 août 1809 et 23 mai 1815; Sirey, 1809, p. 406, et 1815, p. 359.)

3437. *Le délai d'appel est-il susceptible de l'augmentation à raison des distances?*

Oui, s'il s'agit d'une demande en distraction, puisque la disposition de l'article 730 est formelle à cet égard; non, s'il s'agit de l'incident en subrogation, ou de tout autre : en effet, ces appels devant être interjettés non à domicile réel, mais à domicile élu, et dans les délais extrêmement brefs que la loi détermine, il est évident que ces délais sont de rigueur et ne peuvent admettre d'extension. (V. l'arrêt du 8 août 1809, cité au numéro précédent.)(1)

3438. *L'appel est-il suspensif?*

Il n'est pas douteux, suivant l'opinion de M. Pigeau (t. 2, p. 162), consacrée par la jurisprudence des arrêts, que tout appel de

_____

(1) M. Huet, p. 253, remarque que deux arrêts de Bordeaux, l'un du 30 août 1814, l'autre du 13 janvier 1816, ont jugé le contraire de ce que nous établissons ici. (V. Sirey, 1816, p. 118 et 62.) Nous disons avec lui que ces décisions d'une cour isolée ne peuvent prévaloir sur les principes consacrés par l'arrêt de la cour suprême, du 8 août 1809.

jugement rendu sur incident de saisie est *suspensif*, d'après la règle générale posée par l'article 457. (V. entre autres les arrêts de Bordeaux, 25 août 1810; de Paris, 26 août 1814; de cassation, 7 août 1811 ; Sirey, 1811, 2.ᵉ p., p. 185, et 1.ʳᵉ p., p. 342; et 1815, p. 243, et A. 2242.) (1)

ARTICLE 724.

Le poursuivant contre qui la subrogation aura été prononcée sera tenu de remettre les pièces de la poursuite au subrogé, sur son récépissé ; et il ne sera payé de ses frais qu'après l'adjudication, soit sur le prix, soit par l'adjudicataire.

Si le poursuivant a contesté la subrogation, les frais de la contestation seront à sa charge, et ne pourront, en aucun cas, être employés en frais de poursuite et payés sur le prix.

Conférence.

Pothier, procéd. civ., 4.e part., chap. 2, art. 8, §. 2.

3439. Le poursuivant doit joindre aux pièces qu'il remet le titre qui sert de base à la saisie, à moins qu'il n'en ait besoin pour d'autres poursuites ; auquel cas il le dépose au greffe, où il en est fait expédition qu'on remet au subrogé. (Riom, 21 mai 1813 ; Huet, p. 267.)

3440. Il ne suffit pas que le poursuivant ait contesté la subrogation pour que les frais de cette contestation soient à sa charge, il faut qu'elle ait été jugée mal fondée. — A. 2244.

ARTICLE 725.

Lorsqu'une saisie immobilière aura été rayée, le plus diligent des saisissans postérieurs pourra poursuivre sur sa saisie, encore qu'il ne se soit pas présenté le premier à l'enregistrement.

---

(1) A ce sujet M. Huet, p. 259, remarque que, par ce mot *suspensif,* il ne faut pas entendre qu'à compter de l'appel toute *procédure* soit nécessairement suspendue ; *l'adjudication* seule doit l'être, et non l'*instruction*. C'est ce qu'explique clairement l'article 2215 du code civil, et ce qui résulte des dispositions combinées du code de procédure, et surtout du décret du 2 février 1811, où l'on remarque qu'il doit bien être fait droit sur l'appel avant de passer outre à l'adjudication, mais que toutes les mesures ont été prises de manière à ce que l'appel une fois jugé, l'adjudication ait lieu au jour indiqué ; ce qui serait impraticable si l'instruction ne devait pas se continuer nonobstant l'appel.

Deuxième alinea de la question 2242, troisième ligne, au lieu de point *d'exception*, lisez *point fait d'exception.*

Conférence.

Pothier, *loco citato*, art. 724.

3441. Pour qu'un saisissant postérieur puisse poursuivre sa saisie, il faut qu'il l'ait fait transcrire. — A. 2245.

3442. Un saisissant qui a provoqué le désistement du premier, et qui l'a accepté, peut être subrogé aux poursuites, nonobstant la disposition de l'article 715, qui ne peut ici recevoir aucune application. (Cass., 12 mai 1813; Sirey, 1814, p. 277.)

3443. Un créancier qui n'aurait pas saisi ne pourrait poursuivre sur la saisie rayée, si la notification du procès-verbal d'affiches ne lui avait pas été faite. Mais, après la notification, le plus diligent des créanciers peut se faire subroger. — A. 2246.

ARTICLE 726.

Si le débiteur interjette appel du jugement en vertu duquel on procède à la saisie, il sera tenu d'intimer sur cet appel, et de dénoncer et faire viser l'intimation au greffier du tribunal devant lequel se poursuit la vente; et ce, trois jours au moins avant la mise du cahier des charges au greffe : sinon l'appel ne sera pas reçu, et il sera passé outre à l'adjudication.

Conférence.

T. art. 120. — A. 1837. — Art. 697 et 734.

3444. Il s'agit, dans l'article 726, du jugement qui condamne le le saisi à payer, et en vertu duquel on poursuit la saisie. — A. 2247.

3445. Le saisi doit sous l'appel du jugement, s'il y a des créanciers qui se soient rendus parties dans la saisie, intimer, outre le saisissant, l'avoué le plus ancien de ces créanciers. — A. 2248.

3446. *Si le saisi n'interjette pas appel du jugement qui sert de base à la saisie dans un tems rapproché du procès-verbal de saisie, pourra-t-il dépendre du saisissant de rendre sans effet l'appel à intervenir en déposant le cahier des charges, par exemple, dès le lendemain de la dénonciation, ainsi qu'il en a la faculté, conformément à l'article 697?*

En prenant à la rigueur les termes de l'article 726, il arriverait, puisqu'il est vrai que le poursuivant peut déposer le cahier des charges quand il lui plaît (article 697), sans qu'il soit obligé de dénoncer d'avance au saisi le jour où il effectuera ce dépôt, qu'il dépendra de lui, soit d'apposer à son gré un terme à ce laps de tems qu'aurait

le saisi, soit de rendre l'appel de celui-ci sans effet, en déposant le
cahier, et lui rendant par suite impossible d'intimer et de faire viser
dans les trois jours fixés par l'article. Il arriverait de là que le saisi
pourrait, au gré du saisissant, n'avoir pour appeler que les trente
jours d'intervalle entre le commandement et la saisie.

Nous pensons, avec M. Dezevaux, dans sa procédure en saisie immobilière, p. 61 et suivantes, qu'on ne peut attribuer au législateur cette
intention de mettre, sous ce rapport, le saisi à la merci du poursuivant ; c'est bien assez qu'il ait limité, en cette circonstance, le
délai ordinaire de l'appel. Nous estimons en conséquence qu'encore
bien que le poursuivant ait déposé le cahier des charges, le saisi
peut encore appeler du jugement qui sert de base à la saisie jusqu'aux trente jours qui précèdent le délai fatal donné au poursuivant par l'article 697, afin de déposer ce cahier. Ainsi, par exemple,
si la dénonciation de la saisie a été faite le 1.er janvier, et qu'elle
indique au 8 février le jour de la première publication, le délai
fatal pour déposer le cahier aura expiré le 23 janvier, et le saisi,
qui doit émettre son appel trois jours avant, l'aura valablement interjetté le 19 de ce même mois, quoique le saisissant eût effectué
son dépôt avant le 23. (V. les développemens donnés par M. Dezevaux.)

3447. De ce que le saisi qui ne fait pas viser son appel dans le
délai fixé par l'article 726, doit être déclaré non recevable, il ne s'ensuit pas que le tribunal puisse passer outre à l'adjudication ; il faut
que la cour prononce la nullité de l'appel. — A. 2249.

3448. Lorsque l'appel d'un jugement en vertu duquel on procède
à la saisie a été interjetté antérieurement à la date du procès-verbal
de saisie, mais après le commandement, cet appel n'est pas assujetti
aux formalités prescrites par l'article 726. — A. 2250.

3449. L'adjudication définitive peut avoir lieu en vertu d'un jugement de première instance susceptible d'appel, si, à l'époque de
l'adjudication, il n'y a pas d'appel valablement interjetté. (Agen,
10 juillet 1806; Sirey, 1807, 2.e part., p. 950.)

ARTICLE 727.

La demande en distraction de tout ou de partie de l'objet
saisi sera formée par requête d'avoué, tant contre le saisissant que contre la partie saisie, le créancier premier
inscrit et l'avoué adjudicataire provisoire. Cette action sera
formée par exploit contre celle des parties qui n'aura pas
avoué en cause, et, dans ce cas, contre le créancier au
domicile élu par l'inscription.

Conférence.

T. art. 29 et 122; loi du 11 brumaire an 7, art. 26, et 27 *in principio.* — Pothier, procéd. civ., 4.e part., chap. 2, art. 6, §. 4; *suprà* n. 3123 et 3124.

3450. Les dispositions du code, relatives à la demande en distraction, sont applicables au cas où un tiers aurait à revendiquer des droits réels dont il prétendrait que l'immeuble serait chargé à son profit. — A. 2251.

3451. Celui qui aurait vendu un immeuble à la charge d'une rente viagère, mais sous la condition formelle qu'il rentrerait dans sa propriété à défaut de paiement de cette rente, ne serait pas fondé à demander la distraction, après avoir obtenu du juge, postérieurement au procès-verbal de saisie, une ordonnance qui le rétablît en possession. — A. 2252.

3452. Celui qui aurait des droits de servitudes naturelles et patentes, n'a pas besoin de former une demande à fins de charges. — A. 2253. (1)

3453. Celui qui, dans les cas où elle peut avoir lieu, ne formerait pas une demande à fins de distraction ou de charge, pourrait néanmoins revendiquer son droit après l'adjudication. — A. 2254.

3454. Il suit de là qu'un acquéreur de l'immeuble saisi, qui ne s'est pas fait connaître avant la saisie, peut être admis à former une tierce-opposition à l'adjudication consommée. — A. 2255.

3455. Les demandes à fins de charges ou à fins de distraire ne peuvent être formées dans le cours de l'action en folle enchère, intentée après l'adjudication, qu'autant que l'on se pourvoit par action principale. — A. 2256.

3456. L'action en rescision, pour cause de lésion, de la vente d'un immeuble, formée contre l'acquéreur sur lequel cet immeuble est saisi, n'autorise pas le vendeur à former une demande en distraction. — A. 2257.

3457. La demande en distraction n'est pas sujette au préliminaire de conciliation. — A. 2258.

3458. Il n'y a point d'époque de la procédure à laquelle seulement les demandes en distraction soient recevables. — A. 2259.

3459. La demande en distraction se forme par requête contre toutes les parties qui ont avoué, et par exploit contre celles qui n'en ont pas. — A. 2260.

3460. Il faut, dans la requête ou dans l'exploit, désigner et décrire les objets revendiqués. — A. 2261.

(1) *Er.* Avant-dernière ligne, au lieu de *affirmativement,* lisez *négativement.*

3461. La demande en distraction serait non recevable, si elle n'avait pour objet que de conserver la possession, et non la propriété. — A. 2262.

ARTICLE 728.

La demande en distraction contiendra l'énonciation des titres justificatifs, qui seront déposés au greffe, et la copie de l'acte de ce dépôt.

Conférence.

T. art. 121. -- Loi du 11 brumaire an 7, art. 27, §. 1. -- Edit de Henri II, du 3 septembre 1551, art. 14.

ARTICLE 729.

Si la distraction demandée n'est que d'une partie des objets saisis, il sera passé outre, nonobstant cette demande, à la vente du surplus des objets saisis : pourront néanmoins les juges, sur la demande des parties intéressées, ordonner le sursis pour le tout ; l'adjudicataire provisoire peut, dans ce cas, demander la décharge de son adjudication.

Conférence.

T. art. 123. -- Art. 29, même loi du 11 brumaire. -- Ordonn. de François I.er, du mois d'août 1539, art. 81.

3462. Il est nécessaire de surseoir à la vente, lorsque la demande en distraction porte sur tous les objets saisis. — A. 2263.

3463. Il n'est pas nécessaire que le sursis soit demandé par toutes les parties intéressées, pour que le tribunal puisse l'ordonner, dans le cas où la demande en distraction n'est que d'une partie des objets saisis. — A. 2264.

3464. Mais, dans ce même cas, le tribunal, à la différence de celui où la revendication frappe sur la totalité des immeubles saisis, ne peut ordonner le sursis d'office. — A. 2265.

3465. Il peut être passé outre à l'adjudication d'un bien revendiqué en totalité, après le jugement qui rejette la revendication, sauf à la partie déboutée à arrêter la vente en notifiant son appel. — A. 2266. (1)

_____

(1) Nous n'avons pas dissimulé dans notre analyse qu'un arrêt de la cour de cassation, du 8 ventôse an 13, était contraire à cette proposition ; et un autre arrêt du 21 juillet 1806 (Sirey, 1806, p. 359) a consacré cette décision, en faisant une exception pour le cas de revendication faite en

3466. Cette proposition est, à plus forte raison, applicable au cas où la revendication ne porte que sur partie des objets ; le tribunal, après avoir prononcé le sursis, peut ordonner, par jugement séparé, qu'il sera passé outre à la vente du surplus. (Paris, 18 nivôse an 12 ; Sirey, t. 5, 2.ᵉ part., p. 675.)

3467. L'adjudicataire provisoire peut demander sa décharge, encore bien que, sur une demande en revendication de partie des objets saisis, le tribunal n'eût pas sursis à la vente pour le tout. — A. 2267.

3468. L'adjudicataire qui n'aurait pas demandé sa décharge avant le jugement sur la distraction, peut la demander après. — A. 2268. (1)

3469. Si l'adjudicataire provisoire, n'ayant pas demandé sa décharge avant l'adjudication définitive des objets non revendiqués, demeurait adjudicataire définitif de ces objets, au prix qu'il aurait offert pour le tout lors de l'adjudication préparatoire, il ne pourrait plus demander sa décharge. — A. 2269.

3470. Si l'adjudicataire provisoire de la totalité d'un immeuble saisi n'a pas demandé sa décharge, et qu'un jugement ordonne la distraction d'une partie de cet immeuble, il peut être procédé à l'adjudication de l'autre partie, sans une nouvelle adjudication préparatoire. — A. 2270. (2)

3471. La demande en décharge, antérieure ou postérieure au jugement sur la distraction, se forme comme la demande en distraction, et contre les mêmes parties. — A. 2271.

ARTICLE 730.

L'appel du jugement rendu sur la demande en distraction sera interjetté avec assignation dans la quinzaine du jour de la signification à personne ou domicile, outre un jour par trois myriamètres en raison de la distance réelle du domicile des parties : ce délai passé, l'appel ne sera plus reçu.

vertu d'un acte de vente consenti par le saisi. Par suite, la cour de Pau (20 novembre 1813, même recueil, 1816, p. 81) a décidé que, hors ce cas et en principe général, l'adjudication définitive ne peut avoir lieu tant que le jugement rendu sur la demande en revendication n'a pas acquis force de chose jugée, et que les prétentions des tiers ne sont pas définitivement écartées.

Nous n'en persistons pas moins dans notre opinion, par les raisons développées sur la 2242ᵉ question de l'analyse. (V *suprà* n.ᵒ 3448.)

(1) *Er.* P. 428, 2.ᵉ alinea, 6.ᵉ ligne, au lieu de *chose jugée*, lisez *cl.ose*.

(2) *Er.* Au lieu de *cour de Poitiers*, lisez *cour de Trèves*.

Conférence.

Voyez art. 723.

3472. Le saisi est partie essentiellement intéressée aux demandes en distraction formées par des tiers ; le jugement de distraction est nul, s'il n'y a point été partie ; la preuve qu'il n'a pas été partie résulte suffisamment du défaut de mention sur l'expédition en forme du jugement. (Pau, 7 juillet 1813 ; Sirey, 1816, p. 105, et *suprà* art. 727.)

3473. Le fermier d'un immeuble saisi qui forme une demande incidente tendante à faire insérer au cahier des charges une clause relative à l'entretien de son bail et aux loyers payés d'avance, n'est point tenu d'interjetter appel dans la quinzaine, puisqu'une semblable demande n'est point une demande en distraction. (Amiens, 17 décembre 1812; Sirey, 1818, p. 12. (1)

3474. Le délai de quinzaine prescrit pour l'appel du jugement sur la distraction n'est pas franc; il n'y a que le jour *à quo* qui seul ne doive pas être compris dans le délai. — A. 2272, et Colmar, 11 mai 1816; Sirey, 1818, p. 14.)

3475. On doit donner à chacune des parties le tems nécessaire pour qu'elle comparaisse dans un délai fixé à raison de la distance qui la sépare du lieu de la comparution, sauf à ne poursuivre l'audience qu'à l'expiration du plus long délai donné a la partie la plus éloignée. — A. 2273.

ARTICLE 731.

L'adjudication définitive ne transmet à l'adjudicataire d'autres droits à la propriété que ceux qu'avait le saisi.

_____

(1) Cet arrêt résout, dans l'espèce particulière où il a été rendu, une question fort importante, en ce qu'elle peut se présenter pour tous les cas où un tiers demanderait dans son intérêt une rectification du cahier des charges, ou éleverait tout autre incident non prévu par le code. L'on peut dire que la même raison qui a porté le législateur à abréger les délais d'appel, à l'égard des incidens qu'il a prévus, et qui sont sans contredit les plus importans, militent à l'égard de tous autres incidens, quels qu'ils soient; et, comme le remarque M. Coffinières, en rapportant l'arrêt d'Amiens, la partie qui éleverait un tel incident n'a point à se plaindre si on lui accorde, comme cet arrêt, le plus long des délais que fixe le titre 13. A ce moyen, on concilie l'intérêt de cette partie avec l'intention formellement manifestée par la loi de hâter la marche de l'instruction. Quoi qu'il en soit, nous pensons que ces considérations, quelqu'imposantes qu'elles soient, doivent céder à l'application du principe que les dispositions rigoureuses ne s'étendent point d'un cas à un autre.

Conférence.

Code civil, art. 2182. — Loi du 11 brumaire an 7, art. 25; *suprà* sur 695 et 715, et *infrà* sur 748.

3476. L'adjudicataire provisoire est considéré comme propriétaire du jour de l'adjudication préparatoire, si son enchère n'est pas couverte au jour fixé pour la vente définitive; mais il n'est pas tenu de la perte ou de la détérioration arrivée dans l'intervalle de l'adjudication préparatoire à l'adjudication définitive. — A. 2274.

3477. L'adjudicataire, autre que celui qui le devient par suite d'une adjudication préparatoire qui n'a pas été couverte, est propriétaire du jour de l'adjudication définitive, dans le cas même où il y aurait eu appel du jugement qui a prononcé cette adjudication. — A. 2275.

3478. L'adjudication définitive ne purge pas, en faveur de l'adjudicataire, tous les droits de propriété que des étrangers pourraient avoir sur l'immeuble vendu, sauf toutefois l'application de l'article 1638 du code civil. — A. 2276.

3479. Lorsqu'une saisie immobilière a été faite *super non Domino*, elle est radicalement nulle au respect du légitime propriétaire; cette nullité peut être demandée même postérieurement à l'adjudication définitive.

Peu importe que ce véritable propriétaire de l'objet indûment vendu ait connu la saisie, et n'en ait pas de suite relevé l'irrégularité; peu importe encore que la saisie eût pu être faite sur lui-même, comme caution du débiteur principal, partie saisie. (Paris, 9 mars 1811; Sirey, 1815, 2ᵉ. p., p. 167.)

3480. Lorsqu'une adjudication est déclarée nulle pour irrégularités commises au préjudice d'une partie des créanciers, la nullité de l'adjudication doit être prononcée dans l'intérêt de tous, parce qu'il s'agit d'une matière indivisible. (Cour de cass., 13 octobre 1812; Sirey, 1813, p. 42.)

3481. La condition résolutoire d'une vente a pu être utilement exercée par le vendeur après l'adjudication de l'immeuble et pendant le cours de l'instance d'ordre, ouverte pour la distribution du prix, instance à laquelle ce vendeur avait été appelé comme créancier inscrit.

Cette résolution ainsi adjugée, à défaut de paiement, fait rentrer l'immeuble dans la main du vendeur, franc et libre des hypothèques imposées par l'acquéreur; mais les créanciers de ce dernier ont la faculté de désintéresser le vendeur avant que la résolution ne soit prononcée. (Rouen, 13 juillet 1815; Sirey, 1816, 2.ᵉ p., p. 45.)

3482. Si, après l'adjudication définitive, l'adjudicataire est évincé en totalité ou en partie de la propriété de l'immeuble, il a nécessairement une action en garantie contre le créancier qui a poursuivi la saisie, contre chaque créancier qui aurait reçu le prix ou partie, et enfin contre le saisi. — A. 2277, et C. C., art. 1377.

3483. Si l'adjudicataire n'est évincé que d'une partie des objets qui lui ont été vendus, il peut non seulement demander une diminution proportionnelle du prix, mais encore la résolution de l'adjudication, si la partie dont il est évincé est de telle importance, relativement au tout, qu'il n'eût point acheté si elle n'avait pas dû être comprise dans l'adjudication. — A 2278.

3484. L'adjudication purge l'immeuble des droits hypothécaires dont il pouvait être grevé, sans qu'il soit besoin de faire transcrire le jugement d'adjudication, et de le déposer au greffe, conformément aux articles 2181 et 2194 du code civil. — A. 2279.

3485. *L'adjudicataire qui veut se libérer définitivement, peut-il consigner le prix de son adjudication?*

Voyez A. 2280.

Cette question sera traitée sur l'article 750.

3486. Si le bien périt ou se détériore depuis la surenchère, la perte ou la détérioration est pour le compte de l'adjudicataire, et non pour l'enchérisseur.

L'adjudicataire définitif n'est acquéreur que sous la condition résolutoire. — A. 2281.

3487. L'adjudicataire d'une maison vendue sur expropriation forcée ne peut exiger des locataires, dont le bail avait acquis une date certaine avant l'adjudication, les termes échus depuis le jour où il est devenu propriétaire, s'il résulte du bail que le loyer a été payé au saisi, par anticipation. Cette décision a lieu, encore que le bail ait été fait par acte sous seing privé, et que le paiement n'ait pas été énoncé dans le cahier des charges. (Turin, 4 décembre 1810; Sirey, 1811, p. 232.)

3488. L'adjudicataire doit obtenir restitution des droits perçus pour l'enregistrement du jugement d'adjudication, lorsque cette adjudication est annulée sur appel. — A. 2282.

ARTICLE 732.

Lorsque l'une des publications de l'enchère aura été retardée par un incident, il ne pourra y être procédé qu'après une nouvelle apposition de placards et insertion de nouvelles annonces, en la forme ci-dessus prescrite.

Conférence.

Loi du 11 brumaire an 7 , art. 30, et sur les art. 656, n. 3037, et sur les art. 684, 685 et 702.

3489. Si, au jour fixé pour l'adjudication préparatoire, les plaidoiries des parties absorbent tout le tems de l'audience et forcent le tribunal à renvoyer l'adjudication au lendemain, il n'est pas nécessaire de faire une nouvelle apposition d'affiches. Ce n'est pas le cas d'appliquer l'article 732 du code de procédure, portant que, lorsqu'une publication de l'enchère est retardée par un incident, il ne peut y être procédé que par une nouvelle apposition d'affiches. (Cass., 10 juillet 1817; Sirey, 1818, p. 385, §. 3.)

3490. L'expiration des délais prescrits pour l'accomplissement d'une formalité de la poursuite en saisie immobilière n'annule pas la procédure. — A. 2283.

3491. Les nouveaux placards ne doivent pas être notifiés aux créanciers inscrits. (V. *suprà* n.° 3037.)

3492. Ils doivent, à notre avis, contenir l'énoncé sommaire des jugemens et arrêts intervenus.

ARTICLE 733.

Les moyens de nullité contre la procédure qui précède l'adjudication préparatoire, ne pourront être proposés après ladite adjudication : ils seront jugés avant ladite adjudication ; et si les moyens de nullité sont rejettés, l'adjudication préparatoire sera prononcée par le même jugement.

Conférence.

T. art. 124. — Décret du 2 février 1811. — Art. 23, loi du 11 brumaire an 7. (*Suprà* art. 654, *infrà* 735, 736. V. sur 722 la note p. 33.

3493. Les nullités contre la procédure en expropriation forcée, ne peuvent être proposées après avoir défendu au fond, l'article 173 n'étant pas applicable à la procédure en saisie immobilière. (Metz, 12 février 1817; Sirey, 1818, p. 345.)

3494. Le créancier qui n'a pas figuré en première instance, ou qui y a été appelé irrégulièrement, peut opposer les nullités qui n'ont pas été proposées devant le premier tribunal. (Arrêt du 13 octobre 1812; Sirey, 1813, p. 42; *suprà* pag. 329, à la note.)

3495. Il en est de même du saisi auquel les actes de la procédure n'auraient pas été notifiés, ou qui aurait été irrégulièrement averti (Merlin, questions de droit), par exemple, par des placards nuls. (Nismes, 4 avril 1810; Sirey, 1814, p. 73.)

3496. Le jugement qui intervient sur des nullités, est indivisible. Même arrêt, du 13 octobre 1812, déjà cité *suprà* n.º 3480.)

3497. Ce principe d'indivisibilité s'applique au cas où l'adjudication aurait été faite par lots, et il s'ensuit que, dans cette circonstance, on n'est plus recevable, du moment ou le lot a été adjugé, proposer des nullités contre la procédure qui a précédé. (Caen, 1ai 1814; Sirey, 1814, p. 403.)

3498. Les créanciers n'ont pas qualité pour demander la nullité e la saisie, puisqu'elle n'est que *relative*, et ne profite qu'au saisi. Ayant intérêt que l'immeuble soit vendu, ils sont sans droit pour mpêcher la vente. (Turin, 24 juillet 1810; Sirey, 1811, p. 51.)

3499. Lorsque la femme du saisi a figuré comme créancière, et qu'il n'est intervenu aucune condamnation à son préjudice, le mari e peut, dans son intérêt personnel, attaquer la procédure pour éfaut d'autorisation de sa femme. La faculté que la loi lui confère st, en effet, relative aux intérêts de celle-ci, et non à ceux du nari. (Besançon, 29 germinal an 12; Sirey, t. 4, p. 672.)

3500. Le saisi est recevable à faire statuer, même après l'adjudication préparatoire, sur les moyens de nullités par lui proposés contre a procédure antérieure, si toutefois il les avait proposés avant l'adjudication, ne fût-ce que par une simple requête signifiée à l'avoué lu saisissant, et quand bien même il n'eût pas poursuivi à l'audience es fins de sa requête. (Cass., 25 avril 1814; Sirey, 1814, p. 259.)

3501. La demande en nullité peut être reçue quoiqu'elle ne soit as formée par requête d'avoué à avoué. — A. 2284. (1)

Nous avons fourni, dans notre analyse, tous les développemens lont la preuve de cette proposition nous a paru susceptible, et nous persistons, en avertissant néanmoins que M. Huet, p. 288, rapporte un 2.e arrêt de Riom, du 21 mars 1816, qui a jugé le contraire; c'est aussi l'opinion que cet auteur adopte. Nous ne dissimulerons pas que cette opinion a pour elle un arrêt de la cour de cassation lu 21 vendémiaire an 11, que nous avions omis dans l'analyse, et que M. Sirey rapporte dans son supplément, t. 3, p. 503.

3502. Si des causes de nullité de la saisie prenaient leur source lans le fonds du droit du créancier poursuivant, on pourrait opposer les nullités après l'adjudication préparatoire, mais la prudence n'en exige pas moins qu'on les propose auparavant. — A. 2285. (2)

---

(1) *Er.* Pag. 438, 3.e alinéa, 2.e ligne, au lieu de 1811, lisez 1812, et au lieu de T. 5, lisez T. 6.

(2) M. Huet, p. 280, maintient aussi que les nullités qui vicient la substance même du titre fondamental de la saisie peuvent être proposées en tout

3503. On ne peut proposer après l'adjudication des moyens nullité pris dans des irrégularités antérieures à la procédure expropriation. — A. 2286. (1)

3504. Les moyens de nullité contre la procédure qui préc l'adjudication préparatoire ne peuvent être proposés pendant ce adjudication, laquelle est commencée lorsque l'avoué poursuiva ayant exposé l'affaire et fait ses réquisitoires, le tribunal en a décer acte et ordonné d'allumer les feux. (Riom, arrêt déjà cité, du mars 1816.)

Les motifs de cette décision sont que les mots *avant l'adjudi tion*, ne s'entendent pas, dans l'article 733, du moment où le b s'adjuge après l'extinction du dernier feu, mais de tout ce qui passe au tribunal pour effectuer cette adjudication.

3505. De ce que les nullités antérieures à l'adjudication prép ratoire ne peuvent être opposées après l'adjudication, il s'ens qu'elles ne peuvent, pour la première fois, être proposées en app — A. 2287. (2) (Cass., 2 juillet 1816; Sirey, 1816, p. 420.)

3506. Cette proposition s'applique même au cas où la partie sai a fait défaut en première instance. (Aix, 5 novembre 1806; Sire 1806, 2.ᵉ part., p. 750, mais voyez *suprà* n.° 3495.)

état de cause, et aussi long tems que le jugement d'adjudication définit n'a pas acquis l'autorité de la chose jugée. Il cite un arrêt de Rouen, d nivôse an 11 (Sirey, t. 3, p. 21), qui n'admet d'exception que pour les cas le titre ne serait attaqué que pour vices de forme; exception qui, selon l a été consacrée par l'arrêt de la cour de cassation, du 2 juillet 1816; (Sire 1816, p. 420.)

En décidant de la sorte dans notre analyse, et suivant l'opinion de Tarrible, nous n'avions pas dissimulé qu'un arrêt de la même cour, du avril 1812, fournissait un fort argument contre ce système; aujourd'hui no ajoutons que deux arrêts de la cour de Paris, des 6 octobre et 23 novemb 1808, ont rejeté toute distinction entre les moyens de nullités concerna la forme ou le fond, et que cette distinction est également repoussée p l'arrêt même du 2 juillet 1816, qui ne parle pas seulement des vices du titr quant à la forme, mais de tout vice quel qu'il soit, « attendu, porte-t-» que la distinction entre les moyens *tirés des vices du titre* et ceux relat » aux actes de la procédure, ne se trouve écrite dans aucun article du code. Par ces motifs, nous estimons qu'il n'est pas seulement prudent, comm nous le disions, qu'il est, au contraire, indispensable de proposer tout moye quelconque de nullité avant l'adjudication préparatoire.

(1) *Er.* Deuxième ligne, au lieu de Sirey, *1808, p. 27*, lisez Sirey, *1809* p. 26.
V. aussi arrêts de Colmar du 11 mai 1816; Sirey 1818, p. 14.

(2) *Er.* Première ligne, au lieu de M. *Delaporte fonde l'affirmative*, lise M. *Delaporte pense qu'elles peuvent être, pour la première fois, proposées e appel, et se fonde sur*, etc.

3507. On peut opposer, après l'adjudication, l'exception de discussion du mobilier du mineur, attendu qu'elle n'opère pas nullité de la saisie, puisque, d'un côté, la proposition tendante à ce qu'elle produisît cet effet fut rejetée lors de la discussion du projet de code civil, et que de l'autre l'article 2206 de ce code ne défend pas de saisir avant discussion, et dispose seulement qu'on ne pourra vendre auparavant. Ainsi donc, tant que l'expropriation n'est pas consommée par l'adjudication définitive, l'exception peut être opposée afin d'y faire surseoir jusqu'à discussion légale du mobilier. Consult. de M. Thomines, 28 février 1811.)

3508. *La demande en nullité du titre sur lequel repose la saisie constitue-t-elle un incident nécessaire de cette saisie, en sorte que l'on ne puisse en arrêter les suites en formant cette demande par action distincte et principale ?*

Telle est notre opinion. D'une part, l'orateur du gouvernement, édition de F. Didot, p. 215, le dit expressément : il explique que les incidens sont antérieurs ou postérieurs à l'adjudication définitive; et, parmi les premiers, il place *l'attaque contre le titre en vertu duquel se fait la saisie* ; incident qui est véritablement compris dans la disposition de l'article 733, puisque l'annulation du titre est le moyen d'annulation de la saisie et de ses suites.

Nous concluons de là que l'on ne peut former la demande en nullité du titre qu'incidemment à la saisie ; que cet incident reçoit l'application des articles 733 et 734, et qu'un tribunal ne peut surseoir à l'adjudication sur le motif qu'une semblable demande aurait été formée par action principale et distincte.

3509. La disposition de l'article 733, qui exige que, si les moyens de nullité sont rejetés, il soit procédé de suite à l'adjudication, n'est pas applicable au cas où l'adjudication a été retardée par un incident. La même disposition n'oblige pas à ne proposer les nullités que le jour indiqué pour l'adjudication préparatoire. — A. 2288.

3510. Il n'est pas indispensable, pour la validité du jugement qui rejette les moyens de nullité, qu'il prononce en même tems l'adjudication préparatoire, la disposition finale de l'article 733 n'étant pas prescrite à peine de nullité. (Paris, 1.er juillet 1813 ; Sirey, 1814, p. 259.) (1)

_____

(1) Bien plus, M. Huet observe que cette disposition n'est pas *exécutable*, et qu'il faut deux jugemens séparés; celui qui rejette les mo ens, parce qu'il s'inscrit sur la feuille d'audience, comme jugement ordinaire, et celui d'adjudication, qui se porte sur le cahier des charges. En admettant la décision de Paris, nous ne croirions pas devoir suivre l'opinion de cet auteur, sur la nécessité de deux jugemens; nous croyons, au contraire, avec la cour de Rennes (prem. ch., 4 janvier 1813) que, suivant l'article 733, le déboutement

44

3511. Le créancier dont les poursuites sont annulées peut être condamné en des dommages-intérêts envers l'adjudicataire, mais non envers le débiteur saisi (Besançon, 21 juin 1810; Sirey, 1812, pag. 8), à moins, comme l'observe encore M. Huet, qu'il n'y ait fraude ou dol de la part de ce créancier.

ARTICLE 734.

L'appel du jugement qui aura statué sur ces nullités ne sera pas reçu, s'il n'a été interjetté avec intimation dans la quinzaine de la signification du jugement à avoué : l'appel sera notifié au greffier, et visé par lui.

Conférence.

T. art. 29. - V. sur l'art. 153 n. 876, et *infrà* sur 735.

3512. L'appel du jugement peut valablement être signifié au domicile de l'avoué, et conséquemment le délai de quinzaine donné pour l'interjetter n'est point susceptible de l'augmentation à raison des distances. — A. 2289, et *suprà* n.ºs 3436 et 3437.

3513. *Si la saisie frappe sur plusieurs débiteurs copropriétaires, l'un d'eux, qui seul interjette appel, peut-il faire valoir un moyen qui n'a été présenté en première instance que par un de ses consorts non appelant ?*

On peut opposer que ce consort n'oppose point un *nouveau* moyen : nous répondons qu'un semblable moyen, uniquement présenté par un consort, et auquel celui qui appelle n'a point adhéré devant les premiers juges, ne peut être de quelque considération en appel, qu'autant qu'il y serait reproduit par la partie qui en a été déboutée ; que celle-ci, ayant acquiescé au jugement, les moyens qu'elle avait fait valoir doivent, par cela même, être considérés comme non avenus, en sorte que le consort, seule partie en appel, propose réellement et quant à lui, un moyen nouveau, en s'emparant de celui qu'aurait fait valoir son consort. (1)

---

des moyens de nullité et l'adjudication préparatoire doivent former un seul et même jugement, dont la délivrance et l'expédition doivent être dans la même forme que pour les jugemens intervenus à l'audience, sur toute autre matière, indépendamment de ce qui doit être mis sur le cahier des charges, conformément à l'article 699.

(1) En effet, l'appelant ne peut que reproduire les moyens qu'il avait proposés, car ses griefs ne peuvent valablement reposer que sur le rejet de ces mêmes moyens ; s'il est obligé, pour faire réformer le jugement, d'aller chercher d'autres moyens dans la procédure des consorts qui ont acquiescé au jugement, ces moyens ne peuvent être envisagés que comme produits nouvellement, puisqu'il

3514. *Est-ce au greffier du tribunal de première instance, ou au greffier de la cour royale, que l'appel doit être notifié?*

M. Dezevaux examine cette question, page 79 du traité précité, et pense que la notification doit être faite au greffier du tribunal de première instance ; la raison en est, dit-il, que l'appel étant suspensif, selon le prescrit de l'article 457 du code de procédure, le but du législateur n'a pu être, en prescrivant le visa de l'acte d'appel, par le greffier, que de donner connaissance au tribunal de première instance de l'existence de cet acte, afin qu'il ne soit pas donné suite à la saisie immobilière avant qu'il n'y ait été statué : cette opinion nous paraît en harmonie avec l'article 476.

3515. En matière de saisie immobilière, l'appel du jugement d'adjudication est tellement indivisible que, s'il est non recevable à l'égard des créanciers poursuivans, cette fin de non recevoir profite aux adjudicataires, lors même que l'appel, relativement à ceux-ci, serait valable en soi. (Cass., 14 juin 1813 ; Denevers, 1813, p. 394, et *suprà* n.ᵒˢ 3496 et 3497.)

3516. La notification faite au greffier ne suffit pas ; l'appel doit nécessairement être notifié au poursuivant, au domicile de son avoué. — A. 2290.

3517. Le débiteur qui interjette appel du jugement d'adjudication contre le poursuivant, ne peut pas assigner l'adjudicataire en déclaration de jugement commun ; il doit aussi se rendre appelant contre cet adjudicataire. (Paris, 20 ventôse an 11 ; Sirey, t. 3, pag. 219.)

3518. Si le jugement qui prononce sur les nullités *antérieures* à l'adjudication préparatoire, intervient postérieurement à cette adjudication, néanmoins le délai d'appel est celui que fixe l'art. 734, et non pas celui qu'indique l'article 736, qui ne s'applique qu'aux moyens proposés contre la procédure postérieure à la même adjudication. (Cass., 25 avril 1814 ; Sirey, 1814, p. 257.)

3519. La notification au greffier peut être faite, et son visa apposé après le délai de quinzaine fixé pour interjetter l'appel ; il suffit que cette formalité soit remplie avant l'adjudication définitive. — A. 2291.

---

ne s'agit de prononcer sur l'appel que dans son intérêt unique et sur ses poursuites.

Au reste, il est bien certain que l'appelant n'eût pu, devant le premier juge, et après l'adjudication préparatoire, s'emparer du moyen dont son consort eût été débouté, et s'en étayer pour faire rendre par ce juge une décision contraire à celle qui aurait déclaré valables la saisie et la procédure antérieure ; or, ce qu'il ne pouvait faire en première instance ne lui est-il pas nécessairement interdit en appel ?

3520. Le défaut de notification et de visa ne peut rendre l'appel non recevable que dans le cas où l'adjudication définitive a été prononcée. — A. 2292. (1)

3521. La disposition de l'article 734, relative au délai dans lequel l'appel doit être interjetté, ne s'entend que du jugement qui statue sur des irrégularités de la procédure, et non du cas où l'on voudrait faire valoir des moyens du fond. — A. 2293. (2)

Cette proposition, que l'on peut appuyer encore d'un arrêt de Paris du 23 mai 1808, Sirey, 1808, p. 12, ne serait pas exacte sous tous les rapports, si l'on admettait l'opinion à laquelle nous nous sommes arrêtés *suprà* n.° 3502, et dans la note page 343, relativement à la demande en annulation du titre. En effet, dès que la loi ne distingue point les moyens du fond des moyens de nullité de la procédure, parce que les premiers se confondent avec ceux-ci, en ce qu'ils entraînent nécessairement l'annulation de cette procédure, il est de conséquence rigoureuse que l'article 734 est applicable aux uns comme aux autres.

3522. On peut appeler du jugement d'adjudication préparatoire, encore bien qu'il ait été rendu sans qu'il ait été proposé préalablement des moyens de nullité devant les premiers juges, lorsque les formes prescrites pour l'adjudication n'ont pas été observées. — A. 2294.

3523. Lorsque le jugement d'adjudication n'a point été rendu par suite d'une demande en nullité, et que l'on appelle de ce jugement dans l'un des cas énoncés, analyse 2294, le délai d'appeler court du moment de la signification, et dure jusqu'à l'adjudication définitive. — A. 2295. (3)

---

(1) Cette proposition est en opposition formelle avec un arrêt de la cour de Trèves, du 25 novembre 1813, rapporté au commentaire des annales du notariat, tom. 4, p. 523 : cet arrêt a en effet décidé que l'inobservation de la formalité dont il s'agit dépouillait l'appel de tout son effet; mais nous nous en tenons à la décision contraire de l'arrêt de Bruxelles, cité dans notre analyse; et comme il est de principe qu'on ne peut suppléer des déchéances que la loi n'a pas formellement prononcées, nous modifierons la proposition ci-dessus, en ce qu'elle établit que l'appel serait non recevable, si l'adjudication définitive avait eu lieu; et adoptant l'avis des auteurs précités, nous disons que si l'adjudication définitive a été consommée, l'appelant n'est pas déchu, mais s'expose aux dommages-intérêts de l'adjudicataire auquel la vente a été consentie au préjudice de son appel, puisque cette vente a été la suite de sa négligence à remplir la formalité prescrite par la loi.

(2) *Er.* Au lieu de *cette question a été résolue négativement*, etc., lisez *la cour de Grenoble, par arrêt du 28 mars, etc., a déclaré que la déchéance*, etc.

(3) À l'appui de cette proposition, nous pourrions citer un arrêt de Paris du 26 août 1814 (Sirey, 1815, 2.° part., p. 245), qui décide que l'appel ne doit pas être émis dans la quinzaine, parce que le jugement d'adjudication n'est pas

3524. Toutes les personnes qui ont été parties à l'adjudication peuvent *appeler* du jugement qui la prononce, ou même qui prononce sur les nullités; cet appel doit être interjetté contre tous les créanciers, lorsqu'il s'agit du jugement d'adjudication ; mais, lorsqu'il s'agit du jugement qui prononce sur les nullités, on ne doit intimer que le créancier saisissant. — A. 2296.

2525. L'appel des jugemens de nullité ou d'adjudication préparatoire donne à l'adjudicataire provisoire le droit de demander sa décharge. — A. 2297.

3526. *Quels sont les effets de l'arrêt confirmatif ou infirmatif du jugement rendu sur des nullités, ou qui a proposé l'adjudication sans qu'il y ait eu de nullités opposées ?*

Voyez A. 2298.

3527. Le jugement d'adjudication provisoire, ou l'arrêt confirmatif intervenu sur l'appel, ne peut plus être attaqué par la voie de la cassation après l'adjudication définitive, si, lors de cette dernière adjudication, le saisi n'a pas manifesté l'intention de l'attaquer. (Cass., 4 février 1811 ; Sirey, 1811, p. 224.)

3528. Il doit donc faire une réserve formelle du pourvoi, autrement il est réputé, par cela seul, y avoir renoncé en acquiesçant au jugement rendu, et il est non recevable à se pourvoir. (Cass., 1.er décembre 1813 ; Sirey, 1814, p. 80.)

ARTICLE 735.

La partie saisie sera tenue de proposer par requête , avec avenir à jour indiqué , ses moyens de nullité , si aucuns elle a , contre les procédures postérieures à l'adjudication provisoire , vingt jours au moins avant celui indiqué pour l'adjudication définitive : les juges seront tenus de statuer sur les moyens de nullité , dix jours , au moins avant ladite adjudication définitive.

---

rendu sur un incident, et qu'il peut être interjetté dans le délai ordinaire fixé par l'article 443. Mais M. Huet, page 259 et suivantes, combat avec force cette décision, et les raisons qu'il développe nous portent à rétracter l'opinion que nous avions énoncée dans l'analyse ; il serait contradictoire , en effet, que l'appel d'un jugement d'adjudication devant être interjeté dans quinzaine, lorsqu'il est la suite du rejet de moyens de nullité , pût l'être après ce délai, lorsqu'aucun de ces moyens n'eût été opposé. Il est évident qu'afin d'entraver la poursuite on garderait le silence sur ces moyens, que l'on viendrait ensuite plaider en appel, contre le vœu bien prononcé de la loi, etc., etc. (Voy. le traité de M. Huet.)

Conférence.

T. art. 125. -- Edit de 1551, art. 15. --Décret du 2 février 1811, art. 2 et 3 et *suprà* art. 715.

3529. Les dispositions de l'art. 735 ont été modifiées depuis la publication du code, par un décret du 2 février 1811.—A. 2299. (1)

3530. La requête prescrite par l'article 735 peut être signifiée d'avoué à avoué. — A. 2300.

3531. *Cette requête doit-elle être signifiée à l'adjudicataire provisoire ?*

M. Dezevaux, dans l'ouvrage précité, page 93, pense que cela doit avoir lieu quoique la loi ne le dise pas. Ce qui le porte à le croire c'est, 1.° que l'adjudicataire provisoire qui peut devenir adjudicataire définitif, si son enchère n'est pas couverte, a un intérêt réel que la procédure soit valable; il a donc, par conséquent, le droit de combattre lui-même toutes les nullités; et, pour qu'il puisse le faire, il faut absolument qu'il soit appelé à l'audience;

2.° Que si, d'après l'article 727 du code de procédure, la demande en distraction doit être formée contre l'avoué adjudicataire, à plus forte raison doit-on former contre lui celle en nullité de la procédure.

3532. Le délai donné à la partie pour proposer ses moyens est fatal; mais elle peut appeler du jugement qui prononce cette déchéance. — A. 2301.

3533. Si le saisi a négligé de proposer ses moyens quarante jours avant l'adjudication définitive, il ne peut demander la nullité de cette adjudication. —A. 2302.

3534. Une demande en sursis d'adjudication définitive, fondée sur ce que, par erreur, l'adjudication a été indiquée dans les affiches à une date différente que celle désignée par le tribunal, peut être formée le jour même de l'adjudication. Ce n'est pas le cas d'appliquer l'article 735 du code de procédure, et le décret du 2

---

(1) *Art. II du Décret.*

Aucune demande en nullité de procédures postérieures à l'adjudication préparatoire ne sera reçue,

1.° Si le demandeur ne donne caution suffisante pour le paiement des frais résultans de l'incident;

2.° Si ladite demande n'est proposée quarante jours, au moins, avant le jour fixé pour l'adjudication définitive.

Art. III.

Nous enjoignons à nos juges de statuer sur ladite demande, trente jours au plus tard avant l'adjudication définitive; si leur jugement est par défaut, la partie condamnée ne pourra l'attaquer que par la voie de l'appel.

février 1811, relatifs à l'intervalle qui doit être observée entre les demandes en nullité et l'adjudication définitive.

L'appel du jugement qui, en prononçant l'adjudication définitive, rejète une demande en sursis, formée par le saisi, est recevable pendant trois mois : on ne peut appliquer en ce cas l'article 736 du code de procédure, qui fixe le délai de l'appel pour les jugemens qui ont statué sur les demandes en nullités. (Dijon, 28 février 1811 ; Sirey, 1818, p. 304 ; mais voyez *suprà* n.º 3523, à la note.)

3535. En cas d'urgence, notamment lorsque l'adjudication définitive a été indiquée au lendemain du jour où la cour prononce sur l'appel de jugemens relatifs à des incidens, cette cour peut ordonner que son arrêt sera exécuté sur minute, et, à cet effet, c'est au greffier à le présenter au tribunal qui doit procéder à l'adjudication définitive. (Cass., 10 janvier 1814 ; Sirey, 1814, p. 64.)

3536. Lorsque la partie saisie allègue une compensation, il y a nécessité de statuer sur cette compensation, avant de procéder à l'adjudication. (Cass., 23 juillet 1811 ; Sirey, 1812, p. 23.)

Mais, comme le remarque M. Huet, il est nécessaire que la compensation alléguée soit dans le cas d'éteindre toute la créance ; si la compensation, comme le paiement, n'en éteignait qu'une partie, les poursuites du créancier ne sauraient être suspendues.

3537. S'il arrive que le tribunal, après avoir fixé le jour de l'adjudication définitive, par exemple, au 5 octobre, renvoye au 5 novembre à statuer sur la compensation, ce jugement de renvoi, quoiqu'acquiescé, n'autorise pas à procéder à l'adjudication avant qu'il ait été statué sur la compensation.

Si donc, après l'adjudication, ainsi faite illégalement, la compensation est rejetée, cette circonstance postérieure à l'adjudication ne peut couvrir la nullité résultant de ce qu'il y a été procédé avant qu'il ait été statué sur la compensation. (Même arrêt du 23 juillet 1811.)

3538. De ce que le décret du 2 février 1811 porte que les juges seront *tenus* de statuer sur la demande en nullité, dans les trente jours, au plus tard, avant l'adjudication définitive, il ne s'ensuit pas qu'ils ne puissent statuer après ce délai. — A. 2303.

3539. Le saisi ne serait pas recevable à proposer ses moyens de nullité, s'il se bornait à offrir la caution exigée par le décret du 2 février 1811, mais sans la désigner. — A. 2304.

ARTICLE 736.

L'appel de ce jugement ne sera pas recevable après la huitaine de la prononciation ; il sera notifié au greffier, et visé par lui : la partie saisie ne pourra, sur l'appel, proposer autres moyens de nullité que ceux présentés en première instance.

Conférence.

T. art. 29. — A. sur l'art. 734. — Décret du 2 février 1811, art. 4.

3540. Le décret du 2 février ajoute aux dispositions de l'article 736. — A. 2505. (1)

3541. La voie de l'opposition ne peut être employée contre un arrêt, par défaut, rendu sur l'appel d'un jugement qui a statué sur une demande en nullité de procédures postérieures à l'adjudication préparatoire. (Paris, 28 décembre 1816 ; Sirey, 1817, p. 396, et *suprà* n.° 3435.)

3542. Il n'est pas nécessaire que le jugement, dont est appel, soit notifié à greffier. — A. 2306.

3543. La notification faite au greffier, dans l'espèce de l'article 736, ne dispense pas d'intimer le poursuivant. — A. 2307.

3544. On ne peut exciper sur l'appel d'un moyen de nullité qui n'aurait pas été proposé avant l'adjudication, quoique ce moyen ait quelque rapport avec un autre moyen proposé et rejeté en première instance. — A. 2308.

3545. L'appelant qui a été condamné par défaut, en première instance, n'en est pas moins non recevable à proposer, en appel, des moyens de nullité. — A. 2309.

3546. Mais il n'en serait pas de même de la partie qui aurait fait défaut sur une assignation irrégulière. — A. 2310, et *suprà* n.° 3506.

3547. La partie saisie ne peut pas proposer, pour la première fois, sur appel, la nullité de l'inscription hypothécaire. (Rouen, 28 février 1810; Sirey, 1811, p 243.) Cette nullité n'influerait d'ailleurs aucunement sur la validité des poursuites, puisqu'un créancier non hypothécaire peut saisir réellement. (V. A. 2007.)

---

(1) *Art. IV du décret.*

Il sera statué sur l'appel dans la quinzaine, au plus tard, à dater de la notification qui en aura été faite, aux termes de l'article 736 du code de procédure civile : si l'arrêt est rendu par défaut, la voie de l'opposition est interdite à la partie condamnée.

3548. La défense de proposer, en appel, des nullités non proposées avant l'adjudication, est en faveur du créancier poursuivant comme de l'adjudicataire. — A. 2311. (1)

ARTICLE 737.

Faute par l'adjudicataire d'exécuter les clauses de l'adjudication, le bien sera vendu à sa folle enchère.

Conférence.

Loi du 11 brumaire an 7 ; art. 24. -- Art. 715.

3549 La folle enchère n'est que la continuation de la poursuite sur laquelle la première adjudication a eu lieu : elle doit donc être portée devant le tribunal qui a rendu le jugement d'adjudication ; peu importe que les clauses, dont l'inexécution a donné lieu à la folle enchère, ne dussent être exécutées qu'après le jugement. (Paris, 3.ᵉ ch., 16 février 1816 ; Sirey, 1817, p. 47.)

3550. La folle enchère ne peut être poursuivie par un cessionnaire à qui le vendeur aurait transporté son prix ou portion du prix : la cession n'a conféré que le privilège hypothécaire ; elle n'a pu conférer un droit inhérent à la personne du cédant, relativement à une vente précédemment faite. (Paris, 31 juillet 1816 ; Sirey, 1817, p. 169.)

3551. Le cohéritier adjudicataire d'un immeuble de la succession est soumis, comme tout autre adjudicataire, à la clause de revente sur folle enchère, en cas d'inexécution des conditions de la vente. (Paris, 21 mai 1816 ; Sirey, 1818, p. 10.)

3552. La revente sur folle enchère n'a lieu qu'en cas d'inexécution des conditions de l'enchère, qui doivent être remplies avant la délivrance du jugement, et qui sont exigibles dans les vingt jours de l'adjudication. — A. 2312.

M. Huet, page 30, combat fortement cette proposition, et cite en faveur de son opinion celle de M. Pigeau, t. 2, p. 146, et trois arrêts, le premier de la cour de cassation du 20 juillet 1808, les deux autres, de la cour de Paris, des 20 mars et 1.ᵉʳ mai 1810 (V. Sirey, 1808, p. 402, et 1815, p. 172 et 168), qui ont décidé qu'un créancier, porteur d'un bordereau de collocation, n'avait, à défaut de paiement, que la seule action de revente sur folle enchère ; nous ne persisterons pas, en conséquence, dans la doctrine que contient notre analyse.

---

(1) Nous ne rapporterons point les arrêts qui n'ont fait qu'appliquer le principe que des moyens de nullité, non proposés en première instance, ne peuvent l'être en appel. (V. Sirey, 1815, 2.ᵉ part., p. 138 et 182.)

3553. Accorder un délai à un adjudicataire qui, pour défaut de paiement, a encouru la folle enchère, ce n'est pas renoncer à la folle enchère encourue, c'est seulement y surseoir; et s'il n'y a pas paiement après l'expiration du délai, sa folle enchère peut être poursuivie; il n'y a point là de novation. (Paris, 20 septembre 1815, ch. des vacat.; Sirey, 1818, p. 105.)

3554. *Le fol enchérisseur peut-il être poursuivi sur ses biens personnels avant ou pendant les poursuites de folle enchère?*

On cite pour l'affirmative, 1.° l'article 2092 du code civil, d'après lequel quiconque s'est obligé personnellement est tenu de remplir ses engagemens *sur tous ses biens*; 2.° l'article 715 du code de procédure, qui autorise la folle enchère *sans préjudice des autres voies de droit*; 3.° l'avis de M. Pigeau, tome 2, page 146, qui estime que le créancier peut contraindre l'adjudicataire, tant par voie de folle enchère que par toute voie d'exécution, sur ses biens personnels; 4.° l'arrêt de Paris du 20 mars 1810; Sirey, 1815, p. 172, lequel consacre cette opinion.

Pour la négative, on dit que l'article 715 contenant une disposition impérative, *l'adjudicataire sera contraint*, les termes suivans, *sans préjudice des autres voies de droit*, ne s'entendent que des poursuites ultérieures à faire en cas d'insuffisance du résultat de la folle enchère, on tire induction de l'article 2209 du code civil, etc., etc.; enfin, on cite un arrêt de la cour de cassation du 20 juillet (Sirey, 1808, p. 402) qui, sous l'empire de la loi du 11 brumaire, dont les dispositions étaient semblables à celles du code, a décidé que l'adjudicataire n'avait pu être poursuivi par voie de saisie exécution avant la revente sur folle enchère, et tel est aussi l'avis que développe M. Huet, p. 305 et suiv.

Les auteurs du commentaire des annales du notariat professent la doctrine contraire, tome 4, page 445, et c'est celle que nous adoptons, par la raison que le jugement d'adjudication forme contre l'adjudicataire un titre qui, comme tout autre, est susceptible de toutes les contraintes ordinaires et de droit, qui peuvent être exercées simultanément. Or, l'article 715 ne nous paraît point contenir une exception à ce principe en faveur du fol enchérisseur: loin de là, ces mots *sans préjudice* nous sembleraient avoir été insérés dans l'article pour énoncer le contraire; autrement ils seraient inutiles, car il est évident que le créancier qui éprouverait une perte aurait droit d'exercer son recours sur les biens personnels de l'adjudicataire, sans qu'il fût besoin de l'énoncer. L'article 2209 contient une disposition spéciale pour un cas qui n'est pas le nôtre, et hors ce cas, reste le principe ci-dessus. Enfin, l'arrêt de la cour de cassation ne peut trancher la difficulté, car il ne serait pas exact de dire que la loi du 11 brumaire renfermât sur ce point une disposition semblable à celle de l'article 715, puisque l'art. 24 cité dans l'arrêt ne contient pas ces mots, *sans préjudice des autres voies de droit.*

ARTICLE 738.

Le poursuivant la vente sur folle enchère se fera délivrer par le greffier un certificat constatant que l'adjudicataire n'a point justifié de l'acquit des conditions exigibles de l'adjudication.

Conférence.

T. art. 26, *suprà* art. 715.

3555. Tout créancier peut provoquer la vente sur folle enchère. — A. 2313.

ARTICLE 739.

Sur ce certificat, et sans autre procédure ni jugement, il sera apposé nouveaux placards et inséré nouvelles annonces dans la forme ci-dessus prescrite, lesquels porteront que l'enchère sera publiée de nouveau au jour indiqué : cette publication ne pourra avoir lieu que quinzaine au moins après l'apposition des placards.

Conférence.

Pothier, traité de la procéd. civ., 4.e part., chap. 2, art. 11, §. 6. Art. 683, 684, 685, 702, et A. sur le titre 12, et notamment sur les art. 707, 708 et 709.

3556. La clause par laquelle l'adjudicataire consent à ce que, dans le cas où il n'exécutât pas les conditions de l'adjudication dans le délai fixé, il fût procédé sans sommation préalable, à la réadjudication, donne seulement le droit de poursuivre dès l'expiration du délai la réadjudication, mais ne dispense point d'observer, pour y parvenir, les formalités et les délais, prescrits par la loi, durant lesquels l'adjudicataire est toujours recevable à exécuter les conditions de l'adjudication. (Amiens, 3 août 1816; Sirey, 1818, p. 28.)

3557. On doit passer en taxe les frais d'impression pour les nouveaux placards prescrits par l'article 739, et destinés à annoncer la première publication de la vente sur folle enchère. — A. 2314.

ARTICLE 740.

Le placard sera signifié à l'avoué de l'adjudicataire, et à la partie saisie, au domicile de son avoué, et, si elle n'en a pas, à son domicile, au moins huit jours avant la publication.

Conférence.

Suprà sur l'art. 723.

3558. Les créanciers inscrits ne sont point appelés à la poursuite, mais ils peuvent y paraître à leurs frais, et sans répétition.

ARTICLE 741.

L'adjudication préparatoire pourra être faite à la seconde publication, qui aura lieu quinzaine après la première.

3559. L'adjudication préparatoire peut avoir lieu, quelle que soit la modicité de l'offre.

ARTICLE 742.

A la quinzaine suivante, ou au jour plus éloigné qui aura été fixé par le tribunal, il sera procédé à une troisième publication, lors de laquelle les objets saisis pourront être vendus définitivement : chacune desdites publications sera précédée de placards et annonces, ainsi qu'il est dit ci-dessus ; et seront observées, lors de l'adjudication, les formalités prescrites par les articles 707, 708 et 709.

Conférence.

Voy. art. 683, 684 et 685.

3560. On doit observer, entre l'apposition des placards, prescrite par l'article 742, et les deux dernières publications de la folle enchère, les délais déterminés au titre de la saisie immobilière, autant qu'ils se concilient avec ceux qui ont été fixés pour les publications. — A. 2315.

3561. Le tribunal, en prononçant l'adjudication préparatoire, doit renvoyer à quinzaine pour être procédé à l'adjudication définitive, et non à deux mois, comme le porte l'article 1 du décret du 2 février 1811. — A. 2316.

M. Desevaux, page 109, donne de fortes raisons pour l'opinion contraire ; mais nous pensons, quelque justes que soient les considérations sur lesquelles il s'appuie, que le texte de l'article et du décret même du 2 février ne permettent pas d'admettre son opinion.

ARTICLE 743.

Si néanmoins l'adjudicataire justifiait de l'acquit des conditions de l'adjudication, et consignait la somme réglée par le tribunal pour le paiement des frais de folle enchère, il ne serait pas procédé à l'adjudication définitive, et l'adjudicataire éventuel serait déchargé.

Conférence.

3562. Les auteurs du commentaire des annales du notariat, t. 4, pag. 340, estiment que le tribunal, vu le peu d'importance de la somme, peut ordonner la consignation des frais au greffe ou dans les mains de l'avoué; mais il nous semble que l'article 1, §. 14 de l'ordonnance du 3 juillet 1816, s'y oppose.

ARTICLE 744.

Le fol enchérisseur est tenu par corps de la différence de son prix d'avec celui de la revente sur folle enchère, sans pouvoir réclamer l'excédant, s'il y en a; cet excédant sera payé aux créanciers, ou si les créanciers sont désintéressés, à la partie saisie.

Conférence.

V. art. 712. - Pothier, *ibidem.*

3563. La contrainte par corps prononcée par l'article 744 n'a pas lieu de plein droit. — A. 2317.

3564. Le fol enchérisseur doit être remboursé de ce qu'il a payé sur le prix de son adjudication, des frais de poursuite que le cahier des charges l'obligeait de payer au créancier poursuivant, et des droits d'enregistrement et autres de cette nature qu'il aurait payés. — A. 2318. V. aussi arrêt de Paris du 12 juillet 1813; Sirey, 1814, p. 237.

3565. La revente sur folle enchère doit nécessairement être poursuivie aux mêmes clauses et conditions que celles du cahier des charges de la première adjudication; il ne peut y être fait de changement sans le consentement du fol enchérisseur. (Paris, 25 juin 1813; Sirey, 1813, 2.ᵉ part., p. 302.)

3566. Les frais faits sur la première vente ne sont pas à la charge du fol enchérisseur; il n'est tenu que de la différence en moins de son prix avec celui de la revente. (Paris, 29 novembre 1816; Sirey, 1817, p. 368.)

3567. Si le fol enchérisseur a donné congé au fermier ou locataire, celui-ci ne peut, en cas de revente sur folle enchère, faire imposer au futur adjudicataire l'obligation de payer l'indemnité qui lui est accordée par le jugement qui a déclaré le congé valable. (Cass., 27 novembre 1807 ; Sirey, 1808, p. 100.)

ARTICLE 745.

Les articles relatifs aux nullités et aux délais et formalités de l'appel, sont communs à la poursuite de la folle
enchère.

Conférence.

V. art. 732 à 736. (1)

3568. L'article 745 suppose que les formalités de la folle enchère
doivent être observées à peine de nullité, en ce qu'elles ont de
semblables aux formalités prescrites sous la même peine pour la saisie
— A. 2319. (2)

3569. L'appel du jugement sur folle enchère peut être interjetté
dans les délais ordinaires. Un arrêt de Turin du 19 avril 181
(Sirey; 1811, p. 190), qui applique à cet appel la disposition de
l'art. 734, auquel renvoie l'article 745, consacre une erreur palpable
suite de ce que la cour, au lieu de procéder à la poursuite de la
folle enchère par adjudication préparatoire, avait fait revivre, en
contravention à l'article 707, l'enchère que le premier adjudicataire
avait couverte; ce qui fit considérer la seconde adjudication comme
un incident. (V. sur cet arrêt les observ. de M. Huet, p. 314.)

ARTICLE 746.

Les immeubles appartenans à des majeurs, maîtres de
disposer de leurs droits, ne pourront, à peine de nullité,
être mis aux enchères en justice, lorsqu'il ne s'agira que
de ventes volontaires.

3570. Si une partie s'était adressée au juge, et en avait obtenu
l'autorisation de vendre devant notaires, la vente ne serait pas nulle,
parce qu'elle aurait eu lieu par suite de cette autorisation. — A.
2320. (3) Voy. *suprà* n. 3095, et arrêt de Bruxelles, 26 juin 1811;
Sirey, 1812, pag. 431.

ARTICLE 747.

Néanmoins, lorsqu'un immeuble aura été saisi réellement,
il sera libre aux intéressés, s'ils sont tous majeurs et maîtres
de leurs droits, de demander que l'adjudication soit faite
aux enchères, devant notaires ou en justice, sans autres formalités que celles prescrites aux art. 957, 958, 959, 960,
961, 962, 964, sur la *Vente des biens immeubles.*

___

(1) *Er.* 2.ᵉ ligne, au lieu de *poursuite de l'appel*, lisez *poursuite de la folle*
enchère.

(2) *Er.* 1.ᵉʳ alinéa, dernière ligne, au lieu de *celle de la saisie*, lisez *celles*
de la saisie; 3.ᵉ alinéa, 6.ᵉ ligne, au lieu de *vont de plein droit*, lisez *seraient*
de plein droit.

(3) *Er.* 2.ᵉ ligne, au lieu de *autorisation*, lisez *l'autorisation.*

T. art. 127. – A. sur les art. 957 et suiv. (1)

3571. Les personnes qui peuvent demander la conversion de la saisie en vente volontaire sont le saisi, le saisissant, et les autres créanciers parties dans la saisie; mais, pour cela, il faut que l'immeuble ait été saisi, que tous les intéressés soient majeurs et maîtres de leurs droits, et qu'ils soient tous d'accord. — A. 2521.

3572. La demande en conversion est formée par une requête non grossoyée. — A. 2522.

3573. Elle peut l'être en tout état de cause, et néanmoins le tribunal pourrait la rejeter, si la poursuite touchait à sa fin. — A. 2523.

3574. Le créancier saisissant, à lui joint le débiteur saisi, ne peuvent seuls, et sans le concours des autres créanciers, provoquer l'application de l'article 747, lors même que la saisie n'a pas été suivie d'autres poursuites, et que les créanciers incrits ne sont pas encore parties en cause. (Jugement du tribunal civil de Moulins, du 22 mai 1817; Huet, p. 319 et 321.) En effet, l'article 747 ne distinguant point, et exigeant le concours de tous les intéressés, il y aurait violation de cet article, si le saisissant qui ne se désiste pas de sa poursuite pouvait obtenir la conversion en vente volontaire.

3575. Le créancier poursuivant la saisie immobilière ne serait fondé à appeler du jugement de conversion qu'autant que le tribunal eût accordé au saisi un trop long délai pour effectuer cette vente. — A. 2524.

3576. Si la vente volontaire a eu lieu avant qu'il ait pu être statué sur l'appel interjeté dans l'espèce de la précédente question, on ne doit point réformer le jugement qui l'a autorisée, parce que l'appelant se trouve alors sans intérêt à suivre sur son appel. — A. 2525.

3577. Le créancier poursuivant ne doit point, en ce cas, supporter personnellement les frais par lui faits sur la saisie immobilière, postérieurement au jugement qui autorise la vente sur publications volontaires, et à l'appel qu'il aurait interjeté de ce jugement. — A. 2526.

3578. Quoique l'article 747 mette l'article 957 au nombre de ceux dont il faut suivre les formalités, lorsqu'une saisie est convertie en vente volontaire, cependant il n'y a pas lieu, dans ce cas, à observer les dispositions de cet article. — A. 2527.

---

(1) Nous examinerons sur l'article 965 la question de savoir si la vente faite après conversion de saisie en aliénation volontaire admet, quant à ses suites, les principes particuliers à ces aliénations faites dans les cas ordinaires.

3579. L'article 747 n'a pas entendu prescrire l'observation des formalités ordonnées par les articles 958, 959, 960 et 961, comme une condition essentielle de la conversion de la saisie en vente volontaire. — A. 2529. (1)

ARTICLE 748.

Dans tous les cas de l'article précédent, si un mineur ou interdit est créancier, le tuteur pourra, sur un avis de parens, se joindre aux autres parties intéressées pour la même demande.

Si le mineur ou interdit est débiteur, les autres parties intéressées ne pourront faire cette demande qu'en se soumettant à observer toutes les formalités pour la vente des biens des mineurs.

Conférence.

A. sur les art. 957 et suiv. — V. les art. 457, 458 et 459 du code civil. — Art. 955 et suiv., C. pr.

3580. Si le saisi est mineur ou interdit, et que la saisie soit convertie en vente volontaire, on doit appliquer les dispositions des art. 957 et 964. — A. 2528.

3581. Il n'est pas rigoureusement nécessaire que l'avis de parens, exigé par l'art. 748, soit homologué dans le cas où le mineur ou l'interdit est créancier et non débiteur. — A. 2530.

3582. La conversion peut également avoir lieu lorsqu'une femme mariée ou une personne pourvue de conseil judiciaire se trouve créancière ou débitrice. — A 2531.

(1) *Er.* Supprimez la note à la fin de cette question.

TITRE XIV.

De l'ordre.

On a vu *suprà* page 245 en quoi consiste *la distribution par contribution*; *l'ordre* a également pour objet une distribution de prix; mais comme ce prix est celui de la vente d'un immeuble, et que les immeubles peuvent être grevés d'hypothèque, il doit être distribué entre les créanciers hypothécaires, par ordre de date d'inscription, en sorte que les dernières créances inscrites ne sont point payées, lorsqu'il y a insuffisance de fonds.

C'est en cela que *l'ordre* diffère de la distribution par contribution, dans laquelle chaque créancier reçoit une portion en contribuant à la perte.

La loi, lorsqu'un immeuble a été vendu judiciairement, accorde aux créanciers et au débiteur, comme lorsqu'il s'agit de distribution, un délai pour se régler à l'amiable (749.)

Ce délai expiré, le saisissant, l'adjudicataire ou le créancier le plus diligent, somme les créanciers de remettre leurs titres et pièces entre les mains d'un juge que le président commet pour procéder l'ordre (750-754.)

Ce juge dresse un état de collocation, dans lequel les créanciers sont classés suivant l'ordre exigé par leurs titres et par leurs inscriptions; la confection de cet acte est dénoncée aux parties intéressées, et elles ont un mois pour contredire, à peine de *forclusion* ou déchéance (755 et 756.)

Le créancier qui n'a pas produit dans le délai utile supporte les frais de sa procédure tardive (757.)

En cas de contestation, les parties sont renvoyées à l'audience, et, sur la poursuite de la partie la plus diligente, le jugement est rendu après rapport du juge-commissaire (760-762.)

Ce jugement est sujet à l'appel dans un délai déterminé, et l'arrêt est rendu sans qu'il soit permis de signifier d'autres écrits que des conclusions motivées de la part des intimés (763-766.)

46

Si, au contraire, personne ne conteste, l'ordre est clos, les
sont liquidés, les mandats délivrés, les paiemens effectués et les
criptions radiées (759.)

La même chose a lieu lorsque le jugement rendu sur contest
a acquis la force de chose jugée (767-774.)

On peut également, après toute aliénation volontaire, procé
l'ordre, en suivant les mêmes formalités, lorsqu'il y a plus de
créanciers inscrits, et qu'ils ne sont pas d'accord avec l'acqué
pour le partage des deniers ; mais, en ce cas, la loi ne perme
provoquer l'ordre que trente jours après les délais prescrits pa
articles 2185 et 2194 du code civil (775-777.)

Du reste, l'article 778 admet les collocations en *sous ordr*

On entend par ces expressions *sous ordre*, la distribution e
plusieurs créanciers inscrits ou opposans, avant la clôture de l'or
de ce qui revient à leur débiteur commun utilement colloqué
cet ordre.

Enfin, soit que l'ordre se fasse par suite d'expropriation ou d'
nation volontaire, la subrogation aux poursuites est admise en
de retard ou de négligence du poursuivant (779.)

Tel est le sommaire des dispositions du code de procédure
cette matière, qu'aucune loi générale n'avait réglée, et sur laqu
pour nous servir des expressions de l'orateur du gouvernement
existait autant d'usages que de jurisdictions. Ici, comme sur la
tribution par contribution, le législateur a pris pour modèle la
cédure qui se pratiquait au Châtelet de Paris, et a trouvé l'avan
de la simplifier encore par suite du nouveau système hypothéca

ARTICLE 749.

Dans le mois de la signification du jugement d'adjudication, s'il n'est pas attaqué ; en cas d'appel, dans le
mois de la signification du jugement confirmatif, les
créanciers et la partie saisie seront tenus de se régler
entre eux sur la distribution du prix.

Conférence.

Voyez *infrà* sur 750.

3583. Pour que le délai fixé par l'article 749 puisse courir, il f
que la signification du jugement ait été faite par l'adjudicatai

non seulement au saisi et au saisisant, mais encore à tous les créanciers inscrits — A. 2332.

Nous ajouterons que notre opinion, sur ce point controversé, a été consacrée par arrêt de Paris, du 12 janvier 1813, lequel décide que le jugement doit être signifié à chaque créancier par exploit séparé. (Sirey, 1813, p. 174.)

3584. Nous avons déjà dit *suprà* n.° 3363, que le créancier qui se présente à l'ordre sous toutes *réserves* n'est pas censé acquiescer au jugement qui a déclaré sa surenchère nulle. De même, l'acquéreur n'acquiesce point au jugement qui le condamne à payer son prix aux créanciers du défendeur, s'il n'a figuré dans l'ordre que comme forcé. (Paris, 17 prairial an 13 ; Sirey, 1807, 2.ᵉ partie, p. 763.)

3585. De même encore, les créanciers inscrits n'acquiescent pas au jugement d'adjudication par cela seul qu'ils poursuivent l'ordre (Orléans, 23 décembre 1806, *ibid.* p. 65.)

3586. Il dépend des créanciers inscrits de faire constater leur accord comme ils le veulent ; il doit être unanime. Les créanciers chirographaires opposans doivent être appelés, à l'effet de discuter la distribution convenue : il est utile de la faire homologuer. — A. 2333.

3587. Si l'adjudicataire n'a point été partie dans l'acte de la distribution conventionnelle, les créanciers doivent, pour se faire payer, lui faire signifier cet acte avec un extrait des créanciers inscrits, délivré depuis la transcription, et offre de radiation des inscriptions de leur part, et de main - levée des oppositions de la part des créanciers non inscrits. — A. 2334.

3588. Mais cette signification ne suffirait pas pour poursuivre contre l'adjudicataire le paiement par voie de saisie, il faudrait y joindre celle du jugement d'adjudication. — A. 2335.

3589. Lorsque le poursuivant signifie le jugement rendu sur l'ordre, cette signification fait courir le délai d'appel contre lui et contre toutes les autres parties. (Colmar, 12 décembre 1816 ; Sirey, 1817, p. 138.)

ARTICLE 750.

Le mois expiré, faute par les créanciers et la partie saisie de s'être réglés entre eux, le saisissant, dans la huitaine, et à son défaut, après ce délai, le créancier le plus diligent ou l'adjudicataire, requerra la nomination d'un juge-commissaire, devant lequel il sera procédé à l'ordre.

Conférence.

T. art. 130. -- Loi du 11 brumaire an 7, art. 31 ; *suprà* sur 658 et 775.

3590. L'ordre doit être poursuivi devant le tribunal qui a prononcé l'adjudication, comme tribunal de la situation de l'immeuble. — A. 2336.

3591. L'ordre entre créanciers doit être fait par les juges de la situation des biens, même dans le cas où l'adjudication a été et a dû être faite devant d'autres juges. (Cass., 3 septembre 1812 ; Sirey, 1813, p. 257.)

3592. Il en est de même quand il s'agit de distribution de prix pour vente judiciaire d'immeubles dépendans d'une succession. (Paris, 26 juin 1813 ; Sirey, 1814, p. 215.)

3593. *Mais n'en serait-il pas autrement s'il était procédé à la vente AVANT PARTAGE ?*

Par arrêt du 23 mai 1810 (Sirey, 1815, p. 170), la cour de Paris avait jugé qu'en cette circonstance l'ordre devait être poursuivi devant le tribunal dans l'arrondissement duquel la succession était ouverte : elle s'est fondée sur la disposition de l'article 559 du code de procédure ; mais la cour de cassation avait décidé le contraire, le 18 avril 1809 (Sirey, 1815. 1.ʳᵉ partie, p. 194), par la raison que la demande à fin d'ordre est une action réelle qui, comme toute autre, doit être portée devant le tribunal de la situation de l'immeuble dont le prix est à distribuer.

3594. On ne peut joindre et renvoyer à un même tribunal les ordres à régler par suite d'adjudication de deux biens situés dans le ressort de deux tribunaux, et vendus séparément par expropriation forcée. — A. 2337.

3595. *Mais doit-on aussi procéder à autant d'ordres séparés qu'il y a de biens situés dans l'arrondissement, lorsqu'ils sont hypothéqués à des créanciers divers ?*

C'est l'avis de M. Tarrible, nouveau répertoire, v.º *saisie immobilière*, §. 8, n.º 1.ᵉʳ. Il doit, dit-il, y avoir autant d'ordre distincts qu'il y a de biens affectés à des créanciers différens.

Tel est aussi celui de M. Persil (questions hypothécaires, 1.ʳᵉ édit., p. 390) ; mais la raison principale qui nous détermine, c'est que, si l'on admettait cette jonction comme *nécessaire*, il arriverait dans le cas, par exemple, où il n'y aurait que deux créanciers seulement inscrits sur des immeubles, qu'ils devraient se présenter à l'ordre pour la distribution du prix de cet immeuble, fût-il vendu par suite d'aliénation volontaire, et par là on les priverait du bénéfice de l'article 775. Nous ne pensons pas que la loi ait entendu consacrer un semblable résultat. (V. néanmoins, pour l'opinion contraire, comm. des ann. du not., tom. 5, p. 273.)

3596. L'acquéreur d'un immeuble appartenant à son mari ou à un tuteur ne peut s'opposer à l'ordre pendant le délai accordé pour l'inscription des hypothèques légales, lors même qu'il a fait transcrire son contrat et l'a notifié aux créanciers inscrits. — A. 2338.

3597. La poursuite d'un ordre ne peut être annulée par cela seul que l'inscription du créancier poursuivant serait radicalement nulle. — A. 2339.

3598. On doit appeler à l'ordre, non seulement les créanciers inscrits sur le dernier possesseur, mais encore tous ceux qui le sont sur les précédens propriétaires ; c'est à l'adjudicataire à donner l'indication de ces créanciers, et à faire la procédure nécessaire pour purger les hypothèques légales. — A. 2340.

3599. Si après le délai de huitaine, donné au saisissant pour requérir la nomination d'un juge-commissaire, un créancier ou l'adjudicataire lui-même ne faisait pas cette réquisition, le saisi aurait droit de la faire. — A. 2341.

3600. La procédure d'ordre peut, sans qu'il y ait nullité, être ouverte avant l'expiration des délais, pour s'accorder, fixés par l'article 749. (Rouen, 30 décembre 1814; Sirey, 1815, p. 220.) Mais il est entendu que ce n'est qu'autant que les créanciers reconnaissent qu'ils ne peuvent s'accorder, commencent ou laissent commencer la poursuite d'ordre avant l'expiration du délai.

3601. Les matières d'ordre sont matières sommaires, ou *requérant célérité*, ainsi la procédure ne peut être suspendue pendant les vacations. (Cass., 10 janvier 1815; Sirey, 1815, p. 68.)

ARTICLE 751.

Il sera tenu au greffe, à cet effet, un registre des adjudications sur lequel le requérant l'ordre fera son réquisitoire, à la suite duquel le président du tribunal nommera un juge-commissaire.

Conférence.

T. art. 130 et 131. — Art. 658. — Loi du 11 brumaire an 7, art. 31.

3602. *Lorsque des créanciers se trouvent en concurrence, le saisissant n'ayant pas fait la réquisition dans le délai de huitaine, quel est celui qui doit l'emporter ?*

V. A. 2342.

ARTICLE 752.

Le poursuivant prendra l'ordonnance du juge-commis,
qui ouvrira le procès-verbal d'ordre, auquel sera annexé
un extrait, délivré par le conservateur, de toutes les inscriptions existantes.

Conférence.

T. art. 131. Même article de la loi du 11 brumaire an 7.

3603. Lorsque l'acquéreur d'un immeuble a payé volontairement
un des créanciers inscrits, et que par suite l'inscription a été radiée, si un autre créancier provoque l'ouverture d'un ordre, l'acquéreur a droit de s'y présenter ; comme subrogé à l'hypothèque
du créancier qu'il a payé, on ne peut lui opposer la radiation
de l'inscription. (Cass., 22 avril 1818; Sirey, 1818, p. 262.)

3604. *En quoi consiste l'ouverture de l'ordre?*

Voyez A. 2343.

3605. *Qu'est-ce que la loi a entendu prescrire en exigeant que
l'extrait à délivrer par le conservateur contienne toutes les inscriptions existantes?*

Voyez A. 2344.

ARTICLE 753.

En vertu de l'ordonnance du commissaire, les créanciers
seront sommés de produire, par acte signifié aux domiciles
élus par leurs inscriptions, ou à celui de leurs avoués,
s'il y en a de constitués.

Conférence.

T. art. 29 et 132.- Art. 659. - A. 2332 et 2333.

3606. Le poursuivant doit appeler à l'ordre non seulement les
créanciers hypothécaires du saisi, mais encore ceux qui seraient inscrits sur les précédens propriétaires de l'immeuble ; on doit également appeler ceux qui ont des hypothèques légales ; du reste, c'est
à l'adjudicataire, sous sa responsabilité, qu'il incombe de désigner les
créanciers hypothécaires. (Riom, 8 juin 1811; Sirey, 1812, p. 109.
V. *suprà* n.° 3598.)

3607. Si l'acquéreur d'un bien situé dans plusieurs arrondissemens
n'avait fait transcrire son contrat que dans un seul, le poursuivant
ne serait pas obligé d'appeler à l'ordre les créanciers inscrits dans
l'arrondissement ou la transcription n'aurait pas été faite. (Cass.,
11 fructidor an 12; Sirey, t. 5, 2.° part., p. 26.)

3608. Le conservateur des hypothèques doit prendre, dans l'intérêt du vendeur, une inscription d'office ; il n'est pas, par cela seul, autorisé à faire une élection de domicile. (C. C. , art. 2108-2148.) Le vendeur appelé à l'ordre doit donc, à peine de nullité, être assigné à domicile réel, et non au domicile qui aurait été élu. (Paris, 31 mai 1813 ; Sirey, 1814, p. 264. V. sur 763.)

3609. Il y a lieu de sommer de produire, par acte signifié au domicile d'un avoué, lorsque des créanciers ont constitué avoué sur la poursuite en expropriation. — A. 2345.

3610. La sommation aux créanciers chirographaires opposans entre les mains de l'adjudicataire, doit se faire au domicile élu dans le lieu où demeure cet adjudicataire. — A. 2346.

3611. *Doit-on, dans le cas de l'article 753, faire au vendeur ou au saisi la sommation prescrite par l'article 659 ?*

L'article 763 ne parle que d'une sommation à faire aux créanciers, et n'en exige aucune à faire au saisi : cette remarque paraît suffire pour la solution négative de la question ; cependant on pourrait argumenter, par analogie, de la disposition de l'article 659, relative à la distribution, mais cette prétention nous paraîtrait absolument contraire à la loi qui, dans l'instance d'ordre pour laquelle elle établit des formes spéciales, ne prescrit que le dénoncé à la partie saisie de prendre communication du procès-verbal à l'effet de contredire. (V. art. 755.) Tel est aussi le sentiment des auteurs des annales. (Comm. t. 5, p. 312.)

3612. Il n'est pas nécessaire, à peine de nullité, que la sommation de produire contienne signification de l'ordonnance du juge-commissaire, et elle peut être valablement notifiée au domicile élu dans l'inscription. (Bruxelles, 6 mars 1811 ; Sirey, 1815, p. 186.)

3613. Nonobstant l'article 65 de la loi du 22 frimaire an 7, la régie de l'enregistrement ne peut intervenir dans un ordre sans le ministère d'avoué. (Bruxelles, 4 avril 1810 ; Sirey, 1811, 2.° part., p. 449.)

ARTICLE 754.

Dans le mois de cette sommation, chaque créancier sera tenu de produire ses titres avec acte de produit, signé de son avoué, et contenant demande en collocation. Le commissaire fera mention de la remise sur son procès-verbal.

Conférence.

T. art. 123. - A. sur l'art. 757. - Loi du 11 brumaire an 7, art. 32.

3614. Il n'existe aucun inconvénient, par rapport aux créanciers qui n'ont pas d'avoué, à augmenter à raison des distances, le délai d'un mois accordé pour produire. — A. 2347.

3615. La production et l'acte de produit ne doivent pas être signifiés. — A. 2348. V. *suprà* sur la question 1983 de l'analyse, n.° 3063.

3616. Le délai fixé par l'article 754, pour produire dans l'ordre, n'emporte point déchéance, et les créanciers peuvent faire leurs productions après ce délai, jusqu'à la clôture de l'ordre, à la charge de supporter les frais occasionnés par la production tardive. (Limoges, 5 juin 1817 ; Sirey, 1818, p. 307.)

3617. On ne peut faire résulter une fin de non recevoir du défaut de production et de contestation à l'ordre contre le créancier qui n'y a pas été appelé. (Paris, 20 juillet 1814 ; Sirey, 1815, p. 169.)

3618. Lorsque les formalités prescrites par la loi pour un règlement d'ordre ont été observées avec exactitude, la partie qui a négligé de produire ses titres devant les premiers juges, quoiqu'elle ait été sommée de le faire, ne peut pas, par un appel, troubler l'ordre établi ; ainsi l'appel de la clôture du procès-verbal est non recevable. (Rennes, 3 mai 1809, 3.e ch.)

ARTICLE 755.

Le mois expiré, et même auparavant, si les créanciers ont produit, le commissaire dressera , en suite de son procès-verbal, un état de collocation sur les pièces produites. Le poursuivant dénoncera, par acte d'avoué à avoué, aux créanciers produisans et à la partie saisie , la confection de l'état de collocation, avec sommation d'en prendre communication, et de contredire, s'il y échet, sur le procès-verbal du commissaire, dans le délai d'un mois.

Conférence.

T. art. 134 ; - loi de brumaire an 7, art. 32 ; *suprà* art. 663 ; *infrà* 756. (1)

3619. L'état de collocation ne doit être signifié ni aux créanciers ni au saisi ; on se borne à dénoncer que le juge-commissaire en a fait la clôture. — A 2349.

3620. Ce dénoncé ne doit pas nécessairement être signifié aux créanciers chirographaires, lors même qu'ils ont figuré dans le procès-verbal , parce qu'aucune loi ne l'ordonne, et qu'au contraire l'article 755 ne parle que des créanciers produisans ; ce qui ne saurait s'entendre des chirographaires. (Paris, 11 août 1812.)

(1) Voyez, sur la formation de l'état de collocation, la note insérée p. 290 du tome 2 de l'analyse, et Pigeau, t. 2, p. 180, et 250 et suiv.

3621. La dénonciation à la partie saisie est suffisamment prouvée par le visa que contient l'ordonnance du juge-commissaire. (Même arrêt du 11 août 1812.)

3622. Il n'y a pas de contradiction entre l'article 755, qui exige le dénoncé aux créanciers *produisans*, et l'article 736 du tarif qui prescrit de la faire aux créanciers *inscrits;* cet article doit être entendu dans le sens de la disposition du code, qui n'oblige pas de dénoncer aux créanciers inscrits *non produisans.*

3623. S'il n'est pas absolument nécessaire, du moins est-il prudent de faire, à personne ou à domicile, au saisi qui n'aurait pas d'avoué, la signification prescrite par l'article 755. — A. 2350.

3624. Le délai pour prendre communication du procès-verbal et contredire, dénoncé au saisi à personne ou domicile, doit bien être augmenté à raison de la distance, conformément à l'article 1033 ; mais il n'admet pas l'augmentation du double pour *voyage* ou envoi et retour. — A. 2351.

3625. Ce délai ne court qu'à partir de la dernière dénonciation faite aux créanciers et à la *partie saisie.* (Rouen, 25 janvier 1815 ; Sirey, 1815, p. 222.)

3626. Le jour de la dénonciation n'est pas compté. (Cass., 27 février 1815 ; Sirey, 1815, p. 188.)

3627. Il n'est pas nécessaire que les contredits des créanciers soient faits devant le juge-commissaire ; ils peuvent être admis sur le procès-verbal déposé au greffe, même après les heures du bureau, et jusqu'à minuit inclusivement. (Même arrêt.)

3628. Le créancier produisant qui n'a pas contredit dans le délai d'un mois, à partir de la dénonciation, peut intervenir à l'audience, lorsqu'il y a contestation de la part des autres créanciers, et renvoie à l'audience pour y être statué (Paris, 11 mars 1813 ; Sirey, 1813, p. 181.)

3629. Le saisi ou les créanciers ne sont pas recevables à contredire sur le procès-verbal, lorsque le délai prescrit par l'article 755 étant expiré, le juge-commissaire a fait la clôture de l'ordre. — A. 2352.

ARTICLE 756.

Faute par les créanciers produisans de prendre communication des productions aux mains du commissaire dans ledit délai, ils demeureront forclos, sans nouvelle sommation ni jugement ; il ne sera fait aucun dire, s'il y a contestation.

47

Conférence.

Suprà art. 660 et 664.

3630. La forclusion prononcée par l'article 756 consiste en ce que les créanciers deviennent non recevables à élever aucune discussion sur l'ordre, le rang des hypothèques et la légitimité des créances ; *néanmoins, on ne doit pas conclure de là que cette déchéance s'étende jusqu'à leur interdire le droit de figurer ultérieurement dans l'ordre.* — A. 2353.

Mais d'après un arrêt de la cour de cassation, du 2 décembre 1814 (Sirey, 1815, pag. 268), nous rétractons cette dernière proposition.

3631. L'espèce de forclusion établie par l'article 260 n'ayant pas lieu en matière d'ordre, le créancier hypothécaire qui n'a pas produit dans le mois le peut faire jusqu'à la clôture définitive, afin de prendre rang parmi les créances contestées et celles qui lui sont postérieures ; mais il vient après les créances non contestées et les créances antérieures. (Rouen, 13 août 1813 ; Sirey, 1814, p. 105.)

3632. On peut, après le délai fixé pour contredire, admettre à cet effet un créancier qui n'aurait pas été admis au réglement d'ordre. — A. 2354.

3633. On peut aussi admettre un créancier qui, ayant produit ses titres, les aurait retirés momentanément, avec l'autorisation du juge-commissaire, sous protestation et réserve, et qui les aurait rétablis avant le jugement d'ordre. (Cass., 15 mars 1813 ; Sirey, 1814, pag. 218.)

3634. En supposant, quoique l'article 1039 ne paraisse pas prononcer en ce cas la nullité (V. *infrà* sur cet article), que néanmoins un procès-verbal de collocation fût nul pour avoir été clos un jour férié, néanmoins la signification de cet acte aurait l'effet de faire courir le délai pour faire critiquer la collocation. (Cass., 10 janvier 1815 ; Sirey, 1815, p. 68.)

3635. Il résulte des articles 758 et 759, qu'à l'expiration des délais donnés par les articles 755 et 756, le juge commis au réglement d'ordre fait la clôture de son propre mouvement ; dès-lors l'opération dont il avait été chargé est terminée, en sorte que le saisi se trouve par cela seul déchu du droit de prendre communication et de contredire. Si l'article 756 prononce la forclusion seulement contre les créanciers et non contre le saisi, quoique le délai soit le même pour tous, il s'ensuit que les créanciers, faute à eux d'avoir pris communication dans ce délai, sont déchus, encore bien que le juge-commissaire n'ait pas clos, sans qu'on puisse en induire que le saisi n'encourt pas la déchéance par l'effet de la clôture de l'ordre, terme naturel de la commission du juge. (Rennes, 11 janvier 1813, 1.re ch.)

3636. En matière d'ordre, comme en matière ordinaire, l'intervention doit être formée par requête; tout autre mode serait irrégulier et nul. (Rouen, 30 décembre 1814; Sirey, 1815, p. 220.)

3637. Les dires sont consignés sur le procès-verbal d'ordre à la suite de l'état de collocation; leur objet est de contester un des articles de cet état. — A. 2355.

ARTICLE 757.

Les créanciers qui n'auront produit qu'après le délai fixé, supporteront sans répétition, et sans pouvoir les employer dans aucun cas, les frais auxquels leur production tardive, et la déclaration d'icelle aux créanciers à l'effet d'en prendre connaissance, auront donné lieu. Ils seront garans des intérêts qui auront couru, à compter du jour où ils auraient cessé, si la production eût été faite dans le délai fixé.

Conférence.

T. art. 136. - V. art. 767 et 770. - A. 1984 et 1985.

3638. Lorsque l'ordre est clos en partie, les créanciers ne peuvent être admis à produire, qu'afin d'être colloqués après ceux qui l'ont été, *s'ils ont touché le montant de leur collocation*; et si l'ordre est clos en totalité, ils ne sont plus recevables, puisque la déchéance a été prononcée contre eux par le juge-commissaire. — A. 2356.

3639. Mais le créancier qui n'aurait pas produit, parce qu'il aurait été omis dans le certificat du conservateur, peut être admis à faire sa production ultérieurement à la clôture de l'ordre, si c'est par la faute du poursuivant qu'il n'a pas été appelé. — A. 2357.

3640. Les créanciers qui produisent tardivement ne doivent pas se borner à déclarer leur production aux autres; cette déclaration doit contenir, en outre, sommation de prendre communication et de contredire. — A. 2358.

3641. Ces mots de l'article 757, *supporteront sans répétition et sans pouvoir*, etc., signifient que les créanciers qui produisent tardivement ne peuvent répéter les frais de cette production, ni dans l'ordre, ni même contre leur débiteur. — A. 2359.

ARTICLE 758.

En cas de contestation, le commissaire renverra les contestans à l'audience, et néanmoins arrêtera l'ordre pour les créances antérieures à celles contestées, et ordonnera la délivrance des bordereaux de collocation de ces créanciers, qui ne seront tenus à aucun rapport à l'égard de ceux qui produiraient postérieurement.

Conférence.

Loi du 11 brumaire an 7, art. 35, *in fine.*

3642. Dans un ordre, lorsqu'il y a contestation sur le rang entre deux créanciers, le juge-commissaire doit les renvoyer à l'audience. S'il retient la connaissance de la contestation, l'ordonnance par laquelle il statue peut être attaquée par la voie d'appel. (Riom, 7 juin 1817; Sirey, 1818, p. 60.)

3643. Lorsque le commissaire renvoie les contestans à l'audience, un créancier ne peut être jugé recevable dans sa contestation, et retarder ainsi la collocation, s'il ne produit des titres constitutifs de sa créance et de son hypothèque. — A. 2360.

3644. Tant que les créanciers colloqués, aux termes de l'art. 758, n'ont pas touché le montant de leur collocation, ceux qui produiraient ultérieurement pourraient, sauf les peines portées en l'article 757, s'opposer à leur paiement, s'ils prétendaient devoir être colloqués avant eux. — A. 2361.

3645. Lorsqu'en cas de contestation il y a une première clôture d'ordre, et que le poursuivant s'y trouve compris, il doit continuer d'agir en sa qualité sur l'opposition qu'un créancier qui n'aurait pas produit ferait à la délivrance des bordereaux ou au paiement. — A. 2362.

3646. L'action en restitution ou en rapport, exercée dans un ordre par les créanciers colloqués, contre un créancier non colloqué et qui a droit à l'être, doit être dirigée contre les derniers créanciers, en remontant toujours vers ceux qui ont été placés au premier rang utile. (Colmar, 9 août 1814; Sirey, 1815, p. 132.)

3647. Un créancier colloqué dans un ordre, et pouvant l'être encore dans un autre, sur les biens d'un même débiteur, peut, avant le jugement sur le premier ordre, se désister de la collocation qu'il a déjà obtenue, et se faire colloquer dans l'autre ordre sans encourir, de la part des créanciers qui en souffrent, le reproche de collusion avec ceux qui en profitent, surtout si la première collocation éprouvait quelque discussion. (Paris, 2.ᵉ chambre, 31 août 1815; Sirey, 1816, p. 12.)

ARTICLE 759.

S'il ne s'élève aucune contestation, le juge-commissaire fera la clôture de l'ordre ; il liquidera les frais de radiation et de poursuite d'ordre, qui seront colloqués par préférence à toutes autres créances ; il prononcera la déchéance des créanciers non produisans, ordonnera la délivrance des bordereaux de collocation aux créanciers utilement colloqués, et la radiation des inscriptions de ceux de non utilement colloqués. Il sera fait distraction en faveur de l'adjudicataire, sur le montant de chaque bordereau, des frais de radiation de l'inscription.

Conférence.

T. art. 137. — Art. 767, 771. — Loi du 11 brumaire an 7, art. 34 et 35. — A. sur l'art. 763.

3648. On ne peut se pourvoir, soit par opposition, soit par demande en nullité, soit par appel, contre l'ordonnance par laquelle le juge a clôturé l'ordre en partie, conformément à l'article 758, ou en totalité, conformément à l'art. 759 A. 2363. (1)

3649. En admettant l'opposition, la demande en nullité, ainsi que l'appel même, ne sont pas recevables contre le procès-verbal du juge-commissaire ; le créancier qui n'a pas été appelé doit poursuivre l'ordre sur le refus que les autres créanciers feraient d'y prendre part ; il y aurait nécessairement renvoi au tribunal, qui devrait prononcer que l'ordre étant, *res inter alios acta*, est nul par rapport au créancier poursuivant. —A. 2364.

ARTICLE 760.

Les créanciers postérieurs en ordre d'hypothèque aux collocations contestées seront tenus, dans la huitaine du mois accordé pour contredire, de s'accorder entre eux sur le choix d'un avoué ; sinon ils seront représentés par

_____

(1) Cependant la cour de Paris, par arrêt du 11 août 1812 (Sirey, 1813, p. 121. V. *suprà* n.° 1500), a décidé que si l'on ne pouvait attaquer l'ordonnance par la voie de l'opposition, on le pouvait du moins par celle de l'appel, puisqu'elle cour a déclaré que le tribunal de première instance n'avait pu admettre l'opposition en nullité, attendu qu'il ne pouvait se réformer lui-même. Cet arrêt a été rendu sur les conclusions de M. l'avocat-général Joubert, qui discuta avec beaucoup d'étendue la question générale de savoir si l'on pouvait assimiler à un jugement les ordonnances rendues par un juge-commissaire : question vraiment importante sur laquelle nous reviendrons, art. 970, en parlant des ventes d'immeubles faites par *licitation* devant un juge-commissaire.

Er. Question 2362, 2.ᵉ alinéa, ligne 2, au lieu de *T. 5.*, lisez *T. 6.*

l'avoué du dernier créancier colloqué. Le créancier qui contestera individuellement, supportera les frais auxquels sa contestation particulière aura donné lieu, sans pouvoir les répéter ni employer en aucun cas. L'avoué poursuivant ne pourra en cette qualité être appelé dans la contestation.

Conférence.

Art. 667, 770.

3650. Le saisi doit être appelé dans l'instance relative aux contestations. — A. 2365.

3651. L'article 760, en exprimant que l'avoué poursuivant ne peut être appelé dans la contestation, ne dit pas que les créanciers ne puissent le choisir pour avoué commun; il lui défend seulement d'assister à la contestation, *en sa qualité de poursuivant.* — A. 2366.

3652. Mais de ce que l'avoué du poursuivant ne peut être appelé en cette qualité, il ne s'ensuit pas que celui-ci ne puisse faire cause commune avec les autres créanciers postérieurs. — A. 2367.

ARTICLE 761.

L'audience sera poursuivie par la partie la plus diligente, sur un simple acte d'avoué à avoué, sans autre procédure.

Conférence.

V. art. 405, 765.

3653. Le simple acte par lequel l'audience est poursuivie, conformément à l'art. 761, doit contenir le dire portant contestation de collocation. — A. 2368.

3654. Les parties à qui ce simple acte a été signifié ne peuvent répondre par écrit au dire qu'il contient, ou du moins cet écrit ne passerait point en taxe, mais il est permis de répondre à l'audience aux conclusions de cet acte. — A. 2369.

ARTICLE 762.

Le jugement sera rendu sur le rapport du juge-commissaire et les conclusions du ministère public; il contiendra liquidation des frais.

Conférence.

Art. 548.

3655. De ce que le jugement est rendu sur rapport, il s'ensuit qu'il n'est pas susceptible d'opposition. — A. 2370.

3656. Il résulte de la combinaison des articles 758, 759 et 767, que les dispositions de l'article 762 ne s'appliquent qu'au cas de contestations survenues avant la clôture de l'ordre ; ainsi l'exécution de cet article n'est pas commandée à l'égard d'un jugement à intervenir après la clôture, sur une opposition formalisée depuis, c'est-à-dire, sur un recours au tribunal contre l'ordonnance de clôture (Rennes, 11 janvier 1813, 1.re ch.)

3657. La formalité de l'intervention du ministère public · dans l'instance d'ordre n'étant prescrite que dans l'intérêt de la masse des créanciers, le défaut d'accomplissement de cette formalité ne donne ouverture à requête civile qu'en faveur de cette masse. Ainsi le créancier majeur, qui a agi seul en son nom et pour son propre compte, ne peut se pourvoir par requête civile, en se fondant sur ce que le ministère public n'a pas été entendu. (Paris, 9 août 1817 ; Sirey, 1817, p. 410.)

ARTICLE 763.

L'appel de ce jugement ne sera reçu, s'il n'est interjeté dans les dix jours de sa signification à avoué, outre un jour par trois myriamètres de distance du domicile réel de chaque partie ; il contiendra assignation et l'énonciation des griefs.

Conférence.

Art. 669. V. question 184, n. 3, et sur l'art. 444.

3658. La signification du paiement, faite à l'avoué, doit, pour faire courir le délai d'appel, contenir la mention du nom de l'avoué à la requête duquel elle est faite, celle du nom de la personne à laquelle la copie a été remise, et celle de la qualité du signataire. — A. 2371. (1)

_____

(1) On remarque que cette opinion, conforme à celles de Messieurs Thomines, Desmasures et Colinières, a été adoptée par arrêt de la cour de Bruxelles, du premier février 1813 ; de la cour de Rouen, du 14 novembre 1816, Sirey, 1817, p. 50 ; de celle de Rennes, du premier juin 1813, 2.e ch. ; ces arrêts sont particulièrement motivés sur ce que les articles 669 et 763 du code de procédure sont conçus dans les mêmes termes, à l'exception que l'acte d'appel sera signifié au domicile de l'avoué, ce qui, loin de se trouver dans l'article 763, y est remplacé par ces mots, *un jour, etc.* D'où il suit que le législateur a voulu autre chose par l'article 763 que par l'article 669 ; outre que cette différence ne peut être autre que celle de la signification de l'acte d'appel qui, dans le premier cas, doit être faite au domicile de l'avoué, et qui, conséquemment, dans le second cas, doit l'être à personne ou à domicile, conformément à la règle générale prescrite par l'article 456.

3659. Quand une collocation est faite, en premier ordre, au prof
d'une femme séparée de biens, en vertu de son jugement de séparation, et que, pour contester sa collocation, un créancier se pourvoit par tierce-opposition contre ce jugement; comme cette tierce-
opposition est un incident, dans l'ordre et n'est pas autre chose
que la contradiction du titre dont se prévaut la femme; comme, enfin, la
tierce-opposition est jugée, sur rapport du juge-commissaire, par le
tribunal saisi de l'ordre, il y a lieu à appliquer le délai fixé par
l'article 763, pour l'appel du jugement des contestations sur l'ordre.
(Rennes, 3.ᵉ ch., 7 février 1818.)

3660. L'appel du jugement qui a statué sur les circonstances
doit être signifié à personne ou domicile. — A. 2372.

3661. Mais celui du jugement d'ordre peut l'être au domicile
élu. — A. 2373. (1) V. *suprà* A. 1508, *suprà* n.° 2342, et arrêt de
Rennes, du 30 août 1814, 2.ᵉ ch.

3662. Il peut l'être également au domicile indiqué dans le jugement et dans tous les actes de procédure, quoique la partie ait
choisi depuis un autre domicile. — A. 2374.

3663. Il suffit qu'un jugement soit rendu dans une instance d'ordre
pour que l'appel en doive être interjeté dans le délai de dix jours, conformément à l'article 763 du code de procéd. Cet article ne comporte
pas de distinction, il s'applique aux jugemens intervenus sur une
contestation relative au droit et à la qualité du poursuivant, comme
aux jugemens rendus sur le rang et la préférence des créanciers.
(Cass., 1.ᵉʳ avril 1816; Sirey, 1816, p. 413.)

3664. Cependant, par arrêt du 29 janvier 1817, 3.ᵉ ch., la cour
de Rennes a jugé qu'il n'y a pas lieu d'appliquer l'article 763 au
jugement qui statue sur la demande en nullité d'un contrat de
vente dont le prix est à distribuer; demande sur laquelle ce tribunal a prononcé, non pas sur le rapport du juge-commissaire,
mais après avoir entendu les avocats et avoués des parties.

3665. Le délai de l'appel ne doit pas être restreint à dix jours,
pour un jugement rendu sous l'empire du code de procédure, en
exécution de la loi du 11 brumaire an 7, et dans la forme tracée
par cette loi. — A. 2375.

3666. Les dix jours dont se compose le délai ne sont pas francs.
(Limoges, 15 novembre 1811; Sirey, 1814, page 83, et l'introduction générale.)

---

(1) *Er.* Troisième alinea, au lieu de *mais d'après les raisons, etc.*, *est celle
que l'on doit suivre,* lisez *d'après les raisons, etc., n'est pas celle que l'on
doit suivre.*

3667. Il n'est pas rigoureusement nécessaire, pour la validité de l'acte d'appel, d'une énonciation de griefs. — A. 2376.

Nous avons cité dans l'analyse un arrêt de Nismes, du 27 août 1807, rapporté par Sirey, sous la date du 27, lequel aurait jugé le contraire ; mais il est à remarquer que cet arrêt a été rendu sous l'empire des lois antérieures au code.

3668. Des créanciers qui, en cause principale, n'ont pas contesté la collocation demandée et obtenue par un autre créancier, sont recevables à appeler du jugement qui accorde cette collocation, lorsque, d'ailleurs, elle avait été contestée par le créancier poursuivant l'ordre, et que celui-ci a lui-même appelé du jugement de collocation. — A. 2377. (1)

3669. *En quel cas un créancier qui ne s'est pas présenté à l'ordre peut-il appeler du jugement ? En quel cas ne peut-il intervenir sous l'appel pour contester ?*

V. A. 2378.

3670. Dans un ordre, tout jugement rendu sur le mérite des créances a pour but de statuer non seulement sur la *préférence* à leur accorder, mais encore sur leur *existence* ; le saisi est donc essentiellement partie dans le jugement qui prononce la non existence d'une créance, et, à cet égard, il importe peu que le jugement énonce ou n'énonce pas ses conclusions. (Paris, 16 juillet 1811 ; Sirey 1811, p. 331.)

3671. Il suit de là qu'il est nécessaire, à peine de nullité, de l'intimer sur l'appel. (Limoges, 15 novembre 1811 ; Sirey 1814, p. 83.)

3672. L'appel d'un jugement d'ordre ne doit être signifié qu'aux créanciers directs colloqués, et non aux créanciers en sous ordre qui figurent dans ce jugement, et qui doivent profiter de la collocation. — A. 2379.

3673. S'il n'est pas nécessaire que les créanciers en sous ordre soient intimés sur l'appel, il ne s'ensuit pas qu'ils ne puissent appeler du jugement qui aurait rejeté la collocation répartie entre eux. — A. 2380.

3674. Ainsi la signification du jugement, faite par un créancier en sous ordre, fait courir le délai d'appel. (Riom, 18 mars 1815, Sirey, 1817, p. 355.)

3675. L'appel d'un jugement qui prononce sur des contestations quelconques relatives à l'ordre, est suspensif de la clôture. — A. 2381.

_____

(1) *Er.* Première ligne, au lieu de *négativement*, lisez *affirmativement*.

48

3676. On ne peut, sur l'appel d'un jugement qui ordonne la collocation d'un créancier, former la demande nouvelle de la nullité de son inscription. (Cass., 16 octobre 1808; Sirey, 1809, p. 98.)

Mais, en général, les créanciers ne pourraient, devant les juges d'appel, prendre de nouvelles conclusions, même subsidiaires ni produire de nouveaux titres. (Cass., 14 juillet 1813; Sirey, 1814 p. 38. V. sur art. 466 et 754.)

3677. L'objet du jugement d'ordre est fixé, relativement à chaque créancier, par la totalité des sommes à distribuer; de sorte que l'un d'eux peut en interjeter appel, quoique la somme pour laquelle on lui a refusé la collocation ne s'élève pas à 1000 fr. — A. 2382. (1

ARTICLE 764.

L'avoué du créancier dernier colloqué pourra être intimé s'il y a lieu.

3678. Il y a lieu à intimer l'avoué du créancier dernier colloqué, lorsque celui-ci a représenté la masse des créanciers, ou contesté individuellement, conformément à l'art. 760; c'est ce que la loi exprime par ces mots : *s'il y a lieu.* — A. 2383.

3679. Mais il n'est pas absolument nécessaire que cette intimation soit faite dans le délai fixé pour l'appel; il suffit qu'elle ait lieu avant que la cause soit en état. (Paris, 27 novembre 1812; journal des avoués, t. 7, p. 21.)

ARTICLE 765.

Il ne sera signifié sur l'appel que des conclusions motivées de la part des intimés, et l'audience sera poursuivie ainsi qu'il est dit en l'article 761.

Conférence.

V. art. 761.

3680. De ce que l'article 765 porte qu'il ne sera signifié sur l'appel que des conclusions motivées de la part des intimés, il s'ensuit que les appelans ne peuvent signifier un écrit de griefs. — A. 2384.

---

(1) Nous rappelerons ici que nous avons donné une décision absolument opposée, relativement à la distribution par contribution (voyez la question 2002 de l'analyse, rappelée *suprà* n.° 3086; mais d'après les raisons développées sur la question 2382, nous avons cru devoir nous fixer à la solution que nous venons d'indiquer.

ARTICLE 766.

L'arrêt contiendra liquidation des frais : les parties qui succomberont sur l'appel, seront condamnées aux dépens, sans pouvoir les répéter.

Conférence.

V. art. 461.

3681. Les appels de jugemens d'ordre sont réputés matières ordinaires, par conséquent les dépens sont liquidés comme en ces matières, et l'on peut ordonner l'instruction par écrit avant de rendre l'arrêt. — A. 2385. (1)

3682. *Quand les contestans ont obtenu gain de cause leurs dépens sont-ils colloqués?*

V. art. 768. — A. 2386.

ARTICLE 767.

Quinzaine après le jugement des contestations, et, en cas d'appel, quinzaine après la signification de l'arrêt qui aura statué, le commissaire arrêtera définitivement l'ordre des créances contestées et de celles postérieures', et ce, conformément à ce qui est prescrit par l'article 759 : les intérêts et arrérages des créanciers utilement colloqués cesseront.

Conférence.

V. art. 670, 672, 750, 757, 759, 767, 770, 774.

3683. C'est à partir de la signification du jugement, dans les cas où il y a lieu à appel, et non à partir de la prononciation, que commence à courir le délai de quinzaine fixé par la clôture définitive de l'ordre. — A. 2387.

3684. Les créanciers utilement colloqués doivent être payés sur la masse hypothécaire de tous les *intérêts* qui auraient couru pendant le retard de la délivrance. — A. 2388. (2)

---

(1) Cette proposition que nous avions fondée sur un arrêt de Paris, du 13 décembre 1809, rapporté au journal des avoués (voyez aussi Sirey, 1815, p. 170), se trouve en opposition avec un arrêt de la cour de cassation, cité sur l'art. 750, *supra* n.° 3602, qui déclare *sommaires* les matières d'ordre, attendu qu'elles requièrent célérité. Cette dernière décision, rendue d'après une discussion vraiment approfondie, a fixé la jurisprudence dans un sens contraire à notre précédente opinion, qui était aussi celle de M. Coffinières.

(2) *Er.* Deuxième alinéa, 5.° ligne, au lieu de *ou après le débiteur saisi,* lisez *ou après lui, le débiteur saisi.*

3685. On doit colloquer au même rang que le capital d'où ils résultent, les intérêts échus depuis l'adjudication, encore bien que l'article 2151 du code civil porte que le créancier inscrit pour un capital n'a droit d'être colloqué que pour deux années seulement, et pour l'année courante. — A. 2389.

3686. L'article 1552 du code civil assujettit l'acquéreur d'une chose productive de fruits aux intérêts de son prix jusqu'au paiement effectif ; d'un autre côté, l'article 767 ne faisant cesser que les intérêts des créanciers utilement colloqués, est sans application à l'égard de ceux qui sont dus par l'adjudicataire ; il doit donc les intérêts de son prix à compter du jour de l'adjudication, et même postérieurement au réglement définitif, à moins qu'il n'en fût dispensé par le cahier des charges. (Paris, 5 juin et 7 juillet 1813 ; cass., 16 mars 1814 ; Sirey 1813, p. 288 et 298 ; et 1814, p. 108.)

3687. Les articles 757 et 767 ne peuvent s'appliquer qu'au cas où l'adjudicataire a consigné. — A. 2390.

3688. Les intérêts cessent du jour de la clôture et non du jour de la délivrance des bordereaux. — A. 2391.

3689. Il y a lieu à accorder les intérêts, si toutefois le demandeur en collocation les réclame, lors même qu'il s'agit de créances où ils ne sont pas stipulés. — A. 2392.

ARTICLE 768.

Les frais de l'avoué qui aura représenté les créanciers contestans, seront colloqués, par préférence à toutes autres créances, sur ce qui restera de deniers à distribuer, déduction faite de ceux qui auront été employés à acquitter les créances antérieures à celles contestées.

3690. Les frais de l'avoué qui a représenté les créanciers contestans doivent être, *dans tous les cas*, colloqués au premier rang sur ce qui reste de deniers à distribuer après déduction de ceux qui ont été employés à acquitter les créances antérieures à celles contestées. — A. 2393.

3691. L'avoué doit obtenir, comme faisant partie de ses frais, les avances qu'il aurait faites ou qu'il aurait à faire à l'huissier, mais celui-ci ne peut se présenter lui-même pour se faire colloquer. — A. 2394.

ARTICLE 769.

L'arrêt qui autorisera l'emploi des frais, prononcera la subrogation au profit du créancier sur lequel les fonds manqueront, ou de la partie saisie. L'exécutoire énoncera cette disposition, et indiquera la partie qui devra en profiter.

3692. *En quoi consiste, comment et contre qui s'exerce la subrogation au profit des créanciers sur lesquels les fonds manquent, ou au profit de la partie saisie?*
Voy. A. 2395.

ARTICLE 770.

La partie saisie, et le créancier sur lequel les fonds manqueront, auront leur recours contre ceux qui auront succombé dans la contestation, pour les intérêts et arrérages qui auront couru pendant le cours desdites contestations.

Conférence.

V. art. 757, 767, et les questions ci-dessus.

3693. S'il n'y a point de créanciers hypothécaires sur lesquels les fonds manquent, mais qu'il se trouve des chirographaires, ils peuvent exercer le recours accordé par l'article 770. — A. 2396.

3694. Les intérêts non conservés par l'inscription ne sont pas chirographaires par leur nature, mais bien hypothécaires, car l'accessoire suit le sort du principal. (Colmar, 13 mars 1817 ; Sirey, 1818, p. 137.)

ARTICLE 771.

Dans les dix jours après l'ordonnance du juge-commissaire, le greffier délivrera à chaque créancier utilement colloqué le bordereau de collocation, qui sera exécutoire contre l'acquéreur.

Conférence.

Voyez A. 1993.

3695. Chaque créancier recevra autant de bordereaux qu'il y aura pour lui de collocations distinctes. — A. 2397.

3696. La délivrance des bordereaux de collocation peut être ordonnée nonobstant l'opposition de l'adjudicataire, qui prétend que l'indemnité qui lui est due pour cause d'éviction n'est pas réglée, lorsqu'il est constant en fait, qu'après l'acquit de ces bordereaux, il restera entre les mains de l'adjudicataire une somme suffisante pour lui assurer son indemnité. (Dijon, 8 février 1817 ; Sirey, 1818, p. 107.)

3697. Le créancier n'est pas obligé, pour recevoir son bordereau, d'affirmer la sincérité de sa créance. — A. 2398.

3698. Il suffit que les bordereaux soient signés par le greffier. — A. 2399.

3699. De ce que le bordereau est exécutoire contre l'acquéreur, il en résulte que l'on peut le contraindre au paiement, soit par saisie de ses biens personnels, soit par voie de folle enchère, soit enfin par saisie de l'immeuble vendu. — A. 2400.

3700. Le bordereau n'est exécutoire contre l'acquéreur qu'autant qu'il n'a pas consigné le prix de son acquisition. — A. 2401.

ARTICLE 772.

Le créancier colloqué, en donnant quittance du montant de sa collocation, consentira la radiation de son inscription.

3701. La quittance et le consentement qu'elle contient doivent être consignés dans un acte authentique. — A. 2402. Voy. cependant la question suivante *in fine*.

ARTICLE 773.

Au fur et à mesure du paiement des collocations, le conservateur des hypothèques, sur la représentation du bordereau et de la quittance du créancier, déchargera d'office l'inscription jusqu'à la concurrence de la somme acquittée.

3702. *Qu'est-ce que l'on doit entendre par ces expressions de l'article 773,* DÉCHARGERA D'OFFICE L'INSCRIPTION, *et par celles-ci de l'article 774,* L'INSCRIPTION D'OFFICE SERA RAYÉE DÉFINITIVEMENT?

Voyez A. 2403.

3703. Lorsqu'un vendeur est payé de son prix avec les deniers d'un tiers prêteur, la main-levée qu'il donne de son inscription hypothécaire n'empêche pas que l'inscription ne tienne et ne profite au prêteur de fonds essentiellement subrogé au privilège du vendeur payé de ses deniers. (Paris, 11 janvier 1816; Sirey, 1817, p. 7.)

3704. Le mode de libération et de radiation prescrit par l'article 773, n'est applicable qu'autant que l'acquéreur n'a pas consigné.— A. 3404.

ARTICLE 774.

L'inscription d'office sera rayée définitivement, en justifiant, par l'adjudicataire, du paiement de la totalité de son prix, soit aux créanciers utilement colloqués, soit à la partie saisie, et de l'ordonnance du juge-commissaire qui prononce la radiation des inscriptions des créanciers non colloqués.

Conférence.

Loi du 11 brumaire an 7, art. 26; code civ., art. 2108, 2157 et 2158.

ARTICLE 775.

En cas d'aliénation autre que celle par expropriation, l'ordre ne pourra être provoqué, s'il n'y a plus de trois créanciers inscrits, et il le sera par le créancier le plus diligent ou l'acquéreur après l'expiration des trente jours qui suivront les délais prescrits par les articles 2185 et 2194 du code civil.

Conférence.

Art. 975. - Cod. civ., art. 2101, n. 1, 2185 et 2194.

3705. La prohibition de provoquer l'ordre, s'il n'y a plus de trois créanciers, peut être appliquée au cas où l'aliénation volontaire aurait été faite après enchère. — A. 2405. (1)

3706. *Lorsqu'il n'y a que deux créanciers inscrits sur un immeuble vendu, devant le même tribunal, par suite d'adjudication volontaire, avec d'autres situés dans le même arrondissement, ces deux créanciers peuvent-ils obtenir du tribunal un jugement qui ordonne à l'adjudicataire de leur compter de suite, jusqu'à concurrence de leur dû, le montant du prix, ou qui les autorise, si la consignation a été effectuée, à retirer de la caisse la somme nécessaire au paiement de leurs créances?*

Cette question se rattache essentiellement à celle que nous avons résolue sur l'article 750 (Voy. *suprà* n.° 3595); car, en d'autres termes, elle offre à décider si les deux créanciers dont il s'agit doivent attendre, pour toucher ce qui leur revient sur le prix de l'immeuble affecté à leur créance que, l'ordre soit ouvert et réglé entre les différens créanciers ayant hypothèque sur les autres biens compris dans la même adjudication, mais vendus séparément.

De ce que nous avons dit n.° 3595, qu'il ne pouvait y avoir lieu, dans cette circonstance, à joindre les différens ordres, il s'ensuit, par une conséquence nécessaire, que les créanciers restent dans le c s de la faveur que leur accorde l'article 775, et que par suite ils sont bien fondés, soit à provoquer le dessaisissement du prix de l'immeuble entre leurs mains, soit à obtenir l'autorisation nécessaire pour en retirer le montant de la caisse des consignations.

(1) Nous ajouterons que la section du tribunal s'en est expliquée formelle-ment en disant que l'article 775 s'appliquait à toutes ventes faites par autorité de justice, autrement que par expropriation forcée, et que toutes ces ventes sont volontaires et doivent être soumises aux mêmes formalités et aux mêmes chances que les autres ventes volontaires. C'est aussi, dit M. Locré (esprit au du code de pr., t. 3, p. 366), le système de l'article du code. (V. *infrà* sur 965.)

En effet, comme le disait la section du tribunat dans ses observations préliminaires sur le titre de l'ordre (V. Locré, esprit du code de procédure, t. 3, p. 326), *l'adjudicataire doit toujours se tenir prêt à payer..... Si au moment de l'adjudication l'ordre des créances était réglé, il serait obligé de payer sur-le-champ les créanciers en ordre utile.*

Donc, lorsqu'il n'y a pas d'ordre à régler, comme dans l'espèce de l'article 775, il n'y a aucune raison pour que l'adjudicataire soit dispensé de satisfaire à la demande en paiement des créanciers, ou pour qu'on refuse de les autoriser à retirer les fonds consignés soit en totalité, soit en partie, suivant les circonstances.

Bien plus, alors même que prévaudrait l'opinion contraire à celle que nous avons émise n.º 3595, et que l'on admît la jonction des ordres, il nous semble incontestable que le cas prévu par l'art. 775 ferait exception. Nous le répétons, il serait d'une injustice révoltante que, sans aucune utilité pour les créanciers inscrits sur les autres immeubles, on privât deux créanciers, seuls inscrits sur un des immeubles compris dans la même adjudication, du droit qu'ils ont acquis, d'après l'article 775, d'être dispensés des formalités de l'ordre, s'il ne survenait pas d'autres inscriptions.

Soutenir le contraire, ce serait tomber dans l'absurde, car une jonction d'ordres suppose nécessairement que tous les créanciers sont assujétis à ce réglement. Or, dans l'espèce de l'article 775, les deux créanciers en sont formellement dispensés.

ARTICLE 776.

L'ordre sera introduit et reglé dans les formes prescrites par le présent titre.

Conférence.

Voy. art. 750 et suiv., jusqu'au précédent.

ARTICLE 777.

L'acquéreur sera employé par préférence pour le coût de l'extrait des inscriptions et dénonciations aux créanciers inscrits.

3707. L'acquéreur d'un immeuble doit toujours, à raison des frais de la poursuite, être colloqué sur le prix avant le vendeur ou les créanciers. (Paris, 13 janvier 1814; Sirey, 1815, p. 225.)

3708. L'acquéreur a droit de retenir, en déduction de son prix, les frais de l'extrait des inscriptions et ceux de notification du contrat, quoique ces frais n'aient pas été colloqués dans l'ordre. (Paris, 14 messidor an 12; Sirey, t. 4, 2.º part., p. 700.)

3709. L'adjudicataire qui, après avoir rempli toutes les charges de l'adjudication, obtient une réduction sur son prix, à cause d'une fausse indication sur l'état et la contenance des objets, dans l'affiche indiquant la vente, peut déduire par privilège sur son prix le montant des frais par lui faits pour obtenir la réduction, et l'excédant des droits par lui payés. (Paris, 6 février 1810; Sirey, 1815, p. 189.)

ARTICLE 778.

Tout créancier pourra prendre inscription pour conserver les droits de son débiteur; mais le montant de la collocation du débiteur sera distribué, comme chose mobilière, entre tous les créanciers inscrits ou opposans avant la clôture de l'ordre.

3710. Lorsqu'il a été procédé à un ordre définitif, et que les bordereaux de collocation ont été délivrés aux créanciers produisans, les créanciers négligens sont définitivement exclus; ils ne peuvent plus former opposition au paiement des sommes distribuées. (Paris, 1.er juin 1809; Sirey, 1812, p. 354.)

3711. Tout créancier d'un créancier colloqué dans l'ordre est admis, quel que soit son titre, à s'inscrire pour participer à la distribution du montant de la collocation de celui-ci. — A. 2406.

3712. La répartition de la collocation d'un créancier du saisi ou du vendeur, à ses créanciers inscrits ou opposans, se fait comme distribution d'une chose mobilière, et conséquemment comme il est dit au titre de la distribution par contribution. — A. 2407.

ARTICLE 779.

En cas de retard ou de négligence dans la poursuite d'ordre, la subrogation pourra être demandée. La demande en sera formée par requête insérée au procès-verbal d'ordre, communiquée au poursuivant par acte d'avoué, jugée sommairement en la chambre du conseil, sur le rapport du juge-commissaire.

Conférence:

T. art. 138. - Art. 721 à 724 inclus. A. sur les art. 722 et 734.

3713. *Que doit ordonner le jugement qui prononce la subrogation?*

Voyez A. 2408.

3714. Un créancier en sous ordre peut demander la subrogation. — A. 2409.

3715. Les créanciers de la femme mariée sous le régime de l communauté, subrogés par elle à ses droits et hypothèques légales doivent être colloqués en sous ordre, suivant le rang de leur hypo thèque, et par préférence aux créanciers non subrogés. On ne peut dans ce cas, leur appliquer les dispositions de l'article 678 du cod de procédure civile, qui veut que le montant de la collocation d débiteur soit distribué comme chose mobilière entre tous les créan ciers inscrits. (Paris, 15 mai 1816; Sirey, 1817, p. 52.)

3716. Entre plusieurs créanciers d'une femme, tous porteurs d subrogation à son hypothèque légale, il ne doit pas y avoir con cours comme pour distribution de créance mobilière. Il doit y avoi préférence au profit de l'un d'eux, et cette préférence est due, no au premier qui a inscrit la subrogation, mais au premier subrogé (Paris, 12 décembre 1817; Sirey, 1818, p. 150.)

DISTINCTION TROISIÈME.

De l'exécution forcée sur la personne du débiteur.

Nous avons dit *supra* pag. 134, que les jugemens et actes étaien exécutoires sur la personne même du débiteur par la voie de *l'em prisonnement,* lorsqu'un jugement avait prononcé contre lui la con trainte par corps. Le titre 15 contient les règles et les formalité relatives à cette troisième voie d'exécution forcée.

TITRE XV.

De l'emprisonnement.

(V. *supra* t. 1, p. 126 et suivantes, art. 126, et 127, t. 2, art. 552, 556 C. de c., liv. 3, titre 16, et lois du 15 novembre et 4 floréal an 6, et du 20 septembre 1807.)

La contrainte par corps est le droit qu'a un créancier pour cer taines créances, soit de faire arrêter son débiteur et de le constituer prisonnier jusqu'à l'entier paiement de la dette, soit de prolonger son emprisonnement, s'il était déjà détenu. (1)

_____

(1) C'est dans ce dernier cas que l'exercice de la contrainte prend le nom de *recommandation* (792-793.)

On ne peut, comme nous l'avons dit *suprà* p. 134, exercer ce droit rigoureux qu'en vertu de jugemens qui l'accordent d'une manière expresse, et ces jugemens ne peuvent être rendus que dans les cas et contre les personnes qu'indiquent les articles 2059 et 2071 du code civil, et 126 du code de procédure, sans préjudice toutefois des dispositions des lois commerciales, et notamment de celles du 15 germinal an 6, qui indiquent le plus grand nombre des cas dans lesquels la contrainte peut être ordonnée.

Des dispositions aussi rigoureuses que celles qui privent un citoyen de la liberté, et qui l'en privent pour un tems, pour ainsi dire indéterminé, devaient avoir de nombreux contradicteurs; aussi la législation française a-t-elle souvent varié en cette matière. (1) On a demandé s'il était bien reconnu que les effets de la contrainte par corps

---

(1) Cette privation de la liberté pour dettes fut substituée par la loi *ob œs alienum*, au code *de obligationibus*, au droit barbare de se rendre maître du débiteur pour le vendre après soixante jours de captivité; parmi nous, elle fut long-tems autorisée pour toutes espèces de dettes; l'ordonnance de Moulins, article 48, donna quatre mois de délai au débiteur pour se libérer, et permit à l'expiration *d'appréhender au corps* le débiteur, et de le tenir prisonnier jusqu'à la *cession* ou *abandonnement* de ses biens.

Cette disposition fut abrogée par l'ordonnance de 1667, qui laissa néanmoins subsister la contrainte pour un grand nombre d'affaires purement civiles.

Nous étions sous l'empire de cette loi, lorsque celle du 19 mars 1793 prononça l'abolition entière de la contrainte pour dettes civiles, et ordonna l'élargissement des débiteurs détenus.

Dès le 30 du même mois, on fit contre les comptables de deniers publics une exception que confirme une loi du 28 pluviôse an 3; mais la contrainte fut rétablie par la loi du 24 ventôse an 5; cette loi ordonna que les obligations qui seraient contractées à l'avenir, et pour le défaut d'acquittement desquelles les lois anciennes prononçaient la contrainte, y fussent assujéties comme par le passé.

Depuis ces variations, deux autres lois, des 15 germinal et 4 floréal an 6, ont précisé les cas où la contrainte par corps pourrait être exercée. Des efforts pour donner à ce rétablissement de la contrainte un effet rétroactif amenèrent le décret d'ordre du jour du 11 thermidor an 6; et comme la loi du 15 germinal prononçait l'abrogation de tous réglemens, lois et ordonnances précédemment rendus, cette loi et celle du 4 floréal, qui en est le complément, formaient la législation de la matière, lorsque le code civil, conservant leurs dispositions pour les dettes de commerce, a introduit des dispositions nouvelles pour celles qui sont purement civiles, dispositions dont le mode d'exécution est réglé par le code de procédure civile.

pussent atteindre au moins pour l'ordinaire le but de la loi, qui est le paiement de la dette, lorsque le plus souvent cette contrainte ne frappe que sur des insolvables, auxquels l'emprisonnement enlève tout moyen de réparer le désordre de leurs affaires. Mais de hautes considérations d'intérêt public l'ont emporté, et l'exécution des jugemens et actes sur la personne a été maintenue, pour inspirer une crainte salutaire, prévenir des spéculations hasardées, et concourir au bien du commerce et de l'agriculture.

Toutes les dispositions du code de procédure relatives à cette matière concernent les formalités de l'arrestation et de l'incarcération, les demandes en nullité, et l'élargissement du débiteur légalement incarcéré.

1.° *Arrestation et incarcération.* Nulle contrainte ne peut être mise à exécution sans signification préalable, avec commandement du jugement qui l'autorise (781); mais si on laisse passer ensuite plus d'un an sans effectuer l'emprisonnement, il est nécessaire de renouveler cette signification (784); l'arrestation du débiteur est interdite à certains jours et heures et dans certains lieux indiqués par la loi (781-1037), et pendant la durée d'un sauf-conduit qu'il aurait obtenu (782). Le procès-verbal de capture, c'est-à dire l'acte par lequel l'huissier constate l'arrestation, est soumis non seulement aux formalités communes à tous les exploits, mais, en outre, à quelques-unes qui lui sont spéciales (783.) Le cas de rébellion de la part du débiteur est prévu (785), de même que celui où, pour empêcher son arrestation, il demanderait à en référer au président du tribunal du lieu (786-787.) En tous cas, et sous des peines sévères, il est défendu de conduire et de recevoir le débiteur dans un lieu de détention qui n'aurait pas été légalement désigné comme tel (788.) Le dépôt de sa personne y est constaté par un acte appelé *écrou*, que l'huissier inscrit sur les registres de la maison (289), et de son côté le concierge doit transcrire, sur le même registre, le jugement qui autorise l'arrestation (790.) Enfin, le créancier doit consigner les alimens du débiteur (791) : ces formalités sont également observées pour la recommandation (792-793.)

2.° *Demandes en nullité.* Toutes les formalités prescrites pour parvenir à l'emprisonnement sont tellement de rigueur que, suivant l'article 794, l'inobservation d'une seule autorise le débiteur à demander la nullité de son arrestation ; il indique le tribunal auquel appartiendra la connaissance de cette demande, et l'article 795 règle la forme de l'assignation et du jugement ; l'effet de cette demande, lorsqu'elle est fondée, est la mise en liberté du débiteur, qui ne peut plus être arrêté pour la même dette qu'un jour après sa sortie (797), et qui peut d'ailleurs obtenir des dommages-intérêts contre le créancier (799.) Mais comme la recommandation est elle-même un véritable emprisonnement, la nullité de la première incarcération n'emporte pas la nullité des recommandations et réciproquement (796.)

3.º *Elargissement du débiteur légalement incarcéré.* Le débiteur arrêté peut éviter l'incarcération, ou si déjà il est emprisonné, il peut se faire mettre en liberté, en consignant entre les mains du geolier la somme qu'il doit et les frais de la capture (798) ; il peut aussi obtenir son élargissement dans l'un des cinq cas que mentionne l'article 800, et au moyen des formalités et sous les conditions prescrites par les articles 801, 802 et 804. La loi indique enfin le tribunal qui doit connaître des demandes en élargissement, leur forme et celle du jugement (805.)

QUESTIONS GÉNÉRALES.

3717. *Quels sont les différens cas dans lesquels un individu peut être emprisonné par suite de la contrainte par corps prononcée contre lui, et quelles sont les personnes sujettes à cette voie d'exécution forcée?*
V. A. 2410.

3718. *Peut-on emprisonner un militaire en activité de service ?*
Non. (V. Rodier, p. 398 ; Jousse, Pothier, traité de procédure civile, p. 5, chap. 1 ; Pigeau.) Cependant nulle loi ne l'excepte. Un arrêt du 7 thermidor an 8 déclare les conscrits non dispensés. Il suppose donc dispensés les militaires déjà sous les drapeaux ; mais un réglement du 24 juin 1792 (V. mém. de l'officier, t. 1, p. 16, porte :
« Tout militaire en activité qui, n'étant pas majeur, aura con-
» tracté des engagemens pécuniaires par lettre de change ou par
» toute autre obligation emportant contrainte par corps, et qui
» s'étant laissé poursuivre pour paiement de semblables dettes, aura,
» par jugement définitif, été condamné par corps, ne pourra rester
» au service, si dans le délai de deux mois il ne satisfait pas à ses
» engagemens ; dans ce cas, la sentence contre lui équivaudra, après
» le délai de deux mois, à une démission précise de son emploi. »)

Il y a sans doute même motif pour les dettes consenties avant le service, parce qu'on a eu en vue de ne pas arrêter subitement un militaire et de nuire au service de l'état.

3719. *Quand et comment la contrainte par corps peut-elle être exercée contre les étrangers non domiciliés?*

V. A. 2411.

3720. La contrainte par corps ne peut être exercée, dans la ville de Paris, que par les gardes de commerce. — A. 2412. (Voyez *suprà* n.° 2725.)

3721. L'emprisonnement serait nul si l'huissier n'était par muni d'un pouvoir spécial; il ne suffirait même pas qu'il exhibât un pouvoir sous seing privé, enregistré seulement depuis qu'il aurait été sommé d'en justifier. — A. 2413. (V. *suprà* n.° 2728.)

ARTICLE 780.

Aucune contrainte par corps ne pourra être mise à exécution qu'un jour après la signification, avec commandement du jugement qui l'a prononcée.

Cette signification sera faite par un huissier commis par ledit jugement ou par le président du tribunal de première instance du lieu où se trouve le débiteur.

La signification contiendra aussi élection de domicile dans la commune où siège le tribunal qui a rendu ce jugement, si le créancier n'y demeure pas.

Conférence.

T. art. 51 et 76. — Ordonnance de 1667, tit. 34, art. 1 et 11. — Ordonnance de Moulins; art. 48. — Loi du 15 germinal an 6, tit. 4, art. 3. — Code de procéd., art. 126, 127 et 794. — Code civil, art. 2067; Pigeau, t. 2, p. 265.

3722. La signification du jugement avec commandement doit, à peine de nullité, être faite à personne ou à domicile. — A. 2414. (1)

5723. La signification à un dernier domicile connu serait valable, quoique la partie à laquelle cette signification serait faite eût acquis un autre domicile depuis plusieurs années. — A. 2415.

3724. Une seconde signification faite ensuite à personne ou à domicile ne fait pas preuve que la partie reconnaissait l'insuffisance de la première. — A. 2416.

3725. L'emprisonnement ne peut être effectué que vingt-quatre heures après la signification du commandement; ainsi l'exploit de

(1) *Er.* Au lieu de *supplément pour 1808 et 1809*, lisez *1810.*

signification du commandement et le procès-verbal d'arrestation doivent, à peine de nullité, indiquer l'heure à laquelle ils ont été faits, surtout si l'emprisonnement a lieu le lendemain de ce commandement. (Rouen , 27 juillet 1813 ; Sirey , 1814 , p. 155.)

3726. L'emprisonnement est nul si la copie du commandement, remise au débiteur, ne contient pas la date du jour où il a été fait. Peu importe que la date soit dans l'original. (Paris , 17 décembre 1817 ; Sirey , 1818, p. 227.)

3727. Lorsqu'une femme contre laquelle la contrainte par corps a été prononcée contracte mariage, il n'est pas besoin, pour effectuer son arrestation, de notifier les poursuites au mari, et de lui donner connaissance de la dette de son épouse. — A. 2417.

3728. S'il n'est pas absolument nécessaire, il est au moins très-prudent que la signification du jugement qui ordonne la contrainte par corps ait lieu en même tems et par le même acte que le commandement. — A. 2418.

3729. Cette signification doit être celle d'une copie *entière* et non *partielle* du jugement. (Nismes, 22 mars 1813 ; Sirey, 1814, p. 278.)

3730. Il faut suivre les dispositions du code de procédure relatives à l'exercice de la contrainte par corps, lorsqu'elle a lieu en vertu de jugemens antérieurs à la publication de ce code. — A. 2419.

3731. Mais il ne résulte pas de cette décision qu'il y ait lieu à faire une nouvellle signification du jugement avec commandement, si un premier commandement avait eu lieu avant la publication du code, et conséquemment suivant les formes anciennes. — A. 2420.

3732. Quand la contrainte par corps s'exerce en vertu d'un arrêt confirmatif d'un jugement qui l'a ordonnée, on doit également observer le délai d'un jour entre la signification de cet arrêt et l'exécution de la contrainte. — A. 2421.

3733. La contrainte par corps n'est pas valablement exercée en vertu d'un jugement par défaut, dont la signification a été faite avec commandement, par un huissier commis aux termes des art. 156 et 435 du code de procédure, s'il n'a en même tems pouvoir pour procéder à l'emprisonnement. — A. 2422.

3734. A plus forte raison la signification d'un jugement contradictoire, faite par un huissier qui n'a pas été commis, serait-elle nulle.

3735. Un tribunal de commerce ne peut commettre un huissie pour faire la signification et le commandement *à fin de contrainte* — A. 2423.

3736. Si la notification du jugement et du commandement étai nulle, l'huissier pourrait en faire une nouvelle, sans obtenir un seconde commission. — A. 2424.

3737. L'élection de domicile dans une signification du jugement faite avant le commandement, ne doit pas dispenser d'en fair une nouvelle dans ce dernier acte. — A. 2425.

3738. Si le tribunal qui a rendu le jugement prononçant la contrainte par corps était un tribunal de commerce, l'élection de domicile doit être faite dans le lieu où le débiteur sera incarcéré. — A. 2426. (1)

3739. L'élection de domicile, faite par le créancier, ne peut profiter à d'autres qu'au débiteur. — A. 2427.

ARTICLE 781.

Le débiteur ne pourra être arrêté, 1.° avant le lever et après le coucher du soleil;

2.° Les jours de fête légale;

3.° Dans les édifices consacrés au culte, et pendant l'exercice religieux seulement;

4.° Dans le lieu et pendant la tenue des séances des autorités constituées;

5.° Dans une maison quelconque, même dans son domicile, à moins qu'il n'eût été ainsi ordonné par le juge de paix du lieu, lequel juge de paix devra, dans ce cas, se transporter dans la maison avec l'officier ministériel.

Conférence.

T. art. 6, 52. — Décret du 14 mars 1808. — Loi du 15 germinal an 6, titre 3, art. 4. — Art. 656, 794 et 1037.

3740. L'article 1037 n'est point interprétatif de l'art. 781. L'exercice de la contrainte doit avoir lieu pendant que le soleil est sur l'horison. — A. 2428.

Cette opinion est adoptée par M. Pardessus, t. 4. p. 256 de son cours de droit commercial.

(1) Deuxième alinea, dernière ligne, après ces mots: *le tribunal de commerce*, ajoutez *tel est au sentiment de M. Delvincourt, t. 2 de ses institutes du droit comm., p. 514.*

3741 L'arrestation serait nulle, pour avoir été faite dans un moment très-rapproché du lever du soleil, ou qui suivrait presqu'immédiatement son coucher. — A. 2429, et, outre les autorités citées dans l'analyse, Bruxelles, 1.er mars 1813; Sirey, 1814, p. 183.

3742. Pour juger si l'emprisonnement a eu lieu pendant le jour, on doit considérer le fait réel de cet emprisonnement plutôt qu'une erreur d'impression qui se trouverait dans le procès-verbal, et qui, prise isolément du fait dont il s'agit, ferait supposer qu'il aurait eu lieu à heure indue. — A. 2430. (1)

3743. L'article 781 ni l'article 783 n'exigent point que l'huissier mentionne dans son procès-verbal l'heure à laquelle il a arrêté le débiteur. — A. 2431.

Voyez *infrà* sur l'art. 1037.

3744. La disposition de l'article 1037, qui permet de faire des exécutions les jours de fêtes légales, en vertu de permission du juge, dans le cas où il y aurait péril en la demeure, est applicable à l'emprisonnement. — A 2432.

3745. On ne doit considérer comme édifices *consacrés au culte* que les lieux qui ont été indiqués par le gouvernement ou l'autorité administrative. — A. 2433.

3746. On ne doit faire aucune distinction entre les *exercices religieux*, en sorte qu'il n'en est point pendant lesquels on puisse procéder à l'arrestation dans un édifice consacré au culte. — A. 2434.

3747. Il résulte bien certainement des termes de la troisième disposition de l'article 781, qu'on peut, hors le tems des exercices religieux, arrêter un débiteur dans un *édifice consacré au culte*, si l'on n'y célèbre pas. — A. 3435.

3748. Par ces expressions, *lieux des séances des autorités constituées*, la loi n'a pas entendu désigner l'enceinte où elles se tiennent. Tel est aussi l'avis de M. Delvincourt, instit. de droit comm., tit. 2, p. 514. — A. 2436.

3749. On peut, avant ou après les séances des autorités constituées, arrêter dans les auditoires, de même qu'on le peut dans les lieux destinés au culte avant ou après les exercices religieux. — A. 2437.

3750. Sous le titre d'*autorités constituées*, la loi a entendu désigner toute autorité ou fonctionnaire qui tient une séance ou audience. — A. 2438.

_____

(1) *Er.* Deuxième ligne, au lieu de *la négative*, lisez *l'affirmative.*

3751. On ne peut arrêter un négociant dans les lieux et pendant les heures de bourse. — A. 2439 et 244.

3752. On ne peut arrêter un fonctionnaire ou officier public au moment même où il remplit un acte de son ministère, ni un militaire, lorsqu'il est de service. — A. 2450.

3753. On ne peut encore arrêter un débiteur dans les lieux consacrés au culte ou aux séances des autorités publiques, qu'avec l'assistance du juge de paix et en vertu d'une ordonnance de sa part. — A. 2441.

3754. Les gardes du commerce n'ont besoin de la permission et de la présence du juge de paix pour arrêter un débiteur dans son domicile ou dans celui d'un tiers, que dans le cas où ils lui en refuseraient l'entrée. — A. 2442.

3755. *Le juge de paix, pour constater sa présence au procès-verbal d'arrestation, doit-il y apposer sa signature à peine de nullité?*

Non, d'après un arrêt de la cour de Paris, du 25 février. (V. jur. des cours souv., t. 3, p 65. (1)

3756. *Faut-il une ordonnance du juge de paix?*

M. Paillet, p. 700, cite un arrêt de la cour de Paris, du 22 juin 1809, qui décide que l'huissier ne peut se transporter chez un débiteur pour l'arrêter, sans être assisté du juge de paix, et *muni de son ordonnance.*

Cependant, on ne présente point requête au juge de paix pour obtenir son ordonnance; l'huissier le requiert de la rendre, et c'est lui-même qui constate, dans son procès-verbal de réquisition, l'ordonnance et le transport du juge, ainsi que tout ce qu'il fait et ordonne; il n'est donc pas besoin que le juge de paix rédige un procès-verbal séparé; il n'est même pas nécessaire, comme nous venons de le dire,

---

(1) M. Coffinières estime bien motivé le jugement de première instance qui avait admis l'opinion contraire ; mais il n'ose fixer son opinion, à cet égard, et laisse à son lecteur le soin de prononcer pour celle des deux décisions qui lui paraîtra plus conforme à la lettre et à l'esprit de la loi. Or, voici les motifs du jugement : « Attendu que le code ordonne la présence du » juge de paix, et que sa signature au procès-verbal peut seule la constater. » L'arrêt porte, au contraire, « que la loi n'exige pas que le juge de paix, présent » au procès-verbal d'arrestation, y appose sa signature pour constater sa présence.» (V. titre des saisies-exécutions.)

Mais comme le procès-verbal est dressé par un officier public, nous croyons que l'on doit s'en tenir à la décision de l'arrêt, puisque ce procès-verbal, qui lui-même est authentique, atteste et justifie la présence du juge de paix, au moins jusqu'à inscription de faux.

qu'il appose sa signature sur celui de l'huissier. — A. 2443, et la note sur le n.º précédent ci-contre.

3757. La capture du débiteur faite en son domicile, sans permission ni assistance du juge de paix, n'est point validée par la survenance de ce magistrat avant l'emprisonnement. — A. 2444.

ARTICLE 782.

Le débiteur ne pourra non plus être arrêté, lorsqu'appelé comme témoin devant un directeur de jury (*V. infrà n. 3759.*), ou devant un tribunal de première instance, ou une cour royale ou d'assises, il sera porteur d'un sauf-conduit.

Le sauf-conduit pourra être accordé par le directeur du jury, par le président du tribunal ou de la cour où les témoins devront être entendus. Les conclusions du ministère public seront nécessaires.

Le sauf-conduit réglera la durée de son effet, à peine de nullité.

En vertu du sauf-conduit, le débiteur ne pourra être arrêté ni le jour fixé pour sa comparution, ni pendant le le tems nécessaire pour aller et pour revenir.

Conférence.

Loi du 15 germinal an 6, tit. 3, art. 8. — art. 794.

3758. Les juges de paix et les tribunaux de commerce ne peuvent accorder un sauf-conduit au témoin appelé devant eux. Cependant ces tribunaux, et même le juge-commissaire à une faillite peuvent en accorder dans tous les cas prévus par les articles 466 et suiv. du code de commerce. — A. 2445. (1)

3759. C'est par erreur que l'on a conservé, dans la nouvelle édition du code, les mots *directeurs du juri*, puisque les magistrats qui étaient ainsi qualifiés ont été supprimés; il faut substituer le juge d'instruction. — A. 2446.

3760. *Par qui et comment se forme la demande d'un sauf-conduit?*

V. A. 2447 et 914.

---

(1) Deuxième alinea, 2.ᵉ ligne, après ces mots, *supplément, p. 30,* ajoutez *un avis du conseil d'état, du 30 avril même année.*

3761. L'exécution de la contrainte par corps ne peut être arrêtée par un sauf-conduit accordé à un débiteur non appelé en témoignage ; c'est-à-dire, que le sauf-conduit accordé au débiteur, hors le cas prévu par la loi, est nul de *plein droit.* — A. 2448.

3762. *Y aurait-il nullité de sauf-conduit qui n'exprimerait pas le tems pendant lequel il produirait son effet?*

L'omission de cette précaution le rendrait nul, dit M. Pardessus, t. 4, p. 259 ; et si même il était d'un terme plus long qu'il n'est nécessaire, la justice pourrait n'y avoir aucun égard ; enfin, s'il était irrégulièrement accordé, la contrainte exercée serait valable. Nous pensons bien qu'un sauf-conduit qui n'exprimerait aucun terme ne devrait être d'aucune considération, car il serait abusif ; nous admettons aussi que son irrégularité pourrait l'empêcher de produire ses effets ; mais nous croyons que s'il n'était pas évident que sa durée eût été étendue à dessein de favoriser le débiteur, on ne pourrait valider un emprisonnement fait au mépris de la sécurité qu'il lui aurait accordée.

3763. Les effets du sauf-conduit ne peuvent s'étendre à des arrestations autres que celles qui dériveraient d'une condamnation par corps. — A. 2449.

3764. Le débiteur emprisonné peut obtenir, en fournissant caution, et sous garde d'huissier, la permission d'assister en personne à l'audience où sa cause est plaidée, et de prendre lui-même au greffe communication des pièces dont il prétend faire résulter sa libération. (Bruxelles, 25 août 1807 ; Sirey, 1807, p. 677.) Nous ne doutons pas que cette permission doive lui être accordée ; mais, dès-lors que le débiteur reste sous la garde d'un huissier, la sujétion à caution nous paraît trop rigoureuse.

ARTICLE 783.

Le procès-verbal d'emprisonnement contiendra, outre les formalités des exploits, 1.° itératif commandement ; 2.° élection de domicile dans la commune où le débiteur sera détenu, si le créancier n'y demeure pas : l'huissier sera assisté de deux recors.

Conférence.

T. art. 53 — Décret du 14 mars 1808. — Loi du 15 germinal an 6, titre 3, article 10. — *Suprà* art. 61.

3765. L'itératif commandement doit exprimer exactement le montant des sommes dues. — A. 2450.

3766. Le créancier n'est pas obligé de laisser écouler vingt-quatre heures entre l'itératif commandement et l'exécution de la contrainte, si déjà ce délai s'est écoulé depuis le premier commandement. — A. 2451.

3767. *L'huissier est-il autorisé à recevoir le paiement de ce que doit le débiteur, et que doit-il faire, si le créancier refuse de recevoir la somme comptée?*

Nous avons déjà dit *suprà* n.° 2729, que si le débiteur offre de payer, l'huissier est autorisé à recevoir et à donner quittance. (Voy. en outre Pardessus, t. 4, p. 260.) A Paris, l'article 4 du décret du 14 mars 1808 oblige le garde du commerce à remettre, dans les vingt-quatre heures, la somme par lui reçue au créancier qui l'a chargé de l'arrestation; et faute par ce dernier de la recevoir, par quelques motifs que ce soit, il doit la déposer dans les vingt-quatre heures suivantes à la caisse des consignations. L'article 2 de l'ordonnance du 3 juillet 1816 étend cette obligation aux huissiers exerçant une contrainte par corps.

3768. L'élection de domicile faite dans le procès-verbal ne fait point cesser celle qui a été déclarée dans le premier commandement, conformément à l'article 780, parce qu'il peut être utile au débiteur de faire des notifications à l'un et à l'autre domicile. — A. 2452. (1)

3769. Lorsque la commune où le débiteur doit être détenu est la même que celle où siège le tribunal qui a rendu le jugement portant la condamnation par corps, il est bon de répéter l'élection de domicile dans le procès-verbal, sans que cela soit indispensable. Tel est aussi l'avis de M. Delvincourt, t. 2, p. 515. — A. 2453.

3770. L'huissier ne peut se faire accompagner de plus de deux records; il ne peut requérir la force armée au moment même de l'arrestation, et avant qu'il y ait rébellion. — A. 2454.

3771. *Quelles qualités doivent avoir les records?*

Ils doivent être majeurs, non parens ni alliés des parties ou de l'huissier, jusqu'au degré de cousin issu de germain inclusivement,

---

(1) M. Delvincourt, instit. du droit commer., tom. 2, page 515, pense, au contraire, que la première élection cesse. Il n'y a pas de raison, dit il, pour obliger le créancier d'avoir deux domiciles d'élection pour l'exécution du même acte; c'est bien assez de l'obliger à en élire un nouveau pour le cas prévu, et le débiteur n'a pas d'intérêt à exiger que les deux subsistent en même tems.

Cet auteur ajoute que l'article 795 vient confirmer cette opinion, puisqu'il décide que la demande en nullité doit être formée au domicile élu par l'écrou, et qui est le même que celui qui a été élu dans le procès-verbal d'arrestation. (V.art. 789.) M. Pardessus partage cette opinion, t. 4, p. 260. Nous trouvons leurs raisons assez fortes pour l'emporter sur celles qui motivaient la nôtre.

ni leurs domestiques ; ils signent l'original et les copies du procès-verbal dans lequel l'huissier doit énoncer leurs noms, profession et demeure. (Argum. de l'article 585 ; Delvincourt, t. 2, p. 515, et *suprà* sur l'art. 585.)

3772. *L'huissier doit-il être revêtu de son costume ?*

Il est vrai que l'article 8 de la loi du 2 nivôse an 11 assigne un costume à tous huissiers dans l'exercice de leurs fonctions ; mais aucune loi n'exige qu'ils en soient revêtus à peine de nullité, et on peut appuyer la solution négative de la question des arrêts cités par Merlin, nouv. répert., au mot *costume*, t. 3, p. 234.

ARTICLE 784.

S'il s'est écoulé une année entière depuis le commandement, il sera fait un nouveau commandement par un huissier commis à cet effet.

Conférence.

Décret du 14 mars 1808. – Art. 794.

3773. Quand le commandement donné en vertu de l'article 780 est périmé, il n'est pas nécessaire que le nouveau commandement soit accompagné de la signification du jugement en vertu duquel on exerce la contrainte par corps. — A. 2455.

3774. Cette proposition s'appliquerait dans le cas même où le commandement aurait été fait avant la publication du code. — A. 2456.

3775. L'huissier qui a signifié le premier commandement ne peut valablement signifier le second par suite de sa commission. — A. 2457.

Un arrêt de la cour de Rennes, du 28 septembre 1814, 1.re ch., a confirmé cette opinion par la raison que le mandat a reçu son exécution au moyen de la signification tombée en surannation.

ARTICLE 785.

En cas de rébellion, l'huissier pourra établir garnison aux portes pour empêcher l'évasion, et requérir la force armée ; et le débiteur sera poursuivi conformément aux dispositions du code criminel.

Conférence.

Décret du 14 mars 1808. – Décision du ministre de la justice du 12 septembre 1807. – Art. 794. – Loi du 25 septembre 1791, 2.e part., tit. 1, 4.e sect., art. 1.

3776. Il faut pour caractériser la rébellion qu'il y ait un acte de violence, une voie de fait, une résistance ouverte. — A. 2458.

3777. Si le débiteur échappait à l'huissier, et se refugiait dans une maison quelconque, il faudrait que cet officier requît le juge de paix ; mais le débiteur ne serait sujet à des poursuites criminelles pour cause d'évasion, qu'autant qu'elle aurait eu lieu par violence ou bris de prison. — A. 2459.

ARTICLE 786.

Si le débiteur requiert qu'il en soit référé, il sera conduit sur-le-champ devant le président du tribunal de première instance du lieu où l'arrestation aura été faite, lequel statuera en état de référé : si l'arrestation est faite hors des heures de l'audience, le débiteur sera conduit chez le président.

Conférence.

T. art. 54. - Décret du 14 mars 1808. - Art. 794.

3778. Le débiteur peut requérir le référé, lorsqu'il maintient, 1.° que l'arrestation est nulle au fond, ou que le jugement est infirmé, la créance éteinte, etc.; 2.° que l'arrestation est nulle dans la forme, parce que la signification est irrégulière, etc. — A. 2460 et Paris, 17 décembre 1817 ; Sirey, 1818, p. 227.

3779. *Le débiteur doit-il être représenté par un avoué lors du référé, et le créancier doit-il être présent ?*

Le débiteur comparaît sans ministère d'avoué, et le créancier est représenté par l'huissier. (Delvincourt, institut. du droit commun, t. 2, p. 516.)

3780. *Un jugement qui prononce la contrainte par corps est-il susceptible d'appel, lorsque l'objet de la demande et la condamnation sont au-dessous de 1000 fr. ?*

Non, parce que la contrainte par corps, prononcée en conséquence de la condamnation principale, n'étant que le mode d'exécution de cette condamnation, ne peut pas donner lieu à un appel, puisque l'effet de ce pourvoi serait de saisir la cour de l'exécution du jugement, dont le principal est hors de sa jurisdiction. (Paris, 11 septembre 1812 ; Nîmes, 25 octobre 1811 ; Sirey, 2.° part., p. 192 et suivantes ; journal des avoués, t. 7, p. 362, où se trouve une conférence des arrêts sur cette question.)

3781. L'appel du jugement qui prononce la contrainte par corps ne suspendrait l'exécution qu'autant qu'il aurait été signifié à personne ou à domicile ; cependant l'huissier peut passer outre à l'emprisonnement, si le jugement, étant exécutoire par provision, en donnant caution, cette caution a été reçue, et si le jugement est rendu en matière de commerce. — A. 2462.

3782. Si, sur la réquisition du débiteur, l'huissier refusait de le conduire chez le président, il pourrait requérir le ministère d'un autre huissier, à l'effet de faire constater ce refus, et faire prononcer la nullité de l'emprisonnement avec dommages-intérêts contre l'huissier auteur du refus. — A. 2463.

M. Pardessus, t. 4, p. 262, pense même que l'huissier qui, après avoir refusé, ne ferait pas mention de la réquisition du débiteur, se rendrait coupable d'un faux; mais nous ne croyons pas qu'il soit permis d'admettre cette opinion, d'après les articles 146 et 147 du code pénal, qui ne nous semblent attacher le caractère de faux qu'à un acte positif du fonctionnaire qui dénature la substance de l'acte en écrivant autre chose que ce qu'il doit, en constatant comme vrais ou comme avoués des faits qui ne le seraient pas, en ajoutant ou altérant des clauses. Or, une omission, quelque préjudiciable qu'elle soit, ne rentre pas dans cette catégorie, et, par conséquent, elle n'expose l'huissier qu'à des dommages-intérêts.

3783. *Le juge devant qui le référé est porté peut-il entrer dans l'examen du mérite de la condamnation?*

Il n'est pas douteux, comme le dit M. Pardessus, que cette faculté lui est interdite; si donc la contrainte avait été prononcée induement, le jugement étant passé en force de chose jugée, elle n'en devrait pas moins avoir son exécution.

Le débiteur menacé de prise de corps peut agir par voie de référé, même avant son arrestation. — A. 2464.

ARTICLE 787.

L'ordonnance sur référé sera consignée sur le procès-verbal de l'huissier, et sera exécutée sur-le-champ.

Conférence.

Voyez art. 794.

3784. Si le jugement en vertu duquel on exerce la contrainte par corps a été rendu par défaut, le débiteur peut obtenir sursis à l'exécution en déclarant former opposition, à moins que l'exécution provisoire n'ait été ordonnée nonobstant ce pourvoi. — A. 2461.

ARTICLE 788.

Si le débiteur ne requiert pas qu'il en soit référé, ou si, en cas de référé, le président ordonne qu'il soit passé outre, le débiteur sera conduit dans la prison du lieu ; et s'il n'y en a pas, dans celle du lieu le plus voisin : l'huissier et tous autres qui conduiraient, recevraient ou retiendraient le débiteur dans un lieu de détention non légalement désigné comme tel, seront punis comme coupables du crime de détention arbitraire.

Conférence.

Titres 18 et 19; code pénal, art. 114 — 122 ; *infrà* art. 794.

3785. L'arrestation ne serait pas annulée, si le débiteur n'avait pas été conduit dans la maison d'arrêt la plus voisine. — A. 2465.

3786. Le débiteur qui, lors de son arrestation, aurait été conduit non pas dans une prison, mais dans une maison particulière pour y passer la nuit, pourrait sur ce motif, et quoiqu'il y eût consenti, demander et faire prononcer la nullité de son emprisonnement. — A. 2466.

3787. *Mais si le débiteur conduit à la maison d'arrêt du lieu demande, avant l'écrou, à être conduit dans une maison d'arrêt plus voisine, peut-il, sous prétexte qu'il n'a pas été écroué dans la première, demander la nullité de l'emprisonnement effectué dans la seconde ?*

Nous ne le pensons pas, parce qu'étant conduit dans la maison désignée par la loi, et ensuite dans une maison désignée comme lieu de détention, il ne peut se plaindre d'avoir été retenu en chartre privée, seul cas auquel s'applique la solution que nous venons de donner au numéro précédent.

3788. Les peines qu'encourraient l'huissier, et tous autres qui retiendraient le débiteur dans un lieu de détention non désigné par la loi, sont celles que prononce l'article 122 du code pénal. — — A. 2467.

3789. *Si quelqu'incident, pendant le transport, forçait à séjourner en route, où devrait-on déposer le debiteur ?*

Le seul moyen d'éviter en ce cas la peine de la détention arbitraire, serait de mettre le débiteur dans la maison de dépôt, ou de prendre l'autorisation du maire pour le garder à vue, dans la maison qu'indiquerait ce fonctionnaire. (Pardessus, t. 4, p. 261.)

ARTICLE 789.

L'écrou du débiteur énoncera, 1.º le jugement ; 2.º les noms et domicile du créancier ; 3.º l'élection de domicile, s'il ne demeure pas dans la commune ; 4.º les noms, demeure et profession du débiteur ; 5.º la consignation d'un mois d'alimens au moins ; 6.º enfin, mention de la copie qui sera laissée au débiteur , parlant à sa personne, tant du procès-verbal d'emprisonnement que de l'écrou. Il sera signé de l'huissier.

Conférence.

Tarif, art. 53 et 55. - Décret du 14 mars 1808. - Ordonn. de 1670, tit. 13, art. 13. - Art. 794.

3790. L'écrou est un procès-verbal écrit *soit par l'huissier, soit par le geolier*, sur le registre de la geole, et en vertu duquel ce dernier est chargé de la garde du débiteur. — A. 2468.

3791. Le débiteur arrêté avant le coucher du soleil peut être écroué après, lorsque la prison est tellement éloignée du lieu de l'arrestation qu'il ne peut y être conduit de jour. — A. 2469.

3792. La consignation d'un mois d'alimens n'est pas nécessaire, lorsque la contrainte est exercée contre un débiteur à la requête de l'agent du trésor public, ou de tout autre fonctionnaire public, pour cause de dette de l'état. — A. 2470.

3793. Le débiteur reçoit en ce cas la nourriture des prisonniers arrêtés à requête du ministère public, conformément au décret du 14 mars 1808.

3794. La copie, tant du procès-verbal d'emprisonnement que de l'écrou, doit être remise sur-le-champ au débiteur. — A. 2471.

3795. Si la mention que la copie a été laissée au débiteur avait été omise dans l'écrou, cette omission ne pourrait être réparée par une signification faite après la détention. — A. 2472.

3796. La mention que la copie a été remise au débiteur au moment de l'écrou, doit tenir lieu au débiteur du PARLANT A. — A. 2473.

3797. *Si la copie de l'écrou donnée au débiteur présente une omission des formalités prescrites par l'article 789, y a-t-il nullité, quoique l'écrou ne présente pas cette omission ?*

C'est, en d'autres termes, demander *si l'on doit appliquer ici le principe énoncé* suprà n.º 421, *savoir que la copie tient lieu d'original à la partie à laquelle elle est notifiée ?*

Nous ne pensons pas que ce principe puisse être invoqué dans cette circonstance, parce qu'on ne le trouve appliqué partout qu'aux

exploits d'ajournement et autres actes judiciaires, du ministère d'huissier, et qui imposent quelque chose à faire à une partie ; alors l'original restant entre les mains du demandeur, qui n'est pas obligé de
le remettre, il faut bien que la copie, qui est pour cette partie un
acte principal, renferme tout ce que la loi prescrit. Mais, quand
il s'agit d'une copie insérée sur un registre public, et qui peut être
vérifié, la chose est différente ; il en est ici comme des autres copies
d'actes dont il reste minute, la minute sert à vérifier la copie. Au
reste, si le procès-verbal d'emprisonnement ou la copie de l'écrou
lui-même fournissent les moyens de connaître l'erreur, nous ne doutons pas que l'on appliquât la solution donnée sur la 185.ᵉ question de l'analyse, rappelée *suprà* n.° 345, et que par suite on ne
prononçât la validité de cet acte.

3798. Il n'est pas nécessaire, mais il convient que l'écrou soit
signé par le geolier. — A. 2474.

ARTICLE 790.

Le gardien ou geolier transcrira sur son registre le jugement qui autorise l'arrestation : faute par l'huissier de représenter ce jugement, le geolier refusera de recevoir le débiteur
et de l'écrouer.

Conférence.

T. art. 56. - Art. 794. - Loi du 22 frimaire an 8 (*Const. de l'an 8*), art. 77.

3799. Le défaut de représentation du jugement est le seul cas qui
autorise le geolier à refuser le débiteur, si ce n'est cependant celui
où, ayant demandé à agir en référé, et l'huissier ayant refusé de
le conduire devant le président, le débiteur n'eût pu faire constater
ce refus par un autre huissier ; le geolier peut alors refuser de le
recevoir jusqu'à ce qu'on lui ait justifié de la décision du président.
— A. 2475.

ARTICLE 791.

Le créancier sera tenu de consigner les alimens d'avance.
Les alimens ne pourront être retirés, lorsqu'il y aura recommandation, si ce n'est du consentement du recommandant.

Conférence.

Décret du 14 mars 1808. — Ordonn. de 1670, titre 13, art. 33. — Déclaration du 10
janvier 1680, art. 1. - Loi du 15 germinal an 6, titre 3, art. 14. – Art. 789, n. 3792, 793
et 794. - A. sur une loi de 1816.

3800. La loi du 15 germinal a fixé à 20 francs le montant de
la consignation pour alimens. — A. 2476.

3801. Le créancier n'est pas tenu d'acquitter les frais de la maladie que son débiteur a essuyée dans la prison. — A. 2477.

3802. La disposition de l'article 791 signifie que, du moment où les alimens sont consignés, ils deviennent communs aux recommandans comme à celui qui a fait emprisonner. — A. 2478.

3803. L'obligation imposée par l'article 791 du code de procédure, au créancier qui a fait emprisonner son débiteur, de ne retirer les alimens que du consentement du recommandant, n'est point réciproquement imposée au recommandant à l'égard du créancier qui a fait emprisonner. (Colmar, 27 mars 1817; Sirey, 1818, p. 106.)

ARTICLE 792.

Le débiteur pourra être recommandé par ceux qui auraient le droit d'exercer contre lui la contrainte par corps. Celui qui est arrêté comme prévenu d'un délit, peut aussi être recommandé; et il sera retenu par l'effet de la recommandation, encore que son élargissement ait été prononcé et qu'il ait été acquitté du délit.

Conférence.

T. art. 57. - Loi du 15 germinal an 6, titre 3, art. 11. - Pothier, 5.e part., chap. 1, S. 7. - Art. 794.

3804. On ne peut faire une recommandation en vertu d'un acte emportant contrainte par corps; il faut jugement qui la prononce. — A. 2479.

3805. La mise en liberté provisoire, accordée sous caution par la chambre du conseil, et en vertu des articles 114 et suivans du code d'instruction, n'oblige point le créancier de consentir à l'élargissement sous cette même caution. — A. 2480.

3806. Le débiteur failli qui, par voie correctionnelle, est condamné pour dettes à un emprisonnement, doit être élargi après le tems de sa détention, encore bien que les dettes ne soient pas entièrement payées. Ses créanciers ne peuvent le retenir en prison, parce que sa détention est dans l'intérêt de la vindicte publique, lequel est indépendant de leur intérêt privé. (Cass., 9 mai 1814; Sirey, 1814, p. 246.)

3807. Les huissiers peuvent à Paris dresser les actes de recommandation, concurremment avec les gardes du commerce. — A. 2481.

ARTICLE 793.

Seront observées, pour les recommandations, les formalités ci-dessus prescrites pour l'emprisonnement : néanmoins
l'huissier ne sera pas assisté de recors, et le recommandant
sera dispensé de consigner les alimens, s'ils ont été consignés.

Le créancier qui a fait emprisonner pourra se pourvoir
contre le recommandant devant le tribunal du lieu où le
débiteur est détenu, à l'effet de le faire contribuer au
paiement des alimens par portion égale.

Conférence.

T. art. 67. — Décret du 14 mars 1808. — Loi du 15 germinal an 6; titre 3, art. 14 et 15.
— Ordonnance de 1670, titre 13, art. 23. — Art. 789, 791 et 794.

3808. Le débiteur recommandé peut arrêter la recommandation
en déclarant qu'il se pourvoit en référé. — A. 2482.

3809. L'huissier doit, à peine de nullité, être muni d'un pouvoir
spécial, pour la recommandation comme pour l'emprisonnement.
(Lyon, 4 septembre 1810; Sirey, 1811, pag. 229;).

3810. L'acte de recommandation et le procès-verbal d'écrou
doivent nécessairement être notifiés en parlant à la personne du
débiteur. — A. 2483.

3811. Les recommandans doivent contribuer, par portion égale,
au paiement des alimens, encore bien que les créances soient inégales.
— A. 2484.

3812. On peut demander la permission d'assigner à bref délai,
lorsque les recommandans se refusent à contribuer. — A. 2485.

3813. Le créancier qui le premier a fait incarcérer le débiteur,
et qui consent à l'élargissement, peut obtenir des recommandans
remboursement des alimens qu'il aurait consignés pour le tems qui
suivrait son consentement. — A. 2486.

3814. Les recommandans auxquels le créancier qui a fait emprisonner forme une demande en contribution ou en remboursement
d'alimens, peuvent être assignés au domicile élu par le procès-verbal
de recommandation. — A. 2487.

ARTICLE 794.

A défaut d'observation des formalités ci-dessus prescrites,
le débiteur pourra demander la nullité de l'emprisonnement,
et la demande sera portée au tribunal du lieu où il est détenu :
si la demande en nullité est fondée sur des moyens du fond,
elle sera portée devant le tribunal de l'exécution du jugement.

Conférence.

2815. La compétence que la loi donne aux tribunaux du lieu de l'arrestation étant *spéciale*, interdit de demander pour cause de connexité le renvoi à un autre tribunal de toute contestation relative à la nullité de l'emprisonnement. — A. 2488.

3816. Le tribunal dans le ressort duquel s'exerce la contrainte par corps, ordonnée par un autre tribunal, n'est pas compétent pour prononcer sur le mérite du titre en vertu duquel elle est exercée. — A. 2489.

3817. Le débiteur peut, en interjettant appel du jugement qui a prononcé la contrainte par corps, obtenir sa liberté provisoire, dans tous les cas où il eût pu, en représentant un acte d'appel signifié, empêcher son emprisonnement. — A. 2490.

3818. Si le jugement a été rendu par un tribunal de commerce, la demande en nullité doit être portée devant le juge du lieu où le débiteur est détenu. — A. 2491.

3819. Si la contrainte par corps a été exercée en vertu d'un arrêt qui aurait infirmé un jugement qui ne l'avait pas prononcée, il n'est pas nécessaire de porter à la cour la demande en nullité relative au fond. — A. 2492.

3820. La requête civile et le pourvoi en cassation ne peuvent autoriser une demande de mise en liberté provisoire. — A. 2493.

3821. *Quels sont en général les cas où le débiteur peut obtenir provisoirement sa mise en liberté pour nullité fondée sur des moyens du fond?*

Voyez A. 2494.

3822. On peut obtenir l'élargissement provisoire du tribunal du lieu de la détention, en attendant le jugement à rendre définitivement sur le fond par le tribunal d'exécution. — A. 2495.

3823. Une demande en élargissement provisoire ne peut être jugée en référé, elle doit être portée à l'audience. — A. 2496.

3824. Lorsqu'un débiteur, emprisonné pour dettes, demande à être transféré d'une maison d'arrêt dans une autre, et qu'il y a des motifs particuliers d'autoriser cette translation, le tribunal ne peut l'ordonner si les créanciers s'y opposent, et s'il n'est pas prouvé que le débiteur ait son domicile dans la commune où il demande à être transféré. (Paris, 20 janvier 1813; voyez journal des avoués, t. 7, p. 346.)

3825. La demande en nullité d'emprisonnement ne peut être repoussée par une fin de non recevoir résultant de l'acquiescement du débiteur. — A. 2497.

C'est aussi ce qui été jugé par arrêt de la cour de Rennes, du 28 décembre 1814, 1.re chambre, et ce qui résulte, d'ailleurs du rapprochement des articles 795, 1003 et 1004 du code de procédure.

ARTICLE 795.

Dans tous les cas, la demande pourra être faite à bref délai, en vertu de permission de juge, et l'assignation donnée par l'huissier commis au domicile élu : la cause sera jugée sommairement, sur les conclusions du ministère public.

Conférence.

T. art. 77. — Loi du 15 germinal an 6, titre 3, article 13, deuxième disposition. — Art. 49 et 805.

3826. La demande en nullité peut être formée aux délais ordinaires, sans permission du juge, et l'assignation donnée par un huissier du choix du demandeur et au domicile réel du créancier. — A. 2498.

3827. L'assignation peut être donnée au domicile élu à bref délai, sans tenir compte de la distance du domicile réel. — A. 2499.

3828. Le ministère public doit être entendu sur une demande en nullité d'emprisonnement, formée par un étranger, de même qu'il doit l'être, si une telle demande est faite par un français. — A. 2500.

3829. Si le ministère public n'avait pas été entendu, ainsi que le prescrit l'article 795, il n'y aurait pas lieu à se pourvoir en cassation pour faire annuler l'arrêt; il faudrait le faire rétracter par voie de requête civile. — A. 2501.

ARTICLE 796.

La nullité de l'emprisonnement, pour quelque cause qu'elle soit prononcée, n'emporte point la nullité des recommandations.

Conférence

T. art. 58. — Même titre de la loi du 15 germinal, art. 12. — Pothier, 5.e partie, chap. 1, §. 9.

3830. La nullité de l'emprisonnement entraîne la nullité des recommandations faites à requête du même créancier en vertu de nouveaux jugemens. — A. 2502.

3831. On doit maintenir les recommandations faites dans l'intervalle de la demande en nullité au jugement qui annule l'emprisonnement. — A. 2503.

ARTICLE 797.

Le débiteur dont l'emprisonnement est déclaré nul, ne peut être arrêté pour la même dette qu'un jour au moins après sa sortie.

Conférence.

V. sur l'art. 798.

3832. Si, malgré le jugement qui annullerait l'emprisonnement, le débiteur n'était pas sorti de prison, parce qu'il y serait détenu comme prévenu de délit ou par suite de recommandation, il pourrait, à la requête du créancier, auteur de son emprisonnement, être recommandé avant l'expiration du délai fixé par l'article 797. — A. 2504.

3833. Si le débiteur était emprisonné hors le lieu de son domicile, il faudrait ajouter, au délai d'un jour franc, celui d'un jour par trois myriamètres entre le lieu de la détention, et celui de son domicile. — A. 2505.

ARTICLE 798.

Le débiteur sera mis en liberté, en consignant entre les mains du geolier de la prison les causes de son emprisonnement et des frais de la capture.

Conférence.

Ordonnance de 1629, titre 13, art. 32. — Ordonn. du 3 juillet 1816, art. 2 ; n. 4.

3834. L'article 798 ne reçoit son application que dans le cas où le débiteur veut obtenir son élargissement provisoire avant le jugement qui doit prononcer sur la nullité de l'emprisonnement ; ainsi, lorsque ce jugement est rendu, le débiteur doit être mis en liberté, quoiqu'il n'eût pas fait la consignation prescrite par cet article. — A. 2506.

3835. La consignation exigée par l'article 798 n'est pas restituable, quoique l'emprisonnement soit annullé. — A. 2507. (1)

3836. Le débiteur ne serait pas obligé à faire la consignation prescrite par l'article 798, s'il voulait, pour cause de maladie, être transféré de la prison dans un hospice ou dans sa propre maison. — A. 2508.

_____

(1) *Er.* Première ligne de la question, au lieu de *art. 797*, lisez *art. 798* ; et deuxième ligne, au lieu de *n'est pas annullé*, lisez *est annullé*.

à l'on détaille les circonstances dans lesquelles le débiteur peut tre extrait de la prison.)

3837. *Qu'est-ce que le geolier doit faire des sommes consignées ?*

Il doit, lorsque le créancier ne les aura pas acceptées, dans les ingt-quatre heures, les déposer à la caisse des consignations. (Ord. lu 3 juillet 1816, art. 1.ᵉʳ, §. 4.)

ARTICLE 799.

Si l'emprisonnement est déclaré nul, le créancier pourra être condamné en des dommages-intérêts envers le débiteur.

Conférence.

Loi du 15 germinal an 6, art. 6.

3838. Outre la condamnation aux dommages-intérêts, les juges peuvent ordonner l'impression et l'affiche. — A. 2509.

3839. La condamnation aux dommages-intérêts peut être prononcée même lorsque l'emprisonnement est déclaré nul pour vices de forme. (Montpellier, 19 juin 1807; Florence, 12 août 1809; Nismes, 25 mars 1813; Sirey 1815, p. 42; 1812, p. 379; 1814, p. 278.)

3840. Mais celui qui, par erreur provenant de l'identité de nom, aurait été emprisonné, pourrait échouer dans sa demande en dommages-intérêts, s'il n'avait pas réclamé d'être conduit en référé. L'huissier qui aurait agi en vertu d'un pouvoir spécial, et qui aurait procédé légalement, ne saurait être responsable de l'erreur. (Paris, 26 novembre 1867; Sirey, 1808, p. 55.)

ARTICLE 800.

Le débiteur légalement incarcéré obtiendra son élargissement,

1.° Par le consentement du créancier qui l'a fait incarcérer, et des recommandans, s'il y en a ;

2.ᵉ Par le paiement ou la consignation des sommes dues tant au créancier qui a fait emprisonner qu'au recommandant, des intérêts échus, des frais liquidés, de ceux d'emprisonnement, et de la restitution des alimens consignés ;

3.° Par le bénéfice de cession ;

4., A défaut par les créanciers d'avoir consigné d'avance les alimens ;

5.° Et enfin, si le débiteur a commencé sa soixantedixième année, et si, dans ce dernier cas, il n'est pas stellionataire.

Conférence.

T. art. 77. — Même loi du 15 germinal, art. 14 et 18. — Ordonnance de 1670, titre
art. 21, 24 et 29. — Art. 800, n. 3, 801 et 802. — Code civil, art. 1268, 1270, 2066.

3841. Le débiteur devrait consigner les intérêts échus, qu
même ils ne s'éleveraient pas à la somme de 300 fr. — A. 2510.

3842. Les frais LIQUIDÉS dont le débiteur doit faire consignatio
sont les frais faits avant le jugement, ceux du jugement et c
faits depuis, même pour d'autres saisies que l'emprisonnement.
A. 2511.

3843. Le débiteur n'est pas tenu d'offrir une somme pour les f
liquidés. — A. 2512.

3844. Le débiteur ne doit consigner que ce qu'il aurait consom
de la somme consignée par le créancier lui-même. — A. 2513.

3845. La consignation ne peut être faite sous condition. —
2514.

3846. Si un débiteur incarcéré, en vertu d'un jugement de pr
mière instance, consigne, pour obtenir sa liberté, le montant d
condamnations prononcées contre lui, en principal, intérêts
frais, il n'y a point là acquiescement de sa part au jugement, et s
appel est recevable, surtout s'il a déclaré dans l'acte de consign
tion ne la faire que comme contraint et sous la réserve de ses droi
(Cass., 4 mai 1818; Sirey, 1818, p. 288.)

3847. La demande en élargissement, pour défaut de consignatio
d'alimens, est recevable si, au jour de la demande, il s'est écou
depuis l'emprisonnement autant de périodes de 30 jours que l
somme allouée par mois a été consignée de fois, et qu'en outre
y ait une nouvelle période de 30 jours commencée sans qu'il y a
consignation. Peu importe que depuis la consignation de la somm
fixée par mois, il ne se soit pas écoulé 30 jours. (Toulouse, 16 ma
1818; Sirey, 1818, p. 254.)

3848. Il ne suffit pas, pour que le débiteur obtienne son élargisse
ment, qu'il fasse offre de cession de ses biens, il faut encore que l
bénéfice en ait été accordé. — A. 2515.

3849. La troisième disposition de l'article 800 du code de pro
cédure n'a point dérogé à l'art. 2070 du code civil, qui maintien
celle de la loi du 15 germinal, par lequel les septuagénaires son
soumis à la contrainte par corps, en matière de commerce. — A
2516.

Nous avons rapporté dans notre analyse les décisions rendues en
sens contraire sur cette question, qui semble ne devoir plus en faire
une depuis les trois arrêts de la cour de cassation, des 3 février et
15 juin 1813, et 29 mai 1815 (V. Sirey, 1813, p. 201, et 1816,

p. 573), puisqu'ils ont prononcé de la même manière que celui du 20 juin 1807, sur lequel nous avions établi la proposition ci-dessus.

3850. Le septuagénaire n'est pas sujet à la contrainte par corps pour des obligations commerciales antérieures à la loi du 9 mars 1793, qui avait aboli cette contrainte. — A. 2517.

3851. Dans le cas où la consignation a été faite entre ses mains, le geolier doit, de suite, mettre le débiteur en liberté. — A. 2518.

M. Delvincourt dans ses institutions commerciales, t. 2, p. 517, décide que ce n'est que dans le cas de l'article 798, que le geolier peut mettre le débiteur en liberté sans jugement préalable; il ajoute que, dans tous les autres cas, quelle que soit la cause de nullité alléguée par le débiteur, le geolier n'en est pas juge et doit attendre que l'emprisonnement ait été déclaré nul par jugement.

3852. La disposition de l'article 18, titre 3 de la loi du 15 germinal an 6, qui avait fixé le maximum de la durée de l'emprisonnement à cinq années, est abrogée par le code de procédure civile. — A. 2519. (1)

3853. Mais, en admettant que le code de procédure n'ait pas abrogé cette disposition, du moins n'autorise-t-elle le débiteur à demander son élargissement qu'autant qu'il a été incarcéré pour dettes commerciales ou pour dettes purement civiles, contractées sous l'empire du code procédure. (Paris, 29 mai 1815; Sirey, 1816, p. 336.)

---

(1) Nous avions établi cette proposition en citant l'opinion des auteurs du praticien et de M. Thomines, également adoptée par M. Berriat, p. 551; mais M. Pardessus paraît professer une opinion contraire, en se fondant sur l'indivisibilité du principe que le code civil (art. 2070) maintient expressément la loi du 15 germinal, ainsi que l'a reconnu la cour de cassation par les arrêts rendus contre les septuagénaires. (V. *suprà* n.o 3849.) Il est sans doute bisarre, contraire aux principes de la matière, injuste même que la loi civile fût plus rigoureuse que la loi commerciale, et c'est ce qui arrive par suite de ce que ni le code civil ni celui de procédure ne limite, comme la loi de l'an 6, la durée de l'emprisonnement.

Mais, d'un autre coté, dans la rigueur des principes (V. notre introduction générale), on ne peut fonder l'abrogation de la disposition expresse d'une loi spéciale sur de simples inductions tirées de la loi générale; aussi a-t-il été jugé par plusieurs arrêts, cités par M. le comte Abrial, dans son rapport à la chambre des pairs sur le projet de loi relatif à la contrainte par corps, en toute matière, présenté et rejetté en 1817, que la loi du 15 germinal devait continuer d'avoir son application. Les motifs et les considérations développées dans ce rapport (V Sirey, 1818, 2.e partie, p. 214.), nous portent à rétracter notre première opinion, en formant des vœux pour qu'une nouvelle loi mette bientôt en harmonie les dispositions contradictoires de la loi commerciale et de la loi civile.

3854. L'insolvabilité prouvée ne peut être une cause de mise en liberté du débiteur. — A. 2520.

5855. Les tribunaux ne peuvent ordonner l'exécution provisoire, nonobstant appel ou opposition, d'un jugement qui annullerait un emprisonnement, ou qui prononcerait l'élargissement d'un débiteur. — A. 2521, et *suprà* n.° 803.

ARTICLE 801.

Le consentement à la sortie du débiteur pourra être donné, soit devant notaires, soit sur le registre d'écrou.

Conférence

Ordonnance de 1670, titre 13, art. 31. — A. 2518.

3856. Le consentement peut être donné autrement que par acte authentique ou sur le registre d'écrou. — A. 2522.

ARTICLE 802.

La consignation de la dette sera faite entre les mains du geolier, sans qu'il soit besoin de la faire ordonner. Si le geolier refuse, il sera assigné à bref délai devant le tribunal du lieu, en vertu de permission : l'assignation sera donnée par huissier commis.

Conférence.

T. art. 77. — Ordonnance de 1670, titre 13, art. 32 et 33. — A. 2518.

3857. La consignation de la dette ne doit pas être précédée d'offres réelles. — A. 2523.

3858. La loi n'exige pas que le créancier soit mis en cause sur l'assignation donnée au geolier qui aurait refusé la consignation ; mais celui-ci peut le demander et l'obtenir. — A. 2524.

ARTICLE 803.

L'élargissement, faute de consignation d'alimens, sera ordonné sur le certificat de non-consignation, délivré par le geolier, et annexé à la requête présentée au président du tribunal, sans sommation préalable.

Si cependant le créancier en retard de consigner les alimens, fait la consignation avant que le débiteur ait formé sa demande en élargissement, cette demande ne sera plus recevable.

T. art. 77. -- Art. 24, titre. 13, ordonnance de 1670. -- Déclaration du 10 janvier 1680, art. 5. -- Loi du 15 germinal an 6, art. 14.

3859. L'élargissement, faute de consignation, doit être prononcé sur le champ par le président, sans qu'il soit besoin de citation préalable au créancier. — A. 2525.

3860. Le président compétent pour prononcer l'élargissement du débiteur est celui du lieu de la détention. (Delvincourt, inst. dr. comm., t. 2, p. 517.)

3861. *Quel est le sens de la seconde disposition de l'art. 803?* V. A. 2526.

3862. C'est la date de l'ordonnance qui fait celle de la demande en élargissement, à moins que le juge, ne pouvant délivrer cette ordonnance, lors de la présentation de la requête, n'en ait constaté le jour et l'heure.

Si la demande et la consignation sont du même jour, et que rien n'indique quelle est la première en date, l'élargissement ne peut avoir lieu. — A. 2527.

3863. Les créanciers recommandans n'ont pas d'action en dommages-intérêts contre le créancier qui, le premier, a fait exécuter la contrainte, la mise en liberté ordonnée par défaut d'alimens devant être exécutée nonobstant leurs recommandations. — A. 2528. (1)

ARTICLE 804.

Lorsque l'élargissement aura été ordonné faute de consignation d'alimens, le créancier ne pourra de nouveau faire emprisonner le débiteur, qu'en lui remboursant les frais par lui faits pour obtenir son élargissement, ou les consignant, à son refus, ès mains du greffier, et en consignant aussi d'avance six mois d'alimens : on ne sera point tenu de recommencer les formalités préalables à l'emprisonnement, s'il a lieu dans l'année du commandement.

Déclaration du 10 janvier 1680, art. 6, et réglem. du parlement de Paris, du 1 septembre 1717, art 25, rapporté par Jousse, en son commentaire sur l'ordonnance de 1670, titre 13, art. 24. -- *Suprà* Art. 784.

3864. Le créancier qui n'a pas fait la consignation par défaut de laquelle l'élargissement du débiteur aurait eu lieu, peut, pour

---

(1) *Er.* Page 557, cinquième ligne, au lieu de *ne l'aurait pas fait,* lisez *l'aurait fait.*

une autre dette, faire emprisonner celui-ci sans remplir les obligations mentionnées en l'article 804. — A 2529.

3865. Ces obligations remplies, et s'il s'agit de la même dette, il est dispensé des formalités préalables à l'emprisonnement, s'il a lieu dans l'année du commandement. — A. 2530.

3866. Le débiteur d'une dette commerciale qui a obtenu son élargissement, faute de consignation d'alimens par le créancier, ne peut pas être incarcéré de nouveau pour la même dette. (Paris, 5 août 1817; Sirey 1817, p. 307.)

3867. Malgré les expressions de l'article 804, la consignation prescrite par cet article doit être faite entre les mains du geolier, dans les lieux où il n'y a pas de greffier attaché à la prison. — A. 2531.

ARTICLE 805.

Les demandes en élargissement seront portées au tribunal dans le ressort duquel le débiteur est détenu. Elles seront formées à bref délai, au domicile élu par l'écrou, en vertu de permission du juge, sur requête présentée à cet effet: elles seront communiquées au ministère public, et jugées sans instruction, à la première audience, préférablement à toutes autres causes, sans remise ni tour de rôle.

Conférence,

Avis du conseil d'état, du 11 janvier 1808. — Art. 794, 795, 800.

3868. Les demandes en élargissement doivent être communiquées non seulement au créancier qui a fait exécuter la contrainte, mais encore à ceux qui ont fait de simples recommandations. — A. 2532.

3869. Le juge, en permettant l'assignation, conformément à l'art. 805, n'est pas rigoureusement obligé, mais cependant ferait bien de commettre un huissier pour en faire la signification. — A. 2533.

3870. *Qu'arriverait-il si la demande n'avait pas été communiquée au ministère public?*

V. A. 2534 et 2501.

3871. Les dispositions de l'article 805 s'appliquent à tous les cas où il se présente quelques obstacles à la mise en liberté d'un débiteur. — A. 2535.

TITRE XVI.

Des référés.

Lorsqu'il s'élève quelques difficultés, relativement à l'exécution des jugemens et des actes, il importe qu'elles soient promptement applanies; d'autres circonstances exigent aussi une décision rapide; il en est même, comme le dit l'orateur du gouvernement, sur ce titre, dans lesquelles le délai d'un seul jour, de quelques heures, peut-être, serait la source de grandes injustices et la cause de pertes souvent irréparables.

Ces considérations ont fait établir la procédure en *référé*, dont les règles sont tracées au titre 16, immédiatement après celles qui concernent toutes les voies d'exécutions forcées, parce qu'elles en sont le complément, comme nous l'avons dit *supra* p. 135.

On entend par référé le rapport qui se fait au magistrat, soit de difficultés survenues dans le cours de l'exécution des jugemens et actes, soit de toute autre affaire qui exige une prompte décision.

Avant la publication du code de procédure, il n'existait aucune loi générale qui établît et régularisât cette forme de procéder; elle n'était connue qu'au Châtelet de Paris, dont le lieutenant civil était autorisé, par un édit de 1685, à ordonner, en plusieurs cas détaillés dans l'article 76, que les parties *comparaîtraient le jour même, dans son hôtel, pour y être entendues, et être par lui ordonné, par provision, ce qu'il estimerait juste.* (1)

---

(1) « L'existence de cet édit permet de supposer, dit l'orateur du gouverne-
» ment, qu'il ne fît que confirmer ou régulariser un usage introduit bien an-
» térieurement; usage que nous retrouvons encore dans cette assignation ver-
» bale, dans cette clameur de haro à laquelle les habitans de l'ancienne Nor-
» mandie obéissaient avec une respectueuse soumission. » En effet, on appelait
clameur de haro un usage en vertu duquel on pouvait, sans aucun commandement ni permission de justice, faire comparaître devant le juge la partie
de laquelle on avait à se plaindre. Ce pourvoi n'avait lieu au civil que dans le
cas où il y avait *péril dans la demeure*, et particulièrement lorsqu'il s'agissait
de trouble à une possession.

Le code de procédure accorde le même droit au président de chaque tribunal ou au juge qui le remplace, mais il autorise, de plus, les parties à se pourvoir directement et sans permission devant ce magistrat (886, 8o8.)

Toute la procédure consiste dans l'assignation et l'exposé verbal des moyens des parties. La décision est prononcée, soit à l'audience, soit dans l'hôtel du juge, *provisoirement* et sans préjudice des droits des parties au principal ; elle est exécutoire par provision et sans caution, s'il n'en a pas été autrement ordonné; elle l'est même sur la minute s'il y a nécessité absolue. On peut se pourvoir contre elle par la voie de l'opposition, mais elle est sujette à l'appel dans les cas déterminés par la loi (8o9 — 811.)

ARTICLE 806.

Dans tous les cas d'urgence, ou lorsqu'il s'agira de statuer provisoirement sur les difficultés relatives à l'exécution d'un titre exécutoire ou d'un jugement, il sera procédé ainsi qu'il va être réglé ci-après.

Conférence.

T. art. 93. - Décret du 12 juillet 1802. - Edit du mois de juillet 1685.

3872. *Dans quel cas y a-t-il matière à référé ?*

Voy. A. 2536. (1)

3873. *Quelle différence y a-t-il entre le mot* URGENCE *de cet article, et le mot de* CÉLÉRITÉ *de l'art. 8o8?*

Même question de l'analyse, tom. 2, p. 561, 6.ᵉ alinéa.

3874. Le juge des référés n'est pas compétent pour ordonner qu'un débiteur saisi paie provisoirement, nonobstant l'opposition. On ne peut dire qu'il y ait *urgence*, ni que l'effet de la décision à intervenir soit purement *provisoire* ; le préjudice de cette décision pouvant être *irréparable*, elle doit être rendue par le tribunal en audience ordinaire. (Paris, 1.ᵉʳ juin 1811 ; Sirey, 1811, p. 470.)

3875. La main-levée d'une saisie-arrêt ne peut être la matière d'un référé. (Turin, 15 juillet 1809 ; Sirey, 1810, p. 279.)

3876. Il en est de même de la question de savoir si, pendant la séparation de corps, il y a lieu au séquestre des fruits des biens communs. (Liège, 15 février 1809 ; Sirey, 1809, p. 295.)

_____

(1) Er. 3.ᵉ ligne, au lieu de *l'exercice*, lisez *l'exécution*; et *infrà* p. 551, 4.ᵉ ligne, au lieu de *seconde disposition*, lisez *première disposition*.

3877. Lorsqu'il s'agit de l'exécution d'un arrêté administratif, le juge du référé peut connaître des difficultés qu'elle présente. (Cass., 7 septembre 1812; Sirey, 1812, p. 210.)

3878. On ne peut faire ordonner en référé un sursis à l'exécution provisoire d'un jugement émané d'un tribunal de commerce. — A. 2537.

3879. Le président du tribunal ne peut, par une ordonnance sur référé, suspendre l'exécution d'un acte authentique et en forme exécutoire. — A. 2538.

3880. Le président du tribunal, jugeant en référé, est incompétent pour connaître de l'exécution d'un jugement, lorsqu'elle se lie à l'interprétation de la loi, et pour la suspendre pendant un délai déterminé. — A. 2539.

3881. Le juge des référés, saisi d'une contestation relative à l'exécution d'un titre exécutoire, excède ses pouvoirs lorsqu'après avoir reconnu en principe que l'exécution ne peut être paralysée, il décide qu'elle sera continuée jusqu'à la vente des objets saisis exclusivement, et que le débiteur pourra l'arrêter en déposant à la caisse d'amortissement la somme pour laquelle les poursuites ont eu lieu. — A. 2540.

3882. Le juge de référé ne peut statuer sur l'exécution des clauses d'une adjudication, lorsqu'il s'agit de déterminer la priorité entre les créanciers inscrits et un créancier indiqué par l'acte d'adjudication lui-même. — A. 2541.

3883. Le créancier hypothécaire qui veut prendre des mesures conservatoires relativement aux fruits de l'immeuble hypothéqué, et à un époque très-rapprochée de celle de leur exploitation, ne peut se pourvoir en référé devant le président du tribunal. — A. 2542. (1)

3884. Le débiteur qui n'a pas requis terme et délai, lors des condamnations prononcées contre lui, ne peut se pourvoir en référé pour obtenir un sursis aux exécutions faites à la requête de son créancier. — A. 2543.

3885. On peut se pourvoir en référé pour faire statuer sur l'opposition à un commandement à fin de saisie immobilière. — A. 2544.

3886. Lorsqu'en prenant cette voie pour se faire accorder un sursis, l'opposant se pourvoit aussi devant le tribunal civil, pour faire statuer sur le mérite de son opposition, le président doit ordonner le sursis sans préjuger sur le fond. — A. 2545.

3887. On peut porter en référé une demande ayant pour objet, 1.° de faire accorder une provision à la veuve dont les reprises ne

(1) *Er.* Première et avant-dernière ligne, au lieu de *Riom*, lisez *Rome*.

sont pas liquidées; 2.º de faire une distribution de deniers entre les créanciers du défunt avant qu'il ait été procédé à l'inventaire; 3.º de proroger le délai accordé pour la confection de cet inventaire. — A. 2546. (1)

5888. Lorsque, pendant une instance en séparation de corps, la femme forme opposition sur les capitaux provenant de sa dot, ou pour sureté de ces capitaux, la demande en main-levée de cette opposition n'est pas de la compétence des juges en référé; c'est la matière d'une action principale. (Paris, 29 nivôse an 11; Sirey, 1807, 2.ᵉ part., p. 272.)

5889. Le juge des référés n'est pas compétent pour décider si une partie est ou non obligée de recevoir à un autre domicile qu'au domicile réel le paiement d'une rente viagère. — A. 2547.

5890. La demande en nullité d'emprisonnement ne peut être l'objet d'un référé. — A. 2548.

5891. On peut porter en référé une demande tendant à la nomination d'un notaire pour procéder à un inventaire. — A. 2549.

5892. On ne peut se pourvoir en référé devant la cour royale, lorsqu'il s'agit de l'exécution d'un arrêt émané de cette cour. — A. 2550.

ARTICLE 807.

La demande sera portée à une audience tenue à cet effet par le président du tribunal de première instance, ou par le juge qui le remplace, aux jour et heure indiqués par le tribunal.

Conférence.

T. art. 29. - Edit du mois de janvier 1685, art. 9.

5893. On peut, sans permission préalable du juge, porter une demande à l'audience ordinaire des référés. — A. 2551.

5894. La demande en référé ne peut être formée par requête d'avoué à avoué. — A. 2552.

5895. Le délai nécessaire entre l'assignation et l'audience des référés est laissé à l'arbitrage du juge. — A. 2553.

5896. L'assistance des avoués n'est pas de rigueur dans les contestations portées en référé. — A. 2554.

5897. Le ministère public n'est pas tenu d'assister aux audiences ordinaires de référés. — A. 2555.

---

(1) Cette proposition et les deux précédentes sont établies sur les arrêts cités dans l'analyse; mais nous avons dit que nous ne croyons pas que, dans les espèces où ces décisions ont été rendues, il y eût urgence dans le sens que l'art. 806 nous semble attacher à ce mot. (V. A. 2536.)

ARTICLE 808.

Si néanmoins le cas requiert célérité, le président, ou celui qui le représentera, pourra permettre d'assigner soit à l'audience, soit à son hôtel, à heure indiquée, même les jours de fêtes; et, dans ce cas, l'assignation ne pourra être donnée qu'en vertu de l'ordonnance du juge, qui commettra un huissier à cet effet.

Conférence.

T. art. 76. - Art. 49, n. 2. - A. 2551.

3898. La permission d'assigner à bref délai se demande par une requête qui ne peut être grossoyée, et dans laquelle on expose les motifs pour lesquels on réclame cette permission. — A. 2556.

ARTICLE 809.

Les ordonnances sur référé ne feront aucun préjudice au principal; elles seront exécutoires par provision, sans caution, si le juge n'a pas ordonné qu'il en serait fourni une.

Elles ne seront pas susceptibles d'opposition.

Dans le cas où la loi autorise l'appel, cet appel pourra être interjetté, même avant le délai de huitaine, à dater du jugement; et il ne sera point recevable, s'il a été interjetté après la quinzaine, à dater du jour de la signification du jugement.

L'appel sera jugé sommairement et sans procédure.

Conférence.

T. art. 29. - 149.

3899. *Que signifient ces expressions de l'article 809*, LES ORDONNANCES DE RÉFÉRÉ NE FERONT AUCUN PRÉJUDICE AU PRINCIPAL?

Voy. A. 2557.

3900. Le juge des référés n'est pas obligé de motiver son ordonnance. — A. 2558.

3901. De ce que les ordonnances sur référé ne sont pas sujettes à l'opposition, il ne s'ensuit pas que cette voie soit interdite contre les arrêts par défaut qui statuent sur l'appel de ces ordonnances. — A. 2559. (1)

_____

(1) *Er.* 2.° ligne, au lieu de *17 août 1807*, lisez *7 août 1807*.

Nota. Cet arrêt se trouve répété dans Sirey, 1808, p. 267.

3902. L'opposition ne serait pas admissible contre un jugement rendu par défaut sur le renvoi du juge de référé à l'audience, moins que ce juge n'y ait renvoyé les parties pour être jugées en état de référé. — A. 2560.

3903. Le mot *jugement*, dans l'article 809, ne suppose pas qu'il faille, pour que l'on puisse appeler de l'ordonnance sur référé, que le tribunal entier ait rendu un jugement sur cette ordonnance.— A. 2561.

3904. Les jugemens rendus *en état de référé* par le tribunal entier sont, quant à l'appel, assujétis aux règles prescrites pour les ordonnances. — A. 2562.

3905. Les ordonnances et les jugemens de référé ne sont sujets à l'appel qu'autant que l'objet litigieux excède la valeur à concurrence de laquelle les tribunaux de première instance sont autorisés à prononcer en dernier ressort. — A. 2563.

3906. L'appel serait recevable contre une ordonnance de référé rendue sur l'exécution d'un jugement en dernier ressort. (Paris 15 nivôse an 13; Sirey, 1807, p. 785.)

3907. La voie de l'opposition n'est point admissible contre les ordonnances et jugemens rendus en dernier ressort. — A. 2564.

ARTICLE 810.

Les minutes des ordonnances sur référés seront déposées au greffe.

Conférence.

T. art. 59.

3908. Il n'y a pas toujours lieu à déposer au greffe les minutes des ordonnances sur référé. — A. 2565.

ARTICLE 811.

Dans les cas d'absolue nécessité, le juge pourra ordonner l'exécution de son ordonnance sur la minute.

3909. Il n'est pas nécessaire que la rédaction des ordonnances sur référé soit faite sur qualités déposées par les parties. — A. 2566.

~~~~~~

SECONDE PARTIE.

PROCÉDURES DIVERSES.

Dans la première partie du code le législateur a établi les règles et les formalités de cette procédure que nous avons appelée *judiciaire* (1), parce qu'elle a pour objet tout ce qu'il est nécessaire de faire ou d'observer afin d'obtenir et de mettre à exécution les jugemens des affaires contentieuses.

La seconde partie renferme d'autres règles suivant lesquelles on doit agir dans les affaires non contentieuses, soit pour l'exercice ou la conservation de certains droits, soit pour l'accomplissement de certaines obligations qui dérivent de la loi civile.

Il appartenait au code de procédure de déterminer et de développer toutes les formes qu'exigeait l'application des principes que le code civil avait posés sur le fond.

Comme ces matières sont, pour la plupart, indépendantes les unes des autres, les dispositions du code sur chacunes d'elles forment autant de procédures spéciales qui, dans leur ensemble, composent une *procédure* à laquelle nous donnerons la qualification d'*extrajudiciaire* (2), parce qu'aucune d'entre elles ne suppose nécessairement un litige, parce que les actes que la loi prescrit sont pour la plupart de juridiction volontaire, et n'entrent dans les attributions de la juridiction contentieuse qu'à l'occasion des débats qui surviendraient accidentellement.

( ) Voy. l'introduction générale, n. 5 et 26.

(2) Voy. *ibidem.*

En cette partie le code de procédure, pour nous servir des expressions de l'orateur du gouvernement, a l'avantage d'avoir réglé beaucoup d'objets que n'embrassait point l'ordonnance de 1667.

En effet, cette ordonnance, dont un si grand nombre de dispositions
ont mérité d'être maintenues dans la première partie du code qui
traite de *la procédure judiciaire*, n'en offrait qu'un bien petit nombre
d'analogues aux titres qui composent la seconde partie. On a consulté les édits et déclarations, les statuts locaux, la jurisprudence des
arrêts pour en déduire des règles générales et uniformes qui fussent
d'ailleurs en harmonie avec les dispositions du code civil, dont elles
ont l'exécution pour objet, en même tems qu'elles en remplissent
plusieurs lacunes. (1)

Le premier livre contient douze titres, dont chacun est consacré
à des matières qui n'ont entre elles aucune connexité.

Le second concerne les procédures relatives à l'ouverture d'une
succession.

Le troisième réunit en un seul titre toutes les règles et les formalités prescrites pour les arbitrages ; mais, comme nous l'avons
déjà remarqué dans l'introduction, la procédure à suivre devant les
arbitres appartient à la procédure judiciaire proprement dite, puisqu'elle se fait à l'occasion d'un litige et à fin de jugement.

---

(1) Cet ouvrage n'ayant pour objet que l'explication et l'application des
dispositions du code de procédure, on sent que nous n'aurons à nous occuper
de celles que le code civil renferme sur les mêmes matières, qu'autant que
nous le croirons indispensable pour l'intelligence des premières ; mais on con-
sultera les excellens ouvrages de MM. Toullier, Delvincourt, Proud'hon,
Chabot, de l'Allier, sur les successions ; Pardessus, sur le droit commercial,
et particulièrement celui de M. Pigeau, qui, dans son second volume, a
traité par ordre alphabétique et approfondi la plupart des questions que les
différens objets des procédures diverses peuvent présenter, tant *au fond* que
dans la forme.

LIVRE I.er

Des diverses procédures prescrites pour l'exécution de certaines dispositions du code civil, autres que celles qui concernent les successions.

TITRE PREMIER.

Des offres de paiement et de la consignation.

PARMI les moyens d'éviter les procès et de prévenir ou d'arrêter, par une exécution volontaire, l'exécution forcée des jugemens et des actes, la loi place *les offres* et la *consignation*, dont l'effet est d'opérer la libération du débiteur, lorsque le créancier ne veut ou ne peut recevoir ce qui lui est dû.

Les offres consistent dans une sommation faite au créancier de recevoir la somme ou de prendre possession de la chose qui lui est due.

La consignation est le dépôt que le débiteur, sur le refus du créancier, fait de cette somme dans une caisse publique (ordonn. du 3 juillet 1806), où s'il s'agit de tout autre objet dans un lieu que le tribunal indique (C. C., art. 1264.)

La consignation ainsi faite dans les formes voulues par la loi, et après des offres réelles, régulières, intégrales, tient lieu de paiement et libère le débiteur, suivant les dispositions consignées dans les articles 1257 - 1264 du code civil; elles indiquent quand, comment, par qui, à qui et en quel lieu les offres et la consignation doivent être faites, quels effets en résultent tant à l'égard de la libération du débiteur que de celle de ses cautions, et comment l'objet consigné est mis à la charge du créancier. Le code de procédure ne contient, en conséquence, qu'un petit nombre de dispositions additionnelles qui ne font à vrai dire que compléter les premières.

Elles concernent le procès-verbal d'offres réelles (812-813); l
consignation, en cas de refus (814); la manière de former la demand
soit en validité, soit en nullité des offres ou de la consignation (815)
ce que doit ordonner le jugement qui déclare les offres valables (816)
et enfin les oppositions (817.)

Elles renvoient, au surplus, pour les autres règles de la matièr
aux dispositions du code civil.

ARTICLE 812.

Tout procès-verbal d'offres désignera l'objet offert, de
manière qu'on ne puisse y en substituer un autre; et si ce
sont des espèces, il en contiendra l'énumération et la
qualité.

Conférence.

3910. La disposition de l'article 812 s'exécute par une description
exacte de l'état, de l'objet de sa forme, de ce qui peut le distinguer
d'un objet de même espèce, de manière que l'identité en soit tellement constatée, qu'on ne puisse en substituer un autre. — A. 2567

3911. Le mot *espèce*, dans l'article 812, n'exprime pas seulement une somme d'argent; il exprime aussi toutes choses réduites
à un poids, à une mesure fixe.

3912. Le procès-verbal d'offres doit constater le poids ou la mesure et la quantité de ces choses. S'il s'agit d'une somme d'argent,
il doit mentionner combien il y a de pièces, quelle est leur valeur,
et si elles sont en or ou en argent. — A. 2568.

3913. On ne peut pas faire d'offres en billets de banque. — A.
2569.

3914. Un procès-verbal d'offres ne serait pas nul, s'il avait été
fait par un notaire; mais il serait prudent de se servir d'un huissier.
— A. 1570.

3915. Au surplus, dès que ce procès-verbal doit être dressé par
un officier ministériel, les offres seraient nulles si elles avaient été
faites pas la partie elle-même, sans assistance d'un de ces officiers
qui en eût dressé procès-verbal. (Nismes, 22 août 1809; Sirey,
1810, p. 553.)

3916. Lorsqu'une tierce personne étrangère à l'obligation veut
en opérer l'extinction, elle doit faire le paiement ou les offres réelles
au nom et en acquit du débiteur; mais si elle énonce que le montant du paiement ou des offres provient de *ses propres deniers*, et
requiert formellement la subrogation aux droits des créanciers, le

paiement ou les offres sont nuls. (Cass., 12 juillet 1813 ; Sirey, 1813, p. 354.)

3917. Les offres incidentes à une contestation à laquelle elles se rattachent, ne se font pas par acte d'avoué, puisqu'un avoué n'a de pouvoir que pour les actes judiciaires ; elles doivent donc, comme les offres principales, être faites par un huissier. — A. 2572.

ARTICLE 813.

Le procès-verbal fera mention de la réponse, du refus ou de l'acceptation du créancier, et s'il a signé, refusé ou déclaré ne pouvoir signer.

Conférence.

Code civil, art. 1257.

3918. Si le créancier accepte les offres, l'officier ministériel exécute le paiement et se charge du titre qui lui est remis quittancé. — A. 2571.

ARTICLE 814.

Si le créancier refuse les offres, le débiteur peut, pour se libérer, consigner la somme ou la chose offerte, en observant les formalités prescrites par l'article 1259 du code civil.

Conférence.

Loi du 28 nivôse an 13 ; code civil, art. 1259 et 1264. A. question 1975.

3919 La consignation d'une somme d'argent doit être faite, conformément à la loi du 25 nivôse an 13 et à l'article 1.er de l'ordonnance du 3 juillet 1816, à la caisse des consignations. — A. 2573.

3920. Le dépôt d'un corps certain doit s'effectuer au lieu désigné par la justice, sur la demande du débiteur. — A. 2574.

ARTICLE 815.

La demande qui pourra être intentée, soit en validité, soit en nullité des offres ou de la consignation, sera formée d'après les règles établies pour les demandes principales : si elle est incidente, elle le sera par requête.

Conférence.

T. art 75.

3921. La nullité d'offres réelles peut être demandée par voie *d'action principale*, comme par voie d'exception. (Cass., 28 août 1873 ; Sirey, 1814.)

54

3922. La demande en validité ou en *nullité* des offres ou de la consignation est principale, lorsqu'au moment où elle est intentée il n'existe entre le créancier et le débiteur aucune contestation précédente à laquelle elle se rattache ; elle est incidente lorsqu'elle est formée pendant le cours d'une instance sur une contestation à laquelle elle se rapporte. — A. 2575.

3923. Cette demande n'est pas sujette à l'essai de conciliation, lors même qu'elle est principale. — A. 2576.

3924. Les demandes en validité ou en invalidité, soit des offres, soit de la consignation, lorsqu'elles sont incidentes, sont jugées par le tribunal saisi de la contestation principale ; et lorsqu'elles sont principales, elles sont de la compétence du tribunal dans l'arrondissement duquel les offres ont été signifiées. — A. 2577.

3925. Elles sont formées par une requête d'avoué à avoué, qui peut être grossoyée et à laquelle on peut répondre. — A. 2578.

ARTICLE 816.

Le jugement qui déclarera les offres valables, ordonnera, dans les cas où la consignation n'aurait pas encore eu lieu, que, faute par le créancier d'avoir reçu la somme ou la chose offerte, elle sera consignée ; il prononcera la cessation des intérêts, du jour de la réalisation.

Conférence.

Code civil, art. 1257 et 1259.

3926. Par le mot *réalisation*, dans l'art. 816, on doit entendre celle du dépôt de la chose offerte. — A. 2579. (1)

---

(1) Nous avons établi cette proposition en nous fondant sur la disposition de l'article 1259 du code civil ; mais de ce que l'article 1257 porte que les offres réelles, suivies d'une consignation, libèrent le débiteur, M. Toullier (t. 7, p. 555.), conclut qu'une fois la consignation faite, la libération date du jour des offres. Cette opinion, absolument contraire à celle que nous avions professée, nous oblige à donner quelques développemens aux raisons établies dans notre analyse.

Et d'abord nous rappellerons que l'article 1259, n.° 2, décide que la consignation n'est valable qu'autant que le débiteur a déposé la chose dans le lieu indiqué par la loi pour les consignations, *avec les intérêts jusqu'au jour de dépôt* ; et comme nul ne peut devoir d'intérêts d'une somme dont il est libéré, il nous semble que décider que le débiteur tiendra compte jusqu'au jour du dépôt ou de la consignation effectuée, c'est décider assez clairement que la libération ne remonte pas au jour où les offres ont été faites, car s'il en était ainsi, les intérêts cesseraient dès-lors de courir. M. Toullier en convient, et il conclut qu'il y a contradiction entre les art. 1257 et 1259.

ARTICLE 817.

La consignation volontaire ou ordonnée sera toujours à la charge des oppositions, s'il en existe, et en les dénonçant au créancier.

3927. Si la dénonciation exigée par l'article 817 était trop différée, les intérêts ne pourraient pas tomber à la charge du débiteur, comme peine de sa négligence. — A. 2580.

Il paraît difficile de se persuader que le législateur, à un intervalle aussi peu considérable, ait établi deux propositions contradictoires, en disant dans l'article 259 le contraire de ce qu'il avait dit dans l'article 1257.

Résulte-t-il réellement de ce dernier article que la libération doive, lorsque la consignation a eu lieu, remonter au jour des offres?

Pour soutenir l'affirmative, M. Toullier interprète cet article de la manière suivante:

« L'article 1257, dit-il, porte que les offres réelles, suivies de consignation, libèrent le débiteur; or, ces expressions *libèrent le débiteur*, se réfèrent à celles-ci, *les offres réelles*; donc ce sont les offres, lorsqu'elles ont été suivies de consignation, qui produisent la libération. »

Cette interprétation, purement grammaticale, nous semble contraire à l'intention du législateur. Nous croyons qu'on doit entendre ces termes: *les offres réelles, suivies de consignation, libèrent le débiteur*, comme s'il était dit: *la consignation qui a eu lieu d'après les offres réelles*, ou *la consignation précédée d'offres réelles*. Ainsi le mot *libèrent*, conçu au pluriel, se rapporterait tant aux offres réelles qu'à la consignation, en sorte que la libération n'aurait lieu que lorsqu'il y aurait eu tout à la fois offres réelles et consignation; les offres ne sont qu'un préliminaire pour parvenir à la consignation, et ce dernier acte est celui qui consomme la libération.

Cette manière d'interpréter l'article 1257 ne nous paraît point en opposition formelle avec son texte; et si l'on objectait que l'autre interprétation est plus conforme à la lettre, nous répondrions que celle qui concilie les différentes parties de la loi, doit être préférée à celle qui les mettrait dans une contradiction choquante: *Etsi maximè verba legis hanc habeant intellectum, tamen mens legislatoris aliud vult.* « Il faut, dit Domat, préférer au sens qui peut » résulter d'une expression défectueuse, celui qui paraît, d'ailleurs, évident par » l'esprit de la loi entière. Si les lois où il se trouve quelque doute ou quelque » difficulté ont quelque rapport à d'autres lois qui puissent en éclaircir le sens, » il faut préférer à toute autre interprétation celle dont les autres lois donnent » l'ouverture. »

Or, le sens de l'article 1257, s'il pouvait paraître douteux, serait fixé par l'article 1259, duquel il résulte clairement que c'est par la consignation et non par les offres que le débiteur est libéré; car, encore une fois, si sa libération datait du jour des offres, il n'aurait pas d'intérêts à payer pendant l'intervalle qui s'écoule jusqu'à la consignation. Mais on insiste et on prétend écarter entièrement la difficulté résultant de l'article 1259, en disant qu'il y a été formellement dérogé par l'article 815 du code de procédure, portant que

ARTICLE 818.

Le surplus est réglé par les dispositions du code civil relatives aux offres de paiement et à la consignation.

Conférence.

Code civil, art. 1257 et suivans.

le tribunal en déclarant les offres valables, ordonnera que , faute au créancier d'avoir reçu la somme ou la chose offerte , elle sera consignée et procurera la cessation des intérêts *du jour de la réalisation*; or, dit-on , *par réalisation*, on ne peut entendre autre chose que les offres réelles ; donc , c'est du jour qu'elles ont été faites que les intérêts cessent de courir, et que, par conséquent, la dette est éteinte.

Il serait fort étonnant que l'article 816 du code de procédure contînt une dérogation aussi formelle à l'article 1259 du code civil, sans que cela fût exprimé d'une manière plus expresse. Nous croyons que les rédacteurs de l'art. 816 ont entendu par le mot *réalisation*, le dépôt effectif de la chose ou de la somme due au bureau des consignations ; s'ils l'avaient employé pour désigner les offres réelles , ils auraient dit : le tribunal prononcera la cessation des intérêts *du jour des offres*, et cette interprétation nous semble devoir être admise avec d'autant plus de raison que, dans le même article, on s'est servi de ces expressions *les offres*, et il est difficile de croire qu'en une intervalle de trois ou quatre lignes , on ait employé, pour exprimer la même chose , deux dénominations différentes. Enfin, comment croire que le législateur ait entendu déroger, dans l'article 816 du code de procédure , à l'article 1259 du code civil qu'il venait de confirmer dans l'article 814 , en disant : « Si le créancier refuse les offres , le débiteur peut » pour se libérer consigner les sommes ou la chose offerte , *en observant les* » *formalités prescrites par l'article 1259 du code civil*, formalités au nombre » desquelles se trouve précisément celle *du dépôt, avec la chose offerte et les* » *intérêts d'icelle jusqu'au jour de ce dépôt.* »

TITRE II.

Des droits des propriétaires sur les meubles, effets et fruits de leurs locataires et fermiers, ou de la saisie-gagerie et de la saisie-arrêt sur débiteurs forains.

L'ARTICLE 2102 du code civil accorde aux propriétaires et principaux locataires un privilège pour les loyers ou fermages, sur les objets qui garnissent la maison ou qui servent à l'exploitation de la ferme. Le code de procédure leur garantit les effets de ce privilège, en leur donnant un moyen de conserver ces objets jusqu'à ce qu'ils aient obtenu un jugement de condamnation contre leur débiteur.

Ce moyen est la *saisie-gagerie*, ainsi nommée parce que les choses saisies, ne pouvant être déplacées ni enlevées, deviennent un *gage* réel et assuré de la créance du saisissant.

On peut la définir un acte par lequel les propriétaires ou principaux locataires arrêtent, en vertu de bail écrit ou verbal, et pour sureté des loyers et fermages qui leur sont dus, non seulement les effets et fruits qui se trouvent dans leurs bâtimens ou sur leurs terres, mais encore les effets mobiliers qui auraient été déplacés sans leur consentement (819, 820.)

Entre cette saisie et celle que la loi autorise sur les effets mobiliers, appartenant à un *débiteur forain*, il y a ce rapport d'analogie qu'elle a voulu, dans celle-ci comme dans l'autre, conserver par des voies promptes et faciles, les droits d'un créancier sur un gage mobile qui peut échapper à chaque instant.

On sent que celui qui contracte avec un débiteur *forain*, c'est-à-dire, avec une personne qui n'aurait ni domicile, ni habitation dans le lieu où elle se trouve accidentellement, courrait souvent risque de perdre le gage de sa créance, si la loi ne lui offrait un moyen de mettre ses intérêts en sureté.

Tel est l'objet de la *saisie-foraine*, qui est, par ses effets, une véritable saisie-gagerie. C'est l'acte par lequel le créancier d'un individu qui vient faire commerce dans une commune où il n'habite pas, saisit les objets que cet individu peut avoir dans ce lieu (822.)

La saisie-gagerie se fait comme la saisie-exécution, et s'il y a des fruits, comme la saisie-brandon (821.)

La saisie foraine admet la même forme que la saisie-gagerie des effets mobiliers, si ce n'est qu'il y a, en tous cas, dispense de commandement, mais nécessité de permission du juge (822.)

Les règles communes à ces deux saisies sont, 1.º qu'on ne peut vendre les effets qu'après jugement de validité; 2.º que la vente et distribution du prix sont faites comme par suite d'une saisie-exécution ; que les gardiens doivent représenter les effets sous peine de contrainte par corps (823, 824, 825.)

ARTICLE 819.

Les propriétaires et principaux locataires de maisons ou biens ruraux, soit qu'il ait bail, soit qu'il n'y en ait pas, peuvent, un jour après le commandement, et sans permission du juge, faire saisir-gager, pour loyers et fermages échus, les effets et fruits étant dans lesdites maisons ou bâtimens ruraux, et sur les terres.

Ils peuvent même faire saisir-gager à l'instant, en vertu de la permission qu'ils auront obtenue, sur requête, du président du tribunal de première instance.

Ils peuvent aussi saisir les meubles qui garnissaient la la maison ou la ferme, lorsqu'ils ont été déplacés sans leur consentement ; et ils conservent sur eux leur privilège, pourvu qu'ils en aient fait la revendication, conformément à l'article 2102 du code civil.

Conférence.

T. art. 29; 61 et 76 Code civil, art. 2102, *suprà* art. 608 *infrà* 826 et suiv.

3928. On peut comprendre dans la saisie-gagerie les objets que l'article 592 déclare insaisissable, excepté le coucher et les vêtemens du saisi. — 2581.

3929. La seconde disposition de l'article 819, portant que l'on peut faire saisir-gager *à l'instant*, en vertu de permission de juge, ne dispense pas de faire commandement au débiteur. — A. 2582.

3930. *Peut-on faire saisir-gager pendant les délais accordés à l'héritier pour délibérer?*

Il est de principe que l'habile à hériter peut se faire autoriser, dans les cas d'urgence, à faire vendre des objets susceptibles de dépérissement. On ne peut induire de là rien contre lui pour le faire déclarer héritier.

Il semble donc que, par une juste réciprocité, les créanciers peuvent, dans tous les cas où il y a urgence, faire saisir-gager pendant les délais accordés à l'héritier pour délibérer, puisqu'ils pourraient faire vendre contre l'héritier.

Au reste, la saisie-gagerie est une mesure conservatoire (Voyez A. 2594), et conséquemment il y aurait lieu à appliquer ce que nous avons dit aux questions 631 et 632, *suprà* n.os 1069 et 1070.

Cette voie est préférable à la saisie-exécution, qui, de sa nature, peut être considérée comme n'étant pas une mesure conservatoire, attendu qu'on peut vendre sans la faire déclarer valable. Le porteur d'un titre exécutoire doit préférer la saisie-gagerie, pour éviter toute difficulté. (V. question 2594.) Du reste, nous pensons que la saisie-exécution procéderait valablement, sauf à ne faire vendre qu'à l'expiration du délai. (V. A. 631.)

3931. La troisième disposition de l'article ne s'applique pas aux fruits qui auraient été déplacés. — A. 2583.

3932. La revendication des meubles déplacés ne pourrait avoir lieu s'il était prouvé que ceux qui resteraient dans la maison ou dans la ferme seraient suffisans pour couvrir la valeur des loyers ou fermages échus ou à échoir. — A. 2584; Pothier, contrat de louage, n.° 268, et introduction au titre 19 de la coutume d'Orléans, n.° 51.

3933. *Un propriétaire pourrait-il, pour loyers et fermages échus, saisir, en cas de déplacement frauduleux, et lorsque les circonstances prouveraient que l'intention du locataire serait de soustraire peu à peu son mobilier aux poursuites de ce propriétaire?*

Nous nous sommes expliqués sur la 1829.e question de notre analyse (*suprà* n.° 2852), de manière à faire présumer le contraire; mais nonobstant la disposition de l'article 819, qui n'autorise la saisie que pour loyers et fermages *échus*, nous croirions, dans l'espèce de notre question, où le mauvais dessein du locataire serait prouvé,

que l'on pourrait autoriser la saisie-gagerie comme *mesure conser-*
vatoire ; autrement, que pourrait faire le propriétaire pour empêcher le divertissement des meubles ? Dirait-on qu'il aurait la ressource
de la revendication des effets déplacés ? Mais pour assurer le succès
de la revendication , il faudrait qu'il veillât continuellement au domicile de son locataire. Ne pourrait-on pas soutenir avec raison que l'enlèvement fortuit que fait un locataire de ses meubles autorise le
propriétaire à demander son expulsion , puisqu'il n'y a plus de sûreté
pour lui dans la continuation du bail ? Ne peut-on pas ajouter que
l'article 1188 du code civil est applicable au locataire ; que celui-ci
ne saurait invoquer le bénéfice du terme, et que c'est une raison
pour autoriser la saisie-gagerie ? Enfin , le propriétaire ne pourrait-
il pas , en demandant le résiliement du bail , conclure à ce que la
saisie-gagerie fût jugée valable, et à ce que, faute au défendeur
de payer le loyer devenu exigible en tout ou partie , la vente fût
ordonnée ? Nous sommes portés à considérer une telle poursuite
comme fondée , et nous croyons que ce locataire n'aurait d'autre
moyen d'éviter l'effet de ces conclusions que d'offrir une caution
solvable pour sûreté du loyer ; moyennant cette caution , le propriétaire serait désintéressé et la main-levée de la saisie ordonnée. (1)

3934. *La saisie-gagerie peut-elle avoir lieu quand les meubles*
ont été déplacés par un locataire qui les a transportés dans une
maison qu'il a pris à bail d'un autre propriétaire ?

En d'autres termes : *N'est-il pas nécessaire en ce cas d'em-*
ployer la voie de la saisie revendication , dont les règles sont
établies au titre III ?

Le doute vient de ce que l'article 819 porte , 3.ᵉ alinea , « que les
» propriétaires peuvent saisir les meubles qui garnissaient la maison,
» lorsqu'ils ont été déplacés sans leur consentement et qu'ils conservent
» sur eux leur privilège, pourvu qu'ils en ayent fait la *revendica-*
» *tion* , conformément à l'article 2102 du code civil; » d'où l'on
conclut qu'en ce cas on doit se conformer aux dispositions du titre
III, parce qu'il n'est pas probable que le code civil et le code de
procédure eussent indiqué une *revendication* comme une addition
nécessaire pour conserver le privilège sans l'assujettir à certaine for-

---

(1) Voyez, sur l'application de l'article 1188 du code civil, un arrêt de la cour
de cassation, du 16 décembre 1807 (Sirey, 1808, p 162), il a trait à la
question que nous venons d'examiner ; voyez aussi ce que dit M. Toullier, sur
le cas où le débiteur est déchu du terme et sur les mesures conservatoires qu'un
créancier peut prendre, t. 6, p. 744 et suiv , surtout au n.º 674, p 787 ; et
enfin, à l'appui de notre opinion, voyez le commentaire de Ferrières, sur
l'article 271 de la coutume de Paris, n • 25, tome 2, colonne 1244.

malités ; or , dit-on , les formalités de la *revendication* sont indiquées par le titre III.

Cette opinion paraît être celle de M. Delvincourt, t. 2, p. 623, n.° 2 ; mais si l'on fait attention que l'article 819 indique les cas où la *saisie-gagerie* peut avoir lieu, on ne peut s'empêcher de reconnaître que le droit qu'il accorde de *saisir* les meubles déplacés, s'entend de la *saisie-gagerie* , et que , par conséquent , le mot *revendication* exprime la revendication opérée par cette *saisie* ; cette interprétation devient d'autant plus certaine quand on considère que l'article 819 ne détermine , soit formellement, soit par un renvoi au titre III, aucunes autres formalités que celles de la saisie-gagerie.

Nous croyons donc avec M. Pigeau, t. 2, p. 484, que la saisie-gagerie est autorisée dans le cas où les meubles ont été transportés par le locataire dans une autre maison , pourvu , toutefois , qu'elle ait lieu dans les délais fixés par l'article 2102 du code civil. (Voyez rapport du tribun Tarrible , *id.* de F. Didot , p. 300.) C'est aussi ce que la cour de Rennes a formellement jugé par arrêt du 17 mars 1816, 1.re ch. (1)

Mais, à ce sujet, nous ferons deux observations qui nous paraissent importantes.

Premièrement, il est toujours entendu que le propriétaire n'est obligé de prendre la voie de la saisie-gagerie qu'autant qu'il n'a point de titre exécutoire; car , dans le cas contraire il peut saisir *pleinement* et *exécuter*, soit que les meubles ayent ou n'ayent pas été déplacés. (V. Pigeau , *ubi suprà* , et observations de Ferrières , sur l'article 161 de la coutume de Paris, dans son grand commentaire.)

Secondement, lorsqu'il y a un déplacement, il est bon que le propriétaire fasse *reconnaître les meubles* pour éviter les contestations qu'un second propriétaire ou toute autre partie intéressée pourrait élever sur l'identité. (Pothier, du louage , n.° 264.)

3935. *La même solution s'appliquerait-elle au cas où , par suite de vente faite par le locataire , ou de quelque autre manière que ce fût , les meubles se trouveraient entre les mains et au domicile d'un tiers ?*

---

(1) Cet arrêt est ainsi conçu : « Attendu qu'il résulte du rapprochement des » articles 819 , 826 et 827 du code de procédure , qu'il ne s'agit pas dans le pre » mier d'une *saisie-revendication* , mais bien d'une *saisie-gagerie* ; qu'ainsi le pro » priétaire d'une maison que le locataire a quittée en emportant ses meubles dans » une autre, est réputé les trouver aux possessions de son débiteur et peut se borner » à *saisir-gager* , sans exercer la saisie-revendication ; qu'il a fait tout ce qu'il » devait en se conformant à l'article 819 , et en agissant dans le délai voulu » par l'article 2092 du code civil. »

. Dans la précédente question nous avons toujours supposé que les meubles, quoique déplacés, n'avaient pas cessé d'être en la possession du débiteur. Mais dans l'hypothèse contraire que nous établissons maintenant, nous estimons que le propriétaire qui ne saurait perdre son droit de suite, c'est-à-dire, son privilège (V. Pothier coutume de louage, n.° 261), ne peut le conserver que par la voie de la saisie-revendication, dont traitent les articles 826 et suiv. au titre III. Aussi la cour royale de Rennes, dans son arrêt du 7 mars 1816 (V. la précédente question), a-t-elle eu soin de noter cette circonstance dans ses motifs (V. la note), parce qu'elle était déterminante, dans l'espèce, pour écarter le système de l'intimé qui prétendait que la saisie n'avait pu se faire que dans la forme des saisies-revendications.

3936. *Quand le propriétaire a fait prononcer, faute de paiement, le résiliement du bail, quels sont les moyens légaux qu'il peut employer pour contraindre le locataire ou fermier à délaisser la possession ?*

La solution de cette question, dans l'espèce particulière où elle est posée, dépend de savoir quels sont les principes d'après lesquels on doit exécuter tout jugement qui ordonne de désemparer, soit un fonds de terre, soit une maison.

Avant la publication du code de procédure, et lorsqu'il s'agissait d'un fonds, on se conformait aux dispositions des articles 1 et 3, titre 27 de l'ordonnance, ainsi conçus :

ART. 1.er « Ceux qui auront été condamnés par arrêt ou juge-
» ment passé en forme de chose jugée, à délaisser la possession d'un
» héritage, seront tenus de le faire *quinzaine* après la signification
» de l'arrêt ou jugement à personne ou domicile, à peine de 20 fr.
» d'amende. »

ART. 3. « Si, quinzaine après la première sommation, les parties
» n'obéissent à l'arrêt ou au jugement, ils pourront être *condamnés*
» *par corps* à délaisser la possession de l'héritage, et en tous dom-
» mages-intérêts des parties. »

Ces dispositions de l'ordonnance ont été remplacées par celles de l'article 2051 du code civil; il porte : « Ceux qui, par un juge-
» ment rendu au pétitoire, et passé en *force de chose jugée*, ont
» été condamnés à désemparer un fonds, et qui refusent d'obéir,
» peuvent, par un second jugement, être contraints par corps à
» délaisser la possession, quinzaine après la signification du premier
» jugement à personne ou à domicile. »

Aucune disposition n'existe relativement à la contrainte de délaisser une maison ; mais cette contrainte ne peut s'exercer autrement que par *l'éjection des meubles* et l'expulsion de la personne.

Ainsi, dit Rodier, sur l'article 1.ᵉʳ, titre 27 de l'ordonnance : « Lorsqu'il s'agit de faire délaisser la possession d'une maison occupée » par le condamné, à titre de loyer ou autrement, on use de la » voie de *l'éjection de meubles*, et *de la personne même à la* » *rue.* »

Cette voie a continué d'être usitée sous l'empire du code de procédure, et malgré son silence, parce qu'elle est fondée sur la nature même des choses. (V. arrêt de la cour de Colmar du 7 juillet 1809 ; Sirey, 1816, p. 96.) Mais nous avons à examiner quelles sont les règles de son exercice. (1)

Rodier, sur la seconde question qu'il traite à la suite de l'art. 1, titre 27 de l'ordonnance, applique à l'évacuation d'une maison les délais donnés par cet article pour le délaissement d'un fonds ; il s'exprime ainsi : « S'il s'agit d'une maison que le condamné habitât, » il faut qu'il ait quelques jours pour chercher logement ailleurs, » et pour faire transporter ses meubles, et l'on a fait une règle » générale du délai de quinzaine. »

Aujourd'hui que l'article 2061 du code civil veut, comme l'ordonnance, que la contrainte pour désemparer un fonds, ne soit exercée par l'emprisonnement du condamné qu'en vertu d'un second jugement, et quinzaine après la signification de celui qui a prononcé la condamnation à désemparer, nous estimons qu'il en est de même à l'égard de la contrainte par éjection des meubles et expulsion de la personne.

Nous pensons en outre que la signification du second jugement doit être précédée d'un commandement de délaisser la possession,

(1) On a cependant prétendu que cette voie d'exécution ne pouvait être pratiquée, 1.º parce que l'article 1041 du code de procédure abroge *toutes lois*, *coutumes et usages anciens*, relatifs à la procédure ; 2.º parce que l'article 2061 du code civil, ne prononçant que la *contrainte par corps*, on ne pouvait admettre d'autre mode de contrainte en cas de délaissement. On répond que l'article 1041 n'abroge que les anciennes règles concernant la forme de procéder, et non pas celles qui établiraient ou reconnaîtraient des voies d'exécution telles que celles dont il s'agit ; et, quant à l'argument tiré de l'article 2061, on observe que l'éjection des meubles avait lieu autrefois nonobstant la disposition semblable de l'art. 3, titre 27 de l'ordonnance ; que, d'ailleurs, si la contrainte par corps suffit pour le délaissement d'un fonds de terre, parce qu'elle tient le condamné dans l'impuissance de faire des actes de maître et de possesseur, il n'en serait pas ainsi dans le cas de délaissement d'une maison, puisque le jugement qui l'ordonnerait resterait sans effet, malgré l'emprisonnement du condamné, tant que celui-ci résisterait à enlever ses meubles.

et, comme la décidé la cour de Colmar par l'arrêt précité, que l'huissier doit laisser au moins vingt-quatre heures d'intervalle entre ce commandement et l'exécution.

Il est entendu que cette exécution doit nécessairement être constatée par un procès-verbal; mais, suivant le même arrêt, il n'est pas nécessaire qu'il contienne la désignation des meubles et l'élection de domicile exigées, pour la saisie-exécution, par les articles 584 et 588.

ARTICLE 820.

Peuvent les effets des sous-fermiers et sous-locataires, garnissant les lieux par eux occupés, et les fruits des terres qu'ils sous-louent, être saisis-gagés pour les loyers et fermages dus par le locataire ou fermier de qui ils tiennent; mais ils obtiendront main-levée, en justifiant qu'ils ont payé sans fraude, et sans qu'ils puissent opposer des paiemens faits par anticipation.

Conférence.

Coutume de Paris, art. 162, code civil, art. 1753.

3937. Les paiemens sont réputés faits par anticipation toutes les fois qu'ils ont été effectués contre les clauses du bail ou contre l'usage des lieux, chaque fois, en un mot, qu'ils paraissent avoir été faits à dessein d'enlever au propriétaire le gage et la sureté que la loi lui confère. — A. 2585.

3938. On peut saisir-gager les meubles d'un sous-locataire ou sous-fermier qui n'aurait pas un bail authentique, ou dont la date ne serait pas certaine. — A. 2586.

ARTICLE 821.

La saisie-gagerie sera faite en la même forme que la saisie-exécution : le saisi pourra être constitué gardien; et s'il y a des fruits, elle sera faite dans la forme établie par le titre 9 du livre précédent.

Conférence.

Voy. *suprà*, art. 584.

3939. Le procès-verbal de saisie-gagerie doit, à peine de nullité, contenir l'élection de domicile prescrite par l'article 584. (Rennes, 22 septembre 1810.)

3940. Aucun texte de la loi n'empêche de prendre pour témoins d'une saisie-gagerie des huissiers, pourvu qu'ils ne soient ni parens, ni alliés de l'huissier instrumentaire au degré prohibé. (Rennes, 26 février 1818.)

3941. Pour se conformer à la contexture de l'article 821, il serait prudent de ne constituer le saisi gardien que dans une saisie-gagerie d'effets, et, lorsqu'il y aurait des fruits, de charger le garde champêtre de veiller à leur conservation. — A. 2587.

3942. On peut, sans le consentement du saisissant, charger le saisi de la garde d'une saisie-gagerie d'effets, mais le consentement de ce dernier est du moins nécessaire. — A. 2588.

3943. Si le saisi refuse d'être gardien, l'huissier peut nommer celui que le saisi lui désigne, ou choisir telle autre personne à laquelle il confie les effets, même en les déplaçant, s'il est nécessaire. — A. 2589.

ARTICLE 822.

Tout créancier, même sans titre, peut, sans commandement préalable, mais avec permission du président du tribunal de première instance et même du juge de paix, faire saisir les effets trouvés en la commune qu'il habite, appartenant à son débiteur forain.

Conférence.

T. art. 61, 63 et 76; coutume de Paris, art. 173.

3944. L'individu qui abandonne son ancien domicile, et va résider dans un autre endroit, sans avoir fait les déclarations préalables exigées par l'article 104 du code civil, ne peut être considéré comme débiteur *forain ;* le créancier qui, dans cette hypothèse, fait procéder à la saisie de ses meubles et effets doit donc se conformer aux règles établies pour la saisie-exécution, et non à celles que prescrit le présent titre. (Pau, 3 juillet 1807; Sirey, 1814, p. 256.)

3945. Le président du tribunal de première instance, ou le juge de paix du lieu où se trouvent les objets qu'on entend saisir, est le juge compétent pour permettre la saisie foraine. — A. 2590.

ARTICLE 823.

Le saisissant sera gardien des effets, s'ils sont en ses mains ; sinon il sera établi un gardien.

Conférence.

T. art. 61, 63 et 76. **C.** p., art, 824.

3946. Le saisissant peut être constitué gardien malgré lui. — A. 2591.

3947. L'huissier, lorsque le saisissant n'a pas les effets en ses mains, ne peut lui en confier la garde; il ne pourrait pas non plus la confier au saisi. — A. 2592.

ARTICLE 824.

Il ne pourra être procédé à la vente sur les saisies énoncées au présent titre, qu'après qu'elles auront été déclarées valables : le saisi, dans le cas de l'article 821, le saisissant, dans le cas de l'article 823, ou le gardien, s'il en a été établi, seront condamnés par corps à la représentation des effets.

Conférence.

Code civil, art. 2060, n. 4.

3948. La demande en validité de la saisie-gagerie ou de la saisie foraine doit être portée devant le tribunal du lieu où la saisie a été faite, encore bien que le saisi n'y ait pas son domicile. — A. 2593.

3949. On doit faire déclarer la saisie-gagerie valable, lors même qu'elle est faite en vertu d'un titre exécutoire. — A. 2594.

Nous persistons dans cette opinion, quoique la cour de Rennes, par l'arrêt du 17 mars 1816, transcrit page 429, à la note, ait décidé le contraire, sans autrement exprimer ses motifs. Au surplus, cet arrêt déclare qu'en supposant qu'il y eût lieu à former la demande en validité, les débiteurs seuls auraient le droit de se plaindre de l'omission de cette formalité.

3950. La faillite du locataire, survenue depuis le jugement qui aurait déclaré la saisie-gagerie valable, ne serait pas un obstacle à la vente des effets saisis. — A. 2595.

ARTICLE 825.

Seront, au surplus, observées les règles ci-dessus prescrites pour la saisie-exécution, la vente et la distribution des deniers.

Conférence.

Tarif, art. 61.

TITRE III.

De la saisie - revendication.

Nous avons vu que l'article 2102 du code civil autorise le locataire à *revendiquer* les meubles déplacés qui garnissaient les bâtimens loués, et qui se trouvent aux possessions d'un tiers. L'article
2279 accorde le même droit à tout propriétaire de meubles volés,
soustraits ou perdus. (1)

L'acte par lequel ils exercent ce droit est la *saisie-revendication*;
(V. *infrà* n.° 3951.) (2)

Elle ne peut se faire qu'en vertu d'ordonnance du président du
tribunal (826), rendue sur requête qui désigne sommairement les
effets (827); elle peut être exercée même les jours de fête légale
(828); le référé au juge a lieu en cas de refus de portes ou d'opposition
(829); du reste, la saisie est faite dans la même forme que la saisie-
exécution (830), et la demande en validité est portée au tribunal
de la partie sur qui elle est faite, à moins qu'elle ne soit connexe à
une instance déjà pendante devant un autre tribunal (831.)

Questions générales sur l'ensemble du titre.

3951. La saisie-revendication est l'acte par lequel on demande
judiciairement une chose sur laquelle on a un droit réel, et qui est
détenue par un tiers. — A. 2596.

3952. Si la chose volée ou perdue ne se trouve pas en la possession actuelle de celui qui la doit, et qu'on ne sache où elle se trouve,
le propriétaire a l'action ou demande en revendication, afin de faire
condamner le défendeur aux dommages-intérêts qui sont appréciés
par des experts convenus ou nommés d'office. Le paiement de ces
dommages-intérêts étant effectué, le propriétaire est alors censé avoir

(1) L'article 1926 du code civil autorise aussi la revendication, lorsqu'il
s'agit du dépôt d'un objet mobilier, fait par une personne capable de contracter, dans les mains d'une personne incapable.

(2) Cette saisie était appelée *entiercement* dans la coutume d'Orléans.

cédé pour cette somme son droit de propriété dans la chose au défendeur, en sorte qu'il ne peut plus la saisir-revendiquer, et que c'est au contraire à celui-ci qu'appartient le droit de faire à son profit et à ses risques cette saisie contre les tiers qui seraient en possession de la chose. (Nouv. répert., v.° *revendication*, in fine.)

3953. Les dispositions du code de procédure relatives à la revendication ne sont pas applicables, en matière de commerce, aux marchandises vendues et livrées à un failli. — A. 2597.

3954. Les mêmes dispositions du code de procédure sont applicables à tous les effets mobiliers quelconques, même à des papiers et titres. — A. 2598.

ARTICLE 826.

Il ne pourra être procédé à aucune saisie-revendication, qu'en vertu d'ordonnance du président du tribunal de première instance, rendue sur requête, et ce, à peine de dommages-intérêts, tant contre la partie que contre l'huissier qui aura procédé à la saisie.

Conférence.

T. art. 77 ; *suprà* art. 608, 727, 728.

3955. C'est au président du tribunal du détenteur réel des effets, c'est-à-dire, de celui qui les a réellement entre les mains, que doit être présentée la requête afin d'obtenir l'ordonnance nécessaire pour saisir-revendiquer. — A. 2599. (1)

ARTICLE 827.

Toute requête à fin de saisie-revendication désignera sommairement les effets.

Conférence.

T. art. 77. *suprà* 819.

ARTICLE 828.

Le juge pourra permettre la saisie-revendication, même les jours de fête légale.

---

(1) Nous appliquons cette proposition même au cas où la saisie serait incidente à une instance pendante devant un autre tribunal, non seulement parce que la permission dépend de circonstances qui ne peuvent être bien appréciées que par le juge du lieu; mais encore parce que le magistrat qui l'accorde doit nécessairement être le même que celui qui doit juger en référé aux termes de l'article 829, et que d'ailleurs l'article 831 n'attribue compétence au tribunal saisi de l'instance à laquelle la revendication serait incidente qu'à l'égard de la demande en validité.

Conférence.

C. p., art. 1037.

3956. Le juge ne peut permettre de saisir-revendiquer un jour de fête légale, qu'autant que l'urgence est telle qu'il y aurait péril en la demeure. — A. 2600.

ARTICLE 829.

Si celui chez lequel sont les effets qu'on veut revendiquer, refuse les portes ou s'oppose à la saisie, il en sera référé au juge; et cependant il sera sursis à la saisie, sauf au requérant à établir garnison aux portes.

Conférence.

T. art. 29 et 62 ; ordonnance de Moulins, art. 32.

3957. Lorsqu'il y a lieu à référé, la saisie doit contenir assignation devant le président. — A. 2601.

3958. L'ordonnance qui intervient sur le référé est constatée sur le procès-verbal. — A. 2602.

ARTICLE 830.

La saisie-revendication sera faite en la même forme que la saisie-exécution, si ce n'est que celui chez qui elle est faite pourra être constitué gardien.

Conférence.

Voyez sur le titre de la saisie-exécution.

3959. On peut établir pour gardien une autre personne que celle chez qui la saisie est faite, si l'on a lieu de craindre insolvabilité, manœuvre ou chicane de sa part. — A. 2603.

ARTICLE 831.

La demande en validité de la saisie sera portée devant le tribunal du domicile de celui sur qui elle est faite ; et si elle est connexe à une instance déjà pendante, elle le sera au tribunal saisi de cette instance.

3960. Les mots de l'article 831, *celui sur qui elle est faite*, s'expliquent par ceux de l'article 330, *celui chez qui elle est faite*, et ils indiquent conséquemment le débiteur actuel de la chose, s'il prétend y avoir droit; mais, dans le cas contraire, la demande en validité ne doit être faite que contre celui qui prétendrait à ce droit, et qui conséquemment serait assigné devant le juge de son domicile, et non devant celui du débiteur. (Locré, esprit du code de procédure, tom. 4, p. 26.)

3961. *Comment la demande en validité doit-elle être formée?* Voy. A. 2604.

56

442

TITRE IV.

De la surenchère sur aliénation volontaire.

(V. C. C., art. 2108, 2109, 2123, 2127, 2128, 2167, 2169, 2183, 2187.)

En général, on appelle surenchère une enchère faite par un créancier en sus du prix de la vente des biens de son débiteur, soit que cette vente ait été faite en justice, soit qu'elle ait été valablement consentie par le débiteur lui-même.

Dans ce dernier cas, qui est l'objet des dispositions du présent titre, on peut définir la surenchère un acte par lequel, après la notification du contrat de vente d'un immeuble hypothéqué, l'un des créanciers inscrits requiert, en offrant caution, de faire porter le prix au moins à un dixième en sus de celui du contrat, que l'immeuble soit mis aux enchères pour être vendu publiquement. (1)

___

(1) L'ancienne législation n'avait, du moins à notre connaissance, aucunes dispositions analogues à cette matière. La surenchère doit entièrement son origine au nouveau système hypothécaire. On lui trouverait cependant, quant à ses effets, quelques rapports avec le droit de *surjet* ou augmentation, que la coutume d'Auvergne accordait au seigneur auquel il appartenait des droits de mutation ; il pouvait, lorsqu'il trouvait le prix de vente trop faible, faire mettre l'immeuble aux enchères; l'adjudicataire, appelé le *surjetant*, donnait à l'acquéreur le prix porté au contrat, et au seigneur ce que les enchères avaient produit de *plus*, et outre ce, les droits du total.

On a vu, sur les articles 710 et suivans, en quoi consistait la surenchère sur expropriation forcée; la surenchère sur aliénation volontaire en diffère principalement, en ce que le délai est de quarante jours, après la notification prescrite par l'article 2183, au lieu de huitaine (art. 2185); que la faculté de surenchérir n'est accordée qu'à un créancier inscrit, tandis que toute personne est admise, lorsqu'il s'agit d'expropriation ; que le montant de la surenchère est du dixième au lieu du quart, et qu'enfin *toute personne* peut concourir à la nouvelle vente, tandis, au contraire, que l'adjudicataire et le surenchérisseur sont les seuls qui puissent enchérir, lors d'une revente par suite d'expropriation.

Nous avons dit, page 313, que nous examinerions sur l'art. 965 si la surenchère est admise en ventes judiciaires autres que celles qui ont lieu par suite de saisie, quelle doit en être la quotité, etc.

La surenchère est autorisée par l'article 2185 du code civil, qui établit d'ailleurs quelques principes dont les dispositions du code de procédure sont le complément et fournissent les moyens d'application.

Elles indiquent, en conséquence, comment seront faites les notifications et significations prescrites par le code civil, et ce qu'elles devront contenir (832); elles prononcent la nullité de la surenchère, en cas de rejet de la caution (833); déterminent les conditions sous lesquelles les créanciers privilégiés ou hypothécaires peuvent surenchérir, lorsqu'ils ne se sont pas fait inscrire avant l'aliénation (834); prescrivent ce que le nouveau propriétaire doit faire en cette circonstance, et ce dont il est dispensé (835), et règlent les formalités nécessaires pour parvenir à la surenchère (836.)

Enfin, il résulte des articles 837-839 que la nouvelle vente a lieu et que le prix est distribué suivant les formes de l'expropriation, si ce n'est que la poursuite appartient au plus diligent ou de l'acquéreur ou du surenchérisseur; que le contrat dont le prix a été surenchéri sert de minute au cahier des charges, et la surenchère de mise à prix, et que la poursuite commence par l'exposition au tableau de l'auditoire, l'annonce au journal et les placards.

ARTICLE 832.

Les notifications et réquisitions prescrites par les articles 2183 et 2185 du code civil seront faites par un huissier commis à cet effet, sur simple requête, par le président du tribunal de première instance de l'arrondissement où elles auront lieu; elles contiendront constitution d'avoué près le tribunal où la surenchère et l'ordre devront être portés.

L'acte de réquisition de mise aux enchères contiendra, à peine de nullité de la surenchère, l'offre de la caution, avec assignation à trois jours devant le même tribunal pour la réception de ladite caution, à laquelle il sera procédé sommairement.

Conférence.

T. art. 76 et 128; *suprà* n. 3341 et 3356.

3962. Une surenchère est une simple mesure conservatoire, et peut être faite sans autorisation ou procuration, par les individus qui ne peuvent agir seuls et par eux-mêmes, et, par exemple, par la femme en puissance de mari. (Bruxelles, 20 avril 1811; Sirey, 1813, p. 42. V. *suprà* n.° 3444.)

3963. En cas de revente par l'acquéreur, les créanciers inscrit dont l'hypothèque n'a pas été purgée, peuvent surenchérir sur le second acquéreur, comme ils l'auraient pu sur le premier. (Paris, 6 avril 1812; Sirey, 1814, p. 24.)

3964. Les notifications et réquisitions prescrites par les art. 2183 et 2185 du code civil doivent, à peine de nullité, être faites par un huissier commis. — A. 2605.

3965. Mais l'huissier qui fait la notification du contrat doit être commis par le président du tribunal dans le ressort duquel est situé le bureau des hypothèques de l'immeuble, tandis que l'huissier qui signifie la surenchère doit l'être par le président du domicile du vendeur et de l'acquéreur. — A. 2606.

3966. *L'augmentation de prix opérée par la surenchère fournissant au-delà de ce qu'il faut pour payer tous les créanciers inscrits, l'excédant tourne-t-il au profit de l'acquéreur évincé ou du vendeur?*

Nous pensons, par argument de l'article 744, qu'il tourne au profit du vendeur.

3967. La surenchère doit être poursuivie devant le tribunal de la situation des biens, et non devant le tribunal du domicile de l'acquéreur ou du lieu où la vente aurait été consentie. — A. 2607.

3968. Ainsi, dans le cas de licitation d'un immeuble appartenant à un failli, la surenchère qui intervient ne peut être jugée par le tribunal qui a rendu le jugement d'adjudication, s'il n'est pas le tribunal de la situation des biens. (Paris, 27 mai 1813; Sirey, 1817, p. 51.)

3969. Il ne suffirait pas que l'acte de réquisition contînt offre de présenter une caution; il doit contenir la présentation même de la caution, c'est-à-dire sa désignation. — A. 2608.

3970. *Faut-il que dans l'acte la caution fasse sa soumission de cautionner?*

Non, puisqu'elle n'y parle pas; et l'exiger, ce serait ajouter aux formalités prescrites par la loi, qui veut seulement que la réquisition de surenchère contienne l'offre de la caution.

3971. Les frais du contrat sont considérés comme faisant partie du prix de la vente, et il en est de même des sommes particulières que l'acquéreur aurait été chargé de payer; ainsi le dixième que le surenchérisseur est tenu d'offrir, doit porter sur ces diverses sommes comme sur le principal. (Cass., 15 mai 1811; Sirey, 1811, p. 257.)

3972. Il n'est pas nécessaire, pour que le surenchérisseur soit assujéti à cette obligation, que, dans son exploit de notification, l'acquéreur ait positivement distingué ces sommes; il suffit que toutes les charges aient été indiquées : c'est au surenchérisseur à vérifier lui-même celles qui font partie du prix. (Cass., 29 novembre 1813; Sirey, 1814, p. 11, et Rennes, 29 mai 1812, 2.° ch.)

3973. Lorsqu'un immeuble a été vendu à un certain prix, et que l'acquéreur a été en outre chargé du service d'une rente foncière imposée sur cet immeuble, le créancier doit surenchérir sur le capital de la rente comme sur le prix de la vente. (Cass., 29 novembre 1811 ; Sirey, 1812, p. 85.)

3974. Le créancier qui requiert la surenchère ne peut présenter un cautionnement immobilier qui donne une garantie suffisante, si les immeubles sur lesquels porte le cautionnement n'appartiennent pas au même individu. — A. 2609.

3975. Il doit être procédé à la réception de la caution *sommairement*, et sans qu'il soit besoin de se conformer aux dispositions générales de l'art. 518, qui se trouvent restreintes sur ce point par l'art. 832. (Rennes, 29 mai 1812 ; Sirey, 1815, p. 104.)

3976. La caution ne pourrait pas être reçue par le président du tribunal, comme juge des référés, quand même la réquisition de surenchère serait faite pendant le tems des vacances. — A. 2610.

3977. Le créancier inscrit qui veut surenchérir doit, s'il y a plusieurs acquéreurs, signifier à chacun d'eux la réquisition de mise aux enchères, lors même qu'il n'y a qu'un seul contrat, et qu'il a été notifié au nom de tous les acquéreurs conjointement. — A. 2611.

3978. Dans ce cas, le délai pour surenchérir court à *l'égard de chaque créancier*, à partir de la notification qui lui a été faite, et non de celle qui a été faite postérieurement aux autres créanciers. (Paris, 27 mars 1811 ; Sirey, 1811, p. 164.)

3979. L'acte de surenchère ne peut être notifié au domicile de l'un des acquéreurs pour tous, lorsque, par le contrat de vente, ils se sont obligés *solidairement* à payer le prix convenu. — A. 2612.

3980. Cet acte ne peut être signifié, même au mari seul, lorsque les acquéreurs sont deux époux séparés de biens. — A. 2613.

3981. Cependant si les époux, vendant conjointement, n'ont pas fait connaître qu'ils étaient séparés, cette omission dispense le surenchérisseur de signifier à chacun copie séparée de l'acte de surenchère, encore bien qu'il ait pu être instruit d'ailleurs de leur qualité. (Cass., 23 mars 1814; Sirey, 1814, p. 294.)

3982. L'acte de réquisition de la surenchère ne peut être signifié aux divers créanciers inscrits; il ne peut l'être qu'au vendeur et à l'acquéreur. — A. 2614.

3983. Le désistement d'une surenchère, si elle est nulle, peut être fait par le surenchérisseur sans le consentement des autres créanciers; en tous cas, l'acquéreur qui a notifié son contrat est sans intérêt pour quereller ce désistement, en tant qu'il concerne les créanciers. (Agen, 7 août 1816; Sirey, 1817, p. 87.)

3984. Quand un créancier a notifié sa réquisition de surenchère, l'acquéreur peut en arrêter les suites en lui faisant des offres réelles de toutes les sommes dues aux créanciers inscrits, et en consignant. — A. 2615. (1)

3985. L'acquéreur ne peut se soustraire aux suites de la surenchère, en offrant de payer toutes les créances inscrites, sous la réserve de la discussion préalable de la validité ou invalidité de ces créances. — A. 2616.

3986 L'acquéreur qui, par un contrat judiciaire, se serait obligé pour s'affranchir d'une surenchère, à payer au surenchérisseur ses créances inscrites, serait non recevable à contester ensuite la légitimité de ces créances, ou la validité des inscriptions dont elles font l'objet. — A. 2617. (2)

3987. Les irrégularités des actes signifiés au vendeur profitent à l'acquéreur, en ce sens que, si le vendeur fait défaut, l'acquéreur peut se prévaloir de ces irrégularités pour faire annuler la procédure.

Mais il n'en serait pas de même du vendeur; il ne pourrait, en cas de défaut de l'acquéreur, se prévaloir des irrégularités commises à l'égard de celui-ci. — A. 2618.

ARTICLE 833.

Si la caution est rejetée, la surenchère sera déclarée nulle et l'acquéreur maintenu, à moins qu'il n'ait été fait d'autres surenchères par d'autres créanciers.

---

(1) Un arrêt de la cour de cassation du 16 thermidor an 11, Sirey, t. 3, page 461, semble décider le contraire, en ce qu'il déclare que le surenchérisseur peut se désister ou être contraint à se désister, s'il est désintéressé avant que les poursuites soient liées par l'apposition des affiches; mais il est à remarquer que nous fondons notre opinion sur un argument tiré de l'article 693, qui n'existait pas à l'époque où cet arrêt a été rendu.

(1) *Er.* Dernière ligne de la question, au lieu de *ses*, lisez *ces*.

Conférence.

Code civil, art. 2185.

3988. Dans le cas de la surenchère, la caution n'est pas judiciaire; elle est seulement *légale*, et, par conséquent, on peut présenter une femme, puisqu'il n'y a pas lieu à la contrainte par corps. (Rennes, 9 mai 1818, 3.ᵉ ch.) (1)

3989. On procède à la réception de la caution, suivant les formalités prescrites au titre des réceptions de cautions. — A. 2620. Mais voy. *suprà* n.° 3975.

3990. Quand tous les délais accordés par la loi pour la réception de la caution sont expirés, sans qu'il ait été produit de titres suffisans pour en constater la solvabilité, le tribunal est obligé d'annuler la surenchère; il ne peut se borner à rejeter la caution *dans l'état*, si mieux n'aime le surenchérisseur déposer, dans un délai donné, une somme pour représenter le montant de la surenchère. — A. 2621.

3991. Le jugement qui a annulé une surenchère peut être opposé à tous les créanciers inscrits, lors même qu'il n'a été rendu qu'entre l'acquéreur et le surenchérisseur, et qu'il pourrait être l'effet de la collusion. — A. 2622.

ARTICLE 834.

Les créanciers qui, ayant une hypothèque aux termes des articles 2123, 2127 et 2128 du code civil, n'auront pas fait inscrire leurs titres antérieurement aux aliénations qui seront faites à l'avenir des immeubles hypothéqués, ne seront reçus à requérir la mise aux enchères, conformément aux dispositions du chapitre 7, titre 18 du livre 3 du code civil, qu'en justifiant de l'inscription qu'ils auront prise depuis l'acte translatif de propriété, et au plus tard dans la quinzaine de la transcription de cet acte.

Il en sera de même à l'égard des créanciers ayant privilège sur des immeubles, sans préjudice des autres droits résultant au vendeur et aux héritiers, des articles 2108 et 2109 du code civil.

---

(1) Nous disons que la caution est légale, car elle est établie par la loi seulement, l'article 832 n'appellant pas les parties devant le tribunal pour y débattre si ou non il sera fourni caution, mais si la caution offerte sera reçue, suivant ce qui résultera de ses moyens de solvabilité. (V. au surplus ce que nous avons dit sur les cautions légales ou judiciaires.)

Conférence.

Code civil, art. 2166.

3992. L'article 834 a dérogé aux dispositions du code civil, et notamment à l'article 2166, qui n'accorde le droit de suivre l'immeuble, en quelques mains qu'il passe, qu'aux créanciers ayant privilège ou hypothèque inscrite. (1) — A. 2624.

3993. On ne peut prendre utilement inscription après une aliénation faite depuis la publication du code civil, mais antérieurement à la mise en activité du code de procédure. — A. 2625.

3994. Les inscriptions prises dans les termes de l'article 834 ne donnent pas seulement aux inscrivans le droit de surenchérir, mais elles leur confèrent aussi tous les autres attributs du droit hypothécaire. — A. 2626.

3995. De ce que l'article 834 ne désigne que les hypothèques qui sont énoncées dans les articles 2123, 2127 et 2128 du code civil, il n'en résulte pas que cet article 834 ne soit susceptible d'aucune application relativement aux hypothèques légales. — A. 2627.

3996. Cet article ne dispense pas le cohéritier ou copartageant de s'inscrire dans la quinzaine de la transcription, s'il veut avoir le droit de requérir la surenchère. — A. 2628.

3997. Lorsqu'après une vente volontaire il y a surenchère et adjudication, c'est l'adjudication qui est la véritable vente, dans le sens de l'article 834. Ainsi les créanciers qui avaient une hypothèque antérieure à la vente conservent la faculté de s'inscrire pendant toute la quinzaine qui suit la transcription de l'adjudication. (Paris, 3 avril 1812 ; Sirey, 1814, p. 41.)

---

(1) Les conséquences les plus générales et les plus certaines de cette dérogation sont :

1.° Qu'à la différence de ce qui avait lieu sous l'empire de la loi du 11 brumaire an 7, un acquéreur n'a pas besoin, pour opérer en sa faveur la mutation de la propriété, de faire transcrire son contrat, et que, conséquemment, la seconde vente que ferait le précédent propriétaire serait nulle.

2.° Que le vendeur après la vente, quoique non transcrite, ne peut consentir valablement une hypothèque sur le bien qu'il a vendu, et qu'une pareille hypothèque, quoiqu'inscrite avant la transcription du contrat de vente, n'aurait aucun effet.

ARTICLE 835.

Dans le cas de l'article précédent, le nouveau propriétaire n'est pas tenu de faire aux créanciers dont l'inscription n'est pas antérieure à la transcription de l'acte, les
significations prescrites par les articles 2183 et 2184 du
code civil; et dans tous les cas, faute par les créanciers
d'avoir requis la mise aux enchères dans le délai et les
formes prescrites, le nouveau propriétaire n'est tenu que
du paiement du prix, conformément à l'article 2186 du
code civil.

3998. Le délai déterminé par l'article 2185 du code civil est
commun tant aux créanciers inscrits avant l'aliénation, qu'à ceux
qui ont pris inscription depuis, en vertu de l'article 834. Si donc
le tiers-détenteur a transcrit et notifié à certains créanciers inscrits
ceux qui, n'ayant pas fait leur inscription lors de l'aliénation, l'auront
prise dans la quinzaine de la transcription, n'auront pour enchérir
que ce qui restera à courir du délai de quarante jours, à partir de
la notification accordée à tous les créanciers en général. — A. 2629.

ARTICLE 836.

Pour parvenir à la revente sur enchère, prévue par
l'article 2187 du code civil, le poursuivant fera apposer
des placards indicatifs de la première publication, laquelle
sera faite quinzaine après cette apposition.

3999. *Quelles sont les formalités de la vente sur enchère? En
quel point ces formalités sont-elles les mêmes que celles de l'expropriation? En quels point en diffèrent-elles?*
Voy. A. 2630.

4000. Quoique l'adjudication sur enchère soit assimilée à celle
qui se fait sur saisie immobilière, on ne peut faire la surenchère
du quart permise par l'article 710. — A. 2631. Mais voy. *infrà* sur
l'art. 965.

ARTICLE 837.

Le procès-verbal d'apposition de placards sera notifié au
nouveau propriétaire, si c'est le créancier qui poursuit;
et au surenchérisseur, si c'est l'acquéreur.

Conférence.

C. p., art. 687.

ARTICLE 838.

L'acte d'aliénation tiendra lieu de minute d'enchère.

Le prix porté dans l'acte et la somme de la surenchère
tiendront lieu d'enchère.

Conférence.

4001. L'article 838 n'est pas absolument prohibitif de la facul[té]
de déposer un cahier des charges, mais cette faculté n'est autorisé[e]
qu'autant que ce cahier aurait pour objet d'expliquer les clauses d[u]
contrat, sans imposer de nouvelles charges et sans étendre ni cor[n]-
trarier celles qu'il contient. — A. 2632. (1)

4002. Lorsqu'on poursuit la vente d'un immeuble sur une déclaration de surenchère, et que l'acquéreur prétend avoir des répéti[-]
tions à exercer en raison de la plus value par lui donnée à l'immeuble
il faut, avant l'adjudication définitive, déterminer le montant d[e]
plus value. — A. 2633.

4003. On peut diviser par lots l'adjudication des immeubles sou[-]
mis à la surenchère, pourvu que la surenchère porte sur la masse
du prix de l'immeuble. — A. 2634.

4004. Lorsque, sur les poursuites de la surenchère, l'acquéreu[r]
prétend avoir des répétitions à exercer, à raison de la plus value
qu'il aurait donnée à l'immeuble, il faut en déterminer le montan[t]
avant l'adjudication définitive. (Paris, 10 mars 1808; Sirey, 1815,
pag. 200.)

_____

(1) *Er.* pag. 611, troisième alinea, 3.ᵉ ligne, au lieu de *son contrat*,
lisez *du contrat.*

TITRE V.

Des voies à prendre pour avoir expédition ou copie d'un acte ou pour le faire réformer.

Sous ce titre la loi réunit plusieurs dispositions relatives à des matières qui, à la vérité, ont entre elles quelque analogie, mais dont l'objet est cependant parfaitement distinct.

Il règle premièrement *la manière dont une partie qui a contracté, ses héritiers ou ayant-causes, peuvent se procurer une copie authentique d'un acte* dont la minute existe dans l'étude d'un notaire ou dans un greffe, etc.

Comment et à qui le dépositaire d'un acte peut-il être contraint à délivrer la copie (839)? Quel serait en ce cas le mode de prononcer, et le jugement sera-t-il exécutoire par provision (840)? A quelles formes seront soumises les demandes afin d'obtenir copie d'un acte non enregistré ou demeuré imparfait (841)? Sur quel titre la délivrance peut-elle être exigée (842)? Comment se pourvoira-t-on, en cas de refus du dépositaire (843), pour obtenir la délivrance d'une seconde grosse ou d'une *ampliation* (844), et pour faire prononcer sur les contestations qui s'élèveraient à cet égard (845)? Tels sont, relativement à ce premier objet, les matières des dispositions du présent titre.

2.° Il établit les formalités *des compulsoires et collations de pièces.* (1)

Sur ce second objet, la loi accorde à celui qui n'a pas été partie dans un acte la faculté d'en obtenir copie ou extrait (846); elle

___

(1) On nomme *compulsoire,* du latin *compellere, forcer,* la procédure dont l'objet est de *contraindre* un notaire, un greffier ou tout autre dépositaire public de titres, actes et registres à les représenter et en délivrer ou laisser prendre des copies dûment *collationnées.*

On nomme *collation de pièces,* la comparaison que l'on fait des copies de pièces avec leurs originaux pour constater la conformité exacte et littérale des unes avec les autres, de manière que la représentation qu'on est dans le cas

règle la forme de la demande et celle du jugement (847), qu'elle déclare exécutoire par provision (848) ; elle indique par qui seront dressés et délivrés les procès-verbaux de comparaison et de collation (849), accorde aux parties la faculté d'assister à leur confection (850), et au dépositaire celle de refuser l'expédition de l'acte, s'il n'est pas payé de ses frais (851) ; elle autorise la collation des pièces, ou la voie du référé en cas d'inexactitude prétendue entre la minute et l'expédition (852) ; elle autorise toute personne à exiger copie ou extrait des actes inscrits sur les registres publics (853) ; enfin, elle déclare qu'une seconde expédition d'un jugement ne peut être délivrée qu'avec ordonnance du président, et ordonne de suivre les formalités prescrites pour la délivrance des secondes grosses d'actes notariés (854.)

3.º *Il trace la marche a suivre, lorsqu'il s'agit de réformer ou rectifier un acte de l'état civil dans lequel il se serait glissé quelques erreurs préjudiciables.*

A cet égard , il détermine la forme de la demande en rectification (855), comment il est statué sur cette demande (856), comment la rectification s'opère (857), et en quel cas il y a lieu à appel du jugement qui l'a ordonnée. (858.)

ARTICLE 839.

Le notaire ou autre dépositaire qui refusera de délivrer expédition ou copie d'un acte aux parties intéressées en nom direct, héritiers ou ayant-droit, y sera condamné , et par corps, sur assignation à bref délai, donnée en vertu de permission du président du tribunal de première instance, sans préliminaire de conciliation.

---

de faire de ces copies , lorsqu'elles ont été ainsi collationnées, équivaut à la représentation même des actes ou titres originaux qu'on ne produit pas.

Les anciennes règles relatives aux compulsoires et collations de pièces, se trouvaient au titre 12 de l'ordonnance de 1667.

Sur ce que l'on entend par *grosse* , copies ou expéditions et sur leurs effets, voyez C. C. , art. 1334 et suivans ; la loi du 25 ventôse an 11 , concernant l'organisation du notariat, et le 8 e volume du droit civil français, par M. Toullier.

Conférence.

Code civil, art. 45 et 2196, et *suprà* art. 78, et *infrà* art. 873 et 874.

4005. Les actes dont la connaissance ne peut être refusée à personne sont les actes de l'état civil, les inscriptions hypothécaires, les matrices de rôles, les jugemens et les autres actes judiciaires dont les greffiers sont dépositaires. — A. 2635.

4006. Les actes dont la connaissance peut être refusée au public sont les actes notariés. — A. 2636.

4007. On entend par *parties intéressées en nom direct* les personnes qui ont contracté par l'acte et pour elles-mêmes, et non pas celles qui ont contracté pour autrui, ou dont il serait parlé dans l'acte, sans cependant qu'elles eussent contracté. — A. 2637.

4008. Les notaires ne sont pas tenus de délivrer expédition d'un acte à d'autres qu'aux parties intéressées et à leurs héritiers ou ayant droit, lorsqu'il n'y a pas d'instance engagée entre les tiers qui demandent l'expédition et les parties signataires de l'acte. (Paris, 8 février 1810; Sirey, 1815, p. 200.)

4009. On n'est pas rigoureusement obligé, avant d'assigner un notaire ou dépositaire, de le constituer en demeure de délivrer l'expédition ou la copie de l'acte. — A. 2638.

4010. La demande formée en vertu des articles 839, 840 et 841 doit nécessairement être portée devant le tribunal dans l'arrondissement duquel demeure soit le notaire, soit le dépositaire. — A. 2639.

4011. La contrainte par corps n'est pas la seule condamnation pénale qui puisse être prononcée contre le notaire ou dépositaire récalcitrant; il peut encore, suivant les circonstances, être condamné aux dommages-intérêts de la partie. — A. 2640.

ARTICLE 840.

L'affaire sera jugée sommairement, et le jugement exécuté nonobstant opposition ou appel.

ARTICLE 841.

La partie qui voudra obtenir copie d'un acte non enregistré, ou même resté imparfait, présentera sa requête au président du tribunal de première instance, sauf l'exécution des lois et réglemens relatifs à l'enregistrement.

Conférence.

T. art. 29 et 78; lois des 22 frimaire an 7, art. 20, 29, 30, 33, 34, 35, 36, 41 et 65, du 25 ventôse an 11, art. 53 et 68; *suprà* art. 404 et suiv.

4012. Un acte est imparfait, 1.° lorsqu'il n'est pas signé de toutes les parties qui y sont dénommées ou qu'il n'est pas terminé par la déclaration qu'elles n'ont pu signer ; 2.° lorsque, quoique revêtu de ces signatures, il ne l'est pas de la signature de l'officier et des témoins instrumentaires ; 3.° enfin, lorqu'étant revêtu de la signature des parties, de l'officier et des témoins, il n'est point acte authentique par l'incompétence ou l'incapacité de l'officier ou par un défaut de forme. — A. 2641; Pigeau, t. 2, p. 336. (1)

ARTICLE 842.

La délivrance sera faite, s'il y a lieu, en exécution de l'ordonnance mise en suite de la requête; et il en sera fait mention au bas de la copie délivrée.

4013. L'ordonnance par laquelle le président ordonne la délivrance d'un acte imparfait ou non enregistré, n'est pas si rigoureusement obligatoire pour le notaire qu'il ne puisse refuser d'y obtempérer. — A. 2642.

4014. Si le notaire consent à délivrer l'acte, on doit lui laisser l'ordonnance. — A. 2643.

ARTICLE 843.

En cas de refus du notaire ou dépositaire, il en sera référé au président du tribunal de première instance.

4015. Quand le notaire ou dépositaire refuse de délivrer l'acte, malgré l'ordonnance qui le lui enjoint, ce n'est pas à lui à faire le référé ; c'est à la partie qui a requis la délivrance à se pourvoir par cette voie. — A. 2644. (2)

ARTICLE 844.

La partie qui voudra se faire délivrer une seconde grosse, soit d'une minute d'acte, soit par forme d'ampliation sur une grosse déposée, présentera, à cet effet, requête au président du tribunal de première instance : en vertu de l'ordonnance qui interviendra, elle fera sommation au notaire

---

(1) Les rédacteurs des annales du notariat expliquant l'article 841 (t. 18, p. 127 et suiv.), ont prouvé, premièrement, l'erreur de ceux qui pensent qu'un acte reçu par un notaire est nul s'il n'a pas été enregistré dans les délais légaux; l'enregistrement n'est, en effet, qu'une formalité intrinsèque dont l'omission ne vicie point l'acte dans sa substance ; secondement, que la partie qui n'est point tenue du droit d'enregistrement, tel que le créancier, le vendeur, peuvent se faire délivrer copie de l'acte en présentant requête au président, sauf l'exécution des lois relatives à l'enregistrement.

(2) *Er.* Ligne 14, au lieu de *le rend*, lisez *le rendant*,

pour faire la délivrance à jour et heure indiqués, et aux parties intéressées, pour y être présentes; mention sera faite de cette ordonnance au bas de la seconde grosse, ainsi que de la somme pour laquelle on pourra exécuter, si la créance est acquittée ou cédée en partie.

Conférence:

T. art. 29 et 78; ordonnance de 1539, art. 178; loi du 25 ventôse an 11, art. 26.

4016. Le notaire ou dépositaire doit viser l'original de la sommation prescrite par l'article 844. — A. 2645.

4017. La loi n'ayant pas déterminé le délai qu'il faut accorder au notaire pour délivrer la seconde grosse, et aux parties intéressées pour être présentes à cette délivrance, il est laissé au choix du demandeur, qui peut n'indiquer que le plus bref, c'est-à-dire, celui de vingt-quatre heures. Cependant la raison veut que le délai déterminé par le demandeur soit augmenté du tems nécessaire pour que les parties les plus éloignées puissent franchir les distances qui les séparent du lieu où elles sont appelées. — A. 2646.

4018. Le juge ne peut autoriser la partie à se faire délivrer une grosse d'un titre public hors la présence de celui que ce titre concerne. (Paris, 17 thermidor an 13 ; Sirey, t. 5, p. 342.)

4019. Mais lorsqu'un mandat a été donné par acte public, le notaire ne peut refuser la délivrance d'une seconde expédition au mandataire, si le mandant ne s'y est pas formellement opposé. (Même cour, 2 mai 1808; Sirey, 1807, 2.ᵉ part., p. 977.)

4020. *Qu'est-ce que l'on entend par AMPLIATION ?*

Les auteurs entendent par ce mot la grosse d'un acte expédié sur la grosse principale déposée chez un notaire pour en délivrer des copies aux parties intéressées, comme serait un des copartageans avec déclaration de l'intérêt que chacun a dans la chose. (Locré, esprit du code de procédure, t. 4, p. 77.)

4021. Le notaire ou autre dépositaire doit constater par un procès-verbal la délivrance de la seconde grosse, le défaut de l'une des parties appelées, ou l'opposition qu'elle aurait faite à la délivrance. — A. 2647.

4022. Lorsqu'une contestation s'élève à l'occasion de la délivrance de la seconde grosse, on doit, en tous les cas, se pourvoir en référé devant le président, sauf à ce magistrat à renvoyer à l'audience, lorsque la contestation serait fondée sur la libération du débiteur résultant, soit de la représentation de la première grosse qu'il aurait entre les mains, soit de tout autre cause. — A. 2648.

4023. Lorsque le président renvoie au tribunal, on doit procéder sans écritures. — A. 2649.

ARTICLE 845.

En cas de contestation, les parties se pourvoiront en référé.

ARTICLE 846.

Celui qui, dans le cours d'une instance, voudra se faire délivrer expédition ou extrait d'un acte dans lequel il n'aura pas été partie, se pourvoira ainsi qu'il va être réglé.

Conférence.

Loi du 25 ventôse an 11, art. 23.

4024. Le code ne parlant que du compulsoire demandé dans le cours d'une instance, on doit en conclure qu'il interdit cette demande par voie d'action principale. — A. 2650.

4025. On ne peut demander un compulsoire des livres et registres des particuliers qui ne sont ni notaires ni dépositaires. — A. 2651.

4026. D'après l'article 23 de la loi du 25 ventôse, le compulsoire peut être accordé par une simple ordonnance du président; mais les articles 846 et 847, dérogeant évidemment à cette disposition, il faut obtenir jugement. C'est, en effet, au tribunal entier qu'il appartient d'ordonner tout ce qui est nécessaire pour le mettre en état de prononcer sur la cause dont il est saisi.

4027. Le compulsoire ne peut être ordonné qu'autant que le titre a un rapport direct à l'objet en litige, et qu'il doit influer essentiellement dans la cause. — A. 2652.

ARTICLE 847.

La demande à fin de compulsoire sera formée par requête d'avoué à avoué : elle sera portée à l'audience sur un simple acte, et jugée sommairement sans aucune procédure.

Conférence.

T. art. 75; loi du 25 ventôse an 11, art. 23.

4028. Pour obtenir un compulsoire, il n'est pas nécessaire d'indiquer la date du titre recherché, et le nom du notaire qui l'a reçu. (Paris, 1er mars 1809; Sirey, 1812, p. 299.)

4029. On peut répondre à la requête par laquelle le compulsoire est demandé. — A. 2653.

4030. La demande ou la procédure du compulsoire n'est pas nécessairement suspensive des poursuites et du jugement du fond, à
moins que le compulsoire n'ait été permis contradictoirement comme
une instruction préalable. — A. 2654. (1)

ARTICLE 848.

Le jugement sera exécutoire nonobstant appel ou opposition.

4031. La disposition de l'article 848 n'est pas applicable au fonctionnaire qui, aux termes de l'article 851, est autorisé de plein droit
à refuser l'expédition jusqu'à ce qu'il n'ait été pleinement satisfait
des frais et déboursés de la minute. — A. 2655.

4032. Pour que le jugement qui ordonne le compulsoire puisse
être exécuté, il faut qu'il ait été signifié à avoué, à la partie, au
dépositaire et à toutes les personnes intéressées dans l'acte, encore
bien qu'elles ne fussent pas parties dans la contestation. — A. 2656.

ARTICLE 849.

Les procès-verbaux de compulsoire ou collation seront
dressés, et l'expédition ou copie délivrée par le notaire ou
dépositaire, à moins que le tribunal qui l'aura ordonné n'ait
commis un de ses membres ou tout autre juge du tribunal
de première instance, ou un autre notaire.

Conférence.

T. art. 168; loi du 25 ventôse an 11, art. 24.

4033. La vérification ordonnée par un tribunal de commerce,
et faite par un juge commis, des livres et papiers d'un négociant,
ne peut être assimilée au compulsoire dont il s'agit au code de procédure. Ainsi cette vérification ne serait pas nulle pour défaut de
présence ou d'intimation de l'une des parties, quoique le jugement
portât qu'elle serait faite *parties présentes ou dûment appelées.*
(Paris, 28 août 1813; Sirey, 1814, p. 261.)

4034. Si le compulsoire doit être fait par un juge, ce juge indique
par une ordonnance sur requête le jour et l'heure auxquels il aura lieu;
mais s'il doit être fait par un notaire, c'est au poursuivant à faire
cette indication. — A. 2657. (2)

4035. Si le tribunal a commis un juge pour procéder au compulsoire, le notaire possesseur de la minute doit en faire l'apport au

------

(1) *Er.* Dernière ligne, au lieu de *l'instruction*, lisez *le jugement*.

(2) *Er.* Pag. 621, ligne 27, au lieu de *an 12*, lisez *an 11*.

53

lieu où le juge doit procéder, et le greffier doit écrire sous la dicté de celui-ci le procès-verbal de compulsoire.

Si, au contraire, le commissaire au compulsoire est un notaire et que le dépositaire de la pièce soit également un notaire, le commissaire et les parties doivent se transporter dans l'étude du premier. — A. 2658.

ARTICLE 850.

> Dans tous les cas , les parties pourront assister au procès-verbal, et y insérer tels dires qu'elles aviseront.

Conférence.

Tarif, art. 92.

4036. Si toutes les parties ne se présentaient pas au procès-verbal l'opération n'en aurait pas moins lieu. — A. 2659.

4037. Si l'une des parties présentes au compulsoire ne l'a point été au jugement qui l'ordonne, et qu'elle fasse insérer au procès-verbal une opposition formelle , on doit suspendre le compulsoire jusqu'à ce qu'il ait été provisoirement prononcé par le juge du référé. — A. 2660.

4038. L'assistance d'un avoué est nécessaire, lors du procès-verbal de compulsoire ou collation de pièces, tant de la part du requérant que de ceux qui sont parties au jugement. — A. 2662.

ARTICLE 851.

> Si les frais et déboursés de la minute de l'acte sont dus au dépositaire, il pourra refuser expédition tant qu'il ne sera pas payé desdits frais, outre ceux d'expédition.

Conférence.

Tarif, art. 164.

4039. Le notaire ou dépositaire pourrait lui-même s'opposer au compulsoire , dans le cas, par exemple, où l'on n'aurait pas appelé quelques-unes des personnes qui figureraient dans l'acte, ou si les frais de la minute et de l'expédition à délivrer n'avaient pas été payés. -- A. 2661. (1)

---

(1) *Er.* Dernière ligne au lieu de *n'auraient*, lisez *n'avaient.*

ARTICLE 852.

Les parties pourront collationner l'expédition ou copie à la minute, dont lecture sera faite par le dépositaire : si elles prétendent qu'elles ne sont pas conformes, il eu sera référé, à jour indiqué par le procès-verbal, au président du tribunal, lequel fera la collation; à cet effet, le dépositaire sera tenu d'apporter la minute.

Les frais du procès-verbal, ainsi que ceux du transport du dépositaire, seront avancés par le requérant.

Conférence.

Tarif, art. 168.

4040. Lorsqu'il y a pourvoi en référé à l'occasion de la collation de l'expédition ou copie à la minute, c'est le président qui doit dresser le procès-verbal de collation. — A. 2663.

ARTICLE 853.

Les greffiers et dépositaires des registres publics en délivreront, sans ordonnance de justice, expédition, copie ou extrait à tous requérans, à la charge de leurs droits, à peine de dépens, dommages et intérêts.

Conférence.

Ordonnance de 1667, tit. 20, art. 13; déclaration de 1736, art. 33; loi du 20 septembre 1792, art. 14; code civil, art. 45; code de pr., art. 154; A. 2625.

4041. Ces mots de l'article 853, *à la charge de leurs droits*, signifient que les greffiers et dépositaires de registres publics ne sont tenus d'en délivrer des expéditions, copies ou extraits, que sous la condition qu'on leur paiera sur-le-champ les honoraires qui leur sont dus. — A. 2664.

4042. La voie du compulsoire n'est pas celle que l'on doit prendre pour obtenir expédition d'actes déposés dans un greffe, un greffe étant un dépôt public ouvert à tout le monde (V. *suprà* n.° 4005), et dont chacun, par conséquent, peut retirer des expéditions; le greffier qui se refuserait à en délivrer une pourrait, après sommation, être condamné même par corps. (Colmar, 14 juin 1814; Sirey, 1815, p. 135.)

4043. Les greffiers peuvent délivrer à tout requérant expédition ou copie non exécutoire d'un jugement. — A. 2665.

ARTICLE 854.

Une seconde expédition exécutoire d'un jugement ne sera délivrée à la même partie qu'en vertu d'ordonnance du président du tribunal où il aura été rendu.

Seront observées les formalités prescrites pour la délivrance des secondes grosses des actes devant notaires.

Conférence.

T. art. 78; art. 844 et 845 du code de procédure. Voyez nos questions de l'analyse sur ces mêmes articles.

ARTICLE 855.

Celui qui voudra faire ordonner la rectification d'un acte de l'état civil, présentera requête au président du tribunal de première instance.

Conférence.

T. art. 78; code civil, art. 99 et 100.

4044. Lorsque la demande en rectification est incidente, c'est au tribunal saisi de la contestation principale qu'il appartient de connaître de l'incident.

Mais lorsqu'elle est formée par action principale, elle doit être portée devant le tribunal au greffe duquel les registres sont déposés. — A. 2666. (1)

ARTICLE 856.

Il y sera statué sur rapport, et sur les conclusions du ministère public. Les juges ordonneront, s'ils l'estiment convenable, que les parties intéressées seront appelées, et que le conseil de famille sera préalablement convoqué.

S'il y a lieu d'appeler les parties intéressées, la demande sera formée par exploit, sans préliminaire de conciliation.

Elle le sera par acte d'avoué, si les parties sont en instance.

Conférence.

T. art. 29 et 71; code civil, art. 99 et 100.

4045. Par ces mots *parties intéressées*, la loi entend désigner celles qui auraient intérêt à attaquer ou à défendre l'état de l'individu ou l'acte qu'il rapporte, le père, la mère, le frère, la sœur,

(1) Er. 3.e alinea, avant-dernière ligne, au lieu de *article 456*, lisez *article 856*.

ou tout autre parent ; en un mot, ce sont ceux qui ont droit de contester les prétentions du demandeur en rectification, et qui, conséquemment, sont les contradicteurs légitimes. — A. 2667.

4046. Les parties intéressées ne peuvent être appelées qu'en vertu de jugement. — A. 2668.

4047. Le procureur du Roi ne peut pas requérir d'office une rectification des registres de l'état civil. — A. 2669.

4048. Néanmoins le tribunal peut l'ordonner d'office, lorsqu'il prononce contradictoirement avec les parties intéressées une décision qui suppose la nécessité de cette rectification. — A. 2670.

4049. S'il s'agit, non pas de rectifier les registres, mais de réparer une omission, on doit procéder de la manière prescrite par le code de procédure. — A. 2671.

4050. On n'est pas obligé de se pourvoir en rectification, lorsqu'il ne s'agit que de faire corriger quelques erreurs, comme omission de prénoms ou une orthographe différente dans les noms des personnes mentionnées dans l'acte de l'état civil. — A. 2672.

ARTICLE 857.

Aucune rectification, aucun changement, ne pourront être faits sur l'acte ; mais les jugemens de rectification seront inscrits sur les registres par l'officier de l'état civil, aussitôt qu'ils lui auront été remis : mention en sera faite en marge de l'acte réformé ; et l'acte ne sera plus délivré qu'avec les rectifications ordonnées, à peine de tous dommages-intérêts contre l'officier qui l'aurait délivré.

Conférence.

Déclaration du 9 avril 1736, art. 50 ; C. C., art. 101 ; avis du conseil d'état du 4 mars 1808.

4051. On doit délivrer l'acte dans son état primitif, en mentionnant les rectifications. — A. 2673.

4052. Si cependant on avait fait dans le corps de l'expédition les rectifications et changemens résultant du jugement, cette expédition n'en ferait pas moins foi de son contenu en justice, encore bien qu'elle ne contînt pas la mention de la rectification. — A. 2674.

ARTICLE 858.

Dans le cas où il n'y aurait d'autre partie que le demandeur en rectification, et où il croirait avoir à se plaindre du jugement, il pourra, dans les trois mois depuis la date de ce jugement, se pourvoir à la cour d'appel, en présentant au président une requête sur laquelle sera indiqué un jour auquel il sera statué à l'audience sur les conclusions du ministère public.

Conférence.

T. art. 150.

4053. Si le jugement a été rendu, soit contradictoirement av.
des parties intéressées, soit par défaut sur assignation de ces parties
il faut suivre les règles ordinaires pour le délai et les formalit.
de l'appel. — A. 2675.

4054. On ne doit pas juger en appel, comme en premiè
instance, sur rapport du président. — A. 2676.

TITRE VI.

De quelques dispositions relatives à l'envoi en possessio
des biens d'un absent.

L'ARTICLE 112 du code civil veut que le tribunal de premiè
instance statue, d'après la demande des parties intéressées, sur l
moyens de pourvoir à l'administration des biens laissés par un
personne présumée absente; d'un autre côté, les héritiers de cel
qui est déclarée telle peuvent, aux termes de l'article 120, se fai
envoyer en possession provisoire de ses biens.

Mais ces deux articles n'ont point déterminé le mode suivant lequ
leurs dispositions seraient exécutées; le code y supplée en ce titr
par celles des articles 859 et 860, et complète ainsi toutes les règle
de procédure que le code civil avait tracées lui-même en posan
les principes relatifs à l'absence présumée ou déclarée. (1)

_____

(1) La loi du 13 janvier 1817 contient des dispositions concernant les moyen
de constater le sort des militaires absens. (V. bull. des lois, 7.ᵉ série, t. 4
p. 33, n. 131 du bulletin, et 1530 des lois. Avant la publication de cett
loi, tout militaire a dû être considéré comme vivant, aux termes de la loi du
11 ventôse an 2; et, par conséquent, les tribunaux ont dû rejetter les demande
en pétition d'hérédité, formées par ceux qui auraient été appelés à recueilli
au défaut d'un militaire. (Cass., 9 mars 1819, bull. offic., 1819, p. 85.)

ARTICLE 859.

Dans le cas prévu par l'article 112 du code civil , et pour
y faire statuer , il sera présenté requête au président du tribunal. Sur cette requête , à laquelle seront joints les pièces
et documens , le président commettra un juge pour faire
le rapport au jour indiqué ; et ce jugement sera prononcé
après avoir entendu le procureur du Roi.

4055. C'est au tribunal de première instance du dernier domicile
de l'absent présumé, qu'il faut s'adresser d'abord pour faire juger
qu'il y a nécessité de pourvoir à ses intérêts ; et d'après ce jugement, chaque tribunal aura à prononcer sur ce qui concernera
l'administration des biens situés dans son ressort. — A. 2677.

4056. Dans le cas prévu par l'article 112 , on doit joindre à la
requête tous actes quels qu'ils soient , qui tendraient à constater
la disparition de l'individu dont on se propose d'établir la présomption d'absence. A défaut , l'on supplée par un acte de notoriété
contenant une déclaration de la disparition donnée par quatre témoins
appelés d'office par le juge de paix du lieu du dernier domicile
de l'absent. — A. 2678.

4057. Les personnes qui peuvent être considérées comme *intéressées* à demander, conformément à l'art. 112 du code civil,
qu'il soit pourvu à l'administration des biens de l'absent, sont
toutes celles qui ont des droits, soit réels ou actuels , soit éventuels,
sur les biens de l'absent, comme les créanciers, l'époux commun
en biens, les héritiers présomptifs, les légataires et donataires.
— A. 2679.

ARTICLE 860.

Il sera procédé de même dans le cas où il s'agirait de
l'envoi en possession provisoire autorisé par l'article 120
du code civil.

Conférence.

T. art. 78.

4058. La demande d'envoi en possession provisoire doit être
portée devant le tribunal du domicile de l'absent. — A. 2677.

4059. L'absence peut être déclarée , et l'envoi en possession ordonné par le même jugement. — A. 2680.

464

TITRE VII.

Autorisation de la femme mariée.

Les articles 215 et suivans du code civil interdisent à la femme mariée, même marchande publique, même séparée de biens, le droit d'ester en jugement, de disposer de ses biens, ou d'en acquérir sans l'autorisation de son mari ou celle de la justice.

Le code de procédure règle, dans le présent titre, la forme suivant laquelle la femme peut provoquer et obtenir l'une ou l'autre. Il distingue à cet effet le cas où nul obstacle ne s'oppose à ce que le mari donne la sienne, et celui où il se trouve dans l'impossibilité de le faire pour cause d'absence ou d'interdiction.

Au premier cas, la femme, après sommation, obtient du président permission de citer son mari à la chambre du conseil; et s'il fait défaut ou refuse, sans justes motifs, de donner son autorisation, le tribunal y supplée par la sienne.

Au second cas, il l'accorde ou la refuse, après rapport d'un de ses membres (art. 861-864.)

ARTICLE 861.

La femme qui voudra se faire autoriser à la poursuite de ses droits, après avoir fait une sommation à son mari, et sur le refus par lui fait, présentera requête au président, qui rendra ordonnance portant permission de citer le mari, à jour indiqué, à la chambre du conseil, pour déduire les causes de son refus.

Conférence.

T. art. 29 et 78.; C. C., art. 213.

4060. Le tribunal compétent pour statuer sur l'autorisation, lorsque la femme est défenderesse, est celui qui a été saisi du procès. Si la femme est demanderesse, ou s'il s'agit d'actes extrajudiciaires, c'est toujours le tribunal du domicile marital. — A. 2681.

4061. La règle précédente s'applique-t-elle au cas où la femme demanderait à être autorisée à suivre une instance d'appel, en sorte qu'elle dût s'adresser à la cour?

Cette question était résolue pour l'affirmative dans la jurisprudence bretonne, en interprétation de l'article 449 de la coutume qui, comme la loi actuelle, voulait que la femme, en puissance de mari, ne pût ester en jugement sans son autorité ou celle de la justice. Pour éviter la nullité et garder les formes, dit Sauvageau, sur Dufail, liv. 2, chap. 581, la cour a coutume de les autoriser sur le refus du mari. Aucune disposition, soit du code civil, soit du code de procédure, n'a statué sur cet objet; mais puisque l'article 861 prescrit une ordonnance du président, il ne nous paraît pas douteux, qu'il indique le président du tribunal saisi de l'affaire, et par conséquent celui de la cour lorsque la cause est en appel.

4062. Il suffit d'assigner conjointement un mari et sa femme, obligée solidairement, pour que celle-ci soit tenue de comparaître sans qu'il soit besoin que son mari ou la justice lui donnent une autorisation préalable. Si la femme procède sur les suites de cette assignation conjointement avec son mari, elle est, par cela seul, réputée avoir été autorisée par lui, lors même qu'ils auraient respectivement dans la cause un intérêt opposé. (Cass., 22 avril 1808, et 10 juillet 1811; Sirey, 1808, p. 526, et 1811, p. 344.)

4063. On peut conclure de là, *dans le cas de non comparution du mari*, qu'on ne peut obtenir jugement contre la femme si elle n'a pas été autorisée par lui ou par la justice.

4064. Mais, en tous les cas, l'autorisation judiciaire ne peut être accordée qu'après sommation au mari et citation pour qu'il ait à donner la sienne. (Aix, 9 janvier 1810; Sirey 1811, p. 468.)

4065. La nécessité de cette citation préalable s'applique au cas où l'on procède, soit au tribunal de commerce (Colmar, 31 juillet 1810; Sirey, 1811, p. 206), soit en cassation. (Cass. 25 mars 1812; *ibidem* 1812, p. 517.)

4066. Lorsque la femme défenderesse ne provoque pas l'autorisation du mari, c'est au demandeur à poursuivre cette autorisation. — A. 2682. (1)

4067. Celui qui assigne une femme mariée sans la faire autoriser peut réparer cette omission, postérieurement à l'assignation, si elle est introductive d'instance (Cass., 5 avril 1812; Sirey, 1813, p. 8); mais à l'égard de l'appel et du pourvoi en cassation, l'exploit doit être déclaré nul. — A. 2683.

_____

(1) *Er.* Quatrième alinéa, 2.e ligne, au lieu de *1808, p. 51*, lisez p. 151; Sirey, 1808, p. 213.

4068. Si la femme interjettait elle-même soit un appel, soit un pourvoi en cassation, sans s'être préalablement munie de l'autorisation de son mari, ou, à défaut de celle de la justice, la nullité ne devrait pas être prononcée; la cour ne pourrait que surseoir à statuer jusqu'à ce que la femme se fût munie de cette autorisation. — A. 2684.

4069. La femme mariée est suffisamment autorisée à ester en justice, lorsque l'exploit introductif ou l'acte d'appel ou de pourvoi en cassation est signifié tant à sa requête qu'à celle de son mari, encore bien qu'il ne contienne point mention de l'autorisation. — A. 2685.(1)

4070. Une autorisation générale donne-t-elle à la femme le droit d'ester en jugement? il faut une autorisation spéciale pour chaque procès. — A. 2686.

4071. Ainsi l'autorisation judiciaire donnée à la femme, à l'effet de poursuivre sa séparation de biens, ne peut lui servir pour former toute autre demande. (Paris, 13 mars 1817 ; Sirey, 1818, p. 99.)

4072. Si la femme est actionnée conjointement avec son mari pour des droits immobiliers, il faut donner deux copies de l'assignation, l'une à la femme, l'autre au mari. — A. 2687.

4073. La femme demanderesse en autorisation, à l'effet de contracter, doit, conformément à l'article 219 du code civil, faire citer son mari directement devant le tribunal du domicile commun; les dispositions des articles 861 et suivans du code de procédure ne se rapportent qu'à la demande d'autorisation pour ester en justice. — A. 2688.

4074. Les tribunaux de commerce sont compétens pour autoriser les femmes mariées actionnées devant eux à ester en jugement. — A. 2689, et Cass., 17 août 1813 ; Sirey, 1813, p. 444.

4075. Lorsque le mari intervient en justice, à l'effet de demander la nullité, pour défaut d'autorisation de la procédure faite contre sa femme, il ne peut être forcé, sur l'interpellation de la partie adverse, d'autoriser sa femme à plaider au fond. — A. 2690.

4076. Par la sommation faite au mari, à l'effet d'autoriser sa femme, celle-ci doit lui accorder un délai pour donner ou refuser cette autorisation; il convient de fixer pour ce délai un tems moral de vingt-quatre heures franches au moins. — A. 2691.

---

(1) *Er.* Sixième ligne, p. 636, au lieu de *p. 189*, lisez *p. 185.*

4077. Si le mari acquiesce à la sommation, il donne son autorisation, soit par déclaration insérée à la suite de l'exploit, soit par acte authentique ou privé, si la sommation ne lui est pas remise en parlant à sa personne, soit, enfin, en se faisant mettre aux qualités dans l'exploit introductif, dont il signe l'original et la copie. — A. 2692.

4078. La requête que la femme présente au président doit contenir un exposé de l'intérêt qu'elle maintient avoir à obtenir l'aurisation. — A. 2693.

4079. L'objet du jugement à rendre, en cas de refus ou de défaut du mari, est d'accorder ou de refuser à la femme l'autorisation judiciaire par laquelle on supplée à l'autorisation maritale. — A. 2694.

4080. Les parties n'ont pas besoin d'être assistées d'avoués lors de leur comparution en la chambre du conseil. — A. 2695.

4081. L'audition des parties, le rapport du juge, les conclusions du ministère public et le jugement doivent avoir lieu en la chambre du conseil. — A. 2696.

4082. La femme qui a été autorisée par son mari à introduire une action, a également besoin d'une autorisation de lui pour s'en désister. Elle a besoin de celle de la justice, si elle se désiste avec le consentement de son mari d'une action qu'elle a formée contre lui, en vertu de cette même autorisation de justice. — A. 2697.

4083. Mais l'autorisation du mari suffit à la femme pour contracter dans l'intérêt de ce dernier. (Cass., 13 octobre 1812; Sirey, 1813, p. 143.)

4084. Lorsqu'une femme a plaidé sans autorisation, les jugemens obtenus contre elle, quoique nuls en la forme, ne peuvent être attaqués, par voie d'action principale, en nullité. (Cass., 7 octobre 1812; Sirey, 1813, p. 82.)

ARTICLE 862.

Le mari entendu ou faute par lui de se présenter, il sera rendu, sur les conclusions du ministère public, jugement qui statuera sur la demande de la femme.

V. *suprà* art. 861.

ARTICLE 863.

Dans le cas de l'absence présumée du mari, ou lorsqu'elle aura été déclarée, la femme qui voudra se faire autoriser à la poursuite de ses droits, présentera également requête au président du tribunal, qui ordonnera la communication au ministère public, et commettra un juge pour faire son rapport à jour indiqué.

Conférence.

4085. L'autorisation judiciaire est nécessaire à la femme d'un individu déclaré absent, lorsqu'elle veut aliéner, hypothéquer ou former toute autre action immobilière. — A. 2700.

Voyez les propositions sur l'article suivant.

Article 864.

La femme de l'interdit se fera autoriser en la forme prescrite par l'article précédent ; elle joindra à sa requête le jugement d'interdiction.

Conférence.

T. art. 78.

4086. La femme doit se conformer aux dispositions de l'article 863, pour obtenir l'autorisation de justice, sans avoir besoin de faire à son mari la sommation et la citation prescrites par l'article 861, non seulement dans le cas d'absence présumée ou déclarée du mari et d'interdiction de celui-ci, mais encore dans tous les cas où il y a impossibilité de la part du mari de pouvoir procéder avec sa femme et de l'autoriser, et lorsque le mari se trouvant à une grande distance, il s'agit d'une procédure ou d'un acte qui ne souffre point de délai. — A. 2698.

4087. Lorsqu'il y a, soit présomption ou déclaration d'absence, soit condamnation ou interdiction du mari, la femme, pour obtenir l'autorisation de justice, doit joindre à sa requête, dans le premier cas, un acte de notoriété qui atteste la disparition de son mari ; dans le second, le jugement de déclaration ; dans le troisième et le quatrième, celui qui a prononcé la condamnation ou l'interdiction. — A. 2699.

TITRE VIII.

Des séparations de biens.

———

En offrant, pour la séparation de biens, un moyen à la femme commune de sauver sa dot et ses reprises, le code civil (art. 1443 et suivans) avait posé les bases de la procédure à suivre pour parvenir à cette séparation.

Mais ses dispositions n'étaient pas suffisantes pour remplir le but principal que devrait se proposer le législateur, et qui est de prévenir complètement la collusion et la fraude contre les tiers, et surtout contre les créanciers du mari et de la communauté.

Le code de procédure développe et supplée à cet égard les dispositions du code civil; il environne en conséquence les demandes en séparation de biens, et les jugemens qui en sont la suite, de la plus grande publicité, et prévoit tout ce qui était nécessaire soit pour que les créanciers puissent intervenir dans l'instance (871), et s'opposer à la séparation, soit, s'ils n'ont pas formé cette intervention, pour qu'ils puissent du moins se pourvoir par tierce-opposition contre les jugemens obtenus par la femme (873.)

Il exige qu'elle soit autorisée de justice à l'effet de former sa demande (865); que cette demande soit publiée tant au tribunal qui en est saisi (866), qu'au tribunal de commerce et dans les chambres des avoués et des notaires (867), et par la voie des journaux (868); il prescrit un délai avant lequel il ne peut être prononcé à peine de nullité (869); il déclare que l'aveu du mari ne fait pas preuve des faits allégués par la femme (870); il ordonne des publications, et fixe un terme avant lequel le jugement de séparation ne peut être exécuté (872); il indique enfin le greffe où doit se faire la renonciation de la femme à la communauté.

ARTICLE 865.

Aucune demande en séparations de biens ne pourra être
formée sans une autorisation préalable, que le président
du tribunal devra donner sur la requête qui lui sera présentée à cet effet. Pourra néanmoins le président, avant de
donner l'autorisation, faire les observations qui lui paraîtront
convenables.

Conférence.

T. art. 78; code civil, art. 1443 et suivans; code de com., art. 65.

4088. Le tribunal compétent pour statuer sur la demande en
séparation de biens est celui du domicile du mari. — A. 2701.

4089. La demande ne doit pas être précédée de l'essai de conciliation. — A. 2702.

4090. La requête par laquelle la femme demande l'autorisation
du président doit contenir les moyens de la demande en séparation; mais il n'est pas nécessaire que la femme y déclare sa renonciation à la communauté. — A. 2703.

4091. Le président ne peut refuser l'autorisation demandée. —
A. 2704.

4092. La femme n'a pas besoin de nouvelle autorisation pour
appeler du jugement qui rejette la demande en séparation. La proposition posée *suprà* n.° 4061 n'est pas applicable en cette circonstance. — A. 2705.

4093. La femme mineure, qui demande la séparation de biens, doit
se faire assister d'un curateur qui est nommé par le conseil de famille.
— A. 2706.

ARTICLE 866.

Le greffier du tribunal inscrira sans délai, dans un tableau
placé à cet effet dans l'auditoire, un extrait de la demande
en séparation, lequel contiendra,

1.° La date de la demande;

2.° Les noms, prénoms, profession et demeure des
époux;

3.° Les noms et demeure de l'avoué constitué, qui sera
tenu de remettre, à cet effet, ledit extrait au greffier, dans
les trois jours de la demande.

Conférence.

Tarif, art. 92; code de comm., art. 65.

4094. La publicité à donner, d'après les articles 866, 867 et 868,
ne doit pas avoir lieu à l'occasion d'une demande en séparation de
corps. — A. 2707.

4095. Les formalités prescrites par le code de commerce pour la publicité des séparations de biens ne s'appliquent qu'aux séparations conventionnelles; elles ne s'appliquent pas aux séparations judiciaires, surtout si la séparation a été prononcée et exécutée avant le code. (Cass., 7 novembre 1813; Sirey, 1813, p. 467.)

4096. Les demandes en séparation de biens doivent être affichées, quel que soit le régime sous lequel la femme se soit mariée. —A. 2708.

4097. Lorsqu'il n'existe pas dans l'auditoire d'un tribunal un tableau destiné à l'insertion des demandes et jugemens en séparation de biens, le vœu des articles 866 et 872 est rempli par l'affiche dans la partie de l'auditoire affectée à cette destination. — A. 2709.

4098. *Comment doit-on constater la publicité des demandes en séparation?*

V. A. 2710.

ARTICLE 867.

Pareil extrait sera inséré dans les tableaux placés, à cet effet, dans l'auditoire du tribunal de commerce, dans les chambres d'avoués de première instance et dans celles de notaires, le tout dans les lieux où il y en a : lesdites insertions seront certifiées par les greffiers et par les secrétaires des chambres.

Conférence.

Tarif, art. 92; code de comm., art. 65.

Voyez les propositions portées sur l'article 866.

ARTICLE 868.

Le même extrait sera inséré à la poursuite de la femme, dans l'un des journaux qui s'impriment dans le lieu où siège le tribunal; et, s'il n'y en pas, dans l'un de ceux établis dans le département, s'il y en a.

Ladite insertion sera justifiée ainsi qu'il est dit au titre *de la saisie immobilière*, art. 683.

Conférence.

T. art. 92; code de comm., art. 65.

Voyez sur l'art. 866.

4099. Le mari qui, dans une instance en séparation de biens, a exécuté un jugement obtenu par la femme, ou qui a défendu au fond, ne peut en cause d'appel se prévaloir de ce que l'extrait de la demande formée contre lui n'a pas été inséré dans les journaux. (Riom, 9 juin 1809; Sirey, 1812, p. 345.)

ARTICLE 869.

Il ne pourra être, sauf les actes conservatoires, prononcé, sur la demande en séparation, aucun jugement qu'un mois après l'observation des formalités ci-dessus prescrites, et qui seront observées à peine de nullité, laquelle pourra être opposée par le mari ou par ses créanciers.

Conférence.

C. p., art. 871 ; code de comm., art. 65.

4100. Le jour auquel la dernière des formalités prescrites a été remplie ne doit pas être compté dans le calcul des jours qui composent le mois. — A. 2711.

4101. Le délai dont il s'agit n'est pas susceptible de l'augmentation à raison de la distance des lieux où résident les créanciers du mari. — A. 2712.

4102. Les actes qui peuvent être compris sous la dénomination générique d'actes conservatoires, sont tous ceux par lesquels la femme prend des mesures tendant à la conservation des droits dont elle devra jouir après le jugement qui aura prononcé sa séparation. — A. 2713.

4103. Il suit de là que les juges peuvent autoriser la femme à mettre les scellés, à faire faire les vendanges, à s'opposer aux paiemens, au mari, des sommes dues à la communauté, même à faire exécuter, vu l'urgence, l'ordonnance sur la minute. (Rennes, 3.º ch., 22 juillet 1814.)

ARTICLE 870.

L'aveu du mari ne fera pas preuve, lors même qu'il n'y aurait pas de créanciers.

Conférence.

Code de comm., art. 65.

4104. La femme doit prouver la vérité des faits qu'elle maintient, soit par dettes du mari, soit par actes d'exécution mobilière ou immobilière, soit même par témoins. — A. 2714.

ARTICLE 871.

Les créanciers du mari pourront, jusqu'au jugement définitif, sommer l'avoué de la femme, par acte d'avoué à avoué, de leur communiquer la demande en séparation et les pièces justificatives, même intervenir pour la conservation de leurs droits, sans préliminaire de conciliation.

Conférence.

T. art. 70 et 75; C. C., art. 1447, code de comm., art. 65; A. sur l'art. 873.

4105. La femme peut répondre à la requête d'intervention. — A. 2715.

4106. Celui qui n'est pas créancier actuel du mari, mais à qui la demande en séparation tend à préjudicier, à raison de droits *éventuels*, peut intervenir pour la contester. — A. 2716.

ARTICLE 872.

Le jugement de séparation sera lu publiquement, l'audience tenante, au tribunal de commerce du lieu, s'il y en a : extrait de ce jugement, contenant la date, la désignation du tribunal où il a été rendu, les noms, prénoms, profession et demeure des époux sera inséré sur un tableau à ce destiné, et exposé pendant un an dans l'auditoire des tribunaux de première instance et de commerce du domicile du mari, même lorsqu'il ne sera pas négociant; et s'il n'y a pas de tribunal de commerce, dans la principale salle de la maison commune du domicile du mari. Pareil extrait sera inséré au tableau exposé en la chambre des avoués et notaires, s'il y en a. La femme ne pourra commencer l'exécution du jugement que du jour où les formalités ci-dessus auront été remplies, sans que néanmoins il soit nécessaire d'attendre l'expiration du susdit délai d'un an.

Le tout, sans préjudice des dispositions portées en l'article 1445 du code civil.

Conférence.

T. art. 70, 75 et 92; C. C., art. 1444 et 1445; code de comm., art. 65, 66 et 67; décision du ministre des finances du 27 juin 1809. V. sur l'art. 866.

4107. Si le jugement est rendu par défaut ou attaqué par appel, les formalités préalables à l'exécution doivent également être remplies dans la quinzaine, et, par conséquent, elles peuvent être commencées avant la signification du jugement. — A. 2717. (1)

_____

(1) En nous référant aux motifs que nous avons développés dans notre analyse, pour établir cette proposition, nous croyons utile d'ajouter quelques observations, afin de prouver plus complètement ce que cette même proposition suppose; savoir, que les suites tendantes à l'exécution du jugement de séparation de biens peuvent être commencées dans la première huitaine de

4108. *Comment doit-on exécuter le jugement en ce qui concerne l'acte authentique exigé par l'article 1444 pour effectuer le paiement des droits de la femme, lorsque le mari ne se présente pas ?*

Nous pensons qu'en cette circonstance la femme doit l'assigner à comparaître devant le tribunal, afin d'y procéder à la liquidation, soit par le juge, soit par un notaire commis; autrement la femme ne pourrait parvenir à se procurer l'acte authentique exigé par l'article 1444, puisque le notaire ne peut, hors la présence d'une des parties, dresser un acte qui obligerait celle-ci.

4109. *Que doit-on faire pour opérer la lecture du jugement au tribunal de commerce ?*

Voyez A. 2719.

4110. *Comment une femme peut-elle exécuter le jugement de séparation, lorsque le mari est en faillite ?*

En ce cas, la femme ne peut obtenir du mari le paiement qui, suivant l'article 1244 du code civil, doit être effectué dans la quin-

---

la prononciation, nonobstant la disposition de l'article 155 du code de procédure.

Et d'abord, c'est un principe certain (L. 80, ff de *Reg. jur.*), que les lois spéciales doivent être exécutées de préférence aux lois générales, *même postérieures*, lorsque celles-ci n'y ont pas dérogé d'une manière positive. (V. notre introd.) Or, l'article 1444 du code civil renferme une disposition spéciale pour l'exécution du jugement de séparation de biens, à laquelle la disposition générale de l'art. 155 du code de procédure ne peut être réputée avoir dérogé, puisqu'elle ne s'en explique pas, et que, d'un autre côté, l'article 872, comme on le prouvera ci-après n. 4116, garde sur ce point le même silence. Cette considération suffit pour démontrer que l'on peut procéder à cette exécution avant la huitaine, que l'article 155 ne fait courir que du jour de la signification à avoué, en cas de défaut *faute de plaider*, et du jour de celle qui l'aurait été à personne ou domicile, s'il a été prononcé *contre partie*. En effet, l'article 1444 exigeant que l'exécution soit commencée dans la quinzaine de la prononciation, cesserait de produire son effet, suivant la volonté du législateur, s'il était nécessaire d'attendre l'expiration de huitaine après la signification.

Il faut donc, pour tout concilier, reconnaître, comme nous l'avons dit dans notre analyse, que l'on peut exécuter avant la signification, sauf à ne déclarer l'exécution valable qu'autant que la signification ait eu lieu ensuite.

Cette faculté d'exécuter avant la signification étant incontestable, non seulement d'après les raisons que nous en avons données, mais suivant un arrêt de la cour de cassation du 11 décembre 1810 (Sirey, 1811, p. 77), il s'ensuit évidemment que le jugement peut être exécuté pendant la première huitaine, puisque le délai d'opposition ne court qu'à partir de cette signification.

On sent, au reste, qu'il est facile de prévenir toute difficulté, lorsque les droits de la femme sont établis par contrat de mariage, en faisant ordonner l'exécution provisoire, conformément à l'article 155 lui-même.

zaine ; elle ne peut aussi commencer et continuer contre lui les poursuites exigées par le même article, puisque l'article 494 du code de commerce veut que toutes poursuites contre le failli soient dirigées contre les syndics ; enfin, il ne reste à la femme aucune voie d'exécution ordinaire sur les biens, puisque le mari est dépossédé. Dans cet état de choses, la femme ne peut donc que se pourvoir dans la faillite, en remettant son jugement aux syndics, et y joignant l'état de ses reprises et ses titres.

4111. La femme qui achète des meubles de son mari, par acte sous seing privé, et en vertu d'un jugement de séparation de biens, qui n'a pas été lu à l'audience du tribunal de commerce, ni inséré au tableau, ne peut opposer cette vente aux créanciers de son mari, encore que son contrat de mariage porte clause de non communauté ; ce n'est pas le cas d'appliquer l'article 1595, n.° 2, du code civil. (Paris, 18 mars 1814; Sirey, 1816, p. 90.)

4112. La poursuite en liquidation des reprises exercées par la femme, dans la quinzaine du jugement en séparation, est, dans le sens de l'article 1444 du code civil, une exécution suffisante de ce jugement. (Colmar, 31 août 1811; Sirey, 1816, p. 89.)

4113. L'insertion de l'extrait du jugement au tableau de l'auditoire du tribunal de commerce doit avoir lieu, encore bien que le mari ne soit pas négociant. — A. 2720.

4114. L'exposition dans la chambre des avoués et des notaires doit durer un an, quoique l'article 872 ne paraisse exiger ce délai que pour l'apposition dans les tribunaux. — A. 2721.

4115. L'objet des articles 1445 du code civil et 872 du code de procédure serait suffisamment rempli, si, au lieu d'afficher l'extrait dans l'intérieur de l'auditoire, on le faisait afficher à la porte et à l'extérieur. — A. 2722, et Turin, 4 janvier 1811; Sirey, 1816, pag. 91.

4116. *Si l'exécution du jugement n'était commencée qu'après la quinzaine de sa prononciation, la séparation serait-elle nulle, conformément à l'article 1444 du code civil, nonobstant la disposition de l'article 872 du code de procédure?*

En d'autres termes, *l'article 872 a-t-il dérogé à l'article 1444?*

D'après un arrêt de la cour de cassation du 11 décembre 1810, nous avons maintenu que le code de procédure n'a point dérogé, sur ce point, à la disposition de l'article 1444 du code civil. — A. 2723.

Mais on a remarqué que, si la question fut discutée, lors de cet arrêt, dans les plaidoiries des parties, néanmoins la cour suprême ne l'avait pas formellement résolue ; qu'elle resta au contraire indécise, puisqu'il s'agissait d'une séparation prononcée en l'an 12, avant la mise en activité du code de procédure; ce que la cour a eu soin de faire remarquer par ces mots, *attendu que le jugement qui prononce la séparation de biens est du 4 messidor an 12.*

Nous avons donc à traiter, indépendamment de la décision dont nous avions cru pouvoir argumenter, cette question sur laquelle les cours et les auteurs ne sont pas d'accord.

1.ⁿ La cour de Limoges, par arrêt des 24 décembre 1811 et 10 avril 1812 (Sirey, 1814, p. 13, et journ. des avoués, t. 6, p. 58), a jugé que l'article 872 du code de procédure dérogeant implicitement à l'article 1444 du code civil, la femme avait eu la faculté de commencer ses poursuites après le délai de quinzaine, et avant le délai de l'année fixé par le premier article.

2.ⁿ La cour de Rouen, par arrêt du 27 avril 1816 (V. Sirey, 1816, pag. 216), a jugé le contraire en déclarant qu'il n'y avait aucune contrariété entre les deux objets de la difficulté, et en annulant par ce motif, et conformément à l'article 1444, une séparation qui n'avait pas reçu de commencement d'exécution dans la quinzaine.

Parmi les auteurs, ceux du commentaire des annales du notariat, tom. 5, pag. 563, sont les seuls qui aient abordé directement la difficulté pour rejeter le système de dérogation adopté par les arrêts de Limoges; ils se fondent, 1.° sur ce que les dispositions de l'article 1444 sont formelles, au lieu que celles de l'article 872 sont obscures et équivoques; 2.° sur ce qu'au tribunal de première instance de Paris, on tient pour maxime constante que le jugement de séparation doit, même encore aujourd'hui, être exécuté dans la quinzaine de sa prononciation.

Il nous semble assez facile de prouver que l'on doit s'en tenir à cette dernière opinion.

Toute la difficulté tient, en effet, à ces termes de l'article 872 : *La femme ne pourra commencer l'exécution du jugement que du jour où les formalités auront été remplies, sans que néanmoins il soit nécessaire d'attendre l'expiration du susdit délai d'un an.*

Or, il est à remarquer que ce délai d'un an est donné pour la durée de l'exposition de l'extrait du jugement de séparation au tableau de l'auditoire.

La section du tribunat fit au conseil d'état l'observation *qu'il convenait d'empêcher qu'on ne pensât que la femme dût attendre l'expiration de l'année pour commencer l'exécution.*

Ce fut sur cette observation, dit M. Locré, t. 4, p. 107, que l'on ajouta les derniers mots de l'article, et, par conséquent, on doit reconnaître qu'ils ne signifient autre chose, si ce n'est que la femme ne doit pas attendre l'expiration du délai pour commencer l'exécution. Ainsi l'article 1444 voulant impérieusement que cette exécution soit commencée dans ce délai, il doit encore recevoir son application. Loin que l'article 872 du code de procédure s'y oppose, sa disposition finale n'a au contraire pour objet que d'empêcher que l'on tire cette conséquence de celles qui la précèdent.

A la vérité, la phrase n'est pas clairement conçue, et ces mots, *sans qu'il soit nécessaire,* ont pu porter à croire que la femme avait la faculté de ne commencer l'exécution qu'après les quinze jours, pourvu qu'elle ne laissât pas expirer l'année ; et c'est aussi ce que semblent admettre les auteurs du praticien, t. 5, pag. 141 ; mais la raison donnée par la section du tribunat, de l'addition de cette phrase à l'article du projet, lève toute incertitude.

Au surplus, on ne présume point facilement une dérogation à une loi expresse, et celle dont il s'agit eût été trop importante pour que le législateur n'eût pas exprimé d'une manière formelle, dans l'art. 872, celle qu'il eût entendu faire à l'art. 1444. C'est un principe incontestable, en matière d'interprétation, que deux dispositions contraires doivent, autant que possible, produire chacun son effet, suivant les vues du législateur ; tel est le résultat de l'opinion consacrée par l'arrêt de Rouen.

Combinant, d'après ces observations, les deux articles dont il s'agit, nous concluons que la femme est obligée à commencer l'exécution du jugement dans la quinzaine, conformément à l'article 1444, sans attendre l'expiration du délai d'un an, qui n'a pour objet que la durée de l'insertion de ce jugement au tableau ; c'est aussi ce qu'ont dit, mais sans discuter la difficulté, M. Demiau, p. 545, M. Pigeau, t. 2, p. 500, et M. Berriat, p. 580, note 15.

4117. Pour faire exécuter le jugement, conformément aux articles 1444 du code civil et 872 du code de procédure, lorsque le mari n'a aucun bien, il suffit que la femme fasse dresser, dans la quinzaine, un procès-verbal de carence. — A. 2724.

4118. On ne peut considérer comme un commencement de poursuites la simple signification du jugement. — A. 2725.

4119. Il y a *interruption de poursuites*, lorsque, par mauvaise foi ou intention de frauder les créanciers, on a excédé les délais à l'expiration desquels on a le droit de faire les actes indiqués par la loi pour les diverses exécutions ; mais on ne doit pas présumer de la mauvaise foi, si on ne les a excédés que de très-peu de temps. — A. 2726.

4120. L'exécution du jugement peut être faite, soit par une cession volontaire des biens du mari, soit par les voies ordinaires d'exécution, ou, si la créance n'est pas liquide, par des poursuites en réglement de droits non interrompues depuis. — A. 2727.

ARTICLE 873.

Si les formalités prescrites au présent titre ont été observées, les créanciers du mari ne seront plus reçus, après l'expiration du délai dont il s'agit dans l'article précédent, à se pourvoir par tierce-opposition contre le jugement de séparation.

Conférence.

C. C., art. 1447; C. de comm., art. 65 et 67.

4121. Les créanciers du mari sont recevables en tout tems à se pourvoir par tierce-opposition, lorsque les formalités prescrites au titre de la séparation n'ont pas été remplies. — A. 2728.

4122. Si le jugement, régulier dans la forme, est injuste au fond, parce qu'il a été rendu en fraude des créanciers, ils peuvent également l'attaquer en tout tems par voie d'opposition. — A. 2729.

4123. Mais si les formalités ont été remplies, les créanciers du mari n'ont, pour former tierce-opposition au jugement qui liquide les reprises de la femme, que le délai d'un an, auquel l'article 873 du code de procédure civile a restreint le droit d'attaquer le jugement de séparation de biens. (Cass., 4 décembre 1815; Sirey, 1816, p. 65.)

4124. *Mais ce délai s'applique-t-il, tant au cas où la tierce-opposition est dirigée contre le chef du jugement qui liquide les reprises de la femme, qu'à celui où elle l'est contre le chef qui prononce la séparation?*

Cette question a été jugée pour l'affirmative par arrêt de la cour de Riom, du 26 décembre 1817, et de celle de Dijon, du 6 août 1817 (Sirey, 1818, p. 158 et 64); d'un autre côté, le même arrêtiste rapporte un arrêt de celle de Rouen, du 12 mars 1817 (V. 1817, p. 170), qui décide, au contraire, que l'obligation imposée aux créanciers d'attaquer dans l'année un jugement de séparation, ne s'étend pas à l'acte de liquidation; mais l'arrêt de la cour déjà cité au numéro précédent, et conforme à un autre du 13 octobre 1815, a résolu la question dans le sens adopté par la cour de Riom.

4125. Le tiers détenteur de l'immeuble grevé de l'hypothèque légale de la femme n'a, pour former tierce-opposition au jugement de séparation de biens, que le délai accordé à tous les créanciers du mari par l'art. 873 du code de procédure. On dirait vainement qu'il n'a eu le droit d'agir comme créancier du mari que du moment où il a été poursuivi hypothécairement par la femme, et que par conséquent le délai de la tierce-opposition n'a pu courir contre lui que de ce moment. (Dijon, 1ʳᵉ chambre, 6 août 1817, cité au numéro précédent.)

4126. Au lieu de se pourvoir par tierce-opposition, les créanciers peuvent interjetter appel du jugement de séparation. — A. 2730.

4127. Les créanciers peuvent aussi attaquer en tout tems l'acte d'exécution fait en fraude de leurs droits existans, lors de cet acte, à quelque époque qu'ils en aient connaissance. (Pigeau, t. 2, p. 513.)

ARTICLE 874.

La renonciation de la femme à la communauté sera faite
au greffe du tribunal saisi de la demande en séparation.

Conférence.

T. art. 91, C. de comm., art. 65 et 67.

4128. La renonciation de la femme n'est pas de rigueur; elle ne doit pas être absolue. — A. 2731. (1)

TITRE IX.

De la séparation de corps, et du divorce.

Le législateur s'est borné, dans les articles 306 et 307 du code civil, à déclarer que la demande en séparation de corps serait instruite et jugée de la même manière que toute autre action civile.

Mais, d'un autre côté, la qualité des parties exigeait des égards particuliers et quelques modifications concernant l'essai préalable de

---

(1) Cette proposition s'applique même au cas d'une séparation prononcée avant le code de procédure, car, dit Duparc-Poulain, t. 5, p. 262, « la séparation de biens ayant pour fondement le dérangement des affaires du mari, » il y aurait la plus évidente contradiction à prendre part à une communauté » dont on demande la dissolution à cause de son mauvais état. Ainsi, ajoute-t-il, » la séparation est valable quoique la femme n'ait pas fait de renonciation » expresse à la communauté. »

conciliation ; de l'autre, l'intérêt des tiers commandait quelques précautions relatives à la publicité qu'il convenait de donner à un jugement qui entraîne nécessairement la séparation de biens.

C'est dans cette vue que le code prescrit à l'époux défendeur de présenter une requête, à fin de comparution des deux parties devant lui (art. 875-877), pour y entendre les représentations qu'il croira propres à opérer un rapprochement (878) ; qu'il veut, au cas de non conciliation, que le président autorise la femme à procéder, que la cause soit jugée sommairement (879), et qu'enfin l'extrait du jugement, qui prononcera la séparation, soit rendu public, ainsi qu'il est prescrit par l'art. 872 (880.)

L'article 881 porte, à l'égard du divorce, qu'il sera procédé comme il est prescrit au code civil ; mais on verra sur cet article qu'aujourd'hui sa disposition doit être considérée comme non avenue.

ARTICLE 875.

L'époux qui voudra se pourvoir en séparation de corps, sera tenu de présenter au président du tribunal de son domicile, requête contenant sommairement les faits ; il y joindra les pièces à l'appui, s'il y en a.

Conférence.

T. art. 29 et 79 ; C. C., art. 236, 306 et suivans.

4129. La demande en séparation de corps peut être intentée par la femme mineure, sans l'autorisation de son mari, et sans l'assistence d'un curateur. — A. 2732.

4130. C'est au président du tribunal du domicile du mari, que la requête doit être présentée. — A. 2733.

4131. On peut articuler postérieurement à la requête exigée par l'article 875, des faits qui n'auraient pas été compris dans cette requête. — A. 2734, et *suprà* n.° 1350.

4132. Mais l'époux demandeur ou défendeur en séparation de corps ne pourrait pas sur l'appel articuler de nouveaux faits, *antérieurs* à l'action, lorsque ceux articulés en première instance ne fournissent pas une preuve suffisante. — A. 2735, et *sup.* n.° 1366.

4133. L'action en séparation de biens n'est pas une renonciation faite à une demande en séparation de corps. Cette seconde demande peut donc être formée par la femme qui aurait échoué dans la première. (Cass. , 23 août 1809; Sirey , 1809, pag. 434.)

ARTICLE 876.

La requête sera répondue d'une ordonnance portant que les parties comparaîtront devant le président au jour qui sera indiqué par ladite ordonnance.

Conférence.

T. art. 29 ; C. C., art. 238.

4134. Il y a lieu à la comparution des parties devant le président, dans tous les cas où la séparation de corps peut être demandée, excepté lorsqu'elle est fondée sur la condamnation de l'un des époux à une peine infamante. — A. 2736.

ARTICLE 877.

Les parties seront tenues de comparaître en personne, sans pouvoir se faire assister d'avoués ni de conseils.

Conférence.

C. C., art. 238.

4135. Si l'un des époux était empêché par maladie de se présenter devant le président, ce magistrat agirait ainsi qu'il est dit dans l'art. 236 du code civil. — A. 2737.

ARTICLE 878.

Le président fera aux deux époux les représentations qu'il croira propres à opérer un rapprochement; s'il ne peut y parvenir, il rendra ensuite de la première ordonnance, une seconde portant, qu'attendu qu'il n'a pu concilier les parties, il les renvoie à se pourvoir, sans citation préalable au bureau de conciliation : il autorisera par la même ordonnance la femme à procéder sur la demande, et à se retirer provisoirement dans telle maison dont les parties seront convenues, ou qu'il indiquera d'office; il ordonnera que les effets à l'usage journalier de la femme lui seront remis. Les demandes en provision seront portées à l'audience.

Conférence.

C. C., art. 239, 259 et 268.

4136. Si le défendeur refusait de se présenter, le président ferait, à l'époux présent, les observations propres à opérer un rapprochement, et rendrait, conformément à l'article 878, l'ordonnance de renvoi à se pourvoir. — A. 2738. (1)

4137. Le président ne doit pas dresser procès-verbal constatant qu'il n'a pu concilier les époux, ainsi qu'il le devait faire en matière de divorce, conformément à l'article 239 du code civil. — A. 2739.

4138. Le président qui n'a pu parvenir à réconcilier les parties ne doit pas les renvoyer à se pourvoir en bureau de conciliation, mais directement devant le tribunal civil. — A. 2740.

4139. La demande en séparation de corps ne doit pas être affichée, quoiqu'elle entraîne nécessairement la séparation de biens, et que la séparation de biens doive être affichée d'après l'art. 867. — A. 2741, et *suprà* n.° 4094.

4140. Le président ne peut autoriser la femme à fixer sa résidence hors de l'arrondissement dans lequel le mari a son domicile. — A. 2742.

4141. Si la femme avait quitté le domicile indiqué par le président, il n'en résulterait pas une fin de non recevoir contre sa demande en séparation. — A. 2743.

4142. La femme demanderesse en séparation de corps peut faire les actes conservatoires permis à la femme demanderesse en séparation de biens. — A. 2744 (2), et *suprà* n.°s 4102 et 4103.

4143. Lorsque la femme a fait apposer les scellés, un créancier porteur d'un titre exécutoire contre la communauté pourrait, pour frapper les meubles d'une saisie, demander et obtenir l'état des scellés. — A. 2745.

4144. La demande en séparation de corps peut être formée et jugée incidemment à un procès existant entre les deux époux, par exemple, s'ils plaidaient en séparation de biens; mais ils doivent essayer la conciliation devant le président, conformément à l'article 878. — A. 2746.

4145. La femme qui, sur requête présentée au président, à l'effet d'être autorisée à assigner son mari *en séparation de corps* et

_____

(1) En effet, ainsi que l'observe M. Delvincourt, t. 1, p. 438, l'art. 877, par ces mots *seront tenus*, ne dit pas que le défendeur est *absolument* tenu de comparaître, mais que s'il comparaît, ce doit être *en personne*, sans avoué ni conseil; observation qui ne détruit point la solution donnée au numéro 4135, qui se rapporte à l'espèce où une partie fait connaître son empêchement et annonce par là qu'elle ne refuse pas d'entendre les représentations du président.

(2) Ligne 10, au lieu de jurisprudence sur la procédure, *lisez* jurisprudence des cours souveraines sur la procédure.

à procéder sur sa demande, obtient une ordonnance portant permission d'assigner, est par cela seul suffisamment autorisée à poursuivre l'instance en séparation. (Colmar, 12 décembre 1816; Sirey, 1818, p. 190.)

ARTICLE 879.

La cause sera instruite dans les formes établies pour les autres demandes, et jugée sur les conclusions du ministère public.

Conférence:

C. civ., art. 307.

4146. Une cause en séparation de corps ne doit pas être plaidée en audience solemnelle.

Autrement, l'article 22 du décret du 30 mars 1818 ne s'applique pas aux demandes en séparation. — A. 2747.

4147. Les dispositions de l'article 871 ne sont pas applicables à la séparation de corps. — A. 2748.

4148. De ce que la séparation de corps ne peut avoir lieu par consentement mutuel, il s'ensuit que l'aveu du défendeur ne peut faire foi des faits allégués par l'autre époux. — A. 2749.

4149. Si une enquête est ordonnée, elle doit être faite dans la forme des enquêtes en matière ordinaire, autrement elle est nulle. — A. 2750.

4150. Les père et mère des époux peuvent être entendus comme témoins. — A. 2751.

4151. Les demandes provisoires que la femme aurait omis de former dans sa requête peuvent être formées en tout état de cause. — A. 2752.

4152. Le tribunal peut surseoir au jugement de séparation, dans les cas prévus par l'article 259 du code civil, et sauf l'application de l'article 260 du même code. — A. 2753.

4153. La séparation de biens qu'entraîne de plein droit la séparation de corps n'est pas nulle, si les poursuites n'ont pas été commencées dans la quinzaine, ou si elles ont été interrompues depuis. — A. 2754.

4154. L'appel du jugement de séparation de corps est suspensif, mais le pourvoi en cassation de ce jugement ne l'est pas. — A. 2755. (1)

_____

(1) Cinquième ligne, au lieu de 28 juillet 1808, *lisez* 18 juillet 1808; Sirey, 1809, p. 117.

ARTICLE 880.

Extrait du jugement qui prononcera la séparation, sera inséré aux tableaux exposés tant dans l'auditoire des tribunaux que dans les chambres d'avoués et notaires, ainsi qu'il est dit article 872.

Conférence.

T. art. 92.

ARTICLE 881.

A l'égard du divorce, il sera procédé comme il est prescrit au code civil.

Conférence.

V. code civil, art. 234 et suiv.

4155. La loi du 8 mai 1816, en abolissant le divorce, dispose, 1.º que toutes demandes et instances en divorce, pour causes déterminées, sont converties en demandes et instances en séparation de corps, et que les jugemens et arrêts restés sans exécution, par le défaut de prononciation du divorce, par l'officier civil, conformément aux articles 227, 264, 265 et 266 du code civil, sont restreints aux effets de la séparation ;

2.º Que tous actes faits pour parvenir au divorce par consentement mutuel sont annulés, et que les jugemens et arrêts rendus en ce cas, mais non suivis de la prononciation du divorce, sont considérés comme non avenus, conformément à l'article 294.

TITRE X.

Des Avis de parens.

(V. C. C., art. 405 — 417.)

On entend par *avis de parens* la délibération prise, sous la présidence du juge de paix, par un conseil de famille, relativement à l'intérêt d'un parent, qui, à raison de sa faiblesse ou de son âge ou du dérangement de ses facultés, se trouve dans l'impuissance de gérer et administrer sa personne ou ses biens.

Le code civil indique de quelle manière et de quels parens le conseil de famille est formé; quand il procède à la nomination des tuteurs ou subrogés-tuteurs, ou à leur destitution; sur quels objets il doit délibérer, et les cas où les délibérations doivent être *homologuées.* (1) Le code de procédure complète la législation en cette matière par quelques dispositions dont l'objet est, en général, de régulariser les poursuites relatives à ces homologations et aux contestations qui peuvent s'élever tant à leur égard que par rapport à la réformation des délibérations.

Notification au tuteur de sa nomination, lorsqu'elle a été faite en son absence (882); pourvoi dans le cas où les délibérations n'ont pas été unanimes (883); mode de juger sur ce pourvoi (884); formalités de l'homologation (885); conclusions du ministère public à la suite desquelles la minute du jugement doit être écrite (886); faculté à tout membre du conseil de poursuivre lui-même l'homologation, en cas de négligence de celui qui en était chargé (887); forme de l'opposition, soit à l'homologation, soit au jugement qui l'accorde (888); enfin, appel des jugemens rendus sur les délibérations du conseil de famille (889.)

Telles sont les matières des dispositions que renferme le présent titre, sur tout ce qui peut être *contentieux*, relativement à ces délibérations.

Questions sur l'ensemble du titre.

4156. Une délibération du conseil de famille est nulle si elle indique seulement que le juge de paix a présidé le conseil, mais sans donner son avis. (Code civil, art. 416; Bordeaux, 21 juillet 1808; jurispr. des cours souveraines, t. 4, p. 912.)

4157. C'est devant le juge de paix du domicile réel du mineur ou de l'interdit, et non devant celui du domicile de son tuteur décédé, que doit être convoqué le conseil de famille, pour la nomination d'un nouveau tuteur. (Code civil, art. 406 et 416, cass., 29 octobre 1809; jur. des cours souveraines, t. 4, p. 225; Denevers, p. 486.)

---

(1) *Homologation* du grec *homologéin*, consentir, formé de *homos*, semblable, et de *légô*, dire : dire de même, l'action de dire de même, d'approuver, de consentir. Ce mot se dit, en droit, de tout jugement qui approuve ou confirme le contenu d'un acte et en ordonne l'exécution; le juge qui *homologue* l'acte dit, en effet, la même chose que cet acte.

4158. Le ministère public ne peut requérir la convocation d'un conseil de famille et poursuivre d'office la nomination d'un curateur. (Cass., 27 frimaire an 13; jur. des cours souv., t. 4, p. 237.)

4159. *Quand on a procédé à la nomination d'un tuteur, devant deux juges de paix d'arrondissemens différens, en sorte que le mineur se trouve avoir deux tuteurs, doit-on se pourvoir en réglement de juges, pour faire déclarer par la cour quel sera le tuteur compétemment nommé, ou du moins, devant quel tribunal cette question de compétence sera portée?*

La voie du réglement de juges ne peut être prise en cette circonstance, puisque l'article 363 ne l'admet que pour le cas de jugement à rendre; or, une délibération du conseil de famille n'est point un jugement, lors même que, sur une opposition, chacun des deux juges de paix se fût déclaré compétent pour convoquer et tenir ce conseil. (V. la quest. 1201 de l'analyse et *suprà* le n.° 1839.)

4160. *Mais ne pourrait-on pas, du moins, interjeter appel des déclarations que chacun des deux juges de paix aurait donnée sur sa compétence, d'après opposition faite à ce qu'il convoquât et tînt le conseil de famille?*

Non, car un acte quelconque du juge de paix, en matière de juridiction non contentieuse, ne peut être considéré, *même en apparence*, comme un jugement, puisque s'il survient quelques contestations dans le cours d'un acte de juridiction volontaire, ce juge doit, aux termes de la loi du 24 août 1790, tit. 3, art. 11, renvoyer devant le tribunal civil, qui prononce en premier degré de juridiction, ainsi que l'a décidé un arrêt de la cour de cassation, du 15 ventôse an 13, cité au nouveau répertoire, v.° *conseil de famille*, mais dont il est essentiel de lire le texte au bulletin officiel de la cour de cassation, an 13, p. 231, n.° 78. (1)

4161. *Quelle serait donc, dans la même espèce, la voie à prendre pour faire décider quel sera celui des deux tuteurs qui devra gérer en définitive?*

La marche naturelle est que le tuteur qui entend conserver la tutelle assigne l'autre tuteur devant le tribunal de son domicile, pour lui être fait défense de prendre cette qualité et de s'immiscer dans l'administration. Celui-ci opposera la délibération qui le nomme;

_____

(1) Cette proposition n'a rien de contraire à ce que nous avons établi *suprà* p. 3, à la note, car il s'agit ici d'un acte qui n'émane pas d'une autorité compétente pour rendre jugement, tandis que dans cette note nous supposons un acte qui a en apparence les caractères d'un jugement, attendu qu'il est l'ouvrage d'un magistrat exerçant juridiction contentieuse.

et alors s'engagera la question de validité des titres respectifs, sur laquelle le tribunal sera compétent pour prononcer, puisqu'il est de principe que le juge de l'action est en même tems le juge de l'exception. (1)

ARTICLE 882.

Lorsque la nomination d'un tuteur n'aura pas été faite en sa présence, elle lui sera notifiée, à diligence du membre de l'assemblée qui aura été désigné par elle : ladite notification sera faite dans les trois jours de la délibération, outre un jour par trois myriamètres de distance entre le lieu où s'est tenue l'assemblée et le domicile du tuteur.

Conférence.

C. C., art. 439.

4162. Le membre du conseil de famille désigné par lui pour faire faire la notification prescrite par l'article 882, est sujet aux dommages-intérêts résultant du tort que sa négligence pourrait avoir occasionné au mineur, s'il n'a pas fait cette notification dans le délai prescrit. — A. 2757.

4163. En cas de négligence du membre indiqué par le conseil, toute autre personne intéressée pourrait faire faire la notification. — A. 2758.

4164. Il n'y a pas lieu à faire la notification prescrite par l'art. 882, lorsque celui qui a été nommé tuteur a été appelé à faire partie du conseil de famille et s'y est fait représenter par un mandataire. — A. 2759.

4165. Le ministère public ne peut, sans excéder ses pouvoirs, appeler d'un jugement qui homologue la délibération du conseil de famille. (Cass., 26 août 1807 ; jurisprudence des cours souveraines, t. 4, p. 344.)

ARTICLE 883.

Toutes les fois que les délibérations du conseil de famille ne seront pas unanimes, l'avis de chacun des membres qui la composent sera mentionné dans le procès-verbal.

Les tuteurs, subrogé tuteur et curateur, même les membres de l'assemblée, pourront se pourvoir contre la délibération ; ils formeront leur demande contre les membres qui auront été d'avis de la délibération, sans qu'il soit nécessaire d'appeler en conciliation.

---

(1) Les décisions données sur les trois questions ci-dessus sont conformes à un arrêt de la cour de Rennes, première chambre, du 31 août 1818.

Conférence.

T. art. 29; C. C., art. 416.

4166. Toutes les fois que les motifs de ceux qui ont été pour la délibération sont les mêmes, et que les motifs de ceux qui sont d'un avis contraire sont également les mêmes, ont doit se borner à mentionner que chacun a été de l'un ou de l'autre avis, sans qu'il soit besoin d'insérer ces motifs. — A. 2760, et cass., 17 novembre 1813 ; Sirey, 1814, p. 74.

4167. Au reste, l'obligation de mentionner l'avis des membres du conseil de famille n'est applicable qu'aux délibérations qui doivent être soumises à l'homologation du tribunal. (Metz, 16 février 1812; Sirey, 1812, p. 389.)

4168. Les personnes désignées dans l'art. 883, ne sont pas les seules qui puissent se pourvoir contre la délibération. — A. 2761.

4169. *Résulte-t-il de la seconde disposition de l'article 883, que la délibération ne peut être attaquée quand elle est unanime ?*

Il est clair, dit M. Delvincourt, t. 1.er, p. 481, n.° 3, qu'il faut entendre cette disposition dans le sens que la délibération prise à l'unanimité, ne peut être attaquée par ceux qui y ont pris part, comme cela est évident ; mais, dans tous les cas, elle peut être attaquée, comme nous l'avons dit sur la question 2761 de l'analyse, par tout ceux qui ont intérêt et qui n'y ont pas assisté.

4170. Il y a exception à la disposition de l'article 883, en ce qu'il veut que la demande soit dirigée contre ceux qui ont fait passer la délibération, puisqu'en conformité de l'article 448 du code civil, le tuteur exclu ou destitué peut assigner le subrogé-tuteur seulement. — A. 2762. (1)

On ne peut comprendre le juge de paix parmi les membres du conseil de famille, à intimer sur le pourvoi contre la délibération. — A. 2763 ; Cass., 29 juillet 1812 ; Sirey, 1813, p. 32.

4171. Celui qui se propose de former une demande en opposition contre la délibération, n'a d'autre chose à faire qu'à retirer une expédition de cette délibération, et à en signifier aux membres, sur l'avis desquels elle a été prise, une copie à la suite de laquelle il

___

(1) A l'appui des observations faites contre l'avis opposé de M. Toullier, voyez les annales du notariat, t. 14, p. 341 ; un arrêt de Paris, du 6 octobre 1814 ; Sirey, 1815, pag. 215 : il décide implicitement que l'article 883 ne s'applique pas aux délibérations du conseil de famille, qui ont pour objet de nommer un tuteur.

Er. Page 667, ligne 3, au lieu de *n'avait passé qu'à la majorité des voix,* lisez *avait été unanime.*

leur donne assignation à comparaître au délai de la loi, devant le tribunal civil dans l'arrondissement duquel l'assemblée a été tenue. — A. 2764.

4172. Lorsqu'un membre du conseil de famille succombe sur la demande formée par lui contre la délibération du conseil de famille, les juges ont la faculté de déclarer, suivant les circonstances, soit que le membre du conseil supportera personnellement les frais, soit qu'ils passeront en dépense d'administration. — A. 2765.

4173. Le subrogé-tuteur qui, dans l'espèce de l'article 448, succombe sur la réclamation du tuteur exclu ou destitué, peut être condamné aux dépens; mais il ne doit les supporter que sauf son recours contre les membres qui ont voté la délibération. — A. 2766.

4174. En est-il de même, soit du membre du conseil de famille, dans l'espèce du n. 4172, soit du subrogé-tuteur, dans celle du précédent; si l'un ou l'autre est condamné à des dommages-intérêts ?

Les auteurs des annales du notariat décident que chacun d'eux a un recours en garantie contre les membres du conseil de famille, en cas de condamnation, à des dommages-intérêts et à des frais. Nous maintenons, pour les deux cas, les solutions données sur les questions précédentes; nous ne voyons, en effet, aucune raison de décider autrement pour les dommages que pour les frais, à moins que les dommages n'eussent pour cause un fait personnel au subrogé-tuteur ou à un membre du conseil, lequel fait serait étranger à la délibération.

ARTICLE 884.

La cause sera jugée sommairement.

Conférence.

Code de procédure, art. 405.

ARTICLE 885.

Dans tous les cas où il s'agit d'une délibération sujette à homologation, une expédition de la délibération sera présentée au président, lequel, par ordonnance au bas de ladite délibération, ordonnera la communication au ministère public, et commettra un juge pour en faire le rapport à jour indiqué.

Conférence.

T. art. 78; C. C., art. 458.

ARTICLE 886.

Le procureur du roi donnera ses conclusions au bas de
ladite ordonnance ; la minute du jugement d'homologation
sera mise à la suite desdites conclusions, sur le même cahier.

Conférence.

.C. C., art. 458.

4175. Les formalités des articles 885 et 886 doivent être suivies
dans tous les cas où il y a lieu à l'homologation, et elle est donnée
en audience publique, dans le cas de l'article 448 du code civil, et
en la chambre du conseil, dans le cas des articles 457 et 483. —
A. 2767.

ARTICLE 887.

Si le tuteur, ou autre chargé de poursuivre l'homologation, ne le fait dans le délai fixé par la délibération, ou,
à défaut de fixation, dans le délai de quinzaine, un des
membres de l'assemblée pourra poursuivre l'homologation
contre le tuteur, et aux frais de celui-ci, sans répétition.

4176. Le délai de quinzaine fixé par l'article 887 n'est pas susceptible de l'augmentation, en raison de la distance du domicile de
celui qui est chargé de poursuivre l'homologation au lieu où siège
le tribunal. — A. 2768.

4177. Le membre du conseil de famille qui poursuit l'homologation, en cas de négligence de celui qui en était chargé, doit l'assigner
sur cette poursuite. — A. 2769.

ARTICLE 888.

Ceux des membres de l'assemblée qui croiront devoir
s'opposer à l'homologation, le déclareront, par acte extrajudiciaire, à celui qui est chargé de la poursuivre ; et s'ils
n'ont pas été appelés, ils pourront former opposition au
jugement.

Conférence.

.T. art. 29.

4178. *Dans quel délai ceux qui n'ont pas été appelés peuvent-ils
se pourvoir par opposition ?*

L'article n'en détermine aucun. Les délais fixés par le code de
procédure ne courent que contre ceux qui ont été appelés, et ici
les opposans ne l'ont point été : le délai sera donc indéfini. C'est
une espèce de tierce-opposition, avec la différence que dans le cas

où les opposans succomberaient, il n'y aurait point lieu à l'amende fixée par l'article 479. (Delvincourt, t. 1, p. 482.)

4179. Les membres du conseil de famille qui n'ont point déclaré s'opposer à l'homologation, ne peuvent s'opposer au jugement qui la prononce, ni en interjeter appel. — A. 2770. (1)

4180. L'article 888 ne doit pas être appliqué à un tuteur destitué. (Tribunal civil de Rennes, 31 mai 1813; arg. de l'art. 448 du code civil et 888 du code de procédure.

4181. Un membre du conseil de famille qui aurait signifié la déclaration extrajudiciaire, et qui ne se présenterait pas à l'audience, sur l'assignation que lui aurait donnée la personne chargée de poursuivre l'homologation, ne pourrait pas se pourvoir par opposition, quoique le jugement eût été rendu sur son défaut. — A. 2771.

ARTICLE 889.

Les jugemens rendus sur délibération du conseil de famille, seront sujets à l'appel.

Conférence.

C. C., art. 446 et suivans.

4182. Dans l'espèce de la proposition établie *suprà* n.° 4181, la voie d'appel n'est pas admise. — A. 2772.

4183. Si toute autre personne qu'un membre de l'assemblée de famille a des réclamations à faire contre l'homologation, elle n'est pas obligée de se pourvoir par appel. Elle ne pourrait même se pourvoir que par opposition devant le tribunal qui aurait rendu le jugement d'homologation, si ce jugement avait été prononcé *sans réclamation.* — A. 2773.

4184. *Le ministère public qui a conclu à la non homologation peut-il appeler du jugement qui a homologué?*

La négative a été jugée en cassation, le 26 août 1807 (J. C. C. t. 9, p. 409); et, en effet, dit M. Delvincourt, t. 1, p. 482, l'appel n'est accordé qu'à celui qui aurait droit d'agir, et ce n'est pas ici un des cas dans lequel la loi donne l'action au ministère public; il n'a que le droit de donner des conclusions. (Voyez art. 2, tit. 8 de la loi du 24 août 1790.)

4185. Le jugement qui a prononcé l'homologation d'une délibération, dont l'objet est au-dessous de la valeur, jusqu'à concurrence de laquelle le tribunal juge en dernier ressort, est néamoins sujet à l'appel. — A. 2774.

(1) *Er.* Page 670, dernier alinea, ligne 4, au lieu de *le voie*, lisez *la voie.*

TITRE XI.

De l'interdiction.

(Voy. code civil, art. 889 à 515; code pénal, art, 29 à 31.)

L'INTERDICTION d'une personne est, en général, la privation du droit de faire par elle-même les actes de la vie civile, et d'administrer sa personne et ses biens; c'est, à proprement parler, la mise en tutelle d'un majeur qui est dans un état habituel d'imbécillité, de démence ou de fureur (C. C., art. 489) (1), ou qui a subi une condamnation aux travaux forcés ou à la réclusion. (C. pénal, art. 29 à 31.)

Dans le premier cas, on dit que l'interdiction est *civile*, parce qu'elle doit être prononcée par jugement du tribunal civil.

Dans le second cas, elle est appelée *légale*, parce qu'elle dérive immédiatement de la loi ; aussi n'admet-elle l'application des dispositions du code civil et du code de procédure que relativement à ses effets et à la nomination du tuteur dont le condamné doit être pourvu dans la même forme que la personne interdite par jugement. (C. pénal, art. 29.)

En posant les principes du droit en cette matière, le code civil avait en même tems réglé la forme de procéder, en sorte que le code de procédure n'a fait que compléter, par les dispositions du présent titre, le système d'instruction déjà établi.

Ces dispositions additionnelles exigent une requête (890) qui doit être communiquée au ministère public (891); elles veulent qu'un conseil de famille soit convoqué pour donner son avis (892); que la requête et cet avis soient signifiés au défendeur avant de procéder à son interrogatoire ou à l'enquête qui peut être ordonnée (893);

.(1) La prodigalité n'est plus une cause d'interdiction ; elle autorise seulement à soumettre le prodigue à un conseil de famille, sans lequel il ne peut ni plaider, ni emprunter, ni recevoir ses capitaux, ni vendre, ni engager ses immeubles. (C. C., art. 513, et *infrà* art. 897.)

elles indiquent lés personnes contre lesquelles l'appel du jugement peut être interjetté (894), et prescrivent, lorsqu'il a acquis force de chose jugée, la nomination d'un tuteur et d'un subrogé tuteur (895); elles règlent comment sera instruite et jugée la demande en main-levée de l'interdiction (896), et disposent que tout jugement portant dation de conseil judiciaire sera affiché dans la forme prescrite par l'article 501 du code de commerce.

ARTICLE 890.

Dans toute poursuite d'interdiction, les faits d'imbécillité, de démence ou de fureur, seront énoncés en la requête présentée au président du tribunal ; on y joindra les pièces justificatives, et on indiquera les témoins.

Conférence.

T. art. 79; code civil, art. 491, 492, 493, 494.

4186. La requête prescrite par l'article 890 doit être présentée au président du tribunal dans l'arrondissement duquel le défendeur en interdiction a son domicile.

4187. Mais, dans le cas où le ministère public poursuit d'office l'interdiction d'un furieux, conformément à l'article 491 du code civil, cette poursuite peut avoir lieu devant le tribunal dans le ressort duquel les actes de fureur auraient été commis. — A. 2775.

4188. Lorsque le père s'oppose au mariage de son enfant, par le motif qu'il est en état de démence, les juges doivent nécessairement ordonner la convocation d'un conseil de famille. (Bruxelles, 15 décembre 1812; Sirey, 1814, 2.ᵉ part., p. 238.)

4189. La demande en interdiction de la femme peut être soumise au tribunal de son domicile de fait, et non à celui du domicile marital, attendu que le premier est le plus à portée de vérifier les faits. (Bordeaux, 20 germinal an 13 ; Sirey, t. 5, pag. 124.)

ARTICLE 891.

Le président du tribunal ordonnera la communication de la requête au ministère public, et commettra un juge pour faire rapport à jour indiqué.

Conférence.

Code civil, art. 515.

ARTICLE 892.

Sur le rapport du juge et les conclusions du procureur du Roi, le tribunal ordonnera que le conseil de famille, formé selon le mode déterminé par le code civil, section 4 du chapitre 2, au titre *de la Minorité, de la Tutelle et de l'Emancipation*, donnera son avis sur l'état de la personne dont l'interdiction est demandée.

Conférence.

T. art. 92 ; code civil, art. 494 et 495.

4190. Si les faits articulés dans la requête ne paraissent pas de nature à caractériser la démence, la demande doit être rejetée sans plus ample instruction, et sans consulter la famille. — A. 2776.

4191. Un parent peut se faire remplacer par un mandataire au conseil de famille convoqué pour donner avis sur la demande en interdiction. — A. 2777.

4192. Si le conseil était d'avis de rejeter la demande, celui qui poursuit l'interdiction ne peut pas se pourvoir contre la délibération ; mais il peut reprendre ses poursuites, et faire valoir contre elle ses moyens auxquels le tribunal a tel égard que de raison. — A. 2778.

ARTICLE 893.

La requête et l'avis du conseil de famille seront signifiés au défendeur avant qu'il soit procédé à son interrogatoire.

Si l'interrogatoire et les pièces produites sont insuffisans, et si les faits peuvent être justifiés par témoins, le tribunal ordonnera, s'il y a lieu, l'enquête, qui se fera en la forme ordinaire.

Il pourra ordonner, si les circonstances l'exigent, que l'enquête sera faite hors de la présence du défendeur ; mais, dans ce cas, son conseil pourra le représenter.

Conférence.

Code civil, art. 496.

4193. La requête et l'avis du conseil de famille doivent être signifiés au défendeur même, dans le cas où le conseil aurait voté contre l'interdiction. — A. 2779.

4194. Pour que le tribunal procède à l'interrogatoire, il faut que le président ait fixé jour et heure sur une requête qui lui est présentée à cet effet. — A. 2780.

4195. Le délai qui doit s'écouler pour la signification, tant de la requête que de l'avis du conseil, avant que l'on puisse procéder à l'interrogatoire, doit être au moins celui de vingt-quatre heures, prescrit par l'article 329, relativement aux interrogatoires sur faits et articles. — A. 2781.

4196. Quoique l'état de stupidité ou de fureur du défendeur fût tel qu'il ne pût donner aucune réponse, ou qu'on ne pût approcher de lui, le juge ne pourrait pas se dispenser de le faire venir à la chambre du conseil, ou de se présenter ailleurs pour l'interroger, sauf à constater par procès-verbal l'impossibilité de procéder. — A. 2782.

4197. On peut procéder à plusieurs interrogatoires. — A. 2783, et argum.t de l'art. 497 du code civil.

4198. Le ministère public doit, dans tous les cas, assister à l'interrogatoire. — A. 2784.

4199. L'enquête n'est pas, comme l'interrogatoire, une formalité nécessaire. — A. 2785.

4200. Les témoins doivent être entendus en présence du ministère public. — A. 2786.

4201. On doit signifier au défendeur les procès-verbaux d'enquête et d'interrogatoire, et l'appeler à l'audience publique où le jugement doit être prononcé. — A. 2787.

4202. Le jugement ne doit pas être rendu en audience solennelle. — A. 2788.

4203. Si les juges estiment que le défendeur est faible d'esprit, mais non pas tout-à-fait incapable de gouverner sa personne et ses biens, ils peuvent, conformément à l'article 499 du code civil, le soumettre à un conseil judiciaire. — A. 2789.

4204. Lorsque le tribunal rejette la demande en interdiction, sans soumettre le défendeur à un conseil judiciaire, celui-ci n'obtiendra pas *nécessairement* des dommages-intérêts contre le demandeur. — A. 2790.

4205. Si le défendeur ne s'était pas présenté à l'audience, il ne pourrait se pourvoir par opposition contre le jugement qui intervient, mais seulement par appel. — A. 2791.

ARTICLE 894.

L'appel interjeté par celui dont l'interdiction aura été prononcée, sera dirigé contre le provoquant.

L'appel interjeté par le provoquant, ou par un des membres de l'assemblée, le sera contre celui dont l'interdiction aura été provoquée.

En cas de nomination de conseil, l'appel de celui auquel il aura été donné sera dirigé contre le provoquant.

Conférence.

Code civil, art. 5oo.

4206. Un autre que l'interdit ne peut interjetter appel du jugement qui a prononcé l'interdiction. — A. 2792.

4207. Un membre du conseil de famille qui n'aurait pas été d'avis de l'interdiction ne pourrait appeler du jugement qui rejette l'interdiction. — A. 2793.

4208. L'appel doit être interjeté dans les délais ordinaires ; il est suspensif à l'égard de la nomination du tuteur ou du subrogé-tuteur ; mais il ne l'est pas par rapport aux inscriptions aux tableaux à afficher, conformément à l'article 5o1 du code civil. — A. 2794.

4209. La forme de procéder en appel est réglée par l'article 5oo du code civil. — A. 2795.

4210. La voie de la tierce-opposition n'est pas ouverte à un créancier ou donataire. — A. 2796.

ARTICLE 895.

S'il n'y a pas d'appel du jugement d'interdiction, ou s'il est confirmé sur l'appel, il sera pourvu à la nomination d'un tuteur et d'un subrogé-tuteur à l'interdit, suivant les règles prescrites au titre *des Avis de parens.*

L'administrateur provisoire, nommé en exécution de l'article 497 du code civil, cessera ses fonctions, et rendra compte au tuteur, s'il ne l'est pas lui-même.

Conférence.

Code civil, art. 5o5.

ARTICLE 896.

La demande en main-levée d'interdiction sera instruite et jugée dans la même forme que l'interdiction.

Conférence.

Voyez le décret du 16 janvier 1808, art. 6 ; code civil, art. 512.

4211. Lorsque l'interdit demande main-levée, il n'a pas besoin d'être assisté de son tuteur. — A. 2797.

4212. Il doit former sa demande soit contre celui-ci, soit contre ceux qui l'ont fait interdire. — A. 2798.

4213. La demande en main levée doit être portée devant le tribunal dans le ressort duquel demeure le tuteur de l'interdit. — A. 2799.

4214. Le jugement qui accorde la main-levée ne doit pas être rendu public comme celui qui a prononcé l'interdiction. — A. 2800.

ARTICLE 897.

Le jugement qui prononcera défenses de plaider, transiger, emprunter, recevoir un capital mobilier, en donner décharge, aliéner ou hypothéquer sans assistance de conseil, sera affiché dans la forme prescrite par l'article 501 du code civil.

Conférence.

T. art. 92 ; code civil, art. 501.

4215. Toutes les règles sur la manière de provoquer, d'instruire et faire cesser l'interdiction sont applicables à la nomination d'un conseil judiciaire, conformément à l'article 514 du code civil. — A. 2801.

4216. Lorsque le jugement portant nomination d'un conseil judiciaire n'a pas été affiché, les actes faits postérieurement par l'individu soumis à ce conseil et sans son assistance sont valables. — A. 2803.

TITRE XII.

Du bénéfice de cession.

(Code civil, art. 1265–1270 ; code de commerce, art. 566–575.)

LA CESSION de biens est l'abandon qu'un débiteur commerçant ou non commerçant fait de tous ses biens à ses créanciers, lorsqu'il se trouve hors d'état de payer ses dettes (C. C., art. 1265.) C'est un espèce de paiement partiel qui, sous quelques rapports, a les mêmes effets qu'un paiement intégral.

Il y a cession *volontaire* et cession *judiciaire* ou *forcée;* l'une se fait d'un commun accord entre le débiteur et ses créanciers; ses effets sont réglés par la convention, et, par conséquent, elle n'exige aucune formalité de procédure.

L'autre est un *bénéfice* que la loi accorde au débiteur *malheureux et de bonne foi,* en lui permettant de se pourvoir en justice à l'effet

63

d'être, contradictoirement avec ses créanciers, admis à leur abandonner tous ses biens pour les administrer ou les faire vendre ; l'effet de ce bénéfice est d'empêcher ou de faire cesser l'emprisonnement du débiteur. (V. C. C. , art. 1269 et 1270.)

Le code civil et le code de commerce contiennent les principes du droit en cette matière ; celui de la procédure règle les formalités à suivre pour opérer la cession. (1)

Il prescrit aux débiteurs de déposer leur bilan, leurs livres et leurs titres actifs (898) ; désigne le tribunal devant lequel ils devront se pourvoir (899) ; ordonne la communication de la demande au ministère public, et indique ses effets relativement aux poursuites (900) ; impose à l'impétrant l'obligation de réitérer sa demande en personne à l'audience du tribunal de commerce (901-902) ; ordonne la publication de la cession (903) ; déclare que le jugement qui la prononce vaut pouvoir aux créanciers à l'effet de faire vendre les biens du débiteur (904) ; il désigne enfin les personnes qui sont exclues de ce bénéfice (905), et réserve les usages du commerce (906.)

ARTICLE 898.

Les débiteurs qui seront dans le cas de réclamer la cession judiciaire accordée par l'article 1268 du code civil, seront tenus, à cet effet, de déposer au greffe du tribunal où la demande sera portée, leur bilan, leurs livres, s'ils en ont, et leurs titres actifs.

Conférence.

T. art. 94 ; ordonn. de 1673, titre 11, art. 2, 3 et 11.

4217. *Comment s'effectuera le dépôt des titres dans le cas de faillite du demandeur ?*

« Le conseil d'état avait d'abord arrêté, dit M. Locré, esprit du
» code de commerce, t. 7, p. 213, art. 569, conformément à
» l'art. 898 du code de procédure, que le failli serait tenu de
» déposer au greffe du tribunal *son bilan, ses livres et ses titres*
» *actifs.* Les sections du tribunat observèrent qu'on exigerait
» l'impossible, puisque le failli a dû remettre le tout aux agens de

---

(1) Le code de commerce répète en grande partie non seulement les principes énoncés au code civil, mais encore les dispositions du code de procédure auxquelles il n'apporte que de très-légères modifications.

» la faillite dans les vingt-quatre heures de leur entrée en fonc-
» tions. A la suite de ces observations , on proposa la rédaction
» suivante : Il sera statué par le tribunal sur le vu du bilan , des
» livres et des titres actifs du failli, lesquels seront à cet effet
» *déposés au greffe.* Le conseil d'état s'est borné à dire : Le tri-
» bunal *se fera remettre les titres nécessaires ;* cette rédaction
» satisfait à tout, ajoute M. Locré. » Quoi qu'il en soit, la question ci-dessus posée n'en reste pas moins entière. Le tribunal
devra-t-il, comme le portait la rédaction arrêtée sur les observations du tribunat , ordonner *le dépôt au greffe ?* Pourra-t-il se borner ,
pour éviter des frais , à ordonner aux agens de la faillite de remettre
les pièces *nécessaires* sous les yeux du tribunal , à la chambre du
conseil ? Ce dernier parti serait sans doute le moins coûteux, mais
il est aussi le moins régulier et n'offre pas la garantie du dépôt au
greffe. Nous pensons qu'en évitant de s'expliquer positivement sur
la nullité du dépôt au greffe, dans le cas de faillite , le législateur
a pu vouloir laisser au tribunal le choix d'un autre mode de remise
moins dispendieux ; et qu'en ne parlant que des *titres nécessaires ,*
il a encore voulu laisser aux juges la faculté de n'exiger que la
remise de certaines pièces, sans les astreindre à l'obligation d'ordonner indistinctement celle de tous les livres et de *tous les titres
du failli.* Le tribunal pourrait même n'ordonner aucune remise,
si déjà l'état des affaires du failli , la tenue de ses livres, etc., avaient
été examinés par les créanciers, et si on n'y avait rien trouvé de
suspect ou qui indiquât de la fraude et de la mauvaise foi. Ainsi ,
pour le débiteur failli, l'article 569 du code de commerce s'est
écarté de la rigueur des formalités prescrites par l'article 898 du
code de procédure. Mais il paraît que , pour tous autres cas où il
n'y a point eu de faillite déclarée ou formalisée , le dépôt préalable
au greffe du bilan, des livres et des titres actifs, est nécessaire.

4218. L'omission de ce dépôt devrait opérer, dans l'état, le rejet
de la demande en cession , puisqu'il est prescrit comme condition
essentiellement préalable à cette demande. (Perrin, traité des
nullités, pag. 200.)

4219. Il suffit au débiteur de déposer *un extrait de son bilan ,*
lorsque ce bilan se trouve déjà déposé au greffe du tribunal du lieu
de l'ouverture de la faillite. — A. 2805.

ARTICLE 899.

Le débiteur se pourvoira devant le tribunal de son
domicile.

4220. Un commerçant failli peut être admis au bénéfice de
cession, quoiqu'il n'ait pas tenu de livres de commerce. (Cass. ,
15 mai 1815 ; Sirey, 1817, p. 160.)

4221. La connaissance des demandes en cession de biens appartient au tribunal civil du domicile du débiteur, ou au tribunal de commerce du même domicile, lorsque les *créances sont commerciales* (1) ; mais, en tous cas, le tribunal civil ou de commerce est celui du domicile qu'avait le débiteur au moment de sa déconfiture. — A. 2803.

4222. Les créanciers doivent être appelés sur cette demande. — A. 2804.

ARTICLE 900.

La demande sera communiquée au ministère public ; elle ne suspendra l'effet d'aucune poursuite, sauf aux juges à ordonner, parties appelées, qu'il sera sursis provisoirement.

Conférence.

Ordonnance de 1535, chap. 8, art. 33 ; code de comm., art. 570.

4223. Le tribunal ne pourrait pas ordonner un sursis provisoire à des poursuites déjà faites. — A. 2806.

4224. Il a même été décidé, par arrêt de la cour de cassation, du 23 février 1807 (Sirey, 1807, p. 170), qu'encore bien que le débiteur eût demandé à être admis au bénéfice de cession, les juges ne pouvaient surseoir à l'exécution de la contrainte pendant l'instance en cession ; mais nous ne pensons pas que cette décision, rendue par application des lois antérieures au code de procédure civile, puisse être suivie aujourd'hui, le contraire est formellement exprimé dans l'exposé des motifs de ce titre. (V. Locré, t. 4, p. 172.)

4225. Le jugement qui admet au bénéfice de cession, ne peut être annulé pour n'avoir pas ordonné la comparution du débiteur à l'audience, afin d'y réitérer la cession en personne, alors, sur tout, qu'il offre de remplir cette formalité ; d'où l'on peut conclure, en général, que les juges ne peuvent suppléer la nullité dans l'application des articles 901 et 902. (Colmar, 17 janvier 1812 ; Sirey, 1814, p. 22.)

------

(1) Pour établir la compétence des tribunaux de commerce, si les dettes étaient purement commerciales, nous nous fondions, comme M. Pigeau, sur l'article 635 du code de commerce ; mais on reconnaît généralement aujourd'hui que tout débiteur qui peut et veut obtenir le bénéfice de cession, est tenu de former sa demande, à cet effet, au tribunal civil de son domicile, quand même toutes ces dettes seraient commerciales. Tel est l'avis de M. Pardessus, t. 3, n° 1330 ; de M. Delvincourt dans ses instit. comm., t. 2, aux notes, p. 709 ; de M. Locré dans son esprit du code de comm., t. 8, p. 551 ; telle était aussi la pratique sous l'ancienne jurisprudence. (V. Jousse sur l'article 1, tit. 10 de l'Ordonnance de 1670, le nouveau répert. et le nouveau Denisart, v.° *cession.*)

4226. *Que doit faire le débiteur pour obtenir promptement une surséance à des poursuites non commencées?*

V. A. 2807.

4227. On procède sur les assignations en cession de biens, comme en toute affaire non sommaire; mais la cause doit être jugée à la première audience, sans remise ni tour de rôle. — A. 2808.

4228. Les créanciers qui ont contesté, quoique le débiteur fût dans les cas où la loi veut qu'ils ne puissent refuser la cession, doivent être condamnés aux dépens. — A. 2809.

ARTICLE 901.

Le débiteur admis au bénéfice de cession sera tenu de réitérer sa cession en personne, et non par procureur, ses créanciers appelés, à l'audience du tribunal de commerce de son domicile; et s'il n'y en a pas, à la maison commune, un jour de séance : la déclaration du débiteur sera constatée dans ce dernier cas, par procès-verbal de l'huissier, qui sera signé par le maire.

Conférence.

Ordonn. du mois de juin 1510, art. 70; ordonn. de 1673, tit. 10, art. 1; T. art. 64; C. de comm., art. 635.

4229. Le débiteur est tenu de réitérer sa cession au tribunal de commerce, quoiqu'il ne soit ni marchand, ni négociant, ni banquier. — A. 2810.

ARTICLE 902.

Si le débiteur est détenu, le jugement qui l'admettra au bénéfice de cession, ordonnera son extraction, avec les précautions en tel cas requises et accoutumées, à l'effet de faire sa déclaration conformément à l'article précédent.

Conférence.

T. art. 65; C. de comm., art. 572.

4230. *Quelles sont les précautions requises pour l'extraction du débiteur?*

V. A. 2811.

ARTICLE 903.

Les nom, prénom, profession et demeure du débiteur, seront insérés dans un tableau public à ce destiné, placé dans l'auditoire du tribunal de commerce de son domicile, ou du tribunal de première instance qui en fait les fonctions, et dans le lieu des séances de la maison commune;

Conférence.

T. art. 92 ; cod. de comm. , art. 573 ; ordonn. de 1673.

4231. Les affiches prescrites par l'article 903 doivent être insérées dans le tableau de l'auditoire du tribunal de commerce, encore bien que le débiteur ne soit pas commerçant. — A. 2812.

4232. L'insertion prescrite par l'article 903 peut être retirée au bout d'un an. — A. 2813.

ARTICLE 904.

> Le jugement qui admettra au bénéfice de cession, vaudra pouvoir aux créanciers, à l'effet de faire vendre les biens meubles et immeubles du débiteur; et il sera procédé à cette vente dans les formes prescrites pour les héritiers sous bénéfice d'inventaire.

Conférence

Code civil, art. 1269 ; code de comm., art. 574, *infrà* art. 936 et suivans.

4233. La cession de biens ne conférant pas aux créanciers la propriété des biens du débiteur, il n'est pas absolument nécessaire de faire nommer un curateur aux biens si un créancier veut en poursuivre l'expropriation. (1)

4234. Le stellionataire n'est déchu de bénéfice de cession qu'à l'égard des seuls créanciers envers lesquels il se serait rendu coupable du stellionat. (Turin, 21 décembre 1812.) (2)

(1) Le tribunal de première instance de Bordeaux avait jugé conformément à cette opinion ; mais, sur l'appel, la cour n'a pas eu besoin de prononcer sur la question (V. Sirey, 1818, p. 66), attendu que le pourvoi avait été interjeté après le délai. Au reste, M. Toullier, tome 7, p. 359, n.° 268, partage entièrement notre avis et rejette même quelques doutes que nous émettions. « Le » tribunal, dit-il, pourrait même et devrait peut-être refuser de nommer un » curateur, car ce curateur ne serait pas l'homme des créanciers ; or, c'est à » eux que la loi a donné le pouvoir de vendre les biens et d'en percevoir les » revenus. S'ils ne veulent pas agir tous en commun, c'est à eux de nommer » un mandataire pour les représenter, et de la conduite duquel ils répondront, » au lieu qu'ils ne pourraient répondre des fautes d'un curateur nommé par la » justice. On ne voit donc pas quels sont les motifs de certains auteurs qui con- » seillent encore, sous notre nouvelle législation, de nommer par prudence » un curateur. »

(2) En rapportant cet arrêt, M. Sirey (1814, p. 4) observe qu'il y a eu pourvoi admis par la cour de cassation ; mais M. Perrin, dans son traité des nullités, p. 87, nous apprend que la section civile n'a pas prononcé, parce que les parties ont transigé. Nonobstant ce préjugé, il embrasse l'opinion de la cour de Turin, par les raisons qu'il développe, page 84 et suivantes ; nous croyons comme lui que les créanciers contre lesquels le stellionat n'a pas été commis, ne peuvent exciper du droit d'autrui.

4235. Les héritiers du débiteur doivent, à sa mort, les droits de mutation, si les biens abandonnés aux créanciers ne sont pas encore vendus. — A. 2814.

ARTICLE 905.

Ne pourront être admis au bénéfice de cession, les étrangers, les stellionataires, les banqueroutiers frauduleux, les personnes condamnées pour cause de vol ou d'escroquerie, ni les personnes comptables, tuteurs, administrateurs et dépositaires.

Conférence.

Ordonnance de 1673, titre 10, art. 2; code de commerce, art. 575.

4236. Tous autres que ceux qui sont indiqués dans l'article 905 peuvent être admis au bénéfice de cession.. — A. 2815.

4237. De même aussi, l'article 905 du code de procédure, qui énumère divers cas où l'on ne peut demander la cession de biens, n'est point limitatif : le bénéfice de cession peut être refusé à tout débiteur qui ne justifie point de ses malheurs et de sa bonne foi, encore qu'il ne soit pas compris dans l'énumération de l'article 905. (Cour d'Aix, 30 décembre 1817; Sirey, 1818, p. 357.)

4238. Les étrangers admis à jouir, en France, des droits civils, peuvent réclamer ce bénéfice. — A. 2816.

4239. Il en est de même du négociant étranger, mais domicilié en France et y ayant un établissement de commerce. (Trèves, 24 février 1808; Sirey, 1808, p. 110.)

4240. De ce que les étrangers ne sont pas admis au bénéfice de cession contre les français, il ne s'ensuit pas réciproquement que les français ne puissent réclamer ce bénéfice contre leurs créanciers étrangers. (Cass., 19 février 1806; Sirey, 1806, 2.ᵉ part., p. 773.)

4241. Le négociant failli peut y être admis sans passer par les épreuves prescrites en cas de faillite ouverte. (Bruxelles, 7 février 1810, et Rouen, 13 décembre 1816; Sirey, 1810, p. 206, et 1817, p. 72.)

4242. Un saisi, établi de son consentement gardien de ses propres meubles et effets, n'est pas considéré comme dépositaire judiciaire; il peut conséquemment réclamer le bénéfice de cession, s'il ne représente pas les objets confiés à sa garde. — A. 2817. (1)

ARTICLE 906.

Il n'est au surplus rien préjugé, par les dispositions du présent titre, à l'égard du commerce, aux usages duquel il n'est, quant à présent, rien innové.

Conférence.

Voyez Liv. 3, tit. 2 du code de commerce.

_____

(1) Au lieu de *1810*, p. 230, lisez *1810*, p. 236.

~~~~~~

LIVRE II.

Procédures relatives à l'ouverture d'une succession.

———————

Avec notre vie finissent nos droits et commencent ceux de nos héritiers ; ils auront à partager nos biens, il faut les leur *conserver* sans préjudice des droits préexistans de nos créanciers ; il faut en *constater* le nature et la quotité ; il faut enfin *en effectuer la distribution* entre tous ceux qui sont appelés à les recueillir.

De là les appositions de scellés après décès, la vente du mobilier et celle des immeubles, les partages, les licitations, la renonciation à la communauté ou à la succession, la curatelle aux successions vacantes.

Le code civil a fixé les principes qui régissent ces matières. Le code de procédure devait prescrire la manière de les réclamer et de les appliquer : c'est le sujet des neuf titres de ce second livre.

Les motifs des dispositions qu'ils renferment s'expliquent par leur évidente utilité. La plupart étaient déjà consacrées par les lois antérieures ou par la pratique ; seulement le législateur a choisi et rassemblé en un seul corps ce que les usages et les réglemens avaient de meilleur, et il s'est appliqué à les simplifier et améliorer. Ainsi, sur ce point, comme sur tant d'autres, le code de procédure a le même avantage que le code civil, celui, non de changer ce qui avait été sagement et utilement statué, mais d'étendre à tout le royaume ce qu'il y avait de mieux dans les diverses jurisprudences, et de donner des règles uniformes et complètes à tous les tribunaux. (1)

————————————

(1) Exposé des motifs par le conseiller d'état Simeon. Rapport du tribun Gillet au corps législatif.

TITRE I.er

De l'apposition des scellés après décès.

Le *scellé* est une mesure dont le but est d'empêcher que les effets d'une succession ne soient soustraits avant que les intéressés en aient pu assurer eux-mêmes la conservation et la distribution.

Elle s'opère par l'apposition du sceau d'un officier public, sur les portes de meubles, de chambres, d'appartemens ou de maisons, et quelquefois sur de simples effets.

Elle est exclusivement de la compétence du juge de paix du lieu, lorsqu'il s'agit de l'employer après le décès d'une personne (907 et 912), et, dans cette circonstance, il se sert d'un sceau particulier (908.)

La loi désigne les personnes privées qui peuvent requérir l'apposition (910), et elle indique les cas où elle peut avoir lieu à la diligence du ministère public, sur la déclaration du maire, ou d'office (911); elle détermine ce que doit contenir les procès-verbal qui la constate (913 et 914); ordonne le dépôt des pièces et prescrit des précautions pour prévenir les soustractions (915); elle enjoint de faire perquisition du testament du défunt (917), et trace les formalités à remplir lorsqu'on trouve (916 et 920) soit ce testament (916) soit des paquets qui intéressent la succession (918 et 919.)

Les dispositions relatives à ces objets sont complétées par des règles sur les référés, les décisions provisoires et les précautions que des difficultés rendraient nécessaires (921 et 922), sur le cas où la réquisition d'apposer les scellés serait faite pendant le cours ou après la confection de l'inventaire (923), sur celui dans lequel il n'existerait aucuns effets mobiliers ou seulement des effets non susceptibles d'être mis sous les scellés (924.)

Enfin, la loi prescrit, pour les communes populeuses, la tenue d'un registre d'ordre, qui met les parties intéressées à portée de vérifier si la mesure conservatoire de l'apposition des scellés a été remplie suivant le vœu de la loi (925.)

Sur l'ensemble du titre.

4243. Les dispositions du présent titre ne sont applicables qu'aux scellés à apposer après décès. — A. 2818. (1)

4244. Les scellés à apposer après décès des militaires en activité de service, et qui sont à leur corps, s'apposent par les juges de paix, à moins que le corps ne se trouvât hors du territoire français, on procède de la même manière qu'en cas de décès de tout autre individu ; mais la reconnaissance et la levée se font suivant des formes plus simples, indiquées dans une instruction du Ministre de la guerre, du 15 novembre 1809, dont on trouve un extrait dans le recueil de jurisprudence des justices de paix, par M. Biret.

ARTICLE 907.

Lorsqu'il y aura lieu à l'apposition des scellés après décès, elle sera faite par les juges de paix, et à leur défaut, par leurs suppléans.

Conférence.

Loi du 16 août 1790, tit.3 , art. 11. Décret du 10 brumaire an 14; C. C., art. 819, *infrà* 912.

4245. Un tribunal civil ne peut commettre un de ses membres pour apposer les scellés. — A. 2819.

4246. Si tout autre officier que le juge de paix ou son suppléant apposait les scellés, le juge de paix pourrait, de sa seule autorité, les briser pour les réapposer immédiatement. (Décis. du ministre de la justice, du 4 avril 1791, recueil de Darmaing.)

4247. Le juge de paix doit toujours être assisté de son greffier ; il suffit qu'il soit absent pour que l'on s'adresse au suppléant.

ARTICLE 908.

Les juges de paix et leurs suppléans se serviront d'un sceau particulier, qui restera entre leurs mains, et dont l'empreinte sera déposée au greffe du tribunal de première instance.

4248. Ce serait sans doute un abus de se servir, pour l'application des scellés, du sceau ordinaire de la justice de paix, mais aucune disposition du code n'autoriserait à critiquer l'opération par ce seul motif.

_____

(1) Sur les scellés en cas de faillite (V. code de commerce, art. 449-453.)

ARTICLE 909.

L'apposition des scellés pourra être requise,

1.º Par tous ceux qui prétendront droit dans la succession ou dans la communauté ;

2.º Par tous créanciers fondés en titre exécutoire, ou autorisés par une permission, soit du président du tribunal de première instance, soit du juge de paix du canton où le scellé doit être apposé ;

3.º Et en cas d'absence, soit du conjoint, soit des héritiers, ou de l'un d'eux, par les personnes qui demeuraient avec le défunt, et par ses serviteurs et domestiques.

Conférence.

T. art. 1, 16, 78 et 93 ; C. C. , art. 819 et 820, *infrà* 930.

4249. Le droit de faire apposer les scellés appartient non seulement à ceux qui se prétendent héritiers, mais encore aux légataires, pourvu qu'ils justifient de l'existence du testament qui les institue. — A. 2820. (1)

4250. Il appartient également aux créanciers d'un héritier (2) et à ceux d'un créancier du défunt. — A. 2821.

4251. Aux exécuteurs testamentaires, s'il y a des héritiers mineurs, interdits ou absens. — A. 2822.

4252. Aux enfans naturels. — A. 2823.

4253. A l'héritier même, dans le cas où le légataire d'un usufruit à titre universel serait dispensé par le testament de faire inventaire et de donner caution ; mais les frais sont à la charge de cet héritier. (Bruxelles, 18 décembre 1811 ; Sirey, 1812, p. 145.)

4254. Les domestiques ne peuvent requérir l'apposition qu'en cas d'absence du conjoint. (Locré, t. 4, p. 198.)

4255. On ne peut apposer les scellés que dans la maison où le défunt est décédé, et dans les divers habitations qu'il pouvait avoir ; toute apposition faite ailleurs, sous prétexte d'enlèvement ou de transport d'effets, est illégale et nulle. (Amiens, 6 décembre 1811 ; Denevers 1812, sup.¹, p. 35.)

---

(1) *Er.* 20.e ligne, au lieu de *21 décembre*, lisez *27 décembre*.

(2) Par arrêt du 9 janvier 1817 (Sirey 1817, p. 153), la cour de Nancy a décidé, au contraire, que les créanciers personnels d'un cohéritier ne peuvent, comme les créanciers de la succession, requérir l'apposition ; qu'ils ne peuvent que former opposition à la levée des scellés déjà apposés, mais nous ne croyons pas que cette jurisprudence doive être observée.

4256. Le juge de paix ne peut refuser d'apposer les scellés lorsqu'il en est requis par une partie *ayant qualité.* — A. 2824. (1)

ARTICLE 910.

Les prétendant-droit et les créanciers mineurs émancipés, pourront requérir l'apposition des scellés sans l'assistance de leur curateur.

S'ils sont mineurs non émancipés, et s'ils n'ont pas de tuteur, ou s'il est absent, elle pourra être requise par un de leurs parens.

4257. Un mineur non émancipé, âgé de quinze ans au moins, pourrait, en cas d'absence ou d'inaction de son tuteur, ou si nul proche parent ne voulait agir pour lui, requérir l'apposition des scellés. (Bousquet, fonctions des juges de paix en matière civile non contentieuse, p. 22.)

ARTICLE 911.

Le scellé sera apposé, soit à la diligence du ministère public, soit sur la déclaration du maire ou adjoint de la commune, et même d'office par le juge de paix,

1.º Si le mineur est sans tuteur, et que le scellé ne soit pas requis par un parent ;

2.º Si le conjoint, ou si ses héritiers ou l'un d'eux sont absens ;

3.º Si le défunt était dépositaire public ; auquel cas le scellé ne sera apposé que pour raison de ce dépôt et sur les objets qui le composent.

Conférence.

T. art. 94. Loi du 6 mars 1791, art. 7 ; C. C., art. 819. A. 2841.

4258. Les scellés ne peuvent être apposés d'office dans d'autres cas que ceux désignés dans l'article 911. — A. 2825.

4259. L'expression *mineur sans tuteur* comprend le cas de non présence du tuteur, à moins que celui-ci n'eût laissé procuration à l'effet de le représenter, avec clause expresse de s'opposer à l'apposition des scellés, dans le cas de tel ou tel décès. (Bousquet, page 28.)

_____

(1) Nous n'avons pas entendu exprimer par ces mots, *ayant qualité*, que la partie fût tenue de justifier de sa qualité au juge de paix ; nous entendons qu'il suffit qu'elle requière l'apposition sous une des qualités mentionnées dans l'article, sauf à discuter ensuite la légitimité de son droit.

4260. Ils ne doivent pas l'être même dans le cas où il n'eût pas encore été nommé de subrogé-tuteur aux mineurs placés sous la garde de leurs père et mère ou autres ascendans. — A. 2826. (1)

4261. *Cette proposition s'appliquerait-elle au cas où les père et mère seraient eux-mêmes mineurs ?*

Les rédacteurs des annales du notariat, t. 13, p. 349, maintiennent l'affirmative, et l'on peut dire en effet que l'article 911 est général et ne distingue point si le tuteur est majeur ou mineur ; qu'il ne veut qu'une chose , c'est que le mineur soit dépourvu de tuteur ; or, les père et mère mineurs étant tuteurs de leurs enfans , il n'y a aucune raison pour faire exception , à leur égard, à la règle qui interdit l'apposition des scellés.

4262. L'inventaire fait par le père ou la mère , même avec prisée , dans un testament par lequel il léguerait son mobilier à un enfant, ne dispenserait pas de l'apposition des scellés: (Bousquet, p. 35.)

4263. Le mot absent, dans l'article 911 , doit être pris dans les deux sens : *absent du lieu*, c'est à dire , *non présent*, et absent *légalement présumé* ou *déclaré*, lorsque, dans ce dernier cas, la succession est échue avant l'absence. — A. 2827.

4264. Quoique le 3.ᵉ paragraphe de l'article 911 limite l'apposition des scellés chez un dépositaire, au dépôt et aux objets qui le composent, cela n'empêche pas qu'elle n'ait lieu sur les meubles, effets, titres et papiers particuliers; mais alors, dit M. Biret, p. 253 , le juge de paix doit rédiger deux actes séparés, l'un concernant le dépôt, l'autre le mobilier de la succession.

4265. On met au rang des dépositaires les officiers généraux ou autres supérieurs militaires (Arrêté du 13 nivôse an 10.)

4266. Dans le cas où le juge de paix doit apposer les scellés d'office , il serait responsable des dommages des parties intéressées , s'il refusait de déférer à l'invitation qui lui serait faite de remplir cette charge de son ministère.

ARTICLE 912.

Le scellé ne pourra être apposé que par le juge de paix des lieux ou par ses suppléans.

---

(1) Voyez la critique de cette proposition dans dans l'ouvrage de M. Biret, aux mots *scellés*, t. 2, p. 262, et *tutelle du père ou de la mère*, p. 279. Nonobstant les excellentes raisons exposées par cet auteur , la proposition n'en est pas moins certaine ; ainsi l'on ne peut que désirer sur ce point une décision législative qui prévienne les inconvéniens qu'il signale.

Conférence.

Loi du 6 mars 1791, art. 7.

4267. On doit entendre par ce mot *lieux*, dans l'article 912, les communes où sont les effets, et non pas comme autrefois le lieu de l'ouverture de la succession. — A. 2828.

ARTICLE 913.

Si le scellé n'a pas été apposé avant l'inhumation, le juge constatera, par son procès-verbal, le moment où il a été requis de l'apposer, et les causes qui ont retardé, soit la réquisition, soit l'apposition.

4268. On ne peut, sous prétexte de conserver le effets de la succession, apposer les scellés avant le décès du malade; Denisart (**v.°** *scellé*, n.° 19) rapporte un arrêt du 2 septembre 1761, qui le défend expressément.

ARTICLE 914.

Le procès-verbal d'apposition contiendra,

1.° La date des an, mois, jour et heure;

2.° Les motifs de l'apposition;

3.° Les noms, profession et demeure du requérant, s'il y en a, et son élection de domicile dans la commune où le scellé est apposé, s'il n'y demeure;

4.° S'il n'y a pas de partie requérante, le procès-verbal énoncera que le scellé a été apposé d'office ou sur le réquisitoire ou sur la déclaration de l'un des fonctionnaires dénommés dans l'article 911;

5.° L'ordonnance qui permet le scellé, s'il en a été rendu;

6.° Les comparutions et dires des parties;

7.° La désignation des lieux, bureaux, coffres, armoires, sur les ouvertures desquels le scellé a été apposé;

8.° Une description sommaire des effets qui ne sont pas mis sous les scellés;

9.° Le serment, lors de la clôture de l'apposition, par ceux qui demeurent dans le lieu, qu'ils n'ont rien détourné, vu ni su qu'il ait été rien détourné directement ni indirectement;

10.° L'établissement du gardien présenté, s'il a les qualités requises; sauf, s'il ne les a pas, ou s'il n'en est pas présenté, à en établir un d'office par le juge de paix.

Conférence.

T. art. 15 et suiv., et le décret du 10 brumaire an 14.

4269. Quoique le juge de paix ait reçu le serment dont il s'agit dans l'article 914, §. 9, les parties intéressées peuvent en déférer un autre, et n'en ont pas moins le droit de prouver que des effets ont été détournés. — A. 2829.

4270. Pour qu'un individu soit constitué gardien des scellés, il doit avoir les qualités requises, en cas de saisie, par les articles 595 et suivans. — A. 2830.

4271. Il doit y avoir autant de gardiens qu'il a été fait d'apposition de scellés en divers lieux ou par divers juges de paix.

4272. Lorsqu'il n'y a aucun objet susceptible d'apposition de scellés, le juge de paix dresse un procès-verbal de carence; et s'il ne trouve que des objets nécessaires à l'usage des gens de la maison, il se borne à en faire la description. — A. 2831 (art. 924.)

ARTICLE 915.

Les clefs des serrures sur lesquelles le scellé a été apposé, resteront, jusqu'à sa levée, entre les mains du greffier de la justice de paix, lequel fera mention, sur le procès-verbal, de la remise qui lui en aura été faite; et ne pourront le juge ni le greffier aller, jusqu'à la levée, dans la maison où est le scellé, à peine d'interdiction, à moins qu'ils n'en soient requis, ou que leur transport n'ait été précédé d'une ordonnance motivée.

4273. La défense faite au juge et au greffier d'aller dans la maison où le scellé existe, se rapporte au cas où la maison est *habitée*, comme à celui où elle ne l'est pas. — A. 2832. (1)

ARTICLE 916.

Si, lors de l'apposition, il est trouvé un testament ou autres papiers cachetés, le juge de paix en constatera la forme extérieure, le sceau et la souscription s'il y en a, paraphera l'enveloppe avec les parties présentes, si elles le savent ou le peuvent, et indiquera les jour et heure où le paquet sera par lui présenté au président du tribunal de première instance : il fera mention du tout sur son procès-verbal, lequel sera signé des parties, sinon mention sera faite de leur refus.

_____

(1) M. Bousquet, p 11, estime que cette défense ne doit s'entendre qu'en ce sens, qu'il n'est permis ni au juge ni au greffier de lever et de remettre les scellés sans nécessité, mais non pas en ce sens, qu'ils ne pussent aller dans la maison en visite ou pour affaire : nous persistons à croire cette interprétation contraire au vœu de la loi.

Conférence;

T. art. 2 et 94; code civil, art. 1007, *infrà* art. 920.

4274. C'est au président du tribunal du lieu où la succession s'est ouverte que le testament doit être présenté, encore bien qu'il soit trouvé dans un autre arrondissement. — A. 2833.

4275. Si le juge.de paix trouvait un testament olographe du défunt, mais que ce testament fût déchiré, il n'en devrait pas moins se conformer à l'article 916, s'il était déclaré que ce fût par accident ou malice que la lacération eût eu lieu, soit au moment du décès, ou ensuite, avant l'apposition des scellés. — A. 2836.

4276. Si, au lieu d'un testament olographe ou mystique, le juge de paix trouvait une expédition d'un testament par acte public, il pourrait ordonner qu'elle sera mise sous le scellé, ou qu'elle restera jusqu'à la levée entre les mains du greffier, pour être communiquée aux intéressés, et rapportée lors de la levée, afin d'être inscrite sur l'inventaire. — A. 2837.

4277. L'observation ou l'omission des formalités prescrites relativement aux testamens olographes ou mystiques ne peut avoir aucune influence sur la validité ou l'invalidité de ces actes. — A. 2838.

ARTICLE 917.

Sur la réquisition de toute partie intéressée, le juge de paix fera, avant l'apposition du scellé, la perquisition du testament dont l'existence sera annoncée; et s'il le trouve, il procédera ainsi qu'il est dit ci-dessus.

4278. Les personnes que l'article 917 désigne par la dénomination de personnes intéressées, sont toutes celles qui croient avoir intérêt à l'existence d'un testament, comme un parent, un serviteur ou domestique, un ami, un enfant naturel reconnu ou non reconnu, le conjoint survivant, et même un étranger qui alléguerait que le défunt lui aurait fait un legs.

ARTICLE 918.

Aux jour et heure indiqués, sans qu'il soit besoin d'aucune assignation, les paquets trouvés cachetés seront présentés par le juge de paix au président du tribunal de première instance, lequel en fera l'ouverture, en constatera l'état, et en ordonnera le dépôt, si le contenu concerne la succession.

Conférence.

T. art. 94; C. C. art. 1007.

4279. Lorsque le testament a été trouvé ouvert, le président n'a qu'à en ordonner le dépôt, puisque le juge de paix en a constaté l'état; mais, si le testament était cacheté, c'est au président à en constater l'état, ainsi que de tous autres papiers également cachetés. — A. 2834.

ARTICLE 919.

Si les paquets cachetés paraissent, par leur souscription, ou par quelque autre preuve écrite, appartenir à des tiers, le président du tribunal ordonnera que ces tiers seront appelés dans un délai qu'il fixera, pour qu'ils puissent assister à l'ouverture : il la fera au jour indiqué en leur présence ou à leur défaut; et si les paquets sont étrangers à la succession, il les leur remettra sans en faire connaître le contenu, ou les cachetera de nouveau pour leur être remis à leur première réquisition.

4280. Le juge de paix devrait également se conformer à l'article 919, si, au lieu du testament du défunt, il trouvait le testament olographe d'une tierce-personne qui l'aurait déposé chez celui-ci. — A. 2835.

ARTICLE 920.

Si un testament est trouvé ouvert, le juge de paix en constatera l'état, et observera ce qui est prescrit en l'article 916.

Conférence.

T. art 94.

ARTICLE 921.

Si les portes sont fermées, s'il se rencontre des obstacles à l'apposition des scellés, s'il s'élève, soit avant, soit pendant le scellé, des difficultés, il y sera statué en référé par le président du tribunal. A cet effet, il sera sursis, et établi par le juge de paix garnison extérieure, même intérieure si le cas y échet, et il en référera sur le champ au président du tribunal.

Pourra néamoins le juge de paix, s'il y a péril dans le retard, statuer par provision, sauf à en référer ensuite au président du tribunal.

Conférence.

T. art. 2, 16, 94.

4281. C'est devant le président du lieu de l'apposition, et non devant celui de la succession que se porte le référé, dans l'espèce de l'article 721. — A. 2839.

4282. Lorsque le juge de paix, usant de la faculté que lui accorde la seconde disposition de l'article 921, statue sur les obstacles et passe outre à l'apposition, le référé qu'il doit porter au président, après son opération, aura pour objet de faire confirmer ou réformer la décision du juge de paix. — A. 2840.

ARTICLE 922.

Dans tous les cas où il sera référé par le juge de paix au président du tribunal , soit en matière de scellé, soit en autre matière, ce qui sera fait et ordonné sera constaté sur le procès-verbal dressé par le juge de paix ; le président signera ses ordonnances sur ledit procès-verbal.

Conférence.

T. art. 94.

4283. En cas d'opposition à l'apposition des scellés d'office, le juge de paix ne peut être réputé partie et intimé comme tel (Bruxelles, 28 mars 1810; Denevers, 1810, supplém.[1] p. 111), à moins que les circonstances ne fussent pas assez graves pour donner ouverture à prise à partie contre le juge de paix.

ARTICLE 923.

Lorsque l'inventaire sera parachevé, les scellés ne pourront être apposés , à moins que l'inventaire ne soit attaqué, et qu'il ne soit ainsi ordonné par le président du tribunal.

Si l'apposition des scellés est requise pendant le cours de l'inventaire, les scellés ne seront apposés que sur les objets non inventoriés.

4284. L'article 923, qui ne permet pas l'apposition des scellés , lorsqu'il a été fait inventaire, n'est pas applicable au cas où l'inventaire est irrégulier, ou paraît faite en fraude d'une partie intéréssée. — A. 2841.

4285. Le juge de paix qui, dans cette hypothése, a voulu procéder à l'apposition des scellés, ne peut figurer personnellement dans l'instance en référé. — A. 2842.

ARTICLE 924.

S'il n'y a aucun effet mobilier , le juge de paix dressera procès-verbal de carence.

S'il y a des effets mobiliers qui soient nécessaires à l'usage des personnes qui restent dans la maison , ou sur lesquels le scellé ne puisse être mis, le juge de paix fera un procès-verbal contenant description sommaire desdits effets.

Conférence.

Décret du 6 mars 1793, art. 10.

4286. Lorsque le juge de paix dresse un procès-verbal de carence, il doit faire prêter le serment prescrit par l'article 914, et l'énoncer. — A. 2843.

4287. M. Biret observe avec raison, t. 2, p. 248, qu'il serait à désirer que la loi autorisât formellement le juge de paix à ne faire qu'une simple description, lorsque le mobilier n'est que d'une très-médiocre valeur ; il pense, au reste, que l'usage où sont plusieurs juges de paix d'agir ainsi est suffisamment autorisé par raison d'économie et de bienfaisance. Les procès-verbaux de description d'effets de peu de valeur sont, dit-il, des sortes de procès-verbaux de carence ; alors, c'est à peu près comme s'il n'y avait pas de mobilier. *Parum pro nihilo putatur.*

ARTICLE 925.

Dans les communes où la population est de vingt mille âmes et au-dessus, il sera tenu, au greffe du tribunal de première instance, un registre d'ordre pour les scellés, sur lequel seront inscrits, d'après la déclaration que les juges de paix de l'arrondissement seront tenus d'y faire parvenir dans les vingt-quatre heures de l'apposition, 1.º les noms et demeures des personnes sur les effets desquelles le scellé aura été apposé ; 2.º le nom et la demeure du juge qui a fait l'apposition ; 3.º le jour où elle a été faite.

Conférence.

T. art. 17.

4288. Le juge de paix fait parvenir par son greffier les déclarations prescrites par l'article 925. — A. 2844.

4289. Le délai de vingt-quatre heures, prescrit par l'art. 925, nous semble simplement comminatoire, car la distance des lieux rendrait souvent impossible de s'y conformer ; mais le juge de paix doit veiller à ce que la formalité soit remplie dans le tems le plus rapproché.

TITRE II.

Des oppositions aux scellés.

———

L'OPPOSITION aux scellés est un acte conservatoire par lequel toute personne prétendant droit à la succession s'oppose à la levée des scellés, afin qu'elle soit différée, qu'on n'y procède qu'en sa présence, ou que l'on prenne en la faisant telle mesure ou précaution nécessaire à ses intérêts.

Le code détermine en ce titre la forme de cet acte (926), et ce qu'il doit contenir (927.)

ARTICLE 926.

Les oppositions aux scellés pourront être faites, soit par une déclaration sur le procès-verbal de scellés, soit par exploit signifié au greffier du juge de paix.

Conférence.

T. art. 18, 20 et 21; C. C., art. 821.

4290. L'opposition aux scellés, par déclaration sur le procès-verbal, doit être signée de l'opposant ou de son fondé de pouvoir spécial. — A. 2845.

4291. Il n'est pas nécessaire que l'opposition aux scellés soit dénoncée aux successeurs du défunt, et que ceux-ci soient assignés comme lorsqu'il s'agit d'une saisie-arrêt. — A. 2846.

4292. On peut former opposition sans permission du juge, quoique l'on n'ait pas de titre. — A. 2847.

4293. Le greffier doit viser l'original de l'opposition qui lui est signifiée. — A. 2848.

4294. L'huissier du juge de paix auquel l'opposition est adressée est le seul compétent pour signifier l'exploit contenant cette opposition. — A. 2849.

4295. Le juge de paix n'est point juge du mérite des oppositions, et, par conséquent, il ne peut refuser de les recevoir, lui parussent-elles m.. fondées.

ARTICLE 927.

Toutes oppositions à scellé contiendront, à peine de nullité, outre les formalités communes à tout exploit,

1.° Election de domicile dans la commune ou dans l'arrondissement de la justice de paix où le scellé est apposé, si l'opposant n'y demeure pas ;

2.° L'énonciation précise de la cause de l'opposition.

Conférence.

Edit du mois d'août 1539; ordonnance de 1667, tit. 33, art. 1; *suprà* art. 61 et 559.

4296. Le juge de paix ne nous semble pas obligé d'en référer au président, dans le cas où l'opposition doit être annulée pour défaut d'élection de domicile et d'énonciation de la cause ; il doit regarder cette élection comme non avenue, et peut continuer ses opérations sans référé. Tel est aussi l'avis de M. Bousquet, p. 102.

TITRE III.

De la levée des scellés.

La LEVÉE DES SCELLÉS est l'acte par lequel le juge de paix, après avoir reconnu que les scellés sont *sains* et *entiers*, ou, dans le cas contraire, constaté leur état, les rompt ou les brise pièce par pièce, meuble par meuble, afin de remettre les effets à la disposition de ceux qui y ont droit. (1)

La levée des scellés est *pure et simple* ou *à charge d'inventaire.*

(1) D'après cette définition, la levée des scellés est complète et définitive; mais il ne faut pas conclure qu'il ne puisse jamais y avoir lieu à une levée partielle ou provisoire ; cela arrive en deux circonstances principales, 1.° pour la remise des titres et papiers appartenans à des tiers (décret du 6 pluviôse an 12, art. 1 et 13); 2.° pour extraire les effets, à courte échéance, et les livres d'un failli, sur la réquisition des agens de la faillite. (Code de commerce, art. 463.) Les levées provisoires, comme le remarque (M. Biret, t. 2, p. 39), se font sans rien préjuger, ni sur les droits, ni sur la nature des parties intéressées ; il suffit de reconnaître les scellés, et on les réappose après l'extraction des pièces : le tout en présence des parties, ou elles dûment appelées.

Elle est pure et simple lorsque les causes de l'apposition n'existant plus, les parties, d'accord sur leurs intérêts, requièrent d'être mises en possession, sans inventaire, des effets trouvés sous les scellés.

Elle est à *charge d'inventaire* ou *description* dans tous le cas où cette précaution est prescrite par la loi ou requise par une partie, et alors la levée se fait successivement au fur et à mesure de la confection de l'inventaire, et les scellés sont réapposés à la fin de chaque vacation.

Les dispositions du code de procédure, sur cette matière, déterminent le tems pendant lequel les scellés doivent demeurer apposés (928 et 929); par qui la levée peut être requise (930); les formalités pour y parvenir (931); quelles personnes peuvent assister à cette levée et à l'inventaire qui se fait simultanément (932); comment y assiste l'opposant qui a des intérêts différens ou contraires des autres opposans (933.)

Elles prononcent l'exclusion de celui qui ne se serait opposé que pour la conservation des droits de son débiteur (934), et prescrivent le choix des notaires, commissaires-priseurs et experts (935.)

Elles indiquent ce que devra contenir le procès-verbal de levée (936); ordonnent la levée graduelle et la réapposition, en cas d'inventaire (937); la réunion et inventaire des objets de même nature (938); la remise des objets et papiers appartenant à des tiers (939); elles prescrivent, enfin, la levée pure et simple, lorsque les causes de l'opposition ont cessé (940.)

ARTICLE 928.

Le scellé ne pourra être levé et l'inventaire fait que trois jours après l'inhumation s'il a été apposé auparavant, et trois jours après l'apposition si elle a été faite depuis l'inhumation, à peine de nullité des procès-verbaux de levée de scellés et inventaire, et des dommages et intérêts contre ceux qui les auront faits et requis : le tout, à moins que, pour des causes urgentes et dont il sera fait mention dans son ordonnance, il n'en soit autrement ordonné par le président du tribunal de première instance. Dans ce cas, si les parties qui ont droit d'assister à la levée ne sont pas présentes, il sera appelé pour elles, tant à la levée qu'à l'inventaire, un notaire nommé d'office par le président.

T. art. 77 , et *infrà* 940.

4297. Le juge de paix qui aurait levé les scellés avant le délai fixé par l'article 928 , peut être pris à partie. — A. 2850.

4298. *Le juge de paix peut-il refuser d'ordonner une levée de scellés ?*

Il le peut et le doit même dans quatre circonstances principales , 1.° si elle lui est demandée avant le troisième jour après l'inhumation , lorsque le scellé a été apposé auparavant , ou avant le troisième jour de l'apposition , quand elle a été faite après l'inhumation ; 2.° si la partie requérante est inconnue au juge de paix , et qu'elle ne lui justifie pas de son droit et qualité dans la succession ; 3.° si le conjoint, les héritiers ou quelques-uns d'eux sont mineurs non émancipés et dépourvus de tuteur, auquel cas le juge de paix peut ordonner qu'il sera procédé à ces émancipations ou nominations ; 4.° enfin , s'il y a des absens non représentés, intéressés dans la succession. (V. pour les développemens et les preuves de ces propositions, l'ouvrage de M. Biret, t. 2 , p. 31 et suiv., v.° *levée de scellés.*) V. *infrà* n.°s 4302 et 4303.

4299. Le notaire qui doit représenter les parties non présentes , lorsque le président ordonne que les scellés seront levés avant le délai , est nommé sur une requête non grossoyée. — A. 2851.

4300. Le juge de paix doit informer les militaires absens de l'apposition , aussitôt qu'elle a eu lieu, etc. — A. 2852.

4301. La convocation du conseil, prescrite par la loi du 11 ventôse an 2 , en faveur de militaires absens , doit être faite par un intéressé , ou d'office par le juge de paix. — A. 2853. (1)

ARTICLE 929.

Si les héritiers ou quelques-uns d'eux sont mineurs non émancipés , il ne sera pas procédé à la levée des scellés , qu'ils n'aient été, ou préalablement pourvus de tuteurs , ou émancipés.

Conférence.

T. art 94.

(1) Les deux propositions ci-dessus deviennent inutiles à l'égard des successions ouvertes depuis la publication de la loi du 13 janvier 1817 , cette loi les assimilant aux absens ordinaires , et abrogeant implicitement , pour l'avenir , la loi du 11 ventôse , ainsi qu'il résulte de l'arrêt de la cour de cassation , cité *suprà* page 462 , à la note.

ARTICLE 930.

Tous ceux qui ont droit de faire apposer les scellés, pourront en requérir la levée, excepté ceux qui ne les ont fait apposer qu'en exécution de l'article 909, n. 3 ci-dessus.

Conférence.

C. p., art. 909, 910 et 911.

4302. La nomination du tuteur et subrogé-tuteur ou l'émancipation peuvent être requises par tous ceux qui ont intérêt à la levée des scellés, tels que les héritiers et créanciers, les parens ou alliés du mineur, et le mineur lui-même.

4303. Si l'apposition a été requise par un parent ou par le ministère public, pour un mineur sans tuteur, et qu'ensuite le mineur ait été pourvu, c'est au tuteur seul qu'il appartient de requérir la levée. — A. 2854.

4304. Le mari, comme chef de la communauté, peut faire lever tous scellés apposés sur une succession échue à l'épouse demanderesse en séparation de corps, s'il prétend que sous les scellés sont des titres nécessaires à l'administration de la succession. Peu importerait de dire que l'événement du procès peut le rendre sans intérêt. (C. d'Angers, 16 juillet 1817 ; Sirey, 1818, p. 143.)

4305. C'est à la requête de l'héritier, même bénéficiaire, et et non à celle de l'exécuteur testamentaire, quoiqu'il ait la saisine par testament, que la levée des scellés et l'inventaire doivent être faits. (Bruxelles, 9 août 1808 ; jurispr. du code civ., t. 12, p. 76 et suiv.) (1)

4306. Le mineur émancipé ne peut faire lever les scellés sans l'assistance de son curateur. — A. 2855.

ARTICLE 931.

Les formalités pour parvenir à la levée des scellés, seront,

1.º Une réquisition à cet effet, consignée sur le procès-verbal du juge de paix ;

2.º Une ordonnance du juge, indicative des jour et heure où la levée sera faite ;

3.º Une sommation d'assister à cette levée, faite au conjoint survivant, aux présomptifs héritiers, à l'exécuteur

(1) M. Bousquet, page 109, croit que l'exécuteur testamentaire a, comme l'héritier bénéficiaire, le droit de requérir la levée des scellés et l'inventaire, et son opinion est fondée sur les articles 1026 et 1031.

testamentaire , aux légataires universels et à titre universel , s'ils sont connus, et aux opposans.

Il ne sera pas besoin d'appeler les intéressés demeurant hors de la distance de cinq myriamètres ; mais on appellera pour eux , à la levée et à l'inventaire , un notaire nommé d'office par le président du tribunal de première instance.

Les opposans seront appelés aux domiciles par eux élus.

Conférence.

Tarif, art. 77 et 94.

4307. La réquisition tendant à la levée des scellés peut être faite par avoué. — A. 2856.

4308. Les légataires particuliers et les autres créanciers ne doivent être appelés à la levée des scellés, qu'autant qu'ils se seraient rendus opposans. — A. 2857.

4309. La réquisition de la levée des scellés ne doit pas être inscrite à la suite du procès-verbal d'apposition , mais en tête du procès-verbal de levée ; vient ensuite l'ordonnance du juge et la levée elle-même, en sorte que le procès-verbal s'ouvre comme les procès-verbaux d'enquête par la réquisition. (Biret, p. 30 et 31.)

4310. Le légataire universel saisi de plein droit, d'après l'article 1006 du code civil, n'est pas obligé d'appeler les collatéraux à la levée des scellés. (Dijon , 30 frimaire an 12 ; Sirey , t. 4 , 2.e part., p. 660.)

4311. Mais si l'annulation du testament de ce légataire était demandée, les collatéraux seraient fondés à requérir la levée des scellés et l'inventaire. (Bruxelles , 28 novembre 1810 et 9 mars 1811 ; Sirey , 1811 , p. 264 et 255.)

4312. L'enfant naturel reconnu doit y être appelé. — A. 2858.

4313. Les parties intéressées dont la loi a entendu parler dans la seconde disposition de l'art. 931 , §. 3, sont les personnes désignées dans la première disposition du même paragraphe. — A. 2859.

4314. La demande en main-levée de scellés, dirigée contre ceux qui les ont fait apposer , doit être portée devant les juges du lieu où l'apposition a été faite, plutôt que devant le juge du domicile des assignés. (Paris, 8 mai 2811 ; Sirey , 1814 , p. 160.)

4315. Les tribunaux de commerce ne peuvent statuer sur une semblable demande , encore bien que cette demande soit connexe à la dissolution et au partage d'une société commerciale. (Bruxelles , 21 juillet 1812; Sirey , 1814 , p. 159. C. de comm., art. 631.)

66

4316. C'est le président du tribunal dans l'arrondissement duquel il s'agit d'opérer, qui doit nommer le notaire pour représenter à la levée et à l'inventaire les intéressés qui demeurent hors la distance de cinq myriamètres. — A. 2860.

4317. On ne doit pas nommer un notaire pour les opposans qui demeurent hors cette distance. — A. 2861.

ARTICLE 932.

Le conjoint, l'exécuteur testamentaire, les héritiers, les légataires universels et ceux à titre universel, pourront assister à toutes les vacations de la levée du scellé et de l'inventaire, en personne ou par un mandataire.

Les opposans ne pourront assister, soit en personne, soit par un mandataire, qu'à la première vacation : ils seront tenus de se faire représenter, aux vacations suivantes, par un seul mandataire pour tous, dont il conviendront ; sinon il sera nommé d'office par le juge.

Si parmi ces mandataires se trouvent des avoués du tribunal de première instance du ressort, ils justifieront de leurs pouvoirs par la représentation du titre de leur partie ; et l'avoué plus ancien, suivant l'ordre du tableau, des créanciers fondés en titres authentiques, assistera de droit pour tous les opposans : si aucun des créanciers n'est fondé en titre authentique, l'avoué le plus ancien des opposans fondé en titre privé assistera. L'ancienneté sera définitivement réglée à la première vacation.

Conférence.

T. art. 1, 16 et 94 ; déclaration du 3o juillet 1715 ; décret du 10 brumaire an 14.

4318. Il n'est pas nécessaire que le mandataire des personnes qui ont droit d'assister à la levée soit un avoué. — A. 2862.

4319. Lorsqu'il n'y a pas d'avoué parmi les mandataires, c'est le juge de paix qui doit nommer le mandataire commun, lorsque les opposans n'en ont pas fait choix. — A. 2863.

4320. Lorsqu'il se trouve des avoués parmi les mandataires, mais qu'ils représentent des créanciers chirographaires et des créanciers sans titres, celui des avoués qui représente le créancier le plus ancien des opposans fondés en titre, doit être le mandataire commun. — A. 2864.

4321. S'il y a concurrence, soit entre plusieurs mandataires de créanciers authentiques ou de créanciers chirographaires, soit entre-

plusieurs mandataires de créanciers sans titre, ce n'est pas le plus ancien d'âge qui doit obtenir la préférence ; le juge doit choisir celui qu'il croit le plus capable. — A. 2865.

4322. S'il y a concours d'avoués et de mandataires pris dans une autre classe de citoyens, l'avoué le plus ancien devenant de droit mandataire commun, ses vacations seront à la charge de la succession. — A. 2866.

4323. Si dans le cours de la levée des scellés il se présentait un avoué plus ancien que celui qui aurait été admis, et muni d'un titre authentique, le premier n'en agirait pas moins pour tous les créanciers opposans, jusqu'à la fin des opérations commencées avec lui. (V. Bousquet, p. 122.)

4324. L'allégation de la possibilité de découverte d'un testament olographe, dans lequel on suppose qu'on a été institué héritier ou légataire, ne suffit pas pour intervenir à la levée des scellés. Il faut avoir des prétentions apparentes, avec d'autant plus de raison, que les formes prescrites par l'article 937 mettent à couvert tous les droits des tiers, l'opération ayant lieu par le ministère du juge de paix. (Bruxelles, 18 mai 1807, jurisp. sur la procédure civile, t. 1, p. 191 et suiv.)

ARTICLE 933.

Si l'un des opposans avait des intérêts différens de ceux des autres, ou des intérêts contraires, il pourra assister en personne, ou par un mandataire particulier, à ses frais.

Conférence.

T. art. 94.

4325. On peut citer pour exemple des cas où les créanciers diffèrent d'intérêt celui ou plusieurs opposans sont légataires d'objets différens, l'un de meubles, l'autre d'argenterie, et celui où l'un des opposans a une créance contestée par les autres, ou veut contester les leurs, ou revendique des effets qu'ils soutiennent appartenir à la succession. — A. 2867.

ARTICLE 934.

Les opposans pour la conservation des droits de leur débiteur ne pourront assister à la première vacation, ni concourir au choix d'un mandataire commun pour les autres vacations.

Conférence.

T. *suprà* 909.

4326. Quoique les créanciers du créancier du défunt se trouvent exclus par l'article 934 du droit d'assister, même à la première vacation, et de celui de concourir au choix d'un mandataire commun, ils n'en conservent pas moins le droit d'exercer après l'inventaire les actions et les droits de leur débiteur sur la succession, ainsi qu'il est dit aux articles 788, 882, 921, 1166 et 1167 du code civil. — A. 2868.

ARTICLE 935.

Le conjoint commun en biens, les héritiers, l'exécuteur testamentaire et les légataires universels ou à titre universel, pourront convenir du choix d'un ou deux notaires, et d'un ou deux commissaires-priseurs ou experts; s'ils n'en conviennent pas, il sera procédé, suivant la nature des objets, par un ou deux notaires, commissaires-priseurs ou experts, nommés d'office par le président du tribunal de première instance. Les experts prêteront serment devant le juge de paix.

Conférence.

T. art. 2 et 16; code civil, art. 1456.

4327. Les tribunaux de première instance n'ont, dans aucun cas, le droit de nommer le notaire qui doit procéder à l'inventaire. (Turin, 14 août 1809; jurispr. du code civil, t. 14, p. 362 et suiv.)

4328. *Quand il n'y a point eu d'apposition de scellés, le notaire peut-il recevoir le serment des priseurs?*

Cette question ne peut plus se présenter dans les villes où il existe des commissaires-priseurs assermentés; mais dans les autres villes, nous pensons, comme M. Bousquet, p. 128, que le serment doit être prêté devant le juge de paix, puisque le présent article est le seul du code de procédure qui règle devant qui les experts priseurs doivent prêter serment. Il convient, d'ailleurs, continue M. Bousquet, que ce serment soit prêté devant un juge et non devant un notaire; enfin, ce qui est réglé par le présent article est commun à tous les inventaires faits avec prisée, sans distinguer ceux faits après apposition ou sans apposition de scellés entre majeurs ou mineurs.

4329. Dans les villes où il n'existe point de commissaires-priseurs, on appelle souvent des femmes dont le commerce consiste dans l'achat et vente de vieux meubles, et que l'on appelle *revendeuses.* Nous croyons, avec M. Bousquet, qu'aucune loi n'interdisant d'appeler une femme pour estimer le mobilier, on ne pourrait critiquer le prisage qu'elle eût fait après serment.

4330. Lorsqu'on ne nomme qu'un notaire pour dresser l'inventaire, il doit être assisté de deux témoins, conformément à l'art. 9 de la loi du 25 ventôse an 11. — A. 2869.

4331. C'est à la veuve commune et non à l'héritier du mari qu'appartient le droit de choisir les notaires ou commissaires-priseurs qui doivent procéder à la confection de l'inventaire. (Paris, 28 octobre 1808; Sirey, 1809, 2.ᵉ partie, p. 38.) (1)

4332. Lorsque les parties ne sont pas d'accord pour la nomination soit des notaires, soit des priseurs, le juge de paix doit présenter au président le procès - verbal constatant la contestation et le renvoi en référé, et le président doit apposer sur ce procès-verbal l'ordonnance par laquelle il fait la nomination. — A. 2870 et 2871. (2)

ARTICLE 936.

Le procès-verbal de la levée contiendra,

1.º La date; 2.º les noms, profession, demeure et élection de domicile du requérant; 3.º l'énonciation de l'ordonnance délivrée pour la levée; 4.º l'énonciation de la sommation prescrite par l'article 931 ci-dessus; 5.º les comparutions et dires des parties; 6.º la nomination des

---

(1) M. Bousquet, p. 127, et M Biret, t. 2, p. 44, estiment cet arrêt contraire au texte de l'article 935, et c'est aussi notre opinion. La cour de Paris s'est fondée sur des usages admis au Châtelet de Paris et au parlement; mais ces usages ne nous semblent pas pouvoir être invoqués sous l'empire du code de procédure qui, par l'article 935, exige référé en cas de dissentiment. Il est à remarquer, d'ailleurs, qu'il n'est pas question dans l'arrêt de cet article 935, en sorte qu'on ne peut dire que la cour en ait réellement rejeté l'application, surtout avec connaissance de cause. (Voyez la note suivante.)

(2) Tel est aussi l'avis des auteurs des annales du notariat, t. 16, p. 451, mais pour le cas seulement où il y a opposition formelle de la part d'une ou plusieurs des parties intéressées à ce que le notaire qui serait nommé par les autres concourût à l'acte. Ces auteurs, en se fondant sur d'anciens statuts des notaires du Châtelet de Paris (V. l'arrêt du 28 octobre 1808, *sup.* n. 4331), estiment que, dans le cas où deux notaires sont appelés pour un inventaire, ils doivent concourir entre eux, et que la minute demeure au plus ancien en réception; qu'enfin, si, après qu'un inventaire a été commencé, il survient à une subséquente vacation un nouveau notaire, nommé par une partie en ayant droit, il peut aussi concourir à l'acte, sauf à laisser la minute au notaire qui l'a commencé, encore que ce dernier soit moins ancien en réception; qu'enfin, s'il a été nommé plus de deux notaires, ce sont les deux plus anciens qui doivent faire l'opération, en sorte que les autres ne sont que conseils, et n'ont pas droit aux honoraires. On sent que ces observations n'ont d'autre résultat que de tracer aux notaires ce qu'il serait convenable de faire dans le cas où plusieurs seraient appelés par différens intéressés; mais il n'en reste pas moins vrai que si les parties ou les notaires n'entendent pas se conformer à ces observations, il faut bien en venir à la voie du référé.

notaires, commissaires-priseurs et experts qui doivent opérer
7.º la reconnaissance des scellés s'ils sont sains et entiers;
s'ils ne le sont pas , l'état des altérations , sauf à se pourvoir ainsi qu'il appartiendra pour raison desdites altérations; 8.º les réquisitions à fin de perquisitions , le résultat
desdites perquisitions , et toutes autres demandes sur lesquelles il y aura lieu de statuer.

Conférence.

Voy. sur l'art. 931.

4333. La date du procès-verbal de levée des scellés doit être
exprimée par an, mois, jour et heure. — A. 2872.

4334. S'il y a eu contestation sur l'apposition des scellés , et
ordonnance ou jugement qui en ait ordonné la levée provisoire ou
définitive, il faut l'énoncer dans le procès-verbal. — A. 2873.

4335. Quand le juge de paix constate que les scellés n'ont pas été
trouvés sains et entiers , il doit passer outre à la levée, sans qu'il
soit nécessaire d'en référer au président. — A. 2874.

ARTICLE 937.

Les scellés seront levés successivement et à fur et mesure
de la confection de l'inventaire; ils seront réapposés à la
fin de chaque vacation.

Conférence.

T. art. 92; code de comm., art. 486 et suivantes.

4336. C'est au juge de paix et non au notaire qui procède à l'inventaire à réapposer les scellés à la fin de chaque vacation. — A.
2875.

ARTICLE 938.

On pourra réunir les objets de même nature, pour être
inventoriés successivement suivant leur ordre; ils seront,
dans ce cas, replacés sous les scellés.

4337. Si les objets de même nature réunis pour être inventoriés,
conformément à l'article 938, sont disséminés et renfermés dans des
meubles différens ou dans le même meuble, mais sans ordre, on
lève le scellé, on met ces objets en ordre; et s'ils ne peuvent pas
être inventoriés sur le champ, on les replace dans cet ordre dans
les meubles que l'on scelle de nouveau jusqu'à l'inventaire. — A.
2876.

ARTICLE 939.

S'il est trouvé des objets et papiers étrangers à la succession et réclamés par des tiers, ils seront remis à qui il appartiendra; s'ils ne peuvent être remis à l'instant, et qu'il soit nécessaire d'en faire la description, elle sera faite sur le procès-verbal des scellés, et non sur l'inventaire.

4338. S'il y a opposition à la remise d'objets réclamés par des tiers, le juge de paix doit faire mention de l'opposition dans son procès-verbal, décrire et faire priser les objets réclamés, quand bien même les héritiers prétendraient qu'ils appartiennent à la succession, et renvoyer les parties à se pourvoir. — A. 2877.

ARTICLE 940.

Si la cause de l'apposition des scellés cesse avant qu'ils soient levés, ou pendant le cours de leur levée, ils seront levés sans description.

Conférence.

T. art. 94.

4339. Pour que les scellés soient levés sans description, il ne suffirait pas que l'intérêt de la partie qui a fait faire l'apposition eût cessé, il faut aussi que celui des opposans n'existe plus. — A. 2878.

4340. *L'article 940 du code de procédure civile est-il applicable au cas où un mineur qui a un tuteur légal est intéressé dans une succession, et où les scellés n'ont été apposés d'office par le juge de paix qu'à cause de l'absence de ce tuteur, ou de certains des héritiers qui tous sont présens ou représentés lors de la levée des scellés?*

Non, dit M. Bousquet, page 151 : lorsqu'il doit nécessairement être fait inventaire ou description, parce que l'un des héritiers est mineur ou que les héritiers, quoique tous majeurs, ne veulent accepter la succession que sous inventaire, les scellés ayant été bien apposés, leur apposition profite à ce mineur et à tous ceux qui pourraient y avoir intérêt. Dès-lors, quelle que soit la cause de leur apposition, ils ne peuvent plus être levés qu'avec inventaire ou description, conformément à l'article 937.

4341. Lorsque les scellés ont été apposés sur les effets d'une succession, à la requête d'un individu qui prétendrait y avoir des droits, et en vertu d'un titre contesté par l'héritier, celui-ci ne peut faire lever les scellés sans description. (Paris, 1.er décembre 1808; Sirey, 1809, p. 155.)

TITRE IV.
De l'inventaire.

En général, on appelle *inventaire* tout acte dressé soit après décès(1) soit en cas de faillite (2) ou d'absence déclarée d'une personne (3), à l'effet de constater en détail l'existence, le nombre et la nature de ses effets mobiliers, titres et papiers.

L'inventaire qui a lieu après décès est l'*acte notarié* (4), contenant description de ces objets, avec prisage *à leur juste valeur* (5), des effets susceptibles d'estimation.

Cette mesure n'est pas seulement nécessaire lorsqu'il se trouve parmi les héritiers des mineurs, des interdits ou des absens; elle est encore utile, soit, lorsque les héritiers majeurs et présens ne sont pas d'accord pour opérer le partage à l'amiable, soit, lorsqu'ils ne jugent pas la succession tellement avantageuse qu'ils puissent l'accepter de suite, soit même, dans le cas contraire, lorsque des femmes mariées sont appelées à y prendre part, etc. (6)

(1) Code civil, art. 25, 451, 795, 813, 1456.
(2) Code du comm., art. 486.
(3) Code civil, art. 126.
(4) Nous disons l'*acte notarié*, parce qu'il appartient exclusivement aux notaires de dresser tous les inventaires, à la seule exception de ceux des faillis, qui se font par les syndics provisoires de la faillite, avec l'assistance du juge de paix.
(5) Nous disons *à leur juste valeur*, aux termes de l'article 943, §. 3, qui supprime sans distinction *la crue* du quart, appelée en Bretagne *parisis*, ailleurs *quint en sus* ou *cinquième denier*; c'était une augmentation ou supplément de prix qui, dans quelques pays et en certains cas, était due, outre le montant de la prisée des meubles, par ceux qui devaient en rendre la valeur, et notamment par les tuteurs. (*Duparc-Poullain*, t. 1, p. 262, n. 76.) Elle avait été introduite pour suppléer à ce que l'on présumait manquer à la juste valeur des effets mobiliers compris dans un inventaire relativement à la prisée qui en est faite (*Nouv. répert.*, v.° crue); et afin de rendre indemne de ce supplément celui qui devait compte, les priseurs estimaient au-dessous du quart de la valeur.
(6) Quand la succession échoit à une femme mariée, l'inventaire est nécessaire, puisque le mari, devant compte de l'administration des biens de la femme, a besoin d'une preuve légale qui constate ce qui lui est advenu; et alors même que la succession est échue personnellement au mari, l'inventaire est indispensable pour régler, aux termes de l'article 1414 du code civil, la portion des dettes de cette succession qui sera à la charge de la communauté.

Quelles sont les personnes qui peuvent requérir l'inventaire (941)? En présence de qui doit-il être dressé (942)? Que doit-il contenir (943)? En quel cas et comment doit-on se pourvoir en référé dans le cours de l'opération?

Tels sont, en cette matière, les objets des dispositions du code de procédure.

ARTICLE 941.

L'inventaire peut être requis par ceux qui ont droit de requérir la levée du scellé.

Conférence.

T. art. 168; décret du 10 brumaire an 14; C. p. art. 909, 910, 911 et 930.

4342. Si plusieurs parties requièrent l'inventaire, il doit être fait au nom de la partie qui se trouve la première indiquée dans l'article 909. Ainsi l'héritier même bénéficiaire est préférable à l'exécuteur testamentaire, quand même le testament donnerait la saisine à ce dernier. — A. 2879.

ARTICLE 942.

Il doit être fait en présence, 1.° du conjoint survivant; 2.° des héritiers présomptifs; 3.° de l'exécuteur testamentaire, si le testament est connu; 4.° des donataires ou légataires universels ou à titre universel, soit en propriété, soit en usufruit, ou eux dûment appelés, s'ils demeurent dans la distance de cinq myriamètres; s'ils demeurent au-delà, il sera appelé pour tous les absens un seul notaire, nommé par le président du tribunal de première instance, pour représenter les parties appelées et défaillantes.

Conférence.

T. art. 164, et *suprà* sur l'art. 931.

4343. Les créanciers ont le droit d'assister à l'inventaire; mais il n'est pas nécessaire de les appeler, ainsi que l'a décidé la cour d'Amiens, par arrêt du 25 février 1809, cité dans l'analyse. — A. 2880. (1)

4344. L'enfant naturel reconnu a droit d'assister à l'inventaire. —A. 2881, et *suprà* n. 4312.

---

(1) *En* 3.° ligne, au lieu de §. 5, *t. 6, p. 147*, lisez §. 4, *t. 6, p. 476*, et 3.° ligne, dernier alinea, au lieu de *à la succession*, lisez *de la succession*.

4345. A la rigueur, la présence du tuteur n'est pas nécessaire à la levée des scellés, mais celle du subrogé-tuteur est indispensable. (Argm.¹ C. C., art. 451.)

4346. Un tuteur ou subrogé-tuteur ne peut assister à l'inventaire par un fondé de pouvoir. — A. 2882.

4347. Les vacations du notaire nommé pour représenter les absens et défaillans, les frais d'inventaire et des actes antérieurs, sont avancés par le requérant, qui en est remboursé par la succession, sauf à faire supporter les vacations de ce notaire aux absens et défaillans s'ils viennent réclamer part dans la succession. — A. 2883.

ARTICLE 943.

Outre les formalités communes à tous les actes devant notaires, l'inventaire contiendra,

1.° Les noms, professions et demeures des requérans, des comparans, des défaillans et des absens, s'ils sont connus, du notaire appelé pour les représenter, des commissaires-priseurs et experts, et la mention de l'ordonnance qui commet le notaire pour les absens et défaillans;

2.° L'indication des lieux où l'inventaire est fait;

3.° La description et estimation des effets, laquelle sera faite à juste valeur et sans crue;

4.° La désignation des qualités, poids et titre de l'argenterie;

5.° La désignation des espèces en numéraire;

6.° Les papiers seront cotés par première et dernière; ils seront paraphés de la main de l'un des notaires : s'il y a des livres et régistres de commerce, l'état en sera constaté, les feuillets en seront pareillement cotés et paraphés s'ils ne le sont; s'il y a des blancs dans les pages écrites, ils seront bâtonnés;

7.° La déclaration des titres actifs et passifs;

8.° La mention du serment prêté lors de la clôture de l'inventaire par ceux qui ont été en possession des objets avant l'inventaire ou qui ont habité la maison dans laquelle sont lesdits objets, qu'ils n'en ont détourné, vu détourner ni su qu'il en ait été détourné aucun;

9.° La remise des effets et papiers, s'il y a lieu, entre les mains de la personne dont on conviendra, ou qui à défaut sera nommée par le président du tribunal.

Conférences

Ordonnance de 1579, art. 167; C. C., art. 825.

4348. La femme séparée de corps et de biens, qui a à se plaindre d'un premier inventaire défectueux, par le fait de son mari, peut demander qu'il en soit fait un nouveau, bien qu'elle n'ait pas encore déclaré qu'elle accepte la communauté. (Angers, 15 juillet 1808; Sirey, 1809, pag. 34.)

4349. Lorsqu'il y a des meubles en différens endroits, on doit se transporter pour en faire l'inventaire dans chacun des endroits où ils se trouvent; on ne pourrait se contenter de la déclaration que le survivant fait dans l'inventaire, qu'il y a dans tel lieu tels effets qu'on estime à cette valeur, à moins que les parties n'y consentissent. — A. 2884.

4350. Il n'est pas nécessaire de coter et parapher les pièces de différentes procédures qui se trouveraient dans l'étude d'un avoué; il suffit, en ce cas, que chaque procédure soit inventoriée par liasse, et que le nombre des pièces soit seulement constaté sur le dossier. — A. 2885.

4351. Ces termes de l'article 943, §. 7, *la déclaration des titres actifs et passifs*, doivent être entendus en ce sens qu'ils indiquent seulement la déclaration des créances et dettes dont on n'a pas de titres ou actes, ou dont les titres ou actes sont en des mains étrangères. — A. 2886.

4352. Si l'on trouve dans la succession des titres de créances non timbrés ou enregistrés, on doit les décrire dans l'inventaire. — A. 2887.

4353. Le tuteur auquel il serait dû quelque chose par son mineur, intéressé dans la succession, doit faire insérer dans l'inventaire la déclaration de la cause et du montant de sa créance, à peine de déchéance; mais il faut pour cela qu'il ait été requis de la faire par l'officier public, et que mention soit faite de cette réquisition au procès-verbal d'inventaire. — A. 2888.

4354. Si l'inventaire était irrégulier, par exemple, si le notaire avait oublié de le signer, s'il était incompétent, ces imperfections pourraient, suivant les circonstances, n'être pas tirées à conséquence, à moins qu'elles ne fussent du fait de l'héritier, et qu'il y eût, de sa part, fraude ou soustraction. — A. 2889.

ARTICLE 944.

Si, lors de l'inventaire, il s'élève des difficultés, ou s'il est formé des réquisitions pour l'administration de la communauté ou de la succession, ou pour autres objets, et qu'il n'y soit déféré par les autres parties, les notaires délaisseront les parties à se pourvoir en référé devant le président du tribunal de première instance ; ils pourront en référer eux-mêmes, s'ils résident dans le canton où siège le tribunal : dans ce cas, le président mettra son ordonnance sur la minute du procès-verbal.

Conférence.

T. art. 168; arrêt de réglem. des 21 avril 1751 et 7 juillet 1761.

4355. Quand les parties sont délaissées à se pourvoir en référé, on procède dans la forme ordinaire. — A. 2890.

4356. *Comment concilier l'article 944, qui permet aux parties, et même dans certains cas aux notaires, de référer eux-mêmes des réquisitions, dires et protestations, avec l'article 936, qui veut que ces mêmes réquisitions, etc., soient constatées par le juge de paix dans le procès-verbal de levée des scellés?*

Ces réquisitions, dires et protestations ne doivent être inscrits sur l'inventaire, et les notaires ne doivent faire les référés qu'autant qu'il s'agit d'inventaires faits sans appositions préalables de scellés. Si les scellés ont été apposés, et que conséquemment l'inventaire soit fait en présence du juge de paix, c'est dans ce procès-verbal de levée que ces réquisitions, dires et protestations, doivent être inscrits, ainsi que l'ordonnance du juge, et c'est alors le juge de paix seulement qui doit faire les référés.

Telle est la solution que MM. Bousquet, p. 156, et Biret, t. 2, p. 186, donnent de cette question.

TITRE V.

De la vente du mobilier.

(Voyez livre 3 , chap. 6 , tit. 1. du code civil, et *suprà* sur l'article 625.)

Lorsque tous les héritiers sont majeurs et jouissant de leurs droits, et qu'ils acceptent la succession , il dépend d'eux de partager le mobilier en nature ou de le vendre en telle forme qu'il leur convient (art. 942.)

Mais s'il se trouve parmi eux des mineurs ou des interdits qui nécessitent l'acceptation sous bénéfice d'inventaire (C. C. , art. 776 et 461); si les majeurs n'entendent accepter que de cette manière ; si , à plus forte raison , la succession est vacante par la renonciation des héritiers , ou parce qu'ils ne se sont pas présentés (1); si , enfin , il y a des créanciers saisissans ou opposans (C. C. art. 826) la vente du mobilier est *forcée* et l'on y procède en se conformant aux dispositions du présent titre.

Ces dispositions forment (2), relativement aux formalités qu'elles prescrivent , un corrollaire du chapitre 6 , tit. 1 , section 3 du code civil sur les successions.

Elles règlent la forme de la vente (945); par qui elle est requise , ordonnée et faite (946); prescrivent d'y appeler les parties (947); indiquent la manière de statuer sur les difficultés (948), et le lieu où se fait la vente (949) ; ordonnent qu'il soit procédé , malgré la non comparution des parties intéressés (950), et de mentionner , soit la présence , soit l'absence du requérant (951); elles déterminent , enfin , dans quels cas les règles qu'elles établissent cessent d'être nécessaires.

---

(1) Voyez ci-après les titres 8 , 9 et 10.
(2) Elles ne sont pas applicables à la vente des biens de mineurs , dans le cas où ils sont seuls propriétaires. (V. code civil , art. 452, et *infrà* n. 4357.)

Sur l'ensemble du titre.

4357. Il n'est pas nécessaire d'observer pour la vente des meubles des mineurs les formalités prescrites en ce titre pour le mode de procédure ; on doit se conformer pour cette vente aux dispositions de l'article 452 du code civil. — A. 2891.

ARTICLE 945.

Lorsque la vente des meubles dépendans d'une succession aura lieu en exécution de l'article 826 du code civil, cette vente sera faite dans les formes prescrites au titre des *saisies-exécutions.*

Conférence.

Code de procédure, art. 1000 ; code civil, art. 796 ; décret du 10 brumaire an 14. V. *suprà* sur les art. 617 et suiv.

ARTICLE 946.

Il sera procédé sur la réquisition de l'une des parties intéressées, en vertu de l'ordonnance du président du tribunal de première instance, et par un officier public.

Conférence.

T. art. 77.

4358. Les parties auxquelles la loi donne, sous la qualification de *parties intéressées*, la faculté de requérir qu'il soit procédé à la vente, sont toutes les personnes qui ont des droits sur le mobilier. L'héritier et la veuve commune ont cette faculté, même avant d'avoir pris qualité. — A. 2892.

4359. La loi, par le mot *officier public*, a entendu indiquer soit un *notaire*, soit un *huissier* ou un *greffier*. — A. 2893. (1)

4360. Tout officier chargé de procéder à une vente mobilière ne peut, sous peine de 100 fr. d'amende, la commencer avant d'en avoir fait la déclaration au bureau du receveur de l'enregistrement dans l'arrondissement duquel cette vente doit être faite, et où, par conséquent, le procès-verbal doit être enregistré. (Loi du 22 pluviôse an 7.)

_____

(1) Voyez lois du 26 juillet 1790 et 17 septembre 1793 ; l'arrêté du directoire, du 12 fructidor an 4 ; autre du 27 nivôse an 5 ; loi du 27 pluviôse an 7, art. 1.er ; arrêt de Rouen, du 20 mars 1807, *suprà* n.° 2934. Mais il est à remarquer que les notaires, huissiers et greffiers n'ont concurrence qu'autant qu'il n'existe pas de commissaires-priseurs, qui tiennent, de la loi du 27 ventôse an 9, un privilége général pour toutes les ventes volontaires ou judiciaires (V. Pigeau, t 2, p. 109)

4361. Quand un notaire est appelé à faire une vente de la nature de celle dont il s'agit au présent titre, son procès-verbal n'est pas exécutoire comme les autres actes notariés. — A. 2894, et *suprà* n.° 2684.

ARTICLE 947.

On appellera les parties ayant droit d'assister à l'inventaire, et qui demeureront ou auront élu domicile dans la distance de cinq myriamètres : l'acte sera signifié au domicile élu.

Conférence.

T. art. 29 ; code de procédure, art. 942 et 950.

4362. Il n'est pas nécessaire d'appeler les opposans pour assister à la vente. — A. 2895.

ARTICLE 948.

S'il s'élève des difficultés, il pourra être statué provisoirement en référé par le président du tribunal de première instance.

4363. C'est le président du tribunal du lieu où l'on procède à la vente qui doit juger les difficultés. — A. 2896.

4364. L'officier public peut recevoir des oppositions à la délivrance des deniers, et il les mentionne à la fin de chaque séance, lors de laquelle elles ont été faites. Quand la vente est terminée, il en consigne le produit à la caisse du receveur des consignations, sauf la déduction de ses frais, comme il est dit à l'article 657. — A. 2897.

ARTICLE 949.

La vente se fera dans le lieu où sont les effets s'il n'en est pas autrement ordonné.

Conférence.

Code de procédure, art. 617, 626 et 621.

4365. L'autorisation de vendre ailleurs que dans le lieu où sont les effets ne peut être accordée qu'avec connaissance de cause, et sur une requête présentée au président du tribunal. Si l'ordonnance intervenue était attaquée par opposition, il y aurait lieu à assigner en référé, pour faire statuer sur cette opposition.

ARTICLE 950.

La vente sera faite tant en absence que présence , sans appeler personne pour les non-comparans.

ARTICLE 951.

Le procès-verbal fera mention de la présence ou de l'absence du requérant.

Conférence.

Code de procédure, art. 623.

ARTICLE 952.

Si toutes les parties sont majeures , présentes et d'accord , et qu'il n'y ait aucun tiers intéressé , elles ne seront obligées à aucunes des formalités ci-dessus.

4366. Si l'article 952 dispense les parties qu'il désigne des formalités prescrites par les dispositions précédentes , elles n'en sont pas moins obligées , si elles veulent vendre ce mobilier publiquement et à la chaleur des enchères, de recourir au ministère d'un officier public : la loi du 22 pluviôse an 7 l'exige expressément.

TITRE VI.

De la vente des biens immeubles.

(C. C. 459, 460, 826, 937, 938, 939, *infrà* art. 972, 988 , 1001.)

Il en est des immeubles d'une succession comme du mobilier ; chaque copropriétaire a le droit d'en exiger sa part en nature, à moins qu'il n'y ait nécessité absolue de les vendre (C. C. , art. 826 et 827) ; et dans ce cas, celui qui jouit de la plénitude de ses droits, et pour lequel l'immeuble est une propriété personnelle , peut le vendre dans la forme qui lui convient.

Mais lorsque l'immeuble appartient à un mineur, à un interdit , à un individu qui a fait faillite ou cession ; s'il dépend d'une succession bénéficiaire ou vacante, il doit être vendu en justice , parce que la loi a voulu prévenir toute connivènce entre l'acquéreur de cet immeuble et les administrateurs chargés d'en poursuivre la vente.

Tel est le but que le législateur s'est proposé dans le présent titre.

Il consacre le droit qu'ont les majeurs de vendre de la manière qui leur convient (953); il détermine les circonstances dans lesquelles un avis de parens sera ou ne sera pas nécessaire pour la vente des biens des mineurs (954); prescrit que ces biens seront estimés et vendus aux enchères, devant un officier qu'il indique (955, 956, 957); ordonne le dépôt d'un cahier des charges (958), sa lecture à l'audience (959), l'annonce par placards, tant de l'adjudication préparatoire que de l'adjudication définitive (961), l'insertion de ces placards dans les journaux (962, 963), et la remise de l'adjudication dans le cas où les enchères ne s'élèvent pas au prix de l'estimation (964); il règle enfin la forme de la réception des enchères et de l'adjudication (965.)

Sur l'ensemble du titre.

(**V.** sur art. 965 et 972)

4367. Les dispositions du présent titre sont applicables dans les cas prévus par les articles 826 et 838 du code civil; mais on doit se conformer à ce qui est prescrit au titre des partages et licitations, lorsqu'il y a lieu à licitation. — 2898.

4368. Les mêmes dispositions ne s'appliquent qu'aux ventes volontaires faites dans l'intérêt des mineurs, et non pas aux ventes par expropriation poursuivies à requête des créanciers. (Paris, 7 août 1811 ; Sirey, 1814, p. 216.)

4369. La vente de biens d'un failli doit se faire suivant les règles prescrites, non seulement par l'art. 459 du code civil, mais encore par les articles 955 et suiv. du code procédure. (Douai, 13 octobre 1812 ; journal des avoués, t 7, p. 121.)

4370. *La vente faite par licitation d'un immeuble indivis entre des majeurs et des mineurs, peut-elle être réputée valable quoiqu'elle ait été faite hors la présence du subrogé-tuteur ?*

Cette nullité nous paraît une conséquence nécessaire des articles 459 et 460 du code civil, par lesquels se règlent les formalités à suivre en matière de vente, par licitation, des biens de mineurs. Or l'article 459, en parlant en général de la vente de ces biens,

68

exige impérativement la présence du subrogé-tuteur. D'un autre côté, l'article 460, qui excepte la licitation ordonnée par jugement, sur la provocation d'un copropriétaire par indivis, de l'application des formalités prescrites par les articles 457 et 458, ajoute qu'en ce cas la licitation ne pourra se faire que dans la forme prescrite par l'article 459. Il s'agit donc ici de l'exécution de dispositions formellement impératives, et dont l'inobservation emporte nullité, même dans le silence de la loi, l'article 1030 du code de procédure n'ayant trait qu'aux formalités prescrites par les propres dispositions de ce code. (1)

4371. *Dans l'espèce de la précédente question, les majeurs seraient-ils fondés à faire valoir la nullité?*

Nous ne le pensons pas, car *l'intérêt est la mesure des actions comme des exceptions.* Or, les majeurs ne souffrent aucun préjudice du défaut de présence du subrogé-tuteur, dont la loi n'exige le concours qu'afin qu'il veille à ce que rien ne soit fait de la part du tuteur au préjudice du mineur. Il est de principe certain, fondé sur plusieurs arrêts, que la partie qui ne peut ester en justice qu'avec autorisation ou assistance d'un administrateur, est la seule qui puisse opposer les nullités résultant du défaut d'autorisation ou d'assistance : la raison de ce principe est que la formalité n'est établie que dans l'intérêt, soit de la femme mariée, soit du mineur ; et puisque c'est par la même raison que la loi exige la présence du subrogé-tuteur aux ventes, il s'ensuit que les majeurs copropriétaires de l'objet vendu ne peuvent se pourvoir en nullité, sur le fondement de la non présence de cet administrateur.

---

(1) Vainement, dans notre opinion, objecterait-on qu'il n'est pas nécessaire que le subrogé-tuteur soit présent à un partage provoqué par un majeur, et que la licitation provoquée par un copropriétaire indivis, contre un mineur, n'est pas, à proprement parler, une vente, mais un mode de partage, et en conclurait-on, qu'en ce cas, la présence du subrogé-tuteur n'est pas plus nécessaire que pour un partage. Nous répondrions que ce serait faire une distinction qui, loin d'être admise par la loi, est au contraire repoussée par elle, puisque l'article 460, en indiquant pour le cas de la licitation les exceptions à faire aux dispositions des articles 457 et 458, renvoie formellement à l'exécution de l'article 459, qui, comme nous l'avons remarqué, exige formellement la présence du subrogé-tuteur.

Vainement encore objecterait-on, d'un côté, que les articles 953 et suivans n'obligent point d'appeler le subrogé-tuteur ; que, d'un autre côté, les articles 937, 938 et 939 du code civil, qui renvoient à suivre les formalités prescrites par le code de procédure, n'exigent pas d'avantage qu'il concoure avec le tuteur dans les licitations provoquées par les majeurs.

Nous répondrions à cette seconde objection, et suivant un arrêt de Rouen, du 3 prairial an 12 (Sirey, t. 5, p. 1), que les articles dont il s'agit sont relatifs aux ventes par licitation, en général, tandis que les articles 459 et 460 concernent spécialement les licitations provoquées par des mineurs.

ARTICLE 953.

Si les immeubles n'appartiennent qu'à des majeurs, ils seront vendus, s'il y a lieu, de la manière dont les majeurs conviendront.

S'il y a lieu à licitation, elle sera faite conformément à ce qui est prescrit au titre *des partages et licitations.*

Conférence.

C. p., art. 966 et 972 ; C. C., art. 806 ; décret du 10 brum. an 14.

ARTICLE 954.

Si les immeubles n'appartiennent qu'à des mineurs, la vente ne pourra être ordonnée que d'après un avis des parens.

Cet avis ne sera point nécessaire lorsque les immeubles appartiendront en partie à des majeurs et à des mineurs, et lorsque la licitation sera ordonnée sur la demande des majeurs.

Il sera procédé à cette licitation ainsi qu'il est prescrit au titre *des partages et licitations.*

Conférence.

T. art. 128 ; C. p., art. 966 ; C. C., art. 457, 458, 459 et 460.

ARTICLE 955.

Lorsque le tribunal civil homologuera les délibérations du conseil de famille, relatives à l'aliénation des biens immeubles des mineurs, il nommera par le même jugement un ou trois experts, suivant que l'importance des biens paraîtra l'exiger, et ordonnera que, sur leur estimation, les enchères seront publiquement ouvertes devant un membre du tribunal ou devant un notaire à ce commis aussi par le même jugement.

Conférence.

T. art. 78 ; C. C., art. 459.

4372. C'est le tribunal du lieu du domicile du mineur qui doit homologuer les délibérations du conseil de famille, relatives a l'aliénation des biens immeubles des mineurs. — A. 2899.

4373. Le tribunal doit se déterminer à commettre, soit un juge, soit un notaire, par le vœu des familles et par l'utilité qu'il verra pour les mineurs, ou d'épargner des frais ou de sacrifier cette épargne à la probabilité de parvenir à une adjudication plus solennelle et à une vente à plus haut prix. — A. 2900.

4374. La vente d'un immeuble d'un failli, faite sans estimation préalable contre le vœu de l'article 955, est nulle quoique cette formalité ne soit pas prescrite par le code civil. (Douai , 15 octobre 1812 ; Sirey , 1813 ; p. 44 ; C. de comm. , art. 594.)

ARTICLE 956.

Les experts , après avoir prêté serment , rédigeront leur rapport en un seul avis , à la pluralité des voix ; il présentera les bases de l'estimation qu'ils auront faite.

Conférence.

C. C., art. 824, 1978 et 1679. V. nos questions sur le titre des rapports d'experts , analyse, t. 1 , p. 590 , et la question 2327.

ARTICLE 957.

Ils remettront la minute de leur rapport ou au greffe ou chez le notaire , suivant qu'un membre du tribunal ou un notaire aura été commis pour recevoir les enchères.

Conférence.

Coutume de Paris , art. 184 ; C. p. , art. 747.

4375. Le rapport des experts ne doit pas être entériné. — A. 2901.

ARTICLE 958.

Les enchères seront ouvertes sur un cahier des charges, déposé au greffe ou chez le notaire commis , et contenant,

1.° L'énonciation du jugement homologatif de l'avis des parens ;

2.° Celle du titre de propriété ;

3.° La désignation sommaire des biens à vendre , et le prix de leur estimation ;

4.° Les conditions de la vente.

Conférence.

Suprà , art. 697 et 747.

ARTICLE 959.

Ce cahier sera lu à l'audience, si la vente se fait en justice. Lors de sa lecture , le jour auquel il sera procédé à la première adjudication , ou adjudication préparatoire , sera annoncé. Ce jour sera éloigné de six semaines au moins.

Suprà, art. 702 et 747; C. C., art. 459.

4376. La lecture du cahier des charges et l'annonce de l'adjudication préparatoire ne sont pas nécessaires lorsque la vente est renvoyée dans l'étude d'un notaire. — A. 2902.

ARTICLE 960.

L'adjudication préparatoire, soit devant le tribunal, soit devant le notaire, sera indiquée par des affiches. Ces affiches ou placards ne contiendront que la désignation sommaire des biens, les noms, professions et domiciles du mineur, de son tuteur et de son subrogé-tuteur, et la demeure du notaire, si c'est devant un notaire que la vente doit être faite.

Conférence.

Suprà, art. 682, 684, 703 et 747; *infrà* sur 965.

4377. Le notaire commis pour la vente ne peut faire lui-même l'apposition des placards indicatifs des adjudications ; il doit employer le ministère d'un avoué. — A. 2903.

4378. Les affiches doivent être imprimées. — A. 2904.

ARTICLE 961.

Ces placards seront apposés par trois dimanches consécutifs,

1.º A la principale porte de chacun des bâtimens dont la vente sera poursuivie ;

2.º A la principale porte des communes de la situation des biens ; à Paris, à la principale porte seulement de la municipalité dans l'arrondissement de laquelle les biens sont situés ;

3.º A la porte extérieure du tribunal qui aura permis la vente ; et à celle du notaire, si c'est un notaire qui doit y procéder.

Les maires des communes où ces placards auront été apposés, les viseront et certifieront sans frais, sur un exemplaire qui restera joint au dossier.

Conférence.

Suprà, art. 747.

ARTICLE 962.

Copie desdits placards sera insérée dans un journal, conformément à l'article 683 ci-dessus. Cette insertion sera constatée ainsi qu'il est dit au titre *de la saisie-immobilière* : elle sera faite huit jours au moins avant le jour indiqué pour l'adjudication préparatoire

Conférence.

Suprà, art. 747.

4379. S'il n'existait pas de journal, il serait prudent au notaire d'annexer à son procès-verbal un certificat délivré par le procureur du Roi, et qui constatât ce défaut. — A. 2905.

ARTICLE 963.

L'apposition des placards et l'insertion aux journaux seront réitérées huit jours au moins avant l'adjudication définitive.

Conférence.

C. p., art. 703.

4380. La loi n'ayant point fixé l'intervalle qui doit exister entre l'adjudication préparatoire et l'adjudication définitive, il suffit de mettre entre les deux adjudications un intervalle tel (par exemple de quinzaine) qu'il puisse y avoir huitaine entre l'apposition des affiches et l'insertion au journal et l'adjudication définitive. — A. 2906.

ARTICLE 964.

Au jour indiqué pour l'adjudication définitive, si les enchères ne s'élèvent pas au prix de l'estimation, le tribunal pourra ordonner, sur un nouvel avis de parens, que l'immeuble sera adjugé au plus offrant, même au-dessous de l'estimation ; à l'effet de quoi l'adjudication sera remise à un délai fixé par le jugement, et qui ne pourra être moindre de quinzaine.

Cette adjudication sera encore indiquée par des placards apposés dans les communes et lieux, visés, certifiés et insérés dans les journaux, comme il est dit ci-dessus, huit jours au moins avant l'adjudication.

Conférence.

T. art. 78 ; *suprà*, art. 747, 987 et 988.

4381. L'avis de parens exigé par l'article 964 doit être homologué. — A. 2907.

4382. *La disposition de l'article 964 est-elle applicable aux ventes d'immeubles faites en justice par suite de licitation ou de bénéfice d'inventaire; et en cas d'affirmative, quelle est la marche à suivre pour faire annuler les adjudications faites au-dessous de l'estimation ?*

Nous remarquons, d'un côté, que toutes ces ventes doivent être faites après estimation des biens (art. 969 et 987); d'un autre côté, qu'elles doivent être faites suivant les formalités prescrites au titre de la vente des immeubles dont l'article 964 fait partie (art. 972 et 988.)

Or, il suit de ce rapprochement que les dispositions de ce dernier article sont applicables, et par conséquent que le juge ne peut, sans le consentement des parties poursuivant la vente, adjuger les immeubles à un prix inférieur à l'estimation.

S'il en était autrement, l'estimation des immeubles serait absolument inutile. Elle est au contraire ordonnée pour prévenir une adjudication à vil prix qui pourrait avoir lieu par collusion d'un copartageant, et surtout d'un héritier bénéficiaire; elle remplace la mise à prix que l'article 697 prescrit d'insérer au cahier des charges, dans les ventes par expropriation forcée, et sur laquelle les enchères doivent être faites, puisque l'article 698 dispose que le poursuivant demeurera adjudicataire pour la mise à prix, s'il ne se présente pas de surenchérisseur.

Ainsi deux raisons péremptoires s'opposent à ce que les ventes judiciaires de biens soumis à l'estimation soient faites sans consentement des parties au-dessous de la valeur fixée par les experts. D'une part, le texte des articles 972 et 988, et de l'autre l'intention formellement manifestée par le législateur, qui n'a pas exigé de mise à prix pour ces ventes, parce qu'il ne pouvait, comme dans les ventes par expropriation, obliger le poursuivant à se rendre adjudicataire, mais qui, en exigeant une estimation, tend au même but, c'est-à-dire, à empêcher des ventes à vil prix.

On objecterait vainement que l'article 964 ne s'applique qu'aux ventes de biens de mineurs, puisqu'il ordonne la suspension de la vente que pour avoir l'avis *du conseil de famille.* On répond que le titre des ventes d'immeubles, au code de procédure, se trouve sous la rubrique générale du livre 2 de la 2.ᵉ partie *des procédures relatives à l'ouverture d'une succession,* et qu'il régit par conséquent toutes les ventes d'immeubles auxquelles cette ouverture peut donner lieu : c'est ce que prouvent d'ailleurs l'article 953 et les renvois que les articles 972 et 988 font aux dispositions du titre dont il s'agit. (Locré, esprit du code de procédure, t. 4, p. 244.) Il faut donc appliquer l'article 964 aux ventes judiciaires de biens qui n'appartiennent pas à des mineurs, et pour cela l'avis du conseil de famille doit être remplacé par un consentement exprès de celui qui poursuit ces ventes.

Ainsi donc un juge-commissaire qui adjuge de semblables biens au-dessous de l'estimation, commet une contravention manifeste à la loi, et son ordonnance doit être réformée sous l'appel.

Mais dans ces sortes de ventes les colicitans ou l'héritier bénéficiaire étant représentés par un avoué, on pourrait croire qu'il résulterait une fin de non recevoir contre l'appel, de ce que cet officier ministériel n'aurait pas demandé la suspension de l'adjudication.

Il faut distinguer l'héritier bénéficiaire des colicitans majeurs.

Quant au premier, la fin de non recevoir serait évidemment sans effet, puisqu'il n'est qu'administrateur des créanciers, et que l'autorisation qu'il a obtenue, conformément aux articles 987 et 988, ne lui a été donnée que sous la condition de vendre au prix de l'estimation portée au procès-verbal que le tribunal a ordonné et entériné ; or, dans cette circonstance, le juge-commissaire se trouve d'office obligé à ne pas consentir l'adjudication à un prix supérieur, puisqu'il n'est que l'exécuteur du jugement d'autorisation rendu par le tribunal.

Quant aux seconds, la fin de non recevoir pourrait avoir quelque fondement ; mais il est du moins incontestable qu'ils pourraient faire annuler la vente par suite de l'action en désaveu, aux termes de l'art. 352 du code de procédure, car le mandat donné à l'avoué, à l'effet de poursuivre la vente, contient textuellement la condition de n'y consentir qu'autant que le prix de l'estimation sera couvert ; le consentement résultant du défaut de demande à fin de remise, pour avoir celui de la partie, ouvre donc l'action en désaveu, puisque, par suite, l'adjudication doit être annulée conformément à l'article 360.

Il suit de ces observations que l'héritier bénéficiaire peut se borner à appeler de l'ordonnance d'adjudication ; mais par surcroît de précaution, et afin de prévenir les effets de la fin de non recevoir que nous venons d'examiner, il pourrait se réserver l'action en désaveu en cas qu'elle fût opposée.

4383. Une adjudication de biens de mineurs, par suite de vente sur folle enchère, est nulle si elle a été faite au-dessous du prix de l'estimation originaire, sans une nouvelle autorisation du tribunal qui a ordonné l'adjudication. (Paris, 1.er ventôse an 12 ; Sirey, 1807, 2.e part., p. 1055.)

4384. Si le créancier, poursuivant la vente des biens du débiteur, qui a été admis au bénéfice de cession, a laissé passer le jour indiqué pour l'adjudication définitive, sans y faire procéder, il n'est pas tenu de recourir de nouveau au tribunal, pour faire fixer un autre jour : il peut le déterminer lui-même en se conformant aux dispositions du 2.e §. de l'article 964 du code de procédure. (Bordeaux, 1.er juin 1816 ; Sirey, 1818, p. 66.)

ARTICLE 965.

Seront observées, au surplus, relativement à la réception des enchères, à la forme de l'adjudication et à ses suites, les dispositions contenues dans les articles 707 et suivans du titre *de la saisie-immobilière* : néanmoins, si les enchères sont reçues par un notaire, elles pourront être faites par toutes personnes, sans ministère d'avoué.

Conférence.

V. *suprà* sur 710, et *infrà* sur 972.

4385. C'est aux articles 707 et suivans que le législateur a entendu renvoyer ; la première édition du code portait par erreur 701 et suivans. — A. 2908.

4586. De ce que l'article 965 veut que l'on observe, relativement à la réception des enchères, les dispositions contenues aux articles 707 et suivans, il ne s'ensuit pas que les juges, suppléans, procureurs-généraux et autres désignés en l'article 713, ne puissent être admis à faire enchère lorsque la vente se fait dans l'étude d'un notaire. — A. 2909.

4387. L'adjudicataire d'un immeuble vendu, conformément aux dispositions du présent titre, peut faire une déclaration de command ; mais il doit la faire dans le délai de vingt-quatre heures prescrit par l'article 68, n.° 24 de la loi du 22 frimaire an 7 : il ne jouit pas du délai de trois jours accordé par l'article 709 du code de procédure. — A. 2910.

4388. La vente d'un immeuble à laquelle le propriétaire fait procéder devant un notaire, et à la chaleur des enchères, n'est pas sujette aux formalités prescrites par le code de procédure. La forme de l'acte est déterminée par la loi du 25 ventôse an 11, sur le notariat.

En d'autres termes : ces formalités ne sont applicables qu'aux ventes faites d'autorité de justice. (Cass., 24 janvier 1814 ; Sirey, 1814, p. 157.)

4389. Dans les ventes faites sur publications volontaires, il n'est pas nécessaire de laisser, comme dans les ventes faites par expropriation forcée, un intervalle de deux mois entre l'adjudication préparatoire et l'adjudication définitive. (Décret du 2 février 1811 ; cass., 23 mars 1813; Sirey, 1815, p. 420.)

4390. L'adjudication faite conformément aux dispositions et formalités du présent titre, peut être suivie d'une surenchère — A. 2911. Cette surenchère doit être du quart — A. 2912, et elle peut être faite par toute personne. — A. 2913.

Nous avons annoncé, pages 313, 359, 383 et 449, que nous reviendrions sur ces propositions, afin d'examiner, de rechef, si elles s'appliquent à toutes ventes faites en justice ou d'autorité de justice, autrement que par suite d'expropriation forcée ; question d'une haute importance, et l'une des plus controversées que présente le code de procédure.

Avant tout nous rappellerons les propositions posées dans cet ouvrage, et qui ont rapport à cette question.

Nous avons dit sur l'article 710 (n.° 3341), que cet article n'était pas applicable aux adjudications volontaires ; sur l'article 775 (n.° 5705), que la prohibition de provoquer l'ordre, s'il n'y a pas plus de trois créanciers, peut être appliquée au cas où l'aliénation volontaire aurait eu lieu après enchère ; sur l'article 835 (n.° 2631), qu'encore bien que l'adjudication, par suite de surenchère, soit assimilée à celle qui se fait sur saisie immobilière, on ne peut faire la surenchère du quart permise par l'article 710 ; et cependant, à l'égard des adjudications faites conformément aux dispositions du titre de la vente des immeubles, nous disons ci-dessus, d'après la solution de la question 2913 de l'analyse, que la surenchère est autorisée, qu'elle doit être du quart, qu'elle peut être faite par toute personne.

Pour éclaircir ces solutions diverses, les concilier ou faire disparaître les contradictions qu'elles peuvent présenter, en modifiant les unes ou rétractant les autres, pour savoir ensuite si la surenchère est admise dans les ventes de biens de mineurs, de succession bénéficiaire ou vacante, dans les adjudications par suite de licitation, dans celles qui ont lieu par suite de conversion de la saisie immobilière en ventes volontaires, etc. ; etc., nous avons à examiner cette question générale :

La surenchère n'est-elle admise qu'en vente judiciaire, faite par suite de saisie immobilière, et non en toute autre faite d'autorité de justice ou en justice ; et, si elle est admise, doit-elle avoir lieu conformément à l'article 710 du code de procédure, ou suivant l'article 2185 du code civil?

Nous avons rapporté, sur l'article 775, n.° 3705, aux notes, un passage de l'esprit du code de procédure, par M.' Locré, qui prouve que les auteurs de ce code ont entendu considérer indistinctement, comme aliénation volontaire, toutes ventes faites d'autorité de justice, autrement que par expropriation forcée, lesquelles, disait la section du tribunat, doivent être soumises aux mêmes formalités et aux *mêmes chances* que les *vraies ventes volontaires.*

Si l'on s'arrêtait à cette explication, on ne balancerait pas à décider que la surenchère est admise sur toutes ces ventes, conformément à l'article 2185 du code civil.

Les uns pensent qu'aucune surenchère n'est admise en vente judiciaire autres que celles par suite d'expropriation, attendu que les articles 972, 988 et 1001 se réfèrent à l'article 965, qui n'admet pas de surenchère, puisqu'il renvoye aux articles 707 et suivans, relativement à la *réception des enchères, à la forme de l'adjudication et à* ses suites.

Or, dit-on, la surenchère n'est pas par elle-même *une suite de la forme de l'adjudication;* elle n'est pas non plus *une suite de l'adjudication,* puisqu'elle peut ne pas avoir lieu; elle est d'ailleurs un droit exhorbitant du droit commun; et puisque l'article 710 du code de procédure n'est pas applicable aux ventes judiciaires volontaires, puisque l'article 2185 n'est relatif qu'aux aliénations faites par *contrat*, puisqu'enfin le code de procédure, au titre de la succession sur aliénation volontaire, garde le silence sur les adjudications volontaires faites en justice, il s'ensuit que nulle surenchère n'est admissible sur ces sortes de ventes.

D'autres maintiennent la surenchère admissible, mais conformément à l'article 710 du code de procédure seulement, puisque l'article 965 renvoye à l'observation des articles 707 et suivans, parmi lesquels se trouve cet article 710 qui autorise la surenchère du quart, etc.

Nous avions tâché de réfuter, sur la question 2911, la doctrine qui repousse l'application de l'article 710 du code de procédure, et nous pensons que cette réfutation peut recevoir un nouveau degré de force, si l'on ajoute à nos raisons celles que présentent les considérans d'un arrêt du 24 mai 1817, par lequel la cour de Rouen a reçu la surenchère du quart, conformément à l'article 710, sur adjudication de biens dépendant d'une succession bénéficiaire. (1)

_____

(1) Tel est aussi l'avis de la plupart des auteurs. (V. Lepage, dans ses questions, p. 625; Laporte, t. 2, p. 461; Thomines, p. 358; Demiau, p. 645; Persil, régime hypothécaire, t. 2, p. 317, n.° 28.)

C'est cette opinion que nous avons soutenue sur la question 2911, et par suite nous avons pensé que la surenchère devait être du quart, et être faite dans la huitaine du jour de l'adjudication, qu'enfin elle était recevable de la part de toute personne (quest. 2912 et 2913); par suite nous avons rétracté la solution donnée sur la question 2174 , d'après l'arrêt de Paris, du 2 mars 1809, qui rejettait l'application de l'article 710 du code de procédure, pour admettre celle de l'article 2185 du code civil; arrêt qui se trouve en opposition avec celui de la cour de Rouen que nous venons de citer.

Dans cette hypothèse où l'on admet l'application de l'article 710, nous n'avons point à examiner si l'article 2185 doit être limité aux aliénations faites par simple contrat. L'affirmative est une conséquence nécessaire de cette application.

Ainsi , l'on tiendrait pour constant que la surenchère est admise sur les ventes judiciaires autres que celles qui sont la suite d'une saisie, mais qu'elle doit avoir lieu conformément aux dispositions du code de procédure civile.

Mais devons-nous absolument persister dans cette doctrine? Ne serions-nous pas obligés, au contraire, de reconnaître que, nonobstant le renvoi que l'article 965 fait aux articles 707 et suivans, c'est l'article 2185 du code civil que l'on doit appliquer comme l'a fait l'arrêt de Paris, cité ci-dessus, et sur la 2174.° question de notre analyse?

Voici les principaux motifs sur lesquels nous avons établi l'affirmative dans une consultation rédigée après mûre discussion avec trois de nos collègues en la faculté de droit, M.rs Toullier, Lesbaupin et Vatar.

Le droit de surenchérir ne dérive point, quant aux ventes et adjudications volontaires, de la combinaison des articles 965 et 710 du code de procédure, mais de la disposition de l'article 2185 du code civil.

En effet, toute vente faite autrement que par suite d'expropriation est une vente volontaire, et non pas une vente forcée; par conséquent toutes les dispositions du code civil qui règlent , relativement aux aliénations volontaires , les droits des *créanciers inscrits*, doivent recevoir leur application.

Or , la surenchère est un de ces droits qu'aucune disposition du code de procédure ne leur a enlevé dans le cas de vente en justice de biens hypothéqués à leur créance.

C'est de ce principe, d'après lequel la différence dans la forme de la vente n'empêche pas qu'elle ne soit volontaire , que doit résulter la solution de toute difficulté, mais il s'agit de prouver qu'il est incontestable.

Cette preuve résulte non seulement de la discussion au conseil d'Etat, où il fut reconnu que l'article 775 s'appliquait à toutes ventes faites *par autorité de justice autrement que par expropriation forcée* (V. ci-dessus le passage de l'esprit du code par Locré), mais encore de ce qu'il a été consacré par plusieurs arrêts (1) à l'égard des ventes de biens de successions vacantes et bénéficiaires, et à plus forte raison de biens de mineurs.

Ces décisions qui appliquent les principes du code civil, et desquelles il résulte, quant à la surenchère, qu'elle doit être faite suivant l'article 2185 de ce code, et non pas suivant l'article 710 du code de procédure civile, sont conformes à la justice.

En effet, disent les auteurs des annales du notariat, en rétractant dans leur commentaire, t. 7, p. 187, l'opinion qu'ils avaient précédemment émise dans leurs annales, t. 12, p. 425. (V. quest. 2911

---

(1) 1.° *Cass.*, *13 août 1807* (*Sirey*, *1807*, *p. 430.*) Cet arrêt déclare vente volontaire, et non judiciaire proprement dite, celle des immeubles faite en vertu de jugement et devant un commissaire du tribunal, et en conséquence il renvoie une contestation relative à la surenchère, non devant le tribunal qui aurait ordonné la vente, mais devant le tribunal du lieu de la situation des biens. Il est à remarquer que le tribunal dont le jugement a été confirmé, avait motivé sa décision sur ce qu'il ne pouvait y avoir que deux espèces de ventes, *la vente volontaire* ou la vente par expropriation ; d'où résultait que l'on devait appliquer l'article 2218 du C. C.

2.° *Paris*, *2 mars 1809*, *déjà cité* (*Sirey 1809*, *p. 238.*) Un créancier du bénéfice requérait la notification d'un jugement d'adjudication d'immeubles, aux termes des articles 2183 et 2184 ; l'arrêt déclare la vente volontaire, et qu'il y a lieu à notifier le contrat, c'est-à-dire, le jugement aux créanciers inscrits qui, porte-t-il, *ont droit de surenchérir pendant quarante jours.*

3.° *Même cour*, *2 mars*, *même année*, *déjà cité.* L'arrêt déclare qu'il y a lieu à surenchère du dixième seulement, dans une espèce où le curateur à la succession vacante s'était fait autoriser à mettre en vente un immeuble de cette succession. Les motifs sont que l'adjudication dont il s'agissait ayant tous les caractères d'une vente volontaire, l'article 710, au titre des saisies immobilières, était sans application à l'espèce qui était au contraire sujette à celle de l'article 2185 du C. C.

On voit que l'arrêt de la cour de cassation consacre généralement, et sans distinction, le principe que toute vente faite, soit en présence du juge, soit devant notaire, mais d'autorité de juge, que toute vente, en un mot, qui n'est pas le suite d'une saisie, est *vente volontaire*, et que les deux arrêts de Paris, en reconnaissant ce principe, en appliquent les conséquences en cas de vente de biens dépendans de succession vacante et bénéficiaire ; or, il est évident, comme le remarque M. Demiau-Crouzillac, p 646, que les mêmes décisions doivent avoir lieu dans les ventes de biens de mineurs ; non seulement parce qu'elles sont volontaires, mais encore parce que ces sortes de ventes et celles des biens dépendant de successions vacantes et bénéficiaires, se font d'après les mêmes formalités (art. 972, 998, 1001.)

de l'analyse.) « Pourquoi le législateur a t-il, en matière d'expro-
» priation, permis une surenchère différente de celle qui est autorisée
» pour une *autre vente quelconque*? C'est parce que la vente sur
» expropriation forcée étant faite en présence de tous les créanciers
» inscrits sur l'immeuble, ou du moins après les avoir tous appelés,
» le jugement d'adjudication n'est point sujet à la transcription, ni
» aux autres formalités qui ont pour but de mettre les créanciers
» à portée de faire la surenchère ordinaire. D'après cela, il fallait
» bien, si l'immeuble était adjugé à vil prix, établir un mode extraor-
» dinaire d'empêcher la perte qui en résulterait. Or, une vente de
» biens de mineurs (ou toute autre qui n'est pas par expropriation),
» quoique faite à l'enchère, et d'après les formalités prescrites par
» le titre 8, n'a point lieu en présence des créanciers; ils n'y sont
» point appelés : dès-lors, il n'y aurait pas de motifs pour qu'une
» vente de cette espèce ne fût pas assujétie à la surenchère ordi-
» naire. »

Ces auteurs font remarquer en outre que la surenchère permise
en matière d'expropriation devant s'élever au quart au moins du
prix principal de l'adjudication, et être faite dans la huitaine du
jour où l'adjudication aurait été prononcée, ce serait aller contre
les véritables intérêts des mineurs que d'assujétir la vente de leurs
biens à une surenchère aussi rigoureuse. Nouveau motif de décider
que l'article 710 n'est pas applicable à ces derniers. Or, comme
l'article 710 ne serait applicable aux ventes par licitation et à celles
des biens de succession bénéficiaire et vacante, que par suite du
renvoi que fait l'article 965 aux articles 707 et suivans; comme
l'article 965 fait partie d'un titre qui concerne particulièrement la
vente des mineurs, il est évident, si l'article 710 ne peut être applicable aux adjudications de biens de mineurs, qu'il ne peut l'être
aux adjudications judiciaires d'autres biens.

Il est d'ailleurs une raison qui semble décisive en cette discussion, et
c'est celle que nous avons indiquée en commençant. La forme de la
vente ne doit avoir aucune influence sur les principes concernant
les droits qui en dérivent, soit à l'égard de l'acquéreur ou du vendeur, soit à l'égard des tiers intéressés : or, c'est le code civil qui
détermine ces droits; et tant qu'on n'assignera pas un motif valable
d'établir une différence quant au montant, à la forme et au délai
de la surenchère entre l'aliénation volontaire par contrat, et la vente
également volontaire faite en justice, on devra croire que la différence de forme ne peut apporter aucune modification aux principes
qui régissent deux ventes qui sont de même nature, et qui ne diffèrent
que par cette forme.

Reste, à la vérité, la difficulté que présente le renvoi prononcé par l'article 965 aux articles 707 et suivans du code de procédure; mais on considérera, 1.º que, lors de la discussion au conseil d'état, il ne fut, en aucune manière, question de surenchère relativement aux adjudications volontaires; 2.º que le renvoi au titre de la saisie immobilière ne semble avoir eu pour objet que les formalités de l'adjudication *et ses suites*, ainsi que le portait la rédaction communiquée, *seront observées, au surplus, relativement à l'adjudication, sa forme et ses suites, les* FORMALITÉS *prescrites au titre des saisies immobilières;* 3.º que la section du tribunat pensa qu'il serait bon d'indiquer les articles du titre des saisies immobilières, auxquels le titre en projet se référait, et que ce fut cette observation qui donna lieu à la rédaction de l'article 965.

Or, sans contredit, la surenchère n'est point une *formalité;* donc, si l'article 965 employait ce mot *formalités*, on ne balancerait pas à décider que l'article 710 n'est pas compris dans le renvoi.

Mais l'article 965 porte *dispositions*, au lieu de *formalités*, et c'est de là que l'on tire le plus fort argument. On répond que rien n'apprend que cette substitution d'un mot à un autre ait été faite à dessein d'admettre en adjudication volontaire la surenchère réglée par l'article 710; que le mot *dispositions* a pu être substitué, parce qu'outre cet article, il est d'autres dispositions relatives à la saisie immobilière qui ne prescrivent pas des formalités, mais qui contiennent seulement des règles énonciatives d'obligations ou de défenses; tels sont les articles 709, 713, 715, 716; qu'ainsi, pour plus d'exactitude, on a pu mettre le mot *dispositions* à la place de celui de *formalités*, sans qu'on puisse en induire, lorsque le législateur ne s'en est pas formellement expliqué, qu'il ait entendu modifier les principes établis par le code civil. (Voy. question 2631 de l'analyse.)

On objecte encore que l'article 965, renvoyant au titre de la saisie immobilière pour l'adjudication, sa forme et *ses suites*, comprend nécessairement la surenchère, qui est une suite de l'adjudication. Mais les dispositions des articles 715 et 716, sur la délivrance du jugement d'adjudication, les conditions sous lesquelles elle a lieu, le paiement des frais extraordinaires sont, à notre avis, *les suites* que le législateur a entendu exprimer; il est difficile de croire qu'il ait voulu comprendre sous ce mot *suite* la surenchère, qui peut être une suite de l'adjudication en ce qu'elle a lieu après elle; mais qui n'est pas une suite *nécessaire.* Au surplus, pour admettre qu'une loi spéciale, comme celle du code de procédure, déroge au droit commun établi par le code civil, et y déroge quant à une disposition constitutive, comme celle de l'article 2185, non de formes, mais de droits en faveur des créanciers, il faut, à notre avis, une déclaration expresse du législateur.

Telles sont les considérations qui nous déterminent à penser qu'en toutes adjudications d'immeubles autres que celles *qui ont lieu par suite de saisie immobilière*, la surenchère doit être du quart, et avoir lieu dans la forme et les délais prescrits par le code civil. Nous rétractons, en conséquence, tout ce qui, dans notre analyse, peut supposer le contraire. (1)

4391. *La solution ci-dessus s'applique-t-elle à la vente faite par suite de conversion de saisie en aliénation volontaire?*

L'affirmative de cette question nous semble résulter de ce que nous avons dit au numéro précédent, que toute vente faite autrement que par suite d'expropriation est volontaire, et admet conséquemment, quant à la surenchère, l'application de l'article 2185 du code civil. Or, l'effet de la conversion de la saisie en vente volontaire, aux termes de l'article 747 du code de procédure, est de faire réputer la saisie non avenue, et, par suite, on ne peut appliquer à la vente qui se fait ultérieurement les dispositions de l'article 710 et suivans du code de procédure. Il faut d'ailleurs remarquer que l'article 743 renvoie, pour les formalités de cette vente, lorsque les parties conviennent qu'il y sera procédé en justice, au lieu d'employer le ministère d'un notaire, aux articles 957 à 954 inclus du code de procédure. Or, ce ne serait que par interprétation de l'article 965 que l'on pourrait prétendre que la surenchère serait régie par l'article 710. Il est donc évident, puisque l'article 965 n'est pas compris au nombre de ceux qu'indique l'article 747, qu'il n'y a, dans l'espèce de notre question, aucun prétexte pour soumettre la surenchère à l'application de l'article 710.

Telle est aussi l'opinion de M. Persil, dans son régime hypothécaire, t. 2, p. 317 et 318; il l'appuie d'un jugement du tribunal de la Seine, auquel on peut joindre un arrêt de la cour de Paris, du 19 juillet 1817 (Sirey, 1818, p. 1.) (2)

_____

(1) Ainsi nous maintenons la solution des questions 2174 (*sup.* n. 3341) et 2631 (*sup.* n. 4000); nous rétractons celles des questions 2911, 2912 (*suprà* n. 4390), et 2952 *inf.* sur l'art. 988, en ce que nous n'admettions le droit de surenchérir qu'en conformité de l'article 710 du code de procédure, tandis que nous le fondons aujourd'hui sur les dispositions du code civil; nous réservons, au surplus, une explication sur la question 2925 (*infrà* art. 972.)

(2) Après l'adjudication de l'immeuble par suite de la surenchère autorisée par l'article 2185, il est évident qu'une nouvelle surenchère ne peut être admise. (V. Persil, *ubi suprà* pag. 31.)

4392. L'acte de surenchère ne doit être déposé au greffe du tribunal que dans le cas où la nouvelle vente se ferait en justice. — A. 2914.

4393. S'il est déposé chez le notaire qui aurait fait la vente primitive, celui-ci pourrait procéder à la revente. — A. 1915.

4394. Il en est ainsi en cas de revente sur folle enchère. — A. 2916.

4395. Les ventes dont il s'agit au présent titre, peuvent être annulées pour vices de forme. — A. 2917.

TITRE VII.

Des partages et licitations.

(Voy. code civil, liv. 3, titre 1, chap. 6.)

En général, on appelle *partage* la division qui se fait entre plusieurs personnes des choses qui leur appartiennent en commun, à quelque titre que ce soit.

Le partage des biens d'une succession est donc l'acte par lequel on *détermine* la part de chaque héritier dans les biens auxquels il a droit en cette qualité.

Mais il peut arriver que les immeubles ne soient pas susceptibles d'être ainsi divisés commodément, et il devient nécessaire de les vendre, afin d'en distribuer le prix entre les héritiers ou copropriétaires, dans la proportion du droit de chacun d'eux.

Cette vente, que l'on appelle *licitation* (1), n'est donc pas un partage proprement dit, mais une manière de partager, une espèce de partage, *modus divisionis*, comme le disent les auteurs (2); en un mot, c'est un acte équivalent à partage, parce que ses effets sont les

---

(1) LICITATION du latin *liceri*, vendre aux enchères.

(2) C'est parce que la *licitation* n'est point un véritable partage, lequel suppose une division en nature, que le présent titre est intitulé *des partages* ET *licitations*.

70

mêmes en ce qu'il fait cesser l'indivision , et *réalise* le droit de chacun en le faisant jouir de la portion qui lui était attribuée par la loi dans les choses communes. (1)

Le code civil, au titre des successions, contient un chapitre relatif au partage et à *sa forme* (V. livre 3, tit. 1, chap. 6), et le code de procédure, pour les cas où le partage doit être fait en justice, parce que des mineurs, des interdits, des absens, sont intéressés , ou parce que les majeurs, maîtres de leurs droits, ne sont pas d'accord, ajoute des dispositions concernant la marche de l'action , celle de l'instance, et la manière de la terminer.

Il est à remarquer, d'après l'article 1872, que les règles du code civil, sur les partages de successions, sont communes à ceux qui ont lieu entre associés, et que, d'après une jurisprudence constante , elles s'étendent à tout partage à faire entre copropriétaires, à quelque titre que ce soit, comme coacquéreurs, codonateurs ou colégataires.

L'action en partage peut être formée en tout tems, et nonobstant toute stipulation (C. C., art. 815), et elle comprend virtuellement la demande en licitation , c'est-à-dire, que si la division des biens en nature ne peut être faite commodément, *la licitation* est ordonnée comme une suite nécessaire de l'action de partage. (C. C., art. 827; C. de p., art. 970.)

Sur cette action, on procède suivant les règles contenues aux articles 823 à 829 inclus du code civil, et conformément aux dispositions du présent titre, dont suit le sommaire :

1.er *Formalités préliminaires du partage.* Comment est formée l'action (966) ; à qui appartient la poursuite, s'il y a plusieurs demandeurs (967) ; nomination d'un tuteur spécial à chaque mineur ayant des intérêts opposés (968) ; nomination d'un juge-commissaire et estimation des immeubles par experts (969) ; jugement qui ordonne le partage ou la licitation (970) ; forme de la nomination des experts,

---

(3) L'usage de la licitation a été admis dans toutes les législations, parce que sa nécessité dérive de la nature même des choses ; il remonte jusqu'à la loi des douze tables, qui porte que les biens sujets à *licitation* sont ceux qui ne peuvent se partager commodément ; l'édit perpétuel s'en explique de même, livre 10.

de leur rapport et de la prestation de leur serment (971) ; entérinement de ce rapport et formalités de la vente (972) ; comment il est prononcé sur les difficultés qui s'élèvent relativement au cahier des charges (973) ; cas où il n'y a pas lieu à licitation, quoique chaque immeuble ait été déclaré non susceptible de partage en nature (974.)

2.ᵐ *Mode du partage.* Composition et tirage au sort des lots, quand les droits des intéressés sont déjà liquidés (975) ; renvoi devant un notaire, dans les autres cas, pour les comptes, rapports, formations de masses, prélèvemens, composition des lots et fournissemens (976) ; comment procède le notaire commis ; renvoi à l'audience (977) ; formation des lots (978) ; acte par lequel la composition des lots est établie (979) ; clôture du procès-verbal de composition (980) ; homologation du partage (981) ; tirage et délivrance des lots (982) ; délivrance du procès-verbal de partage (983) ; application des formalités ci-dessus aux licitations et partages tendant à faire cesser l'indivision, dans les cas où toutes les parties ne sont pas SUI JURIS (984) ; dans quelles circonstances ces formalités cessent d'être nécessaires (985.)

ARTICLE 966.

Dans les cas des articles 823 et 838 du code civil , lorsque le partage doit être fait en justice , la partie la plus diligente se pourvoira.

Conférence.

C. C., art. 822, 823 et 838 ; *suprà* art. 59, et *infrà* art. 969 et 988.

4396. Lorsqu'il s'agit de partager des objets restés communs après un premier partage, la connaissance de la demande appartient au tribunal de première instance de la situation ; mais s'ils sont situés dans divers arrondissemens, le chef-lieu de l'exploitation détermine la compétence, et à défaut de chef-lieu, c'est le lieu où sont situés les immeubles qui présentent le plus de revenu sur la matrice du rôle. — A. 2918.

4397. La demande en partage est sujette au préliminaire de conciliation , lorsqu'il n'y a pas plus de deux parties, et qu'elles sont toutes majeures, ayant le libre exercice de leurs droits. — A. 2919.

ARTICLE 967.

Entre deux demandeurs, la poursuite appartiendra à celui qui aura fait viser le premier l'original de son exploit par le greffier du tribunal : ce visa sera daté du jour et de l'heure.

Conférence

T. art. 90.

4398. Si la partie la plus diligente, et qui la première aurait fait viser son exploit, conformément à l'article 967, cessait ensuite ses poursuites, l'autre partie pourrait les prendre ou se faire ubroger. — A. 2920.

ARTICLE 968.

Le tuteur spécial et particulier qui doit être donné à chaque mineur ayant des intérêts opposés , sera nommé suivant les règles contenues au titre des *avis de parens*.

Conférence.

Suprà , art. 882 et suivans ; C. C., art. 838.

4399. Lorsque plusieurs mineurs sont intéressés dans un partage, on ne doit nommer à chacun d'eux un tuteur spécial qu'en cas qu'ils eussent des intérêts opposés, comme si l'un d'eux avait un rapport à faire , un prélèvement ou préciput à exercer, ou qu'il s'élevât quelque contestation sur ses droits. — A. 2921.

ARTICLE 969.

Le même jugement qui prononcera sur la demande en partage , commettra, s'il y a lieu, un juge , conformément à l'article 823 du code civil , et ordonnera que les immeubles , s'il y en a , seront estimés par experts , de la manière prescrite en l'article 824 du même code.

Conférence.

Loi du 15 novembre 1808.

ARTICLE 970.

En prononçant sur cette demande, le tribunal ordonnera par le même jugement le partage , s'il peut avoir lieu , ou la vente par licitation , qui sera faite , soit devant un membre du tribunal, soit devant un notaire.

Conférence.

C. C., art. 823 et 824; *suprà* art. 955.

4400. Le partage et la licitation d'un immeuble indivis entre des majeurs et des mineurs peuvent avoir lieu devant un notaire. — A. 2922.

4401. Un héritier bénéficiaire, peut, du consentement de ses cohéritiers, exiger qu'il soit procédé à la vente d'un immeuble dépendant de la succession, devant notaire et non devant un membre du tribunal, à l'audience des criées, surtout lorsque les créanciers ne s'y opposent pas. (Paris, 29 mars 1816; Sirey, 1817, p. 48.)

4402. *L'ordonnance du juge-commissaire ou l'acte du notaire qui constate l'adjudication par licitation peut-il être attaqué par voie d'action principale en nullité, ou seulement par appel?*

Nous avons dit, n.° 1500, que les ordonnances d'un juge-commissaire étaient sujettes à l'appel et non à l'opposition par voie de nullité, dans les cas où la loi lui déférait expressément pouvoir, en cette qualité de juge-commissaire, de rendre une décision définitive. Alors, en effet, comme le dit l'avocat-général Joubert, dans son réquisitoire sur l'arrêt de la cour de Paris, cité *suprà* p. 373, à la note. « Le commissaire est le représentant du tribunal, il exerce » le même pouvoir; tout ce qu'il fait, tout ce qu'il ordonne a » la même force d'exécution que si le tribunal lui-même l'avait » fait ou l'avait ordonné, ou plutôt c'est le tribunal qui ordonne » dans la personne de son délégué; il est donc évident que si on » croit avoir à se plaindre de cette ordonnance, soit dans le fond, » soit dans la forme, on ne peut s'adresser au tribunal qui est censé » l'avoir rendue; ce tribunal n'a pas plus de droit sur cette ordon- » nance qu'il n'en a sur ses propres jugemens; lorsque par la signa- » ture du président et du greffier, ils sont devenus la propriété » de la partie qui les a obtenus, il ne peut pas plus la réformer ou » la regarder comme non avenue que les ordonnances de son pré- » sident, en matière de référé; » mais la loi n'entend pas laisser les parties sans recours contre l'erreur ou l'injustice, et par conséquent il y a appel de l'ordonnance, parce que « l'appel, dit le même » magistrat, est un recours qui existe de droit toutes les fois qu'il » n'est pas formellement interdit. »

L'application de ces principes à l'espèce de l'ordonnance, par laquelle le juge-commissaire prononce l'adjudication par licitation, nous semble sans difficulté, puisqu'aucune disposition de la loi ne prescrit un référé du juge-commissaire à l'audience, ou une homologation de son ordonnance qui est exécutoire par elle-même, et qui conséquemment est réputée émanée du tribunal entier.

Mais si l'adjudication est renvoyée devant notaires, comme la voie d'appel n'est ouverte que contre les actes émanés d'un juge, il y a lieu à se pourvoir par voie d'opposition devant le tribunal, si l'on prétend l'acte vicieux dans la forme ou au fond. Vainement, à notre avis, dirait-on, pour soutenir qu'il faille en cette circonstance même se pourvoir par voie d'appel, que le notaire délégué par le tribunal le représente aussi bien que le juge-commissaire, nous répondons que la vente par licitation se fait ici d'autorité de justice; que la loi laisse au tribunal la faculté de se réserver d'y procéder lui-même ou de renvoyer à procéder devant un notaire; que si le tribunal est autorisé à commettre un juge, c'est uniquement parce que la loi n'a pas voulu surcharger les tribunaux d'opérations qui pourraient entraver le cours ordinaire de la juridiction contentieuse, en sorte que dans le cas où le tribunal préfère renvoyer à un notaire, il use de la faculté de ne pas se réserver la vente, tandis que s'il commet un juge, il se la réserve et est censé y procéder lui-même par un délégué pris dans son sein : on doit donc en ce dernier cas recourir au mode de pourvoi admis contre les décisions judiciaires, et dans le second agir par les voies ordinaires ouvertes contre les actes notariés.

ARTICLE 971.

Il sera procédé aux nominations, prestations de serment et rapports d'experts, suivant les formalités prescrites au titre *des rapports d'experts.* Néanmoins, lorsque toutes les parties seront majeures, il pourra n'être nommé qu'un expert, si elles y consentent.

Conférence.

T. 75, 129 et 175; C. C., art. 824, *suprà* art. 302 et suivans, et les titres des rapports d'experts et de la vente des biens immeubles.

ARTICLE 972.

Le poursuivant demandera l'entérinement du rapport par requête de simples conclusions d'avoué à avoué. On se conformera pour la vente aux formalités prescrites dans le titre *de la vente des biens immeubles,* en ajoutant dans le cahier des charges,

Les noms, demeure et profession du poursuivant, les noms et demeure de son avoué;

Les noms, demeures et professions des colicitans.

Copie du cahier des charges sera signifiée aux avoués des colicitans par un simple acte, dans la huitaine du dépôt au greffe ou chez le notaire.

Conférences

T. art. 70, 75 et 128; C. p. art. 953, et suiv. 958 et 988.

4403. Une expédition du rapport des experts doit être déposée chez le notaire commis pour faire la licitation, par ceux qui ont provoqué l'entérinement, et non par les experts eux-mêmes. — A. 2923.

4404. Les parties intéressées à contredire le rapport peuvent répondre à la requête par laquelle l'entérinement est demandé, et proposer pour l'empêcher tous les moyens qu'elles jugent convenables, soit dans la forme, soit au fond. — A. 2924.

4405. La surenchère ne doit être admise après une vente par licitation, qu'autant que des mineurs y seraient intéressés. — A. 2925. (1)

ARTICLE 973.

S'il s'élève des difficultés sur le cahier des charges, elles seront vidées à l'audience, sans aucune requête, et sur un simple acte d'avoué à avoué.

Conférence.

C. p., art. 405.

4406. Il convient de libeller le simple acte prescrit par l'art. 973. — A. 2926.

ARTICLE 974.

Lorsque la situation des immeubles aura exigé plusieurs expertises distinctes, et que chaque immeuble aura été déclaré impartageable, il n'y aura cependant pas lieu à licitation, s'il résulte du rapprochement des rapports que la totalité des immeubles peut se partager commodément.

Conférence.

C. C., art. 826, 832, 833, 835 et 862.

4407. Il ne suffit pas, pour qu'il y ait lieu à licitation, que l'on ne puisse partager différens immeubles en lots parfaitement égaux. — A. 2927. (2)

---

(1) Nous avons établi cette proposition en raisonnant dans l'hypothèse de l'application de l'article 710, aux ventes faites d'autorité de justice ou en justice, autrement que par suite d'expropriation. Mais d'après les développemens dans lesquels nous sommes entrés *suprà* n 4390, pour prouver que dans toutes ces ventes la surenchère doit être faite conformément aux dispositions du code civil, nous devons rétracter la proposition résultant de l'examen de la 2925.° question de l'analyse, et par conséquent décider qu'en licitation de biens indivis entre majeurs, la surenchère doit être admise au taux, dans la forme et dans le délai déterminés par le code civil (V. *infrà* sur 988 et 1001.)

(2) *Er.* Au lieu de immeubles peuvent, *lisez* immeubles ne peuvent.

ARTICLE 975.

Si la demande en partage n'a pour objet que la division
d'un ou de plusieurs immeubles sur lesquels les droits des
intéressés soient déjà liquides, les experts, en procédant à
l'estimation, composeront les lots ainsi qu'il est prescrit par
l'article 466 du code civil; et après que leur rapport aura
été entériné, les lots seront tirés au sort, soit devant le
juge-commissaire, soit devant un notaire commis par le
tribunal.

Conférence.

C. C., 466.

4408. Les droits des intéressés sont *liquides* lorsqu'ils sont constans et déterminés, soit par la loi, soit par un testament reconnu
valable, soit enfin par la convention s'il s'agit de la simple division
d'objets possédés par des coacquéreurs; en un mot, de manière
que chacun connaisse sa part, et qu'il ne s'élève à ce sujet aucune
contestation sur la quotité. — A. 2928.

ARTICLE 976.

Dans les autres cas, le poursuivant fera sommer les copartageans de comparaître, au jour indiqué, devant le juge-
commissaire, qui renverra les parties, devant un notaire
dont elles conviendront, si elles peuvent et veulent en
convenir, ou qui, à défaut, sera nommé d'office par le
tribunal, à l'effet de procéder aux comptes, rapport,
formation de masses, prélèvemens, composition de lots et
fournissemens, ainsi qu'il est ordonné par le code civil,
article 828.

Il en sera de même après qu'il aura été procédé à la licitation, si le prix de l'adjudication doit être confondu avec
d'autres objets dans une masse commune de partage pour
former la balance entre les divers lots.

Conférence.

T. art. 29, 76 et 92.

4409. Un tribunal saisi d'une demande en partage entre majeurs
et mineurs, doit renvoyer les parties devant un notaire pour toutes
les opérations du partage. — A. 2929.

4410. On peut nommer d'avance, par le jugement même qui
ordonne le partage, le notaire que le juge-commissaire doit indiquer
conformément à l'art. 976. — A. 2930.

4411. Il y a lieu à l'application de l'article 976, lorsque les droits ne sont pas liquides, ou qu'étant certains quant aux parts qui reviennent à chacun, et la licitation ayant eu lieu, le prix de l'immeuble licité doit être confondu dans une masse commune de partage, à l'effet de former la balance entre les divers lots. — A. 2931.

ARTICLE 977.

Le notaire commis procédera seul sans l'assistance d'un second notaire ou de témoins : si les parties se font assister auprès de lui d'un conseil, les honoraires de ce conseil n'entreront point dans les frais de partage, et seront à leur charge.

Au cas de l'article 837 du code civil, le notaire rédigera en un procès-verbal séparé les difficultés et dires des parties : ce procès-verbal sera, par lui, remis au greffe, et y sera retenu.

Si le juge-commissaire renvoie les parties à l'audience, l'indication du jour où elles devront comparaître leur tiendra lieu d'ajournement.

Il ne sera fait aucune sommation pour comparaître soit devant le juge, soit à l'audience.

Conférence.

T. art. 29 et 168.

4412. On ne doit pas sommer les parties de comparaître, soit devant le juge, soit à l'audience, pour voir prononcer sur les difficultés qui peuvent survenir dans le cours des opérations du notaire. — A. 2932.

4413. Quoiqu'il ait été décidé que le juge-commissaire pouvait recevoir en son hôtel le procès-verbal du notaire, la prudence exige que ce procès-verbal soit déposé au greffe. — A. 2933.

ARTICLE 978.

Lorsque la masse du partage, les rapports et prélèvemens à faire par chacune des parties intéressées, auront été établis par le notaire, suivant les articles 829, 830 et 831 du code civil, les lots seront faits par l'un des cohéritiers, s'ils sont tous majeurs, s'ils s'accordent sur le choix, et si celui qu'ils auront choisi accepte la commission ; dans le cas contraire, le notaire, sans qu'il soit besoin d'aucune autre procédure, renverra les parties devant le juge-commissaire, et celui-ci nommera un expert.

71

Conférence;

T. art. 168 ; C. C. , art. 834.

4414. S'il y a des mineurs, des interdits ou des absens, es lots ne peuvent être faits par un cohéritier ; il faut en ce cas qu'un expert soit nommé par le juge-commissaire. — A. 2934.

4415. Quelles sont la marche à suivre pour faire nommer un expert dans le cas prévu par l'article 978, et la manière dont procède cet expert ou le copartageant nommé pour composer les lots ?

Voyez A. 2935.

ARTICLE 979.

Le cohéritier choisi par les parties, ou l'expert nommé pour la formation des lots, en établira la composition par un rapport qui sera reçu et rédigé par le notaire, à la suite des opérations précédentes.

ARTICLE 980.

Lorque les lots auront été fixés, et que les contestations sur leur formation, s'il y en a eu, auront été jugées, le poursuivant fera sommer les copartageans à l'effet de se trouver, à jour indiqué, en l'étude du notaire, pour assister à la clôture de son procès-verbal, en entendre lecture et le signer avec lui, si elles le peuvent et le veulent.

Conférence.

T. art. 29.

4416. La sommation prescrite par l'art. 980 n'est exigée que pour le cas où les parties ne s'accordent pas pour se rendre chez le notaire, afin de concourir à la clôture du procès-verbal. — A. 2936.

4417. Lorsque, sur cette sommation, les parties ne se présentent pas dans l'étude du notaire, ou refusent de signer, le notaire constate le défaut, le refus et les causes de ce refus, et la partie la plus diligente poursuit l'homologation. — A. 2937.

4418. On ne peut opposer la signature donnée au procès-verbal comme une fin de non recevoir contre la demande en rescision formée en tems utile. — A. 2938.

ARTICLE 981.

Le notaire remettra l'expédition du procès-verbal de partage à la partie la plus diligente pour en poursuivre l'homologation par le tribunal : sur le rapport du juge-commissaire, le tribunal homologuera, s'il y a lieu, les parties présentes, ou appelées, si toutes n'ont pas comparu à la clôture du procès-verbal, et sur les conclusions du procureur du Roi, dans les cas où la qualité des parties requerra son ministère.

4419. *Comment s'exécute la disposition de l'article 901, en ce qu'elle porte que le notaire remettra* L'EXPÉDITION *du procès-verbal ?*

Voyez A. 2939.

4420. De ce que l'article 981 porte que le tribunal homologuera le partage, les parties présentes ou appelées, *si toutes n'ont pas comparu* à la clôture du procès-verbal, il ne s'ensuit pas que l'on soit dispensé d'appeler les parties qui ont comparu et signé le procès-verbal. — A. 2940.

ARTICLE 982.

Le jugement d'homologation ordonnera le tirage des lots, soit devant le juge-commissaire, soit devant le notaire lequel en fera la délivrance aussitôt après le tirage.

Conférence.

T. art. 92.

4421. Le tirage des lots ordonné par le jugement d'homologation se fait au sort, conformément à l'art. 834 du code civil. — A. 2941.

ARTICLE 983.

Soit le greffier, soit le notaire, seront tenus de délivrer tels extraits en tout ou en partie, du procès-verbal de partage que les parties intéressées requerront.

4422. Le greffier peut délivrer, même avant l'homologation, des extraits du procès-verbal des dires et contestations dont la minute est déposée en son greffe, conformément à l'article 977 ; et, l'homologation ordonnée, il a concurrence avec le notaire pour délivrer des extraits du procès-verbal, dont l'expédition, sur laquelle l'homologation est intervenue, lui est restée pour faire partie de ses minutes. — A. 2942.

ARTICLE 984.

Les formalités ci-dessus seront suivies dans les licitations et partages tendant à faire cesser l'indivision, lorsque des mineurs ou autres personnes non jouissant de leurs droits civils y auront intérêt.

ARTICLE 985.

Au surplus, lorsque tous les copropriétaires ou cohéritiers seront majeurs, jouissant de leurs droits civils, présens ou dûment représentés, ils pourront s'abstenir des voies judiciaires, ou les abandonner en tout état de cause, et s'accorder pour procéder de telle manière qu'ils aviseront.

Conférence.

Suprà, art. 952 ; C. C., art. 819.

4423. La personne pourvue d'un conseil judiciaire ne peut partager à l'amiable, sans l'assistance de son conseil. — A. 2943.

4424. La femme mariée peut partager à l'amiable, pourvu qu'elle soit autorisée de son mari. — A. 2944.

4425. Lorsqu'il y a un grevé de restitution, le partage ne peut être fait à l'amiable quoiqu'il soit majeur, ainsi que les appellés. — A. 2945.

4426. Les parties majeurs sont *dûment représentées*, ainsi que l'exige l'article 985, par un fondé de pouvoir spécial. Mais le notaire commis par le tribunal pour représenter un présumé absent, ne le *représente* point *dûment* à l'effet de procéder au partage amiable. — A. 2946.

TITRE VIII.

Du bénéfice d'inventaire.

(Code civil, art. 793 et suivans.)

L'IDENTITÉ qui s'établit entre le défunt et ses héritiers, sous le rapport des obligations dont est grevé le patrimoine héréditaire, ne doit avoir d'effet sur les biens de l'héritier qu'autant qu'il y consent : il est donc juste qu'après avoir fait constater l'état des choses, il ne soit pas tenu indéfiniment des charges ; qu'il ne confonde point pour leur acquit ses biens propres avec ceux du défunt ; qu'il puisse lui-même exercer contre la succession ses créances personnelles.

C'est en cela que consiste *le bénéfice d'inventaire.* L'hérédité déférée à un mineur ou à un interdit ne peut être acceptée qu'à cette condition ; mais les autres héritiers ont en général le choix entre ce bénéfice et l'acceptation pure et simple. Néanmoins, l'héritier qui se serait rendu coupable de recélé ; celui qui sciemment et de mauvaise foi aurait omis de comprendre, dans l'inventaire, des effets de la succession ; celui enfin qui, hors les cas d'exception, aurait pris le titre et fait acte d'héritier absolu, ne serait plus reçu à réclamer le bénéfice d'inventaire.

L'acceptation bénéficiaire impose à l'héritier l'obligation d'appartir les créanciers dans les revenus des biens et dans le prix de la vente qui en est faite ; d'où suit qu'il ne peut rien s'approprier jusqu'à ce qu'ils ne soient entièrement désintéressés : ainsi la succession se distribue d'abord jusqu'à concurrence de leur dû, entre les créanciers à l'égard desquels l'héritier n'est qu'un administrateur comptable, tandis que les titres précédens supposent que la distribution se fait entre les mains des héritiers et pour leur propre compte.

Le code civil a tout à la fois indiqué les circonstances où l'habile à succéder devient non recevable à accepter sous bénéfice ou est déchu de cet avantage, et il établit la forme de la déclaration d'accepter de la sorte ; le code de procédure détaille, au titre 4 de ce livre, celle de l'inventaire, et détermine, par les dispositions du présent, de quelle manière l'héritier bénéficiaire vendra, s'il y a lieu, les meubles et les immeubles de la succession, donnera caution et rendra son compte.

Il règle en conséquence comment l'héritier, avant de prendre qualité, pourra se faire autoriser à vendre des meubles, et procédera à cette vente (986); il prescrit les formalités nécessaires pour autoriser et opérer la vente des immeubles (987 et 988), celles de la vente du mobilier et des rentes (989), de la distribution du prix (990 et 991) et de la réception de la caution (992, 993 et 994); il rend communes à la reddition du compte du bénéfice les formalités détaillées au titre 4 du livre 5, et indique les personnes contre lesquelles sont intentées les actions que l'héritier bénéficiaire aurait à exercer contre la succession (996.)

ARTICLE 986.

Si l'héritier veut, avant de prendre qualité et conformément au code civil, se faire autoriser à procéder à la vente d'effets mobiliers dépendans de la succession, il présentera à cet effet requête au président du tribunal de première instance dans le ressort duquel la succession est ouverte.

La vente en sera faite par un officier public, après les affiches et publications ci-dessus prescrites pour la vente du mobilier.

Conférence

T. art. 77 ; *suprà*, art. 617 et suiv., 945 et suiv. ; C. C., art. 796 et 805 ; A. sur les articles 945 et suiv.

4427. La faculté de vendre, avec l'autorisation du président, ne comprend que les effets mobiliers susceptibles de dépérir ou dispendieux à conserver. — A. 2947.

4428. La femme commune peut, comme l'héritier, requérir, avant de prendre qualité, la vente d'effets mobiliers. — A. 2948.

ARTICLE 987.

S'il y a lieu à vendre des immeubles dépendans de la succession, l'héritier bénéficiaire présentera au président du tribunal de première instance une requête où ils seront désignés : cette requête sera communiquée au ministère public; sur ses conclusions et le rapport d'un juge nommé à cet effet, il sera rendu jugement qui ordonnera préalablement que les immeubles seront vus et estimés par un expert nommé d'office.

Conférence.

T. art. 78; C. C., art. 806.

4429. Quoique les héritiers aient provoqué la licitation des immeubles dépendans d'une succession bénéficiaire devant le tribunal du lieu de l'ouverture de la succession, les créanciers du défunt n'en conservent pas moins le droit d'en poursuivre l'expropriation devant le tribunal dans le ressort duquel ces immeubles sont situés. — A. 2949.

ARTICLE 988.

Si le rapport est régulier, il sera entériné sur requête par le même tribunal; et, sur les conclusions du ministère public, le jugement ordonnera la vente.

Il sera procédé à ladite vente suivant les formalités prescrites au titre *des partages et licitations.*

L'héritier bénéficiaire sera réputé héritier pur et simple, s'il a vendu des immeubles sans se conformer aux règles prescrites dans le présent titre.

Conférence.

T. art. 78 et 123; C. C., art. 966; *suprà* sur 965 et 972.

4430. L'expert nommé d'office doit opérer, conformément aux dispositions contenues au titre des rapports d'experts et dans l'article 824 du code civil. — A. 2950.

4431. *Quelles sont les formalités à suivre pour la vente des immeubles dépendant d'une succession bénéficiaire?*

Voyez A. 2951.

4432. Il y a lieu à la surenchère sur une vente d'immeubles provenant d'une succession bénéficiaire, lorsque tous les héritiers sont mineurs, ou qu'il y a parmi eux des majeurs et des mineurs.

4433. Cette surenchère, qui devrait être du quart, et non du dixième seulement, serait recevable de la part de toute personne. — A. 2952. (1)

4434. La vente qui n'a pas été faite suivant les formalités du présent titre ne serait pas nulle. — A. 2953.

4435. L'héritier bénéficiaire qui vend ses droits héréditaires dans la succession ne doit pas être réputé héritier pur et simple, lorsqu'il n'a vendu qu'après avoir accepté sous bénéfice. — A. 2954. (2)

4436. L'héritier bénéficiaire qui hypothèque pour ses dettes personnelles un immeuble dépendant de la succession, ne peut être déclaré héritier pur et simple. — A. 2955.

4437. L'héritier bénéficiaire est réputé pur et simple, à l'égard de tous les créanciers, s'il a été déclaré tel sur la demande d'un seul d'entre eux pour avoir vendu des immeubles de la succession sans autorisation ni formalités. — A. 638 et 2956.

ARTICLE 989.

S'il y a lieu à faire procéder à la vente du mobilier et des rentes dépendant de la succession ; la vente sera faite suivant les formes prescrites pour la vente de ces sortes de biens , à peine contre l'héritier bénéficiaire d'être réputé héritier pur et simple.

Conférence.

V. sur les art. 174, 643 et suiv., 986 et suiv.

4438. L'héritier bénéficiaire peut transférer les rentes sur l'état sans autorisation , lorsqu'elles sont au-dessous de 50 francs ; quant aux autres, il ne peut les transférer qu'après une autorisation préalable donnée par le tribunal ; autrement, il serait réputé héritier pur et simple comme dans le cas des ventes faites sans formalités. — A. 2957.

4439. *Un héritier bénéficiaire peut-il , sans encourir la peine prononcée par l'article 989, vendre en gros , et de gré à gré, les grains provenant des terres dépendantes de la succession?*

Les grains ayant une valeur indépendante de toute influence, de caprice, de mode ou de convenance, valeur déterminée de

---

(1) Appliquez à cette proposition la note du n. 4405, *suprà* page 559, attendu que , d'après la discussion où nous sommes entrés n .4390, la surenchère devrait être du dixième, et se régler d'ailleurs d'après les dispositions du code civil.

Er. 3.e ligne de la question 2952, au lieu de *pag. 36*, lisez *pag. 355* , et 4.e ligne, au lieu de *admet*, lisez *semblerait admettre.*

(2) *Er.* 4.e ligne, au lieu d'*adition*, lisez *addition.*

semaine en semaine par mercuriales, on ne saurait indiquer une raison valable pour en interdire la vente en gros et de gré à gré, si toutefois cette vente est faite au prix fixé par les mercuriales. On trouve au contraire dans une telle vente l'avantage des créanciers et celui de l'héritier bénéficiaire, en ce que des spéculateurs, des négocians, peuvent offrir pour un achat en gros un prix plus élevé que celui qui serait offert par des particuliers qui n'achèteraient qu'en détail. Il est d'ailleurs à craindre que des boulangers ou des négocians appelés à une vente faite à l'encan ne se concertassent afin de se faire adjuger les grains à vil prix.

S'il est facile de trouver un acquéreur unique d'une grande quantité d'objets dont on fait commerce, et dont l'exportation est permise et offre de grands bénéfices, il en est tout autrement d'une collection de meubles; presque toujours on perdrait beaucoup en vendant en masse : l'expérience prouve aussi que des grains vendus au détail et aux enchères sont rarement portés à un prix supérieur à celui des mercuriales. Des créanciers d'une succession bénéficiaire ne pourraient donc avoir aucun motif de se plaindre qu'on n'eût pas suivi les formalités tracées par le code de procédure pour les ventes ordinaires de meubles. Ils n'y seraient fondés qu'autant que le prix convenu de gré à gré par l'héritier bénéficiaire serait inférieur à celui fixé par les mercuriales ; et, s'il est supérieur, certes aucune raison de droit, encore moins d'équité, ne pourrait autoriser les créanciers à retourner contre l'héritier bénéficiaire un acte qui, dans son principe comme dans ses effets, n'aurait été fait que pour leur avantage. (1)

ARTICLE 990.

Le prix de la vente du mobilier sera distribué par contribution entre les créanciers opposans, suivant les formalités indiquées au titre *de la distribution par contribution.*

---

(1) Il en serait autrement de ce qu'on appelle proprement *les meubles* ou *le mobilier* de la succession. Les meubles n'ont qu'une valeur arbitrairement fixée par l'inventaire, et qui, à raison de la convenance du goût, etc., peut être augmentée pour chaque objet lors de la vente, par la concurrence des enchérisseurs sur le même objet. Au contraire, des grains ont toujours une valeur égale pour chaque personne qui les achète en détail; il n'y a qu'un spéculateur qui puisse excéder le prix ordinaire en achetant en gros. D'un autre côté, des meubles une fois vendus, il serait difficile d'administrer la preuve d'infériorité de vente avec celle de la valeur réelle, tandis que celle des grains est toujours fixée et déterminée par l'autorité publique. On doit donc présumer, d'après ces observations, que le législateur, par le mot *meubles*, employé dans l'article 805 du code civil, par le mot *mobilier*, dans l'article 989 du code de procédure, n'a entendu assujétir aux formalités des ventes publiques que les effets mobiliers proprement dits, dont la valeur est sujette à une foule de variations.

Conférence.

C. C., art. 808 et 809; *suprà* art. 656 et suiv.

4440. Les créanciers ont plusieurs moyens de former des oppositions conservatrices de leurs droits ; elles peuvent être faites ou aux scellés, s'il y en a d'apposés, ou dans les mains de l'officier public qui aura fait la vente du mobilier, dans celle de l'adjudicataire de la vente, ou mieux encore entre les mains de l'héritier bénéficiaire lui-même.

4441. S'il y a suffisance de deniers pour payer tous les opposans, l'héritier bénéficiaire doit leur faire des délégations ; la distribution ne se poursuit, d'après les règles tracées par les articles 656 et suivans, qu'en cas d'insuffisance.

ARTICLE 991.

Le prix de la vente des immeubles sera distribué suivant l'ordre des privilèges et hypothèques.

Conférence.

C. C., art. 806; *suprà* art. 749 et suiv., et 773.

4442. Il n'est nécessaire de recourir au juge pour régler, soit la distribution par contribution, soit l'ordre entre les créanciers, que lorsqu'ils ne s'accordent pas entre eux sur la distribution du prix de la vente. — A. 2958.

4443. Il ne résulte point des articles 793 et 822 du code civil, que la demande en distribution du prix des biens vendus doive être soumise au tribunal du lieu de l'ouverture de la succession, plutôt qu'à celui de la situation des biens, puisque cette demande est une action réelle qui suit l'héritage. (Cass., 8 avril 1809, *suprà* n. 3594.)

ARTICLE 992.

Le créancier, ou autre partie intéressée, qui voudra obliger l'héritier bénéficiaire à donner caution, lui fera faire sommation, à cet effet, par acte extrajudiciaire signifié à personne ou domicile.

Conférence.

T. art. 29 ; C. C., art. 807.

4444. La sommation à faire, conformément à l'article 992, peut contenir constitution d'avoué, quoique la loi n'exige pas cette constitution. — A. 2959.

ARTICLE 993.

Dans les trois jours de cette sommation, outre un jour par trois myriamètres de distance entre le domicile de l'héritier et la commune où siège le tribunal, il sera tenu de présenter caution au greffe du tribunal de l'ouverture de la succession, dans la forme prescrite pour les réceptions de caution.

Conférence.

C. C, art. 807; *suprà* 517 et suiv.

4445. La caution doit faire sa soumission au greffe comme caution judiciaire; mais la présentation qui précède doit être faite, comme toutes les autres présentations de cautions, par exploit ou acte d'avoué, conformément à l'article 518. — A. 2960. (1)

4446. Si l'héritier bénéficiaire ne présente pas la caution dans le délai fixé par l'article 993, on l'assigne pour voir dire que les dispositions de l'article 807 du code civil seront exécutées contre lui; et, s'il ne se présente pas sur cette assignation pour fournir de suite la caution, on prononce les condamnations auxquelles il a été conclu. — A. 2961.

ARTICLE 994.

S'il s'élève des difficultés, relativement à la réception de la caution, les créanciers provoquans seront représentés par l'avoué le plus ancien.

Conférence.

C. p., art. 517 et suiv.

4447. L'avoué que l'article 994 désigne sous la dénomination de plus ancien est celui des avoués des créanciers provoquant la caution, qui aurait déjà concouru, soit à des actes, tels que scellé, inventaire, où les créanciers auraient été représentés par des avoués, soit à des procédures avec ces créanciers. — A. 2962.

ARTICLE 995.

Seront observées, pour la reddition du compte du bénéfice d'inventaire, les formes prescrites au titre *des redditions de comptes.*

_____

(1) *Er.* 5.e ligne, au lieu de *sera être*, lisez *devra être.*

Conférence.

C. C., art. 802, 803 et 809; et *suprà* art. 527 et suiv.

4448. *Quel est le tribunal qui connaît du compte du bénéfice d'inventaire ?*

C'est le tribunal du lieu de l'ouverture de la succession qui en connaît, ainsi que de toutes les contestations qui peuvent naître à l'occasion du bénéfice. (Argm.' tiré des art. 793 et 803 du code civil; jurisp. de ce code, t. 2, p. 392, n." 90.)

4449. De ce que l'héritier bénéficiaire est obligé de rendre compte, il ne s'ensuit pas qu'il soit entièrement assimilé, pour son administration, au curateur à une succession vacante. — A. 2963.

4450. Aucune disposition de la loi n'accorde un délai quelconque à l'héritier bénéficiaire pour l'apurement du bénéfice; son administration ne dure qu'autant que les créanciers n'exercent pas leurs droits sur les biens du défunt, même par expropriation forcée. (Rennes, 2.e ch., 5 mai 1814.)

ARTICLE 996.

Les actions à intenter par l'héritier bénéficiaire contre la succession, seront intentées contre les autres héritiers ; et s'il n'y en a pas, ou qu'elles soient intentées par tous, elles le seront contre un curateur au bénéfice d'inventaire, nommé en la même forme que le curateur à la succession vacante.

Conférence.

T. art. 77; C. C., art. 2257; *infr.* 998 et 999.

4451. Comme il n'est pas impossible de présumer que le curateur nommé conformément à l'art. 996, n'apportât pas toujours contre la demande d'héritiers auxquels il doit sa nomination, une résistance bien sérieuse, les autres créanciers de la succession ont le droit de se rendre tiers-opposans aux jugemens qui seraient rendus contre lui en pareille circonstance. (Paris, 28 juin 1811; comment. des annales du not., t. 6, p. 278.)

TITRE IX.

De la renonciation à la communauté ou à la succession.

(C. C. , livre 3, titre 1 , chap. 5, sect. 2, et titre 3, chap. 2 , sect. 5.)

Le droit français ne connaît point d'héritiers nécessaires , et , par conséquent , tous ceux qui n'ont pas fait un acte d'acceptation irrévocable, ou qui par leur fait n'ont pas encouru la déchéance ou laissé éteindre leur droit par la prescription , peuvent renoncer à la succession que la loi leur défère.

Il en est de même de la femme à l'égard de la communauté conjugale ; il ne serait pas juste, le mari en ayant toute l'administration , et pouvant la charger de dettes, sans la participation de la femme, que celle-ci fût privée du droit d'y renoncer.

Le code de procédure répète sur cet objet les dispositions des articles 784 et 1457 du code civil , et exclut toutes autres formalités que celle de la déclaration sur le registre du greffe (997.)

ARTICLE 997.

Les renonciations à communauté ou à succession seront faites au greffe du tribunal dans l'arrondissement duquel la dissolution de la communauté ou l'ouverture de la succession se sera opérée, sur le registre prescrit par l'art. 784 du code civil , et en conformité de l'article 1457 du même code , sans qu'il soit besoin d'autre formalité.

Conférence.

T. art. 91 ; code civil, art. 787, 1455, 1457, 1461, 1465, 1466, et A. 637.e question.

4452. La partie qui a renoncé à la communauté ou à la succession doit être assistée d'un avoué. — A. 2964.

4453. La femme qui renonce à la communauté n'est pas obligée de faire serment qu'elle n'a rien détourné, fait ni vu détourner directement ou indirectement , et qu'elle ne s'est point immiscée. — A. 2965.

4454. Le tribunal au greffe duquel on doit passer la déclaration de renoncer, soit à la succession, soit à la communauté, est, pour le premier cas, le tribunal dans le ressort duquel la succession s'est ouverte; pour le second, celui dans l'arrondissement duquel la communauté s'est dissoute, c'est à dire, le tribunal du domicile du mari, même en cas de dissolution opérée par séparation de biens. — A. 2966.

TITRE X.

Du curateur à une succession vacante.

(Code civil, livre 3, titre 1, chap. 5, sect. 4.)

Si les héritiers ont renoncé à la succession, ou si à l'expiration des délais fixés par les articles 1457 et suivans du code civil, personne ne se présente pour accepter, la succession est déclarée *vacante*, et le tribunal, sur la demande des parties intéressées ou du ministère public, nomme un *curateur* chargé de l'administrer.

Mais la loi ne devait pas accorder à cet étranger le même degré de confiance qu'elle accorde à l'héritier bénéficiaire : elle l'oblige en conséquence à verser les deniers à la caisse des consignations, et le soumet à une responsabilité plus sévère que celui qui administre sa propre chose en même temps que celle d'autrui. A cela près, le mode d'administration est le même. (Code civil, art. 813.)

Le code de procédure, après avoir reproduit les dispositions des articles 811 et 812 du code civil, sur le cas où il y a lieu à nommer un curateur (998), dispose qu'en cas de concurrence entre deux curateurs, le premier nommé est préféré de droit (999); il l'oblige, en vertu de l'article 813, et à dresser inventaire et à faire vendre le mobilier suivant les formalités prescrites au titre 5 de la vente du mobilier (1000) et les immeubles et rentes suivant celles qui se pratiquent en bénéfice d'inventaire (1001); enfin, en exécution de l'article 814 du code civil, il déclare que les formalités prescrites pour l'héritier bénéficiaire s'appliquent au mode d'administration et au compte du curateur (1002.)

ARTICLE 998.

Lorsqu'après l'expiration des délais pour faire inventaire et pour délibérer , il ne se présente personne qui réclame une succession , qu'il n'y a pas d'héritier connu, ou que les héritiers connus y ont renoncé , cette succession est réputée vacante ; elle est pourvue d'un curateur , conformément à l'article *812* du code civil.

Conférence.

P. art. 77; C. C., art. 811 et 812.

4455. Celui qui s'est porté héritier bénéficiaire d'une succession , et qui a depuis renoncé à cette qualité, peut rétracter sa renonciation et reprendre sa première qualité après qu'il y a eu un curateur nommé à cette succession. (Rennes, 3.ᵉ ch., 11 août 1813.)

4456. Le jugement qui nomme un curateur à la succession vacante , quand les héritiers conditionnels demandent la saisine, est interlocutoire et sujet à l'appel (A. 2967); et sur l'appel , la cour peut, en réformant, nommer un autre curateur. (Cass., 7 février 1809; Sirey, 1809, p. 141.)

4457. Le curateur nommé n'est pas tenu de prêter serment avant d'entrer en fonctions. — A. 2970.

4458. Il doit être passé acte au greffe de l'acceptation du curateur nommé, et celui-ci constitue ordinairement un avoué dans cet acte , quoique cela ne soit pas nécessaire. — A. 2973.(1)

(1 Sur cette question , nous avons suivi l'avis de M. Pigeau , t. 2, p. 725 ; mais nous remarquerons ici que ni le code civil ni le code de procédure ne parlent de la nécessité de l'acceptation au greffe ; or, on peut dire qu'il y a assez de formalités prescites sans en augmenter inutilement le nombre.

La loi n'impose d'autres obligations au curateur acceptant, après le jugement qui le nomme , que de faire constater l'état de la succession par un inventaire et de faire vendre le mobilier. (C. p. art. 1000.) Dès qu'il a connaissance de sa nomination , soit parce qu'il s'est trouvé présent au jugement , soit par l'avis qu'il en a reçu, il peut , de suite , entrer en fonction ; il a qualité pour cela. La gestion qu'il fait, postérieurement à la connaissance qu'il a acquise de sa nomination , équivaut à une acceptation. Il est , d'ailleurs , un véritable *mandataire* établi par justice ; or, l'acceptation d'un mandat peut n'être que tacite et résulter de l'exécution même qui lui a été donnée par le mandataire. (C. C. , art. 1985.)

On observera , d'ailleurs , que le tuteur nommé par un conseil de famille n'est pas tenu d'accepter formellement avant de pouvoir administrer ; l'article

ARTICLE 999.

En cas de concurrence entre deux ou plusieurs curateurs, le premier nommé sera préféré sans qu'il soit besoin
de jugement.

4459. Une cour d'appel a le droit de statuer sur la nomination
contestée d'un curateur, et en même tems de nommer un autre
curateur. — A. 2968.

4460. En ce cas le curateur, dont la nomination était contestée,
peut être condamné aux dépens du procès relatif à sa nomination,
lorsqu'il a soutenu personnellement la légalité de sa nomination. —
A. 2969. C'est aussi ce qu'a décidé un arrêt de la cour de cassation
du 7 février 1809; Sirey, 1809, p. 141.

4461. Il y a lieu à l'application de l'art. 999, lorsque plusieurs
créanciers ont usé séparément du droit que la loi donne à chacun
d'eux de provoquer cette nomination. — A. 2971.

4462. Le premier curateur nommé ne peut être préféré sans jugement qu'autant qu'il n'y a pas de contestation, et qu'il a, d'ailleurs,
été nommé par le tribunal du lieu où la succession s'est ouverte :
si donc les nominations avaient été faites par des tribunaux différens,
ce serait le curateur nommé par celui du lieu de l'ouverture de la
succession qui serait préféré, quand même il l'aurait été le dernier.
— A. 2972.

ARTICLE 1000.

Le curateur est tenu, avant tout, de faire constater l'état
de la succession par un inventaire, si fait n'a été, et de
faire vendre les meubles suivant les formalités prescrites aux
titres de *l'inventaire* et *de la vente du mobilier.*

---

418 du code civil, en lui imposant le devoir d'administrer du jour que sa
nomination lui a été connue, ne lui impose en aucune manière cette obligation. Quelle serait donc la raison pour décider autrement, par rapport au curateur nommé à une succession vacante ?

Ces observations, fruits de la réflexion sur notre 2973.ᵉ question, nous portent à conclure que l'acceptation au greffe, que nous avions jugée, comme
M. Pigeau, nécessaire pour que le curateur puisse s'immiscer dans l'administration, est une formalité inutile. Cette erreur, si nous avons raison de croire
que c'en soit une, provient de ce que notre savant collègue a voulu, autant
que possible, rapprocher la procédure actuelle de celle qui s'observait autrefois au Châtelet de Paris, dans la nomination de ces curateurs. (Voyez sa
procédure du Châtelet, t. 2, p. 509.)

Conférence.

Coutume de Paris, art. 344 ; C. C. ; art. 813 et 814, *suprà* art. 941 et suiv. , 946 et suiv. ; A. sur ces articles.

ARTICLE 1001.

Il ne pourra être procédé à la vente des immeubles et rentes que suivant les formes qui ont été prescrites au titre *du bénéfice d'inventaire.*

Conférence.

T. art. 128 ; *suprà* , art. 986 et suivans ; A. sur ces articles.

ARTICLE 1002.

Les formalités prescrites pour l'héritier bénéficiaire s'appliqueront également au mode d'administration et au compte à rendre par le curateur à la succession vacante.

Conférence.

Code civil, art. 813 et 814; *suprà* art. 827 et suiv. , et 995.

4463. Il y a cette différence entre le curateur à la succession vacante et l'héritier bénéficiaire, que le premier n'est pas tenu de donner caution , et que les sommes provenant de la succession doivent être consignées à la caisse d'amortissement. — A. 2974.

4464. Le curateur à une succession vacante doit faire la déclaration prescrite par la loi du 22 frimaire an 7, pour le droit de mutation , dans six mois du jour de l'ouverture de la succession , sous peine de demeurer personnellement responsable du demi-droit en sus, et la régie a le droit d'exiger de lui le droit de mutation , lors même que la succession n'aurait rien produit , et qu'il eût déclaré n'avoir aucuns deniers entre les mains, sauf à lui à fournir la preuve de ses maintiens en rendant un compte de son administration. — A. 2975.

LIVRE III.

TITRE UNIQUE.

Des arbitrages.

La loi garantit aux citoyens, comme un droit naturel, celui de soumettre leurs contestations à des arbitres de leur choix ; ainsi, dans sa pensée, dans son vœu, l'arbitrage est la première jurisdiction à laquelle les parties doivent recourir. (1)

Cette jurisdiction est tout à la fois volontaire et contentieuse.

Elle est *volontaire*, (2) parce qu'*en général* les parties sont libres de

---

(1) L'origine de l'arbitrage tient à celle des premières associations politiques; il était autorisé par les lois romaines, et toutes les questions qui y ont rapport se trouvent traitées au digeste, livre 4, titre 8, *de receptis, qui arbitrium receperunt ut sentantiam dicant*, auquel on doit joindre le titre 55 du livre 2 du code *de receptis arbitrius*. L'ancien droit français autorise pareillement les arbitrages. (V. édit de 1535 et 1560.) La coutume de Bretagne, art. 18, permettait expressément aux parties de soumettre à des arbitres la décision de leurs contestations.

(2) Le droit romain ne forçait, en aucun cas, les citoyens à s'éloigner des tribunaux ordinaires pour mettre leurs procès en arbitrages; mais l'édit de 1560, art. 3, ouvrage du célèbre chancelier De Lospital (c'est ainsi qu'il signait comme chancelier de France), confirmé par l'ordonnance de Moulins, obligeait les parens de s'en rapporter, à l'égard de certaines contestations, au jugement de leurs plus proches parens et amis; disposition qu'on retrouvait dans l'article 566 de la coutume de Bretagne, mais qui ne s'observait pas à la rigueur, comme le dit Duparc-Poullain sur cet article. L'assemblée constituante la rétablit dans l'article 12, titre 10 de la loi du 24 août 1790, en l'étendant à toutes contestations entre conjoints, père et fils, grand-père et petits-fils, frères et sœurs, oncles et neveux. La convention nationale soumit en outre à un arbitrage forcé une foule de contestations nées de ses lois spoliatrices, notamment en matière de biens communaux. (V. loi du 10 juin 1793.) Les abus qui résultent de cette exécution de l'arbitrage forcé en amenèrent la suppression pour tous les cas (loi du 9 ventôse an 4), à la seule exception des contestations entre associés, et pour cause de société commerciale, conformément aux dispositions de l'ordonnance de 1673 qui resta en vigueur. Tel est encore l'état de la législation, d'après le titre 1 de la loi du 24 août 1790, et les dispositions des codes de commerce et de procédure.

s'y soumettre ou de déférer leurs différens aux magistrats institués par la loi ; elle est *contentieuse*, parce qu'elle ne s'exerce jamais qu'à fin de jugement à rendre sur un litige. (1)

Il n'est aujourd'hui qu'un seul cas dans lequel les parties soient obligées de faire choix d'arbitres, c'est celui d'une contestation élevée entre associés, et pour raison d'une société commerciale. (V. la note à la page ci-contre, *in fine.*) La loi (C. de comm. art. 51) prescrit ici l'arbitrage comme le plus sûr moyen de régler promptement les droits des parties. (2)

Pour distinguer ces arbitres *forcés* de ceux que les parties choisissent en toute autre circonstance que celle dont nous venons de parler, ceux-ci sont appelés *volontaires*, et on les distingue eux-mêmes en *arbitres proprement dits*, et en *arbitrateurs ou amiables compositeurs*, suivant que les parties les ont institués, à l'effet de prononcer suivant la rigueur du droit et les formes prescrites par la loi, ou à l'effet de statuer avec dispense de ces formes, et d'après les règles de l'équité (art. 1009 et 1019.)

Toutes les dispositions législatives qui régissent aujourd'hui l'arbitrage ordinaire sont contenues au livre 3 de cette seconde partie du code de procédure, et se rapportent *au compromis, à la révocation et à la récusation des arbitres, à la procédure, au jugement, à son exécution, et aux manières de l'attaquer.*

---

(1) Si l'article 429 du code de procédure autorise les tribunaux de commerce à renvoyer les parties, pour examen de comptes, pièces et registres, c'est improprement qu'il les qualifie *d'arbitres*, puisque ces tiers n'ont à donner *qu'un simple avis*, auquel le tribunal a tel égard qu'il juge convenable, et non pas une décision qui termine le différent. On les appelle *arbitres* pour les distinguer des *experts*, qui sont des hommes de l'art ; mais, dans la réalité, leurs attributions sont les mêmes que celles de ces derniers.

(2) Ces arbitres sont nommés par les parties, ou, à défaut, d'office par le tribunal de commerce (code de comm., art. 53 et 55) ; ils prononcent dans un délai convenu, sinon déterminé par le tribunal (54) ; l'instruction à faire devant eux n'est assujettie à aucune formalité ; ils jugent sur les pièces et mémoires des parties, appellent un surarbitre en cas de partage (56 , 60) ; leurs jugemens sont rendus exécutoires par une ordonnance du tribunal de commerce, et sont susceptibles d'appel devant la cour royale, et de recours en cassation, si les parties n'y ont pas renoncé.

Nous traiterons sur chaque article du code de procédure, avec lesquels elles peuvent avoir quelques rapports, les questions concernant ces arbitrages.

　1.° *Compromis.* On nomme *compromis ou compromission* (1), l'acte synallagmatique par lequel deux ou plusieurs parties promettent de s'en rapporter, pour terminer leur différent, à la décision de tierces-personnes qu'elles désignent (1006.)

　Il se fait ou par acte authentique ou sous seing privé, ou par procès-verbal, devant les arbitres choisis (1005), et fixe leur compétence en indiquant les objets du litige (1006); mais quelle que soit sa forme, il ne peut intervenir qu'entre parties maîtresses de leurs droits (1003), et sur des contestations relatives à des intérêts *purement* privés, et non communicables au ministère public (1004); il finit, tant par l'expiration du délai fixé par les parties, ou à défaut par la loi (1007), que par d'autres causes qu'elle détaille (1012); mais le décès n'opère qu'une suspension du délai, lorsque tous les héritiers sont majeurs (1013.)

　2.° *Révocation, récusation et déport.* Une fois nommés, les arbitres ne peuvent être révoqués que du consentement des parties (1008); celles-ci ne sont admises à les récuser que pour cause survenue depuis le compromis, et eux-mêmes ne peuvent se déporter, si leurs opérations sont commencées (1014.)

　3.° *Procédure.* L'instruction est faite par tous les arbitres (1011), et suivant les délais et les formes ordinaires, si les parties n'en sont autrement convenues (1009); tout incident en inscription de faux est renvoyé aux juges ordinaires (1015.)

　4.° *Jugement.* Il est rendu sur les défenses et pièces produites par les parties (1016), et conformément aux règles du droit, si les arbitres n'ont pas été institués comme amiables compositeurs (1019); s'il y a partage, ce partage est vidé par un tiers-arbitre qui, dans un délai déterminé, et après avoir conféré avec les arbitres, doit, s'ils restent divisés, prononcer seul en se conformant à l'un des avis (1017, 1018 et 1019.)

　5.° *Exécution.* Les arbitres ne recevant aucune institution du Roi, au nom duquel la justice est rendue (Ch. constit.), les décisions arbitrales ne deviennent exécutoires et la formule royale ne peut y

---

(1) En latin, *compromissum* de *compromittere*, promettre ensemble.

être apposée qu'en vertu d'ordonnance d'un magistrat institué par Sa Majesté, et que la loi désigne (1020 et 1021) (1) ; les règles sur l'exécution provisoire des jugemens leur sont applicables (1024), et leurs décisions ne peuvent être opposées à des tiers (1022.)

6.° *Mode de se pourvoir.* Dans aucun cas, les jugemens arbitraux ne sont sujets à *opposition* (1016) ; mais ils le sont à *l'appel* (1023), à la *requête civile* (1026 et 1027), à la *demande en nullité* ou *opposition* à l'ordonnance d'exécution ; ce genre de recours, qui leur est particulier et que la loi n'admet, comme la requête civile, qu'en certains cas expressément déterminés, remplace à leur égard le pourvoi en cassation qu'elle n'autorise que contre les jugemens intervenus sur requête civile ou appel (1028.)

Telle est l'analyse exacte des dispositions du présent livre qui, comme nous l'avons dit page 422 de ce volume, établit une procédure véritablement judiciaire, puisqu'elle conduit à une décision qui, après l'apposition de l'ordonnance d'exécution, a tous les caractères et tous les effets d'un jugement.

ARTICLE 1003.

Toutes personnes peuvent compromettre sur les droits dont elles ont la libre disposition.

Conférence.

Art. 1, décret des 16 et 24 août 1790.

4465. Un tuteur quoiqu'autorisé par le conseil de famille, et ayant rempli les formalités prescrites par l'article 467 du code civil, relatif aux transactions, ne peut valablement compromettre sur les intérêts des mineurs ou de l'interdit. — A. 2976. (2)

---

(1) Cette ordonnance est appelée ordonnance d'exécution ou *d'exequatur* (qu'il soit exécuté), expression qui s'est conservée long-tems, dans le style des tribunaux, comme si elle avait été française ; *l'exequatur* était en général une ordonnance mise par un juge au bas d'un jugement d'un autre tribunal et portant permission de le mettre à exécution dans son ressort, usage qui a été supprimé par la loi de 1790.

(2) Mais cette proposition ne s'appliquerait pas (V. Delvincourt, t. 1, p. 497) au cas où le mineur se trouverait, du *chef de son auteur*, intéressé dans une société commerciale. L'arbitrage est alors forcé, et le tuteur ne pourrait s'y refuser ; seulement il ne peut renoncer à la faculté d'appeler du jugement arbitral. (Code de comm., art. 61.)

Nous disons du *chef de son auteur*, car si le mineur était lui-même commerçant et membre d'une société de commerce, il serait alors réputé majeur pour tous les faits de son commerce, et, par conséquent, de la société (*ibid.*, art. 2) ; il pourrait donc être jugé par arbitres, et même renoncer à l'appel.

4466. Le mineur émancipé, la femme séparée de biens, l'individu pourvu d'un conseil judiciaire, peuvent compromettre sur les droits dont ils ont la *libre disposition*. — A. 2977.

4467. Un héritier bénéficiaire peut compromettre sur les comptes que lui doivent les fermiers ou régisseurs de la succession, sans perdre par cela seul sa qualité de bénéficiaire. (Paris, 3 juin 1818; Sirey, 1818, p. 209.)

4468. S'il a compromis sur les intérêts de la succession, sans prendre qualité dans l'acte, il ne peut le faire annuler sous prétexte que, comme héritier bénéficiaire, il ne peut compromettre; ou il doit admettre qu'il a pu valablement faire cet acte, ou il doit être reconnu, quant à ce, avoir voulu déposer sa qualité d'héritier bénéficiaire pour prendre celle d'héritier pur et simple. (Cass., 20 juillet 1814; Sirey 1815, p. 32.) Mais cette dernière hypothèse ne peut être supposée dans le cas du numéro précédent, où il ne s'agit que d'une compromission sur un objet concernant l'administration de l'héritier bénéficiaire.

4469. Le condamné par contumace ne peut compromettre pendant les cinq années de grace. — A. 2978; C. civ., art. 28.

4470. Le condamné à une peine emportant mort civile le peut après sa condamnation, sauf à se faire représenter par un curateur afin d'obtenir l'ordonnance d'*exequatur*. — A. 2979.

4471. Le curateur d'un absent ne peut compromettre pour lui *sans une autorisation spéciale*, et s'il le fait, les autres parties peuvent opposer la nullité. — A. 2980.

4472. De ce que les parties capables de compromettre peuvent opposer la nullité d'un compromis et de ses suites au curateur d'un absent, il ne s'ensuit pas que l'on doive décider de la même manière, relativement à tout autre incapable, et par exemple à un mineur. — A. 2981. (1)

4473. Quoique la partie qui aurait compromis avec un mineur, un interdit ou une femme mariée ne puisse opposer la nullité, elle

_____

(1) On a cru apercevoir une contradiction entre les arrêts sur lesquels nous avons fondé les deux propositions qui précèdent. Mais outre les raisons que nous avons exposées dans l'analyse, question 2981, pour prouver que cette contradiction n'existe pas, on remarquera que la proposition du n.° 4471 dérive de la disposition de l'article 1125 du code civil, qui n'est relative qu'au mineur, à l'interdit et à la femme mariée, et non à l'absent; d'où suit qu'à son égard l'on doit décider autrement que relativement aux autres. (V. cass., 5 octobre 1808; Sirey, 1809, p. 71.)

n'est pas privée, pour cela, de la faculté de demander, tant que la sentence arbitrale n'est point intervenue, que le compromis soit ratifié d'une manière légale, ou qu'il reste sans effet. — A. 2982.

4474. Le mari qui compromet sur des biens soumis au régime dotal, est non recevable à demander lui-même la nullité du compromis, et la femme est également non recevable jusqu'après la dissolution du mariage. (Riom, 8 juin 1809; Sirey, 1810, p. 235.)

4475. L'autorisation ou le pouvoir de transiger n'emporte pas celui de compromettre, encore qu'il soit dit que le mandataire (ou la personne autorisée) pourra *transiger* même par médiation d'arbitre. (Aix, 6 mai 1812; Sirey, 1813, p. 205.) En effet, un pouvoir de transiger *par médiation* d'arbitres n'en est pas un pour instituer des arbitres à *fin de jugement* : la *médiation* ne suppose qu'un *avis* à donner par un tiers, afin que le mandataire transige.

4476. Le liquidateur d'une société de commerce n'est, aux termes du droit commun, qu'un simple mandataire, encore que le liquidateur ait été associé gérant de la société (en commandite); et, comme simple mandataire, il ne peut engager la société par un compromis. (Cass., 15 janvier 1812; Sirey, 1812, p. 113.)

4477. Le compromis qui, en matière de société commerciale, nommerait des arbitres amiables compositeurs, serait nul si les syndics d'un des associés faillis avait concouru à ce compromis, sans être spécialement autorisés à nommer de tels arbitres. (Cass., 6 avril 1818; Sirey, 1818, p. 326.)

4478. Le compromis passé sans fraude par le mandataire, depuis la faillite du mandant, et dans l'ignorance de cette faillite, est valable si, par suite de ce compromis, et toujours dans l'ignorance de la faillite, les arbitres rendent leur sentence; les créanciers du failli ne peuvent prendre contre cette sentence que la voie de la tierce-opposition. (Cass., 15 février 1808; Sirey, 1808, p. 196.)

4479. Un jugement arbitral n'est pas nul pour avoir été rendu avec les héritiers mineurs d'un des compromettans, s'il n'y a eu aucune réclamation devant les arbitres. (Cass., 21 nivôse an 12; Sirey, 1807, 2.ᵉ part., p. 1055.)

4480. Lorsqu'un compromis est passé avec une partie qui a cessé d'avoir intérêt à la cause, par la cession qu'elle a faite de ses droits à un tiers, et qu'elle la laisse ignorer à son adversaire, l'erreur dans laquelle celui-ci s'est trouvé est une cause de nullité du compromis. (Cass., 4 février 1807; Sirey, 1807, p. 254.)

4481. *Est-il des personnes qui ne peuvent être choisies pour arbitres, parce qu'elles seraient formellement exclues par la loi, et quelles seraient ces personnes*?

Voyez A. 2983. (1)

---

(1) Nous avons dit, sur cette question, qu'un juge pouvait être arbitre; mais M. Pigeau, t. 1, p. 20, se fondant sur la loi 9, ff. *de receptis*, §. 2, maintient que « *les juges naturels* de la contestation ne peuvent être arbitres, parce » qu'il est des cas où l'on peut se pourvoir contre un jugement arbitral, ou » devant le tribunal qui a rendu l'ordonnance d'exécution, ou devant celui » d'appel; or, ajoute M. Pigeau, les juges qui composent ces tribunaux étant » revêtus d'une fonction publique, de laquelle ressortit la fonction privée qu'ils » acceptent, ils le font mal à propos, puisqu'ils ne peuvent juger eux-mêmes » leurs propres décisions. » D'autres tirent argument des ordonnances de 1535 et 1539.

Mais pour écarter toutes ces autorités, il suffit de remarquer,

1.º Relativement à la loi *de receptis*, que cette loi ne peut avoir aucune influence sur la question, puisque notre législation actuelle, sur la compétence des tribunaux, ne contient aucune disposition prohibitive; que, d'un autre côté, l'article 1041 du code de procédure abroge toutes lois, coutumes, usages et réglemens relatifs à la procédure civile, ce qui emporte très-explicitement l'abrogation et de la loi dont il s'agit et des ordonnances de 1535 et 1539;

2.º Relativement à ces ordonnances, que la première était faite pour la Provence, la seconde pour le Dauphiné; que l'une et l'autre ne contenaient défenses que pour les présidens et conseillers de ces provinces; que la seconde n'était pas même suivie au parlement du Dauphiné, en vertu d'un réglement de ce parlement, de 1560; que, dans les autres ressorts du royaume, il n'y avait aucune uniformité sur ce point; au parlement de Toulouse, par exemple, les conseillers pouvaient être arbitres avec permission de la cour, etc.; en Bretagne, malgré la disposition de l'article 17 de la coutume, qui semblait s'y opposer, on ne faisait aucune difficulté pour reconnaître la validité d'un compromis qui instituait un juge. [V. traité de l'administration de la justice, par Jousse, t. 2, p. 696; et Duparc, principes du droit, t. 8, p. 438.] Cette variation de jurisprudence et d'usage suffirait pour démontrer l'impossibilité de généraliser, pour tout le royaume, une prohibition qui ne résultait d'aucun texte précis d'une loi générale française, si le silence de notre législation, joint à l'abrogation prononcée par l'article 1041, ne tranchait pas entièrement la difficulté;

3.º Relativement à l'opinion de M. Pigeau, il importe de remarquer qu'un auteur justement estimé, M. Berriat-de-Saint-Prix, la combat fortement dans son cours de procédure, p. 41, à la note, art. 18, second alinéa.

On peut ajouter, à ces nombreuses autorités, le sentiment de M. Merlin, au nouveau répertoire, v.º *arbit.*, p. 393, 3.e édition; celui de M. Boucher, dans son manuel des arbitrages, 75 à 77; enfin, l'arrêt de la cour de Trèves, du 24 juin 1812, déjà cité sur la 2983e question de l'analyse.

S'il est maintenant démontré que la qualité de juge n'emporte pas par elle-même une incapacité d'être arbitre, nous ne voyons aucune raison pour décider autrement dans le cas où le magistrat nommé arbitre eût, en sa qualité de juge, commencé à connaître du différent. Loin de là, comme l'ont dit Jousse et l'auteur de l'ancien répertoire, *c'est à raison de la faveur due aux accommodemens qu'il*

4482. L'annulation du compromis entraîne nullité de tous les actes faits en conséquence, notamment de la décision arbitrale, sans néanmoins rien préjuger sur le fond qui en était l'objet. (Cass., 4 février 1807; Sirey, 1811, p. 244.)

ARTICLE 1004.

On ne peut compromettre sur les dons et legs d'alimens, logement et vêtemens; sur les séparations entre mari et femme, divorces, questions d'état, ni sur aucune des contestations qui seraient sujettes à communication au ministère public.

Conférence.

Art. 2, tit. 1; loi du 16 août 1790. — *Suprà* sur l'art. 83.

4483. On ne peut compromettre sur une demande en séparation de biens. — A. 2984.

4484. A plus forte raison sur une demande en séparation de corps (Arg. d'arrêt de Paris, du 24 pluviôse an 10 ; Sirey, t. 2, p. 112), et sur une contestation relative à la validité d'un mariage. (Cass., 6 pluviôse an 11, même recueil, t. 3, p. 351.)

4485. On peut compromettre sur les alimens qui ne résultent pas de dons ou legs. — A. 2985.

---

fut permis, dans le ressort de Paris, à tout officier quelconque d'être arbitre du procès dont il était le juge ; or, il est de l'intérêt des parties d'avoir pour arbitre un homme qui a déjà pris, dans l'impartialité du magistrat, connaissance du différent. Il est vrai qu'un arrêt de la cour de cassation, du 30 août 1813 (Sirey, 1813, p. 207), a décidé que les parties ne pouvaient attribuer aux tribunaux institués par la loi la faculté de prononcer comme *amiables compositeurs*, ainsi que d'après l'article 1019, elle le peuvent à l'égard des arbitres ; mais cette décision, fondée sur ce qu'un tribunal créé par la loi, pour appliquer ses dispositions, ne peut, sans contravention aux principes du droit public, prononcer tout à la fois comme délégué du prince et comme mandataire des parties, ne saurait fournir un argument contre l'opinion que nous soutenons ici, et qui nous semble d'autant plus certaine, que la législation actuelle accorde à l'arbitrage plus de faveur que l'ancienne.

Aussi voit-on tous les jours les juges de paix choisis pour arbitres, soit des différens qui sont portés en conciliation devant eux (Colmar, 21 décembre 1813 ; Sirey, 1814, p. 290), soit même de ceux dont ils sont saisis *comme juges ;* et ce choix d'un magistrat, dans ce dernier cas, n'est point contraire à l'arrêt de la cour de cassation que nous venons de citer, parce qu'il est passé un compromis qui dessaisit le juge de paix comme juge de la loi, en sorte que ce n'est plus le délégué du prince, mais l'homme privé qui est institué arbitre, tandis que, dans l'espèce de l'arrêt, c'eût été le magistrat, comme tel, qui eût en même tems prononcé comme arbitre, et sa décision eût été exécutoire comme jugement ; au contraire, dans le cas que nous posons, la décision du juge de paix doit être revêtue de l'ordonnance d'exécution.

74

4486. La prohibition de l'article 1004, relative aux alimens, ne s'étend point aux arrérages échus, à moins que ceux-ci ne conservassent leur privilège, par exemple, si celui auquel les alimens sont dus prouvait qu'il a été obligé d'emprunter pour vivre. — A. 2986.

4487. On peut compromettre même sur des droits tellement certains, qu'ils ne pussent fournir matière à une contestation sérieuse. — A. 2987.

4488. Mais lorsqu'on a compromis sur l'exécution d'une obligation, alors que cette exécution ne présente aucune difficulté réelle, le compromis est nul pour défaut de cause. (Turin, 4 août 1806.) La raison de la différence qui existe entre cette proposition et celle qui précède, est facile à saisir : dans l'espèce de la première, il suffit qu'il y ait contestation malgré la futilité des motifs ; dans celle de la seconde, l'action n'est pas ouverte puisqu'il n'y a pas d'intérêt né et actuel.

4489. On peut compromettre sur les difficultés relatives à l'exécution d'un acte administratif, lorsqu'elles ne concernent que l'intérêt personnel des individus qui compromettent. — A. 2988.

4490. On peut compromettre sur des intérêts pécuniaires nés à l'occasion d'une question d'état. — A. 2989.

ARTICLE 1005.

Le compromis pourra être fait par procès-verbal devant les arbitres choisis, ou par acte devant notaire, ou sous signature privée.

4491. Le compromis conçu en termes généraux s'étend aux cas d'urgence. (Cass., 2 septembre 1812 ; Sirey, 1813, page 84.) Ainsi, lorsque des parties ont mis en arbitrage leurs prétentions relatives à des immeubles, les tribunaux ne peuvent, sous prétexte d'urgence, ordonner une rentrée en possession, parce que toutes les contestations qui peuvent naître d'un compromis doivent être soumises à l'autorité qui a prononcé, d'après l'article 1003.

4492. Si, au lieu de passer un compromis, les parties fournissent de part et d'autre, à des tierces-personnes, des blancs-seings que celles-ci devront remplir d'une transaction, cette transaction sera soumise aux principes établis au titre 15, livre 3 du code civil, et ne pourra être attaquée que dans les cas mentionnés par l'article 2052 de ce code. — A. 2990, et Rennes, 28 avril 1818, 3.e ch.

4493. La partie qui a remis des blancs-seings à une tierce-personne, peut les retirer malgré l'opposition de l'autre partie. — A. 2991.

4494. Il n'est pas nécessaire que le compromis soit constaté par un acte séparé du jugement arbitral. — A. 2992.

4495. Il peut l'être par le procès-verbal du juge de paix tenant le bureau de conciliation. — A. 2993.

4496. Le compromis sous seing privé doit être fait en double. — A. 2994.

4497. Mais comme, en général, l'exécution du contrat sous seing privé, couvre non seulement la nullité provenant du défaut de mention du nombre des originaux qui ont été faits, mais encore celle qui résulte de ce que les originaux n'auraient pas été faits en nombre suffisant, l'exécution du compromis couvre ces nullités. (Cass., 15 février 1814 ; Sirey, 1814, p. 154.)

4498. Mais l'exécution ne serait pas prouvée par le seul témoignage des arbitres irrégulièrement nommés (Trèves, 15 novembre 1811 ; Sirey, 1813, p. 350) ; il faut non seulement que le jugement arbitral et des aveux positifs des parties constatent qu'elles ont comparu devant les arbitres (Turin, 12 messidor, an 13 ; Sirey 1813, p. 546), la comparution volontaire étant une exécution dans le sens de l'article 1338 du code civil. (Cass., 13 février 1812 ; Sirey, 1814, p. 155.)

4499. Il n'est pas nécessaire, à peine de nullité, que l'acte qui proroge le pouvoir des arbitres soit fait en double original, surtout si les arbitres ont été constitués dépositaires de l'acte qui contient la prorogation. (Florence, 3 juin 1811 ; Sirey, 1814, p. 84.)

4500. Le compromis est assujetti aux droits de timbre et d'enregistrement, et cette formalité doit être remplie avant la date du jugement. — A. 2995.

ARTICEL 1006.

Le compromis désignera les objets en litige et les noms des arbitres, à peine de nullité.

Conférence.

Réglement du 10 décembre 8627.

4501. Un compromis par lequel des parties ont donné à des arbitres le pouvoir de décider toutes questions élevées ou qui pourraient s'élever sur l'exécution des actes qui font la matière de leur contestation, ne peut être attaqué comme ne renfermant pas une désignation suffisante des objets en litige. — A. 2996.

4502. Il en est de même de la déclaration faite dans le compromis que les parties soumettent aux arbitres un procès intenté en tel tribunal. (Rennes, 3.° ch., 13 décembre 1809.)

4503. De ce que l'article 1006 veut que le compromis désigne les noms des arbitres, à peine de nullité, on ne doit pas toujours conclure qu'un compromis qui les désignerait par des qualités fût nul ; il suffit pour sa validité que cette désignation détermine la personne des arbitres d'une manière certaine. — A. 2997.

4504. Si, par suite d'un acte où l'on se serait engagé à faire décider une contestation par voie d'arbitres, un tribunal, sur la demande d'une des parties, nommait d'office un arbitre pour l'autre partie qui refuserait d'indiquer le sien, cette nomination ne pourrait être regardée que comme purement comminatoire, et la partie conserverait toujours le droit de désigner elle-même un autre arbitre. — A. 2998.

4505. Les arbitres ne peuvent prononcer sur les contestations qui pourraient s'élever sur leur compétence, à moins que les parties n'aient déclaré qu'elles entendaient se soumettre à leur décision à cet égard. — A. 2999. (1)

4506. Lorsque les arbitres, en matière de commerce, procèdent en vertu d'un arrêt de la cour royale, cette cour est compétente pour statuer sur tout ce qui est relatif à la mission et aux pouvoirs des arbitres. (V. arrêt du 22 mai 1813, cour royale de Paris, journal des avoués, t. 7, p. 230) ; mais d'après l'arrêt cité à la note ci-dessous, sur le numéro précédent, les arbitres auraient eux-mêmes pouvoir pour statuer sur ces objets, puisqu'ils peuvent connaître de leur compétence.

ARTICLE 1007.

Le compromis sera valable, encore qu'il ne fixe pas de délai ; et, en ce cas, la mission des arbitres ne durera que trois mois, du jour du compromis.

---

(1) Nous avions établi cette proposition d'après la jurisprudence des cours de Rennes et de Paris (Voyez les arrêts cités dans l'analyse) ; mais elle a été rejetée par arrêt de la cour de cassation, du 28 juillet 1818 ; Sirey, 1819, p. 22, attendu, 1.º qu'en thèse générale tout juge, même d'exception, peut statuer sur sa propre compétence ; 2.º que les arbitres sont des juges, relativement aux parties qui les ont nommés, puisque la loi ordonne l'homologation de leur sentence et en garantit l'exécution ; 3.º qu'aucune loi ne leur interdit de connaître eux-mêmes de leur propre compétence dans les matières, surtout, qui n'exigent pas la communication au ministère public ; 4.º qu'il n'en peut résulter aucun inconvénient, l'article 1028 autorisant les parties à former opposition et à demander l'annulation de toute sentence arbitrale contenant excès de pouvoir ; 5.º qu'enfin, s'il est vrai que les arbitres doivent se renfermer dans les termes du compromis, le pouvoir de statuer sur leur compétence, lorsqu'il n'est pas formellement exprimé dans cet acte, s'y trouve du moins nécessairement, et d'une manière implicite, dès-lors qu'il est la conséquence naturelle du caractère de juge dont les parties avaient investi les arbitres.

Ordonnance du 10 décembre 1627 ; art. 3, loi du 16 août 1790, *infrà* sur les articles 1012, 1014, 1015 et 1018.

4507. Si les parties, craignant que le délai qu'elles ont fixé fût insuffisant, autorisaient les arbitres à le proroger, sans néanmoins déterminer elles-mêmes le terme de la prorogation, les arbitres ne pourraient porter ce terme au-delà de trois mois. — A. 3000.

4508. Lorsque les parties ont fixé un délai avec faculté aux arbitres de le proroger, il ne s'ensuit pas que celle d'entre elles qui ne se serait pas mise en état, dans le premier délai, fût autorisée à le faire dans le second. — A. 3001.

4509. Un mandataire ne peut, en vertu du pouvoir qu'il a eu de compromettre, et sans un pouvoir exprès et spécial, consentir à une prorogation de délai, lorsque, soit celui qui a été fixé par le compromis, soit celui que la loi détermine, est expiré. — A. 3002.

4510. Si des arbitres, opérant dans les délais du compromis, jugent définitivement une partie du litige, et, interloquant sur d'autres, renvoient le jugement de ces derniers à une époque placée hors du délai du compromis, le vice de la disposition interlocutoire n'infecte aucunement les dispositions définitives. Celles-ci ne pourraient être annulées qu'autant que le compromis aurait dit expressément que les parties voulaient être jugées sur toutes leurs contestations dans un délai déterminé. (Cass., 6 novembre 1815; Sirey, 1816, p. 115.)

4511. La disposition de l'article 1003 du code de procédure portant que la mission des arbitres ne dure que trois mois, lorsque les parties n'ont pas fixé de délai, n'est pas applicable à l'arbitrage, en matière de société commerciale ; si les parties n'ont pas fixé le délai de l'arbitrage, c'est au tribunal à le fixer. (Limoges, 21 mai 1817; Sirey, 1817, p. 271, mais voyez *infrà* sur l'article 1012.)

4512. Une partie qui a poursuivi l'ordonnance d'*exequatur* d'un jugement arbitral, rendu après l'expiration du délai, ne peut ensuite en demander la nullité. — A. 3003.

ARTICLE 1008.

Pendant le délai de l'arbitrage, les arbitres ne pourront être révoqués que du consentement unanime des parties.

4513. Le consentement des parties à la révocation peut être donné par lettres missives, puisque la loi ne trace point de forme particulière pour la révocation. (Arg. d'arrêt de cass., 23 pluviôse an 12; Sirey, t. 4, 2.ᵉ part., p. 681.)

4514. | Tout jugement arbitral qui n'a été prononcé, daté et signé que postérieurement à la révocation des arbitres serait nul, encore bien qu'il eût été rédigé auparavant (Cass., 17 mars 1806 ; Sirey, 1806, 2.ᵉ part., p. 918), à moins qu'il n'eût été prononcé en présence des parties ; voyez *infrà* sur l'article 1016.

4515. Le délai spécial que les parties ont fixé pour la durée de l'arbitrage n'est pas réputé avoir été également fixé pour la durée des pouvoirs du tiers-arbitre. — A. 3004.

ARTICLE 1009.

Les parties et les arbitres suivront, dans la procédure, les délais et les formes établis pour les tribunaux, si les parties n'en sont autrement convenues.

Conférence.

Suprà, titre 3 et 6, liv. 2, prem. part.; tit. 9, §. 5 ; titres 12, 13, 14, 15, 16 et 21 du code de procédure, *infrà* sur les articles 1019 et 1027.

4516. *Les arbitres doivent-ils suivre la procédure propre à la matière qui leur est soumise ?*

Oui, sans doute : ainsi, lorsque les parties ne se sont pas expliquées, si l'affaire était de la compétence d'un tribunal civil, les arbitres suivraient la procédure propre à ce tribunal ; de même ils suivraient celle des tribunaux de commerce, si l'affaire était commerciale. (Pardessus, t. 4, p. 95.)

4517. L'institution des arbitres, comme *amiables compositeurs*, conformément à l'article 1019, leur donnant une sorte de pouvoir *transactionnel*, les dispense de suivre les formalités ordinaires. (Colmar, 29 mai 1813 ; commentaire des actes du notariat, t. 6, p. 300.)

4518. Si les parties ne sont pas convenues de dispenser les arbitres des formes et des délais de procédure établis pour les tribunaux, ce n'est pas un motif pour recourir au ministère des avoués. — A. 3005.

4519. L'article 1000 ne s'applique, à vrai dire, qu'aux cas où il y a lieu à requête, à expertise, et où les arbitres ordonnent des communications de pièces ou d'écrits, etc. (Gènes, 15 février 1811 ; Sirey, 1811, p. 139.)

4520. Si le compromis ne règle d'ailleurs aucune forme particulière d'instruction, les arbitres peuvent ordonner tous les actes autorisés par la loi et y procéder eux-mêmes. — A. 3006.

4521. Les arbitres peuvent connaître des incidens qui s'élèveraient dans le cours de l'instance introduite devant eux, et sans lesquels la cause ne pourrait être jugée ; mais il n'en est pas ainsi de toute demande qui peut être détachée de la contestation, et recevoir jugement séparé, à moins que l'on n'ait compromis à son sujet. — A. 3007.

ARTICLE 1010.

Les parties pourront, lors et depuis le compromis, renoncer à l'appel.

Lorsque l'arbitrage sera sur l'appel ou sur requête civile, le jugement arbitral sera définitif et sans appel.

Conférence.

Loi du 16 août 1790, art. 4, et art. 14, tit. 10 de la même loi ; édit de François II, du mois d'août 1560 ; *suprà* sur l'art. 1009, *infrà* sur 1019, 1023, 1026 et 1028.

4522. On ne peut convenir, dans un compromis sur appel ou sur requête civile, que le jugement à intervenir sera sujet à l'appel. — A. 3008.

4523. Lorsque les parties ont renoncé à l'appel dans le compromis, et qu'il est intervenu, de la part du tribunal de première instance, conformément à l'article 1028, un jugement qui prononce la nullité de ce compromis, et, par suite, celle de la sentence arbitrale, la cour royale peut, sur l'appel du jugement du tribunal, prononcer de la même manière. — A. 3009.

4524. De ce que l'article 1010 porte que les parties pourront renoncer au compromis, il s'ensuit qu'il faut consentement unanime ; ce qui est d'ailleurs conforme au principe que les conventions ne peuvent être détruites que de la même manière qu'elles ont été formées, et à une juste analogie tirée de l'art. 1008.

4525. La règle qui soumet à l'appel tout jugement définitif sur la compétence (V. art. 454), encore que la valeur du procès soit dans les termes du dernier ressort, s'étend aux jugemens rendus sur une action en nullité d'une décision arbitrale. (Paris, 10 juin 1812, 2.ᵉ ch. ; Sirey, 1812, p. 424.)

4526. Lorsque la sentence est annulée pour cause d'incompétence, le juge d'appel doit, surtout si la contestation est de nature à ne pouvoir être jugée que par des arbitres, ordonner que les parties en conviendront, ou les renvoyer se pourvoir pour en faire nommer d'office. (Rennes, 3.ᵉ ch., 7 avril 1810.)

4527. La clause de l'acte de société, qui soumet à des arbitres souverains les contestations entre associés, est obligatoire pour les syndics représentant l'un des associés faillis, comme elle l'eût été pour l'associé lui-même. Ainsi l'appel du jugement arbitral est non recevable de la part des syndics, encore que le compromis qui nomme les arbitres ne contienne aucune renonciation à l'appel, et que le jugement intervenu ne soit pas qualifié en dernier ressort. (Paris, 20 juin 1817; Sirey, 1818, p. 95.)

4528. *La qualification d'amiables compositeurs, donnée aux arbitres dans le compromis, emporte-t-elle renonciation à la faculté d'appeler de leur sentence ?*

Cette question a été jugée pour la négative par arrêt de la cour de Metz du 22 juin 1818 (Sirey, 1819, p. 21), et pour l'affirmative par arrêt de celle de Nîmes du 9 janvier 1813 (*ibid.* 1813, pag. 284.) Cette dernière décision est motivée sur ce que l'art. 1010 n'exige pas que la renonciation à la faculté d'appeler soit exprimée en termes exprès; qu'elle l'était suffisamment dans l'espèce par la promesse des parties d'en passer par la décision de l'arbitre qui serait considéré comme *amiable compositeur*, et par de leur consentement de le dispenser de toutes formalités de justice; qu'enfin, cette qualité *d'amiable compositeur,* dispensé de toutes formalités de justice, en concours avec la promesse d'en passer par sa décision, est nécessairement incompatible avec la faculté d'appeler.

La cour de Metz, au contraire, a considéré qu'on ne pouvait induire de la faculté donnée aux arbitres de juger comme *amiables compositeurs*, une renonciation tacite à l'appel. En effet, porte l'arrêt, la loi ne distingue pas plus dans un cas que dans l'autre; son texte comme son esprit (art. 1010, 1019, 1823 et 1026) repoussent une aussi fausse interprétation ; car si, dans un cas, la violation des dispositions de la loi devient un grief d'appel, il y aurait aussi bien moyen d'appel et motif de réformer si l'on avait méconnu l'équité, cette première règle du droit, dont l'application n'est ni capricieuse ni arbitraire, et variable au gré des passions humaines, comme semblerait y conduire le système qui admettrait qu'il n'est pas possible de juger si des amiables compositeurs ont ou non prononcé équitablement.

Quoi qu'il en soit, nous croyons que la décision de la cour de Nîmes est préférable, attendu que la qualité d'amiables compositeurs, donnée aux arbitres, annonce que les parties laissent absolument à leur décision tous les objets de la contestation ; qu'elles s'en rapportent à leur conscience pour recevoir d'eux une décision qui a tous les caractères d'une transaction, parce qu'évidemment la volonté commune des parties a été de terminer leur différent par suite de la décision rendue par les arbitrateurs. Or, cette volonté réciproque, et qui forme contrat à l'effet d'accorder le différent, de le terminer, *litum componere*, d'après la décision des arbitres, n'aurait jamais d'effet, s'il était permis d'appeler ; on n'est d'ailleurs d'autant mieux fondé à soutenir que l'appel n'est pas recevable en cette circonstance, que la loi 27, ff. *de receptis qui arbitrium,* la première au code, même titre, et enfin, la loi du 24 août 1790, titre 1, art. 4, rejetaient l'appel de toute sentence arbitrale ; nous en concluons que, dans tous les cas douteux, on ne doit point interpréter, favorablement à la faculté d'appeler, les dispositions du droit nouveau, qui autorisent ce genre de pourvoi, et que, par conséquent, la renonciation peut être admise lorsqu'elle résulte de la nature même de la convention. Cette décision est encore plus certaine si, comme dans l'espèce particulière de l'arrêt de Nîmes, les parties sont convenues *d'en passer par la décision des arbitres,* car il serait difficile de ne pas voir dans une telle clause une renonciation qui ne serait que tacite. Le seul recours que les parties pourraient avoir contre la décision des amiables compositeurs serait, à notre avis, l'action en rescision que la loi admet contre les transactions, ainsi que nous l'avons dit à l'égard des blancs-seings.

4529. *Y a-t-il renonciation à l'appel suffisamment exprimée dans un compromis, par ces mots,* renonçant à toutes voies devant les tribunaux ?

Nous croyons que cette clause rend non recevable non seulement l'appel, mais la requête civile et l'opposition en nullité, soit qu'il s'agisse d'arbitrage ordinaire, soit qu'il s'agisse d'arbitrage en matière de société ; d'arbitrage ordinaire, d'après l'article 1010 et les arrêts cités sur les articles 1026 et 1028 ; d'arbitrage en matière de société, d'après ces mêmes articles, le titre 12, article 14 de la loi du 24 août 1790, et l'article 639 du code de commerce, qui permettent aux parties de renoncer à l'appel des jugemens des tribunaux de commerce. Or, la même faculté existe incontestablement à l'égard des décisions des arbitres qui les remplacent.

ARTICLE 1011.

Les actes de l'instruction, et les procès-verbaux du ministère des arbitres, seront faits par tous les arbitres, si le compromis ne les autorise à commettre l'un d'eux.

Conférence.

Voyez A. 3006.

4530. Les arbitres peuvent décerner commission rogatoire à un juge, conformément à l'article 1035. — A. 3010. (1)

(1) M. Pardessus, t. 4, pag. 96, estime aussi que les arbitres peuvent décerner commission rogatoire à des juges de paix ou autres magistrats, sans qu'il soit besoin de s'y faire autoriser par les parties ; les jugemens que les arbitres rendent

· 4531. Il n'y aurait pas nullité des actes auxquels un juge aurait procédé en vertu de commission rogatoire, quoique faits sans autorisation des parties; mais il en serait autrement des actes faits par un arbitre-commissaire. — A. 3011.

4532. *Y aurait-il nullité de la sentence si les arbitres, après avoir rendu leur jugement, chargeaient l'un d'eux de taxer les dépens?*

Il est à remarquer que l'article 1011 ne parle que des actes d'instruction et des procès-verbaux du ministère des arbitres; il n'y a que les circonstances particulières de chaque affaire mise en arbitrage, qui puisse déterminer quels sont ces actes et ces procès-verbaux; mais on peut en donner pour exemple des visites de lieux contentieux, des vérifications de pièces, des examens de registres, des réglemens d'ouvrages; c'est à de semblables actes ou opérations que tous les arbitres doivent concourir; c'est en ces cas, comme nous l'avons dit sur la précédente question, qu'il pourrait y avoir nullité si un seul arbitre y avait procédé, quoique le compromis n'en contînt pas l'autorisation : c'est parce que ces actes d'instruction, comme les procès-verbaux du ministère des arbitres, précèdent la sentence, qu'ils peuvent contribuer à la vicier; mais la taxe des dépens, qui ne se fait qu'ensuite, ne paraîtrait pas devoir produire le même effet.

ARTICLE 1012.

Le compromis finit, 1.° par le décès, refus, déport ou empêchement d'un des arbitres, s'il n'y a clause qu'il sera passé outre, ou que le remplacement sera au choix des parties ou au choix de l'arbitre ou des arbitres restans; 2.° par l'expiration du délai stipulé, ou de celui de trois mois, s'il n'en a pas été réglé; 3.° par le partage, si les arbitres n'ont pas le pouvoir de prendre un tiers-arbitre.

Conférence.

Art. 1014; *suprà* sur l'art. 1007, et art. 51 et 54 du code de comm.

4533. Le compromis peut s'éteindre par d'autres causes que celles mentionnées dans l'art. 1002. — A. 3012.

à cet effet, comme tous autres, préparatoires ou interlocutoires, doivent être rendus exécutoires, par le président du tribunal, dans la forme prescrite par l'article. Nous adoptons cette opinion, qui rentre dans les observations que nous avions faites sur la question 3010, *in fine*.

4534. Le compromis sur contestation en matière de société ne cesse pas par le décès d'un des arbitres, comme le compromis en matière ordinaire. — A. 3013. (1)

4535. Mais dans ce cas les parties sont libres de renouveler les arbitres par totalité ou en partie. — A. 3014.

4536. Les points arrêtés par les premiers arbitres doivent être mis de nouveau en délibération par les arbitres remplaçans, si le compromis porte qu'il sera statué, par un seul et même jugement, sur les points soumis à l'arbitrage; ils doivent être adoptés comme définitifs, si les arbitres n'étaient pas astreints à décider par un seul et même jugement, et si les différens points de la contestation étaient susceptibles de décisions partielles. — A. 3015.

4537. La partie qui, par son fait, empêche les arbitres de prononcer dans le délai du compromis, en faisant naître des incidens mal fondés, est non recevable à exciper de ce que les pouvoirs des arbitres sont expirés; elle ne peut compter dans le délai du compromis le tems qui s'est écoulé pendant la durée des incidens. (Metz, 12 mai 1818; Sirey, 1819, p. 103.)

4538. Les articles 1007 et 1012, qui veulent que la mission des arbitres ne dure que trois mois, lorsque la durée n'en a point été fixée par les parties, ne sont pas applicables aux arbitres nommés pour juger des contestations relatives à une société de commerce. — A. 3016.

4539. Ainsi, la partie qui veut hâter la décision de la cause peut s'adresser au tribunal pour qu'il fixe aux arbitres le délai dans lequel ils devront rendre leur jugement. — A. 3017.

4540. *Le tribunal de commerce a-t-il le droit de proroger sur la demande de l'une des parties, et sans le concours de la volonté de l'autre, le délai d'un arbitrage entre associés négocians, fixé par un précédent jugement, conformément à l'article 54 du code de commerce?*

Cette question a été jugée pour la négative par arrêt de la cour de Bordeaux du 28 juin 1818, *après partage*, attendu que l'article 54 du code de commerce autorise le tribunal à régler le délai

---

(1) Cette proposition, fondée dans l'analyse sur un arrêt de Bruxelles, ne s'appliquerait pas, d'après un arrêt de Paris, du 15 décembre 1807 (Sirey, 1807, t. 2, p. 788), au cas où les arbitres de commerce nommés par le juge *auraient reçus des parties* le pouvoir de statuer *en dernier ressort*, ou que, d'une manière quelconque, leur jurisdiction eût été prorogée; alors ils seraient réputés amiables compositeurs, en ce sens que leur pouvoir prendrait fin par toutes les mêmes manières que finit celui des arbitres ordinaires, notamment par la mort d'une des parties.

de l'arbitrage, dans le cas où les parties ne l'ont pas fixé ; que la loi ne l'autorise pas à proroger le délai qu'il avait fixé par un précédent jugement ; qu'enfin le tribunal, quand il a une fois réglé le délai de l'arbitrage forcé, a épuisé le pouvoir qui lui était confié par la loi. (Sirey, 1818, p. 243.) (1)

4541. Lorsque quelques-uns des arbitres nommés se sont déportés, et que les délais de l'arbitrage sont expirés au moment où l'on demande à un tribunal que de nouveaux arbitres soient nommés, ce tribunal ne peut faire droit à cette demande, par la considération que, durant le cours du délai, l'arbitre restant l'avait prorogé. — A. 3018.

---

(1) L'arrêtiste, en rapportant cet arrêt, y joint une consultation de notre savant collègue, M. Pardessus, dont l'opinion a prévalu, et une autre donnée en sens contraire par M. le baron Locré. Il fait remarquer, dit-il, que ce dernier avis était appuyé de celui de MM. Delvincourt, Toullier, Carré, Berryer, Fournel, Dupin ; nous ajoutons que MM. Roullet, Buhan et Saget, jurisconsultes à Bordeaux, avaient consulté dans le même sens, et que le demandeur en prorogation de délai s'appuyait en outre de parères des places de Bordeaux, Libourne, Nantes et Bayonne.

Dans la consultation que nous avions rédigée, après délibéré, avec notre collègue M. Toullier, nous discutons les motifs développés dans les avis contraires donnés à Paris par M. Pardessus ; à Bordeaux par MM. Dennié, Gergerès, Degranges-Touzin et Barennes ; et à Toulouse, MM. Raucoule, Espinasse et Laviguerie. En outre des moyens de droit que nous nous croyions fondés à opposer contre la doctrine soutenue par l'adversaire du sieur Poulet, nous insistons, avec les chambres de commerce, sur les inconvéniens qu'entraînerait cette doctrine, en ce qu'elle fait toujours dépendre de la partie qui craindrait une décision contraire à ses prétentions, de rendre le différent avec son associé interminable. En effet, les arbitres étant ordinairement des hommes de commerce ou d'affaires, pourraient rarement disposer du tems nécessaire pour prononcer, dans un premier délai, sur des contestations qui, par leur nature, exigent un long examen. Cependant, au moment où le jugement arbitral serait prêt à être rendu, mais où un nouveau délai serait indispensable pour le terminer, une des parties s'opposerait à ce nouveau délai, il faudrait tout recommencer ; la même chose pourrait arriver, lors du second arbitrage, et ainsi les affaires s'éterniseraient et les frais se multiplieraient contre l'intérêt du commerce, qui exige célérité et économie.

Le sieur Poulet ne s'est pas pourvu en cassation contre l'arrêt de Bordeaux ; ainsi l'importante question que cet arrêt a résolue peut se représenter. Si la cour suprême n'a pas eu occasion de la résoudre *in terminis*, nous nous proposons de la discuter avec toute l'étendue qu'elle exige dans notre premier supplément, où nous analyserons les moyens développés dans les consultations et parères qui furent produits de part et d'autre. Nous y ajouterons les observations de M. de Martignac sur les moyens du sieur Poulet ; observations que cet estimable jurisconsulte a rédigées avec autant de talent que d'honnêteté envers ceux de ses confrères dont il avait à combattre les opinions.

4542. Lorsqu'un compromis resté sans effet, à raison d'une des circonstances qui en opèrent l'extinction, les actes faits pour l'instruction, avant l'expiration du délai, doivent avoir leur effet en ce sens que, s'ils constataient quelque reconnaissance de l'une des parties, sur la vérité d'un fait contesté, ou qu'il en eût été fait quelque preuve devant les arbitres, ces actes pourraient être produits et faire foi en justice. — A. 3019.

4543. Les jugemens arbitraux font foi de leur date à l'égard des parties entre lesquelles ils ont été rendus, en sorte qu'un de ces jugemens dont la date remonterait à une époque antérieure à l'expiration du compromis, serait valable, encore que le dépôt au greffe et l'enregistrement n'eussent eu lieu qu'après cette expiration. — A. 3020.

4544. Les arbitres ne peuvent, après l'expiration du délai, interpréter ou expliquer leur sentence que sur la demande des deux parties. — A. 3021.

ARTICLE 1013.

Le décès, lorsque tous les héritiers sont majeurs, ne mettra pas fin au compromis : le délai pour instruire et juger sera suspendu pendant celui pour faire inventaire et délibérer.

ARTICLE 1014.

Le arbitres ne pourront se déporter, si leurs opérations sont commencées : ils ne pourront être récusés, si ce n'est pour cause survenue depuis le compromis.

Conférence.

Titre 21, livre 2, première partie du code.

4545. Les causes pour lesquelles les arbitres peuvent se déporter, sont celles pour lesquelles ils pourraient être récusés. — A. 3022. (1)

4546. L'empêchement est une cause de déport. — A. 3023.

_____

(1) M. Pardessus assigne les causes suivantes, t. 4, p. 87 : 1.º si le compromis était vicieux et nul ; 2.º si l'arbitre avait été injurié et diffamé par les parties, ou s'il était intervenu entre lui et elles une inimitié capitale ; 3.º s'il était survenu à l'arbitre une maladie ou incommodité grave qui le mit hors d'état de s'occuper de l'arbitrage ; 4.º si ses propres affaires demandaient instamment tous ses soins ; 5.º enfin, si un emploi public, accepté depuis le compromis, réclamait tous ses momens.

4547. Les parties ne peuvent, sans doute, forcer précisément les arbitres à exécuter la commission qu'ils ont acceptée, mais elles peuvent obtenir contre eux des dommages-intérêts, en vertu de l'art. 1142 du code civil. —A. 2024.

4548. L'absence d'un arbitre qui ne se rend pas au jour fixé pour procéder, n'autorise pas les autres arbitres à prononcer seuls. — A. 2025.

4549. Les arbitres ne peuvent être récusés que pour les causes d'après lesquelles on admet la récusation des juges ordinaires. — A. 3026.

4550. L'arbitre qui était créancier d'une des parties antérieurement au compromis, ne peut être récusé sous prétexte qu'il est de nouveau devenu créancier pour une autre cause postérieurement au compromis. (Metz, Sirey, 1819, p. 104.)

4551. Les arbitres ne sont point juges de la récusation de l'un d'eux, à moins que le compromis ne les y autorise expressément. —A. 3027.

4552. *Quel tribunal doit prononcer sur la récusation des arbitres ?*

C'est le tribunal du lieu où la cause eût été portée s'il n'eût pas existé d'arbitrage ; et si la récusation est faite mal à propos, elle peut donner lieu à des dommages-intérêts. (Pardessus, t. 4, p. 88.)

4553. Les tribunaux de commerce sont compétens pour statuer sur les causes de récusation dirigées contre des arbitres nommés par leurs jugemens. (Paris, 30 décembre 1813 ; Sirey, 1814, p. 301.)

ARTICLE 1015.

S'il est formé inscription de faux, même purement civile, ou s'il s'élève quelqu'incident criminel, les arbitres délaisseront les parties à se pourvoir, et les délais de l'arbitrage continueront à courir du jour du jugement de l'incident.

Conférence.

Art. 14 et 427.

4554. Le délai de l'arbitrage n'est suspendu que dans les seuls cas d'une inscription de faux ou d'un incident criminel ; c'est donc aux arbitres à provoquer le consentement des parties à la prorogation de ce délai, s'ils estiment qu'il serait insuffisant pour l'instruction d'un incident ou l'exécution d'un interlocutoire. — A. 3028.

4555. Les arbitres ne peuvent délaisser les parties à se pourvoir qu'autant qu'il y a inscription formalisée en justice, — A. 3029 ;

une simple réserve de s'inscrire ne suffit pas. (Cass. , 18 juin 1816 ; Sirey, 1817, p. 85.)

4556. Les arbitres peuvent procéder à une vérification d'écriture. — A. 3030.

ARTICLE 1016.

Chacune des parties sera tenue de produire ses défenses et pièces, quinzaine au moins avant l'expiration du délai du compromis ; et seront tenus les arbitres de juger sur ce qui aura été produit.

Le jugement sera signé par chacun des arbitres ; et dans le cas où il y aurait plus de deux arbitres, si la minorité refusait de le signer, les autres arbitres en feraient men-, tion, et le jugement aura le même effet que s'il avait été signé par chacun des arbitres.

Un jugement arbitral ne sera, dans aucun cas, sujet à l'opposition.

4557. Lorsqu'une pièce a été communiquée à des arbitres, elle devient dès-lors commune à toutes les parties ; par conséquent elle ne peut être retirée à volonté par celle qui l'a produite, et doit rester au procès pour servir ce que de droit à chacun. (Paris, 14 thermidor an 10 ; Sirey 1807, 2.ᵉ part., p. 1104.)

4558. On peut produire après la quinzaine qui précède l'expiration du compromis, si les arbitres n'ont pas encore rendu leur sentence. — A. 3031.

4559. La sentence arbitrale ne peut être rendue avant cette quinzaine, si les parties n'ont pas produit. — A. 3032.

4560. Les arbitres volontaires ne peuvent prononcer la contrainte par corps contre la partie qui néglige de rétablir une communication. — A. 3033. (1)

4561. Il résulte de la seconde disposition de l'article 1016, que tous les arbitres doivent savoir signer. —A. 3034.

4562. S'il n'y avait que deux arbitres, dont l'un refusât de signer, ou si, étant en plus grand nombre, ceux qui refusent de signer formaient la moitié, on pourrait les assigner devant le tribunal pour qu'ils s'expliquassent, et l'on agirait ultérieurement, suivant leurs réponses. — A. 3035.

---

(1) Cette proposition qui, d'ailleurs, est contraire à la maxime de la loi, 1. ff. de *jurisdictione : cui jurisdictio data est ea quoque concessa esse videntur, sinè quibus jurisdictio explicari non potuit,* ne nous paraît pas devoir être maintenue, d'après ce qui sera dit *infrà* n. 4567.

4563. Lorsqu'il y a partage entre deux arbitres, et qu'un tiers est appelé pour les départir, la décision arbitrale doit être signée par lui, à peine de nullité. (Paris, 17 février 1808; Sirey, 1808, p. 189.)

4564. Quand plusieurs chefs de contestations ont été soumis à des arbitres, ils ne peuvent prononcer sur chacun, autant de sentences séparées, qu'autant que le compromis leur en a accordé la faculté. — A. 3036.

4565. C'est chez l'arbitre le plus âgé que les séances doivent être tenues et les pièces des parties déposées. Il ne peut s'en dessaisir que dans les cas prévus par la loi, et en prenant récépissé sur inventaire. Il ne peut, après la sentence, les retenir pour gage de ses honoraires ou de ceux des autres arbitres; c'est au plus jeune d'entre eux à faire le rapport. — A. 3037.

4566. Les arbitres doivent condamner aux dépens et peuvent en faire la liquidation; mais il ne leur est pas permis de condamner aux amendes dans les cas où la loi prescrit aux juges de prononcer une telle condamnation. — A. 3038, et *suprà* n.° 761.

4567. Les arbitres forcés peuvent seuls prononcer la contrainte par corps, parce qu'ils forment un *tribunal légal* qui remplace, sous tous les rapports, le tribunal de commerce; mais les arbitres volontaires n'ont pas ce droit, parce que leur décision n'est pas un *jugement* dans le sens de la loi, qui ne paraît entendre accorder cette qualification qu'à la décision des juges institués par elle. — A. 3039.

M. Delvincourt partage en partie cette opinion (t. 2, p. 257.) Il pose cette question : *La contrainte par corps pourrait-elle être prononcée par des arbitres non autorisés par le compromis?* Il répond : *Non, à moins qu'il ne s'agisse d'un des cas dans lesquels elle peut être l'effet d'une convention.*

M. Pardessus pense, au contraire, p. 98, que la contrainte peut être prononcée par des arbitres, dans tous les cas où le tribunal auquel appartiendrait la connaissance de l'affaire aurait droit à la prononcer.

Cette opposition entre deux auteurs aussi recommandables nous imposait l'obligation de revoir avec soin les motifs sur lesquels nous avions cru pouvoir fonder l'opinion émise dans notre 2039.° question; et, après un mûr examen, nous croyons devoir la rétracter par les considérations suivantes :

La distinction que nous avions faite entre l'arbitrage forcé et l'arbitrage volontaire était connue dans l'ancienne jurisprudence, et cependant cette distinction n'en produisait point une relativement à la faculté de prononcer la contrainte par corps. Il était de principe que tous les arbitres pouvaient l'ordonner dans les matières où la loi l'autorisait. (V. ancien répertoire, v.° *arbitrage* ; la nouvelle collection de jurisprudence de Dénisart, etc.) Pourquoi en serait-il autrement aujourd'hui ?

L'arrêt de la cour de cassation, du 5 novembre 1811, ne décide point la question, en disant que les arbitres, en matière de société, composent un tribunal légal et sont compétens pour prononcer la contrainte par corps; la cour de cassation n'a pas dit que les arbitres ordinaires n'étaient point des juges, que leurs sentences n'étaient point des jugemens et qu'il leur était interdit d'ordonner le par corps. Tout ce qui résulte de cet arrêt, c'est que les arbitres forcés, étant assimilés à un tribunal, il n'y a pas lieu de douter qu'ils sont compétens pour prononcer la contrainte ; mais conclure de là que la cour de cassation a voulu refuser cette compétence aux autres arbitres, c'est abuser de sa décision.

Nous nous étions fondés ensuite sur l'article 2067 du code civil, qui porte que la contrainte par corps ne peut être appliquée qu'en vertu de *jugement*, et nous pensions que ce mot *jugement* ne devait s'entendre que des décisions des *tribunaux* et non des sentences arbitrales. Mais en réfléchissant bien, ce raisonnement ne nous semble pas aussi solide que nous l'avions cru d'abord ; nous convenons même qu'il peut aisément être réfuté. Les arbitres sont, en effet, véritablement *juges* des différens qui leur sont soumis; « leurs fonctions sont les » mêmes que celles qu'exercent les *juges* lorsque les parties plaident » en justice. (*Ancien répertoire, v.° arbitrage.*) Quoiqu'ils ne » soient juges que par le choix et la convention des parties, leur » sentence n'est pas moins un acte *solemnel*, ainsi que les *sen-* » *tences émanées des juges en titre.* (*Nouveau Dénisart, ut suprà.* »

Toutes les contraintes qui peuvent s'exercer en vertu des jugemens ordinaires peuvent donc l'être en vertu des sentences arbitrales (Ibid. §. 4, n.° 3.) ; une fois revêtues de l'ordonnance du président, elles sortent leurs effets comme les jugemens émanés des juges ordinaires; c'est pourquoi l'article 2123 du code civil fait résulter l'hypothèque judiciaire des décisions arbitrales revêtues de cette ordonnance ; et par suite l'article 2067 du même code s'applique aux sentences arbitrales, puisqu'il s'applique à tous les actes qui ont le caractère de jugemens, et qu'elles ne tiennent pas ce caractère de l'ordonnance d'*exequatur*, qui n'est nécessaire que pour leur exécution, et qui conséquemment n'ajoute rien à leur nature. C'est, d'ailleurs, ce que prouvent les différentes dispositions du livre des arbitrages au code

76

de procédure, puisqu'elles n'employent que la dénomination de *jugemens*, lorsqu'elles parlent des décisions arbitrales. (1)

Nous devons ajouter que la citation que nous avions faite d'Emérigon, d'après Boucher, ne décide rien ; nous citions aussi ce qu'a dit l'orateur du gouvernement, sur l'article 2067 du code civil, et, en cela, nous lui avons, par erreur, attribué un passage du rapport du tribun Gary (V. éd. de Didot, t. 7, p. 27); mais on peut remarquer que ce rapporteur s'est exprimé généralement, et n'a pas dit que les jugemens arbitraux ne sont point compris dans l'article 2067. Il faut seulement remarquer que la contrainte par corps ne pourra plus s'exercer qu'en vertu d'un jugement, « c'est à dire (ce » sont ses termes) que la loi a entendu prescrire la nécessité d'une » décision contradictoire rendue en présence du débiteur ou après » qu'il a été légalement appelé. »

C'est donc une décision contradictoire que la loi a exigé. L'orateur fait remarquer qu'on a voulu apporter un changement à l'ancienne jurisprudence qui, en certains cas, autorisait l'exercice de la contrainte par corps *sans jugement, sans décision contradictoire.* (V. Jousse, sur l'article 7, titre 34, ordonnance de 1667.)

On peut donc conclure que le mot *jugement* n'a pas été employé dans la loi pour signifier exclusivement les décisions rendues par les tribunaux, ainsi que nous l'avions pensé, mais pour apporter un changement à la jurisprudence et établir que la contrainte par corps ne pourra être prononcée que par un acte ayant le caractère de jugement, de décision contradictoire ; or, les sentences arbitrales ont ce caractère.

M. Bigot, dans son discours sur la loi relative à la contrainte par corps, en donne une explication, et l'on peut ajouter encore les argumens que fournit la loi du 15 germinal an 6, art. 12.

Au reste, par arrêt de la 3.ᵉ chambre, du 14 août 1816, la cour de Rennes a décidé que les arbitres qui ne sont pas institués *amiables compositeurs*, peuvent prononcer la contrainte, dans les cas où elle est autorisée, pourvu, toutefois, qu'à cet égard, il ait été pris devant eux des conclusions formelles.

---

(1) *Er.* Nous devons aussi remarquer sur notre question 2039, page 779, premier alinea, que l'arrêt de Toulouse, que nous avons cité, est celui même qui a été cassé par la cour suprême, le 5 novembre 1811. Or, cet arrêt n'est point motivé de la manière que nous avons rapportée, sur ce que la contrainte par corps avait été *ordonnée dans les cas non prévus par la loi*; nous avons été induit en erreur par M. Denevers, ainsi qu'on peut le voir au recueil de M. Sirey.

4568. Lorsque les parties ont soumis leurs contestations à des arbitres volontaires, elles ne peuvent plus demander la contrainte par corps aux tribunaux, si elles n'en ont fait la réserve expresse dans le compromis. — A. 3040.

4569. Les arbitres ne peuvent prononcer l'exécution provisoire de leurs jugemens; cependant il est des cas où elle doit avoir lieu de plein droit. — A. 3041, et *suprà* n.° 799; et Pardessus, t. 4, page 98.

4570. *Quelles sont en général les formalités des sentences arbitrales ?*

Voyez A. 3042.

4571. Il n'est pas nécessaire que la décision arbitrale soit prononcée en présence de parties. — A. 3043.

4572. Aucune loi n'oblige les arbitres à viser toutes les pièces à peine de nullité. (Colmar, 14 prairial an 11 ; Sirey, tome 3, pag. 585.)

4573. La sentence arbitrale prend date du jour où les arbitres l'ont signée. La date n'est pas essentiellement nécessaire pour la validité de la sentence, pourvu que le compromis qui l'a précédée en ait une certaine, et qu'il soit d'ailleurs constaté que les arbitres n'ont pas jugé après le délai. — A. 3044.

4574 La sentence arbitrale fait foi de sa date contre les parties entre lesquelles elle a été rendue (Cass., 15 termidor an 11 et 6 frimaire an 14, et Paris, 11 juillet 1809; Sirey, t. 6, p. 107 et 12, et t. 12, p. 374), alors même que le jugement n'a été enregistré ni déposé, et encore qu'il paraisse avoir été rendu avant l'expiration du délai fixé par le compromis, mais avant la révocation. (Cass , 31 mai 1809; Sirey, 1809, p. 353.)

4575 Lorsque la sentence a été délibérée, arrêtée et lue aux parties, il y a chose jugée encore bien que la signature des arbitres n'ait pas encore été apposée. (Cass., 8 vendémiaire au 8; Sirey, t. 2, 2.ᵉ part., p. 526. V. *suprà* sur l'art. 1008, n.° 4514.) Les arbitres ne peuvent, par un acte postérieur extrajudiciaire, changer la date d'une sentence close, datée et signée. (Cass., 1.ᵉʳ nivôse an 9; Sirey, t. 1.ᵉʳ, 2.ᵉ part., p. 517.

4576. Il n'est pas nécessaire que les arbitres attendent au dernier jour du délai pour juger par défaut; leur sentence est valablement rendue par forclusion après le délai donné pour la production des pièces. — A. 3045.

4577. Les sentences arbitrales rendues par défaut, ou plutôt par forclusion, ne sont en aucun cas sujettes à l'opposition. — A. 3046 et 3021.

ARTICLE 1017.

En cas de partage, les arbitres autorisés à nommer un tiers seront tenus de le faire par la décision qui prononce le partage : s'ils ne peuvent en convenir, ils le déclareront sur le procès-verbal, et le tiers sera nommé par le président du tribunal qui doit ordonner l'exécution de la décision arbitrale.

Il sera, à cet effet, présenté requête par la partie la plus diligente.

Dans les deux cas, les arbitres divisés seront tenus de rédiger leur avis distinct et motivé, soit dans le même procès-verbal, soit dans des procès-verbaux séparés.

Conférence.

T. art. 77, *infrà* sur 1018.

4578. Les articles 1017 et 1018 ne sont pas applicables aux arbitrages forcés. — A. 3047, et Paris, 22 mai 1813; Sirey, 1814, pag. 118.

4579. Lorsqu'il y a eu partage d'opinions entre plusieurs arbitres, il n'y a pas lieu de recourir au tiers-arbitre pour vider le partage, si depuis la déclaration de partage un des arbitres a cessé de l'être. — A. 3048.

4580. Si des arbitres ayant déclaré d'une manière générale qu'ils sont d'avis différens, l'un d'eux émet son avis, que l'autre se borne à dire qu'il ne peut en avoir aucun sur l'affaire, il n'y a point partage qui autorise le tiers-arbitre à juger. Pour qu'il y ait partage, dans le sens de la loi, il faut que les deux arbitres aient chacun émis leur avis, de manière que le tiers puisse adopter l'un ou l'autre. (Poitiers, 13 mars 1818; Sirey, 1818, p. 201.)

4581. Si les arbitres n'étaient pas autorisés à nommer un tiers-arbitre, et que les parties ne fussent pas convenues d'en nommer elles-mêmes, il suffirait de constater le partage, sans dresser procès-verbal des avis et des motifs de chacun. — A. 3049.

4582. Les arbitres autorisés à nommer un tiers-arbitre ne peuvent, sans le consentement formel des parties, le faire concourir à leurs délibérations dès le principe, et avant qu'il y ait eu partage. — A. 3050.

4583. Les arbitres, avant de déclarer partage, doivent, comme les juges ordinaires, se réduire à deux opinions. — A. 3051.

4584. Les arbitres peuvent, lors des conférences avec le tiers-arbitre, abandonner leur premier avis pour en adopter un nouveau, conjointement avec lui. — A. 3052.

4585. Le tiers-arbitre doit *nécessairement* prononcer dans le mois de son acceptation. — A. 3053.

4586. Cette proposition est commune à l'arbitrage forcé. (Paris, 30 novembre 1811; Sirey, t. 14, p. 21.)

4587. Dans le cas où le tiers-arbitre est, comme les arbitres, du choix des parties, et a été nommé comme eux par l'acte de compromission, il n'est pas nécessaire d'appliquer l'article 1017.

4588. Le procès-verbal qui constate la présence d'un arbitre aux conférences, ne peut être contredit par un acte extrajudiciaire donné par cet arbitre long-tems après le dépôt du jugement. — A. 3055.

ARTICLE 1018.

Le tiers-arbitre sera tenu de juger dans le mois du jour de son acceptation, à moins que ce délai n'ait été prolongé par l'acte de la nomination : il ne pourra prononcer qu'après avoir conféré avec les arbitres divisés, qui seront sommés de se réunir à cet effet.

Si tous les arbitres ne se réunissent pas, le tiers-arbitre prononcera seul ; et néanmoins il sera tenu de se conformer à l'un des avis des autres arbitres.

Conférence.

T. art. 29. — A. 3004. — Art. *suprà* 1017, et *infrà* 1028.

4589. Le jugement du tiers-arbitre ne peut être annulé sous le seul prétexte du défaut de rédaction du procès-verbal exigé par l'article 1017. — A. 3056.

4590. Il n'y aurait pas nullité substantielle et radicale dans la décision portée par le tiers-arbitre seul, et sans entendre les arbitres, si les parties, usant de la faculté que leur donne l'article 1029, les avaient dispensés de se conformer à toute espèce de formes et de règles de droit. (Cass., 31 décembre 1816; Sirey, 1818, p. 38.)

4591. Mais, hors ce cas, il y a nullité si le tiers-arbitre prononce après avoir conféré avec un seul arbitre, sans que l'autre ait été appelé à la conférence. — A. 3056, *in fine.*

4592. Il en serait de même si le tiers-arbitre qui a un mois pour donner son avis le rédigeait à une époque tellement rapprochée de celle de sa nomination, que les deux arbitres n'eussent pas eu le tems de rédiger leur avis séparé, et refusait de recevoir celui de l'un d'eux, en alléguant qu'il a déposé sa décision; de ce refus résulterait la preuve qu'il l'aurait rendue sans nécessité, hors la présence d'un des arbitres, et il y aurait lieu à annulation. (Rennes, 3.ᵉ ch., 6 janvier 1809.)

4593. Le tiers-arbitre qui, aux termes de l'article 1018, ne peut prononcer qu'*après avoir conféré avec les arbitres divisés*, n'est pas obligé de discuter l'affaire *simultanément* avec les deux arbitres; il suffit qu'il les ait entendus tous deux, quoique séparément. (Paris, 15 novembre 1814; Sirey 1815, p. 107.)

4594. Le tiers-arbitre, en adoptant l'opinion de l'un des arbitres, n'est pas tenu de se servir des mêmes expressions; il suffit que la disposition soit la même. (Paris, 19 novembre 1817; Sirey, 1818, p. 169.)

ARTICLE 1019.

Les arbitres et tiers-arbitres décideront d'après les règles du droit, à moins que le compromis ne leur donne pouvoir de prononcer comme amiables compositeurs.

4595. Il suffit que le compromis donne purement et simplement aux arbitres le pouvoir de prononcer comme *amiables compositeurs*, pour qu'ils soient dispensés de décider d'après les règles du droit, mais non de suivre les délais et les formes établis pour les tribunaux. — A. 3057.

4596. La faculté laissée aux parties d'autoriser leurs arbitres à statuer comme amiables compositeurs, ne leur est pas également laissée relativement aux juges d'un tribunal. (Paris, 2 janvier 1813; Sirey, 1813, p. 208.)

4597. Lorsqu'il a été convenu entre associés, qu'en cas de contestation, elles seront soumises à des arbitres qui jugeront sans appel, et comme *amiables compositeurs*, la convention sur la nature et l'étendue de l'autorité des arbitres a cet effet, encore que les arbitres soient ultérieurement nommés d'office par la justice, et non volontairement par les parties. (Cass., 15 juillet 1818; Sirey, 1819, p. 1.)

ARTICLE 1020.

Le jugement arbitral sera rendu exécutoire par une ordonnance du président du tribunal de première instance dans le ressort duquel il a été rendu : à cet effet, la minute du jugement sera déposée dans les trois jours, par l'un des arbitres, au greffe du tribunal.

S'il avait été compromis sur l'appel d'un jugement, la décision arbitrale sera déposée au greffe de la cour royale, et l'ordonnance rendue par le président de cette cour.

Les poursuites pour les frais du dépôt et les droits d'enregistrement ne pourront être faites que contre les parties.

Conférence.

T. art. 91. — Circulaire du ministre de la justice, du 28 octobre 1807. — Art. 6, tit. 1, loi des 16 et 24 août 1790. — Arrêt du 18 juin 1698, rapporté dans les *conférences de Bornier*, sur l'article 7 du titre 26, ordonnance de 1667 ; *suprà* sur 546 et 551.

4598. Le président d'un tribunal de commerce n'est pas compétent pour rendre exécutoire une sentence arbitrale rendue entre négocians, s'il ne s'agit pas de contestations entre associés. — A. 3060. (V. *suprà* n.° 2710.)

4599. Le tribunal civil est seul compétent pour connaître de la nullité d'une saisie faite en vertu de jugement arbitral rendu exécutoire par le président du tribunal de commerce, puisque l'article 442 dispose que ces tribunaux ne peuvent connaître de leurs jugemens. (Rennes, 3.ᵉ ch., 13 décembre 1809.)

4600. Lorsqu'il a été compromis tout à la fois et sur une affaire susceptible d'être portée en première instance et sur l'appel d'un jugement, il ne suffit pas de déposer la sentence qui prononce sur cette affaire ; et sur cet appel au greffe du tribunal d'appel, il faut encore en déposer un double au greffe de première instance, pour que chaque président puisse apposer l'ordonnance en ce qui le concerne. — A. 3061.

4601. Lorsqu'en appel les parties renoncent à l'effet du jugement de première instance, et nomment des arbitres pour juger la contestation, le compromis est réputé avoir lieu sur le fond primitif de l'affaire, non sur l'instance d'appel ; dès-lors la sentence arbitrale doit être rendue exécutoire par le président du tribunal de première instance, et non par celui de la cour royale. (Cass., 17 juillet 1817 ; Sirey, 1818, p. 331.)

4602 *Quand il a été compromis sur une affaire de la compétence du juge de paix, est-ce au greffe de sa justice que doit être fait le dépôt de la sentence, et est-ce ce juge qui doit apposer l'ordonnance ?*

L'article 1020 n'accorde compétence qu'aux présidens des tribunaux de première instance ou des cours ; et ce qui prouve que la sentence arbitrale rendue dans l'espèce de la question proposée, doit être déposée au greffe du tribunal de première instance, et être rendue exécutoire par le président de ce tribunal, c'est l'article 1023 qui porte que l'appel des jugemens arbitraux sera porté, savoir; devant les tribunaux de première instance pour les matières qui, s'il n'y eût point eu d'arbitrage, eussent été *soit en premier soit en dernier ressort, de la compétence des juges de paix.*

4603. Le président pourrait refuser l'ordonnance d'exécution, s'il croyait que la décision arbitrale portât sur des objets d'ordre et d'intérêt publics, sur lesquels il ne peut intervenir de compromis. — A. 3062. (1)

4604. Quand l'ordonnance a été apposée par un président incompétent, on doit se pourvoir par opposition devant le tribunal; mais lorsque le président compétent refuse d'apposer son ordonnance, on ne peut faire autre chose que de la demander au tribunal. — A. 3063.

L'ordonnance d'*exequatur* peut être-considérée sous les mêmes rapports qu'une simple ordonnance de pure forme, puisqu'elle n'a d'autre effet que de revêtir le jugement arbitral du sceau de l'autorité publique, sans en apprécier le mérite, ni-dans la forme, ni au fond; dans ce dernier cas, nous pensons, comme la cour de Rennes l'exprime dans un arrêt de la 1.re chambre, du 13 mai 1813, que l'on peut se pourvoir par opposition devant le tribunal, comme dans tous les cas où le juge ne statue point (V. *sup.* n.os 1500 et 4428.) Ainsi nous maintenons la première partie de la proposition ci-dessus pour le cas où l'on se pourvoit seulement pour incompétence contre l'ordonnance apposée purement et-simplement. Mais dans le cas de refus d'apposer l'ordonnance d'exécution, constaté par une décision du président, comme cette ordonnance a tous les caractères d'une décision judiciaire, l'arrêt précité déclare qu'à défaut de texte de loi sur une espèce qui n'a pas été prévue, il convient d'adopter le mode de se pourvoir contre les ordonnances sur référé; et, par conséquent, l'appel, comme nous l'avons dit dans la seconde partie de la proposition ci-dessus. Si l'ordonnance est réformée, un second arrêt de la même cour décide que le tribunal doit renvoyer au président d'une autre chambre ou à un autre juge dans l'ordre du tableau. (Même ch., 31 mai 1813.)

4605. Le français qui a volontairement compromis avec un étranger, ne peut se refuser à exécuter la sentence arbitrale intervenue et rendue exécutoire par l'ordonnance du président. (Paris, 16 décembre 1809; Sirey, 1810, p. 198.)

4606. Il n'est pas absolument nécessaire que le dépôt au greffe soit fait par l'un des arbitres; il peut l'être par un huissier ou par tout autre, porteur d'une procuration notariée. — A. 3064.

---

(1) *Er.* Page 789, dernier mot, au lieu de *référer*, lisez *refuser.*

4607. Le dépôt peut être fait par l'un des arbitres, et reçu par le greffier du tribunal avant que le jugement soit enregistré. Le président peut le rendre exécutoire avant l'enregistrement. — A. 3066.

4608. Un jugement arbitral ne serait pas nul, par cela seul qu'il n'aurait pas été déposé dans les trois jours de sa date au greffe du tribunal. — A. 3065.

Un arrêt de la cour de Montpellier avait autrement décidé cette question, mais la cour de Paris l'a derechef résolue conformément à l'arrêt cité dans l'analyse, et cette nouvelle décision a été rendue en matière de société de commerce. (Arrêt du 22 mai 1813 ; journ. des avoués, t. 7, p. 230.)

4609. Les sentences arbitrales doivent, dans tous les cas, être enregistrées sur minute, avant d'être revêtues de l'ordonnance d'exécution ; il n'y a pas à examiner, comme à l'égard des jugemens rendus par les tribunaux, si les condamnations qu'elles prononcent sont ou ne sont pas fondées sur des conventions non enregistrées. (Cass., 3 août 1813 ; Sirey, 1815, p. 178.)

ARTICLE 1021.

Les jugemens arbitraux, même ceux préparatoires, ne pourront être exécutés qu'après l'ordonnance qui sera accordée à cet effet par le président du tribunal, au bas ou en marge de la minute, sans qu'il soit besoin d'en communiquer au ministère public ; et sera ladite ordonnance expédiée en suite de l'expédition de la décision.

La connaissance de l'exécution du jugement appartient au tribunal qui a rendu l'ordonnance.

4610. Tout incident sur arbitrage volontaire, même en matière commerciale, notamment la demande en récusation d'un des arbitres, doit être portée devant le tribunal civil. (Metz, 12 mai 1818 ; Sirey, 1819, p. 103.)

4611. Quand, par leur compromis, les parties ont formellement dispensé les arbitres de remplir *toute formalité de justice*, la partie qui aurait exécuté l'interlocutoire ne pourrait opposer la nullité du jugement. — A. 3058.

4612. Une sentence arbitrale rendue en pays étranger peut être exécutée en France sur simple ordonnance apposée par le président. — A. 3059. V. *suprà* n.° 2694.

4613. Les tribunaux de commerce, en renvoyant à des arbitres les contestations *entre associés*, ne peuvent restreindre ces arbitres

77

aux fonctions de simples rapporteurs; ils doivent donc juger le procès, encore bien que le tribunal ne leur ait demandé qu'un rapport, et se soit réservé le droit de prononcer ultérieurement. (Paris, 5 juillet 1810; Sirey, 1814, p. 141.)

4614. De ce que l'article 1021 porte que les arbitres ne peuvent connaître de l'exécution de leurs jugemens, il ne s'ensuit pas qu'ils ne puissent recevoir un serment qu'ils auraient ordonné de prêter ; mais ils ne peuvent procéder à la réception d'une caution. — A. 3067.

ARTICLE 1022.

Les jugemens arbitraux ne pourront, en aucun cas, être opposés à des tiers.

4615. Les jugemens arbitraux peuvent être opposés à des tiers, sous le rapport qu'ils produisent hypothèque. — A. 3068.

4616. De ce que les jugemens arbitraux ne peuvent être opposés à des tiers, il s'ensuit que, pour empêcher que la décision arbitrale ait effet contre lui, il n'est pas besoin que le tiers se pourvoie par tierce-opposition. — A. 3069.

4617. Le compromis et le jugement arbitral ne produisent pas d'effets, même par rapport à des codébiteurs solidaires, ou à des cautions qui n'y auraient pas été parties. — A. 3070.

4618. Le tiers qui n'était point partie dans l'instance portée devant les arbitres est non recevable à se pourvoir par opposition à l'ordonnance d'*exequatur* du jugement arbitral, et à demander la nullité de ce jugement. (Aix, 3 février 1817; Sirey, 1817, p. 415.)

4619. Un jugement arbitral qui déclare la vente simulée, ne peut être regardé comme un commencement de preuve suffisant pour faire admettre la preuve testimoniale de la simulation, à l'égard des tiers qui n'ont pas été partie dans ce jugement. (Cass., 8 janvier 1817; Sirey, 1817, p. 151.)

ARTICLE 1023.

L'appel des jugemens arbitraux sera porté, savoir, devant les tribunaux de première instance pour les matières qui, s'il n'y eût point eu d'arbitrages, eussent été, soit en premier, soit en dernier ressort, de la compétence des juges de paix; et devant les cours d'appel, pour les matières qui eussent été, soit en premier, soit en dernier ressort, de la compétence des tribunaux de première instance.

Conférence.

Édit de François II, du mois d'août 1560 ; Domat, *droit public* , liv. 2 , tit. 7, *des arbitres*; A. 3041, et sur les art. 135, 449, 459 et 471.

4620. L'appel d'une sentence arbitrale serait porté devant le tribunal de commerce, si l'affaire était de la compétence d'un conseil de prud'hommes. — A. 3071.

4621. Les parties peuvent stipuler que l'appel sera porté à tel tribunal qu'elles jugent convenables de choisir, pourvu toutefois qu'il fût compétent, à raison de la matière et de la valeur litigieuse , comme juge d'appel. Ainsi, dans un compromis sur une matière excédant 1000 fr., on ne pourrait convenir que l'appel serait déféré à des juges d'arrondissement. (Turin, 9 juillet 1808; Sirey, 1812 , p. 413.)

ARTICLE 1024.

Les règles sur l'exécution provisoire des jugemens des tribunaux sont applicables aux jugemens arbitraux.

Conférence.

Voy. art. 135, 157, 457 et 458.

4622. En matière d'assurances, et sous le code de procédure civile, les sentences arbitrales peuvent être mises provisoirement à exécution, nonobstant l'appel, quoique cette exécution provisoire n'ait pas été ordonnée par la sentence. (Rouen, 3 novembre 1807; Sirey, 1808 , p. 41, mais voyez *suprà* n.º 4569.)

ARTICLE 1025.

Si l'appel est rejeté, l'appelant sera condamné à la même amende que s'il s'agissait d'un jugement des tribunaux ordinaires.

Conférence.

Voy. art. 471.

ARTICLE 1026.

La requête civile pourra être prise contre les jugemens arbitraux, dans les délais, formes et cas ci-devant désignés pour les jugemens des tribunaux ordinaires.

Elle sera portée devant le tribunal qui eût été compétent pour connaître de l'appel.

Conférence.

Suprà titre de la requête civile, et particulièrement les articles 480, 483, 492, 493, 494, 495, 499 et 500. V. aussi l'art. 1023.

4623. Les parties peuvent renoncer à la voie de la requête civile. (Cass., 18 juin 1816; Sirey, 1817, p. 85. V. *suprà* sur 1010.)

ARTICLE 1027.

Ne pourront cependant être proposées pour ouvertures ,

1.º L'inobservation des formes ordinaires, si les parties n'en étaient autrement convenues, ainsi qu'il est dit en l'article 1009 ;

2.º S'il a été prononcé sur choses non demandées, sauf à se pourvoir en nullité, suivant l'article ci-après.

Conférence.

Art. 480, 1009 et 1028.

4624. Ces mots de l'article 1027 , *sauf à se pourvoir en nullité suivant l'article ci-après*, ne s'appliquent qu'au cas où il aurait été prononcé sur des choses non demandées. — A. 3072.

4625. Un jugement arbitral ne peut être attaqué par voie de requête civile , lorsque, dans le compromis, les parties ont déclaré que le jugement à intervenir *aurait force de transaction sur procès.* (Cass. , 15 thermidor an 11 ; Sirey, t. 4, p. 26.)

Mais nous ne croyons pas qu'on puisse conclure de cet arrêt que la requête civile ne fût pas admissible contre un jugement rendu par des amiables compositeurs, si le compromis ne portait pas cette clause, qu'il vaudrait comme transaction. Un tel jugement n'est point par lui-même une transaction, et s'il n'est pas sujet à requête civile pour la première cause mentionnée en l'article 1027, il le serait infailliblement pour la seconde.

ARTICLE 1028.

Il ne sera besoin de se pourvoir par appel ni requête civile dans les cas suivans :

1.º Si le jugement a été rendu sans compromis, ou hors des termes du compromis ;

2.º S'il l'a été sur compromis nul ou expiré ;

3.º S'il n'a été rendu que par quelques arbitres non autorisés à juger en l'absence des autres ;

4.º S'il l'a été par un tiers sans en avoir conféré avec les arbitres partagés ;

5.º Enfin , s'il a été prononcé sur choses non demandées.

Dans tous ces cas, les parties se pourvoiront par opposition à l'ordonnance d'exécution , devant le tribunal qui l'aura rendue , et demanderont la nullité de l'acte qualifié *jugement arbitral.*

Il ne pourra y avoir recours en cassation , que contre les jugemens des tribunaux , rendus soit sur requête civile , soit sur appel d'un jugement arbitral.

Conférence.

Suprà sur les art. 1003, 1008, 1010, 1012, 1016, 1017, 1018, 1021.

4626. La partie qui aurait recours par le compromis à se pourvoir en nullité ne se rend pas pour cela non recevable dans ce genre de pourvoi. — A. 3073. (1)

4627. Il est ouvert même contre les jugemens rendus en matière de société de commerce, — A. 3074, (2) mais seulement lorsque les arbitres ont été institués amiables compositeurs. (*Cass. 16 juillet 1817, et 6 avril 1818; Sirey, 1817, page* 305, *et 1818, p.* 326; *Poitiers, 13 mars 1818, déjà cité sur l'article 1017, n.° 4580.*) C'est à dire pour statuer sans être tenu de suivre et les règles de droit et les formes judiciaires, la faculté de statuer en dernier ressort, ne soustrairait pas leur jugement à l'opposition en nullité. (*Cass. 26 mai 1813; Sirey, 1814, p.* 4.)

4628. *L'opposition en nullité contre la décision émanée d'arbitre amiables compositeurs, en matière de commerce, doit-elle être portée devant le juge de commerce ou devant le tribunal de première instance?*

La cour de Poitiers, par arrêt déjà cité, du 13 mars 1818, a décidé que l'opposition devait être jugée par le tribunal de commerce,

(1) Nous fondions cette proposition sur des raisons qui nous paraissaient convaincantes, et sur lesquelles la cour de Rennes a motivé un arrêt du 7 juillet 1818; mais elle est contredite par celui de la cour de cassation, du 10 février 1817 (Sirey, 1818, p. 38), dont les considérans portent que si, d'après l'article 1010, les parties peuvent, lors et depuis le compromis, renoncer à l'appel, elles peuvent aussi *nécessairement* renoncer à la voie d'opposition en nullité.

(2) Sur la 3074.ᵉ question de notre analyse, nous avions exposé les raisons d'après lesquelles on eût pu soutenir, soit que les jugemens rendus, en matière de société, étaient généralement et sans distinction sujets à l'opposition, soit que cette voie ne pouvait être admise. Les cours de Rennes, Agen et Turin avaient consacré cette dernière doctrine, conformément à divers arrêts de la cour de cassation; on peut voir les motifs et les autorités sur lesquels elle s'appuierait, dans les moyens plaidés par le défendeur en cassation, sur l'arrêt du 12 juillet (Sirey, 1817, p. 307). Dominés, par le compte que rend M. Locré de la discussion, t. 1, p. 223 et 266, et par les inductions que nous croyions pouvoir tirer d'un arrêt de cassation, du 5 novembre 1811, nous avions adopté le système contraire et admis l'opposition dans tous les cas; mais on doit tenir pour constant aujourd'hui que l'opposition en nullité n'est ouverte, conformément à l'article 1028, que dans le cas où les arbitres ont été institués amiables compositeurs, attendu que, sous ce rapport, ils sont réputés arbitres volontaires; qu'en tous autres leurs jugemens ne sont sujets qu'à l'appel et au pourvoi en cassation, parce qu'ils demeurent juges investis de la jurisdiction commerciale, dont les décisions n'admettent point l'opposition dont il s'agit.

mais cette décision est fondée sur cette circonstance particulière que l'ordonnance d'exécution avait été apposée par le président de ce tribunal ; ce qui ne permettait pas, d'après la dernière disposition de l'article 1028 , de porter le pourvoi devant un autre juge. La cour de Gênes, dans le système par elle admis , que toute décision d'arbitres, en matière de société commerciale , était sujette au pourvoi, a jugé que le tribunal de commerce était seul compétent. Nous croyons comme elle que, si l'opposition était admise contre toute décision d'arbitres, en matière de société , elle devrait, en effet , être portée devant ce tribunal, puisque c'est à son président qu'il appartenait d'apposer l'ordonnance (V. *suprà* n.º 4598.); mais puisque ce pourvoi n'est recevable que par exception, dans le cas où les arbitres sont amiables compositeurs, et sous ce rapport, arbitres volontaires, l'arrêt de Gênes cesse de pouvoir être pris en considération ; d'où suit rigoureusement que le jugement de l'opposition contre la décision de ces *arbitrateurs* appartient au tribunal civil dont le président doit apposer l'ordonnance d'exécution. (V. encore *suprà* n.º 4598.) L'arrêt de Poitiers ne contredit point cette solution , puisqu'il n'a pour motif que la circonstance de fait que l'ordonnance avait été apposée par le président du tribunal de commerce.

Ainsi, en *thèse générale* , le tribunal civil connaît de l'opposition à la décision rendue par des amiables compositeurs, en matière de société de commerce; mais , d'après l'arrêt de Poitiers, ce serait au tribunal de commerce, si l'ordonnance d'exécution avait été apposée par son président. Cela posé, pour éviter l'application de cet arrêt , il convient de requérir cette ordonnance du président du tribunal civil, et si, mal à propos, on s'est adressé à celui du tribunal de commerce, on doit préalablement se pourvoir pour incompétence dans la forme indiquée *suprà* n.º 4605, et ensuite former l'opposition en nullité devant le tribunal civil.

4629. Il y a lieu à réglement de juges lorsqu'une partie, devant le tribunal de commerce, s'est opposée à l'ordonnance d'exécution rendue par des arbitres forcés, tandis que l'autre partie s'est pourvue devant le tribunal civil pour l'exécution de cette même ordonnance, en faisant des offres et assignant en validité ; dans ce cas, c'est devant le tribunal de commerce qu'on doit renvoyer ces deux contestations connexes, puisque c'est son président qui a déclaré la décision exécutoire. (Paris, 23 octobre 1812 ; Sirey, 1814, p. 346.) (1)

(1) De ce qu'il est constant aujourd'hui que l'opposition en nullité ne serait pas admise dans l'espèce , les arbitres n'étant pas amiables compositeurs, il s'ensuit qu'il n'y aurait pas matière à réglement de juges, puisque l'une des actions ne procéderait pas.

4630. Les parties ayant la faculté de proposer soit par appel, soit par voie d'opposition, les moyens de nullité contre un jugement d'arbitres, il s'ensuit que celles qui ont joint dans un acte d'appel les moyens du fond et ceux de nullité, se sont rendus non recevables à demander qu'il soit sursis à l'appel jusqu'à ce que le jugement ne soit rendu sur les moyens de nullité par le juge compétent, suivant l'article 1028. (Rennes, 27 février 1817, 1.ʳᵉ chambre.)

4631. La partie non recevable dans l'appel d'une sentence arbitrale peut être néamoins recevable à l'attaquer par voie de *demande en nullité.* (Cass., 27 mai 1818; Sirey, 1819, p. 121.)

4632. Le tiers qui n'était point partie dans l'instance arbitrale est non recevable à se pourvoir par opposition à l'ordonnance d'*exequatur*, et à demander la nullité de la sentence. (Aix, 3 février 1817; Sirey, 1817, p. 415.)

4633. La loi n'a point fixé de délai passé lequel on ne pourrait se pourvoir en nullité. — A. 3075. Ainsi, et par conséquent, l'opposition peut être formée lors de l'exécution sur les procès-verbaux de saisie ou d'emprisonnement, ou, enfin, de toute autre acte d'exécution.

4634. Un acte qualifié *jugement arbitral* est nul pour le tout, par cela seul que les arbitres ont jugé hors des termes du compromis, sur quelques-uns des points qui leur avaient été soumis. — A. 5077.

4635. L'action en nullité ne peut être formée par acte d'avoué à avoué, même lorsque le jugement arbitral, revêtu de l'ordonnance du président, a été signifié avec constitution d'avoué. Il faut nécessairement un exploit d'ajournement. — A. 3078.

4636. L'opposition ne serait pas nulle si on déclarait s'opposer au jugement arbitral lui-même, au lieu de déclarer s'opposer à l'ordonnance. — A. 3079.

4637. L'opposition est suspensive de l'exécution. — A. 3080. (1)

4638. Mais il est valable quoiqu'il prononce sur une question qui n'a pas été expressément énoncée dans le compromis, si cette question est une dépendance *nécesaire* de celles qui y sont exprimées. (Aix, 3 février 1817, déjà cité n.° 4633.)

4639. Il en est de même de l'espèce où les parties ont stipulé une peine dans le cas où elles n'exécuteraient pas le jugement arbitral;

---

(1) Nous ajouterons que l'arrêt du 9 novembre 1812 (Sirey, 1813, page 515), confirme cette proposition par le motif que l'action donnée par l'article 1028, ayant pour objet d'établir que les arbitres ont jugé au-delà des pouvoirs reçus des parties, leur décision ne peut avoir la prérogative de l'exécution provisoire.

les arbitres peuvent juger sans excès de pouvoir les contestations qui s'élèvent sur l'application de cette clause. (Cass. , 12 juillet 1809; Sirey, 1809, p. 394.)

4640. De même les arbitres qui ont reçu des parties le pouvoir de terminer par un seul jugement toutes les contestations énoncées au compromis, n'excèdent pas leur mandat, lorsqu'en jugeant définitivement quelques points de la contestation ils en interloquent d'autres. (Cass. 11 février 1806; Sirey ; 1807, p. 786.) Mais à l'égard de ces chefs interloqués, ils doivent prononcer dans le délai du compromis. (V. *suprà* sur l'art. 1007, n.° 4510.)

4641. Le compromis portant pouvoir de statuer sur les difficultés *relatives à l'exécution* d'un marché, ne confère pas celui de statuer sur la réalisation de ce marché. (Paris, 29 novembre 1808 ; Sirey, 1809, p. 28.)

4642. De même des arbitres institués pour juger *toute contestation entre associés, et pour raison de la société*, ne sont pas compétens pour statuer sur la question de savoir si la société réunit ou ne réunit pas les conditions exigées pour sa validité. Ils ne peuvent décider, notamment, si la société est ou n'est pas *léonine* dans le sens de l'article 1854 du code civil, et, à cet égard, leur incompétence est absolue et proposable en tout état de cause. (Trèves, 5 février 1810 ; Sirey, 1814, p. 154.)

4643. Il est sans doute de l'essence de tous les jugemens, même de ceux qui sont rendus par des arbitres volontaires ou forcés, que la décision ne soit prononcée qu'après audition des parties, ou du moins après qu'elles ont été mises à portée d'être entendues ou duement appelées. L'inobservation de cette règle donnait lieu à cassation avant la publication du code de procédure. (Cass. , 7 brumaire an 13 ; Sirey, 1817, 2.° part. , p. 787.) Mais aujourd'hui que ce pourvoi n'est plus admis d'après dernière disposition de l'article 1028, à l'égard des arbitres volontaires (Cass. , 18 décembre 1810 ; Sirey, 1811, p. 86.), sera-ce par la voie de l'opposition en nullité qu'on devra se pourvoir? La cour de cassation a décidé le contraire par arrêt du 17 octobre 1810 (Sirey, 1811, p. 57.), dans une espèce où les arbitres avaient condamné une des parties à payer le reliquat d'un compte, sans qu'il en eût été donné communication et sans qu'elle eût été sommée de le discuter. Il résulte aussi de ce même arrêt et du texte de l'article 1027, que la requête civile serait également non recevable, en sorte que dans le cas de renonciation à l'appel, nul pourvoi n'est admis dans les circonstances dont il s'agit.

Ainsi, comme l'observe M. Coffinières en rapportant cet arrêt (journ. des avoués, t. 3, pag. 7), ceux qui confient à des arbitres la décision *souveraine* de leurs différens, doivent se tenir en garde contre toute surprise dont l'effet peut souvent être irréparable ; ils ne doivent pas oublier que la fixation d'un délai pour la prononciation du jugement les oblige à produire leurs moyens dans le même délai ; qu'enfin, dès que le demandeur a pris ses conclusions, le défendeur, comme l'a encore décidé l'arrêt ci-dessus du 5 novembre, n'a pas besoin, pour produire ses exceptions et ses moyens, qu'il en soit sommé par son adversaire.

4644. L'excès de pouvoir dans la décision arbitrale ne donne pas le droit d'appeler ; il n'y a lieu qu'à l'opposition en nullité, conformément à l'article 1028. (Rennes, 3.ᵉ ch., 16 décembre 1808.)

4645. Les arbitres ne peuvent jamais prononcer eux-mêmes sur l'excès de pouvoir reproché à leur décision. (Bruxelles, 8 fructidor an 10 ; Sirey, t. 4, p. 391.)

4646. Le dire des arbitres qui déclarent avoir vu les pouvoirs en vertu desquels ils ont été nommés, ne fait pas foi par lui-même de l'existence de ces pouvoirs. (Cass., 8 frimaire an 12 ; Sirey, tom. 4, pag. 662.)

4647. Le jugement arbitral, rendu par suite d'une prorogation de pouvoirs, après l'expiration du délai fixé par le compromis, n'est pas nul par cela seul qu'il ne mentionne pas expressément l'acte de prorogation, si d'ailleurs il est constant que les arbitres en ont eu connaissance. (Florence, 3 juin 1811 ; Sirey, 1814, p. 84.)

4648. Si l'un des arbitres volontaires, récusé par l'une des parties, a concouru au jugement arbitral, sans rejet préalable de la récusation prononcée par le juge compétent, le jugement peut être attaqué par la voie d'opposition en nullité. — A. 3081.

4649. Si le tiers-arbitre ne s'était pas conformé à l'avis des autres arbitres, on pourrait se pourvoir par la même voie. — A. 3082, et *suprà* n.° 4594.)

4650. On doit se pourvoir par appel, et non par cette voie, contre une décision illégalement qualifiée en dernier ressort. — A. 3084. (1)

_____

(1) Nous avons établi cette proposition, contraire aux observations des auteurs du praticien et de M. Denevers, d'après un arrêt du 30 avril 1806 (V. Sirey, 1806, p. 599), qui avait décidé de la sorte. Ces jurisconsultes ont pensé que cette jurisprudence ne devait pas être suivie sous l'empire du code de procédure, parce que la fausse qualification du jugement se trouve comprise dans la disposition de l'article 1028, qui ouvre l'action en nullité lorsque les arbitres

4651. Mais, si les arbitres avaient eu pouvoir de statuer en dernier ressort, ce pouvoir comprend le fond et l'accessoire, par exemple, la condamnation à la contrainte par corps. Ainsi l'on ne pourrait prétendre que la stipulation relative au dernier ressort ne s'applique pas à cette condamnation; et sous le prétexte que le compromis n'est pas porté sur ce chef, et que l'article 454 admet l'appel dans tous les cas d'incompétence, on ne pourrait prendre cette voie; il faudrait nécessairement recourir à l'opposition en nullité, fondée sur ce que les arbitres eussent prononcé hors des termes du compromis. (Cass., 5 novembre 1811; Sirey, 1812, p. 18.) (1)

4652. C'est encore cette voie qu'il faut prendre, si la décision arbitrale a été close et signée par la majorité des arbitres en l'absence des autres, même après délibération. — A. 3084.

---

ont jugé hors les termes du compromis. Nous avons cru devoir adopter l'opinion contraire, en nous fondant sur ce que l'article 453 autorise l'appel des jugemens mal à propos qualifiés en dernier ressort, et nous persistons dans cette opinion, par un autre motif tiré de ce que l'article 1010, admettant l'appel dans tous les cas où les parties n'y ont pas renoncé, il s'ensuit que cette voie leur est ouverte, nonobstant l'erreur dans la qualification du jugement arbitral. Telle serait, par exemple, l'espèce d'un arrêt de la cour de Rennes, du 19 novembre 1810, 1.re ch, lequel décide que les parties qui, dans une police d'assurance, sont convenues de *terminer*, par voie d'arbitrage, les contestations qui pourraient survenir sur son exécution, n'ont point donné pouvoir, par cette clause, aux arbitres de prononcer en dernier ressort, puisqu'elles n'ont pas renoncé formellement à appeler de leur décision.

(1) C'est de cet arrêt, rendu en matière d'arbitrage forcé, et déjà cité *suprà* page 613, à la note, que nous avions argumenté dans notre analyse, pour maintenir qu'en cette matière la voie de nullité était admise; mais si la jurisprudence est aujourd'hui contraire sur ce point, la décision qu'il renferme sur la proposition ci-dessus n'en subsiste pas moins pour le cas où il s'agit *d'arbitrage volontaire*; elle ne peut être rejetée que dans l'autre cas.

DISPOSITIONS GÉNÉRALES.

Les dispositions générales qui terminent le code ont pour objet, soit de prévenir, par des règles absolues et invariables, les abus qui pourraient naître de la fausse application ou de l'interprétation vicieuse de la loi, soit d'en procurer et d'en faciliter l'exécution. (V. notre introduct. générale, n.° 29.)

Pour atteindre ce but, elles établissent des règles pour les parties, les officiers ministériels et les juges même, et indiquent en outre plusieurs moyens d'assurer la stricte exécution d'un grand nombre de dispositions particulières ; ainsi,

1.° *Dans l'intérêt des parties*, le LÉGISLATEUR rappelle la nécessité de se conformer aux lois administratives, lorsqu'il s'agit d'actions qui intéressent les communes et les établissemens publics (1032) ; il fixe le délai général de tous les actes faits à personne ou domicile, et l'augmentation dont il est susceptible (1033) ; et afin de diminuer les frais et d'abréger les procédures, il ne permet que les assignations et les actes absolument nécessaires pour constituer une partie en demeure et lui procurer une légitime défense (1034.)

2.° *Dans l'ordre des devoirs des officiers ministériels*, il exige, pour hâter l'exécution des jugemens, et empêcher d'ailleurs qu'un avoué n'y fasse procéder contre l'intention de sa partie, que cet officier se munisse de nouveaux pouvoirs, à l'effet d'occuper sur l'exécution des jugemens, lorsqu'elle n'a pas lieu dans l'année de leur prononciation (1036.) Il défend toute assignation et exécution avant ou après certaines heures déterminées, et pendant les jours de fêtes légales, mais sous la réserve que cette prohibition ne portera pas préjudice aux parties, dans les cas où il y aurait péril dans la demeure (1037) ; il veut enfin que les huissiers fassent viser les originaux de tout exploit qui s'adresse à une personne publique (1039.)

3.° *Dans l'ordre des pouvoirs et des obligations du magistrat*, le législateur lui prescrit, en général, de faire tous les actes de son ministère au lieu où siège le tribunal, et avec l'assistance du greffier (1040), et l'autorise, dans les causes dont il est saisi, à prononcer des injonctions et à supprimer les mémoires calomnieux qui porteraient atteinte à l'honneur et à la réputation des parties (1036.)

4.° *Pour l'exécution de différentes dispositions*, le législateur déclare qu'aucune des peines que le code prononce ne peut être réputée *comminatoire* (1029.)

Mais si le juge ne doit pas être moins sévère que la loi, il ne peut aussi être plus rigoureux qu'elle; il ne peut donc suppléer des peines qu'elle n'aurait pas formellement prononcées (1530.)

Au surplus, la loi met à la charge des officiers ministériels les actes nuls, ceux qu'on nomme *frustratoires*, parce qu'ils sont faits *en vain*, n'étant ni prescrits ni autorisés ni utiles, et ceux encore qui auraient donné lieu à l'amende (1031.) Enfin, pour expliquer comment on pratiquera certaines procédures qui présentent des obstacles fondés sur l'éloignement des lieux, on a donné aux tribunaux la faculté de donner à d'autres des commissions pour agir à leur place (1035.)

Tous ces moyens d'exécution sont complétés par l'abrogation des lois, usages et réglemens antérieurs relatifs à la procédure civile (1041), et par la publication des réglemens, tant pour la taxe des frais que pour la police et la discipline des tribunaux (1042.)

ARTICLE 1029.

Aucune des nullités, amendes et déchéances prononcées dans le présent code n'est comminatoire.

Conférence.

Suprà, A. 480 et 843. (1)

4653. Il résulte de l'article 1029 que le juge doit faire l'application littérale des dispositions du code de procédure, sans pouvoir sous aucun prétexte en modérer ou aggraver la rigueur. — A. 3085.

(1) Nous avons indiqué, dans notre introduction générale, *in fine*, les principales questions résolues dans cet ouvrage, par application des articles 1029 et 1030; mais il importe de voir, en outre, les annotations que M. *Sirey* a faites sur ces

4654. La déchéance prononcée par jugement, dans le cas où une partie n'aurait pas fait, dans un délai donné, telle chose que ce jugement lui ordonne, n'est pas réputée comminatoire. — A. 3086.

4655. Les amendes qui ne peuvent être réputées comminatoires, sont celles qui sont prononcées d'une manière absolue, comme dans les articles 67, 264, 390, 471 et 513, à la différence de celles dont la condamnation est facultative, comme, dans les cas des articles 71, 267, 1030 et 1039. — A. 3087.

4656. Les conclusions additionnelles prises après plaidoiries, et avant les conclusions du ministère public, ne sont pas nulles, aucune loi ne les défendant, et l'article 72 du réglement général du 30 mars 1808 autorisant au contraire à les prendre *sur le bureau*, sauf à les signifier et remettre au greffier. (Rennes, 28 mars 1317, 2.ᵉ chambre.)

ARTICLE 1030.

Aucun exploit ou acte de procédure ne pourra être déclaré nul, si la nullité n'en est pas formellement prononcée par la loi.

Dans le cas où la loi n'aurait pas prononcé la nullité, l'officier ministériel pourra, soit pour omission, soit pour contravention, être condamné à une amende qui ne sera pas moindre de cinq francs, et n'excédera pas cent francs.

Conférence.

V. art. 71 et 132. — A. 8, 46, 121, 258, 474, 547, 1318, 1831, 1841 et 1846 ; *suprà* aux numéros correspondans, voyez aussi les articles 261, 262, 269, 271, 272, 273, 274, 275, 280, 344, 435, 559, 608, 609, 637, 717, 794, 832, 833, 869, 927, 928, 1006 et 1028.

4657. L'article 1030 admet une modification, et ne peut être invoqué lorsque, dans son application, la contravention aux formes vicie l'acte dans sa substance, A. 3088 (Rennes, 22 septemb. 1810), ou lorsque la formalité omise est nécessaire comme garantie d'un droit. (Nancy, 10 septembre 1814 ; Sirey, 1816, p. 52.)

4658. Les formalités prescrites, comme conditions d'exercice d'un pouvoir conféré, sont substantielles : leur violation emporte nullité, bien qu'elle ne soit pas prononcée par la loi. (Cass., 18 juin et 24 octobre 1817 ; Sirey, 1817, p. 298, et 1818, p. 118.)

---

articles, sous le titre des nullités, déchéances et fins de non recevoir (*code de procédure annoté*) ; le traité des *nullités* par M. PERRIN, avocat à Lons-le-Saulnier, et celui *des fins de non recevoir* de M. LE MERLE, avocat à Nantes. Ces deux ouvrages qui réunissent toutes les règles et toutes les décisions de la jurisprudence sur cette importante matière, nous épargnent des détails dans lesquels nous n'eussions pas manqué d'entrer, s'ils ne les contenaient pas.

4659. Un jugement rendu contre une femme assignée seulement dans la personne de son mari, et défendue sans mandat par celui-ci, est sans effet contre la femme, si la condamnation prononcée emporte aliénation ou restriction de sa dot ou de ses propres. Un tel jugement est nul à l'égard de la femme, pour sa dot et ses propres, nul, non pas d'une nullité qu'il soit nécessaire de faire prononcer par la voie de l'appel ou de la cassation, mais d'une nullité toujours opposable, et que tout juge peut constater ou déclarer par voie d'exception. (Paris, 27 août 1816; Sirey, 1817, p. 171.)

4660. Les dispositions de l'article 1030 ne peuvent être appliquées à des actes autres que des exploits ou actes de procédure. — A. 3089.

4661. Les dispositions du même article sont applicables non seulement aux actes de procédure faits même par un autre officier ministériel qu'un avoué — A. 3090.

4662. Quand un exploit ou acte de procédure est vicié de nullité, comme les nullités n'ont point lieu de plein droit, il est réputé valable jusqu'à ce qu'il ait été déclaré nul par le juge; d'un autre côté, ce qui est nul ne peut produire aucun effet. Pour concilier ces deux opinions, on peut dire que si un acte est nul, la partie adverse de celle qui en est l'auteur est libre d'agir nonobstant cet acte, sauf à le faire annuler ensuite et en se soumettant aux risques de sa démarche. — A. 3091.

ARTICLE 1031.

Les procédures et les actes nuls ou frustratoires, et les actes qui auront donné lieu à une condamnation d'amende, seront à la charge des officiers ministériels qui les auront faits, lesquels, suivant l'exigence des cas, seront en outre passibles des dommages et intérêts de la partie, et pourront même être suspendus de leurs fonctions.

4663. Les peines mentionnées dans les articles 1030 et 1031, à l'exception des dommages-intérêts des parties, peuvent être prononcées contre un officier ministériel, sans qu'il soit nécessaire de l'appeler pour être entendu dans ses moyens de défense. — A. 3092.

4664. La partie à la requête de laquelle se font des exploits ou actes de procédure, est responsable des fautes que commet l'officier ministériel qui les a faits. — A. 3093.

4665. Si la loi n'interdit pas formellement l'action directe contre un officier ministériel, à raison des fautes qu'il aurait commises, elle suppose du moins que c'est contre la partie qui l'a employé que la demande en dommages-intérêts doit être poursuivie. — A. 3094.

4666. Les officiers de justice que la loi indique par cette dénomination générique, *officiers ministériels*, sont les greffiers, les avoués et les huissiers. — A. 3095.

4667. Ces termes de l'article 1031, *suivant l'exigence des cas*, signifient que les juges sont autorisés à décider, d'après la nature des circonstances, si la faute est assez grave pour qu'il y ait lieu à responsabilité et à condamnation de dommages-intérêts, ou si la faute est tellement légère qu'on doive la rejeter sur la faiblesse et l'imperfection de la nature humaine. — A. 3096.

4668. L'huissier n'est pas responsable d'une nullité d'exploit, lorsqu'on lui a remis l'original et la copie de cet exploit. La nullité ne provient pas de son fait personnel, puisqu'on ne s'en est pas rapporté à sa capacité. (Caen, 27 mars 1815 ; jurispr. du code civil., t. 2, p. 432.)

ARTICLE 1032.

Les communes et les établissemens publics seront tenus,
pour former une demande en justice, de se conformer aux
lois administratives.

Conférence.

Loi du 29 vendémiaire an 5, art. 1, et loi du 24 brumaire même année ; arrêté du gouvernement, du 7 messidor an 9, n. 11, 12, 13 ; C. C., art. 910, 937 et 2045 ; *suprà* art. 69, §. 3 et 5. V. le code annoté de M. Sirey.

4669. Les habitans d'un village qui n'agissent pas en cette qualité ne sont pas tenus à se faire autoriser. (Cass., 10 novembre 1812 ; Sirey, 1813, p. 150.)

4670. *Qu'est-ce que les lois administratives prescrivent pour qu'une commune ou un établissement public puisse former une demande en justice?*
Voyez A. 3097.

4671. Lorsque des communes ne sont autorisées à plaider qu'au milieu des erremens de la procédure, tous les exploits et actes antérieurs ne sont pas validés par cette autorisation. — A. 3098, et Rennes, 1.ʳᵉ chambre, 17 mai 1819.

4672. Les communes n'ont pas besoin d'autorisation, afin de prendre des mesures conservatoires, d'appeler ou de défendre, en cause d'appel ou de se pourvoir en cassation. — A. 3099. (1)

_____

(1) *Er.* Page 810, quatrième ligne, au lieu de *18 juillet*, lisez *12 juillet*.

4673. Le défaut d'autorisation n'opère plus contre les communes une nullité absolue que leurs adversaires puissent opposer en tout état de cause. — A. 3100.

4674. Le délai de trois mois, pour interjéter appel, se compte du quantième d'un mois au quantième correspondant d'un autre mois, d'après le calendrier grégorien, sans avoir égard au nombre de jours dont chaque mois est composé. (Cass., 12 mars 1816; Sirey 1816, p. 332, et *suprà* n.° 2197.)

ARTICLE 1033.

Le jour de la signification ni celui de l'échéance ne sont jamais comptés pour le délai général fixé pour les ajourne- mens, les citations, sommations et autres actes faits à per- sonne ou domicile : ce délai sera augmenté d'un jour à raison de trois myriamètres de distance; et quand il y aura lieu à voyage, envoi et retour, l'augmentation sera du double.

Conférence

Ordonnance de 1667, titre 3, art. 6 et titre 8, art. 2; et aux numéros correspondans, A. 58, 59, 517, 526, 557, 558, 750, 766, 893, 1822, 1933, 1953, 2003, 2025, 2272, 2351, 2428, 2432, 2505, 2712, 2763, etc. — *Suprà* l'introduction générale, liv. 2, tit. 3.

4675. *Les dispositions de l'article 1033 sont-elles applicables aux actes faits soit d'avoués à avoués, soit à partie, mais à domicile d'avoué?*

Voy. A. 3101. (1)

4676. Le délai indiqué par la loi pour signifier des ajournemens, citations, sommations ou autres actes faits à personne ou domicile, n'est pas franc, comme celui qui est donné pour obtempérer à ces actes. — A. 3102. (2)

(1) Nous avions dit, sur la 3101.e question de notre analyse, qu'elles ne s'appliquaient point aux simples actes d'avoués, mais qu'elles pouvaient être invoquées pour les actes à faire à partie, à domicile d'avoué. Cette opinion était appuyée sur la jurisprudence alors existante de la cour de cassation ; mais aujourd'hui l'on doit tenir le contraire pour certain, d'après les arrêts déjà cités sur l'article 261, *suprà* n.° 1424. Nous rappellerons surtout celui de la cour de cassation, du 11 janvier 1815, en ce qu'il renferme une décision d'autant plus importante, qu'on peut en conclure que l'art. 1033 est, en général, applicable à tous actes faits à partie ou à domicile.

(2) D'après les arrêts cités *suprà* n.° 2196, cette proposition doit être ainsi modifiée : « Le délai pour signifier un acte à personne ou domicile est franc » comme le délai pour comparaître sur cet acte, mais l'augmentation, à raison » de la distance, n'est accordée que dans ce dernier cas. »

4677. Le terme d'une assignation donnée à bref délai, en vertu d'une permission de citer qui n'a point fixé le jour de la comparution, mais qui a seulement autorisé à assigner à un nombre de jours déterminés, par exemple, *à trois jours*, ne doit comprendre ni le jour de l'assignation, ni celui de l'échéance. — A. 3103.

4678. Un exploit, une sommation ou tout autre acte fait à personne ou à domicile serait valable, quoiqu'il n'indiquât que le délai général, sans énoncer l'augmentation à raison des distances. — A. 3104.

4679. Il y a lieu à l'application de l'article 1033, pour *voyage ou envoi et retour*, toutes les fois que l'on doit faire porter ou envoyer un acte, et justifier ensuite qu'il a été remis. — A. 3105 et *suprà* 3624.

La doctrine qu'énonce cette proposition est prouvée par la discussion du projet. La section du tribunat, dit M. Locré, t. 5, p. 11, esprit du code de procéd., fit sur cette dernière partie de l'article, et *quand il y aura lieu à voyage ou envoi et retour*, les observations suivantes:

« La section a considéré séparément les ajournemens et citations,
» et les sommations et autres actes.

» Quant aux ajournemens, elle a pensé que la disposition serait
» sans objet. En effet, en matière d'assignation, le délai est réglé
» en raison de la distance du domicile de la partie assignée ;
» cette partie doit jouir du délai ordinaire, plus d'un jour à raison
» de trois myriamètres de distance ; il n'est donc pas nécessaire d'ajou-
» ter, en ce qui concerne les ajournemens et citations, que l'aug-
» mentation sera du double, quand il y aura lieu *à voyage*, *envoi*
» *et retour* ; car alors la partie qui assigne a, pour recevoir l'ori-
» ginal de l'assignation, le même délai que la partie assignée a pour
» comparaître.

» Pour ce qui concerne les sommations et autres actes, le délai ne se
» compte jamais, à l'égard de la partie qui reçoit l'acte, que du jour où il
» lui est signifié ; et alors il lui est donné, outre le délai de la loi, un jour
» de plus à raison de trois myriamètres de distance. Ce même délai suffit
» aussi à la partie qui a signifié l'acte pour recevoir son original. Pour-
» quoi donc déclarer qu'en matière de sommation et autres actes l'aug-
» mentation sera du double, quand il y aura lieu à voyage, envoi
» et retour ? *Ce ne serait sans doute que pour donner à la partie*
» *qui est chargée de faire signifier, le tems de faire justifier qu'elle*
» *a fait la sommation, et pour que la procédure soit suspendue*
» *jusqu'à l'expiration du délai.* Mais ce motif ne parait pas
» suffisant si, pendant le délai donné pour faire une somma-
» tion, l'avoué de la partie qui doit recevoir la sommation se permet

79

» de faire des poursuites; il serait bientôt arrêté par un acte de
» l'avoué de la partie chargée par la loi de faire la sommation. »

Par suite de ces observations, la section du tribunat demandait
la suppression de cette partie de l'article. M. Locré nous laisse ignorer
les motifs qui la firent maintenir; mais on ne peut plus désormais
douter, d'après les observations qui précèdent, qu'elle ne peut s'appliquer qu'au cas énoncé généralement dans la proposition ci-dessus. (1)

4680. Il est de principe général qu'on doit notifier à personne
ou domicile de la partie qui n'a pas d'avoué en cause, les actes
dont la signification est ordonnée d'avoué à avoué, et, en ce cas,
il y a lieu à augmentation de délai. (Rennes, 1.ʳᵉ chambre, 11
janvier 1813.)

4681. On doit accorder l'augmentation d'un jour pour une distance moindre de trois myriamètres. — A. 5106. V. *suprà* le n.° 23,
tom. 1, p. 13. (2)

4682. *Comment se calculent les délais fixés à un certain nombre
de mois, de jours ou d'heures*?

Voy. A. 3107. (3)

4683. Tous les jours, autres que ceux des termes, sont continus
et utiles pour faire courir les délais. — A. 3108.

ARTICLE 1034.

> Les sommations pour être présent aux rapports d'experts,
> ainsi que les assignations données en vertu de jugement de
> jonction, indiqueront seulement le lieu, le jour et l'heure
> de la première vacation ou de la première audience; elles
> n'auront pas besoin d'être réitérées, quoique la vacation
> ou l'audience ait été continuée à un autre jour.

---

(1) Par exemple, dans l'espèce d'une action incidente en garantie, « un homme,
» domicilié à Caen, dit M. Thomines, p. 386, est assigné pour comparaître devant
» un tribunal de Paris, il faudra joindre à la huitaine franche que la loi lui accorde
» pour se présenter, autant de jours qu'il y a de fois trois myriamètres entre
» Caen et Paris; de plus, si l'homme de Caen est obligé d'appeler un homme
» de Bordeaux, en garantie, il lui faut le tems d'aller ou d'envoyer remettre
» l'assignation et le tems pour revenir; le délai des distances, pour *justifier* de
» cette assignation (avant que le demandeur principal puisse obtenir jugement
» contre lui) doit être double. »
La dénonciation de la saisie-arrêt au saisi avec demande en validité (art.
563) admet encore une augmentation du double pour *voyage ou renvoi et
retour.* (V. Pigeau, t. 2, p. 55.)

(2) Un arrêt de Gênes, du 29 août 1812 (Sirey, 1814, p. 272), est contraire à cette proposition que nous maintenons par les motifs développés n.° 23.

(3) *Er.* Page 816, avant-dernière ligne, au lieu de *5 février*, lisez *5 janvier*

4684. Lorsqu'une cause est remise ou continuée à tel jour d'audience, il n'est pas nécessaire de donner une nouvelle assignation, s'il n'y a pas un jugement de jonction. — A. 3109.

ARTICLE 1035.

Quand il s'agira de recevoir un serment, une caution, de procéder à une enquête, à un interrogatoire sur faits et articles, de nommer des experts, et généralement de faire une opération quelconque en vertu d'un jugement, et que les parties ou les lieux contentieux seront trop éloignés, les juges pourront commettre un tribunal voisin, un juge, ou même un juge de paix, suivant l'exigence des cas; ils pourront même autoriser un tribunal à nommer soit un de ses membres, soit un juge de paix, pour procéder aux opérations ordonnées.

Conférence.

A. 93, 860 à 867, 1018 et 1332.

4685. La commission doit être décernée par le jugement même qui ordonne l'opération. — A. 3110.

4686. Lorsqu'un tribunal a commis un juge étranger pour procéder à une enquête, des témoins domiciliés au lieu où siège ce tribunal peuvent lui demander à être entendus par un commissaire pris dans son sein, et non par le juge étranger devant lequel ils auraient été assignés. — A. 3111. (1)

4687. Les tribunaux ont toujours la faculté de révoquer les commissions qu'ils ont décernées pour des actes d'instruction, si elles n'ont pas reçu un commencement d'exécution. (Rennes, 2.ᵉ ch., 2 avril 1810.)

ARTICLE 1036.

Les tribunaux, suivant la gravité des circonstances, pourront, dans les causes dont ils seront saisis, prononcer, même d'office, des injonctions, supprimer des écrits, les déclarer calomnieux, et ordonner l'impression et l'affiche de leurs jugemens.

_____

(1) Cette proposition se trouve à sa place naturelle, *suprà* n.ₒ 1381.

4688. Les juges peuvent ordonner incidemment la suppression d'un mémoire injurieux, répandu dans le public sans avoir été signifié à la partie. — A. 3112. (1)

4689. Celui qui est étranger à une contestation n'a pas le droit d'y intervenir pour demander la supression des mémoires que les parties ont publiés, et dans lesquels il prétend avoir été injurié. — A. 3113, et *suprà* n.ᵒˢ 1743 et 2454.

4690. La cour de cassation ordonne, sur le réquisitoire de **M.** le procureur général, la suppression des mémoires contenant des expressions indécentes et irrévérentielles contre les cours et tribunaux dont les décisions lui sont dénoncées. (Cass., 11 janvier et 17 mars 1808; Sirey, 1808, p. 473.)

4691. Il n'y a point d'injure à reprocher l'erreur, l'injustice et la prévention des juges, lorsque les faits sur lesquels ces reproches sont fondés sont manifestes, et que la partie se trouve dans la nécessité de les faire connaître; en ce cas, les écrits ne peuvent être supprimés. (Rennes, 7 janvier 1811; Sirey, 1811, p. 462.)

4692. Les tribunaux de commerce peuvent non seulement renvoyer une partie qui se plaint d'injures se pourvoir en dommages-intérêts, mais encore prononcer eux-mêmes sur cette demande. (Rennes, 3.ᵉ ch., 20 juin 1810.)

ARTICLE 1037.

Aucune signification, ni exécution ne pourra être faite, depuis le 1.ᵉʳ octobre jusqu'au 31 mars, avant six heures du matin et après six heures du soir; et depuis le 1.ᵉʳ avril jusqu'au 30 septembre, avant quatre heures du matin et après neuf heures du soir; non plus que les jours de fête légale, si ce n'est en vertu de permission du juge, dans le cas où il y aurait péril en la demeure.

Conférence.

Décret du 4 août 1806; A. 1075, 2185, 2432; *suprà* n. 917.

4693. *Peut-on, en vertu de la permission du juge, faire des significations aux heures prohibées?*

Ces mots de la loi, *si ce n'est en vertu de permission du juge*, etc.; ne s'appliquent qu'à la prohibition de faire des significations et exécutions *les jours de fête légale*, et non pas à la première partie de l'article qui regarde les heures du jour. Ainsi, en hiver, on ne pourrait pas obtenir la permission de saisir-exécuter ou de saisir-gager

(1) Deuxième ligne, au lieu de *21 novembre*, lisez *22 novembre.*

avant six heures du matin, ou après *six heures du soir*, parce que de semblables exécutions ne peuvent se faire qu'en jour dans le domicile des citoyens, et qu'il est expressément défendu par les lois d'y entrer pendant *la nuit*. V. n.° 189. L'article 1037, en fixant les heures du jour, règle le tems de nuit. Celui chez lequel on se présenterait pour faire une exécution avant l'heure permise pourrait donc refuser à l'huissier l'entrée de sa maison, et, dans ce cas, l'officier ministériel ne serait point autorisé à recourir au juge de paix ou au maire du lieu. Art. 587; V. art. 184 du code pénal. Mais en attendant l'heure, l'huissier pourrait prendre la précaution qu'autorise l'article 587 pour empêcher tout divertissement d'effets.

4694. Les fêtes comprises sous ces expressions *fêtes légales* ne sont pas seulement les dimanches et les fêtes religieuses conservées par les lois du Royaume, mais encore toutes celles que la nation célébrerait *par ordre du gouvernement* à l'occasion d'un grand évènement, encore que cette fête ne fût pas établie à perpétuité. — A. 3114. (1)

4695. *Les dispositions de l'article 1037 s'appliquent-elles à tous les actes de la jurisdiction contentieuse; et, en cas d'affirmative, la confection de l'acte peut-elle être remise au lendemain du jour férié auquel expirerait le délai?*

M. Thomines, dans une consultation du mois de mars 1812, a traité cette question à l'occasion de celle de savoir si une enquête devait être déclarée nulle pour n'avoir été commencée que le neuvième jour après signification du jugement d'admission de la preuve, ou si, au contraire, elle avait été valablement commencée le neuvième, vu que le huitième était un jour de fête. Cet article, dit-il, rappelle l'ordonnance du 5 novembre 1651, et les titres du code et du ff. *de feriis et dilationibus et diversis temporibus*, qui ordonnaient de remettre au lendemain tout ce qu'on peut se dispenser de faire les jours de fête.

Inutilement se présenterait-on devant un juge un jour de dimanche, pour faire une enquête ou tout autre acte, il renverrait au lendemain.

Or, la conséquence de ce que le juge peut ne pas agir le dimanche est que l'on peut faire le lendemain ce qu'on devait faire le dernier

---

(1) Telle est aussi l'opinion de M. Delvincourt, dans ses instituts du droit commercial, t. 2, pag. 514; nous ajouterons que le jour de la fête Saint-Louis doit, comme le premier jour de l'année, être considéré comme *fête légale*. Ainsi Son Excellence le Ministre de la justice a décidé, le 28 octobre 1817, que la formalité de l'enregistrement avait pu être donnée, sans amende, le 26 août, aux actes dont le délai expirait le jour Saint-Louis, attendu que les bureaux avaient dû être fermés.

jour du délai, et non qu'on soit obligé de commencer la veille de la fête, ou même la surveille, si la veille eût été aussi un jour de fête. Ces jours opèrent maintenant la prorogation du délai au lieu de l'abréger; c'est ce que nous dit le simple bon sens; ce qui ne peut se faire le jour de la fête doit être remis au lendemain; c'est aussi ce qu'enseignent les titres du digeste *de feriis et dilationibus*; c'est ce que nous apprend Perès, sur le code, en donnant la définition des jours fériés. Suivant l'esprit de ces lois et l'explication de l'auteur, tous les actes judiciaires qui seraient à faire le dimanche ou autres jour de fête, hors le cas d'urgente nécessité, sont remis de plein droit au lendemain : *Feriæ dilationes sunt, quas jus indulget.* Si une dette devient exigible ce jour-là, il faut attendre au lendemain à la demander : *Omnium publicorum privatorum que debitorum differatur exactio*, loi 7 *in fine*, cod. *de feriis.* Si c'est un jour férié légal, le protêt est fait le jour suivant (code de comm., art. 163.) En fait de procédures (ordonn., tit. 3, art. 7) tous les jours sont continus et utiles pour les assignations, même les dimanches, fêtes solennelles et autres. Mais, dit Bornier, si le jour de l'échéance est dimanche ou fête, il doit être remis *au jour ouvrable* suivant; les jours intermédiaires sont seuls continus. Jousse enseigne la même doctrine : si le délai de l'assignation échet l'un de ces jours, la cause est remise de plein droit au lendemain ou au plus prochain jour plaidoyable. D'après ces autorités, il ne paraîtrait pas douteux que le délai d'opposition ou tout autre délai de procédure qui échoirait un jour de fête dût être remis de plein droit au lendemain; c'est une règle de droit commun, applicable à tout délai qui se compte par jour, application faite à la surenchère par arrêt du 28 novembre 1809. Il ne faut pas confondre les délais par jour et ceux par an ou par mois; si, en fait de prescription, les jours de fête ne prorogent pas, c'est que le délai est assez long; encore peut-on agir un jour de fête par permission du juge.

Cependant la cour de cassation a rejeté cette doctrine, en déclarant, par l'arrêt du 7 mars 1814, cité *suprà* n.º 1396, que les jours de fêtes légales ne suspendent point le délai pour faire enquête. On doit donc conclure que l'article 1037 doit être restreint aux significations et exécutions, et par conséquent, on agira prudemment en demandant une prorogation de délai, dans tous les cas où l'on voudrait attendre au dernier jour. Quoi qu'il en soit, l'arrêt rendu en matière de surenchère et les raisons développées par M. Thomines, et que la cour de Caen avait adoptées, nous semblent encore justifier pleinement la solution affirmative de la question que nous avons posée. (1)

---

(1) On remarquera que la cour de cassation n'a cassé l'arrêt de Caen, que par la seule considération qu'il avait ajouté un jour au délai fixé par la loi; mais qu'elle ne décide pas que le juge commis à une enquête

4696. *Le même article 1037 s'applique-t-il à des actes que la loi ou le juge prescrit de faire dans certaines instances, mais qui entrent dans les attributions d'experts ou d'agens administratifs?*

La négative a été jugée ainsi que nous l'avons dit n.° 5198, dans le cas particulier d'une transcription de saisie, faite un jour de dimanche, sur le registre du conservateur des hypothèques. Nous avons ajouté que M. Huet critiquait cette décision et pensait que la saisie devait être exécutée. Il se fonde sur les articles 1 et 2 de la loi du 17 thermidor an 6, l'arrêté du gouvernement du 7 thermidor an 8, le concordat de l'an 10 (1801), l'art. 57 du décret organique du 18 germinal même année, l'article 781 du code de procédure qui défend d'exercer la contrainte un jour de fête légale, et, enfin, sur la loi formelle du 18 novembre 1814, qui prescrit la stricte observation du jour des fêtes religieuses.

Nous croyons devoir faire une distinction qui nous semble concilier les opinions qui ont été émises sur cette question.

Ou l'acte émane d'un fonctionnaire public, proprement dit, c'est à dire, d'un homme institué par la loi pour appliquer ses dispositions avec autorité, comme délégué du Souverain; tels sont les magistrats dans l'ordre judiciaire et les personnes chargées dans les différentes localités d'une portion de l'administration générale, tels que les préfets, les sous-préfets, les maires, les conseils de préfecture et les conseils municipaux; nous ajoutons les notaires, parce que leurs actes sont exécutoires comme des jugemens;

Ou il s'agit d'un acte du ministère d'un simple agent, comme un conservateur des hypothèques, un préposé de l'enregistrement.

Dans le premier cas, l'acte est nul parce que le législateur ayant reconnu et déclaré que le culte catholique est celui de la majorité des français, ne peut être présumé avoir entendu que les fonctionnaires chargés de l'application de la loi, et qui, sous ce rapport, représentent le Prince dans l'exercice d'une portion du pouvoir exécutif, pussent donner l'exemple de la contravention à un précepte de cette religion.

---

puisse procéder un jour férié; elle a au contraire décidé, d'une manière opposée, en déclarant nul un état de collocation réglé par un juge-commissaire un jour de dimanche (10 janvier 1815; Sirey, 1815, p. 69); elle a jugé de même par arrêt du 13 juin même année, même recueil, p. 375, que lorsque les juges négligent l'observation des féries et vacances, ils prononcent irrégulièrement. La prudence conseille donc, comme nous l'avons dit ci-dessus, de ne pas attendre le dernier jour, mais de procéder auparavant ou du moins d'obtenir permission pour procéder, ce dernier jour, s'il est férié.

Dans le second cas, l'agent n'exerçant point son ministère directement comme délégué du Prince, et n'ayant par lui-même aucune autorité coercitive, peut profiter des jours fériés comme des jours de repos où il est autorisé à refuser de remplir ses fonctions; mais s'il n'entend pas user de cette faveur, il n'existe aucun motif pour annuler l'acte qu'il aura bien voulu faire. Ainsi nous maintenons tout à la fois et la proposition du n.° 3198 et ce que nous avons établi dans la note sur le numéro précédent, en ce qui concerne l'acte de clôture du procès-verbal d'ordre, puisqu'il est le fait d'un juge et non d'un simple agent ou préposé d'administration.

Nous ferons néanmoins remarquer que, par arrêt du 8 germinal an 10, la cour de Rennes a annulé un procès-verbal de prisage fait par des experts un jour de fête légale; mais les motifs de cette décision sont en faveur de notre opinion : la cour n'a point annulé par la considération que les experts ne pouvaient procéder un jour férié, mais, attendu qu'en donnant citation à une partie afin d'assister à l'expertise, c'était la contraindre à prendre part à une opération à laquelle elle était libre de ne pas concourir ce jour là; que la citation étant nulle par ce motif, le procès-verbal devait l'être également.

La loi du 18 novembre 1814, sur laquelle M. Huet insiste particulièrement, n'a pour objet que des mesures de police, relativement aux *travaux ordinaires et extérieurs*, etc.

ARTICLE 1038.

Les avoués qui ont occupé dans les causes où il est intervenu des jugemens définitifs, seront tenus d'occuper sur l'exécution de ces jugemens, sans nouveaux pouvoirs, pourvu qu'elle ait lieu dans l'année de la prononciation des jugemens.

Conférence.

Art 496. — A. 564 et 565.

4697. L'avoué qui a réglé avec sa partie, et lui a remis toutes les pièces de la procédure croyant l'affaire terminée, est néanmoins tenu d'occuper sur l'exécution de ce jugement ou arrêt, bien long-tems après la remise des pièces, s'il n'a été révoqué dans les formes de droit. — A. 3115. (1)

_____

(1) Ainsi, par arrêt du 1.er août 1810, la cour de cassation a décidé que l'avoué qui a obtenu un arrêt par défaut peut être contraint par *la cour*, s'il n'a pas été révoqué, d'occuper sur l'opposition, encore qu'il déclare être sans pièces ni pouvoir; mais, en ce cas, il ne serait pas sujet à désaveu. (Sircy, 1814, p. 81.)

4698. Lorsque, par l'effet de l'entérinement d'une requête civile, la cause au fond est reproduite devant les mêmes juges qui ont rendu la décision rescindée, les mêmes avoués qui ont déjà occupé peuvent, sans nouvelle constitution, occuper dans la nouvelle instance sur le fond. — A. 3116.

4699. Lorsque l'on forme une demande qui tend à l'exécution du jugement, un simple avenir ne nous paraîtrait pas suffisant, puisque l'article 1038 ne dispense que de la constitution d'avoué, et qu'il est nécessaire et juste que la partie ait un délai pour donner à cet officier les instructions qu'elle juge utiles.

ARTICLE 1039.

Toutes significations faites à des personnes publiques, préposées pour les recevoir, seront visées par elles sans frais sur l'original.

En cas de refus, l'original sera visé par le procureur du Roi près le tribunal de première instance de leur domicile. Les refusans pourront être condamnés, sur les conclusions du ministère public, à une amende qui ne pourra être moindre de cinq francs.

Conférence.

T. art. 19. - Ordonn. de 1667, tit. 11, art. 4.

4700. La disposition pénale de l'art. 1039 ne s'étend point aux visas que les maires ou adjoints doivent donner dans les cas où l'huissier n'a trouvé personne qui pût ou voulût recevoir la copie d'une signification. — A. 3117.

4701. Aux termes de l'article 1030, la disposition de l'article 1039, relative au visa des significations faites à des personnes publiques, n'emporte point nullité; cette peine n'est attachée qu'au défaut de visa prescrit par les articles 69 et 70 pour les exploits d'ajournement. (Cass., 20 août 1816; Sirey, 1816, p. 415.)

ARTICLE 1040.

Tous actes et procès-verbaux du ministère du juge seront faits au lieu où siège le tribunal : le juge y sera toujours assisté du greffier, qui gardera les minutes, et délivrera les expéditions : en cas d'urgence, le juge pourra répondre en sa demeure les requêtes qui lui sont présentées, le tout sauf l'exécution des dispositions portées au titre des *référés.*

80

Conférence.

Suprà, titre des référés.

4702. Le juge ne peut écrire lui-même les actes et procès-verbaux de son ministère. — A. 3118.

4703. Le greffier peut seul tirer expédition légale des actes confiés à sa garde; l'article 1040 établit en sa faveur un droit exclusif pour délivrer des expéditions. (Cass.; Sirey, 1813, p. 26.)

ARTICLE 1041.

Le présent code sera exécuté à dater du 1.er janvier 1807; en conséquence, tous procès qui seront intentés depuis cette époque, seront instruits conformément à ses dispositions; toutes lois, coutumes, usages et réglemens relatifs à la procédure civile, seront abrogés.

Conférence.

T. art. 176, (Avis du conseil d'état des 16 février et 1.er juin 1807; bull. des lois, 4.e série, t. 6, 131. -- Décrets des 18 août 1807 et 13 octobre 1809, et *suprà* notre introduction générale.

4704. Les seuls procès intentés depuis le 1.er janvier 1807 doivent être instruits conformément aux dispositions du code de procédure civile. — Mais il ne faut comprendre dans la classe des affaires antérieurement intentées, ni les appels interjetés depuis l'époque du 1.er janvier 1807, ni les saisies faites depuis, ni les ordres et contributions, lorsque la réquisition d'ouverture du procès-verbal est postérieure, ni les expropriations forcées, lorsque la procédure réglée par la loi du 11 brumaire an 7 a été entamée par l'apposition des affiches avant le 1.er janvier 1807. (Avis du conseil d'état du 16 février 1807.) (1)

4705. Les enquêtes ordonnées depuis le code, dans des procès commencés antérieurement, doivent être faites suivant les lois anciennes. (Cass., 20 octobre 1812 et 26 février 1816; Sirey, 1813, pag. 145, et 1816, pag. 373.)

4706. Si l'appel d'un jugement rendu avant le 1.er janvier 1807 a été interjeté postérieurement, l'instruction se fait suivant les dispositions du code de procédure. (Rennes, 1.re chambre, 22 novembre 1807.)

4707. *Serait-on encore recevable, aux termes de l'article 5, titre 14, de la loi du 24 août 1790, à appeler pendant dix ans,*

---

(1) Nous ne traiterons que les seules questions transitoires qui, d'après cet avis, seraient encore susceptibles de se présenter aujourd'hui.

à partir de la signification faite sous l'empire du code, d'un jugement rendu avant le premier janvier 1807 ?

Avant la loi du 24 août 1790, le délai d'appel était de dix ans, conformément à l'ordonnance de 1667, et il était plus ou moins long dans les pays où elle n'avait pas été enregistrée. Mais la loi de 1790, en réduisant ce délai à trois mois, n'avait parlé que des jugemens contradictoires. A l'occasion d'un référé fait au directoire exécutif, sur la question de savoir si les jugemens par défaut restaient soumis au délai fixé par l'ordonnance ou par la jurisprudence locale, il fut répondu, le 9 messidor an 4, *que la loi nouvelle n'ayant pas prononcé sur l'appel des jugemens par défaut, il résultait nécessairement de son silence qu'on devait, à cet égard, recourir aux lois anciennes* (V. bull. des lois 56, n.° 497), et c'est ainsi que la cour de cassation prononça sur cette difficulté, par arrêt du 25 pluviôse an 11. (Bull. officiel, an 11, n.° 58, p. 151.) Telle a été la jurisprudence jusqu'à la mise en activité du code de procédure, qui a rendu le délai de trois mois commun à tous jugemens soit contradictoires soit par défaut.

Il nous semble hors de doute que c'est l'époque de la notification du jugement qu'il faut considérer pour déterminer le délai qui, en tous les tems, a couru à partir de cette notification. C'est à cette époque, en effet, que la partie à requête de laquelle elle a été faite a constitué l'autre en demeure d'appeler, et elle n'a pu le faire que sauf l'observation du délai fixé par la loi existante. Ainsi, lorsque la signification dont il s'agit a été faite avant le 1.er janvier, la partie a eu dix ans à compter de cette signification. Si elle n'est faite qu'aujourd'hui, le délai d'appel ne sera que de trois mois, conformément à l'article 443 du code. Telle est notre opinion sur cette question, qui peut se présenter encore ; mais nous ne dissimulons pas qu'il existe un arrêt contraire rendu par la cour de Bruxelles, le 13 mai 1807, et rapporté par les auteurs du praticien, partie jurisprudence, t. 1.er, p. 6.

4708. Une instance liée avant le 1.er janvier, mais reprise depuis, doit être régie d'après la législation antérieure, parce que la reprise n'est que la continuation du procès primitif. (Bruxelles, 10 juin 1807, *ibidem*, p. 23.)

4709. L'abrogation prononcée par l'article 1041 ne peut être étendue à des matières régies par des lois spéciales antérieures au code de procédure. — A. 3119, et cass., 19 février 1814.

4710. L'assignation devant une cour royale, en vertu d'un arrêt de la cour de cassation, qui lui renvoie la connaissance d'une ancienne affaire, n'est pas soumise aux formes du code, puisqu'elle n'est pas introductive d'une nouvelle instance. (Nismes, 16 février 1808; Paillet, p. 750.)

4711. Les dispositions du code de procédure règlent la forme et l'exécution des arrêts rendus postérieurement à sa publication, sur un procès intenté auparavant. (Montpellier, 16 juillet 1810; Paillet, p. 751.)

4712. L'avis du conseil d'état, du 16 février, ne concerne que l'instruction des procès, et on ne peut conséquemment appliquer à une cause introduite avant le 1.er janvier, les dispositions du code de procédure qui établiraient un nouveau droit sur le fond du procès. (Cass., 12 août 1807, *ibidem*, p. 27. V. *suprà* n.° 4704.)

ARTICLE 1042.

Avant cette époque, il sera fait, tant pour la taxe des frais que pour la police et discipline des tribunaux, des réglemens d'administration publique.

Dans trois ans au plus tard les dispositions de ces réglemens qui contiendraient des mesures législatives, seront présentées au corps législatif en forme de loi.

4713. En conformité de l'art. 1042, plusieurs réglemens ont été faits pour la police et discipline des tribunaux; et quoiqu'ils n'aient point reçu, conformément à la seconde disposition du même article, la sanction du pouvoir législatif, ils ont été journellement appliqués comme lois dans les tribunaux, et continueront de l'être jusqu'à ce que cet étrange oubli soit réparé. Les dispositions de ces réglemens sont en effet essentielles à la marche des affaires, et mieux vaut considérer le silence du gouvernement et du législateur comme une approbation tacite que d'entraver la marche de l'administration de la justice.

Ceux de ces règlemens qui ont pour objet la taxe des frais et dépens des procédures civiles et de mises à exécution se trouvent dans trois décrets du 16 février 1807.

Le premier contient le détail des frais et dépens pour tous les actes; le second règle la forme de la liquidation des dépens, tant en matières sommaires qu'en matières ordinaires, et la marche à suivre pour se pourvoir contre les *exécutoires*, c'est-à-dire, contre l'ordonnance qui accorde permission de contraindre au paiement des sommes taxées : à ce décret est joint un tarif particulier des frais de taxe et de ceux à faire pour parvenir à la réformation des exécutoires.

Le troisième a appliqué à quelques cours et tribunaux le tarif de la cour royale de Paris et des tribunaux de son ressort, et en a fixé la réduction pour les autres.

Quant à la police et à la discipline des tribunaux, elle est réglée par le décret du 30 mars 1808.

Mais on doit ajouter la loi du 20 avril 1810, concernant l'organisation de l'ordre judiciaire et l'administration de la justice, et les décrets des 6 juillet suivant, sur l'organisation et le service des cours royales, etc.; 19 du même mois, portant des peines contre les postulans sans titre (1); 18 août même année, sur l'organisation des tribunaux de première instance; enfin, le décret du 30 janvier 1811, qui règle les dépenses de l'ordre judiciaire.

Tous ces réglemens se trouvent, en grande partie, à la suite de plusieurs ouvrages publiés sur le code de procédure, et ont été recueillis, mis en ordre et conférés en totalité sous le titre de *Code de la nouvelle organisation judiciaire*, par M. Rondonneau ; Paris, imprimerie stéréotype de Mame frères.

———

Nous terminerons en rappelant une importante réflexion des rédacteurs du projet de code :

« Les effets du code judiciaire dépendent de la fermeté et de l'exac-
» titude des juges à en maintenir l'exécution.......

» Ce ne sont ni les frais ni les délais réglés par la loi, mais les
» droits que l'on s'attribue, et les délais qu'on proroge malgré sa
» défense, qui sont onéreux aux parties.........

» L'observation des formes prescrites par ce code est la première
» obligation des officiers chargés immédiatement des intérêts des
» parties.........

» Leur intérêt le leur commande autant que leur devoir. »

———

(1) On remarquera que ce décret, qui défend tous actes de postulation aux personnes qui n'ont pas un caractère public, n'entend punir que ceux qui, au préjudice des avoués en titre, s'approprient les émolumens et produits accordés pour l'instruction des affaires, et non pas à ceux qui rédigeraient des actes du ministère d'avoué, sous la signature d'un de ces officiers ou dans l'intention de les faire revêtir de cette signature. (Bruxelles, 21 avril 1813 ; Sirey, 1815, p. 43.)

FIN.

TABLES DES MATIÈRES.

TABLE GÉNÉRALE

DES

MATIÈRES CONTENUES DANS LES DEUX VOLUMES.

TABLE

DES

QUESTIONS TRAITÉES DANS LES DEUX VOLUMES.

(CETTE TABLE indique, par LE NOM de l'objet auquel elles se rattachent, toutes les questions traitées sur chaque article du code. Nous croyons que l'intitulé des divisions de l'Introduction et des préliminaires des livres et titres, dans la table précédente, annoncent suffisamment ce qu'elles renferment.)

A

ABSENT (absence), 555, 2062, 2255, 4085, 4087, 4263, 4347, 4414, 4426, 4471, 4472, - du saisi, 2931. (V. envoi en possession.)

ABSTENTION (d'un juge), 1923, 1917 - d'un juge de paix, 205, 216.

ACQUÉREUR, 118, 120, 124, 142, 719, 2396, 3454 (V. tiers-acquéreur.)

ACQUIESCEMENT à un arrêt, 2552, — à un jugement, 946, 947, 1065, 2235, 2236, 2275, 2277, 2354.

ACTE authentique, 1146, - conservatoire, 723, - extrajudiciaire, 2416, - fait en bureau de paix, 258, - notarié, 2682, 2690, 2700. (V. annulation d'un acte, demande en rectification, force des jugemens et actes, notaire, nullité, voies à prendre pour avoir expédition ou copie.)

ACTION (en général) 8, - civile, 734, - commerciale, 11, 232, 291, 231, 360, 361, 501, 502, 504, 514, 561, 562, 729, 734, 827, 991, 1018, 1022, 1376, 1700, 2026, 2046, 2102, 2239, 2384, 2592, 2594, 2615, 2668, 2824, 3849, 3953, 4516; - criminelle, 130, 579, 605, - introductive, 219, - judiciaire, 245, - mixte, 6, 285, 288, 289, - mobilière, 7, 98, - personnelle, 6, 27, 284, — 286,

1028, 2039, 2043, - possessoire, 98, 158, 225, - principale, 219, 220, 222, - réelle, 6, 287. (Voy. affaire sommaire, nullité, pétitoire.

ADJOINT DU MAIRE, 2885, 3101, 3183, 3186, 3210, 3247, 3249.

ABJUDICATION (d'un immeuble saisi), 3316, 3323, 3326, 3328, 3334, 3336, 3382, 3384, 3390, 3392, 3394, 3449, 3476, 3478, 3482, 3488, 3523, 3527, 3531, 3534, 3535, 3551, 3553, 3556, 3559, 3561, 3583, 3587, 3588, 3606, 3607, 3696, 3997. (Voy. incapable, vente.)

ADMINISTRATION (du domaine) 2767, 2841.

ADMINISTRATEUR, - administration, - acte administratif, 3299, 119, 754, 1594, 1729, 1730, 1731, 2238, 2715, 2730, 2744. (V. agent d'administration, arrêté administratif, autorité administrative.)

ADOPTION, 889, 1767.

AFFAIRE contentieuse, 198, - criminelle, 130, 579, 605, - maritime, 2086, 2091, - sommaire, 197, 560, 608, 621, 786, 954, 1032, 1376, 1700, 2039, 2073, 2075, 2672, 2674, 3601.

AFFICHES, 3134, 3174, 3322, 3489, 4378.

81

C

FAUTES ESSENTIELLES A CORRIGER.

TOME PREMIER.

Pages

Introduction , p. xiij , n.º 52 , 3.ª alinea , au lieu de *pouvoirs* , lisez *autorités*. Faites la même correction à la 3.ª ligne de la page suivante.

3. Huitième alinea, dix-neuvième ligne , à la parenthèse, au lieu d'*art.* 15, lisez *art.* 20.

6. Article 1.ʳ , à la fin du texte de l'article et après le mot *juge* , ajoutez *de paix qui doit connaître de la demande, et le jour et l'heure de la comparution.*

11. Premier alinea, troisième ligne, au lieu de *vendémiaire an* 9, l'sez *vendémiaire an* 4.

25. A la fin du n.ª 74 , ajoutez *Sirey*, 1811, *page* 62 ; *voyez aussi* n.º 156.

26. Conférence de l'article 17, ajoutez *et questions sur l'article* 155.

La page qui suit la 28.ª doit être numérotée 29, au lieu de 92.

Pages

A cette même page, n.º 88 , au lieu de *ce délai ne doit pas*, lisez *ce délai doit.* -- Idem, n.º 89, au lieu de *l'opposition ne serait pas* , lisez *serait.* -- Idem , n.º 90, au lieu de *page* 15 , lisez *page* 5.

31. N.º 94, au lieu de *ne peuvent*, lisez *peuvent.*

33. Premier alinea *in fine* , au lieu de *ne peut résulter d'un*, lisez *ne peut résulter que d'un.*

36. Neuvième alinea , troisième ligne , lisez *voyez* n.º 125 , *page* 46.

55. N.º 152, ajoutez à la fin *V. infrà , art.* 478.

57. *In principio* , deuxième ligne de la conférence , au lieu des *articles* 551 *et* 552, lisez *articles* 451 et 452.

69. N.º 185 , au lieu de *équivaut* , lisez *n'équivaut pas.*

79. Cinquième alinea, entre deux parenthèses, au lieu de *titre* 2, lisez *titre* 2 -- 8.

80. Deuxième alinea, deuxième ligne, au lieu de *la loi abroge*, lisez *la loi abrège*.

81. Premier alinea, dernière ligne, au lieu de *prononcée* (*v. art.* 50), lisez *exceptée* (*v. art.* 49).

82. Quatrième alinea, septième ligne, au lieu de *contre l'intervenant*, lisez *quant à l'intervenant*.

86. N.º 235, entre les deux parenthèses, au lieu de 99, lisez 59.

87. N.º 236 *in fine*, ajoutez (1). N.º 239, au lieu de (1), lisez (2), et reportez les mêmes signes aux deux notes au bas de la page.

92. Troisième ligne, avant les mots *il n'est pas nécessaire*, mettez n.º 252 (*bis*), après *transiger*, ajoutez *cette procuration est virtuellement comprise dans celle qui est donnée à l'effet de comparaître*. Au troisième alinea de ce n.º, après les mots *dans notre analyse*, ajoutez *en ce que nous avons dit que le pouvoir de comparaître renfermait celui de transiger.*

92. N.º 253, au lieu de *en conciliation publique*, lisez *en conciliation soit publique.*

95. N.º 259 *in fine*, au lieu de *qu'il peut*, lisez *qu'il ne peut.*

98. Art. 57 *in fine*, au lieu de *la non comparution*, lisez *de la non conciliation.*

99. Au lieu de *jurisp. des C. souv.*, *t.*, *p.*, lisez *t.* 2, *p.*

104. Art. 59, deuxième alinea, au lieu de *devant le domicile*, lisez *devant le tribunal du domicile.*

105. Les 4.º, 5.º, 6.º, 7.º et 8.º alinea doivent porter les n.ºs 286 (1), 286 (2), 286 (3), 286 (4), 286 (5), 286 (6).
— *Idem* § H, au lieu de *la seconde disposition de l'art.* 159, lisez *la seconde disposition de l'art.* 59.

127. N.º 370 *in fine*, ajoutez (*v. cass.*, 28 *juillet* 1818; *Sirey* 1818, *page* 367).

139. N.º 448, premier alinea, dernière ligne, au lieu de 76, lisez 66.

140. N.º 458, au lieu de *que le demandeur*, lisez *que le défendeur.*

141. N.º 463, au lieu de *ne peut être présumée reconnaître*, lisez *ne peut être présumée avoir reconnu pour toujours.*

149. N.º 506, au lieu de *dans ce cas*, lisez *dans le cas actuel où le domicile n'est pas connu.*

150. Au lieu de *cité suprà*, n.º 505, lisez n.º 506.

157. Sur l'art. 77, au lieu de n.º 133, lisez n.º 533.

158. N.º 537, deuxième ligne, au lieu de *ne peuvent*, lisez *peuvent.*

162. N.º 549, au lieu de *figurait*, lisez *figurerait.*

167. Dernier alinea, au lieu de *les art.* 88 *et* 92 *inclus*, lisez *les articles* 88 *à* 92 *inclus.*

185. N.º 6 6, au lieu de 335, lisez 355.

205. Deuxième alinea, première ligne, au lieu de *combien est importante*, lisez *combien est imposante.*
— *Et infrà*, dernier alinea, au lieu de *comme contraire*, lisez *comme tenant.*

211. Cinquième ligne, après le mot *journal*, mettez entre deux parenthèses (48 *perches* 62 *mètres* 39 *centimètres*).

243. Sur l'article 153, conférence, après 184, ajoutez 349.

249. Au lieu de 51, lisez 524.

250. Troisième alinea, au lieu de *Sirey* 1812, lisez *Sirey* 1811.

253. N.º 916 *in fine*, au lieu de *A.* 426, lisez *A.* 526.
— *Idem*, ajoutez *in fine*, *cependant le contraire a été jugé par arrêt de la cour de cassation, du* 10 *novembre* 1817. (*V. Denevers*, 1818, *page* 1).

258. Troisième alinea *in fine*, lisez *suprà*; n.ºs 915 et 934.

267. Au lieu de *deuxième division*, lisez *troisième division*, et à la dixième ligne, au lieu de *IX et XXI*, lisez *IX à XXI.*

280. N.º 1018, première ligne, *que nous avons développées*, *page* 342, ajoutez *A.*, *page* 342.

287. N.º 1056, au lieu de 172, lisez 173.

290. Troisième alinea, septième ligne, au lieu de 361, lisez 261.

293. N.º 1077, première ligne, au lieu de *à l'égard seulement*, lisez *non seulement à l'égard.*
— *Et infrà*, dernière ligne, ajoutez *mais à l'égard de tous autres.* (*V. infrà* n. 4437).

~~~~~

TOME SECOND.

52. N.º 2321, deuxième ligne, au lieu de *A*. 1505, *et sup.*, *art.* 765, lisez *A*. 1505, *et infrà*, *art.* 765.

56. Art. 457, premier alinea, dernière ligne, *dans le cas où elle est autorisée*, lisez *dans les cas où elle est autorisée.*

57. N.º 2352, au lieu de *art.* 456, lisez 458.

.67. N.º 2377, au lieu de *n.º précédent*, lisez *n.º 2375, précédent.*

74. Art. 468, ajoutez *dans les cas où tous les juges auraient connu de l'affaire, il sera appelé pour le jugement trois anciens jurisconsultes.*

81. Sur l'art. 473, aux conférences, au lieu de *infrà*, *art.* 528, lisez *art.* 505, 4.ª *moyen*, *et* 528.

94. Ligne 18, après ces mots *par le contrat d'acquisition*, ajoutez *peut former tierce-opposition au jugement qui depuis.*

105. N.º 2480, au lieu de *lorsque les voies d'appel et d'opposition sont ouvertes*, lisez *lorsque la voie d'opposition est ouverte*, et ajoutez à la fin, *Pigeau, tome 1.ᵉʳ, page* 599.

130. Art. 509, premier alinea, troisième ligne, au lieu de *quelqu'un de leurs membres, la prise à partie*, lisez *quelqu'un de leurs membres et la prise à partie.*

132. Art. 514, deuxième alinea, troisième ligne, *de toutes causes*, lisez *de toutes les causes.*

144. Cinquième alinea, cinquième ligne, (532-535), lisez (531-533).

147. N.º 2626, ligne septième, au lieu *du jour de la notification*, lisez *du jour de la prononciation.*

152. Art. 536, troisième alinea, dernière ligne, *qu'ils auraient constitués*, lisez *qu'ils auront constitués.*

203. N.º 2851, ajoutez à la fin, *et la saisie-gagerie, en faveur du propriétaire, par suite de ce qui sera établi et développé sur l'article 819.*

212. N.º 2912, après ces mots *pour la loi n'est pas nulle*, ajoutez *si le saisissant consent qu'il en soit fait distraction.* (*Metz*, 29 novembre 1818 ; - *Sirey*, 1819, *page* 70)·

239. N.º 3024, ligne deuxième, au lieu de *seraient réputés*, lisez *sont réputés.*
-- *Infrà*, ligne troisième, au lieu de *aurait notifiée*, lisez *a notifiée.*

283. N.º 3198, ligne septième, au lieu de *s'applique indirectement*, lisez *s'applique indistinctement à tout acte judiciaire ou extrajudiciaire.*

369. N.º 3628, ajoutez *mais voyez pour l'opinion contraire l'arrêt de la cour de cassation*, *du* 2 *décembre* 1814 ; *Sirey*, 1815, *page* 268.

370. N.º 3630, supprimez le second alinea.

373. N.º 3649, ligne première, au lieu de *en admettant que l'opposition*, lisez *en admettant l'opposition.*
-- Ligne cinquième, après ces mots *d'y prendre part*, ajoutez *alors*, et à la note, troisième ligne, au lieu de *puisqu'elle cour*, lisez *puisque cette cour.*

375. N.º 3658, au lieu de *paicment*, lisez *jugement.*

376. N.º 3660, au lieu de *circonstances*, lisez *contestations.*.

378. N.º 3676, deuxième alinea, au lieu de *mais en général*, lisez *et en géneral.*

425. N.º 3921, dernière ligne, au lieu de 1873, lisez 1813.

430. Article 819, deuxième ligne, au lieu de *qu'il ait*, lisez *qu'il y ait.*

438. N.º 3949, premier alinea, deuxième ligne, au lieu de *page* 429, lisez *page* 433.

487. Article 882, deuxième ligne, au lieu de *à diligence*, lisez *à la diligence.*

514. N.º 4283, ligne quatrième, au lieu de *les circonstances ne fussent pas assez graves*, lisez *les circonstances fussent assez graves.*

522. Article 932, troisième alinea, quatrième ligne, au lieu de *l'avoué plus ancien*, lisez *l'avoué le plus ancien.*

613. N.º 4626, au lieu de *qui aurait recours*, lisez *qui aurait renoncé.*

FIN.

TOME SECOND.

FIN.

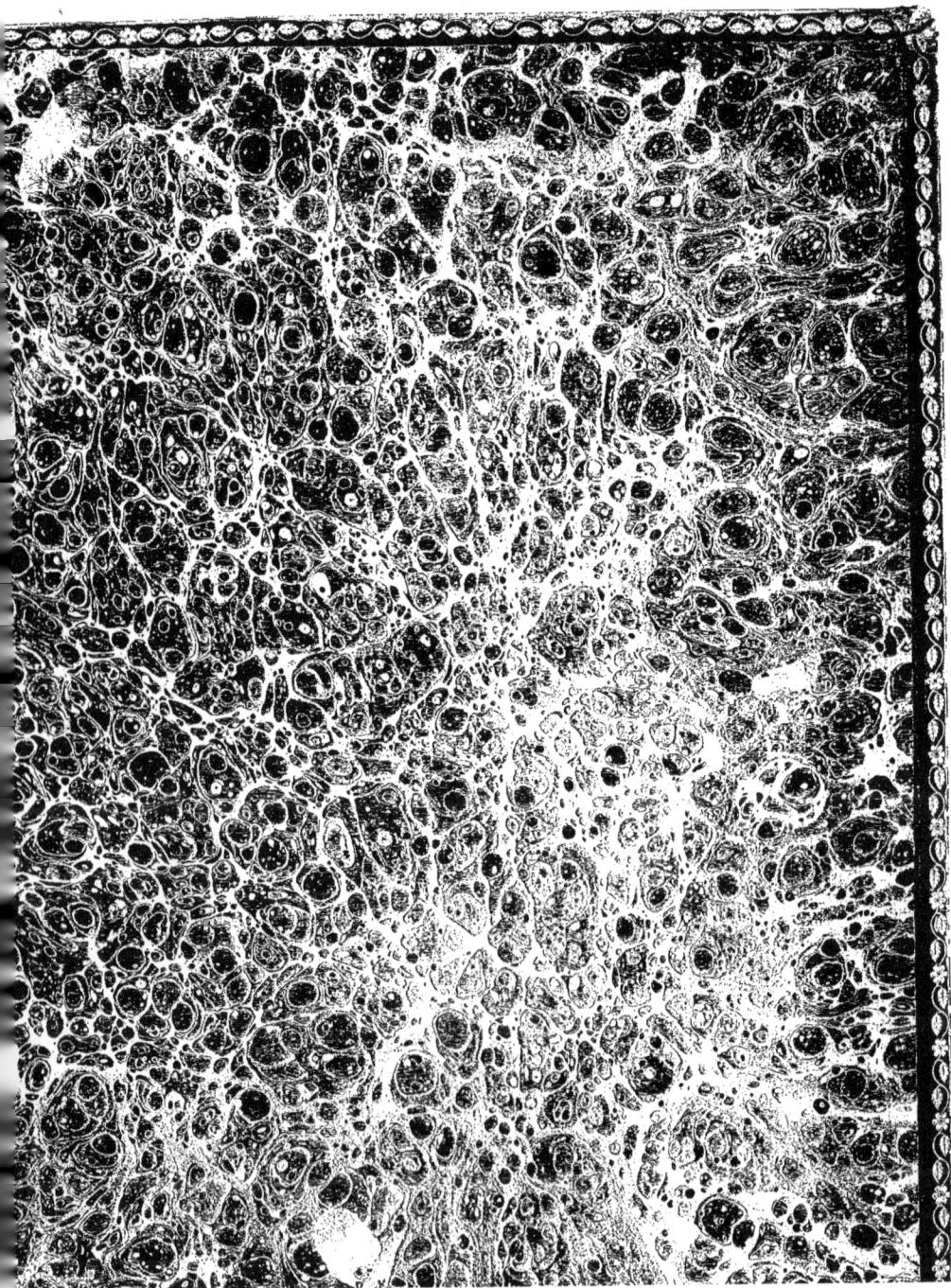

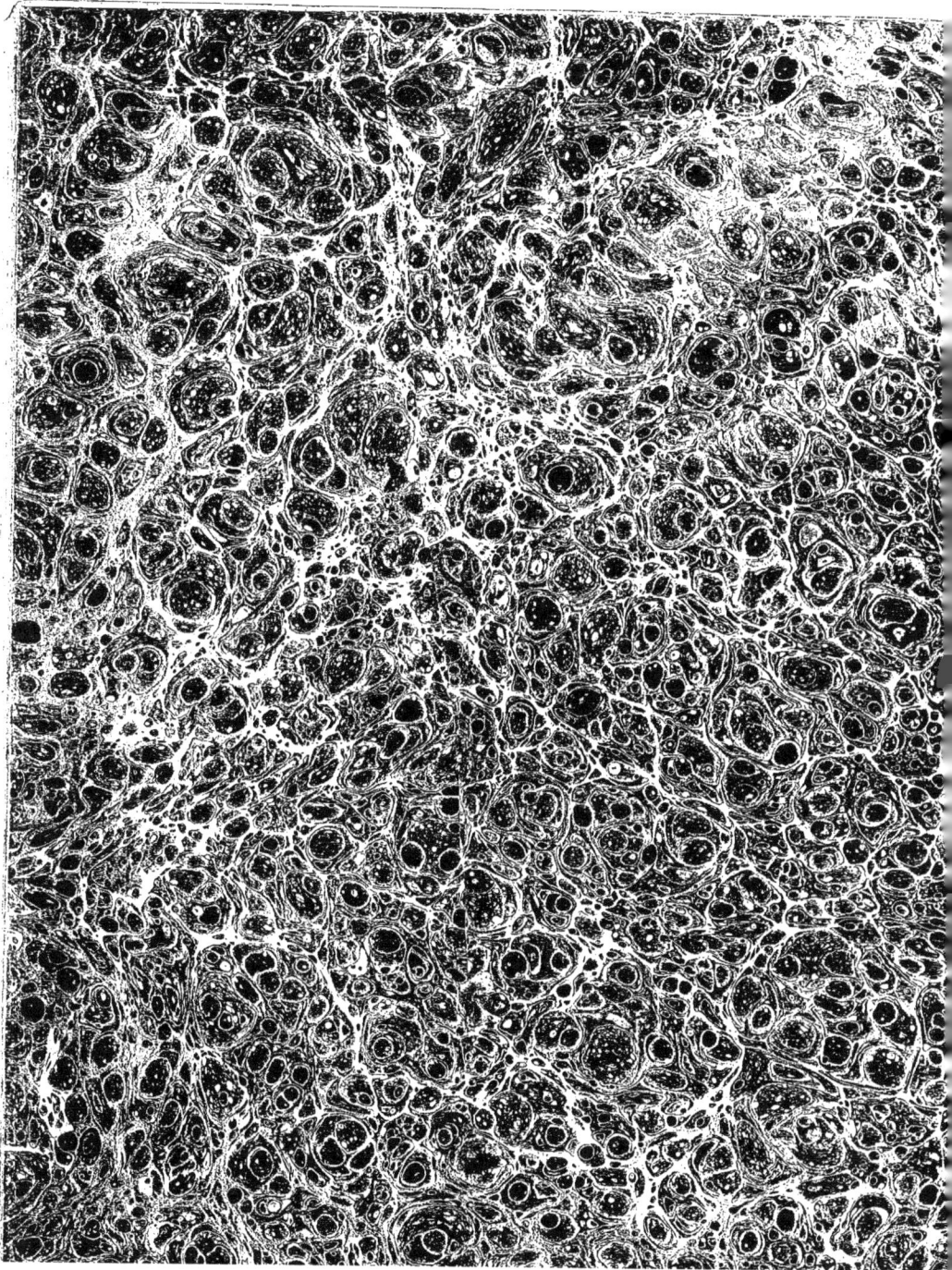

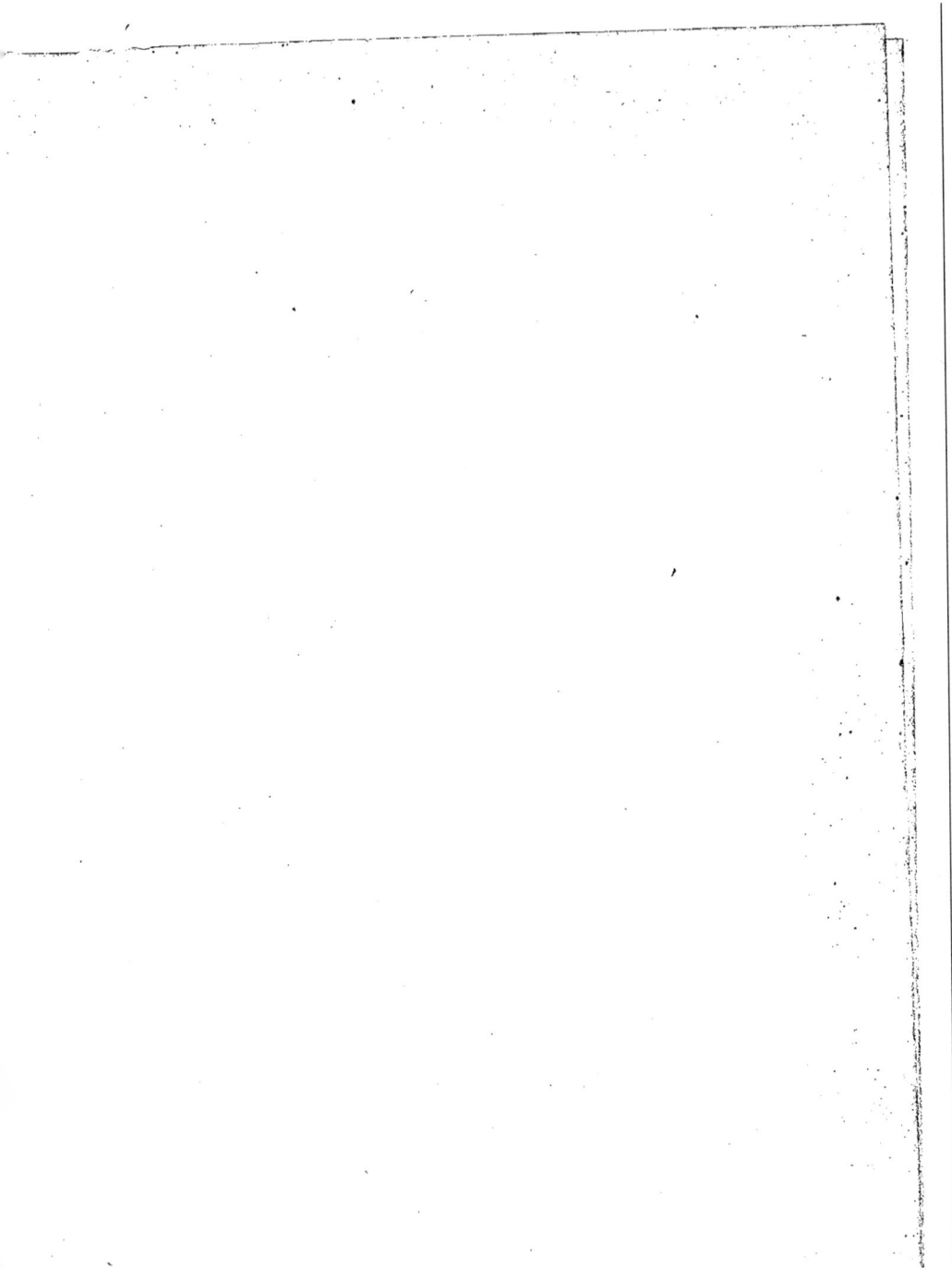